Jerzy Konikowski

Eröffnungen – richtig gespielt

Joachim Beyer Verlag

ISBN 978-3-95920-114-8
6. Auflage 2020
© by Joachim Beyer Verlag
Ein Imprint des Schachverlag Ullrich, Zur Wallfahrtskirche 5, 97483 Eltmann

Eröffnungsverzeichnis

(Die Zahlen bedeuten die Partienummern.)

Offene Spiele

Halboffene Spiele

Geschlossene Spiele

Zeichenerklärung

!	ein sehr guter Zug	=	ausgeglichen
!!	ein ausgezeichneter Zug	∞	unklar, mit beiderseitigen Chancen
?	ein schwacher Zug	$\overline{\overline{\infty}}$	mit Kompensation für den materiellen Nachteil
??	ein grober Fehler	↑	mit Initiative
!?	ein beachtenswerter Zug	→	mit Angriff
?!	ein Zug von zweifelhaftem Wert	⇄	mit Gegenspiel
+ −	Weiß hat entscheidenden Vorteil	Δ	mit der Idee
− +	Schwarz hat entscheidenden Vorteil	⌓	besser ist
±	Weiß steht besser	x	schlagen
∓	Schwarz steht besser	+	schach
⩲	Weiß steht etwas besser	#	matt
⩱	Schwarz steht etwas besser		

Vorwort

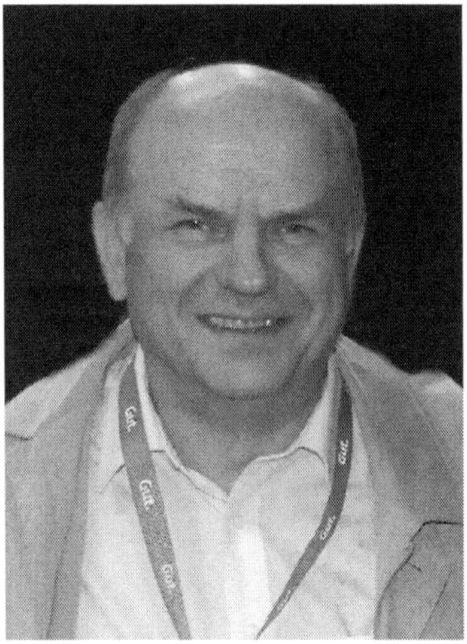

„Übel angefangen, ist selten glücklich ausgegangen.“ Was das Leben lehrt, gilt kaum minder auf den vierundsechzig Feldern des Schachbretts: Wer beim Spiel die Grundsätze einer gesunden Eröffnungsbehandlung verletzt, seine Figuren nicht zügig entwickelt, überstürzt angreift oder seinen König nicht rechtzeitig aus der Gefahrenzone entfernt, der findet ein oft schnelles Ende. Davon handelt dieses Buch.
234 Kurzpartien, keine länger als 25 Züge, hat der Verfasser aus der Zeit von 1961 bis 2010 zusammengetragen, um an ihnen die schlimmsten Eröffnungssünden zu erörtern - und wie diese mit taktischen Mitteln bestraft werden können. Im Vergleich mit der Version von 1993 wurde diese Ausgabe völlig mit Computertechnik überprüft und mit vielen neuen verbesserten Analysen und aktuellen Partien ergänzt.
Geordnet nach zahlreichen Abspielen in den drei Kapiteln Offene Spiele, Halboffene Spiele sowie Geschlossene Spiele, geht es zunächst fragestellend voran: Schaubilder zeigen die Höhepunkte der Kämpfe, deren entscheidende Wendungen der Leser selbst entdecken soll. Im folgenden Hauptteil werden die Partien sodann in ihrem gesamten Verlauf ausführlich diskutiert.
Der Verfasser ist überzeugt davon, besonders nützliches, lehrreiches und anschauliches Material aus dem praktischen Turnierschach ausgesucht zu haben. Eine Einschränkung darf gleichwohl nicht unterbleiben: Obwohl die erläuternden Kommentare sogar noch um viele weitere Partiefragmente ergänzt wurden und dadurch zum Teil den aktuellsten Stand der Eröffnungstheorie widerspiegeln, ist es auf der Basis von lediglich 234 Beispielen gewiss unmöglich, sämtliche Eröffnungsprobleme anzuschneiden oder gar erschöpfend zu behandeln. Doch allemal: Nach dem Studium dieses Buches sollte der engagierte Schachfreund zumindest gegen die bekannteren Eröffnungsüberraschungen und typischen Reinfälle in allen gängigen Systemen gefeit sein. Zugleich kann er dabei kombinatorischen Fertigkeiten ganz allgemein auf die Probe stellen beziehungsweise trainieren.

Ich danke dem Berliner Schachpublizisten Dagobert Kohlmeyer für seine wertvolle Hilfe bei der Arbeit an diesem Buchmanuskript.

Jerzy Konikowski
FIDE-Meister

Zum Aufbau und zur Handhabung des Buches

Das Buch besteht aus zwei deutlich voneinander unterschiedenen Abschnitten:

1. Der Aufgabeteil. Er zeigt mit seinen Diagrammen jeweils den kritischen Moment einer Partie, mit anderen Worten ihren Wendepunkt. Aus didaktischen Gründen wurde dieser Teil nicht mit den Lösungen vermengt, denn die Aufmerksamkeit des Lesers soll zunächst durch keinerlei hilfreiche Angaben abgelenkt werden (Eine hier im übrigen ebenfalls als unzulässig zu betrachtende Hilfestellung wäre das Gruppieren der Aufgaben nach taktischen Grundmotiven gewesen; es unterblieb folglich). Es ist einfach wichtig, dass der Übende die Aufgaben selbständig und hartnäckig bearbeitet, auch wenn dies am Ende vielleicht nicht in jedem Fall zum gewünschten Erfolg führt. Die Verbesserung der taktischen Fähigkeiten beim Schach kann auf Dauer nur durch Anstrengung erzielt werden.

2. Der Haupt- oder Lösungsteil. Entsprechend der Nummerierung der Diagramme findet man hier nicht nur die richtige Fortsetzung zu jeder Aufgabenstellung, sondern auch die komplette dazugehörige Partie. Denn schließlich ist es wichtig, die Vorgeschichte einer Eröffnungskatastrophe zu studieren, damit unsere Sinne allmählich geschärft werden für die Prinzipien, gegen die man nicht verstoßen darf, wenn man die erste Partiephase gesund überstehen möchte. Es ist darum auch eindringlich zu empfehlen, keinesfalls hastig von Aufgabe zu Aufgabe zu eilen und sich demzufolge beim Nachspielen ausschließlich auf das taktische Finale einer Partie zu beschränken.

Für den Fall, dass der Leser die Arbeit mit diesem Buch nicht nur als eine den Erwerb neuen Schachwissens in den Vordergrund rückende Übung betrachtet, sondern dass er zugleich auch eine Überprüfung seiner bisherigen taktischen Fertigkeiten bezweckt, möchte der Verfasser folgende Anregungen geben:

Führen Sie Buch über Ihren Erfolg, indem Sie sich für jede vollständig gefundene Lösung 5 Punkte gutschreiben. Veranschlagen Sie die Hälfte (2,5 Punkte), wenn Sie die entscheidenden Züge zwar gefunden haben, aber Ihnen dabei irgendein bedeutsamer Aspekt (z.B. eine wichtige Nebenvariante) entgangen ist. Und geben Sie sich schließlich einen Trostpunkt, falls Sie zwar das zugrunde liegende taktische Motiv erkannt oder geahnt haben, sich dessen eigentliche Ausnutzung durch den Angreifer aber bis zum Nachschlagen in der Lösung nicht so recht hatten vorstellen können.

Wenn Sie in der beschrieben Weise unter dem Strich mindestens 995 der insgesamt 1170 möglichen Punkte sammeln, dürfen Sie sehr zufrieden sein und sich mit Fug und Recht als einen guten Taktiker bezeichnen. 585 bis 995 Punkte zu erreichen, bedeutet sicher auch noch einen Erfolg. Liegen Sie mit weniger als 585 Punkten unterhalb der 50–Prozent–Grenze, dann führen Sie ein gefährliches Leben am Schachbrett! Sie haben dann zwar viel für Ihr taktisches Sehvermögen getan (und dadurch Ihr eigenes Testergebnis womöglich schon überholt). Aber Sie sollten schleunigst mit ähnlichen Übungen fortfahren.

Doch warten Sie es erst einmal ab, und beginnen Sie mit der Lektüre!

Bestrafte Eröffnungssünden: 234 Stellungsbilder

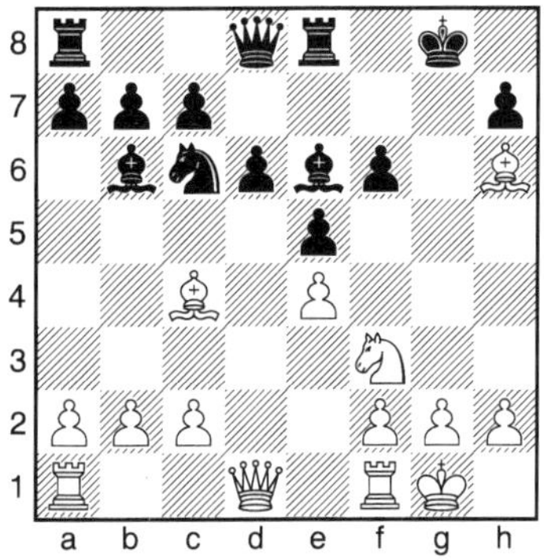

1 Weiß am Zug

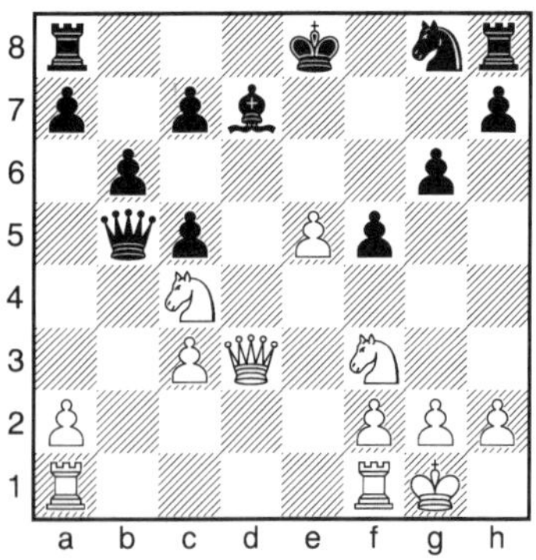

2 Weiß am Zug

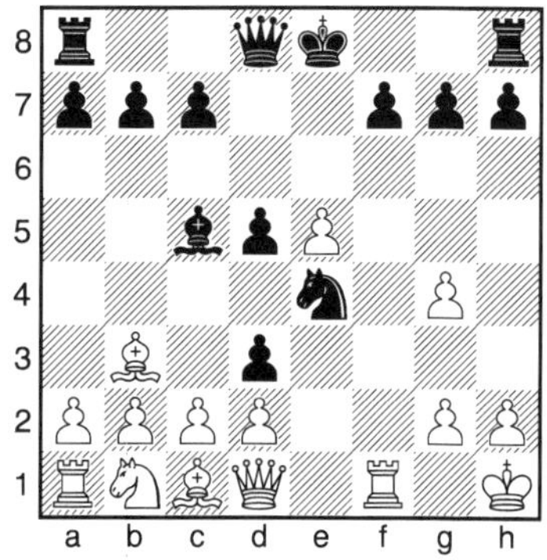

3 Schwarz am Zug

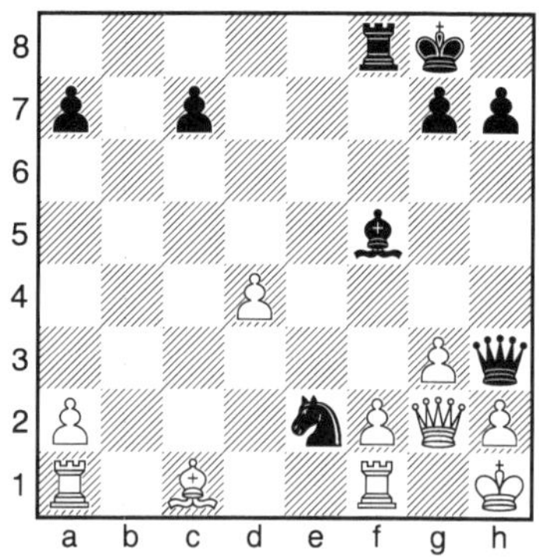

4 Schwarz am Zug

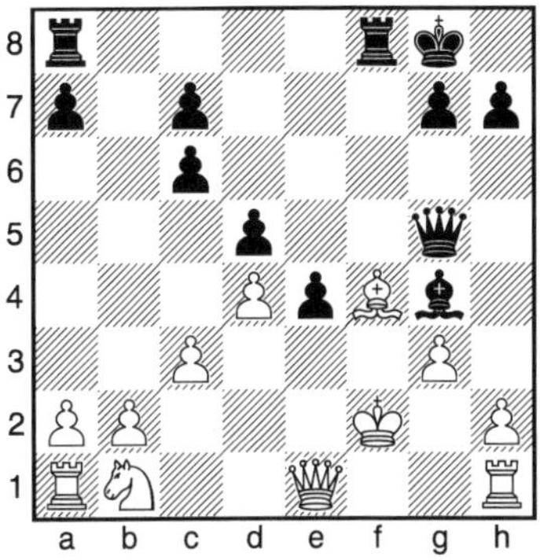

5 **Schwarz am Zug**

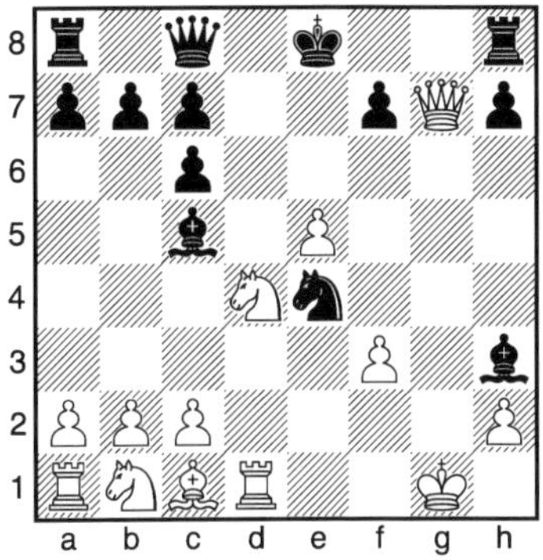

6 **Schwarz am Zug**

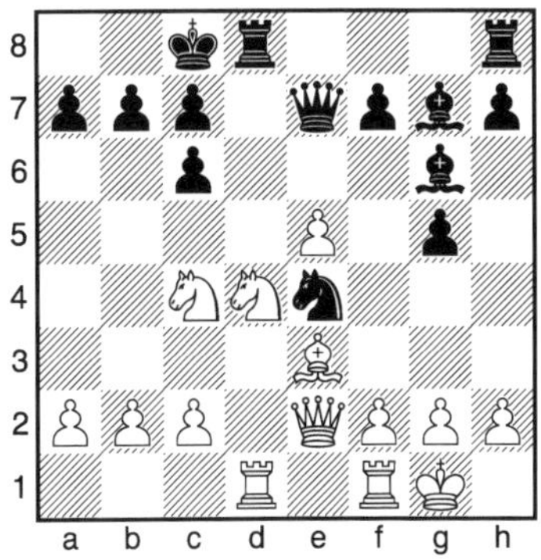

7 **Weiß am Zug**

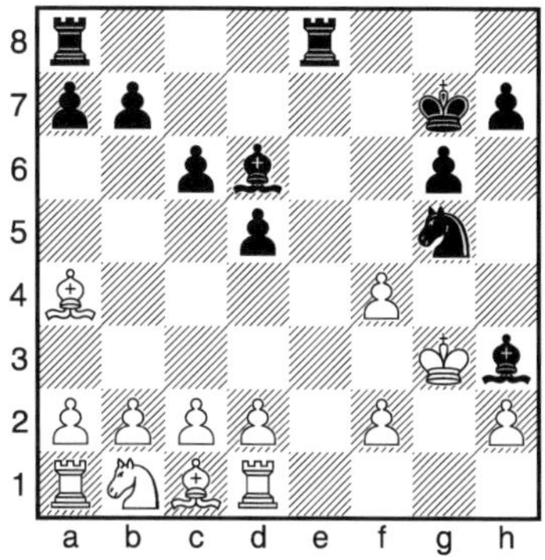

8 **Schwarz am Zug**

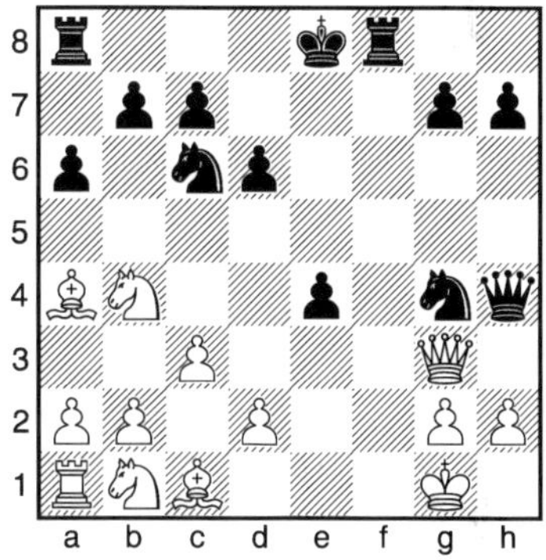

9 **Schwarz am Zug**

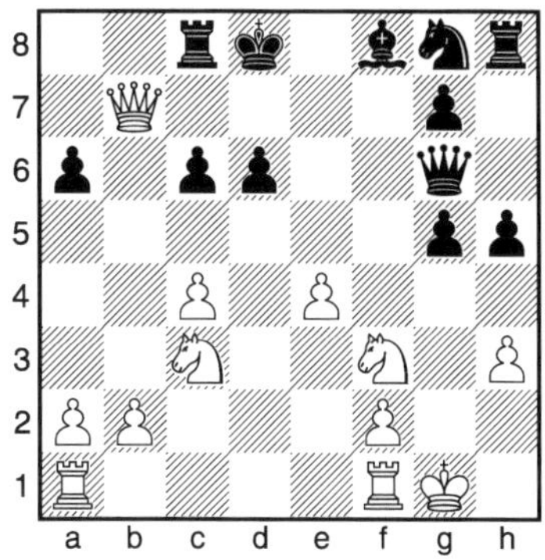

10 **Weiß am Zug**

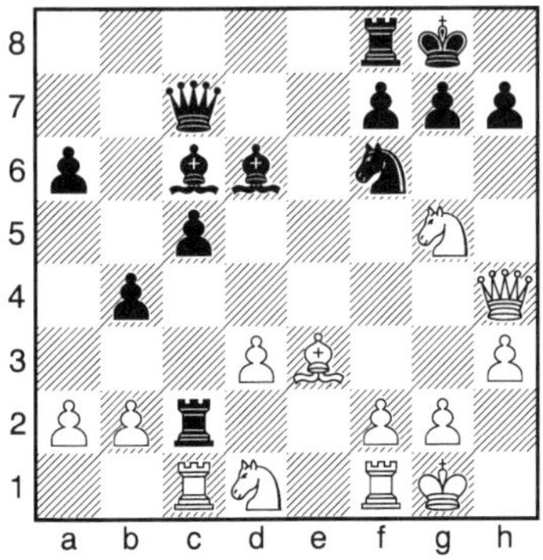

11 **Schwarz am Zug**

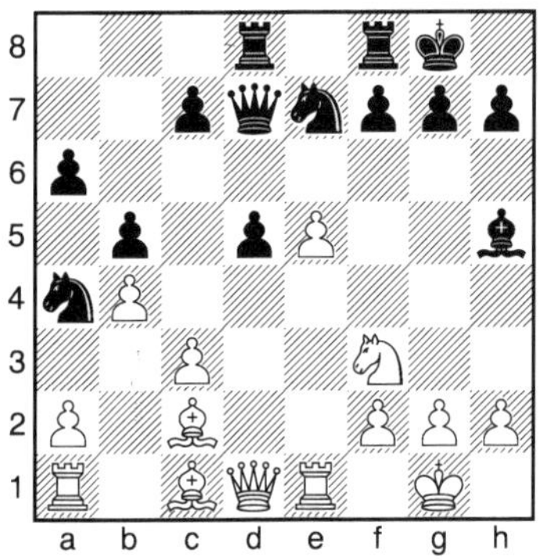

12 **Weiß am Zug**

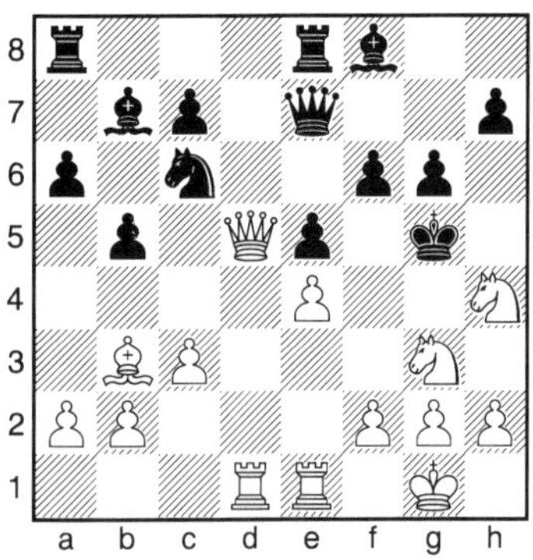

13 **Weiß am Zug**

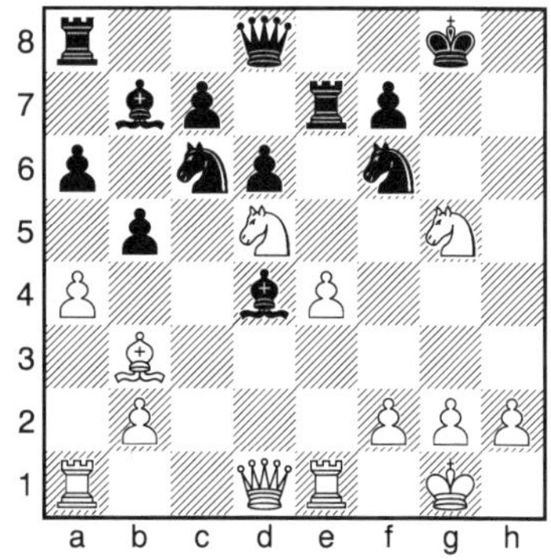

14 **Weiß am Zug**

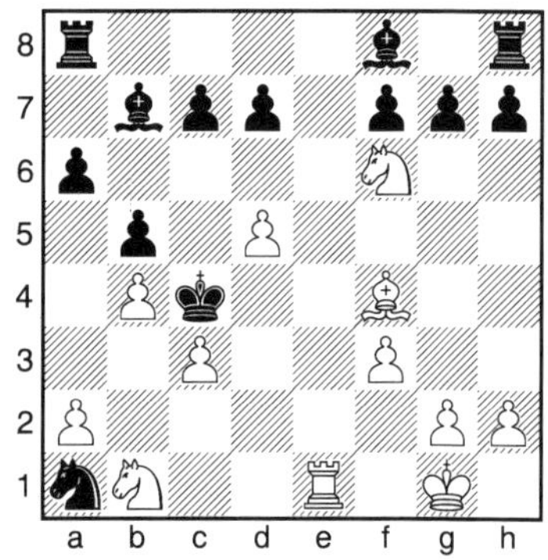

15 **Weiß am Zug**

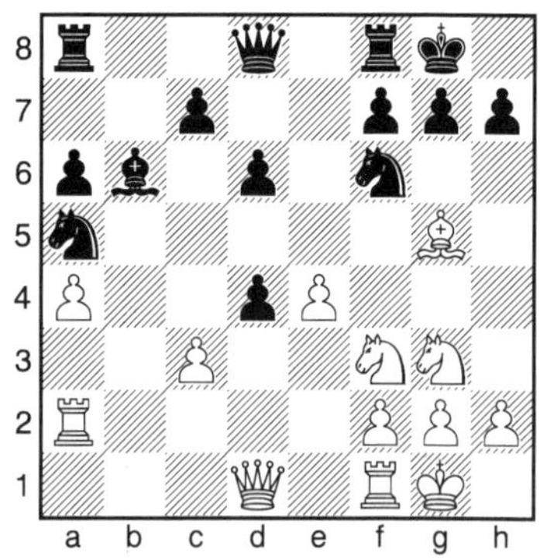

16 **Weiß am Zug**

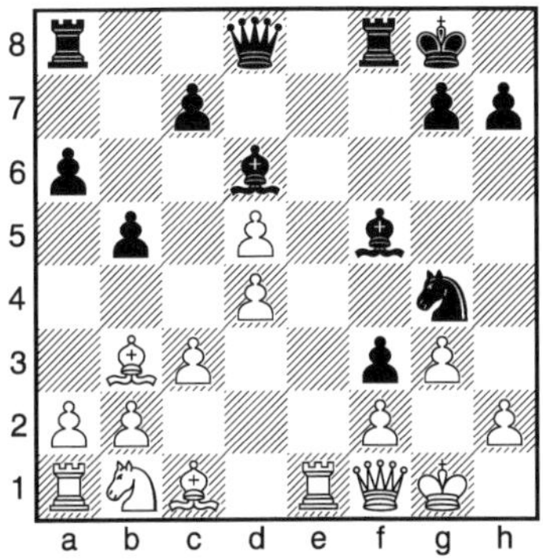

17 Schwarz am Zug

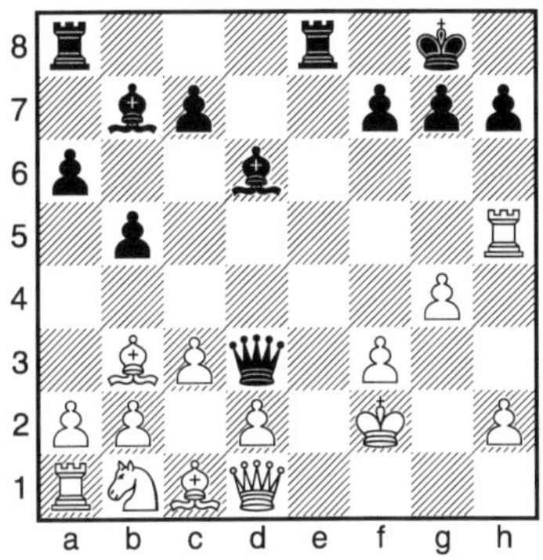

18 Schwarz am Zug

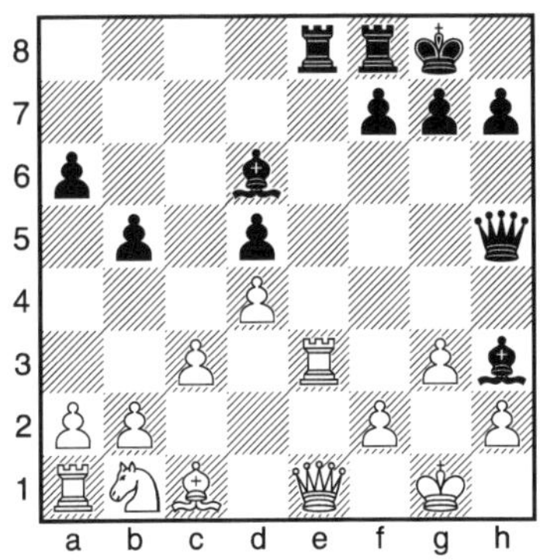

19 Schwarz am Zug

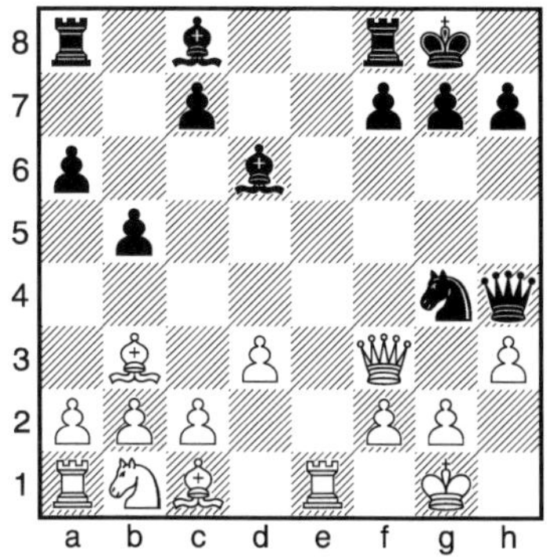

20 Weiß am Zug

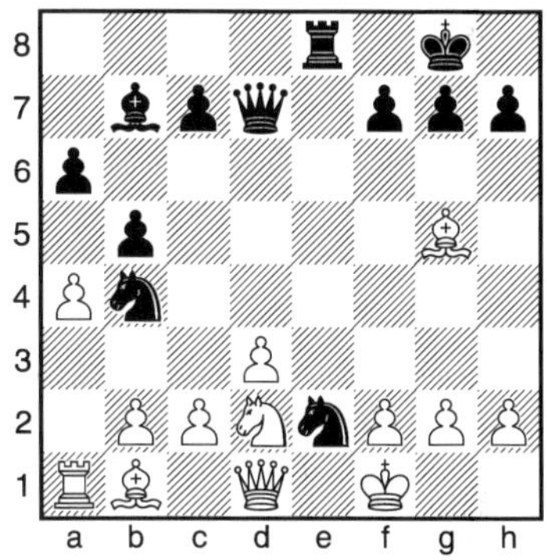

21 Schwarz am Zug

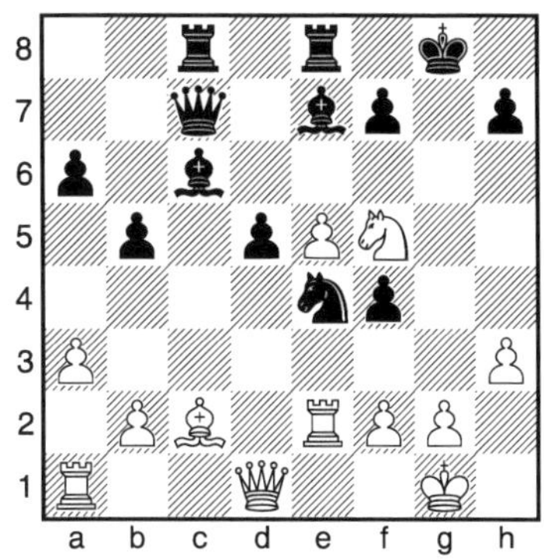

22 Weiß am Zug

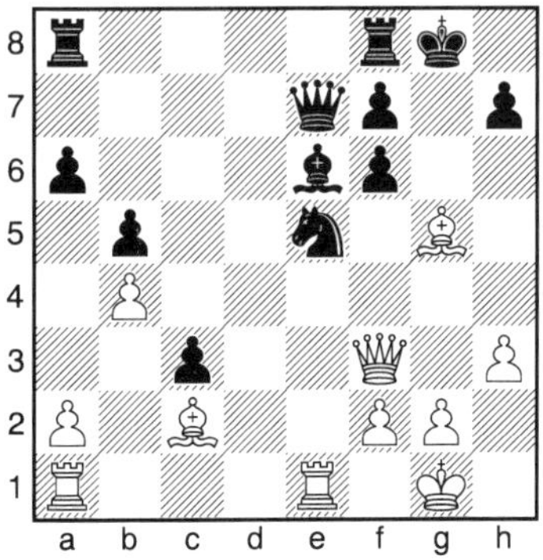

23 Weiß am Zug

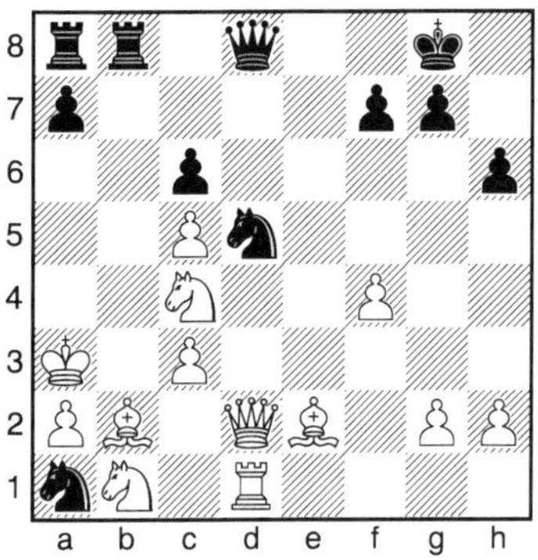

24 Schwarz am Zug

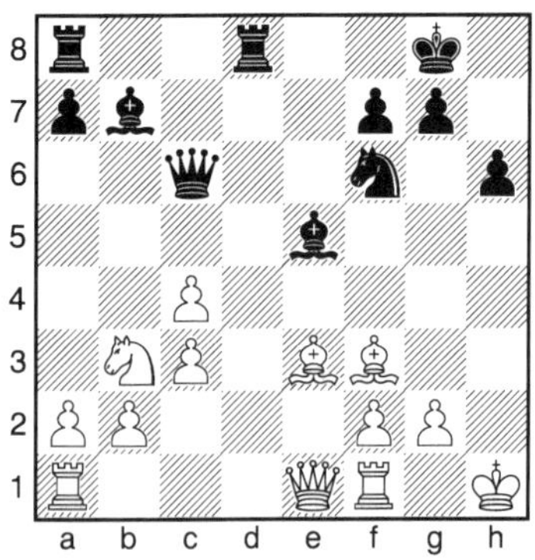

25 Schwarz am Zug

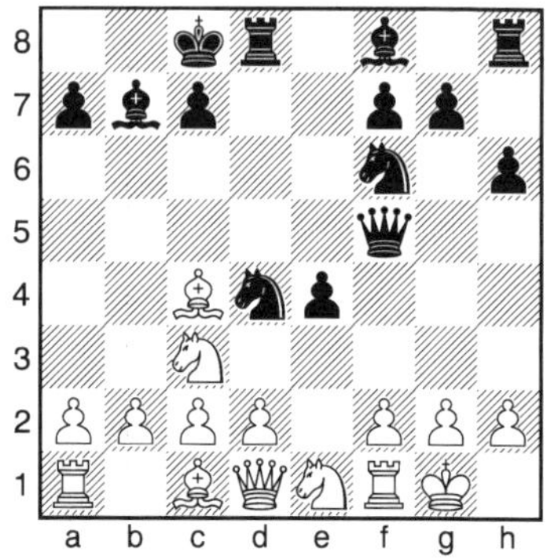

26 Schwarz am Zug

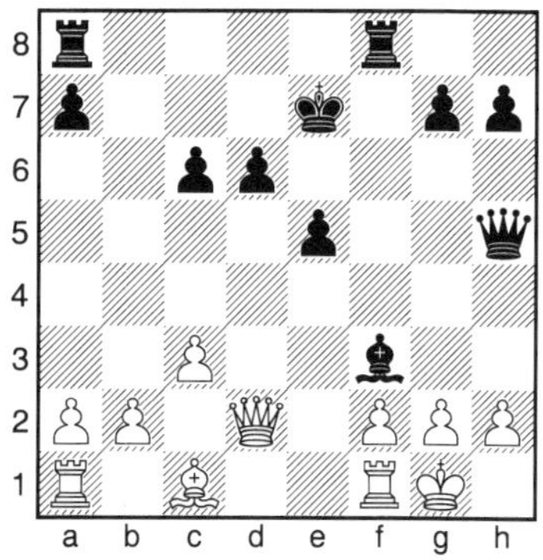

27 Schwarz am Zug

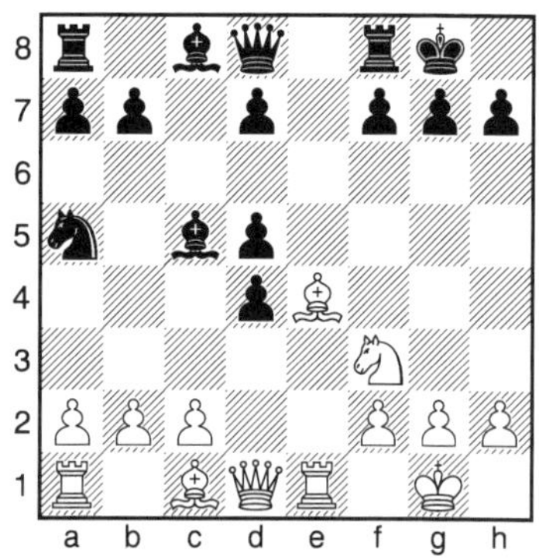

28 Weiß am Zug

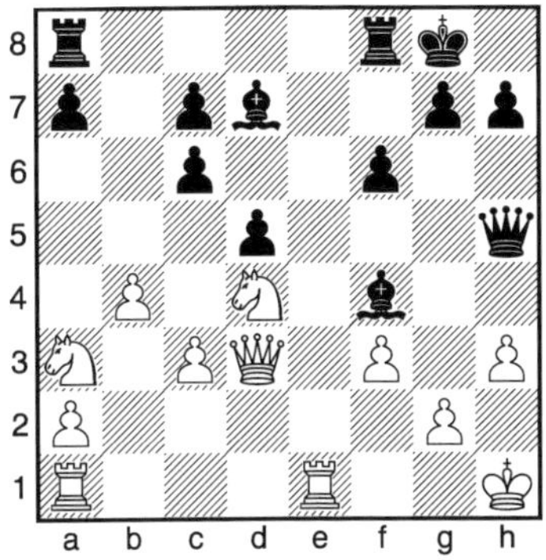

29 Schwarz am Zug

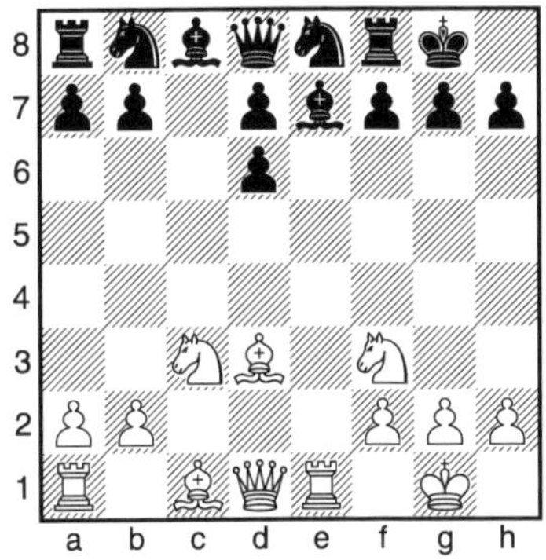

30 Weiß am Zug

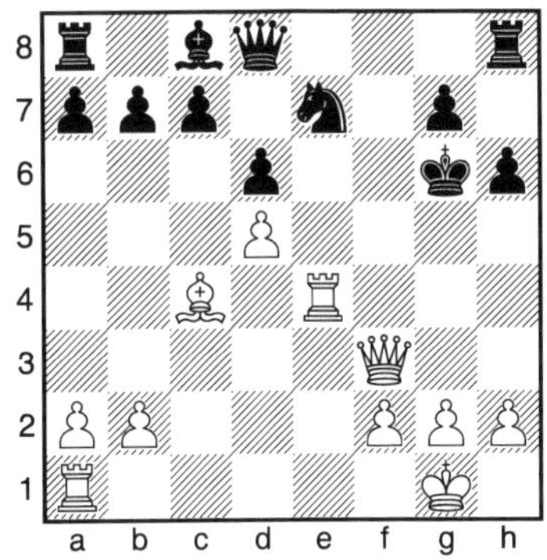

31 Weiß am Zug

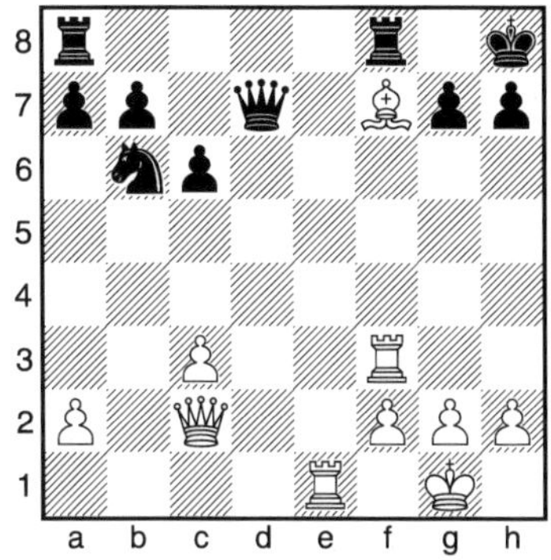

32 Weiß am Zug

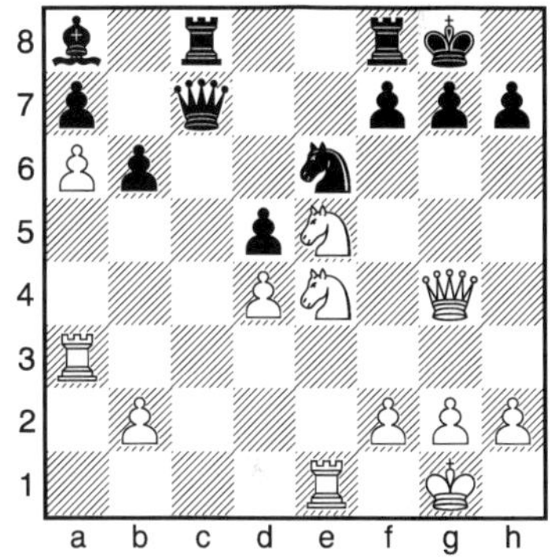

33 Weiß am Zug

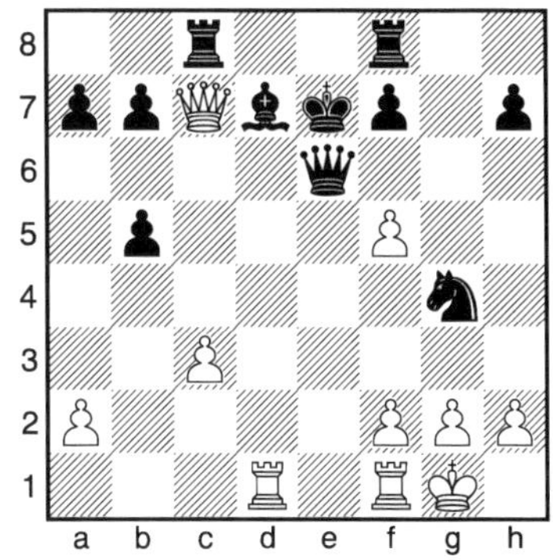

34 Weiß am Zug

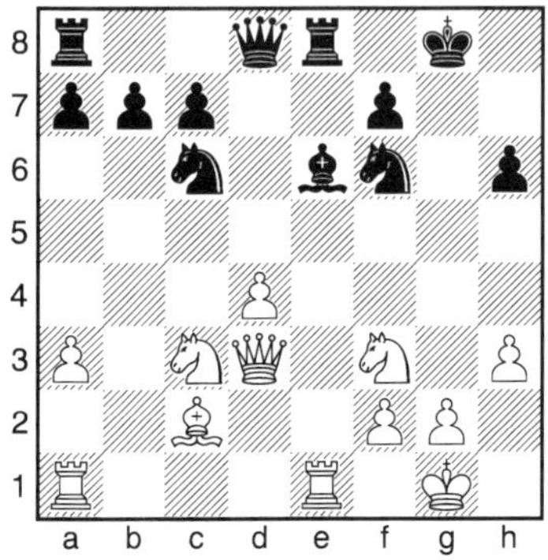

35 Weiß am Zug

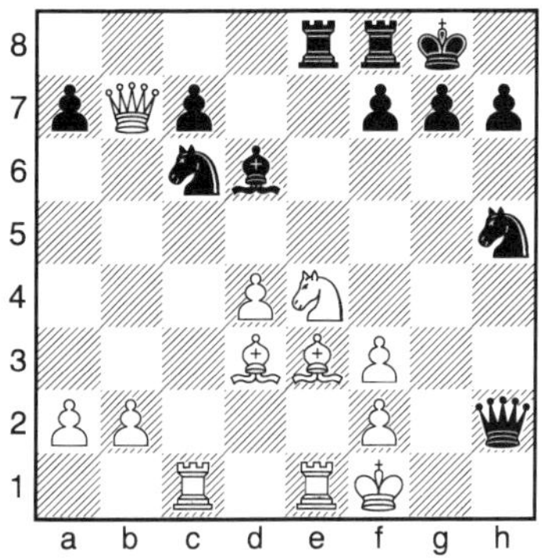

36 Schwarz am Zug

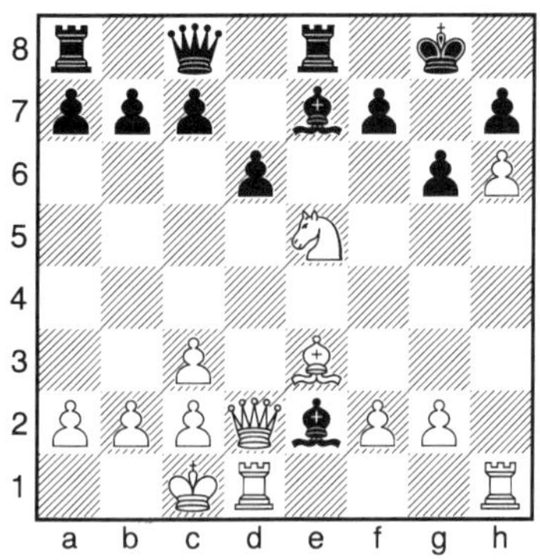

37 Weiß am Zug

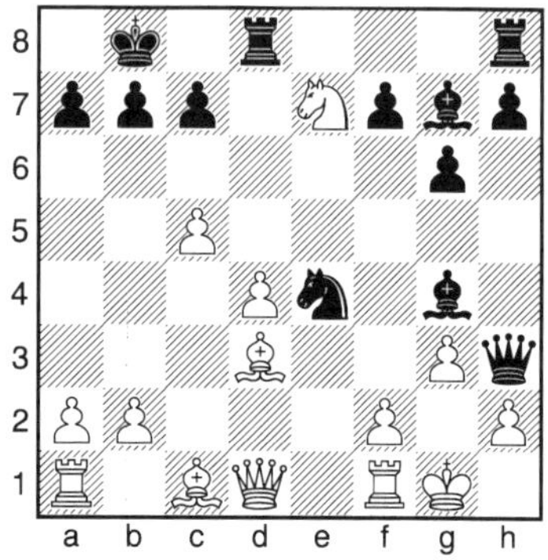

38 Weiß am Zug

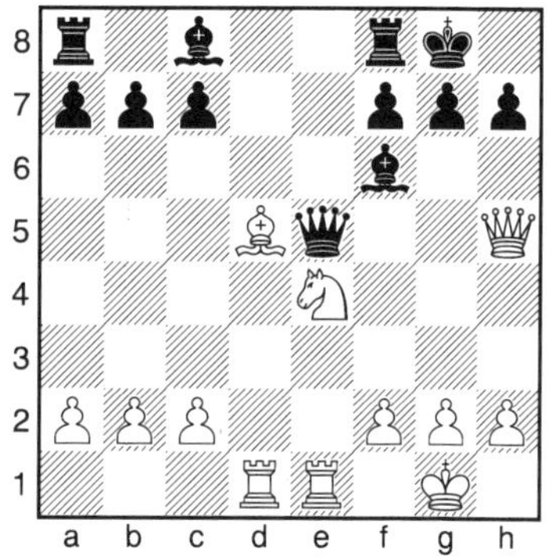

39 Weiß am Zug

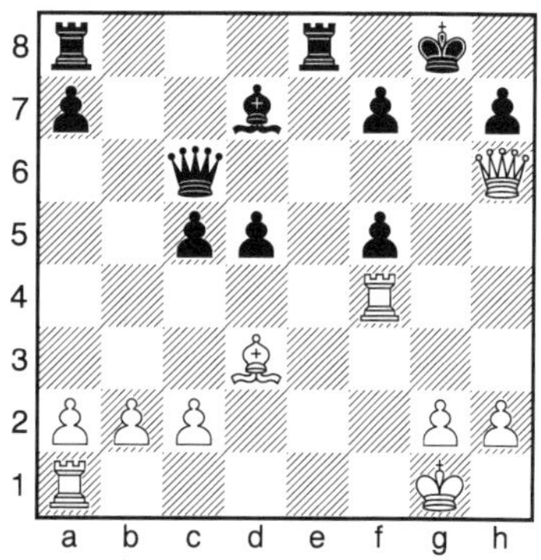

40 Weiß am Zug

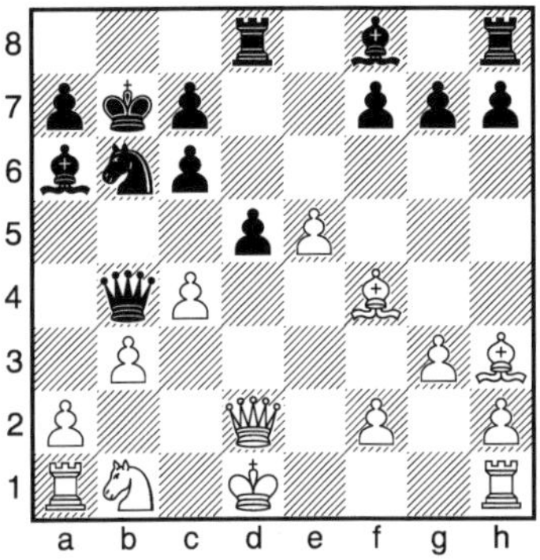

41 Schwarz am Zug

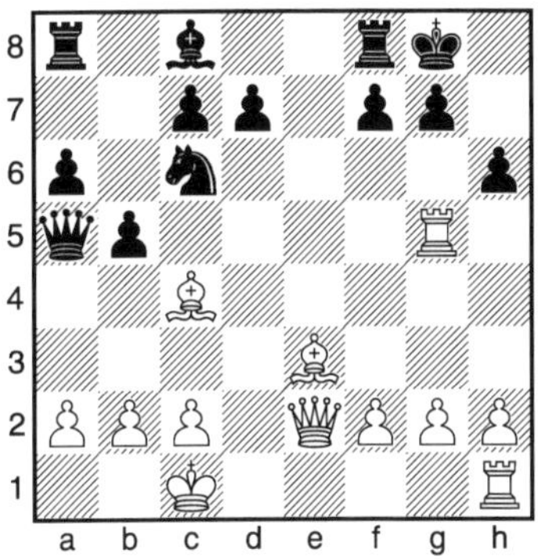

42 Weiß am Zug

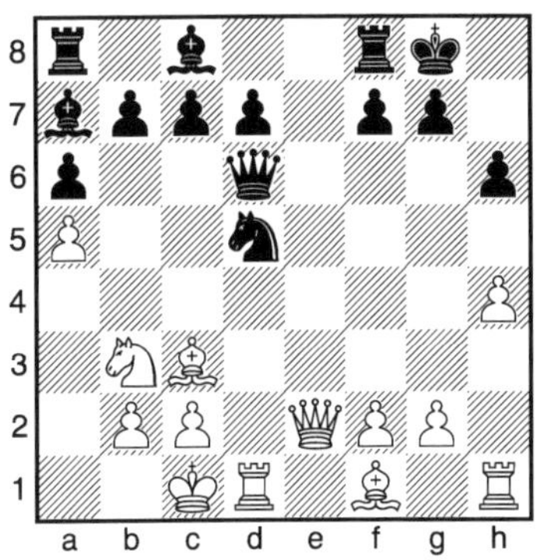

43 Weiß am Zug

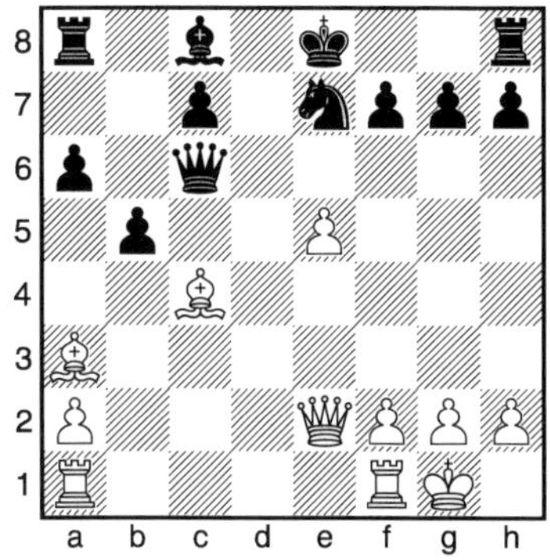

44 Weiß am Zug

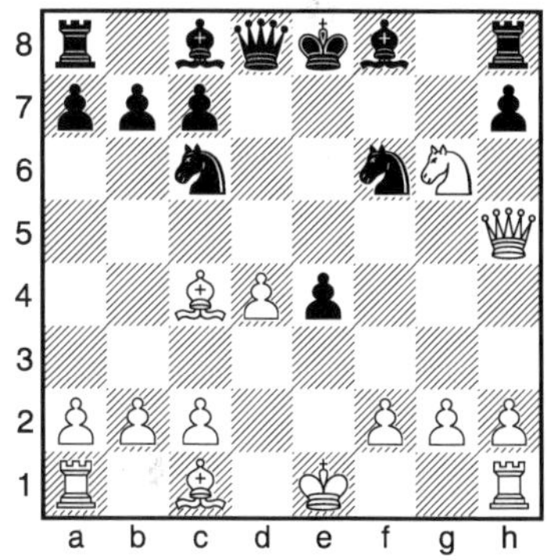

45 Weiß am Zug

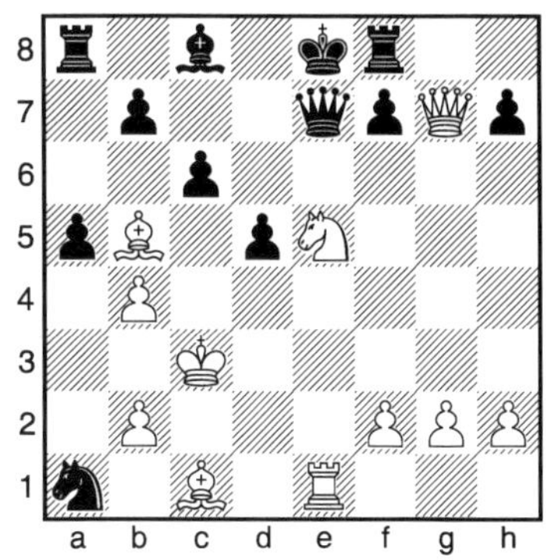

46 Weiß am Zug

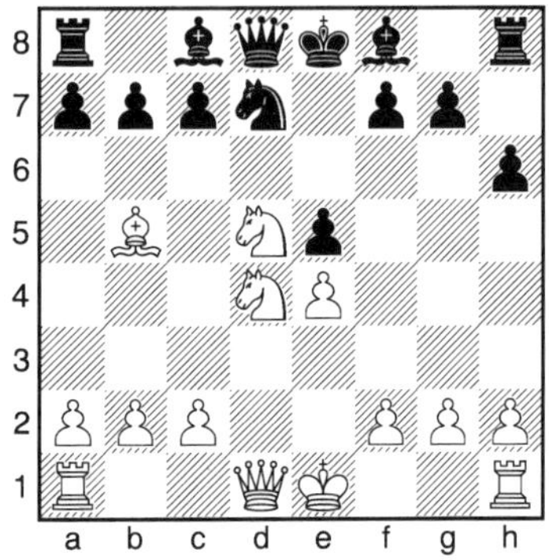

47 Weiß am Zug

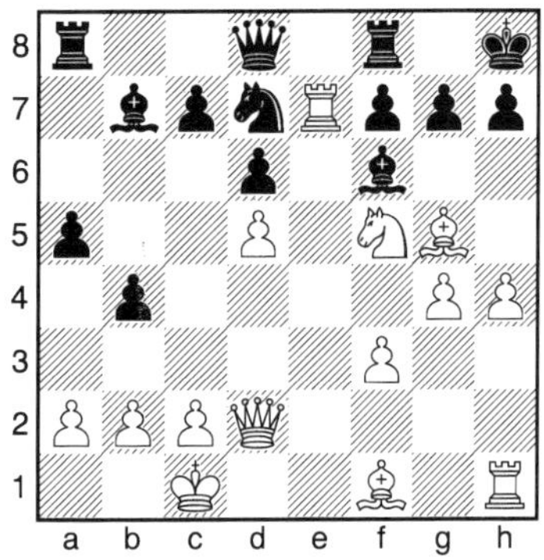

48 Weiß am Zug

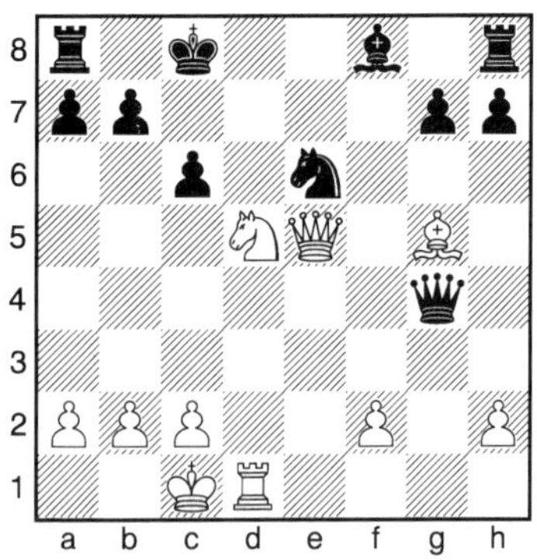

49 Weiß am Zug

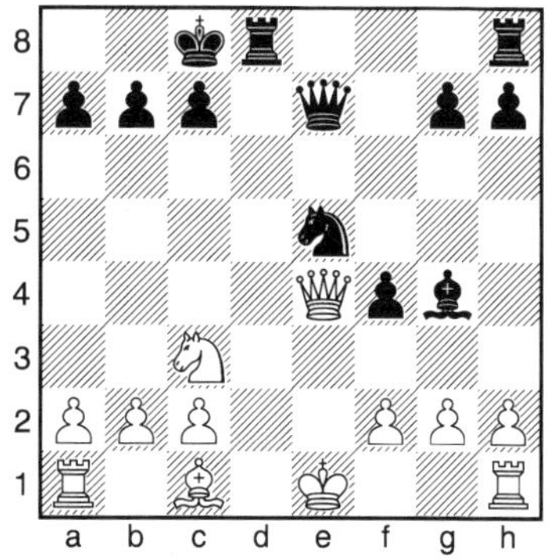

50 Schwarz am Zug

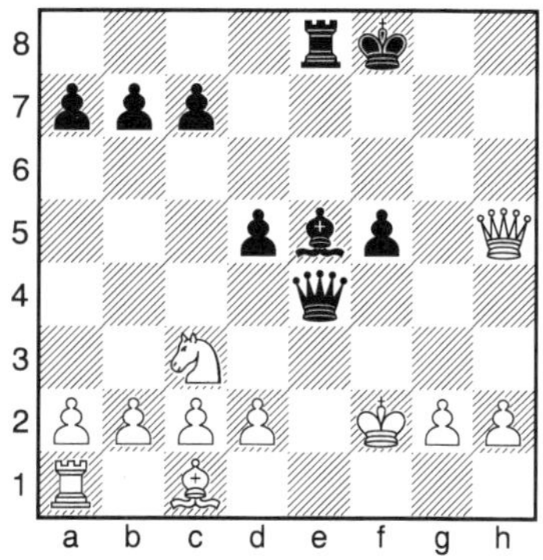

51 Schwarz am Zug

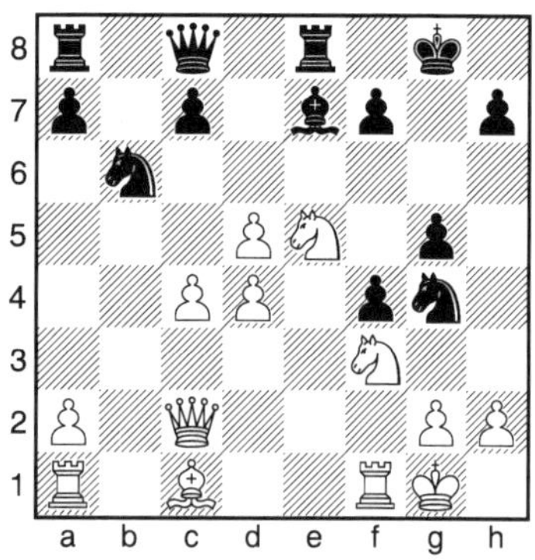

52 Weiß am Zug

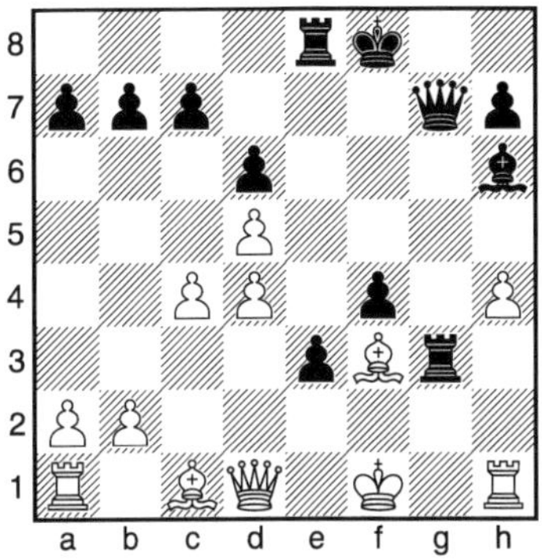

53 **Schwarz am Zug**

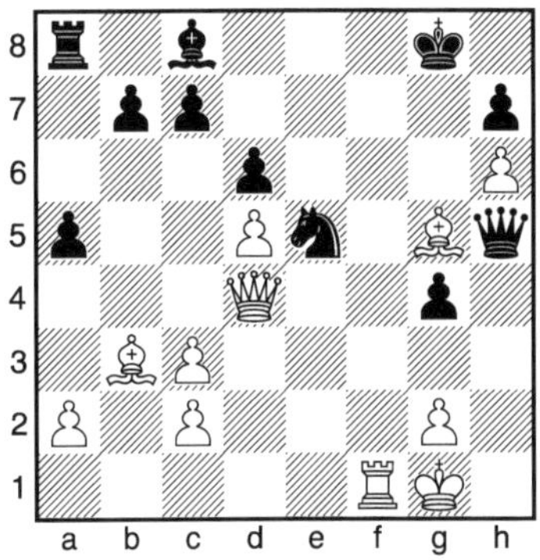

54 **Weiß am Zug**

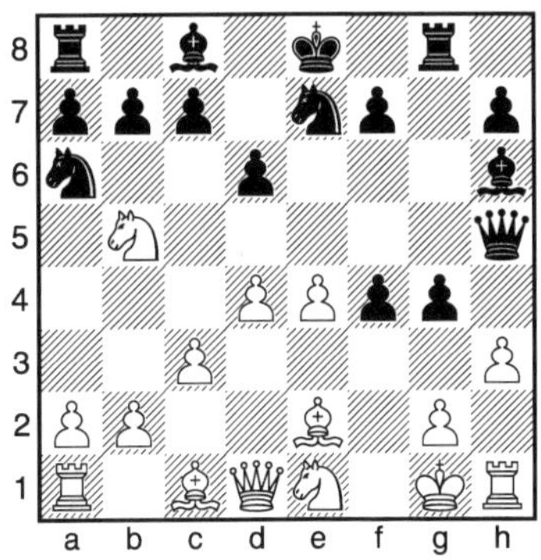

55 **Schwarz am Zug**

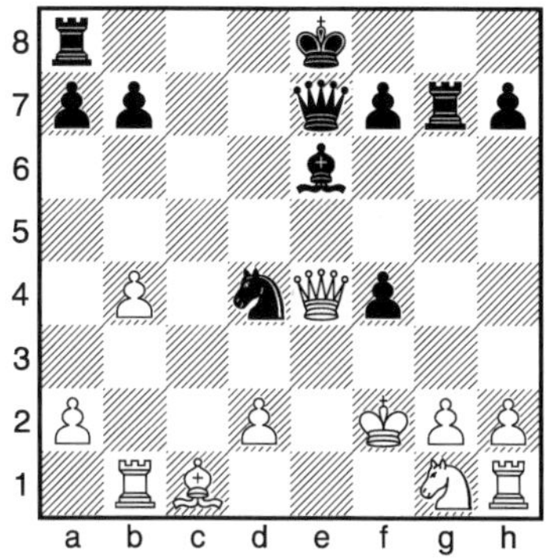

56 **Schwarz am Zug**

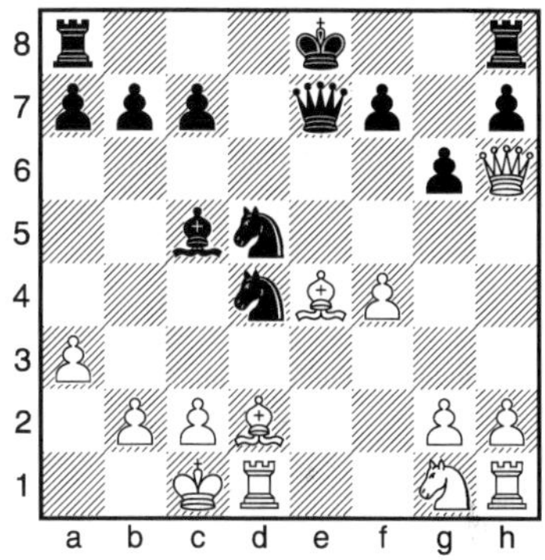

57 **Schwarz am Zug**

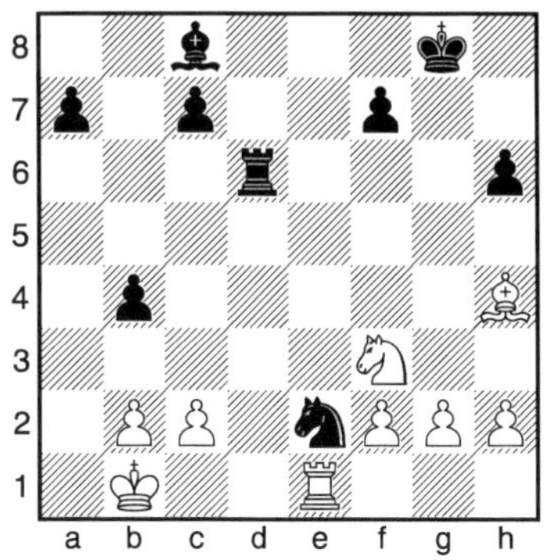

58 **Schwarz am Zug**

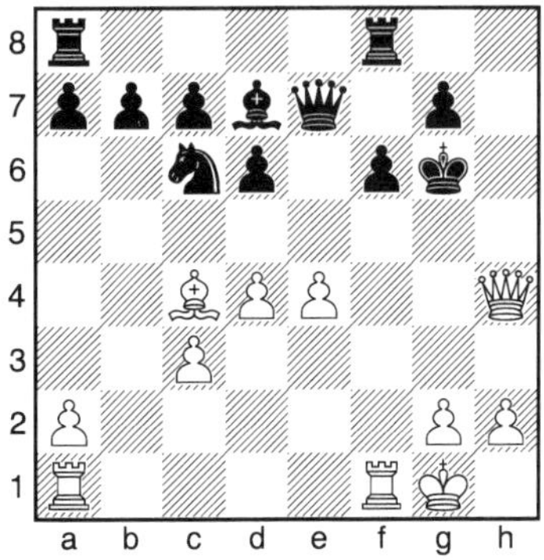

59 Weiß am Zug

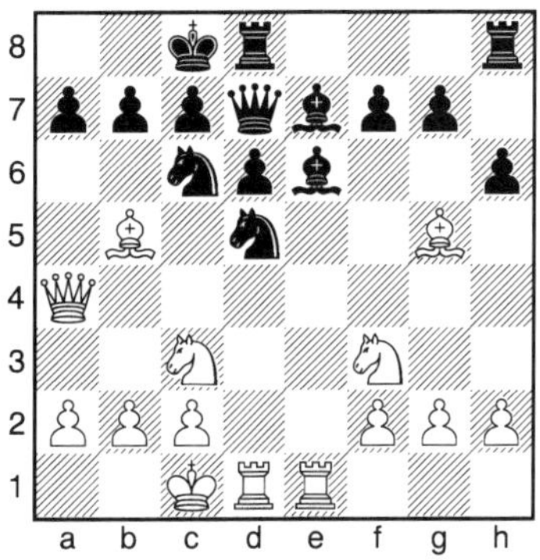

60 Weiß am Zug

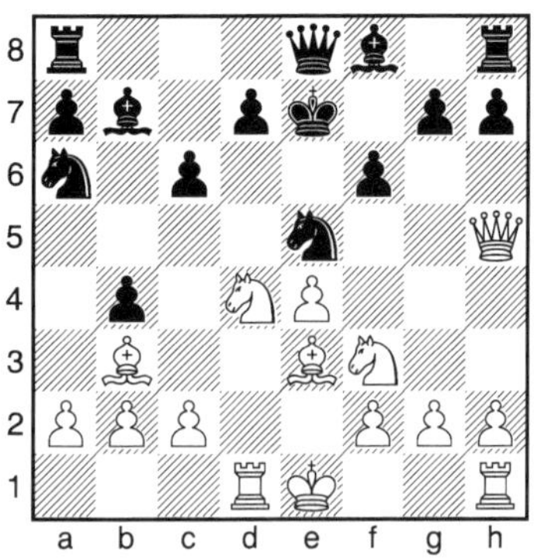

61 Weiß am Zug

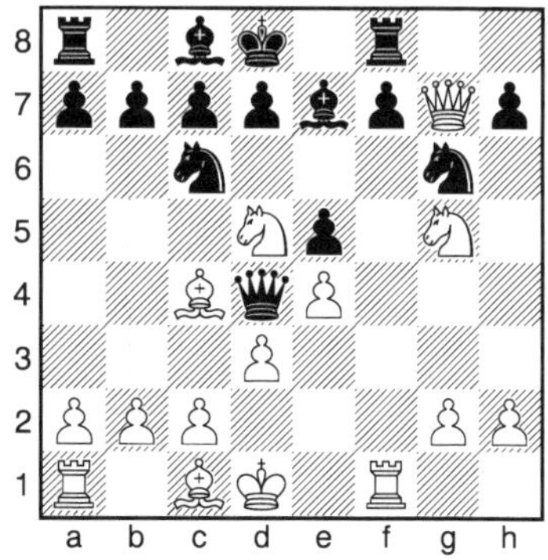

62 Weiß am Zug

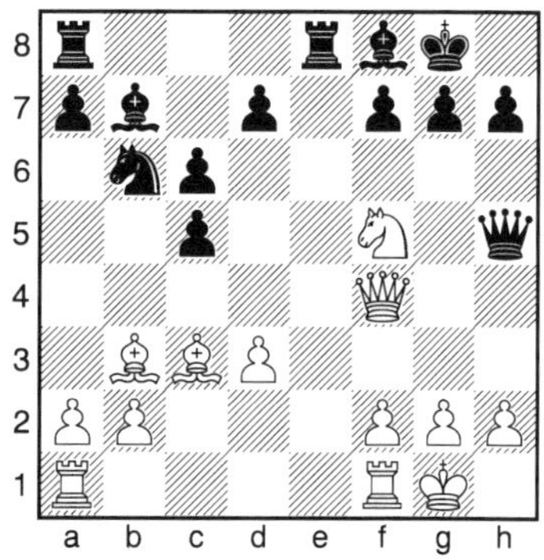

63 Weiß am Zug

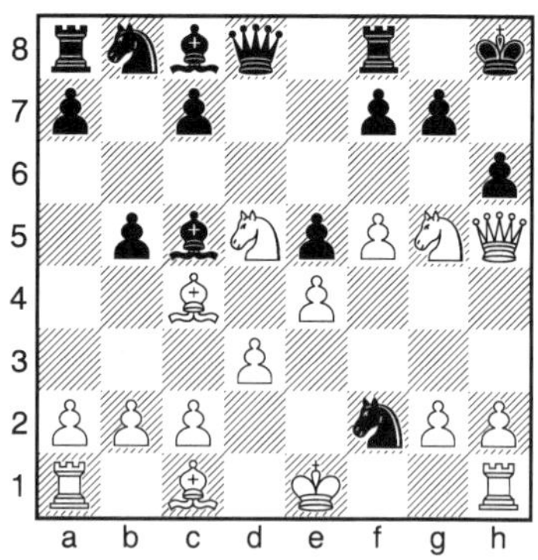

64 Weiß am Zug

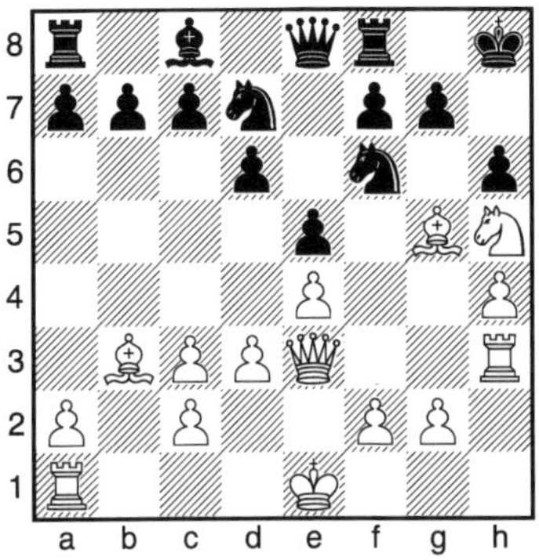

65 Weiß am Zug

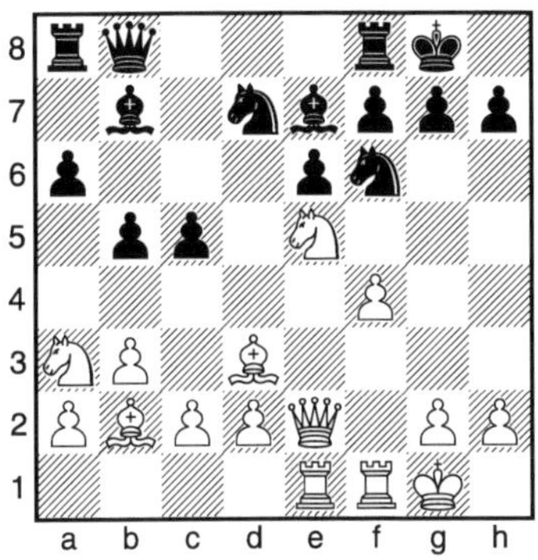

66 Weiß am Zug

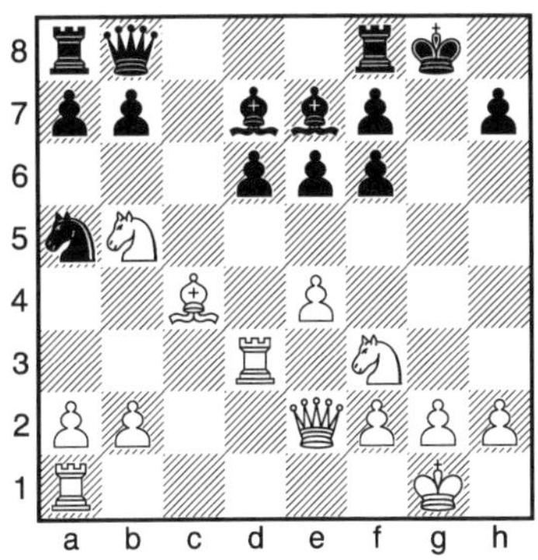

67 Weiß am Zug

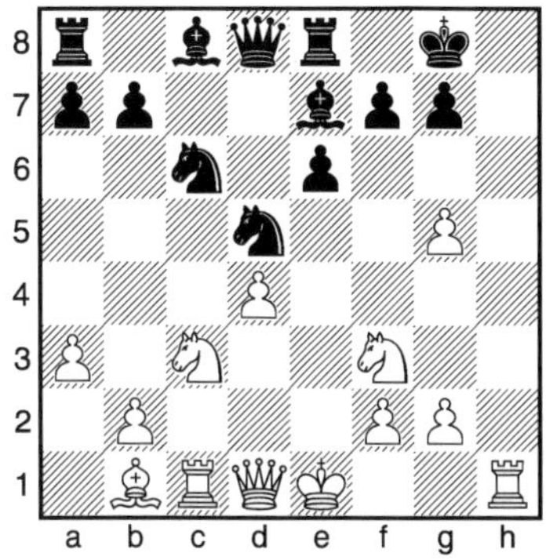

68 Weiß am Zug

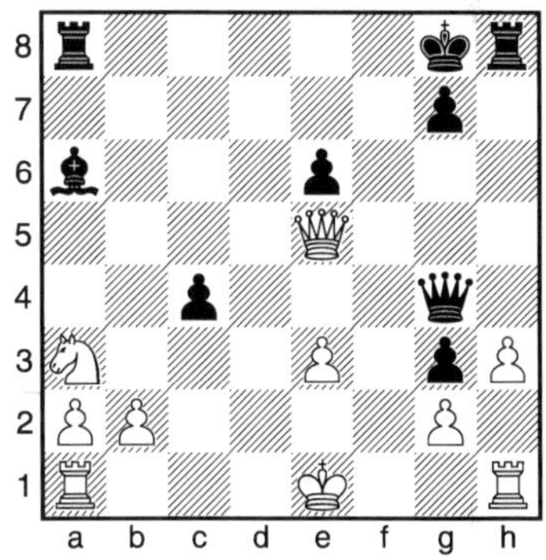

69 Schwarz am Zug

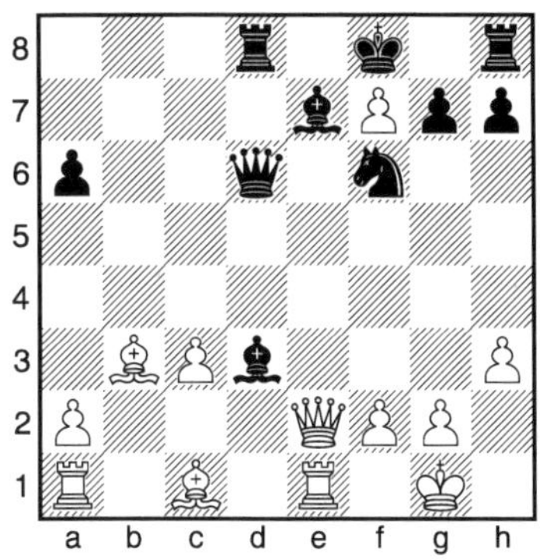

70 Weiß am Zug

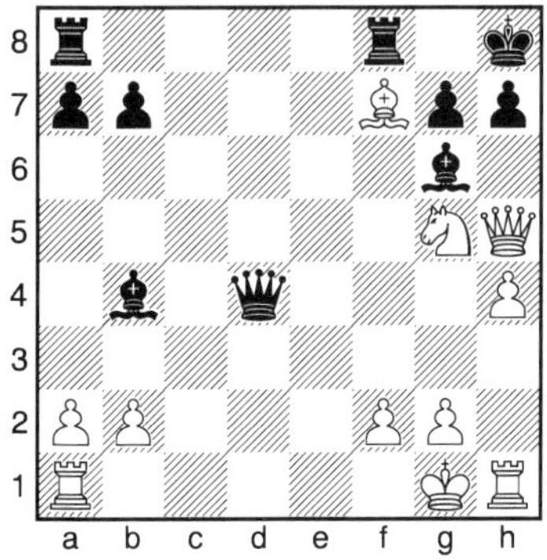

71 **Weiß am Zug**

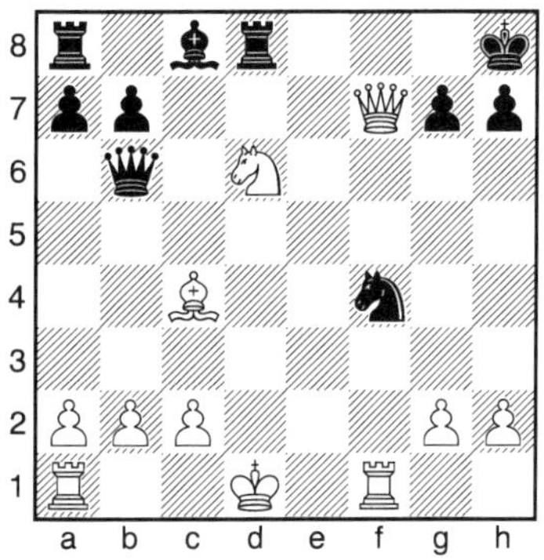

72 **Weiß am Zug**

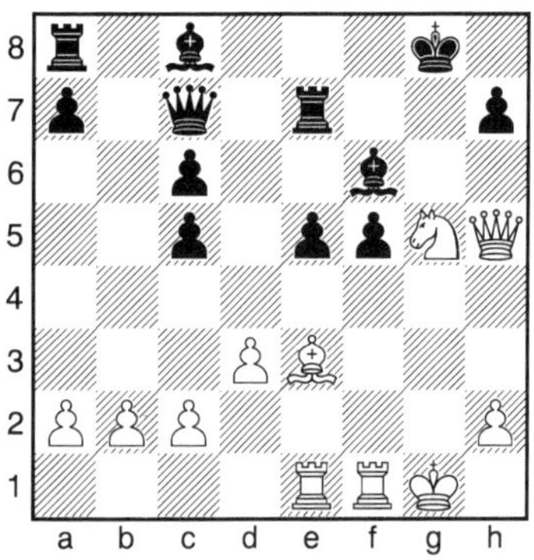

73 **Weiß am Zug**

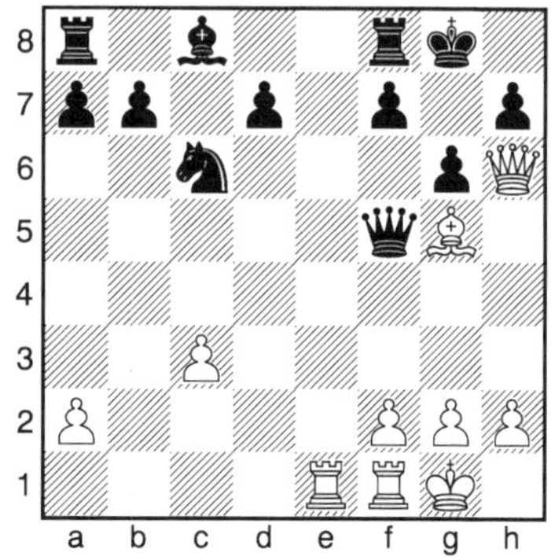

74 **Weiß am Zug**

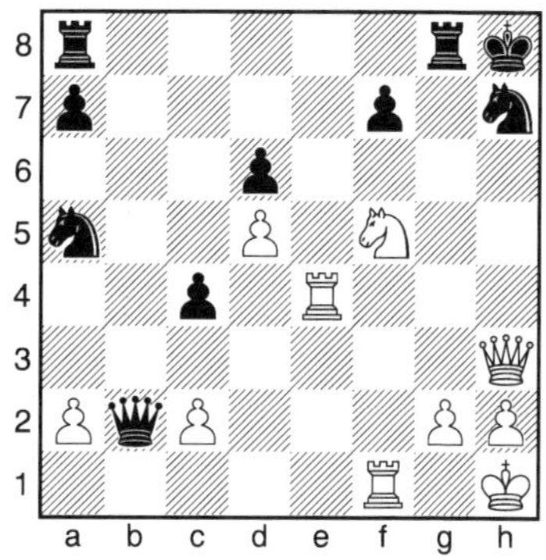

75 **Weiß am Zug**

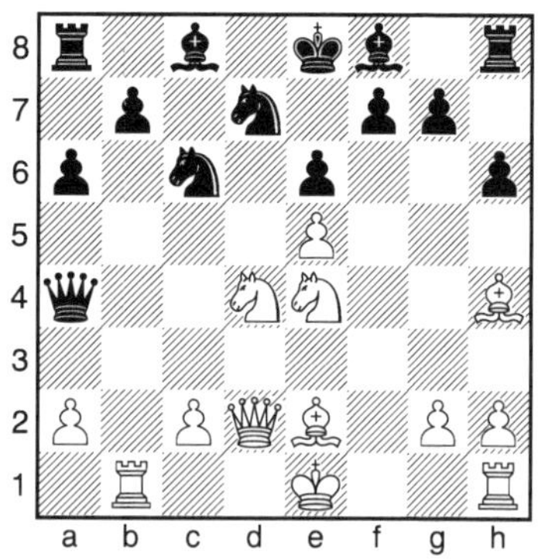

76 **Weiß am Zug**

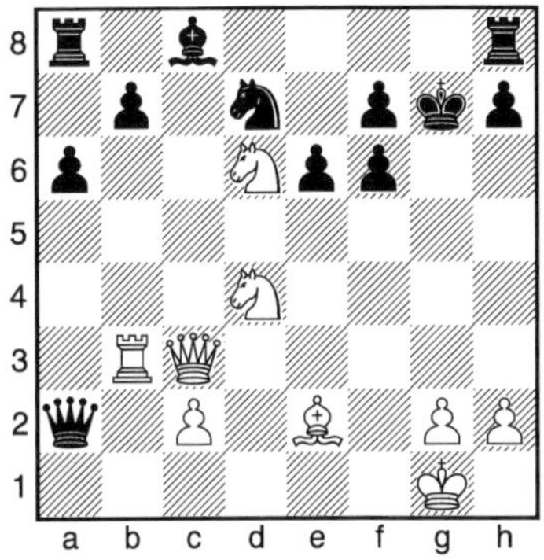

77 **Weiß am Zug**

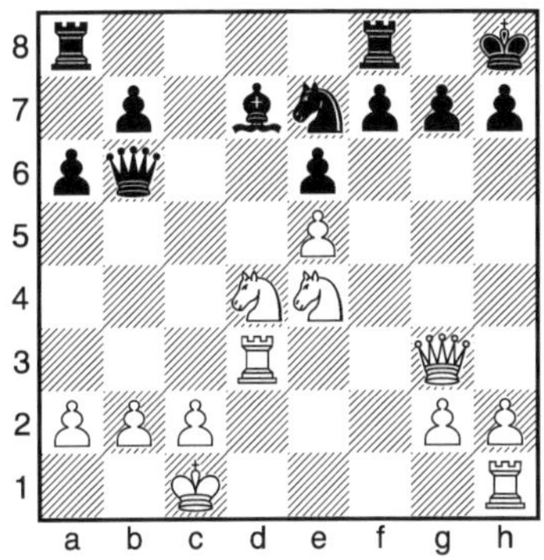

78 **Weiß am Zug**

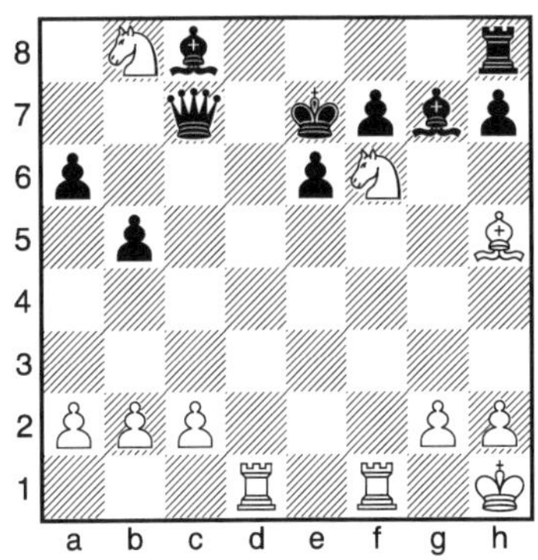

79 **Weiß am Zug**

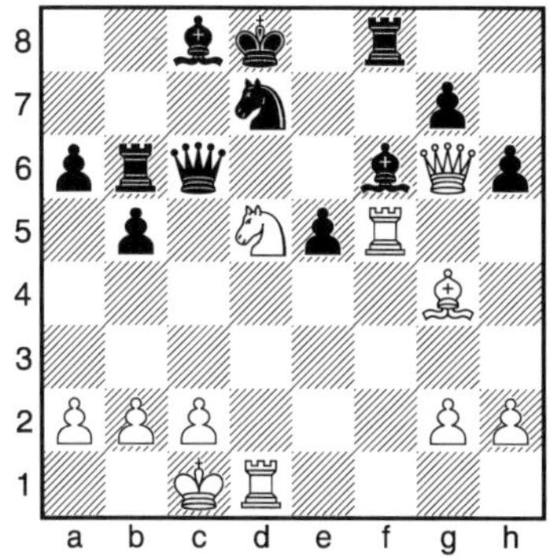

80 **Weiß am Zug**

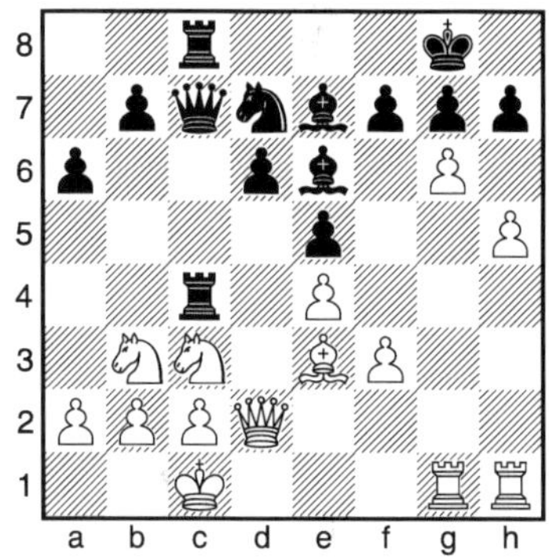

81 **Weiß am Zug**

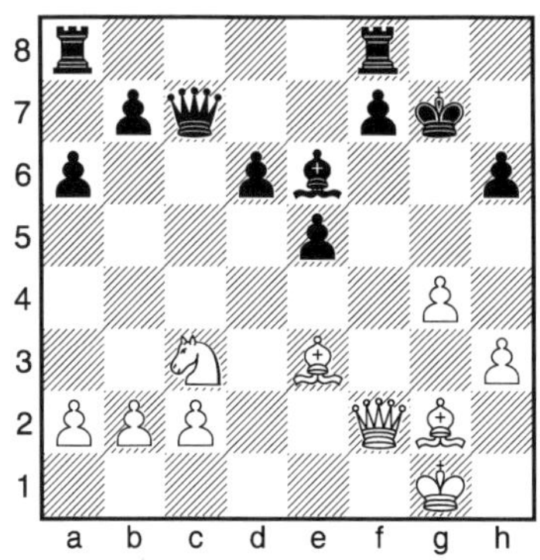

82 **Weiß am Zug**

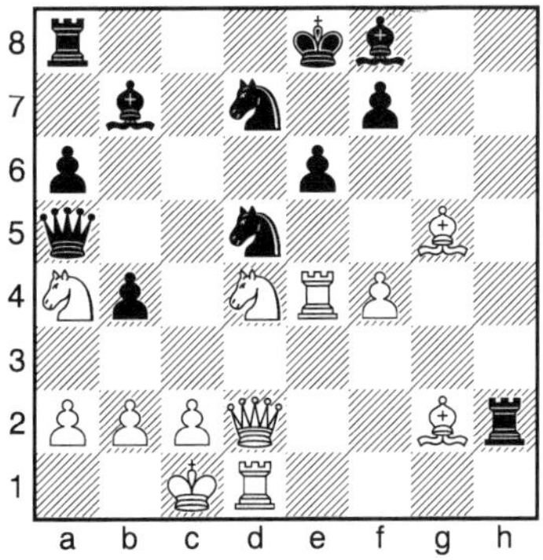

83 **Weiß am Zug**

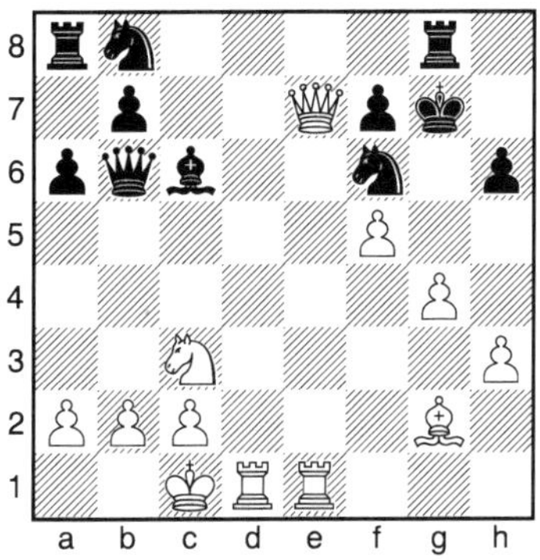

84 **Weiß am Zug**

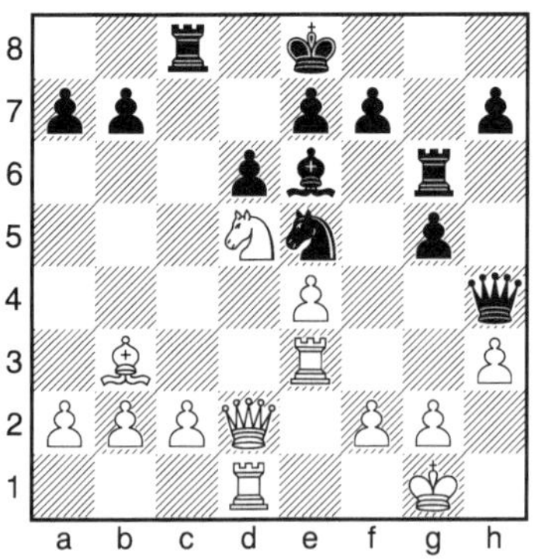

85 **Weiß am Zug**

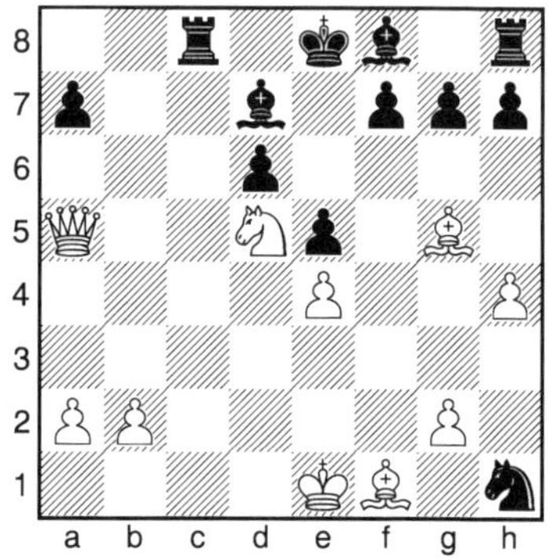

86 **Weiß am Zug**

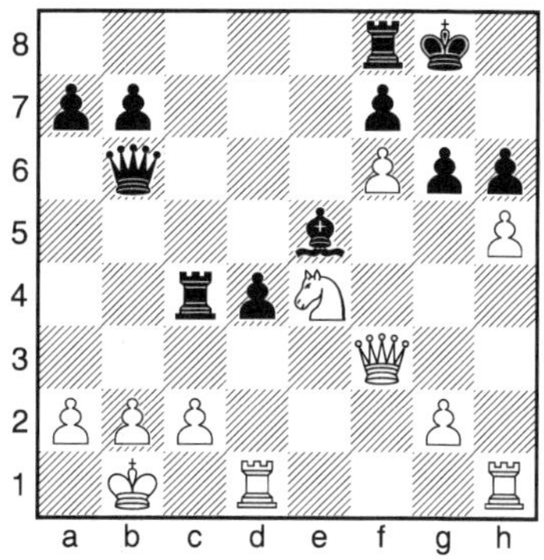

87 **Schwarz am Zug**

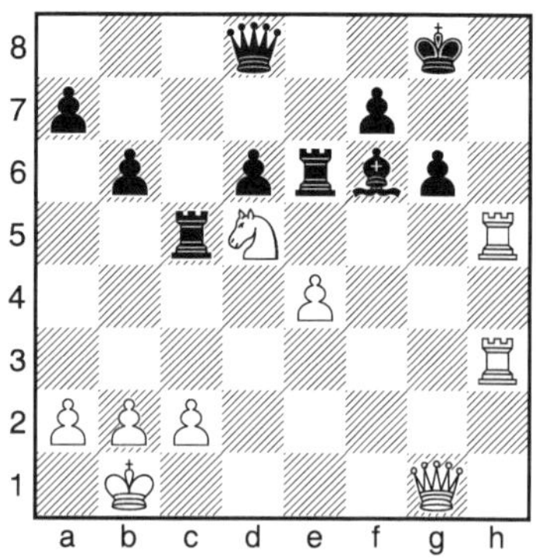

88 **Weiß am Zug**

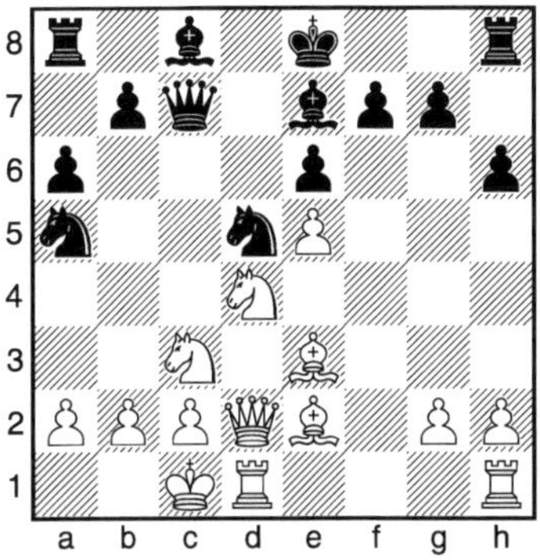

89 Weiß am Zug

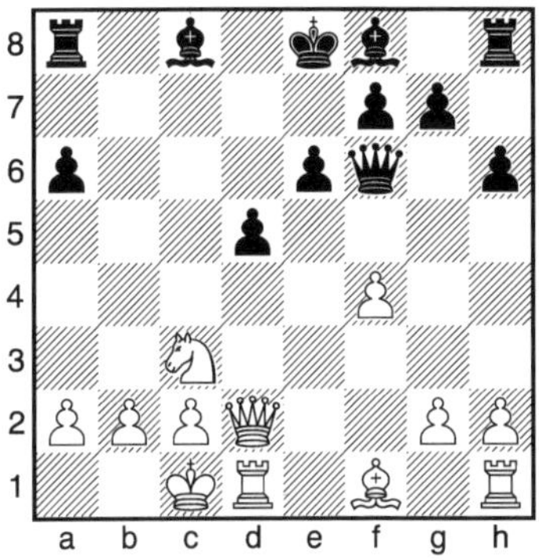

90 Weiß am Zug

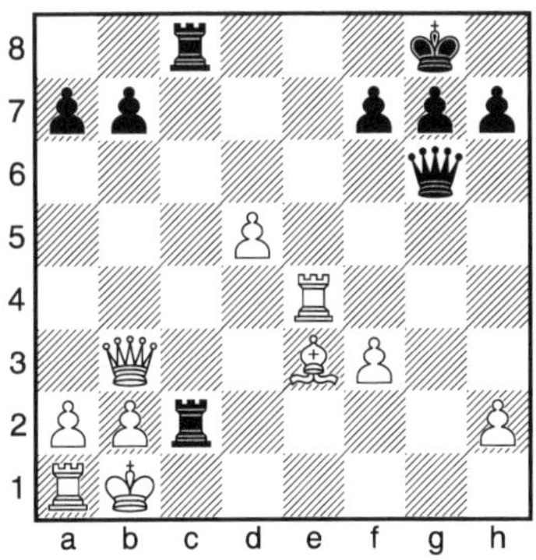

91 Schwarz am Zug

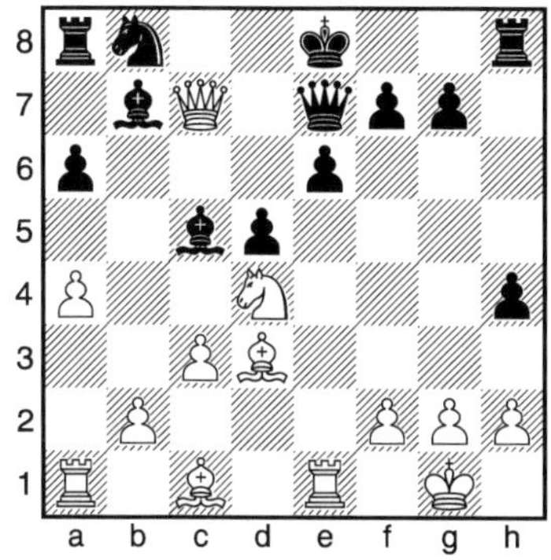

92 Weiß am Zug

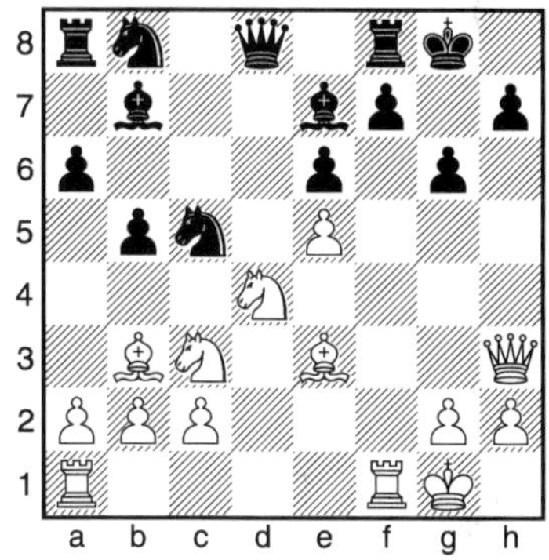

93 Weiß am Zug

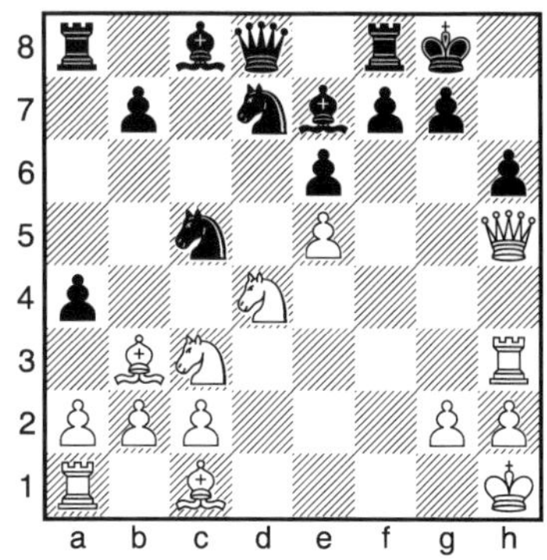

94 Weiß am Zug

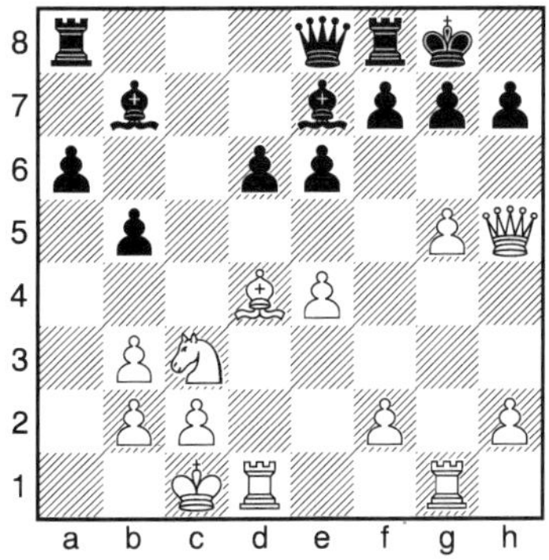

95 Weiß am Zug

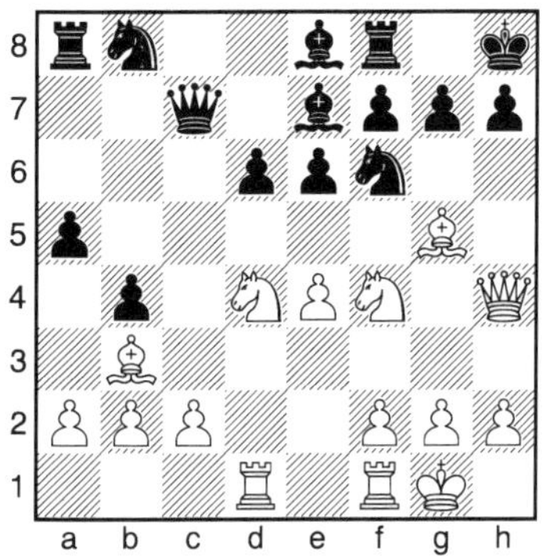

96 Weiß am Zug

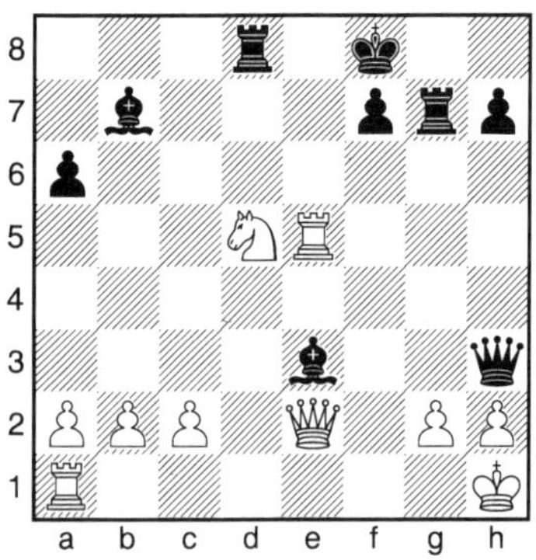

97 Schwarz am Zug

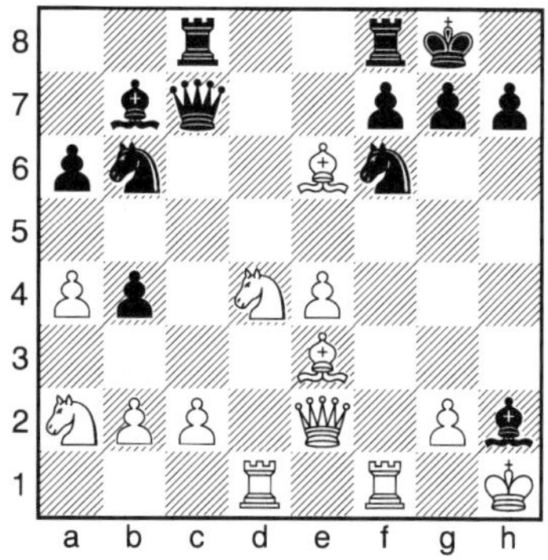

98 Weiß am Zug

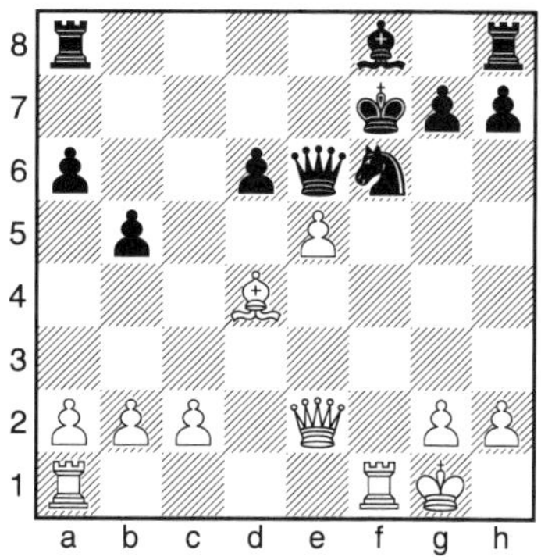

99 Weiß am Zug

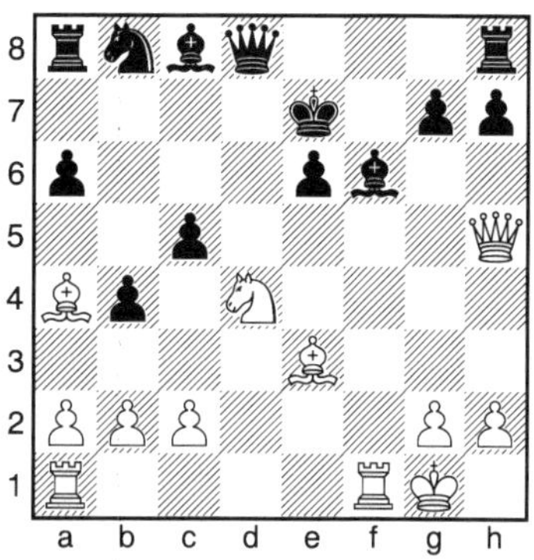

100 Weiß am Zug

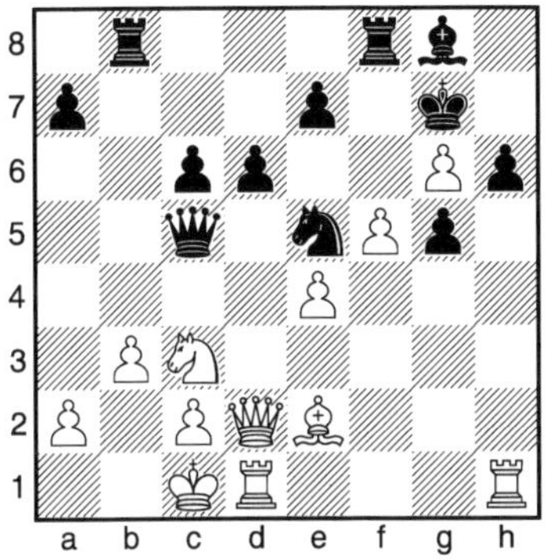

101 Weiß am Zug

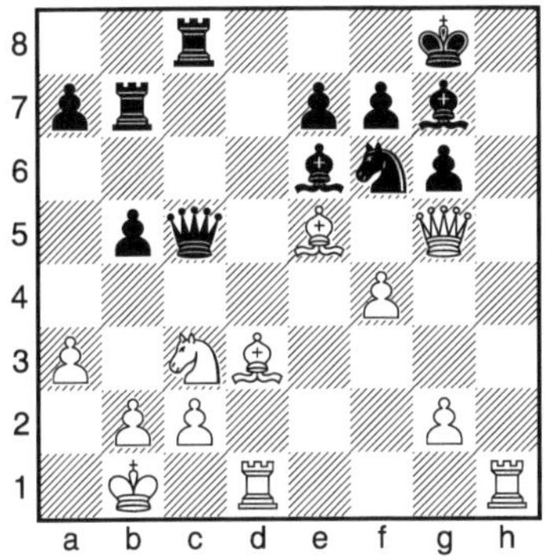

102 Weiß am Zug

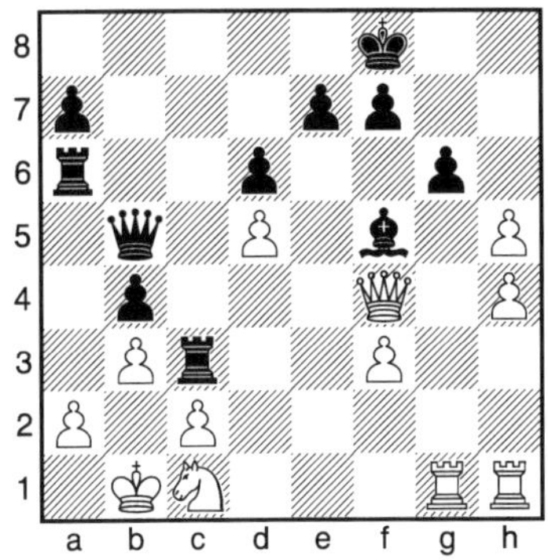

103 Weiß am Zug

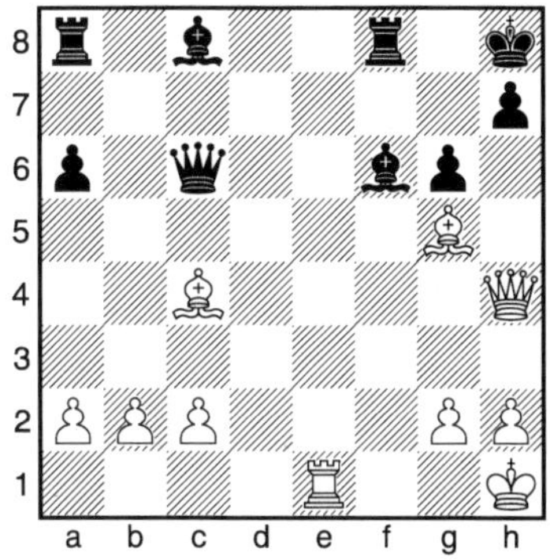

104 Weiß am Zug

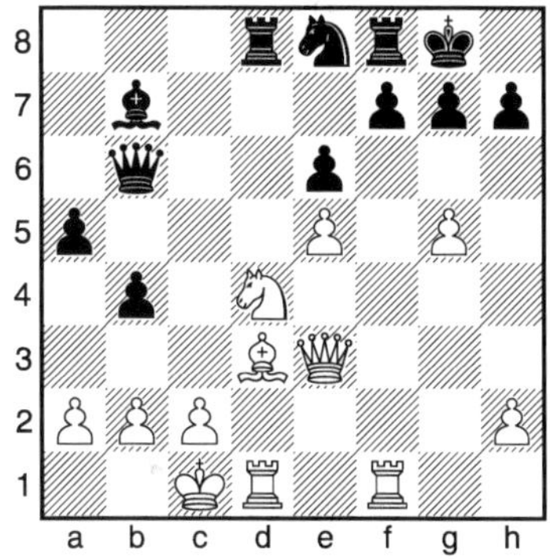

105 Weiß am Zug

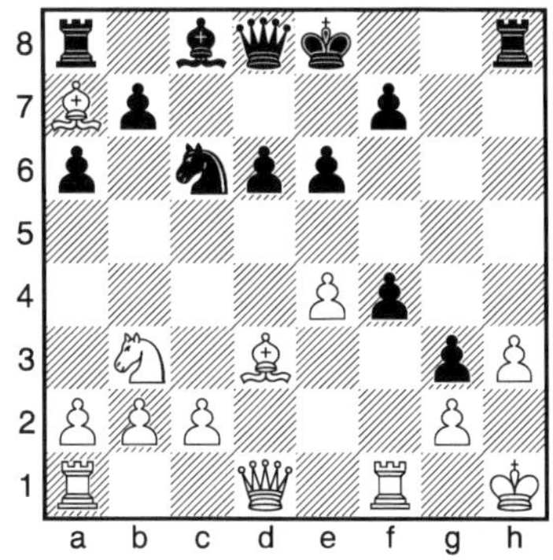

106 Schwarz am Zug

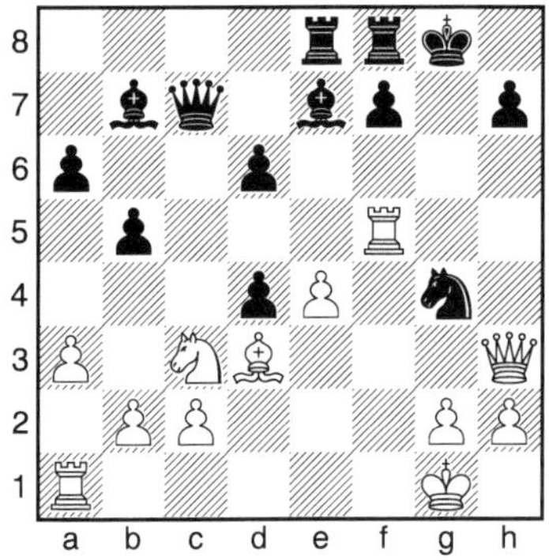

107 Weiß am Zug

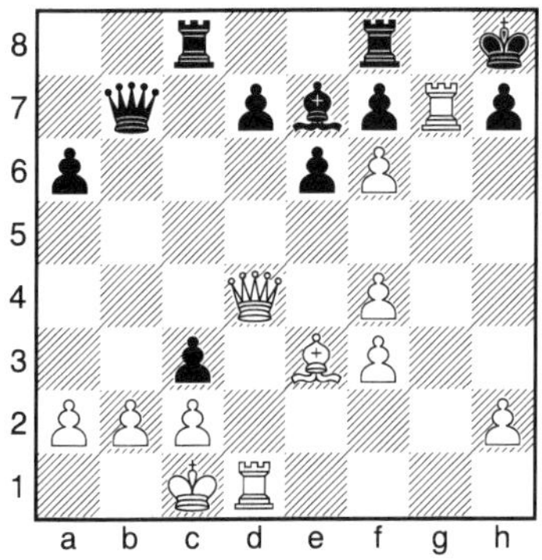

108 Weiß am Zug

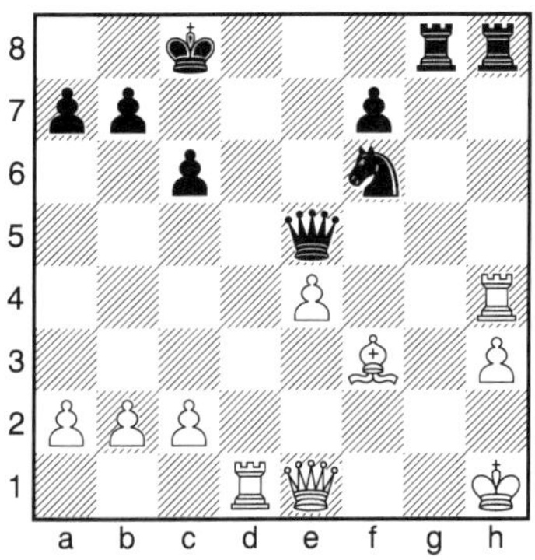

109 Schwarz am Zug

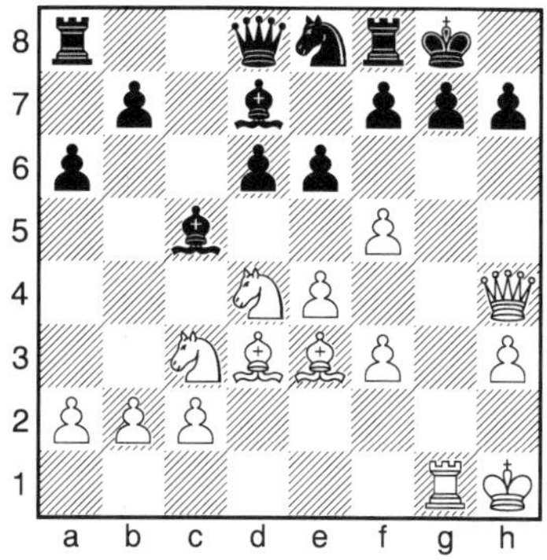

110 Weiß am Zug

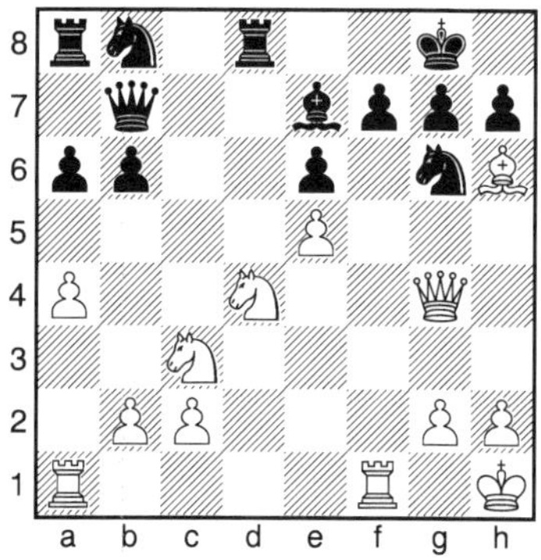

111 Weiß am Zug

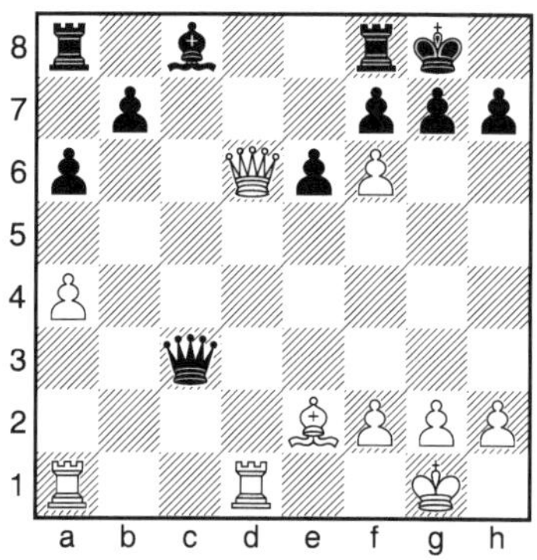

112 Weiß am Zug

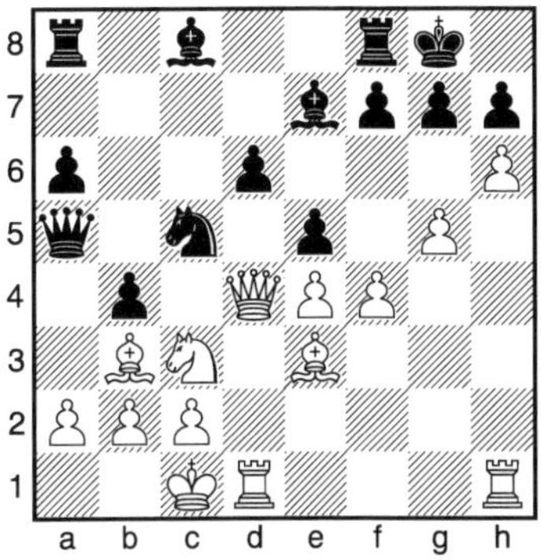

113 Weiß am Zug

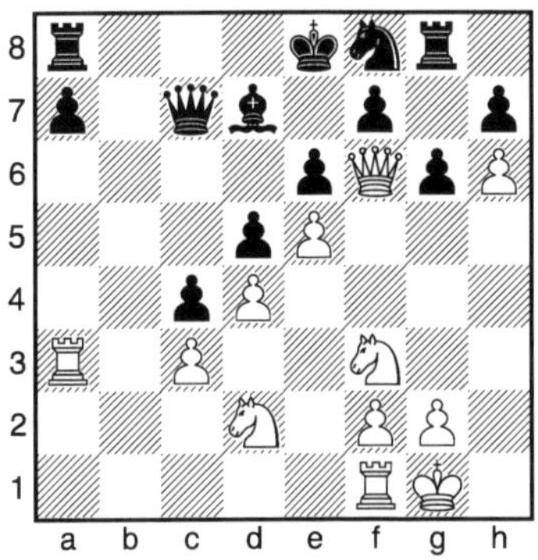

114 Weiß am Zug

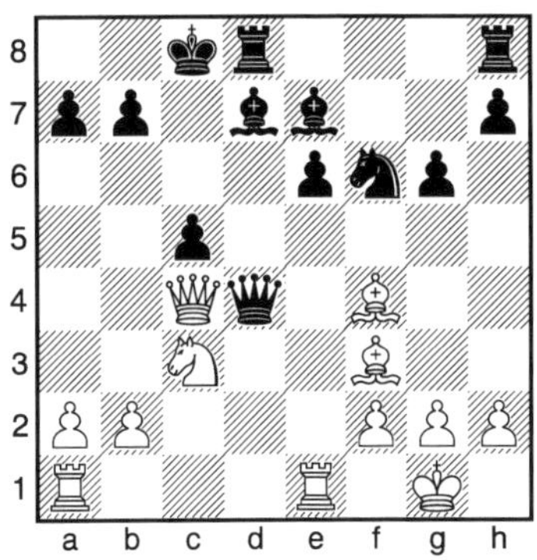

115 Weiß am Zug

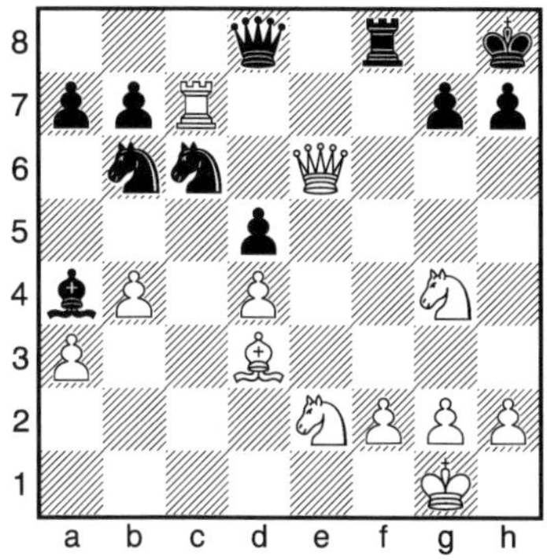

116 Weiß am Zug

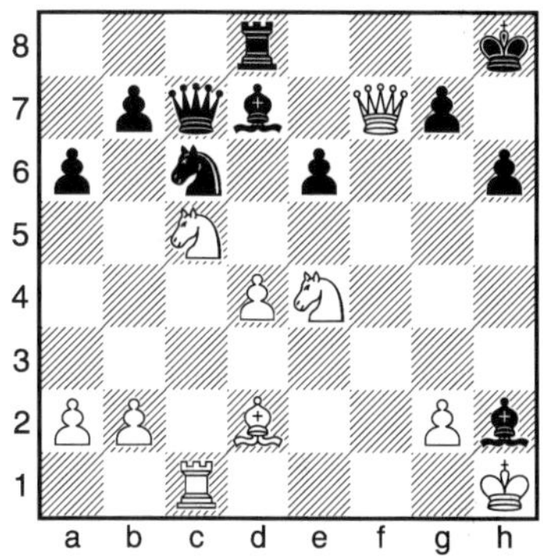

117 Weiß am Zug

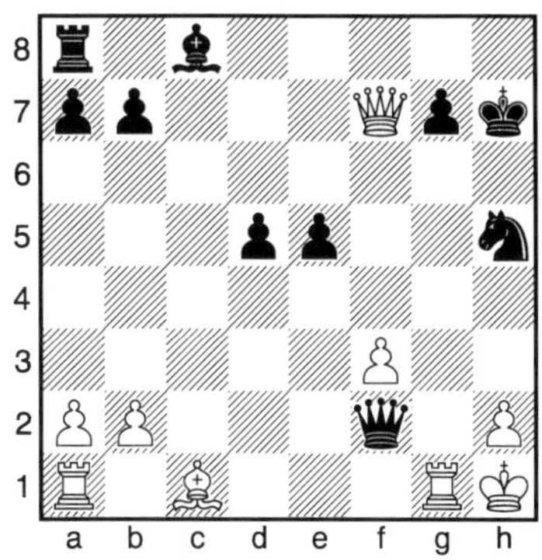

118 Schwarz am Zug

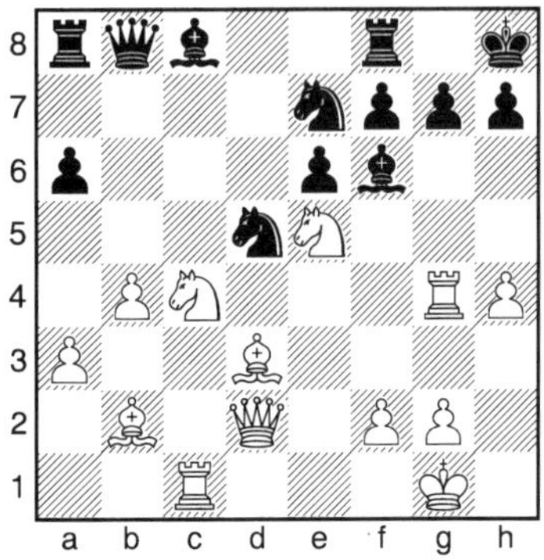

119 **Weiß am Zug**

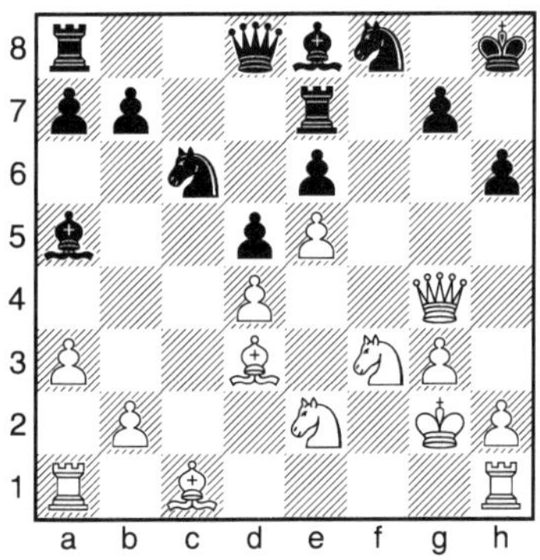

120 **Weiß am Zug**

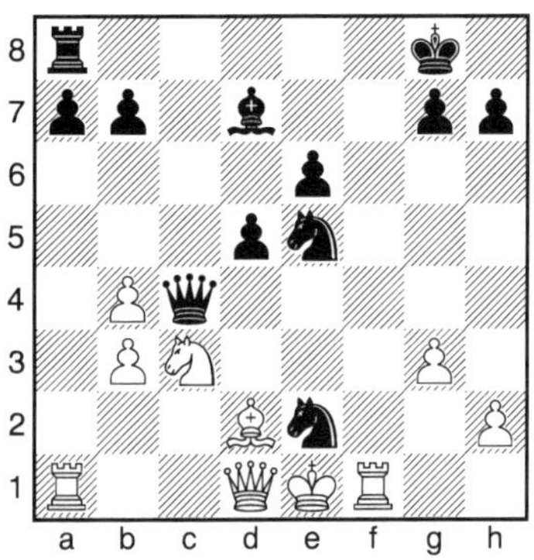

121 **Schwarz am Zug**

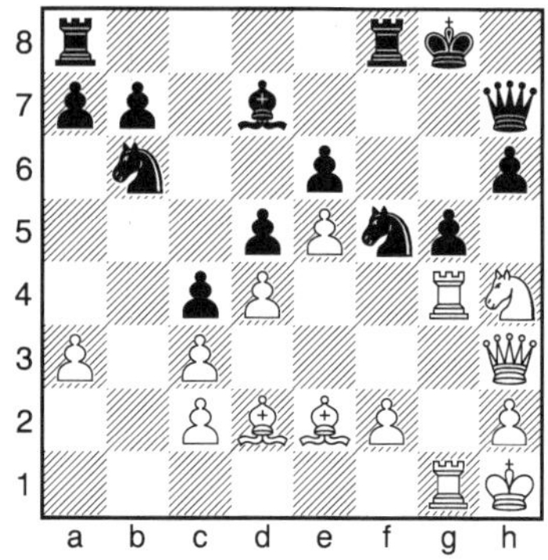

122 **Weiß am Zug**

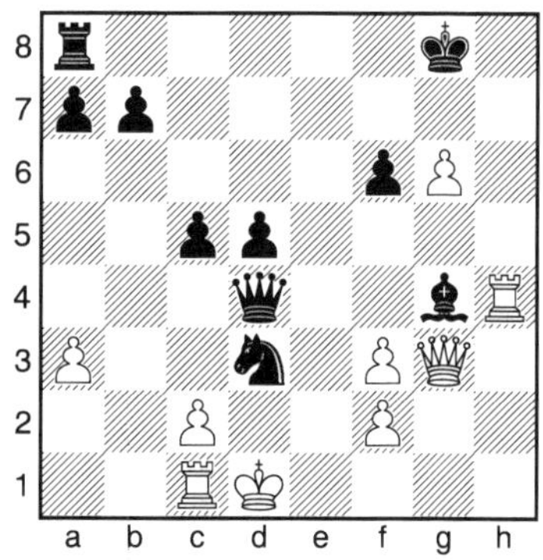

123 **Weiß am Zug**

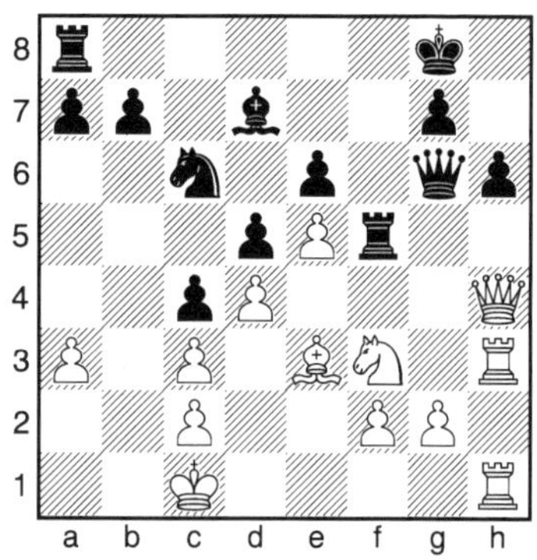

124 **Schwarz am Zug**

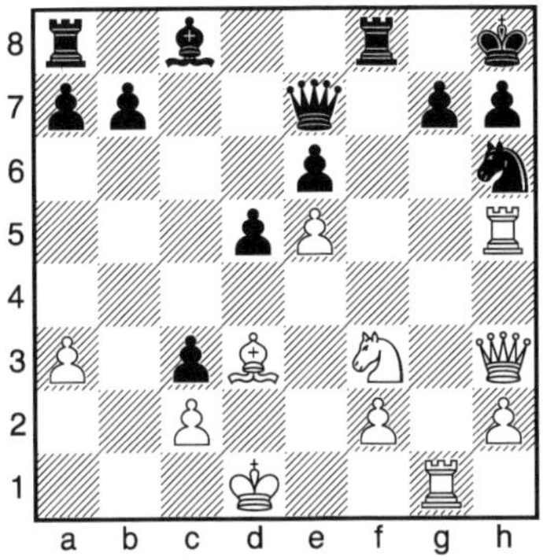

125 **Weiß am Zug**

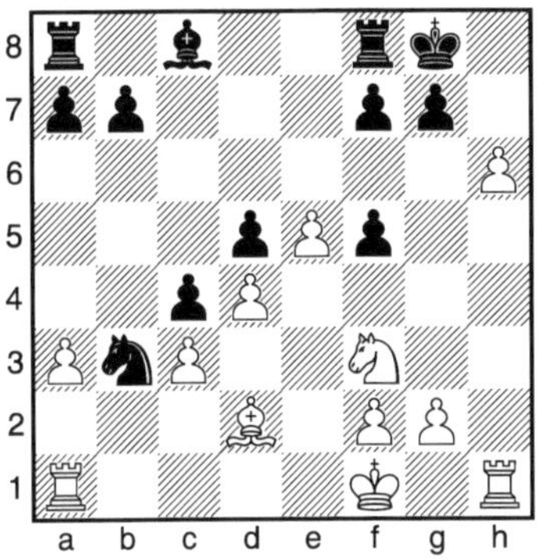

126 **Weiß am Zug**

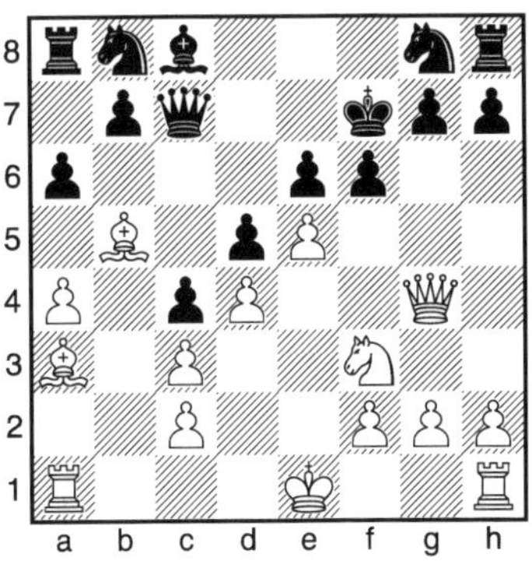

127 **Weiß am Zug**

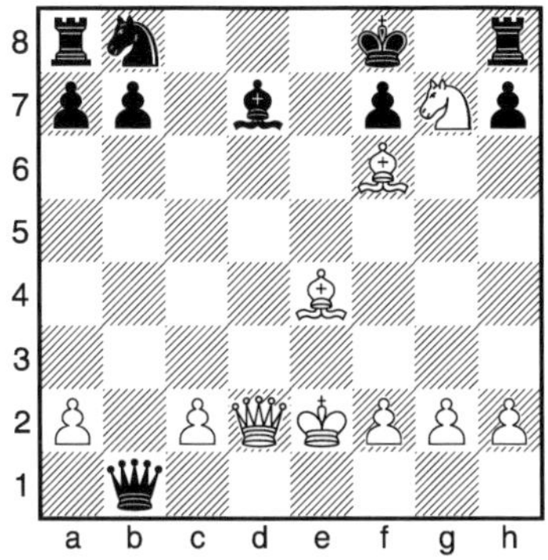

128 **Weiß am Zug**

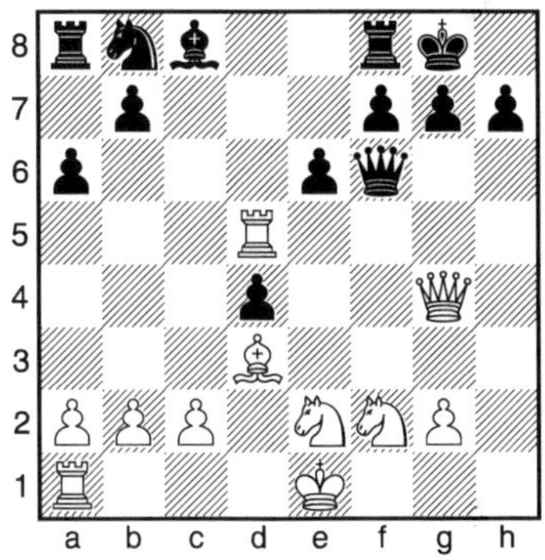

129 **Weiß am Zug**

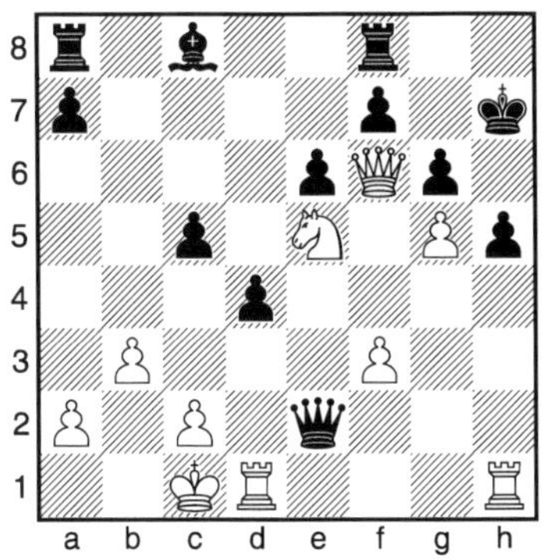

130 **Weiß am Zug**

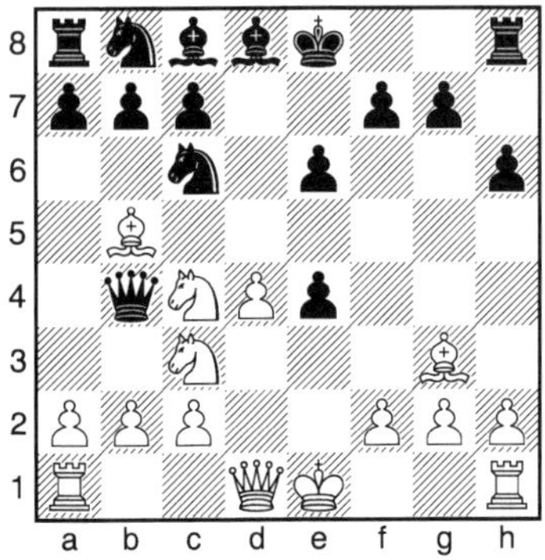

131 **Weiß am Zug**

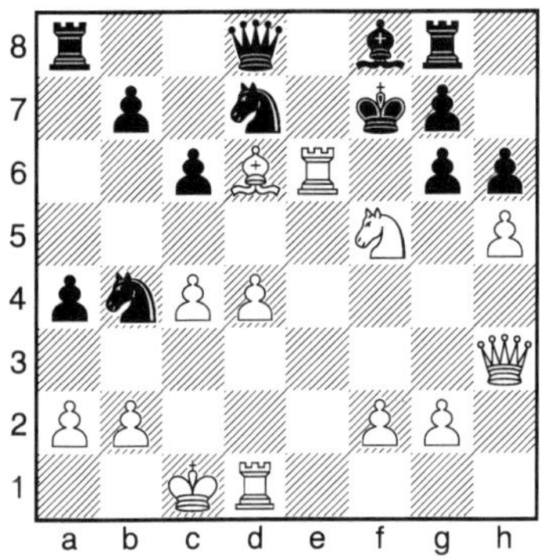

132 **Weiß am Zug**

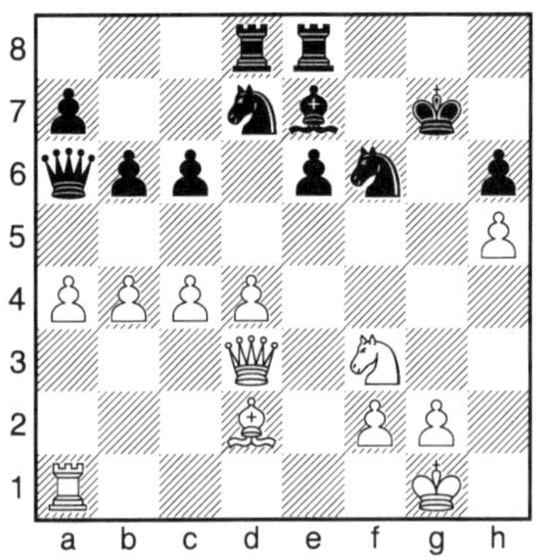

133 **Weiß am Zug**

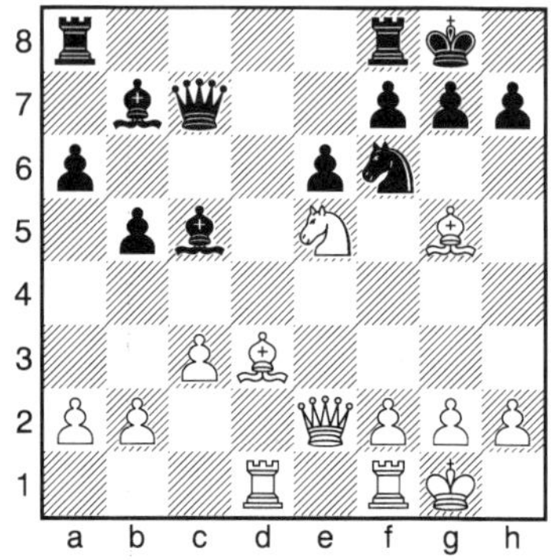

134 **Weiß am Zug**

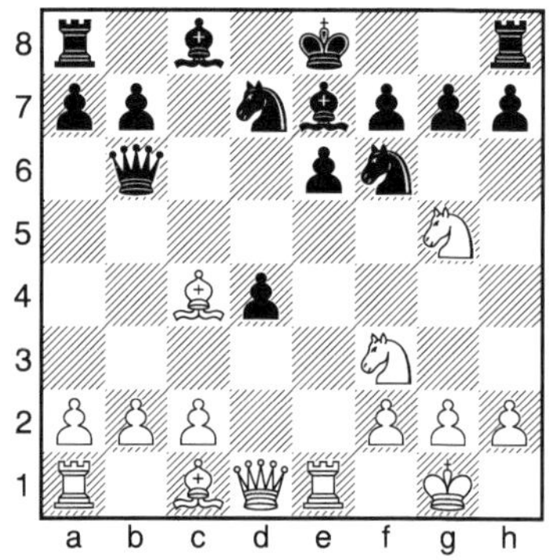

135 **Weiß am Zug**

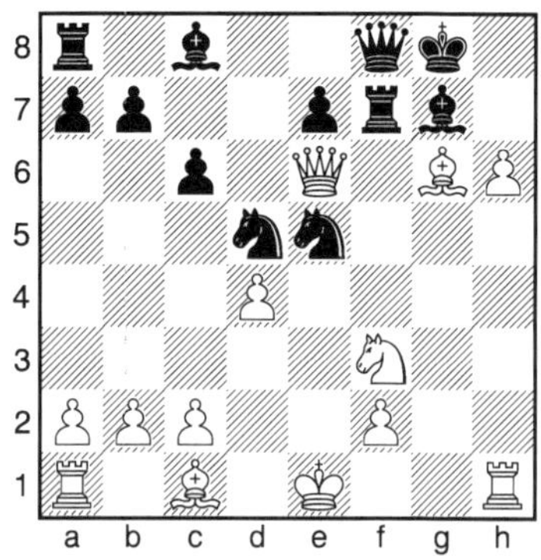

136 **Weiß am Zug**

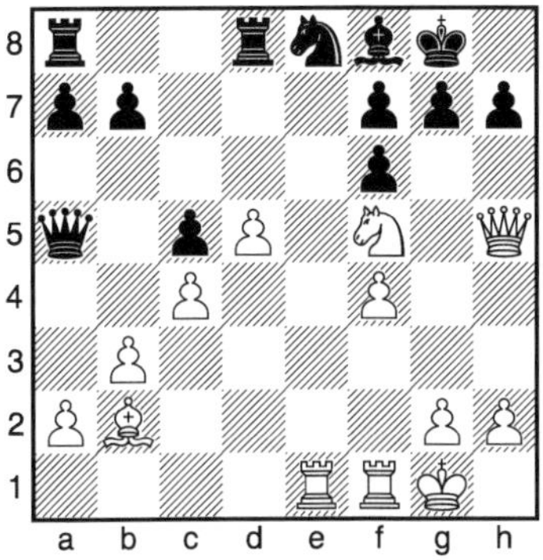

137 **Weiß am Zug**

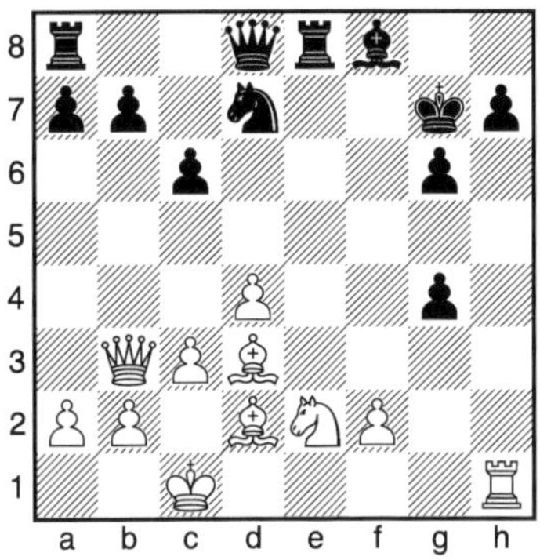

138 **Weiß am Zug**

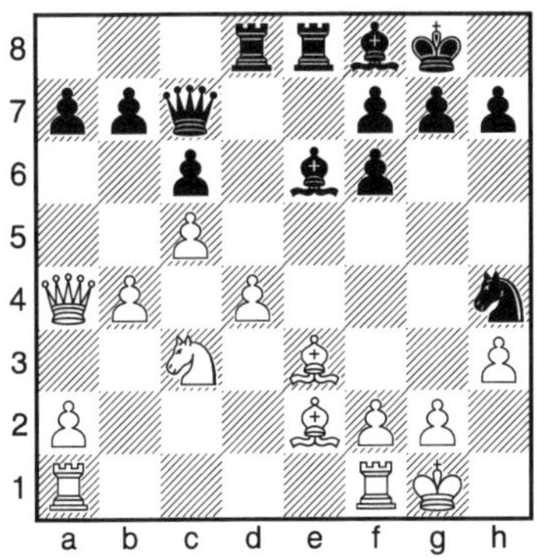

139 **Schwarz am Zug**

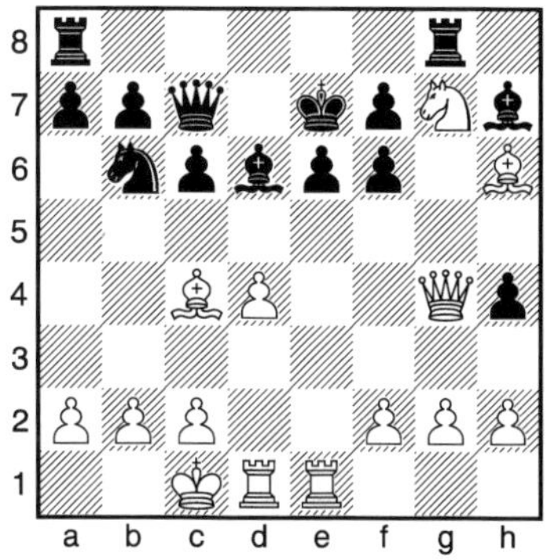

140 **Weiß am Zug**

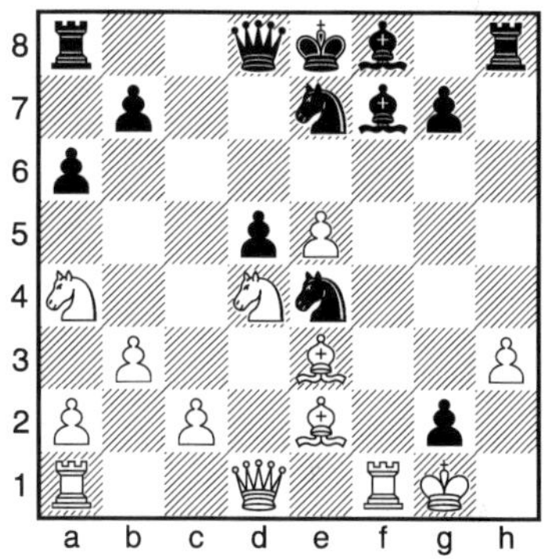

141 **Weiß am Zug**

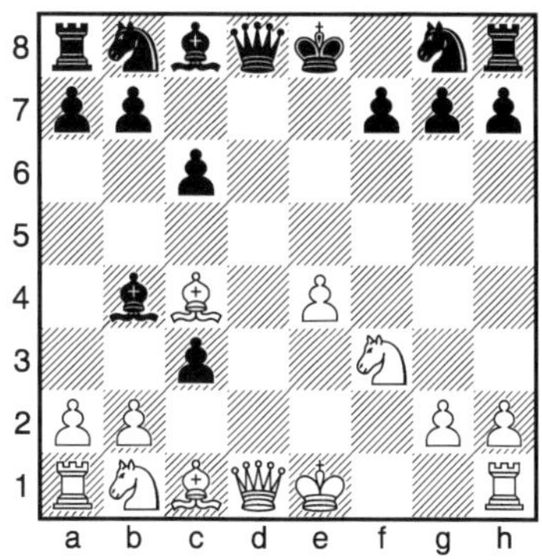

142 **Weiß am Zug**

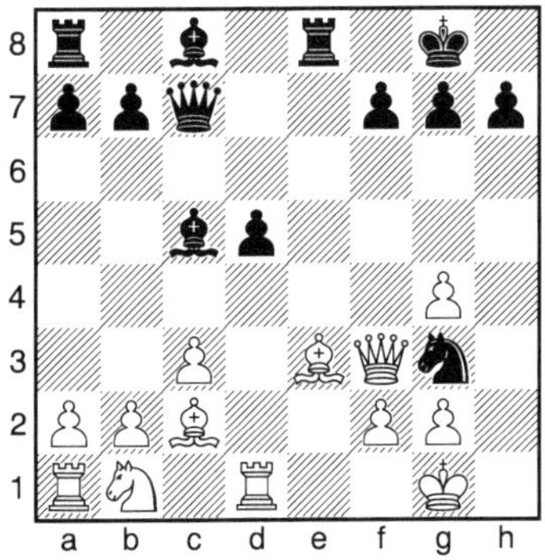

143 **Schwarz am Zug**

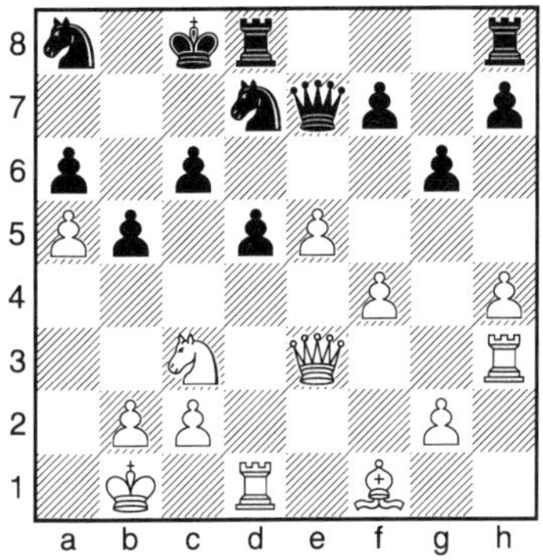

144 **Weiß am Zug**

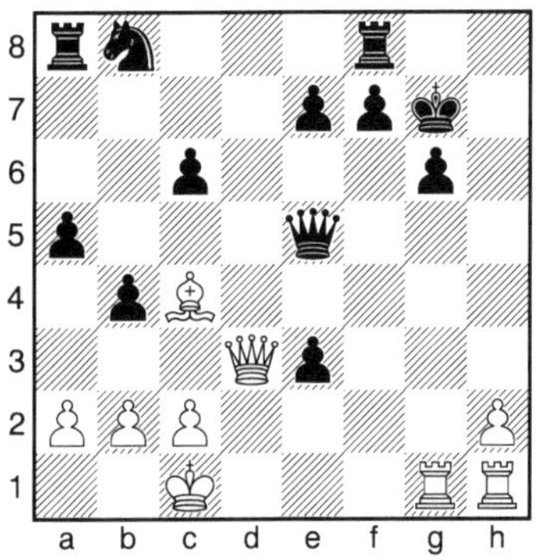

145 **Weiß am Zug**

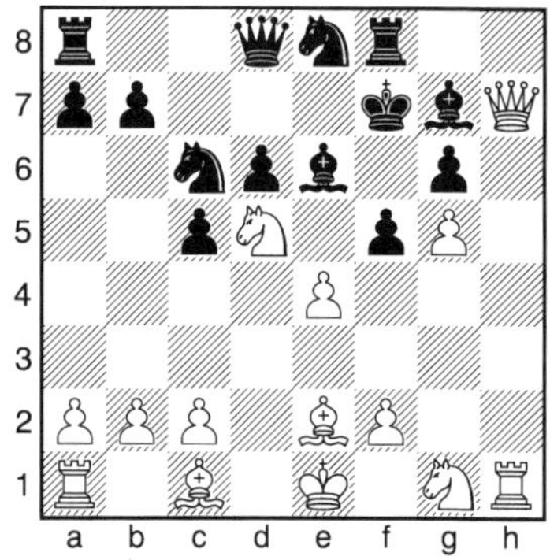

146 **Weiß am Zug**

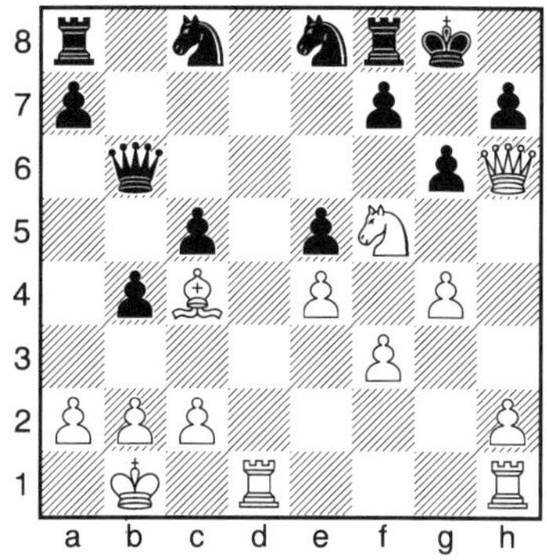

147 **Weiß am Zug**

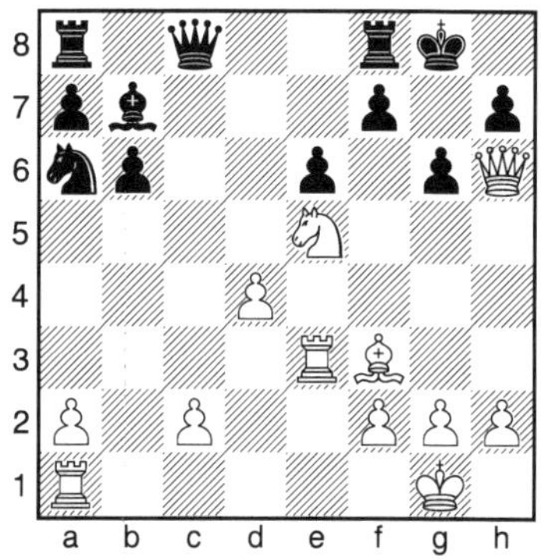

148 **Weiß am Zug**

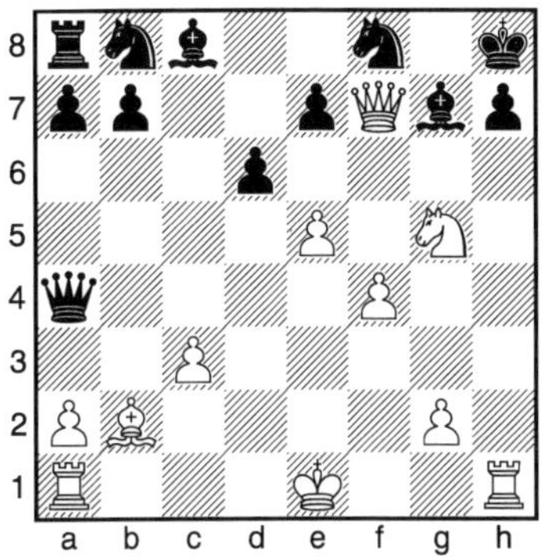

149 Weiß am Zug

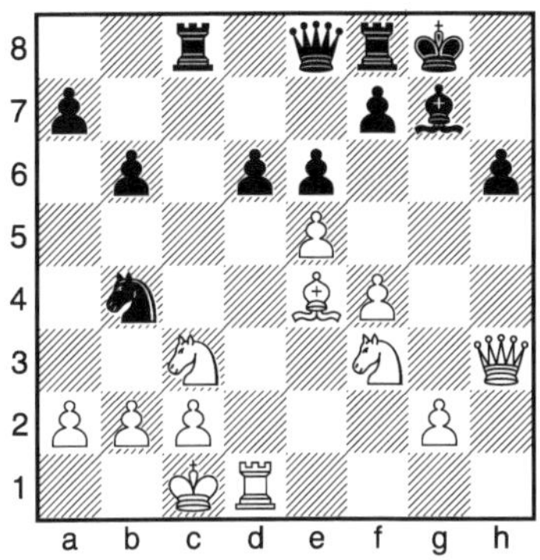

150 Weiß am Zug

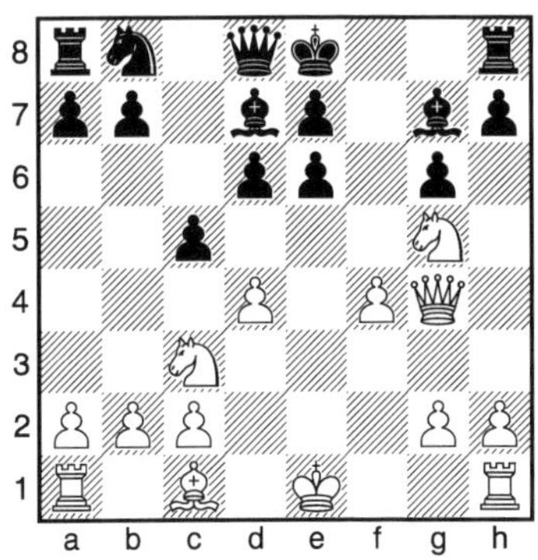

151 Weiß am Zug

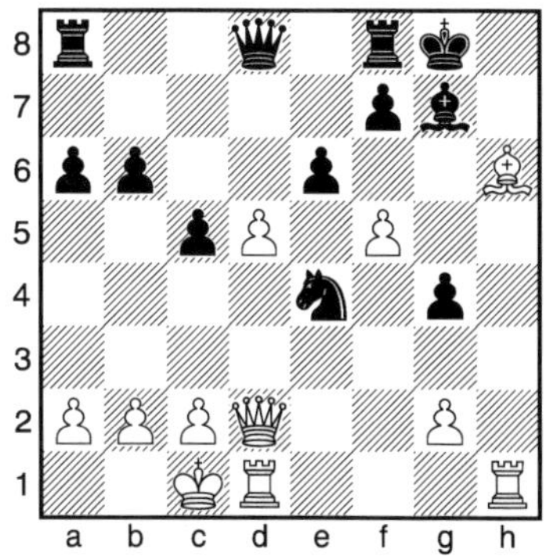

152 Weiß am Zug

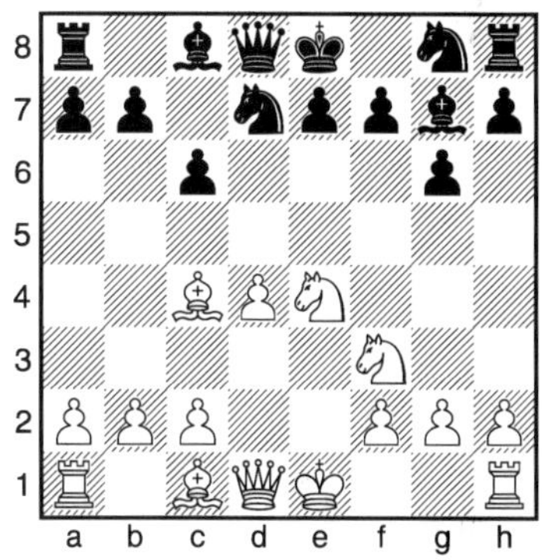

153 Weiß am Zug

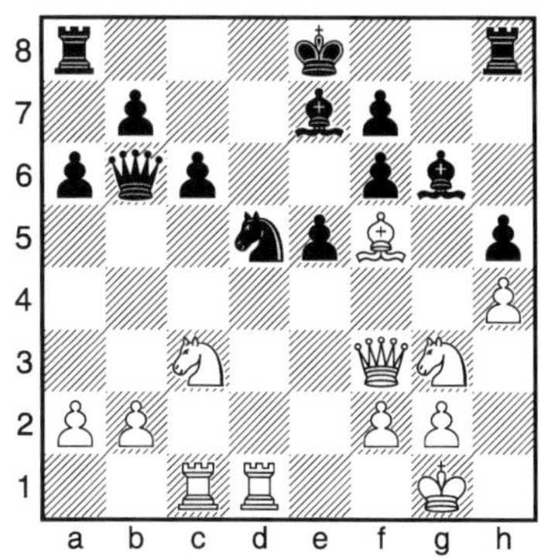

154 Weiß am Zug

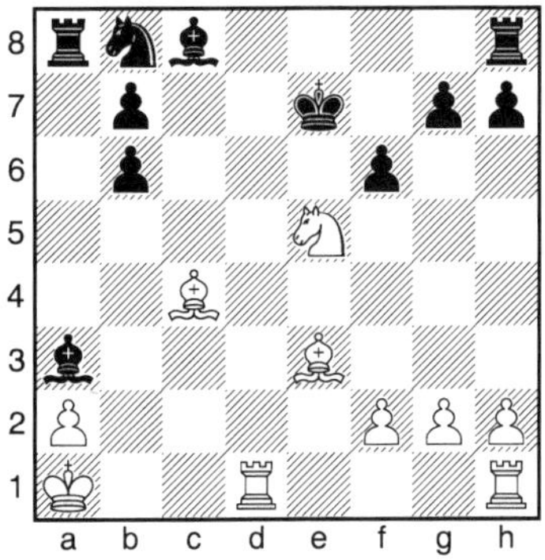

155 Weiß am Zug

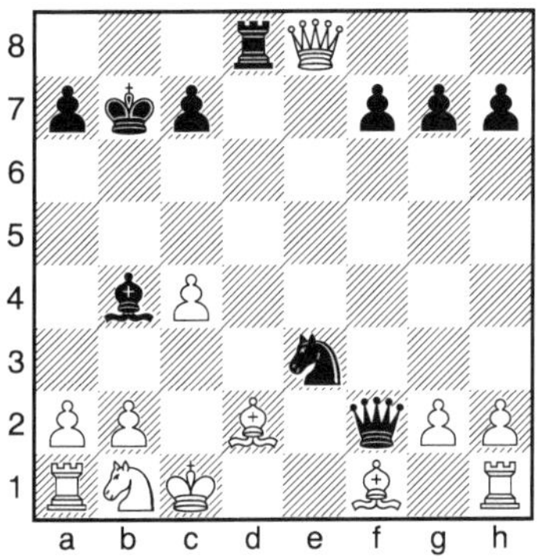

156 Schwarz am Zug

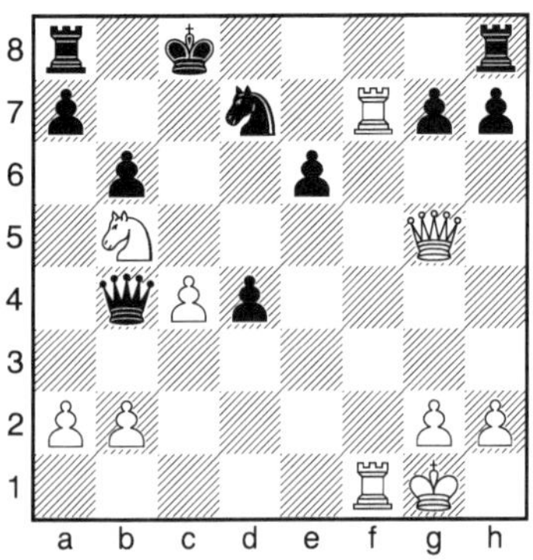

157 Weiß am Zug

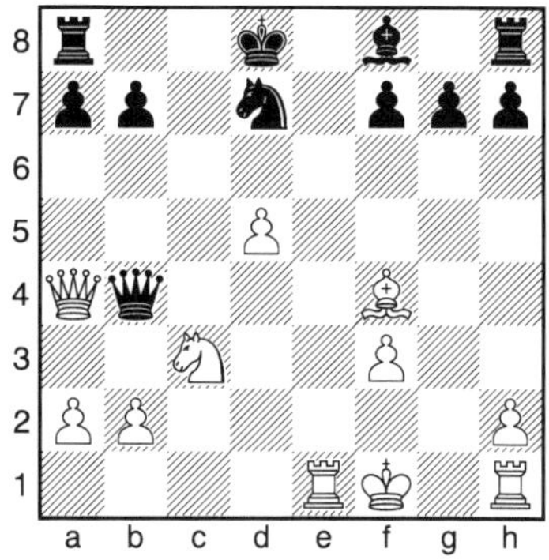

158 Weiß am Zug

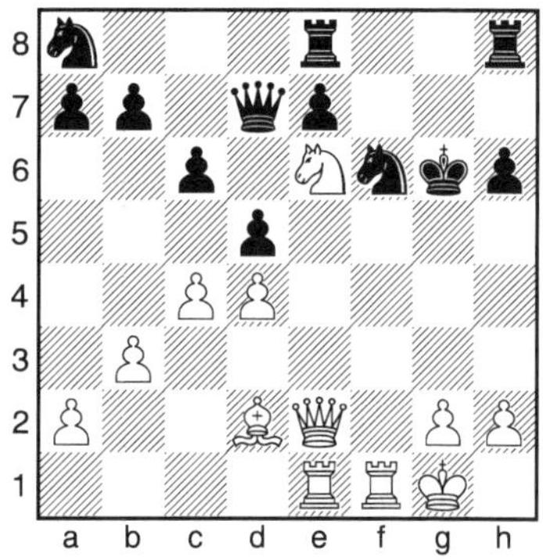

159 Weiß am Zug

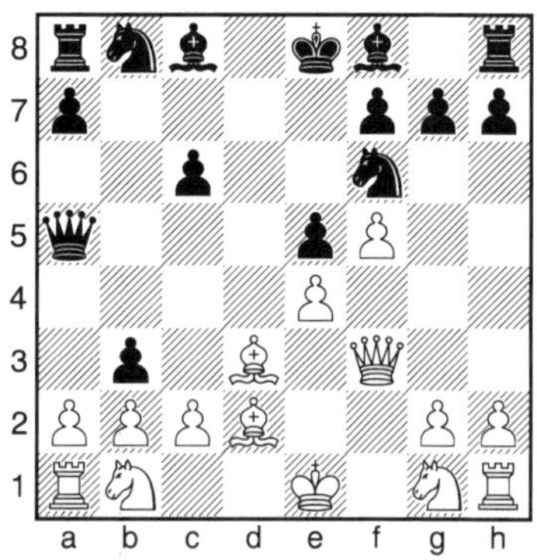

160 Schwarz am Zug

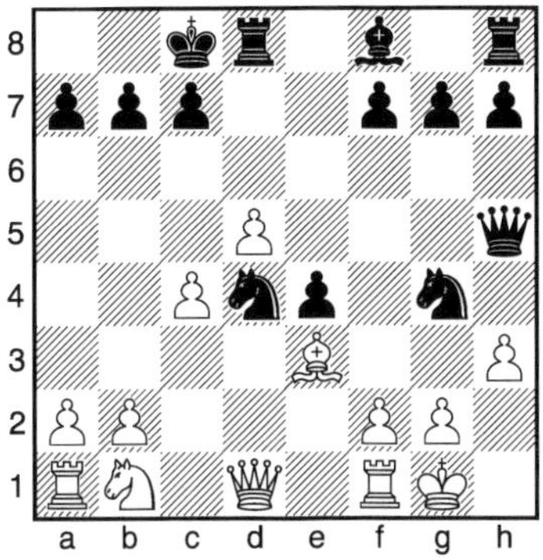

161 Schwarz am Zug

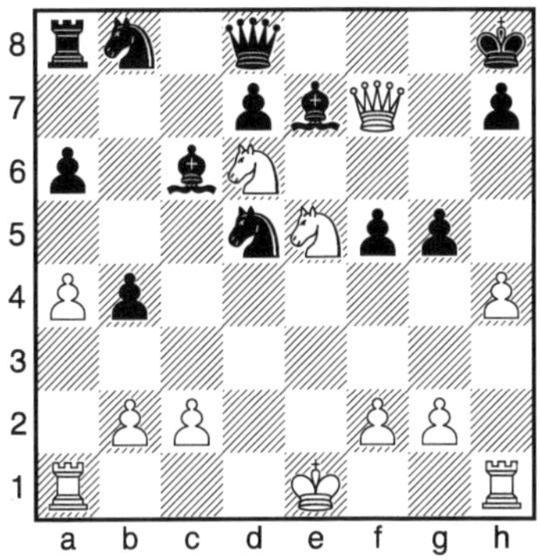

162 Weiß am Zug

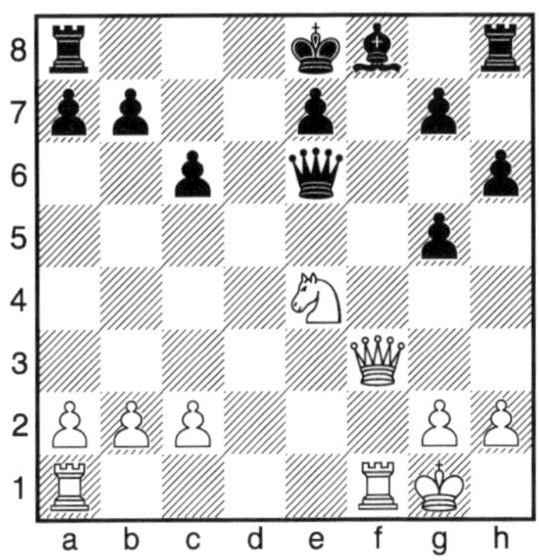

163 Weiß am Zug

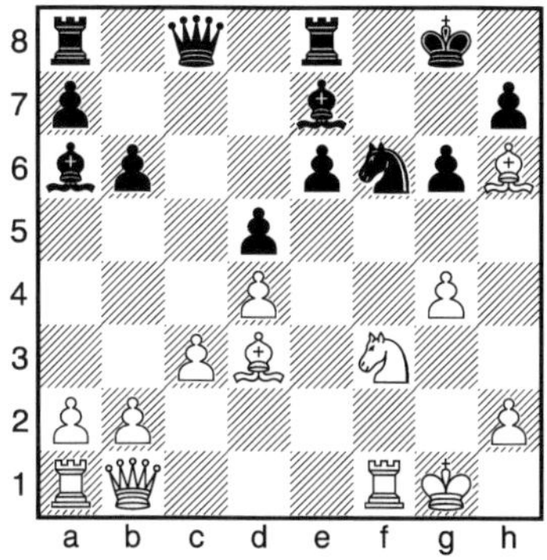

164 Weiß am Zug

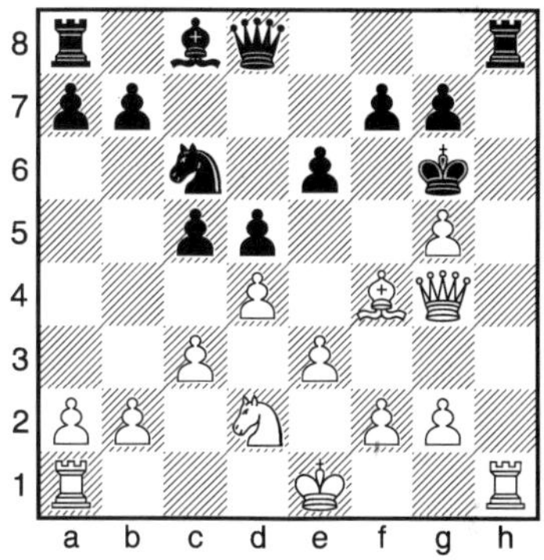

165 Weiß am Zug

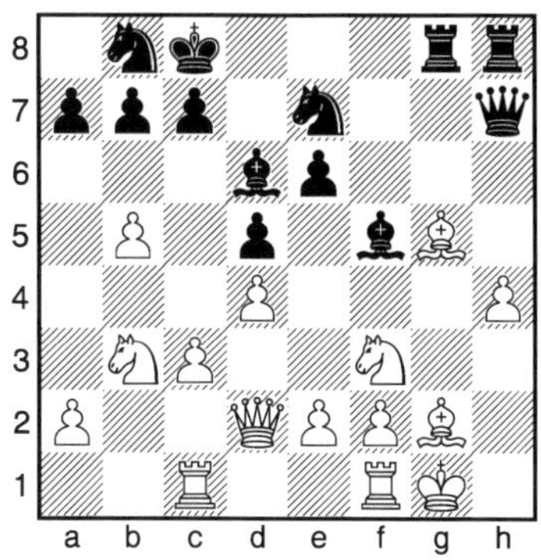

166 Schwarz am Zug

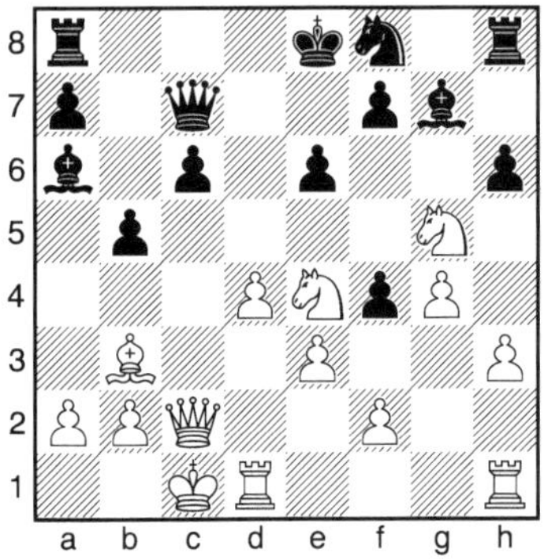

167 Weiß am Zug

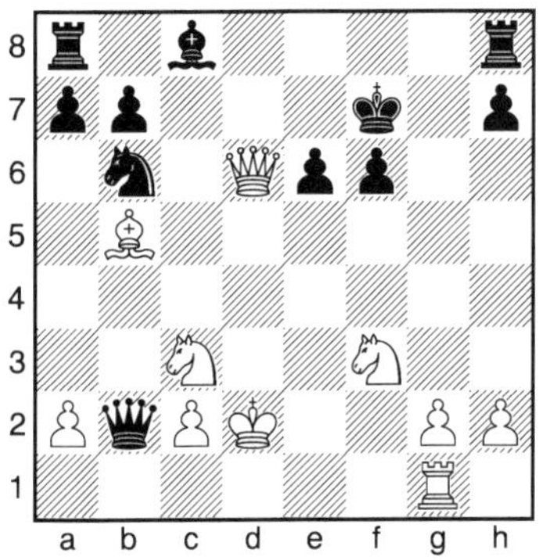

168 Weiß am Zug

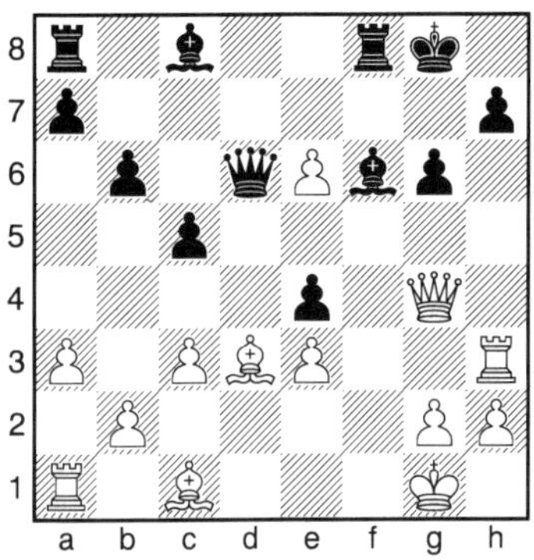

169 Weiß am Zug

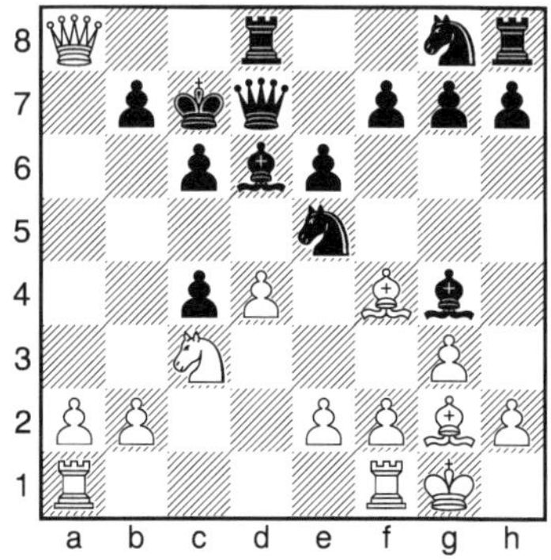

170 Weiß am Zug

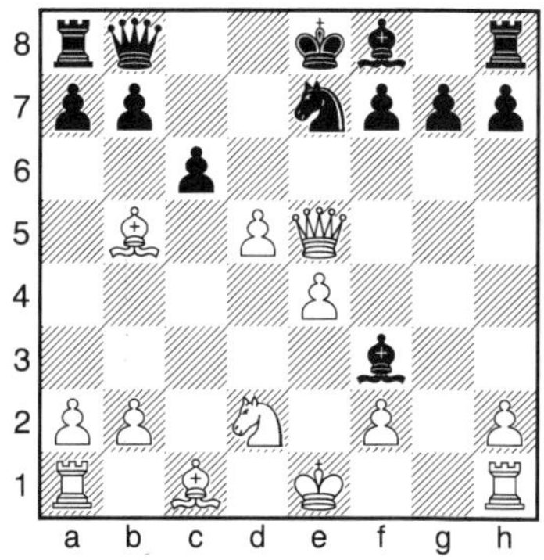

171 Weiß am Zug

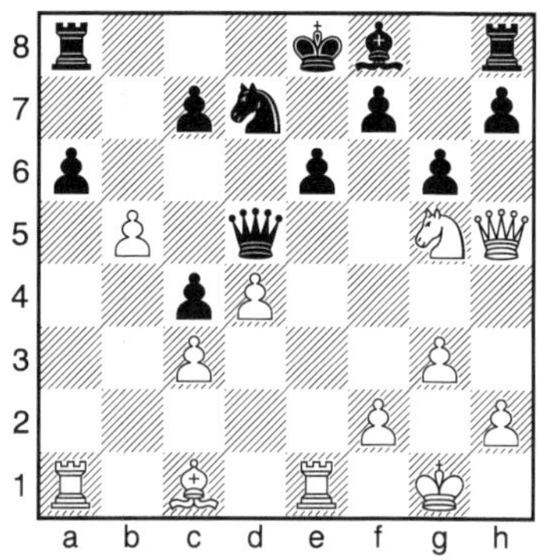

172 Weiß am Zug

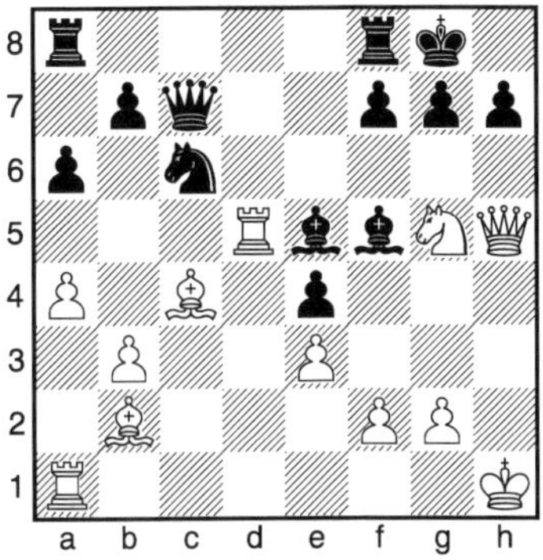

173 Weiß am Zug

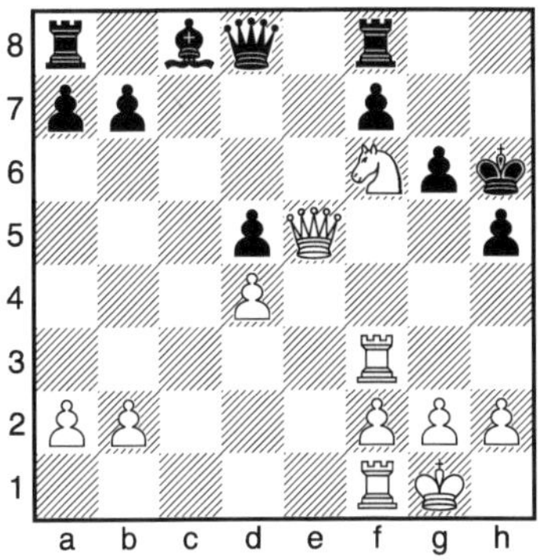

174 Weiß am Zug

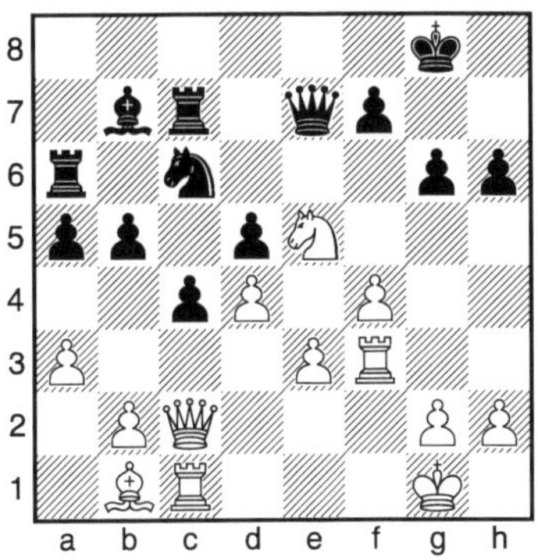

175 Weiß am Zug

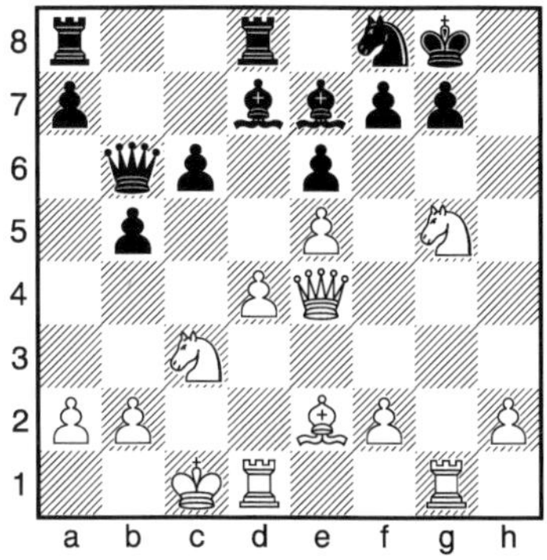

176 Weiß am Zug

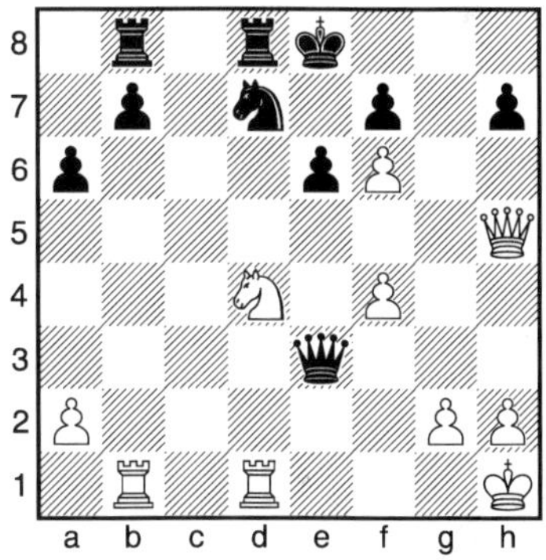

177 Weiß am Zug

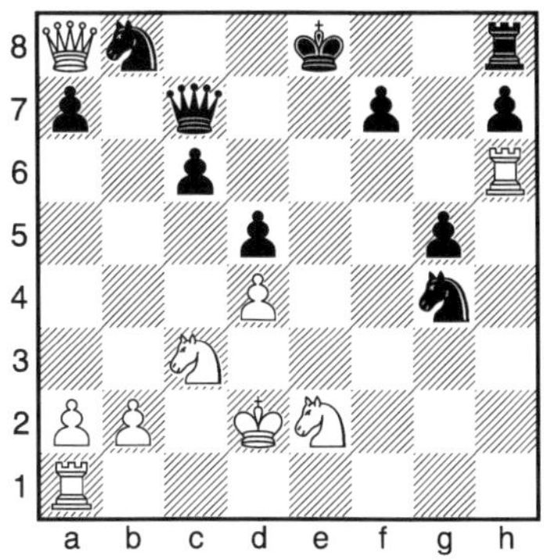

178 Weiß am Zug

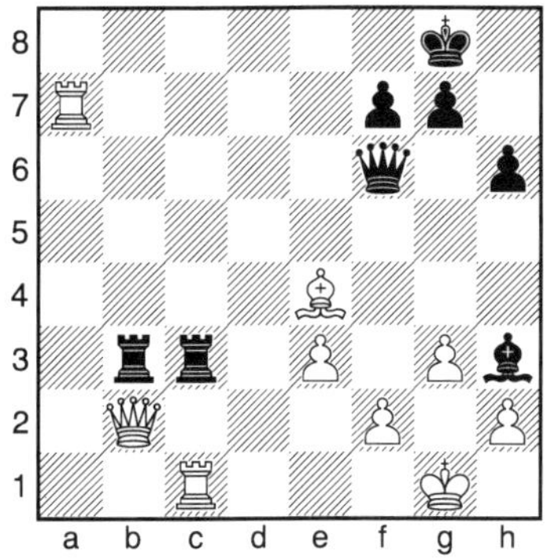

179 Schwarz am Zug

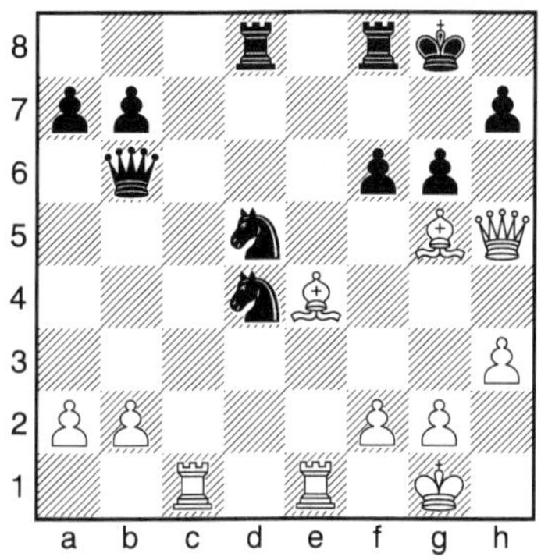

180 Weiß am Zug

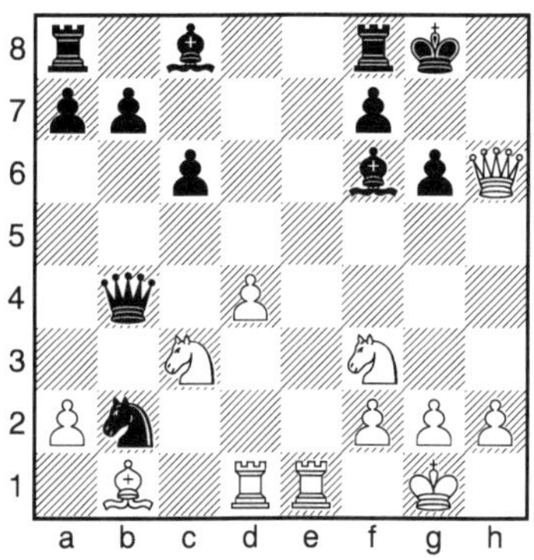

181 Weiß am Zug

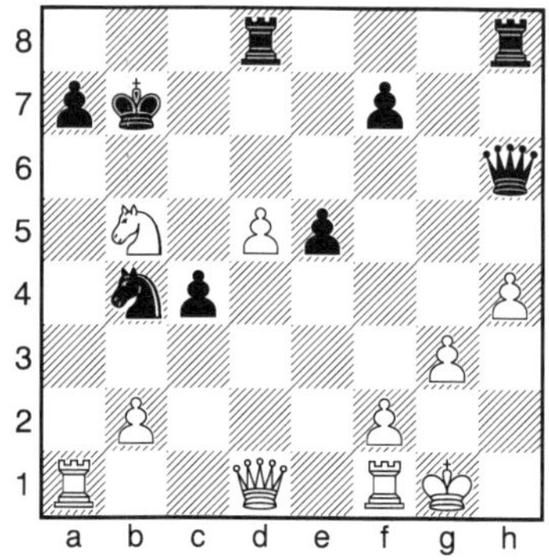

182 Schwarz am Zug

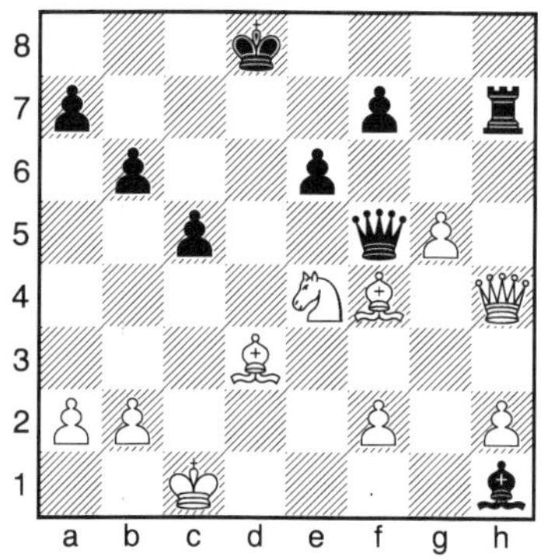

183 Weiß am Zug

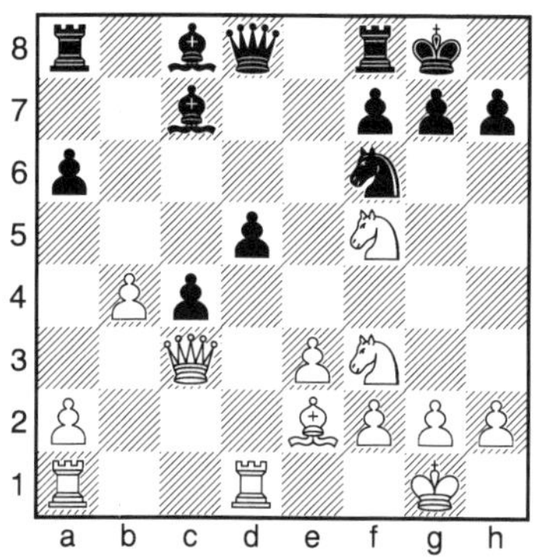

184 Weiß am Zug

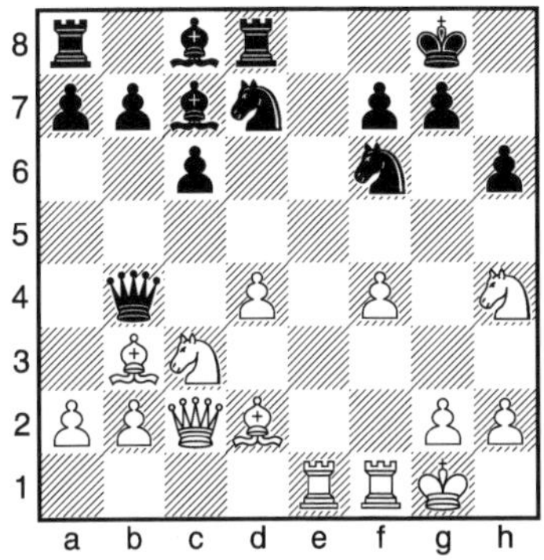

185 **Weiß am Zug**

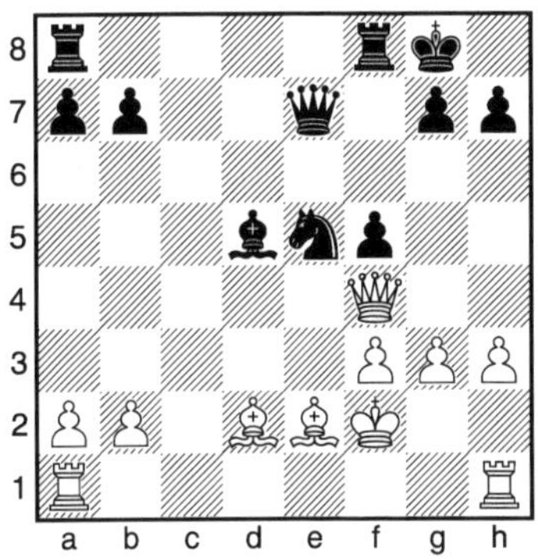

186 **Schwarz am Zug**

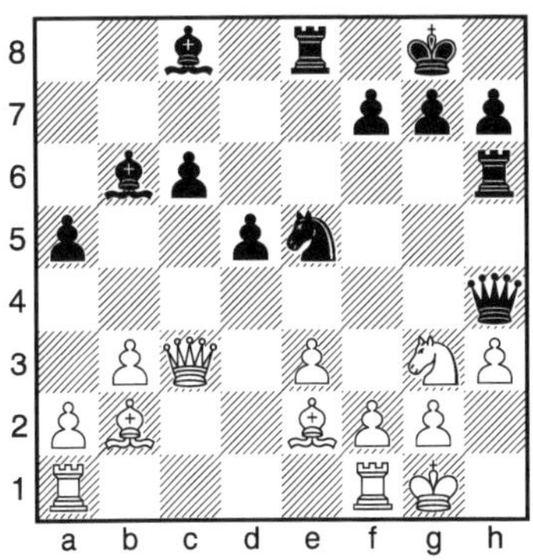

187 **Schwarz am Zug**

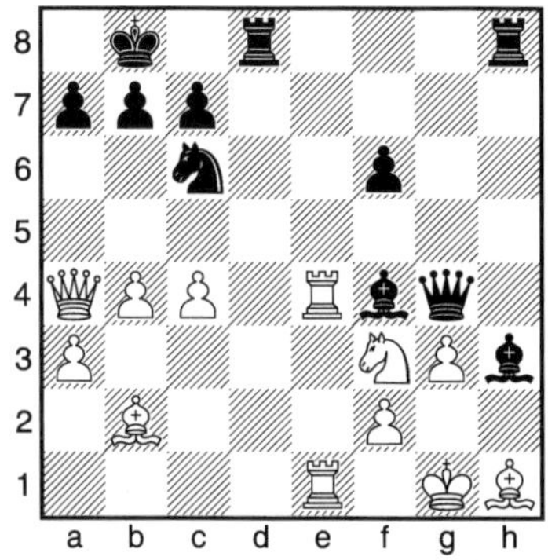

188 **Schwarz am Zug**

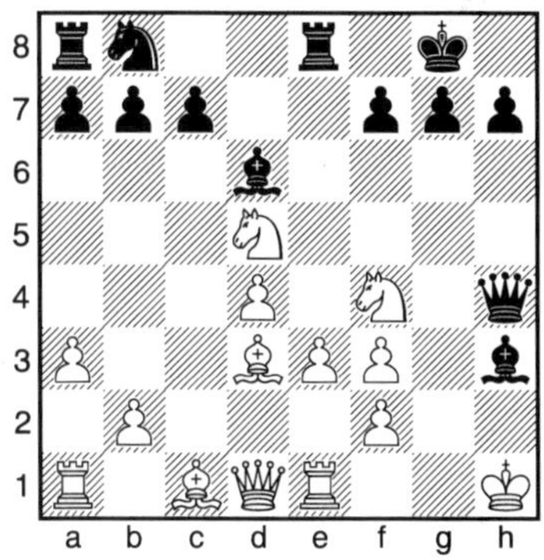

189 **Schwarz am Zug**

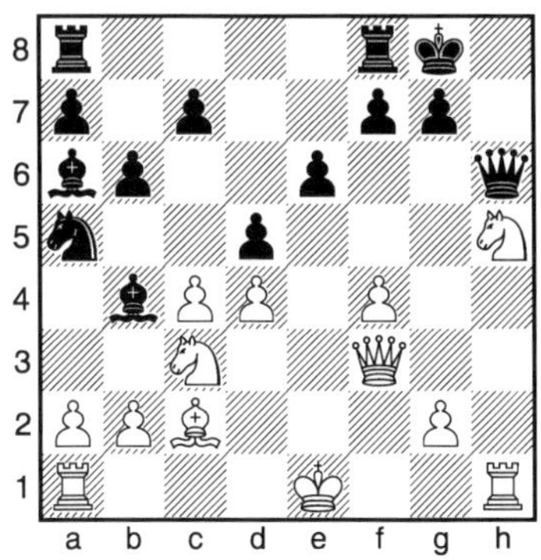

190 **Weiß am Zug**

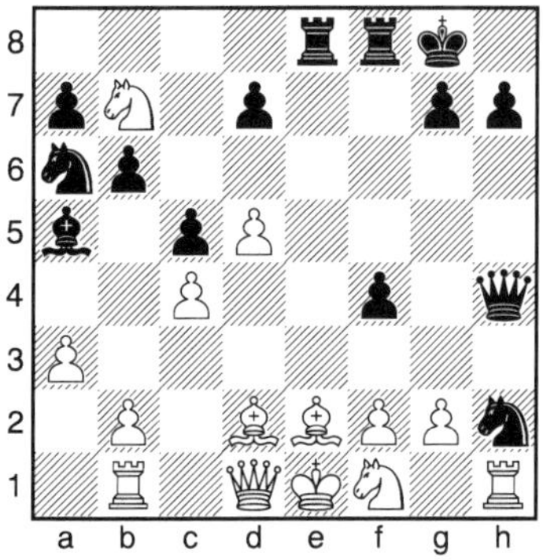

191 **Schwarz am Zug**

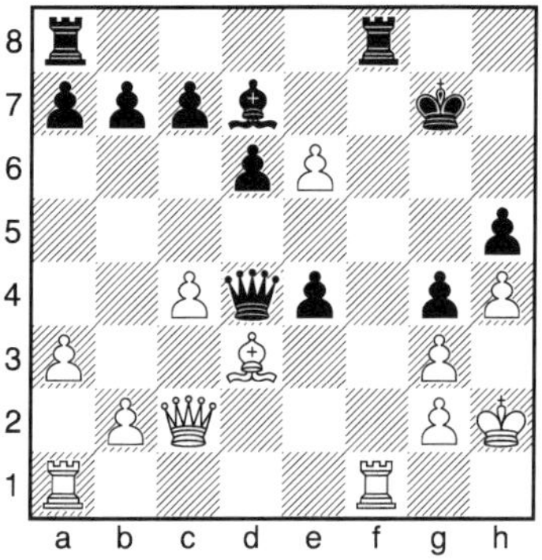

192 **Weiß am Zug**

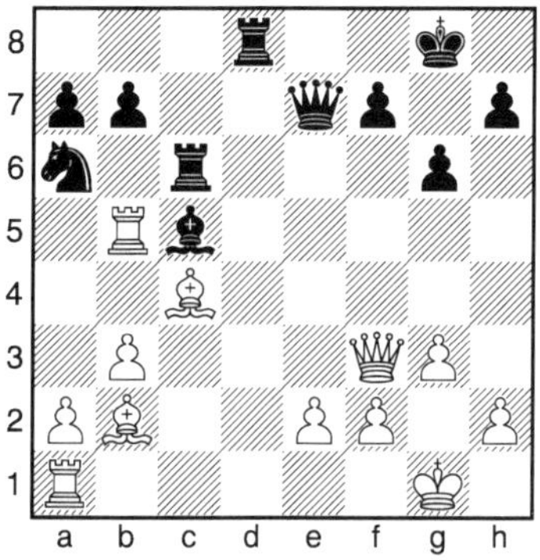

193 **Weiß am Zug**

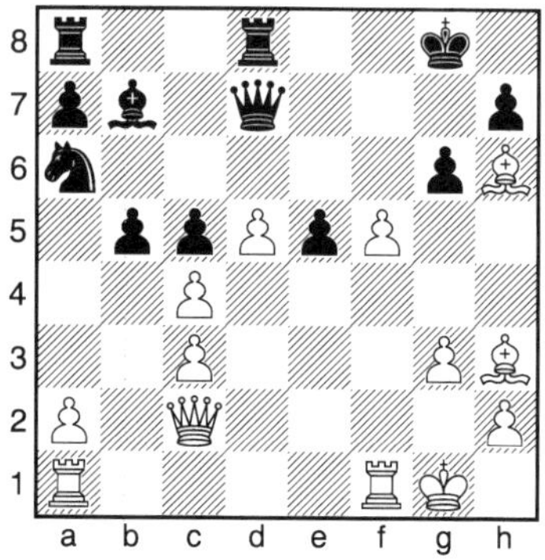

194 **Weiß am Zug**

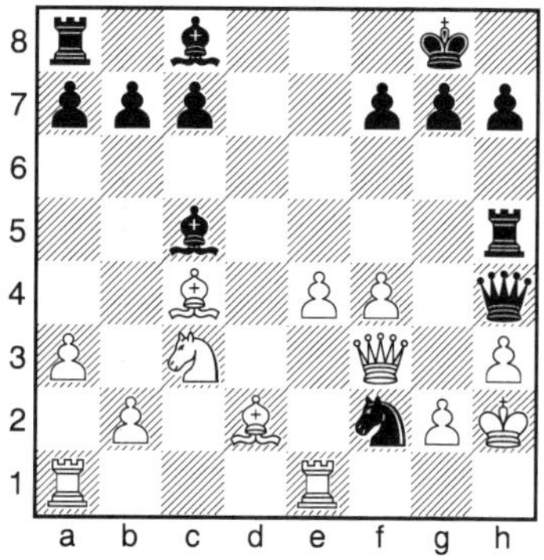

195 **Schwarz am Zug**

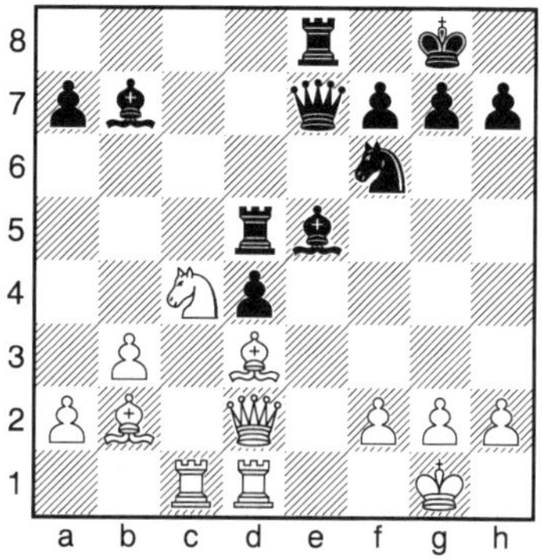

196 **Schwarz am Zug**

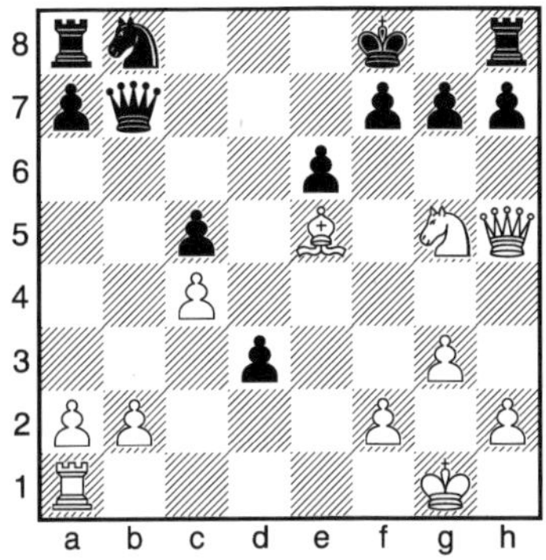

197 **Weiß am Zug**

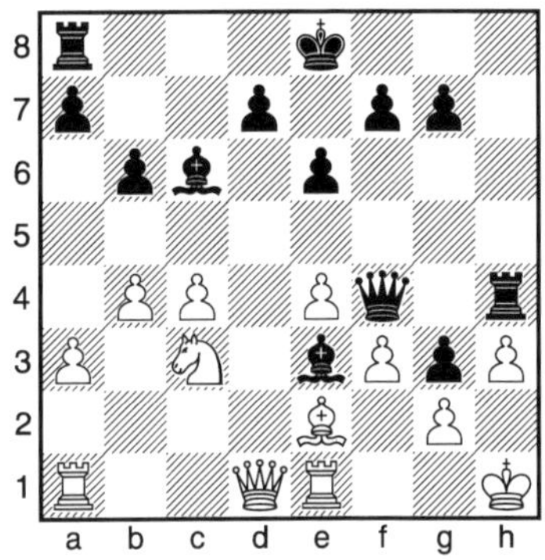

198 **Schwarz am Zug**

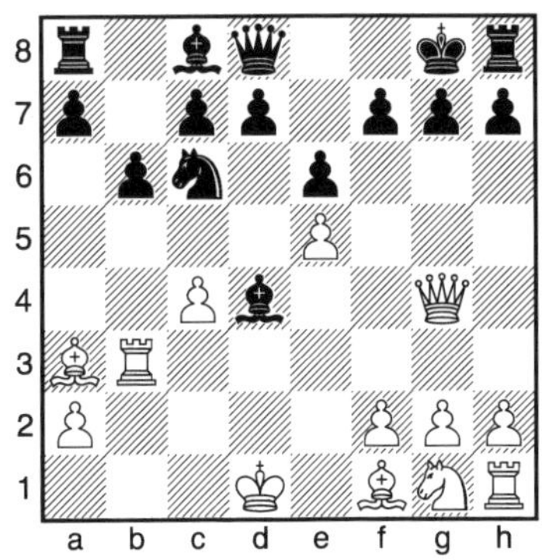

199 **Weiß am Zug**

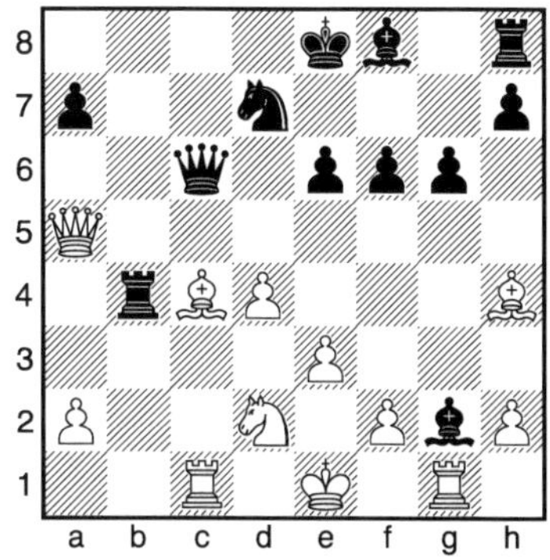

200 **Weiß am Zug**

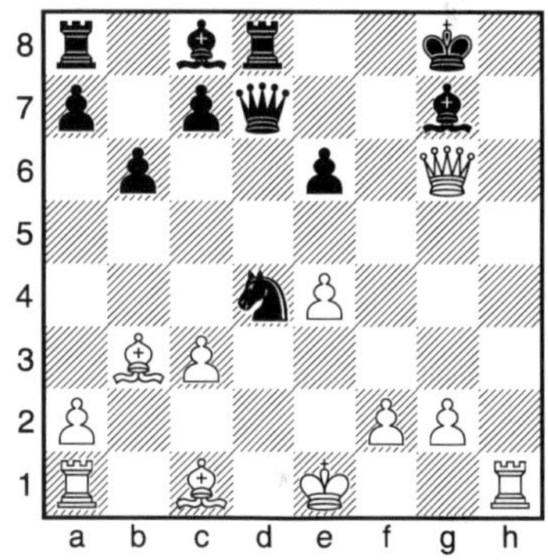

201 **Weiß am Zug**

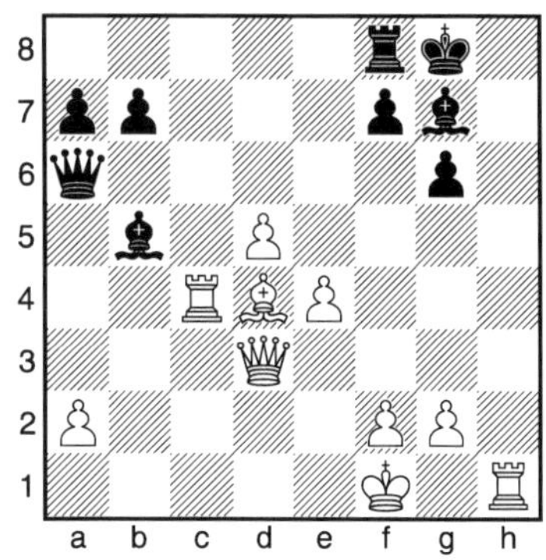

202 **Weiß am Zug**

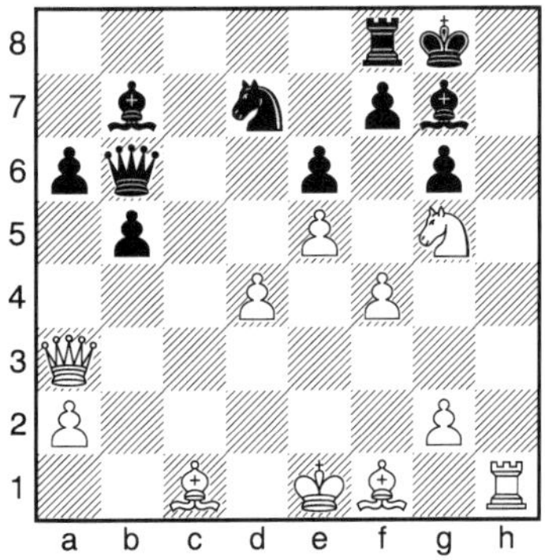

203 Weiß am Zug

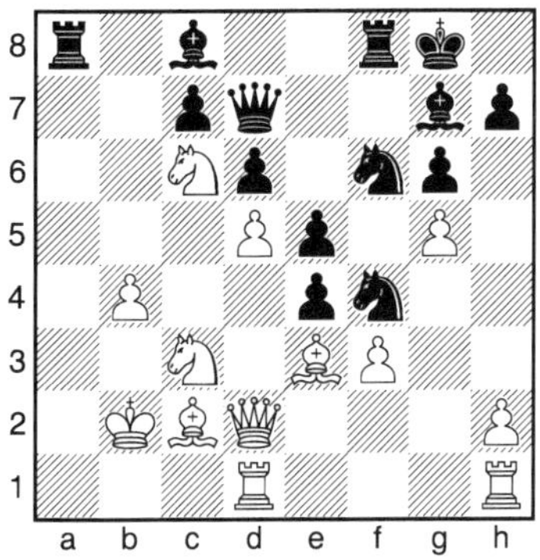

204 Schwarz am Zug

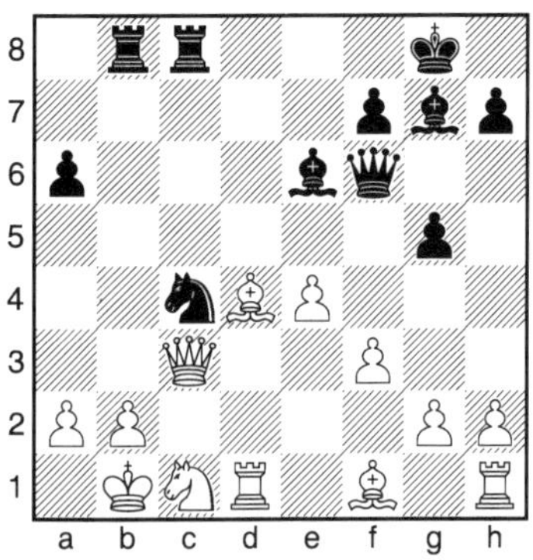

205 Schwarz am Zug

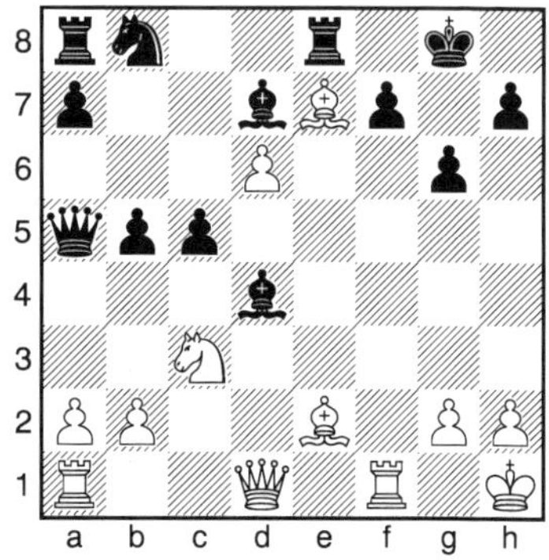

206 Weiß am Zug

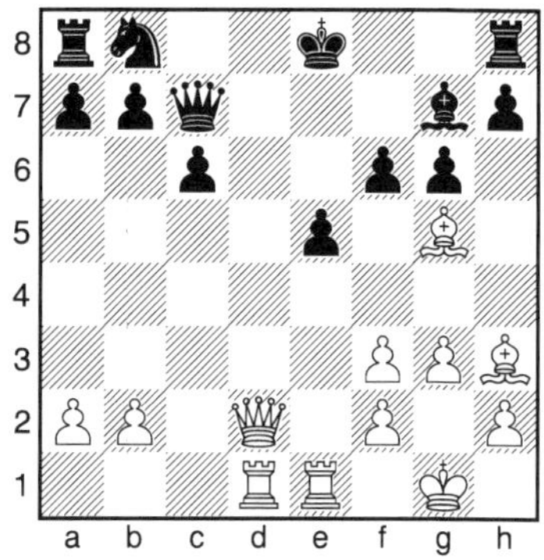

207 Weiß am Zug

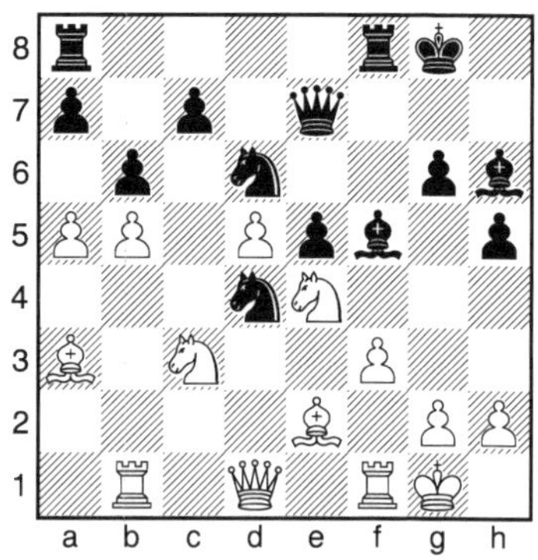

208 Schwarz am Zug

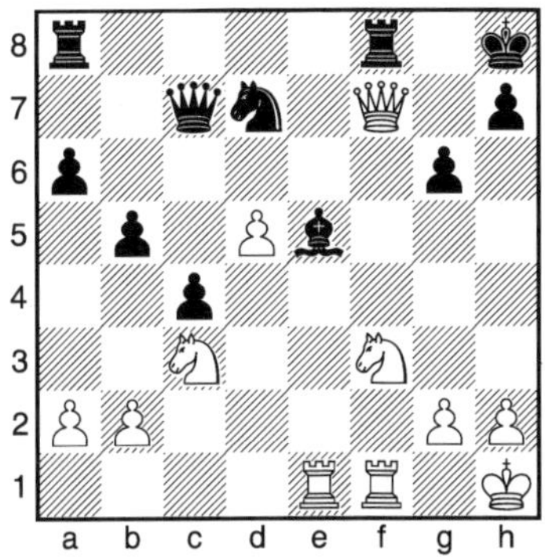

209 **Weiß am Zug**

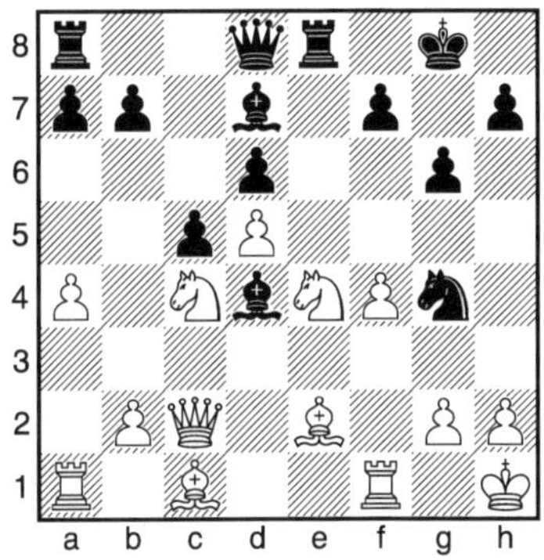

210 **Schwarz am Zug**

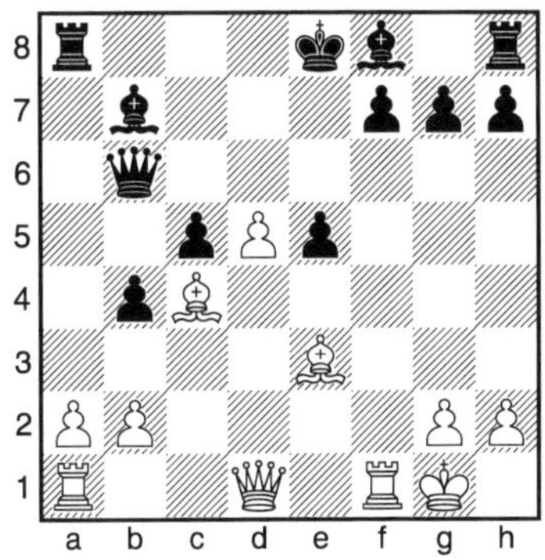

211 **Weiß am Zug**

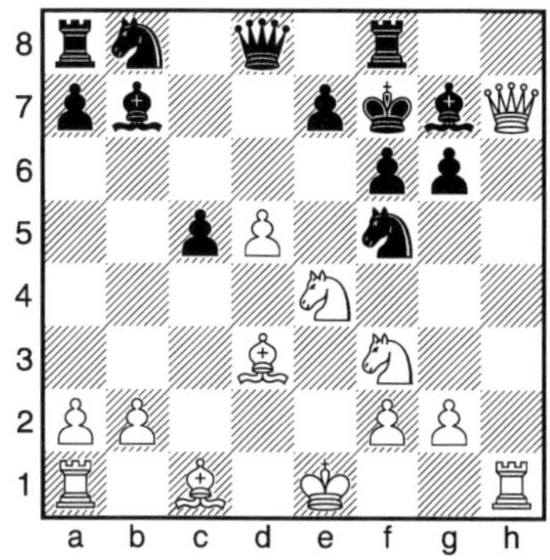

212 **Weiß am Zug**

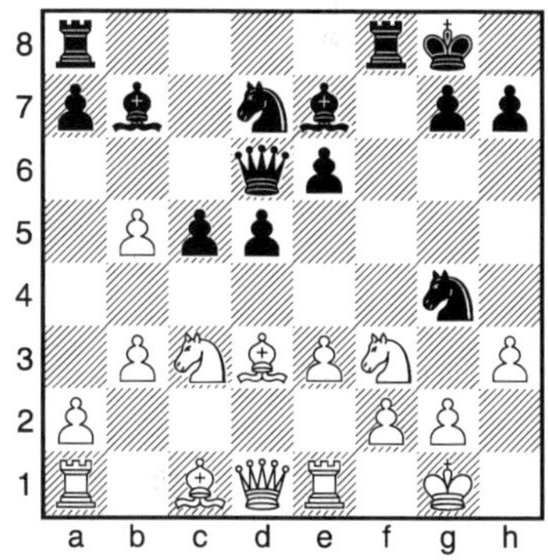

213 **Schwarz am Zug**

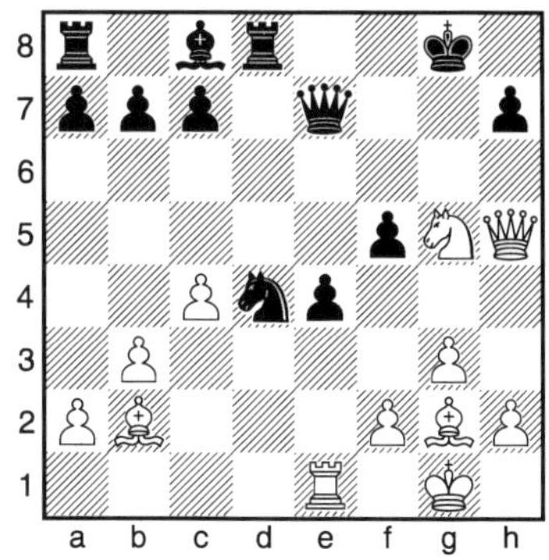

214 **Weiß am Zug**

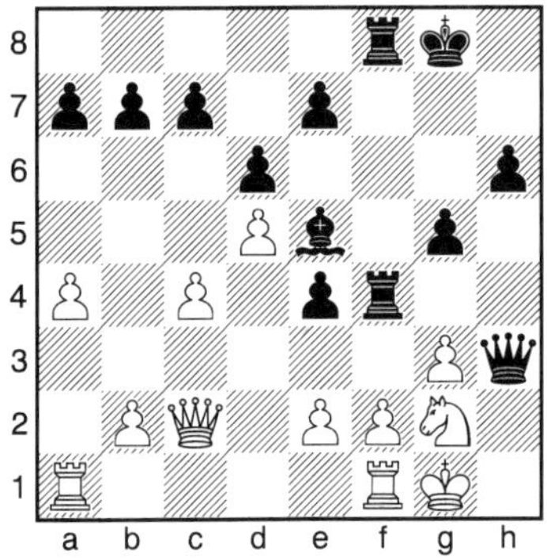

215 **Schwarz am Zug**

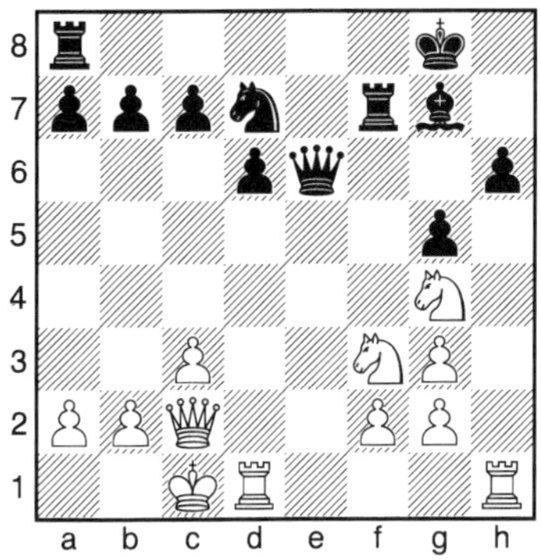

216 **Weiß am Zug**

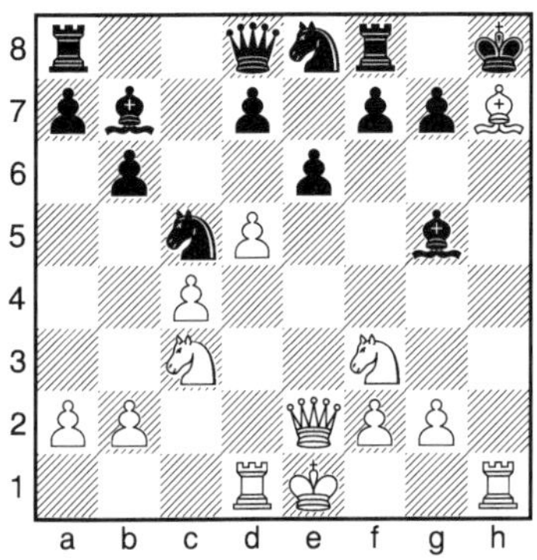

217 **Weiß am Zug**

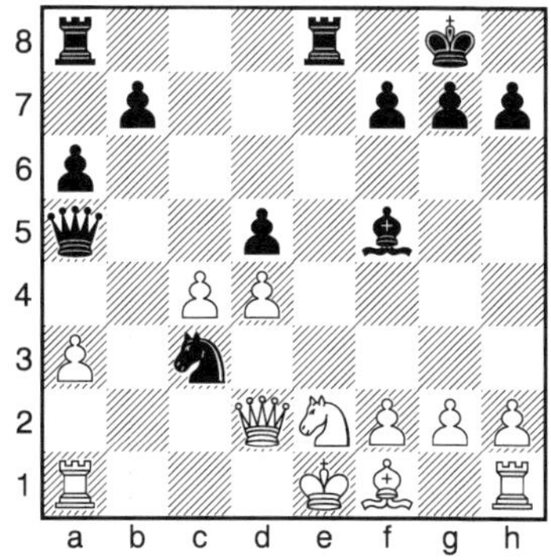

218 **Schwarz am Zug**

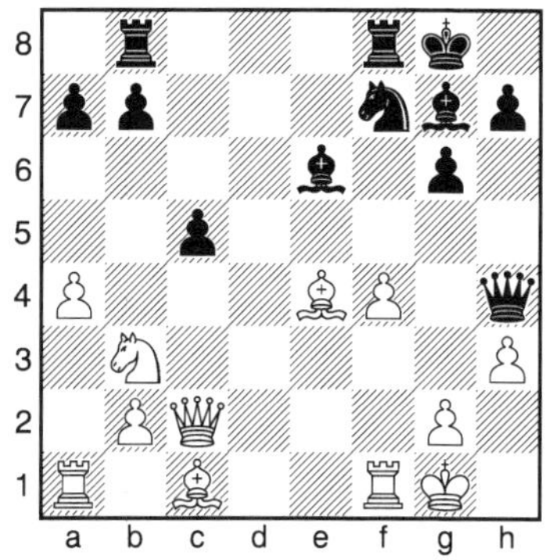

219 **Schwarz am Zug**

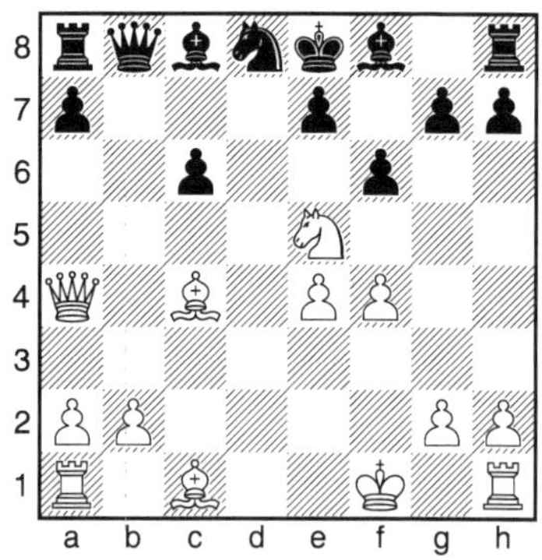

220 **Weiß am Zug**

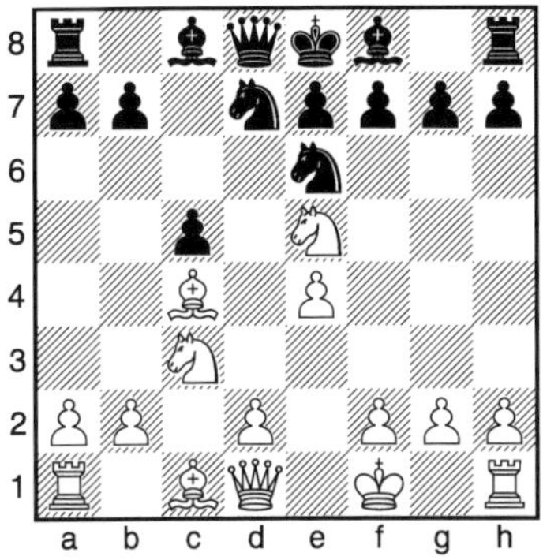

221 Weiß am Zug

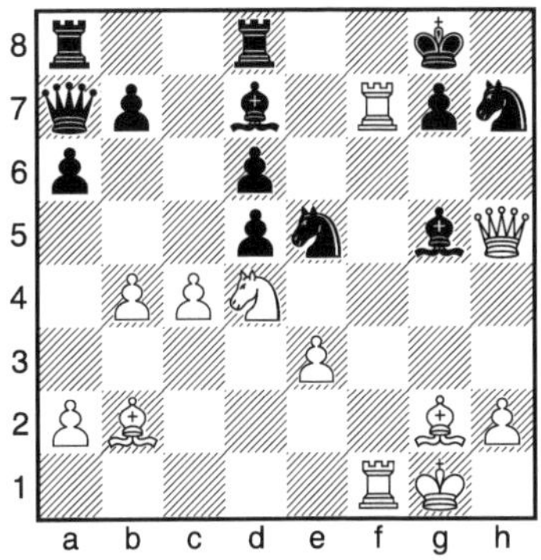

222 Weiß am Zug

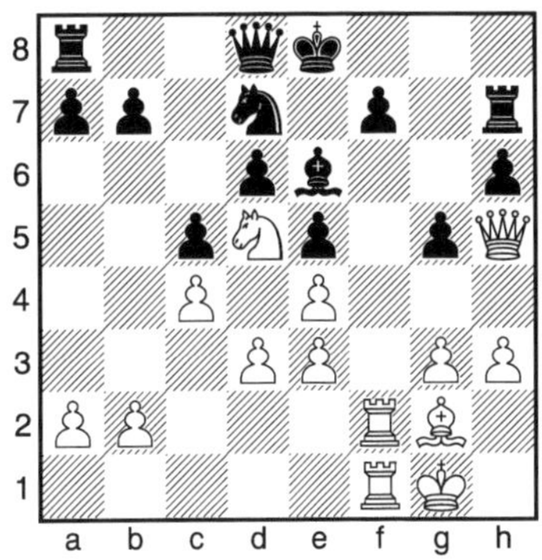

223 Weiß am Zug

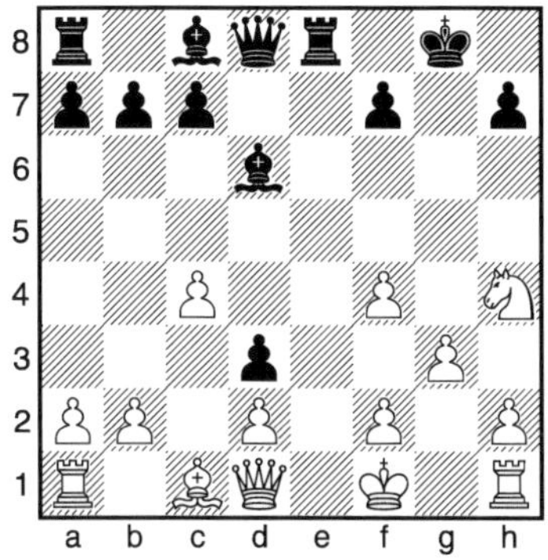

224 Schwarz am Zug

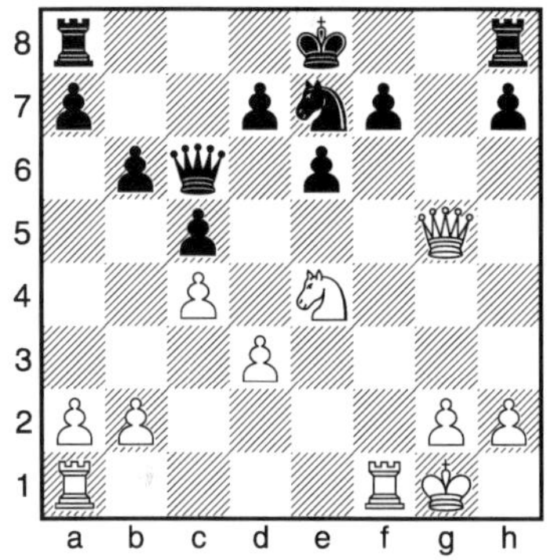

225 Weiß am Zug

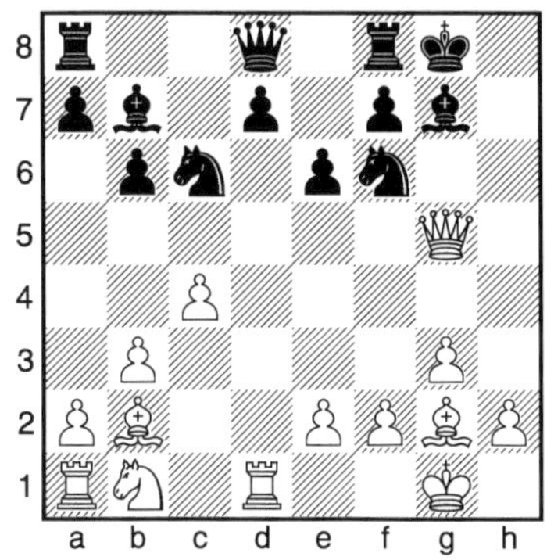

226 Weiß am Zug

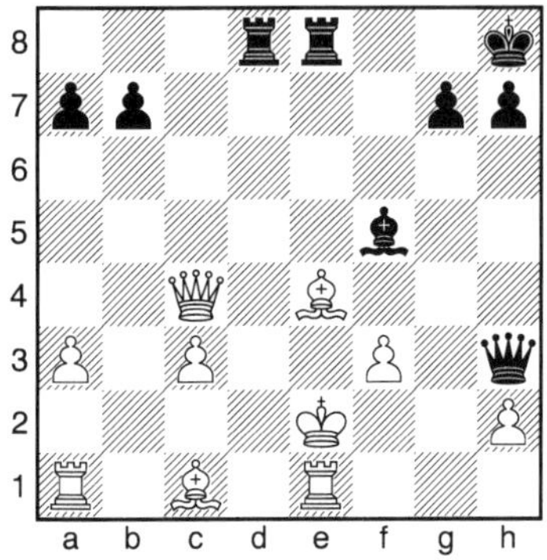

227 Schwarz am Zug

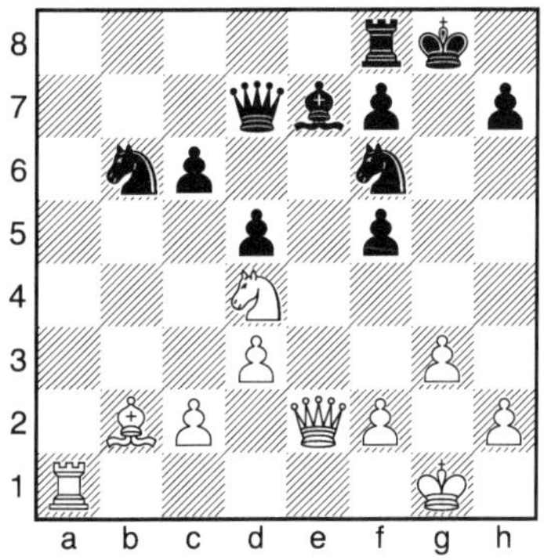

228 Weiß am Zug

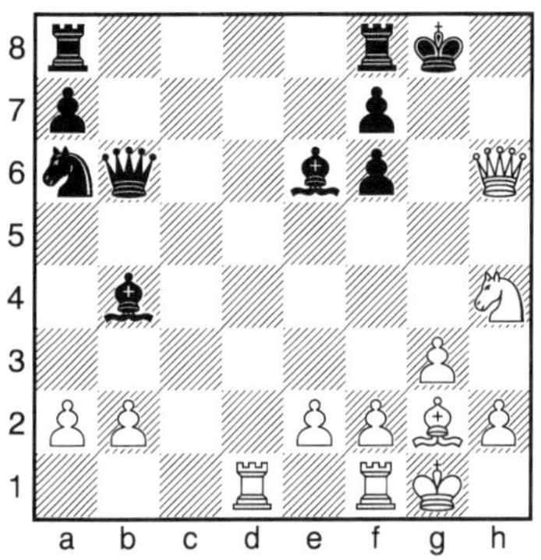

229 Weiß am Zug

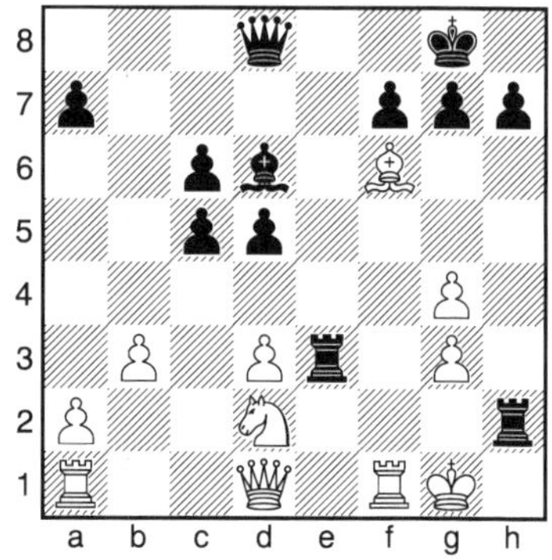

230 Schwarz am Zug

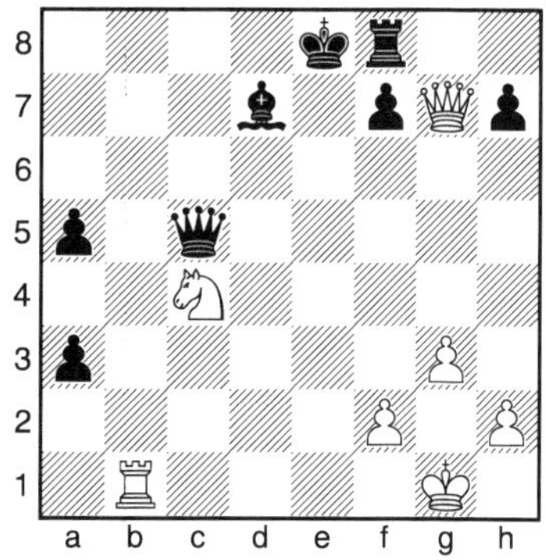

231 Weiß am Zug

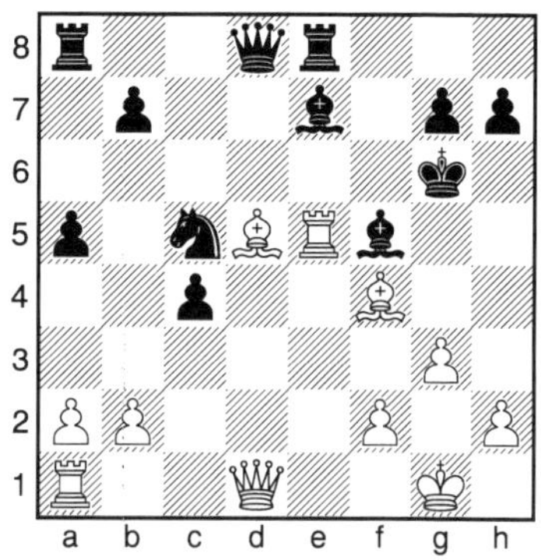

232 Weiß am Zug

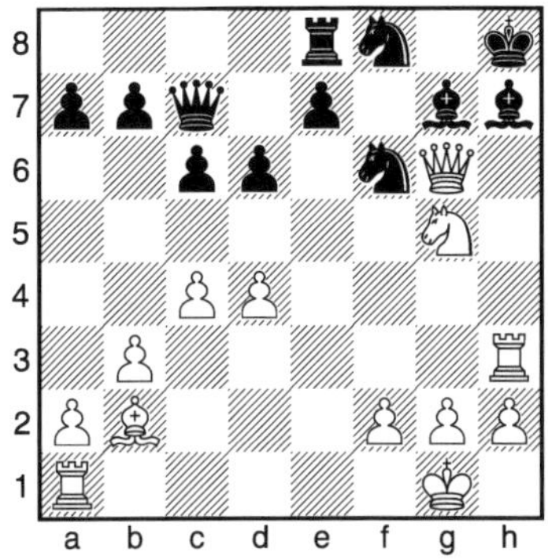

233 Weiß am Zug

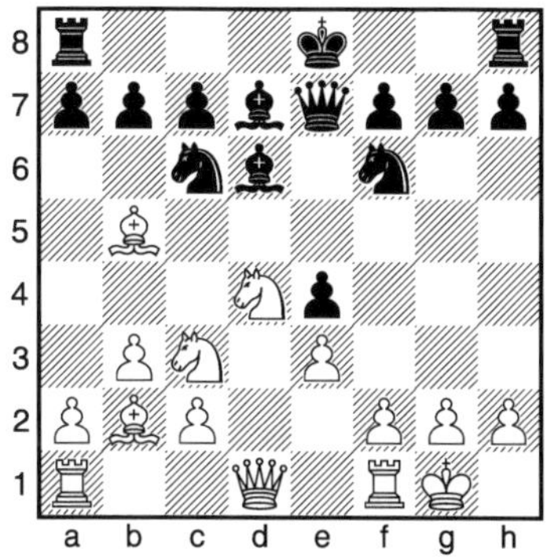

234 Schwarz am Zug

Offene Spiele

Besetzt Weiß im ersten Zug mit seinem Königsbauern das Zentrum und tut der Nachziehende dasselbe, dann bekommt die Partie sogleich einen offenen Charakter, geprägt von freiem, ungehindertem Figurenspiel. Schon nach 1.e4 e5 stehen ja auf jeder Seite die Dame und ein Läufer grundsätzlich für einen Ausflug bereit. Diese so eingeleiteten offenen Spiele entsprechend voll und ganz der klassischen Spielauffassung, haben indessen im modernen Schach nichts von ihrem Reiz verloren.

Oft dreht sich der Kampf bei diesen Eröffnungen um den Punkt e5, den Weiß zum Beispiel mit 2.♘f3 belagert. Schwarz kann daraufhin mit Zügen wie 2...♘f6, 2...f5 und 2...d5 seinerseits das Zentrum angreifen oder aber mit 2...d6 (das gilt heute als ein wenig passiv) bzw. 2...♘c6 dagegenhalten. Die Zugfolge 1.e4 e5 2.♘f3 ♘c6 3.♗b5, die das Thema „Druckspiel gegen e5“ besonders deutlich zutage fördert, wird uns zu Beginn dieses Buches beschäftigen. Sie führt zur berühmten Spanischen Partie, die seit nicht weniger als fünfhundert Jahren unverändert gern gespielt wird. Darüber hinaus kann Weiß natürlich schon mit seinem zweiten Zug andere Wege beschreiten. Zum Beispiel mit 2.♘c3 oder 2. ♗c4 oder indem er den Gang der Ereignisse durch vorübergehende Bauernopfer wie 2.f4 oder 2.d4 forciert. Auch hier gilt: Immer gehören die Abspiele nach 1.e4 e5 zur Gruppe der offenen Spiele.

Spanische Partie (1)

Liss – Lehmann

Budapest 1992

1.e4 e5 2.♘f3 ♘c6 3.♗b5

Dieser Zug, dessen Idee es ist, den Bauern e5 zu bedrohen, wurde erstmals durch die spanischen Schachspieler des 15. und 16. Jahrhunderts Juan Lucena und Ruy Lopez analysiert. In der gegenwärtigen Turnierpraxis ist die Spanische Partie unter den offenen Spielen am häufigsten anzutreffen.

3...f5

Diese aggressive Fortsetzung, die 1847 von dem russischen Meister Carl Friedrich Jänisch (1813–1872) analysiert wurde, bringt dem Nachziehenden das Übergewicht im Zentrum und gute praktische Chancen. Weiß muss deswegen genau spielen.

4.d3

Ein ruhiger Zug, mit dem Weiß viele scharfe Varianten meidet, die nach 4.♘c3 entstehen können. Ein Beispiel: 4...fxe4 5.♘xe4 d5 6.♘xe5 (6.♘g3 ♗g4!) 6...dxe4 7.♘xc6 ♕g5 8.♕e2 ♘f6 (8...♕xg2?? 9.♕h5+ g6 10.♕e5+ mit entscheidendem Angriff) 9.f4 ♕xf4 10.♘e5+ c6 11.d4 ♕h4+ 12.g3 ♕h3 13.♗c4 ♗e6 mit zweischneidigem Spiel.

4...fxe4 5.dxe4 ♘f6 6.0-0 ♗c5 7.♘c3 d6 8.♗e3 ♗b6

Die Variante nach 8...♗xe3 9.fxe3 0-0 10.♕d3 ist günstig für Weiß: Es droht schon ♗b5–c4+ und ♘f3–g5.

9.♘d5 ♗g4?

In der Partie Hulak–Tatai, Stip 1979, erreichte Schwarz nach 9...0-0!? 10.♗c4 (10.♗g5 ♗e6 11.♕d3 ♔h8 12.♗xf6 gxf6 13.♘h4 ♘d4 14.♗c4 ♗xd5 15.♗xd5 c6 16.♗b3 d5=) 10...♔h8 11.♘g5 ♗g4 12.♕d2 ♘xd5 (Möglich ist auch 12...♕d7

13.f3 ♗h5 14.c3 ♖ae8 15.♗xb6 axb6 16.♘e3 h6 17.♘h3 ♗g6 18.g4 ♘h7 19.♘f5 ♗xf5 20.gxf5 ♕e7 21.♔h1 ♕h4 22.♕g2 ♖e7 mit Ausgleich, Busemann–Neumark, Deutschland 1988.) 13.exd5 ♗xe3 14.♕xe3 ♘d4 15.♗d3 h6 gleiches Spiel. Durch den Fehler im 9.Zug wird diese Partie zu einer Miniatur.

10.♗g5! 0-0 11.♘xf6+ gxf6 12.♗h6 ♖e8 13.♗c4+ ♗e6?

Dies verliert sofort, aber 13...♔h8 war wegen 14.♘g5! auch nicht viel besser.

Diagramm Nr.1

14.♘d4!

Wegen Materialverlust oder Matt gab Schwarz die Partie auf.

Spanische Partie (2)

Ferrari – Bademian

Mar del Plata 1989

1.e4 e5 2.♘f3 ♘c6 3.♗b5 g6

Diese Fortsetzung hatte schon in der Partie Loyd - From (Paris 1867) Premiere.

4.d4

Die gebräuchlichste Erwiderung ist hier 4.c3 z.B. 4...d6 (4...♘ge7 5.d4 exd4 6.cxd4 d5 7.exd5 ♘xd5 8.0-0 ♗g7 9.♖e1+ ♗e6 10.♗g5 ♕d6 11.♘bd2 0-0 12.♘e4 ♕b4 13.♗xc6 bxc6 14.♕c1 ♖fe8 15.♗d2±) 5.d4 ♗d7 6.0-0 ♗g7 7.♕b3 ♘a5 8.♕a4 c6 9.♗e2 b5 10.♕c2 ♘e7 11.♗e3 0-0 12.♘bd2 (Möglich ist auch 12.dxe5 dxe5 13.a4, und Weiß steht etwas besser.) 12...f5 13.dxe5 dxe5 14.a4 mit weißem Vorteil.

4...exd4 5.♗g5 ♗e7 6.♗xe7 ♕xe7

Als solider gilt 6...♘gxe7 7.♘xd4 d5 (Spielbar ist auch 7...0-0!? nebst d7–d6 und ♗c8–d7.) 8.♘c3 dxe4 9.♘xe4 0-0 10.♗xc6 ♘xc6 11.♘xc6 bxc6 12.0-0 ♗f5 13.♖e1 ♖e8 mit gleicher Stellung, Boleslawski–Trifunovic, Belgrad 1956.

7.♗xc6 ♕b4+?

Ein Spiel mit dem Feuer! Nach 7...dxc6! 8.♕xd4 ♘f6 9.♘c3 0-0 nebst ♗c8–e6 hätte Schwarz keine Sorgen.

8.c3 ♕xb2 9.0-0!

Der Entwicklungsvorsprung ist wichtiger als die materiellen Verluste.

9...dxc6

Es ist keine Zeit, den Turm zu schlagen: 9...♕xa1 10.♗d5 ♕b2 (10...c5 11.♕d2 ♘e7 12.cxd4 cxd4 13.♘xd4 ♘xd5 14.exd5 0-0 15.♘c3+–) 11.♕xd4 f6 12.♗b3, und Schwarz steht auf Verlust.

10.♕xd4 f6

10...♕xa1 11.♕xh8 ♔f8 12.♘g5+–.

11.e5!

Die Linienöffnung ist natürlich günstig für Weiß.

11...c5

Nach 11...♕xa1 12.exf6 gibt es keine Rettung für Schwarz.

12.♕e3 f5 13.♘bd2 b6 14.♕d3 ♗d7

Für den Bauern bekam der Anziehende einen klaren Entwicklungsvorsprung, und nun führt er den entscheidenden Angriff durch.

15.♘c4 ♕b5

Diagramm Nr.2

16.e6!

Einfach und stark. Der Bauer ist wegen 17.♘d6+ tabu.

16...♗c6 17.a4 ♕b3 18.♖fb1!

Schwarz gab sich geschlagen. Er verliert die Dame oder wird matt: 18...♗e4 19.♕d7+ ♔f8 20.♕f7 matt.

Spanische Partie (3)

Odebrecht – Carra

Fernpartie 1985

1.e4 e5 2.♘f3 ♘c6 3.♗b5 ♘d4

Dieser extravagante Springerausfall ist mit dem Namen des englischen Meisters Henry Edward Bird (1830-1908) verbunden. Nach dem Tausch 4.♘xd4 exd4 entsteht eine Zentrumsstruktur mit einem schwarzen Doppelbauern in der d-Linie, der die harmonische Entwicklung der weißen Figuren erschweren kann.

4.♘xd4 exd4 5.♗c4

Stärker ist 5.0-0!, z.B. 5...c6 6.♗c4 (6.♗a4!? war auch möglich) 6...d5 (Die Theorie empfiehlt 6...♘f6!?) 7.exd5 cxd5 8.♗b5+ ♗d7 9.♕e2+ ♘e7 10.b3 ♗xb5 11.♕xb5+ ♕d7 12.♕d3 0-0-0? (Besser ist 12...♘c6 13.♖e1+ ♗e7 nebst 0-0 und gleichen Chancen.) 13.♗b2 ♘c6 14.♗xd4 h5 15.♘c3 ♘b4 16.♕f3 ♘xc2 17.♗xa7! ♘xa1 18.♘xd5! ♖h6 (oder 18...♕xd5 19.♖c1+ mit weißem Gewinn.) 19.♖c1+ ♖c6 20.♘b6+ ♔c7 21.♖xc6+ ♕xc6 22.♕xf7+ ♖d7 23.♘a8+! ♔d6 (23...♔c8 24.♕xf8+ ♖d8 25.♕f5+ ♖d7 26.♘b6++-) 24.♗b8+ ♔c5 25.♕c4 matt, Oll-Guseinow, Klaipeda 1988.

5...♘f6 6.e5

Umsichtiger war 6.d3!? oder 6.0-0!?

6...d5 7.♗b3 ♗g4?

Zu optimistisch. Besser ist 7...♘e4 8.0-0 ♘c5 usw.

8.f3 ♘e4 9.0-0

Weiß möchte unverzüglich seinen König aus der Mitte entfernen, weil nach 9.fxg4 ♕h4+ 10.g3 ♘xg3 11.hxg3 ♕xh1+ 12.♔e2 ♕g2+ 13.♔e1 h5! Schwarz leicht gewinnen sollte.

9...d3 10.fxg4?

Das verliert. Notwendig war 10.♕e1! mit Gewinnchancen.

10...♗c5+ 11.♔h1

Diagramm Nr.3

11...♘g3+!

Ein Springeropfer, nach dem bei Weiß nichts mehr geht.

12.hxg3 ♕g5 13.♖f5 h5!!

Die Quintessenz der schwarzen Kombination.

14.gxh5

14.♖xg5 hxg4+ 15.♖h5 ♖xh5 matt.

14...♕xf5 15.g4 ♕f2 16.g3 ♕xg3

Weiß gab auf.

Spanische Partie (4)

U. Jahr – Konikowski

Polen 1969

1.e4 e5 2.♘f3 ♘c6 3.♗b5 ♗c5 4.c3 d5!?

Das Konikowski-Hardy-Gambit. Dieser Gegenschlag im Zentrum ist das Pendant zu 4...f5 und führt zu einem ebenso komplizierten wie taktischen Eröffnungskampf.

5.d4

Diese Fortsetzung gibt Schwarz gute Perspektiven. Andere Pläne für Weiß sind:

1) 5.♘xe5 ♕g5 6.0-0 ♕xe5 7.d4 ♕e6 8.exd5 (8.dxc5 dxe4 9.♗f4 ♘ge7 10.♗xc7 0-0 11.♕e2 ♕g6 12.♘d2 ♘d5 13.♗d6 ♖e8 14.f3 e3 15.♗d3 f5∞, Przybyla-Konikowski, Fernpartie 1990/91) 8...♕xd5 9.dxc5 ♕xc5 10.♕e2+ ♗e6 11.♗e3 ♕f5 12.♗d3 ♕g4 13.♕xg4 (13.f3!?) 13...♗xg4 14.h3 ♗e6=, Junge-Gallinnis, Fernpartie 1987/88.

2) 5.0-0 dxe4 6.♘xe5 ♕f6 7.♕a4 ♕xe5 8.♗xc6+ bxc6 9.♕xc6+ ♔e7 10.♕xa8 ♗d6 11.g3 (11.f4 exf3 12.g3 ♗g4 13.♖xf3 ♘f6 14.♕c6 ♗xf3 15.♕xf3 ♕e1+ 16.♕f1 ♗xg3!=) 11...♘f6 12.d3 ♗h3! 13.♕xh8 ♕h5 14.♘d2 ♕e2 15.dxe4 ♗f4! 16.b3 ♗xd2 17.♗a3+ ♔d7 18.♖ad1 ♘xe4! (Es verliert 18...♕f3? 19.♖xd2+ ♔c6 20.♕a8+ ♔b6 21.♗c5+! ♔xc5 22.♕xa7+ ♔b5 23.♕b7+ ♔c5 24.b4+ ♔c4 25.♕c6#.) 19.♕a8 ♕f3 20.♕d5+ ♔c8 21.♕a8+ mit Dauerschach.

3) 5.♕e2 ♔f8 6.♗xc6 bxc6 7.♘xe5 dxe4!? (7...♕f6 8.d4 ♗b6 9.b4 ♘e7 10.a4 a5

11.♗a3±, Przybyla–Konikowski, Fernpartie 1990) 8.♕xe4 ♕d5 9.♕xd5 cxd5 10.d4 ♗d6, und Schwarz hat mit dem Läuferpaar gewissen Chancen auf Ausgleich, Kunad–Kremer, Fernpartie 1983.

4) 5.exd5 ♕xd5 6.♕e2 ♔f8 7.♗c4 ♕d8 8.♘xe5 ♘xe5 9.♕xe5 ♗d6 (9...♗xf2+ 10.♔xf2 ♕h4+ 11.g3 ♕xc4 12.b3 f6 13.♗a3+ ♔f7 14.♕h5+ g6 15.♕f3 ♕a6 mit einer recht komplizierten Stellung, Rogalewicz–Konikowski, Fernpartie 1987/88) 10.♕e2 ♕h4 11.d4 ♗g4 12.♕d3 ♖e8+ 13.♗e3 ♘h6 14.♘d2 ♘f5 15.♔f1 ♖xe3! mit schwarzer Initiative, Hansson–Kremer, Fernpartie 1981.

5) 5.♕a4 wird in der nächsten Partie (Petterson–Forslund) besprochen.

5...exd4 6.cxd4 dxe4 7.♘e5 ♗b4+ 8.♘c3 ♘ge7 9.0-0

Oder 9.♕b3 0-0 10.♘xc6 ♘xc6 11.♗xc6 ♗xc3+ 12.bxc3 bxc6 13.0-0 ♗e6 14.♕c2 f5 15.♖d1 ♗c4 16.♕a4 ♕d5 mit gutem Spiel für Schwarz, Stek–Leisebein, Fernpartie 1989.

9...0-0 10.♘xc6 bxc6 11.♗c4 ♗xc3 12.bxc3 ♘d5 13.♕e2 ♕h4!?

13...♗f5 wäre solider.

14.g3 ♕h3 15.♕xe4 ♘xc3 16.♕xc6 ♗f5 17.♗xf7+ ♖xf7!

Unklar ist 17...♔h8 18.♕xc3 ♗e4 19.f3 ♖xf7 20.♗f4 ♗d5 usw.

18.♕xa8+ ♖f8 19.♕g2 ♘e2+ 20.♔h1

Diagramm Nr.4

20...♗e4! 21.f3

21.♕xe4 ♕xf1 matt.

21...♖xf3!

Der entscheidende Zug.

22.♖xf3 ♕h5 23.♕xe2

Es verliert auch 23.♖f8+ ♔xf8 24.♕xe4 ♘xg3+ mit Damengewinn.

23...♗xf3+ 24.♕g2 ♕d5

Weiß gab auf.

Spanische Partie (5)

Petterson – Forslund

Fernpartie 1988

1.e4 e5 2.♘f3 ♘c6 3.♗b5 ♗c5 4.c3 d5!? 5.♕a4 ♘ge7 6.♘xe5 0-0! 7.♗xc6

In einer Fernpartie Feldis–Calschi (1974) geschah 7.♘xc6 ♘xc6 8.♗xc6 ♕g5 9.g3 ♗xf2+ (9...bxc6! ist stärker) 10.♔xf2 ♕f6+ 11.♔e1 (11.♔g2? ♗g4-+) 11...bxc6 12.d4? (Nach 12.♕d4! sollte es nicht so leicht sein, die Korrektheit des Figurenopfers nachzuweisen.) 12...♕f3 mit Gewinnstellung für Schwarz.

7...♘xc6 8.♘xc6 ♕g5!?

Dieser Zug wurde noch nicht genau erforscht und wartet auf eine weitere praktische Prüfung. Die andere Variante lautet 8...bxc6 9.d4 (Auf 9.♕xc6 geschieht das starke 9...♕g5!) 9...♗b6 10.♕xc6 ♗a6 11.♕xd5 ♕h4 12.♕f5 ♖ae8 13.g3 ♖xe4+ 14.♗e3 ♕e7 15.♕f3 (15.♘d2 ♗d3!) 15...c5 16.♘d2 ♗b7 mit scharfer Stellung.

9.g3

Oder 9.♔f1 bxc6 10.♘a3 (10.♕xc6 dxe4 11.b4 ♕g4 12.f3 exf3 13.gxf3 ♗a6+ mit schwarzem Vorteil) 10...♕h4 11.d4 ♕xe4 12.f3 ♕d3+ 13.♔f2 ♖e8 14.♕d1 ♕xd1 15.♖xd1 ♗d6 16.g3 ♗f5!? (16...h5 17.♘c2 ♗a6 18.♗e3 ♖e6 19.♘b4 ♗b5 20.a4 ♗c4 21.♘xc6 ♗xg3+ 22.hxg3 ♖xc6 23.♖h1 g6 24.♗d2 ♖e8 25.♖he1 ♖ce6=, Scheffner–Konikowski, Fernpartie 1993) 17.♖e1 ♖xe1 18.♔xe1 ♖e8+ 19.♔f2 ♗d3 20.♗e3 ♖b8 mit besserem Endspiel für Schwarz.

9...bxc6 10.♕d1

Auf 10.♕xc6 folgt stark 10...♕g4! 11.♕xc5 (11.♕xd5 ♕f3-+) 11...♕xe4+ 12.♕e3 ♕xh1+, und Schwarz gewinnt.

10...♗xf2+!

Schwarz muss konsequent opfern, sonst kann Weiß seine Kräfte konsolidieren.

11.♔xf2 ♗g4 12.♕e1 f5

Der Nachziehende möchte die f-Linie öffnen.

13.d4?

Ein Fehler. Notwendig war 13.e5!

13...fxe4+ 14.♗f4?

Zäher ist 14.♔g1!

Diagramm Nr.5

14...♖xf4+!

Nun gibt es kein Halten mehr!

15.gxf4 ♖f8 16.♔g1 ♕xf4 17.♘d2 ♗h3!

Auf 18.♘f1 folgt 18...♕f3 19.♘e3 (19.♕g3 ♕xf1+ 20.♖xf1 ♖xf1#) 19...♖f6 mit der entscheidenden Drohung ♖f6-g6+. Weiß gab auf.

Spanische Partie (6)

Jansa – Westerinen

Gausdal 1989

1.e4 e5 2.♘f3 ♘c6 3.♗b5 ♘f6

Diese Springerentwicklung führt zur Berliner Verteidigung: Schwarz greift sofort den Bauern e4 an, was den Gegner in der Wahl seiner Möglichkeiten deutlich einschränkt.

4.0-0 ♘xe4 5.d4 ♘d6

Die Öffnung der e-Linie ist gefährlich: 5...exd4? 6.♖e1 d5 7.♘xd4 ♗d6 8.♘xc6 ♗xh2+ 9.♔h1 ♕h4 10.♖xe4+! dxe4 11.♕d8+ ♕xd8 12.♘xd8+ ♔xd8 13.♔xh2, und Weiß hat Vorteil. Mit dem Textzug greift Schwarz mit Tempo den gegnerischen Läufer an und erzwingt damit seinen Tausch auf c6.

6.♗xc6 dxc6 7.dxe5 ♘e4

Laut Theorie besser ist 7...♘f5! z.B. 8.♕xd8+ ♔xd8 9.♘c3 ♘e7 10.♘d4 ♘g6 11.f4 ♗c5 12.♗e3 ♗b6 13.♖ae1 ♘e7 14.e6 c5 15.♘b3 ♗xe6 16.♘xc5 ♗c4 17.♖d1+ ♔c8 18.♖fe1 ♗a5 19.♗d2 ♗b6 mit gleichen Chancen, Analyse von Schirow.

8.♕e2

Dieser Zug ist in der gegenwärtigen Praxis sehr populär. Nach dem Damentausch erreicht Weiß keinen Vorteil, z.B. 8.♕xd8+ ♔xd8 9.♘g5 ♘xg5 10.♗xg5+ ♗e7 11.♖d1+ ♔e8 12.♗xe7 ♔xe7 13.♘c3 ♗f5 14.♖d2 ♖ad8=.

8...♗f5 9.♖d1 ♕c8 10.♘d4 ♗c5 11.g4?

Das schwächt die Königsstellung und führt in ein Abenteuer, welches nur für Schwarz günstig ausgeht. Der Anziehende sollte einfach seine Entwicklung mit 11.♗e3! fortsetzen, wonach er gutes Spiel bekommt.

11...♗xg4 12.f3 ♗f5 13.♕g2

Nach 13.fxe4 ♗g4 14.♕e1 ♗xd1 15.♕xd1 ♕d7 16.♗e3 0-0-0 wäre die weiße Stellung sehr verdächtig: Die Figuren des Damenflügels sind nicht entwickelt, die Königsstellung sowie die Bauern auf e4 und e5 schwach. Nach dem Textzug gewinnt Weiß Material, doch andere Faktoren sind wichtiger: Der Entwicklungsvorsprung des Nachziehenden ermöglicht eine taktische Aktion.

13...♗h3 14.♕xg7

Im Fall von 14.♕e2 ♗xd4+ 15.♖xd4 ♘c5 16.♘c3 0-0 hat Weiß keine Kompensation für den Bauern.

Diagramm Nr.6

14...♕f5!!

Der alte Trick mit dem doppelten Turmopfer.

15.♗e3

Es verliert auch 15.♕xh8+ ♔e7 16.♕g7 (16.♕xa8 ♕g6+ 17.♔h1 ♘f2#) 16...♕xf3 17.♗g5+ ♔d7 18.e6+ ♔d6 19.♗e7+ ♔xe7 20.♕xf7+ ♕xf7 21.exf7 ♔xf7-+.

15...0-0-0!

Wieder ein starker Zug. Wegen ♖xd1 matt bleibt der Schimmel auf d4 gefesselt.

16.fxe4

Weiß hat nichts Besseres, z.B. 16.♕h6 ♖hg8+ 17.♔h1 ♕xf3+! 18.♘xf3 ♖xd1+ 19.♘g1 ♗g2 matt.

16...♕h5 17.♘c3 ♖hg8

Damit ist das Gefecht beendet.

18.♕xg8 ♖xg8+

Weiß überschritt wenige Züge vor dem Matt die Bedenkzeit. Es gibt keine Rettung mehr, z.B.: 19.♔f2 ♖g2+ 20.♔f1 (20.♔e1 ♕h4+ 21.♔f1 ♖d2+ 22.♔g1 ♕g4+ 23.♔h1 ♕g2 matt) 20...♖e2+ 21.♔g1 ♕g4+ 22.♔h1 ♕g2 matt.

Spanische Partie (7)

Matschulski – Malanjuk

Alma-Ata 1989

1.e4 e5 2.♘f3 ♘c6 3.♗b5 ♘f6 4.0-0 ♘xe4 5.d4 ♘d6 6.♗xc6 dxc6 7.dxe5 ♘e4 8.♕e2 ♗f5 9.♗e3 ♕e7?

Besser ist 9...♗g6 10.♘d4 ♗c5 11.♖d1 ♕e7 12.f3 ♘g5 13.♘c3 0-0-0 mit annäherndem Ausgleich. Spielbar ist auch 9...♗c5 z.B. 10.♗xc5 ♘xc5 11.♘c3 ♘e6 12.♖ad1 ♕e7 13.♘e4 0-0 14.♘g3 ♗g6=.

10.♘a3 g5

Schwarz beginnt einen Flankenangriff, ohne erst seinen König zu sichern.

11.♘c4 ♗g6 12.♘d4 ♗g7 13.♖ad1 0-0-0?

13...0-0! war angebracht. Nach dem Textzug wird Schwarz sofort gezwungen sein, seine Figuren wieder in den Kasten zu packen.

Diagramm Nr.7

14.♘xc6! bxc6 15.♘a5

Es droht 16.♕a6 ♔b8 17.♕b7 matt. Nach 15...♖xd1 16.♕a6+ ♔d7 17.♖xd1+ ♘d6 18.♕xc6+ nebst 19.exd6 erreicht Weiß eine gewonnene Stellung. Schwarz gab daher auf.

Spanische Partie (8)

Tordera – Garcia

Madrid 1988

1.e4 e5 2.♘f3 ♘c6 3.♗b5 ♘f6 4.0-0 ♗c5 5.♘xe5

Eine andere bedeutsame Möglichkeit ist 5.c3 0-0 6.d4 usw.

5...♘xe4 6.♘xf7?

Nun entstehen für Schwarz angenehme Verwicklungen. Theorie ist 6.♕e2 ♘xe5 7.♕xe4 ♕e7 8.d4 ♘c6 mit beiderseitigen Chancen.

6...♔xf7 7.♕h5+ g6 8.♕d5+ ♔g7 9.♗xc6

Recht befriedigend für Schwarz wäre 9.♗c4 ♕e7 oder 9.♕xe4 d5 usw.

9...♖e8! 10.♗a4 c6 11.♕d3 ♕f6

Für den Bauern hat Schwarz Entwicklungsvorsprung erhalten.

12.♕f3 ♕xf3!

Der Übergang ins Endspiel ist günstig für Schwarz, da er besser entwickelt ist

13.gxf3 ♘g5 14.♔g2 d5 15.♔g3

Erzwungen wegen der Drohung 15...♗h3+.

15...♗d6+ 16.f4 ♗h3 17.♖d1

Diagramm Nr.8

17...♗xf4+!

Eine elegante Schlusswendung. Nach 18.♔xf4 folgt 18...♖e4+! 19.♔xg5 h6 matt oder 18.♔h4 ♗f5 nebst 19...♘f3 matt. Weiß gab auf.

Spanische Partie (9)

Adams – Piket

Wijk aan Zee 1991

1.e4 e5 2.♘f3 ♘c6 3.♗b5 a6 4.♗a4 d6

Diese Zugfolge nennt man in der Theorie „Verbesserte Steinitz-Verteidigung“ im Vergleich zur „Klassischen Steinitz-Verteidigung“, die nach den Zügen 1.e4 e5 2.♘f3 ♘c6 3.♗b5 d6 entsteht.

5.c3 f5!?

Eine scharfe Reaktion anstelle der ruhigeren Folge 5...♗d7 6.d4 g6 7.0-0 ♗g7 8.♖e1 ♘ge7 usw. Die Partiefortsetzung eroberte sich einen Stammplatz in der Turnierpraxis, nachdem der dritte Schachweltmeister José Raúl Capablanca (1888–1942) sie in Budapest 1928 mit Erfolg angewendet hatte.

6.exf5 ♗xf5 7.0-0

Nach 7.d4 e4 8.♘g5 d5 9.f3 usw. erhält das Spiel einen anderen Charakter.

7...♗d3

Damit wird die weiße Entwicklung am Damenflügel verzögert, und Schwarz gewinnt Zeit für ein Konterspiel am Königsflügel.

8.♖e1 ♗e7 9.♖e3

Großmeister Paul Keres (1916–1975) empfahl hier die folgende Variante: 9.♗c2!? ♗xc2 (9...e4? 10.♗xd3 exd3 11.♕b3 ♘e5 12.♘d4+–) 10.♕xc2 ♘f6 11.d4 e4 (Oder 11...0-0 12.dxe5 ♘xe5 13.♘xe5 dxe5 14.♘d2! ♗c5 15.♘b3 ♗b6 16.♗e3, und die weiße Stellung ist etwas vorzuziehen.) 12.♘g5 d5 13.f3 h6 14.♘h3 0-0 15.♘d2 exf3 16.♘xf3 ♖f7 17.♘f2 ♗d6 mit beiderseitigen Chancen.

9...e4 10.♘e1 ♗g5 11.♘xd3?

Dieser Fehler geschah bereits in der Partie Kljawin–Mikenas, Riga 1959, was der junge englische Großmeister offensichtlich nicht wusste. Richtig ist 11.♖h3! ♘f6 12.♘xd3 exd3 13.♖xd3 0-0 14.♖h3 ♕e7 15.♘a3 ♖ae8 16.♘c2 ♘e4 17.♗b3+ ♔h8 18.f3±, Smyslow–Lutikow, UdSSR 1961.

11...♗xe3 12.♘b4 ♗xf2+!

Der Anziehende glaubte, mit dem letzten Zug sein Material günstig zurückzugewinnen, aber stattdessen gerät er nach diesem schönen Opfer in einen tödlichen Angriff.

13.♔xf2 ♕h4+ 14.♔g1 ♘h6 15.♕f1

Weiß will damit die schwarze Rochade verhindern. Aber andere Erwiderungen sind auch nicht besser: 15.♘xc6? wegen 15...0-0! 16.♘e7+ ♔h8 17.g3 ♕h3 18.♕e2 ♘g4 19.♕g2 ♕h5 mit entscheidendem Angriff. Oder 15.g3 ♕h3 16.♕f1 ♕xf1+ 17.♔xf1 0-0+ 18.♔e2 ♘xb4 19.cxb4 ♘g4 20.♘c3 ♖f2+ 21.♔d1 ♘f6 und Schwarz steht etwas besser.

15...♘g4 16.♕f4

Wenn 16.h3, so 16...♖f8 17.♕e2 ♘f2 18.♘xc6 ♘xh3+! 19.gxh3 ♕g3+ 20.♕g2 ♕e1+ 21.♔h2 ♖f2 22.♘d4+ b5 23.♗b3 ♖xg2+ 24.♔xg2 ♕xc1 mit schwarzem Gewinn.

16...♖f8 17.♕g3

Nichts verspricht 17.♕xe4+ ♔d8-+.

Diagramm Nr.9

17...♖f1+!

Ein schöner Schlussakkord in einer interessanten Partie.

18.♔xf1 ♘xh2+ 19.♕xh2

19.♔f2 ♘g4+, und Schwarz gewinnt.

19...♕xh2

Weiß gab wegen 20.♘xc6 ♕h1+ 21.♔f2 ♕xc1 auf.

Spanische Partie (10)

Holzner – Turzer

Fernpartie 1991

1.e4 e5 2.♘f3 ♘c6 3.♗b5 a6 4.♗a4 d6 5.0-0

Mit dem Zug 5.c3 kann Weiß ein starkes Zentrum aufbauen.

5...♗g4 6.h3 h5!?

Dies führt zu zweischneidigem Kampf. Eine Alternative bildet 6...♗h5.

7.c4

In der Partie Adams–Piket, Wijk aan Zee 1993, geschah 7.c3 ♕f6 8.d3 ♗xf3 9.♕xf3 ♕xf3 10.gxf3 ♘ge7 11.f4 (11.♗e3 0-0-0 12.♘d2 ♘g6∞) 11...0-0-0 12.♗b3 exf4

13.♗xf4 d5 14.♘d2 g5 15.♗e3 (Aber nicht 15.♗xg5? wegen 15...♖g8, und der Läufer geht verloren.) 15...♗h6 16.d4 f5 17.exf5 ♘xf5=.

7...♕f6 8.♕b3 ♗c8?

Nach diesem passiven Zug erwachsen dem Schwarzen unlösbare Schwierigkeiten. Großmeister Alexei Suetin (1926–2001) empfahl hier die folgende Variante: 8...0-0-0!? 9.♗xc6 bxc6 10.hxg4 (10.♘h2 ♗e6∞) 10...hxg4 11.♘h2 ♕h4 12.♕g3 ♕xg3 13.fxg3 d5 14.♘xg4 (14.d4 ♘f6∞) 14...♗c5+, und Schwarz verfügt über gefährliches Gegenspiel.

9.♘c3 ♔d8 10.♗xc6 bxc6 11.d4

Weiß entwickelt mit Tempo seinen ♗c1.

11...♕g6

11...exd4 12.♗g5+–.

12.dxe5 ♗xh3 13.♗g5+ f6 14.♕b7 ♖c8 15.gxh3 fxg5 16.exd6 cxd6

Diagramm Nr.10

17.♘e5!

Durch diesen überraschenden Springerzug erhält Weiß entweder großen Materialvorteil oder entscheidenden Angriff.

17...♕e6

Falls 17...dxe5, so 18.♖fd1+ ♗d6 19.c5+–.

18.♘f7+ ♔e8 19.♘xh8

Schwarz gab auf.

Spanische Partie (11)

Halbich – Kunze

Erlau 1990

1.e4 e5 2.♘f3 ♘c6 3.♗b5 a6 4.♗a4 ♘f6 5.d3

Mit diesem bescheidenen Zug, der heutzutage selten anzutreffen ist, kann Weiß kaum auf einen Eröffnungsvorteil erhoffen. Elastischer ist 5.0-0, um später seine Pläne festzulegen.

5...b5 6.♗b3 ♗e7 7.♘c3

Laut Theorie sind 7.0-0; 7.c3 oder 7.a4 besser.

7...0-0 8.0-0 d6 9.h3

Beachtung verdient 9.♘d5!?

9...♘a5 10.♕e2 ♗b7 11.♗d2 c5 12.♗d5

Hier sollte noch 12.♘d5!? versucht werden.

12...♘c6 13.♗xc6 ♗xc6 14.♘h2?

Weiß plant f2–f4, aber stärker war 14.♗g5!

14...b4 15.♘d1 d5!

Die weißen Figuren sind passiv postiert, und Schwarz sichert sich mit diesem Bauernopfer eine starke Initiative.

16.exd5 ♘xd5 17.♕xe5 ♗d6 18.♕h5 ♕c7 19.♘f3 ♖ae8 20.♘g5

Der Anziehende hat die Entwicklung seiner Figuren noch nicht abgeschlossen, und trotzdem versucht er, eine Aktion am Königsflügel zu organisieren. Doch dieser Plan ist ein Schuss ins Leere, da Schwarz leicht die Mattdrohung auf h7 parieren kann. Zu versuchen war daher 20.a3.

20...♘f6 21.♕h4 ♖e2 22.♗e3 ♖xc2

In der Regel ist der Turm auf der 2. Reihe bzw. 7 Reihe sehr stark, und diese Partie kann das bestätigen.

23.♖c1?

Weiß übersah die gegnerische Drohung. Nötig war 23.♖e1!?

Diagramm Nr.11

23...♗g3! 24.♕xg3 ♕xg3 25.fxg3 ♖xg2+

Die Batterie ♗c6/♖g2 entscheidet: 26.♔h1 ♖xg3+ 27.♘e4 ♘xe4 28.♔h2 ♘d2! 29.♔xg3 ♘xf1+ 30.♔f2 ♘xe3 31.♘xe3 ♗b5 32.♖xc5 ♗xd3 33.♘d5 b3 34.axb3 ♖b8 35.♖c3 ♗e4 36.♘c7 ♗b7, und Schwarz hat einen Mehrbauern. Weiß gab auf.

Spanische Partie (12)

Hübner – Kortschnoi

Tilburg 1987

1.e4 e5 2.♘f3 ♘c6 3.♗b5 a6 4.♗a4 ♘f6 5.0-0 ♘xe4

Dieser Zug führt zur „Offenen Variante". Schwarz liquidiert den Zentralbauern e4, um seinen Figuren möglichst großen Spielraum zu verschaffen.

6.d4 b5 7.♗b3 d5 8.dxe5 ♗e6 9.♘bd2

Diese Fortsetzung ist nach dem Wettkampf um die Weltmeisterschaft Karpow–Kortschnoi, Baguio 1978, besonders populär geworden. Ferner wird hier gespielt:

1) 9.c3 ♗c5 10.♘bd2 0-0 11.♗c2 f5 12.♘b3 ♗b6 13.♘fd4 ♘xd4 14.♘xd4 ♗xd4 15.♕xd4 c5 16.♕d1 h6 17.f3 ♘g5 18.♗e3 ♖c8 19.♕d2 a5 (In Frage kommt auch 19...d4!?) 20.♖ad1 ♕e7 mit annähernd gleichen Chancen, Short–Timman, San Lorenzo de El Escorial 1993, 12. Matchpartie.

2) 9.♗e3 ♗e7 10.c3 ♘c5 11.♗c2 ♘d7 12.♖e1 ♘dxe5 13.♘xe5 ♘xe5 14.♗d4 ♘ c6 15.♗xg7 ♖g8 16.♕h5 ♔d7 (Nach 16...♖xg7 17.♖xe6 ♖g5 18.♕xg5 fxe6 19.♕h5+ ♔d7 20.♘d2 ♕g8 21.♘f3 steht Weiß besser.) 17.♗h6 ♗g5 18.f4 ♗xh6 19.♕xh6 ♔c8 20.f5 ♗d7 21.♘d2 ♖b8 22.♘f3 ♖b6 23.♕xh7 ♕f8 24.♕h4 b4 mit kompliziertem Spiel, Miranovic–Michaltschischin, Jugoslawien 1992.

3) 9.♕e2 ♗e7 10.♖d1 0-0 11.c3 ♘c5 12.♗c2 ♗g4 13.b4 ♘a4 14.♗f4 ♕d7 15.♕d3 g6 16.♕xd5 ♕xd5 17.♖xd5 ♘b6 18.♖d1 (18.♖d2!?) 18...♖ad8 19.♖e1 ♘d5 20.♗h6 ♖fe8 21.a4 ♗xf3 22.gxf3 ♗f8, und Schwarz darf mit seiner Stellung zufrieden sein, Short–Timman, San Lorenzo de El Escorial 1993, 6.Matchpartie.

9...♘c5 10.c3 ♗e7 11.♗c2 ♗g4 12.♖e1 ♕d7

Eine andere Möglichkeit ist 12...0-0 13.♘f1 ♖e8 14.h3 ♗h5 15.♘g3 ♗g6 mit beiderseitigen Chancen.

13.♘f1

In einer früheren Partie derselben Gegner (Tilburg 1986) geschah 13.h3 ♗h5 14.♘f1 ♖d8 15.♘g3 ♗g6 16.♘d4 0-0 17.♗f5 (17.♘gf5!?) 17...♘e6 18.♗g4 ♘cxd4 19.cxd4 c5 20.♘f5 ♕a7 21.♘xe7+ ♕xe7 22.♗e3 cxd4 23.♗xd4 ♖c8 24.♕d2 ♖c2 25.♕e3 ♕b4 mit gutem Spiel für Schwarz.

13...♖d8 14.♘e3 ♗h5 15.♘f5 0-0

Nach 15...♘e6 16.a4 steht Weiß auch besser.

16.♘xe7+ ♘xe7 17.b4 ♘a4?

Ein schwerer Missgriff, der sofort zum Verlust führt. Einige Runden später verbesserte A. Sokolow gegen Kortschnoi das schwarze Spiel: 17...♘e4! 18.♗xe4 dxe4 19.♕xd7 ♖xd7 20.♘g5 ♗g6 21.e6 ♖d3 22.exf7+ ♗xf7 23.♘xe4 ♘d5 24.f3 ♗g6, und das Endspiel wurde später von Schwarz gewonnen.

Diagramm Nr. 12

18.♗xh7+! ♔xh7 19.e6

Nach 19...fxe6 folgt 20.♘g5+ ♔g6 21.g4+– bzw. 19...♗xf3 20.♕d3+ ♗e4 21.♕h3+ ♔g8 22.exd7 mit weißem Gewinn. Schwarz gab daher auf.

Spanische Partie (13)

Kowaljow – Schampitow

Dnepropetrowsk 1981

1.e4 e5 2.♘f3 ♘c6 3.♗b5 a6 4.♗a4 ♘f6 5.0-0 ♗e7 6.d3

Diese ruhigere Fortsetzung ist gegenwärtig vor allem dann anzutreffen, wenn Weiß die bis ins Detail ausanalysierten Hauptvarianten (nach 6.c3) vermeiden möchte.

6...b5 7.♗b3 d6 8.c3 0-0 9.♖e1 ♗b7 10.♘bd2 ♕d7?!

Logischer ist 10...♘a5 11.♗c2 c5 bzw. 10...h6 11.♘f1 ♖e8 12.♘g3 ♗f8 usw.

11.♘f1 ♖fe8 12.♘g3 g6 13.♗g5

Um die Überführung des Läufers via f8 nach g7 zu verhindern.

13...♔g7 14.♕d2 ♘g8 15.d4 f6

Schwarz muss die Diagonale a2–g8 schwächen, um den Punkt e5 zu verteidigen.

16.♗e3 ♗f8 17.♖ad1 ♕e7 18.dxe5 dxe5?

Dieser Fehler ermöglicht Weiß, die Partie eindrucksvoll zu gewinnen. Notwendig war daher 18...♘xe5.

19.♕d5 ♘h6 20.♗xh6+ ♔xh6 21.♘h4

Der entscheidende Zug. Es droht schon der Springereinbruch auf f5. Schwarz hat keine große Auswahl.

21...♔g5

Diagramm Nr. 13

22.♕d2+!

Das Matt–Finale wird eingeläutet.

22...♔xh4 23.♘f5+! gxf5 24.♖e3

Dieser stille Turmzug entscheidet: 24...f4 25.♖h3+ ♔g5 26.♕e2 usw. Schwarz gab auf.

Spanische Partie (14)

Arnlind – Sagorowski
Fernpartie 1984–87

1.e4 e5 2.♘f3 ♘c6 3.♗b5 a6 4.♗a4 ♘f6 5.0-0 b5 6.♗b3 ♗b7

Diese Variante wurde von Meistern aus dem russischen Archangelsk erforscht, was ihr den heutigen Namen eintrug.

7.♖e1

Der Turmzug ist üblich und stellt eine natürliche Reaktion auf den durch ♗b7 verstärkten Druck gegen den Punkt e4 dar. Es werden auch 7.c3 bzw. 7.d3 gespielt.

7...♗c5 8.c3 d6 9.d4 ♗b6 10.a4

Genauer ist 10.♗g5, weil Schwarz nun mittels 10...h6 die Fesselung seines Springers vermeiden kann. In einer Partie Renert–Schirow, Correze 1991, folgte 10.♗e3 0-0 11.♘bd2 h6 12.h3 exd4 (12...♖e8 13.d5 ♘e7 14.♗xb6 cxb6 15.♗c2 ♘g6 16.♗d3 ♖c8 17.♖c1 ♘d7 18.b4 ♕e7 19.g3±, Ljubojevic–Gulko, Reggio Emilia 1991) 13.cxd4 ♘b4 14.♕b1 c5 15.d5 c4 16.♗c2 ♘d7 17.a3 ♘xc2 18.♕xc2 f5 19.♗xb6 ♕xb6 20.exf5 ♗xd5, und Schwarz hatte keine Probleme.

10...0-0

10...h6! ist stärker.

11.♗g5 h6 12.♗h4 exd4 13.cxd4 ♖e8 14.♘c3 g5?

Ein Fehler, der es Weiß gestattet, auf schöne Weise zu gewinnen. Der gegebene Zug war 14...♘a5.

15.♗xg5! hxg5 16.♘xg5 ♖e7

Nach 16...♘xd4 17.♘xf7 ♕e7 18.♘xd6+ ♘xb3 19.♕xb3+ ♕e6 20.♕xe6+ ♖xe6 21.♘xb7 ♖b8 22.axb5 ♖xb7 23.bxa6 ♖a7 hätte Weiß genug Material für die Figur.

17.♘d5 ♗xd4

17...♘xd5 18.♕h5! mit Gewinn.

Diagramm Nr. 14

18.♖e3!!

Ein glänzendes Turmopfer, das Schwarz jedoch nicht annehmen darf: 18...♗xe3 19.♘xf6+ ♔g7 20.♕g4+–.

18...♘xd5 19.♖g3 ♗g7

Auch 19...♔f8 rettet nicht 20.♗xd5 ♗g7 21.♘h7+ ♔g8 22.♕g4+–.

20.♗xd5 ♕c8

Auf 20...♘a5 könnte folgen: 21.♕h5 ♗xd5 22.♕h7+ ♔f8 23.exd5 mit dem einfachen Plan h2–h4–h5–h6 usw.

21.♕h5 ♘d8 22.♘h7!

Droht 23.♘f6+ ♔f8 24.♕h8+! ♗xh8 25.♖g8 matt.

22...♖d7 23.♘f6+ ♔f8 24.♖xg7!
Ein wirkungsvolles Finale. Auf 24...♔xg7 folgt 25.♕g5+ ♔f8 26.♘h7+ ♔e8 27.♕g8+ ♔e7 28.♕f8 matt. Schwarz gab auf.

Spanische Partie (15)

Hall – Collinson
Oakham 1992

1.e4 e5 2.♘f3 ♘c6 3.♗b5 a6 4.♗a4 ♘f6 5.0-0 b5 6.♗b3 ♗b7 7.c3 ♘xe4
Interessant ist 7...♗d6!? z.B. 8.d4 0-0 9.♘bd2 ♕e7 mit zweischneidigem Spiel.
8.d4 ♘a5
Zu gefährlich für Schwarz ist 8...exd4 wegen 9.♖e1 d5 (9...♘a5 10.♗c2 d5 11.♘xd4 wäre bequemer für Weiß) 10.♘g5 ♘a5 11.♖xe4+! dxe4 12.♗xf7+ ♔e7 13.♕g4 ♕d7 14.♗e6 ♕c6 15.♘d2 h6 16.♘dxe4 ♔d8 17.cxd4 ♕c2 18.d5 ♘c4 19.♘f7+, und Schwarz gab auf, Ramondino–Van Veen, Amsterdam 2004.
9.♘xe5!?
Weiß vermeidet damit ernste Komplikationen, die nach 9.♗c2 entstehen können, z.B. 9...exd4 10.b4 ♘c4 11.♗xe4 ♗xe4 12.♖e1 d5 13.♘xd4 c5 (In der Partie Klinger–R. Mainka, Dortmund 1989, erreichte Weiß nach 13...♗d6 14.f3 ♕h4 15.h3 ♕g3 16.♘f5 ♕h2+ 17.♔f2 0-0-0 18.fxe4 dxe4 19.♕g4 ♔b8 20.♕xe4 ♖he8 21.♕xe8 ♖xe8 22.♖xe8+ ♔b7 23.♖e4 g6 24.♘xd6+ ♘xd6 25.♘d2 ♘xe4+ 26.♘xe4 ♕e5 27.♘c5+ ♔c6 28.♗e3 ♕xc3 29.♖c1 ♕b2+ 30.♔g1 ♕xa2 31.♘xa6+ bessere Perspektiven.) 14.bxc5 ♗xc5 15.f3 0-0 16.fxe4 dxe4 17.♖xe4 (Oder 17.♔h1 ♖e8 18.♗e3 ♘xe3 19.♖xe3 b4 20.♘d2 bxc3 21.♘2b3 c2 22.♕d2 ♗b6 23.♖c3 e3 24.♖xe3 ♖xe3 25.♕xe3 a5 26.a4 ♕d7 mit unklarem Spiel, Nunn–Beljawski, Amsterdam 1990.) 17...♕d5 18.♖h4 ♖ad8 19.♕d3 f5 20.♗g5 ♖de8 21.♘d2 ♘e5 22.♕f1 f4 (22...b4!?) 23.♔h1 ♘g6 24.♖h5 ♗xd4 25.cxd4 h6 26.♕d3 ♕f5 27.♕b3+ ♖f7 28.♘f3 ♖e3 mit etwa gleichen Aussichten, Dwoiris–Beljawski, UdSSR 1990.
9...♘xb3 10.♕xb3 ♕f6 11.f3 ♘c5 12.♘g4
In der Partie Anand–Michaltschischin, Moskau 1989, wo der Zug 9.♘xe5!? zum ersten Mal gespielt wurde, probierte Weiß hier 12.♕d1 aus. Aber Schwarz übernahm nach 12...♘e6 13.a4 ♗d6 14.♕e2 c5 15.axb5 cxd4 16.♘c4 ♗c5 17.cxd4 ♗xd4+ 18.♔h1 0-0 19.b6 ♗c6 20.♗e3 d5! völlig die Initiative.
12...♘xb3 13.♘xf6+ ♔e7
Stärker ist 13...gxf6! 14.♖e1+ ♔d8 15.axb3 ♖g8 16.♔h1 ♗e7 17.♗f4 d6 18.♘d2 f5 19.♘f1 ♔d7 20.♘g3 (20.♘e3 ♗h4 21.♖e2 ♖ae8 22.b4 ♖e7 23.♖f1 ♗g5 24.♗xg5 ♖xg5 25.♖ee1 ♔d8 26.♘c2 ♖e6=) 20...♗h4 21.♖e3 ♗xg3 22.♗xg3 ♖ge8 23.♖ae1 ♗d5 24.♖xe8 ♖xe8 25.♖xe8 ♔xe8 26.b4 ♔d7 mit Remis, Pfrommer–Dergilewa, Deutschland 2002.
14.♗g5 ♘xa1?
Das ist der entscheidende Fehler. Notwendig ist 14...gxf6! 15.♖e1+ ♔d6 16.♗f4+! (16.♗xf6 ♘xa1 17.♗xh8 ♘c2 18.♖e2 ♘xd4=) 16...♔c6 17.axb3 ♗d6 18.♗xd6 ♔xd6 19.b4 ♖he8 20.♖xe8 ♖xe8 mit guten Rettungschancen.
15.♖e1+ ♔d6 16.♗f4+ ♔c6 17.d5+ ♔c5
Es verliert auch 17...♔b6 18.♘xd7+ ♔a5 (18...♔a7 19.♗e3+ c5 20.dxc6+ ♗c5 21.♗xc5#) 19.♗xc7+ ♔a4 20.♘b6+ ♔a5 21.♘c4+ ♔a4 22.b3+ ♘xb3 23.♘b2 matt.
18.b4+ ♔c4
Oder 18...♔b6 19.♘xd7+ ♔a7 20.♗e3+ mit weißem Gewinn.

Diagramm Nr. 15

19.♘a3+! ♔xc3 20.♘e4+ ♔xb4

Ein anderes Mattbild entsteht nach 20...♔d3 21.♖d1+ ♔e2 22.♘c3 matt.

21.♖b1+!

Es wird weiter gefeuert!

21...♔xa3

Oder 21...♔a5 22.♗xc7+ ♔a4 23.♘c3+ ♔xa3 24.♗f4 ♗c5+ 25.♔f1 nebst Matt auf c1.

22.♘c3

Schwarz gab angesichts der Drohung 23.♗c1 matt auf.

Spanische Partie (16)

Carlsen – Beljawski

Wijk aan Zee 2006

1.e4 e5 2.♘f3 ♘c6 3.♗b5 a6 4.♗a4 ♘f6 5.0-0 b5 6.♗b3 ♗b7 7.d3 ♗c5

Die Theorie empfiehlt hier 7...♗e7!?

8.♘c3 d6 9.a4 ♘a5

Normalerweise wählt Schwarz hier 9...b4, was mit 10.♘d5 oder 10.♘e2 beantwortet werden kann.

10.♗a2 b4 11.♘e2 ♗c8

Dieser Zug wird relativ selten gespielt. Am häufigsten trifft man 11...0-0 oder 11...♖b8 mit guten Aussichten für Schwarz.

12.c3

Es beginnt der Kampf im Zentrum.

12...bxc3 13.bxc3 ♗b6

Kommt dem weißen Zug d3–d4 zuvor.

14.♘g3 ♗e6

Laut Beljawski ist 14...0-0!? besser.

15.d4 ♗xa2

Schwarz hätte den Läufer auf e6 behalten sollen, um das Feld f5 zu überdecken. Stärker war also 15...0-0!?

16.♖xa2 0-0 17.♗g5 exd4?

Nach diesem Fehler bricht Beljawskis Stellung zusammen. Notwendig war 17...h6, obwohl Weiß nach 18.♗h4! ebenfalls klar besser stünde.

Diagramm Nr.16

18.♘h5!

Das entscheidende Manöver gegen den schwarzen Monarchen. Seine Leichtfiguren stecken weit am weg Damenflügel und können ihm nicht zur Hilfe kommen. Die Partie ist damit entschieden.

18...dxc3 19.♘h4 ♔h8 20.♘f5

Die schwarze Stellung ist hoffnungslos, denn gegen das Schlagen auf g7 gibt es keine Parade mehr. Schwarz gab auf.

Spanische Partie (17)

Strukow – Balitschew

Fernpartie 1988/89

1.e4 e5 2.♘f3 ♘c6 3.♗b5 a6 4.♗a4 ♘f6 5.0-0 ♗e7 6.♖e1 b5 7.♗b3 0-0 8.c3 d5!?

Eine Einladung zum berühmten Gambit, das seine Premiere in der Partie zwischen Capablanca und Marshall am 23. Oktober 1918 in New York hatte. Seitdem ist diese interessante Spielweise in der modernen Turnierpraxis bis heute eine beliebte Waffe gegen die Spanische Partie.

9.exd5 e4

Dies wird heutzutage selten gespielt, aber wahrscheinlich zu Unrecht. Schwarz opfert zwei Bauern und bekommt dafür eine recht gefährliche Initiative.

10.♘g5?

Als stärker gilt hier 10.dxc6.

10...♗g4! 11.♕c2

Oder 11.f3 exf3 12.gxf3 (Oder 12.♘xf3 ♘a5 13.♗c2 ♖e8 14.d4 ♕xd5 15.♕d3 ♗d6, und die schwarze Stellung ist vorzuziehen, Morley-Harding, Teesside 1972.) 12...♘xd5 13.♘xh7 ♗d6 14.♗xd5 ♗xh2+ 15.♔xh2 ♕h4+ 16.♔g2 ♕h3+ 17.♔g1 ♕g3+ 18.♔h1 ♔xh7 19.fxg4 ♖h8 20.♗g2 (20.♗xf7 g6! nebst 21...♔g7 matt) 20...♔g8+ 21.♔g1 ♖h2 22.♖e2 (22.♕f3 ♖xg2+ 23.♕xg2 ♕xe1+ mit Gewinn) 22...♘e5 23.♖f2 ♖e8 24.♕e2 (24.d4?? ♘xg4-+) 24...♖e6 25.♕e3 ♖xg2+! 26.♖xg2 ♘f3+ 27.♔f1 ♕h3 28.♔f2 ♖xe3 29.dxe3 ♘h4 30.♖g1 ♕h2+ 31.♔f1 ♘f3 32.♖g2 ♕h1+ 33.♔f2 ♘e1 34.♖g3 ♘d3+ 35.♔e2 ♕xc1, und Schwarz steht auf Gewinn.

11...♘e5

Eine starke Alternative ist hier 11...♘a5!?

12.♘xe4 ♘xe4 13.♕xe4 ♗d6 14.d4 f5 15.♕e3

Die Antwort 15.♕c2 bringt dem Schwarzen auch nach 15...♘f3+! einen starken Angriff. Man sehe: 16.gxf3 ♗xf3 (16...♕h4 17.fxg4 ♕xh2+ 18.♔f1 fxg4 19.♗e3 ♖ae8-+) 17.♕d3 ♗xh2+ 18.♔f1 ♗g4 19.d6+ ♔h8 20.dxc7 ♗xc7 21.♔g2 f4 22.♖h1 ♗f5 23.♕f3 ♕e8 24.♗d5 ♕g6+ 0-1, Yesper–Atuan, Fernpartie 1990.

15...f4 16.♕e4 ♗f5 17.♕e2 f3! 18.♕f1

Auf 18.gxf3 folgt 18...♘d3-+.

18...♘g4 19.g3

Diagramm Nr.17

19...♘xh2!

Nach diesem typischen Opfer wird das weiße Haus völlig zerstört: 20.♔xh2 ♕h4+ 21.♔g1 ♗xg3! 22.fxg3 ♕xg3+ 23.♔h1 ♗h3-+. Weiß gab auf.

Spanische Partie (18)

Assumpcao – Löffler

Fernpartie 1982–84

1.e4 e5 2.♘f3 ♘c6 3.♗b5 a6 4.♗a4 ♘f6 5.0-0 ♗e7 6.♖e1 b5 7.♗b3 0-0 8.c3 d5!? 9.exd5 ♘xd5 10.♘xe5 ♘xe5 11.♖xe5 ♗b7

Eine seltene Fortsetzung, aber nicht ohne Gift. Der Hauptzug ist hier 11...c6.

12.♕f3 ♗d6 13.♖xd5?

Weiß gewinnt Material, aber gerät unter das Feuer der schwarzen Figuren. Stärker ist 13.♗xd5 z.B. 13...c6 14.♖e2 cxd5 15.d4 ♕c7 16.g3 ♖ae8 17.♘d2 b4 18.cxb4 ♕c2 19.♖e3 ♗xb4 20.♘f1 ♖xe3 21.♘xe3 ♕d3 22.♕d1 ♕e4 23.f3±, A. Sokolow–Charitonow, Vilnius 1984.

13...♖e8 14.♕d1 ♕e7 15.♔f1 ♕h4 16.♖h5

Auf 16.♕h5 entscheidet auch 16...♕e4. Nach 16.d4 dagegen folgte in der Partie Gajukow–Slizker, UdSSR 1990, 16... ♕xh2 17.♕h5 ♕g1+! 18.♔xg1 ♖e1 matt.

16...♕e4 17.f3

Oder 17.♗xf7+ ♔f8 18.f3 ♕d3+ 19.♔g1 ♔xf7 20.♘a3 g6 21.♖xh7+ ♔g8 22.♖h4 ♗c5+ 23.♔h1 ♗xf3! 24.gxf3 ♖e1+ 25.♕xe1 ♕xf3 matt, Dadaschew–Slizker, UdSSR 1990.

17...♕g6 18.g4 ♕d3+ 19.♔f2

Bei Weiß scheint alles in Ordnung zu seine, aber nach...

Diagramm Nr.18

19...♖e1!

...fällt die weiße Stellung wie ein Kartenhaus zusammen. Weiter folgte:

20.♔xe1

20.♕xe1 ♕xf3+ 21.♔g1 ♕g2 matt.

20...♗xf3 21.♗xf7+ ♔h8 22.♗g6 ♖e8+!

Weiß gab auf wegen 23.♗xe8 (23.♔f2 ♖e2+ 24.♔f1 ♖e4+ 25.♔f2 ♗xd1-+) 23...♕e4+ mit schwarzem Gewinn.

Spanische Partie (19)

Botetschko – Semjaschew

Tschernowzy 1985

1.e4 e5 2.♘f3 ♘c6 3.♗b5 a6 4.♗a4 ♘f6 5.0-0 ♗e7 6.♖e1 b5 7.♗b3 0-0 8.c3 d5!? 9.exd5 ♘xd5 10.♘xe5 ♘xe5 11.♖xe5 c6 12.♗xd5

Weiß tauscht zwar freiwillig seinen wichtigen Läufer ab, aber stabilisiert dadurch die Situation im Zentrum. Zur Hauptvariante führt 12.d4.

12...cxd5 13.♕f3?

Ein Fehlschlag. Richtig ist 13.d4 ♗d6 14.♖e3 (Möglich war auch 14.♖e1!?) 14...♕h4 (Eine andere Variante entsteht nach 14...f5!?) 15.h3 (15.g3 ♗g4 16.f3 ♗xg3! 17.♕e2 ♗f4 18.fxg4 f5 mit scharfem Spiel, Krogius/Mazukewitsch) 15...♕f4 16.♖e5 ♕f6 17.♖e1 ♕g6 18.♕f3 ♗e6 19.♗f4 ♗xf4 20.♕xf4 ♗xh3 21.♕g3 mit etwa gleichen Chancen.

13...♗d6! 14.♖e3

14.♖xd5 geht nicht wegen 14...♗b7 15.♖xd6 ♕xd6 16.♕xb7 ♖ae8 bzw. 14.♕xd5 ♗xe5 15.♕xa8 ♗xh2+ 16.♔xh2 ♕h4+ 17.♔g1 ♖e8! mit Mattangriff in beiden Fällen. Objektiv besser ist 14.♖e1.

14...♕g5 15.g3

Auf 15.h3 folgt 15...♗f4 16.♖e1 ♗f5 mit der Idee 17...♖ae8.

15...♗g4 16.♕g2 ♖ae8 17.d4

17.f3!? war zu überlegen.

17...♕h5 18.♕f1?

Der Verlustzug. Zäher war 18.f3 ♗h3 19.♕f2, obwohl Schwarz nach 19...f5 klar besser stünde. **18...♗h3 19.♕e1**

Diagramm Nr.19

19...♕f3!

Auf 20.♖xf3 folgt 20...♖xe1 matt. Weiß gab auf.

Spanische Partie (20)

Kudrin – Gumrukcuoglu
Kusadasi 1990

1.e4 e5 2.♘f3 ♘c6 3.♗b5 a6 4.♗a4 ♘f6 5.0-0 ♗e7 6.♖e1 b5 7.♗b3 0-0 8.h3

Damit möchte Weiß entweder das Marshall-Gambit ganz vermeiden (Z.B. 8...d6 9.c3 mit Übergang zu bekannten Varianten der Spanischen Partie.) oder aber auf die weniger analysierten Abspiele einschwenken.

8...d5!? 9.exd5 ♘xd5 10.♘xe5 ♘xe5 11.♖xe5 ♘f6

Es wird auch 11...c6 gespielt.

12.d3

Aktiver ist 12.d4 z.B. 12...♗d6 13.♖e1 c6 (13...♘g4 14.♕f3! ♕h4 15.♖e8! ♗b7 16.♖xf8+ ♖xf8 17.♕xg4+−) 14.♘d2 ♗c7 15.♘f1 h6 16.c3 ♘d5 17.a4 ♘f4? (Notwendig war 17...♗e6!?) 18.♕f3 ♕h4 19.♗xf4 ♗xf4 20.axb5 ♗e6 21.♗xe6 fxe6 22.♕xc6 und Weiß steht auf Gewinn, Pilgaard−Castejon Blanco, Poio 2002.

12...♗d6 13.♖e1 ♘g4?

Nach 13...♗b7!? nebst ♕d8−d7 und ♖a8−e8 wäre der Partieausgang noch offen gewesen. Nach dem Partiezug wird Weiß selber schnell angreifen.

14.♕f3!

Einfach und stark. Die Annahme des Springeropfers könnte Schwarz gute taktische Chancen geben: 14.hxg4 ♕h4 15.♖e4 ♕h2+ 16.♔f1 ♕h1+ 17.♔e2 ♕xg2 usw.

14...♕h4

14...♖b8 15.hxg4 ♕h4 16.♕h3+−.

Diagramm Nr.20

15.♖e8!

Ein bekanntes Motiv, das man kennen muss.

15...♕h5

Andere Erwiderungen verlieren auch: 15...♖xe8 16.♕xf7+ ♔h8 17.♕xe8+ ♗f8 18.♕xf8 matt; 15...♗e6 16.♖xa8+− oder 15...♗b7 16.♖xf8+ ♖xf8 17.♕xg4+−.

16.♖xf8+ ♔xf8 17.♕xa8

Schwarz könnte die Partie eigentlich schon aufgeben.

17...♕e5 18.♗d2 ♕h2+ 19.♔f1 ♕h1+ 20.♔e2 ♘h2 21.♘c3! ♕xa1 22.♕xc8+

Auf 22...♔e7 folgt 23.♘d5 matt. Schwarz gab auf.

Spanische Partie (21)

Zapata – Nunn

Dubai 1986

1.e4 e5 2.♘f3 ♘c6 3.♗b5 a6 4.♗a4 ♘f6 5.0-0 ♗e7 6.♖e1 b5 7.♗b3 0-0 8.a4

Dies ist die Hauptwaffe gegen das Marshall–Gambit.

8...♗b7

Andere Möglichkeiten sind 8...♖b8 bzw. 8...b4.

9.d3 ♖e8 10.♘g5?!

Dieser Zug bringt dem Weißen eigentlich keinen Nutzen. Stärker ist 10.♘c3 bzw. 10.c3.

10...d5! 11.exd5 ♘d4 12.♗a2

Verlieren würde 12.d6? ♘xb3 13.dxe7 ♕d5-+.

12...♘xd5 13.♖xe5?

Das Spiel auf den Bauergewinn ist zu riskant. Eine Partie Tal–Planinc, Moskau 1975, endete nach 13.♘f3 ♘b4 14.♘xd4 ♘xa2 15.♘f5 ♘xc1 16.♘xe7+ ♖xe7 17.♕xc1 ♖e6 remis.

13...♗xg5! 14.♗xg5

Oder 14.♖xe8+ ♕xe8 15.♗xg5 ♘xc2-+.

14...♕d7 15.♖xe8+ ♖xe8 16.♘d2

Es verliert auch 16.♘c3 ♘xc3 17.bxc3 ♘e2+ 18.♔f1 ♗xg2+! 19.♔xg2 ♕g4+ 0-1, Richard–Picchiottino, IECC 1998.

16...♘b4 17.♗b1

17.♗b3 verspricht auch keine Rettung mehr: 17...♘xb3 18.cxb3 (18.♘xb3 ♕d5 19.♕f3 ♘xc2 20.♖f1 ♕xf3 21.gxf3 bxa4 22.♘c5 ♖e5 23.♘xb7 ♖xg5+ 24.♔h1 ♖b5-+) 18...♘xd3 19.♘f3 bxa4 20.bxa4 ♕f5 mit schwarzem Vorteil. Nach dem Textzug folgt eine kleine Kombination.

17...♘e2+ 18.♔f1

Diagramm Nr.21

18...♗xg2+! 19.♔xg2 ♕g4+ 20.♔h1 ♘g3+!

Weiß gab auf.

Spanische Partie (22)

Leko – Bruzon

Wijk aan Zee 2005

1.e4 e5 2.♘f3 ♘c6 3.♗b5 a6 4.♗a4 ♘f6 5.0-0 ♗e7 6.♖e1 b5 7.♗b3 d6 8.c3 0-0 9.h3 ♘a5 10.♗c2 c5 11.d4 ♕c7 12.♘bd2 cxd4

Gespielt wird auch 12...♘c6 oder 12...♗d7.

13.cxd4 ♗d7 14.♘f1 ♖ac8 15.♖e2

Zur Hauptvariante führt 15.♘e3.

15...♘c6 16.a3 exd4

Mit 16...♖fe8 kann man die Spannung des Kampfes halten.

17.♘xd4 ♖fe8 18.♘g3 d5

Eine andere Möglichkeit ist 18...♘xd4 19.♕xd4 ♗e6 mit dem Plan ♘f6–d7 und beiderseitigen Chancen.

19.♘xc6 ♗xc6 20.e5 ♘e4 21.♗f4!

Das ist stärker als 21.♘xe4 dxe4 22.♗xe4 ♖ed8, und Schwarz hat ein aktives Spiel: 23.♕b3 ♗xe4 24.♖xe4 ♕c2 25.♕xc2 ♖xc2 26.♖e1 ♗c5 27.♗e3 ♗xe3 28.♖xe3 ♖dd2 29.♖f3 ♖xb2, und Weiß muss um den Ausgleich noch kämpfen, Orak–Rogic, Pula 2001.

21...g5?

Schwarz sollte den Springer g3 beseitigen.

22.♘f5!

Eine große Überraschung für den Nachziehenden.

22...gxf4

Nach 22...♕d7 23.♖xe4! dxe4 24.♕g4 h5 25.♘h6+ ♔f8 26.♕xh5 ♕e6 27.♘f5 ♔g8 28.♕g4 ♗d5 29.♘xe7+ ♕xe7 30.♗xg5 ♕e6 31.♕h4 ♕g6 32.♗f6 ♕h7 33.♕g4+ ♕g6 34.♕e2 oder 22...♗c5 23.♗xe4 dxe4 24.♖c2 ♗f8 25.♕g4 hätte Weiß in beiden Fällen große Initiative.

Diagramm Nr.22

23.♖xe4!

Das Turmopfer ermöglicht dem Weißen, einen entscheidenden Königsangriff einzuleiten.

23...♔h8

Keine Rettung für Schwarz gibt es auch nach 23...dxe4 24.♕g4+ oder 23...♗f8 24.♖xf4 ♕xe5 25.♖g4+ ♔h8 26.♕d3+−.

24.♖e1 ♗d7 25.e6!

Schwarz gab auf wegen 25...fxe6 26.♕d4+ e5 27.♖xe5 ♕c5 28.♖xe7+ ♕xd4 29.♖xe8+ ♖xe8 30.♘xd4 mit Materialvorteil.

Spanische Partie (23)

Negi – Dragun

Capelle la Grande 2010

1.e4 e5 2.♘f3 ♘c6 3.♗b5 a6 4.♗a4 ♘f6 5.0-0 ♗e7 6.♖e1 b5 7.♗b3 d6 8.c3 0-0 9.h3 ♘a5 10.♗c2 d5!?

Eine neue Gambitidee. Normalerweise wird auf dieser Stelle 10...c5 gespielt.

11.d4

Diese Fortsetzung sichert Weiß ohne Risiko ein etwas besseres Spiel. Die Annahme des Bauernopfers indessen gibt Schwarz gute Gegenchancen: 11.exd5 e4 12.♗xe4 ♘xe4 13.♖xe4 ♗b7 14.d4 ♗xd5 15.♖e1 ♗d6 mit aktivem Spiel.

11...dxe4

Die Variante nach 11...exd4 12.e5 ♘e4 13.cxd4 ist gut für Weiß.

12.♘xe5 c5

Die Alternative 12...♗b7!? sieht stark aus. Ein Beispiel: 13.♗g5 c5 14.dxc5 ♕c7 15.♗f4 ♗xc5 16.♘g6 ♕b6 17.♘xf8 ♗xf2+ 18.♔h1 ♗xe1 19.♘xh7 ♘d5 20.♗h2 ♘e3 21.♗g1 ♕h6 22.♗xe3 ♕xe3 23.♘a3 ♗h4 24.♕h5 ♕g3 25.♖f1 g6 26.♕e2 ♔xh7 27.b4 f5 28.bxa5 e3 29.♗d1 ♖d8 30.♘b1 ♕xh3+ 31.♔g1 ♗f2+ 0-1, Ali Marandi–Sanal, Konya 2010.

13.♘d2!?

Weiß möchte seine Figuren schnell ins Spiel bringen. Nach 13.dxc5 ♗xc5 14.♕xd8 ♖xd8 15.b4 ♗d6 16.♘g4 ♘xg4 17.hxg4 ♘c4 18.♗xe4 ♖a7 19.♗f3 ♖e7 20.♖xe7 ♗xe7 21.a4 ♘e5 bekam Schwarz in der Partie Bulski–Dragun, Polen 2010, ausreichende Gegenchancen für den Bauern.

13...cxd4 14.♘xe4 dxc3 15.♕f3 ♗e6?

Dieser Fehler kostet die Partie. Die beste Verteidigung ist wohl 15...♗b7!? 16.b4 ♗xe4 17.♗xe4 ♘xe4 18.♕xe4 f5 19.♕b1 c2 20.♕b2 (20.♕xc2? ♗xb4∓) 20...♘c4 21.♘xc4 bxc4 22.♕xc2 ♖c8 23.♗d2 ♗f6 24.♖ac1 ♕d3 25.♕xd3 cxd3 26.♖xc8 ♖xc8 27.♖e3 ♖c2 28.♖xd3 ♖xa2 mit gleichem Endspiel, Berg–Lie, Oslo 2008. Die Annahme des Bauernopfers nach 15...cxb2 16.♗xb2 ♗b7 17.♖ad1 ist dagegen nicht akzeptabel, denn Weiß hat für den Bauern einen Entwicklungsvorsprung und starke Initiative.

16.b4 ♘c4

Es gibt keine andere Wahl: 16...♘xe4 17.♕xe4 f5 18.♕e3 f4 19.♕f3 ♗xb4 (19...♘c4 20.♘c6 ♕d7 21.♕e4+−) 20.♕h5 h6 21.♕g6 mit Matt.

17.♘c6 ♕d7 18.♘xe7+ ♕xe7 19.♗g5 ♘e5 20.♘xf6+ gxf6

Diagramm Nr.23

21.♖xe5!

Das macht kurzen Prozess.

21...fxg5 22.♕h5 f5 23.♖xe6! ♕xe6 24.♗b3 mit Damengewinn. Schwarz gab auf.

Zweispringerspiel im Nachzug (24)

Formenko – Radtschenko
Sotschi 1967

1.e4 e5 2.♘f3 ♘c6 3.♗c4

Weiß richtet seinen Läufer gegen f7.

3...♘f6

Das Zweispringerspiel im Nachzug gehört zu den ältesten Eröffnungen, deren erste Analysen bereits im 16. Jahrhundert veröffentlicht wurden.

4.♘g5

Ein alter Zug, der gelegentlich in der Turnierpraxis angewandt wird. Schwarz hat jedoch viele Konterchancen, so dass Weiß schon in der Eröffnungsphase um Ausgleich kämpfen muss. Anstelle des Partiezuges kann der Anziehende auch zurückhaltender spielen. Man sehe: 4.d3 z.B. 4...♗e7 (4...♗c5 5.c3 d6 6.♗b3 0-0 7.♗g5 ♗e6 8.♘bd2 a6 9.h3 ♗a7=) 5.0-0 0-0 6.♖e1 d6 7.a4 ♗e6 8.♘bd2 ♕d7 9.c3 ♖fe8 mit gleichen Chancen.

4...d5

Die beste Fortsetzung für Schwarz.

5.exd5 ♘a5

Diese Antwort gilt als die sicherste Verteidigung für Schwarz. Nach 5...♘xd5 bekommt Weiß einen starken Angriff: 6.d4 (Ein chancenreiches Spiel erhält Weiß auch nach 6.♘xf7!? ♔xf7 7.♕f3+ ♔e6 8.♘c3 ♘cb4 9.0-0 c6 10.d4 usw.) 6...exd4 7.0-0 ♗e7 8.♘xf7! ♔xf7 9.♕f3+ ♔e6 10.♘c3! dxc3 11.♖e1+ ♘e5 12.♗f4 ♗f6 13.♗xe5 ♗xe5 14.♖xe5+! ♔xe5 15.♖e1+ ♔d4 16.♗xd5 ♖e8 17.♕d3+ ♔c5 18.b4+! ♔xb4 (18...♔b6 19.♕d4+ ♔a6 20.♕c4+ ♔b6 21.♕c5+ ♔a6 22.♕a5#) 19.♕d4+ ♔a5 20.♕xc3+ ♔a4 21.♕b3+ ♔a5 22.♕a3+ ♔b5 23.♖b1 matt.

6.♗b5+ c6 7.dxc6 bxc6 8.♗e2

Heutzutage wird dieser Zug meistens gespielt.

8...h6 9.♘f3 e4 10.♘e5 ♕d4

Die beliebteste Fortsetzung ist hier 10...♗d6!?

11.f4 ♗c5 12.♖f1 ♕d8

Gegen die Drohung 13.c3 und 14.b4 gerichtet.

13.c3 ♘d5 14.♕a4

Weniger gut ist 14.b4, da Schwarz nach 14...♕h4+ 15.g3 ♕xh2 16.bxc5 ♕xg3+ 17.♖f2 ♘xf4 starken Angriff erhält. Beachtenswert ist jedoch 14.g3!?

14...0-0 15.b4?

Nur mit 15.♕xe4! kann Weiß auf Vorteil hoffen, z.B. 15...♕h4+ (15...♖e8!? 16.d4 ♗b6 ist zu prüfen; Keres) 16.g3 (Auch 16.♔d1!? ♖d8 17.d4 ist möglich.) 16...♕xh2 17.♕f3 (Auch nach 17.b4!? ♕xg3+ 18.♔d1 ♖d8 19.♘d3 hat Schwarz keine ausreichende Kompensation für sein Figurenopfer.) 17...♖d8 18.d4 1-0, Herbrechtsmeier–Fuchs, Österreich 2001. Nach dem Textzug erhält Schwarz gefährliche Initiative.

15...♕h4+ 16.♔d1 ♖d8! 17.♔c2

Nicht aber 17.bxc5?? ♘e3 matt.

17...♗f5?!

Stärker war laut Euwe 17...♕xh2! z.B. 18.bxc5 ♕xg2 19.♖e1 (Oder 19.♕xa5 ♕xe2 20.♕xd8+ ♔h7 mit schwarzer Initiative.) 19...♕f2 20.c4 ♘xc4 21.♕xc4 (21.♗xc4 ♕xe1 22.♘xc6 ♘e3+ 23.♔b2 ♘xc4+ 24.♕xc4 ♗e6∓) 21...♕xe1 22.♘xc6 ♗e6 23.♕xe4 ♖ac8 0-1, Vincent–Stroher, Fernpartie 1996. Es könnte noch folgen: 24.♘xd8 ♖xc5+ 25.♘c3 ♘xc3-+.

18.bxc5

18.♕xa5!? hätte Weiß starke Initiative eingebracht.

18...e3+ 19.♔b2

Nach 19.d3 wurde die folgende Beispielvariante vorgeschlagen: 19...♕xh2 20.♕xa5 ♕xg2 21.♔d1 f6 22.♘xc6 ♗xd3! 23.♗xd3 e2+ 24.♗xe2 ♘e3+ 25.♔e1 ♘c2 matt.

19...♖db8+ 20.♔a3 ♕d8 21.♗b2

21.d3 rettet auch nicht mehr, z.B. 21...♖xb1! 22.♖xb1 ♘xc3 23.♕c2 ♘xb1+ 24.♕xb1 ♖b8 25.♕c2 ♕d4 26.♘c4 ♕xc5+ 27.♔a4 ♕b4 matt.

21...exd2 22.♖d1 ♗c2!

Schwarz opfert nun zwei Figuren, um seiner Dame mit Tempogewinn das Feld a5 freizumachen.

23.♕xc2 ♘b3?

Zu optimistisch. Richtig war 23...♕e7! mit schnellem Gewinn.

24.♘c4?

Um 24...♕a5 matt zu verhindern. Aber stärker war 24.♘xc6! wonach es für Schwarz nicht einfach wäre, den Angriff vorzusetzen.

24...♘xa1 25.♕xd2

Oder 25.♕a4 ♕e7 26.♘d6 ♕e3 27.♕xc6 ♘c2+ 28.♔a4 ♕xe2 29.♖xd2 ♕f1 30.♖xc2 ♕xb1-+.

Diagramm Nr.24

25...♕b6!!

Ein schönes Finale. Weiß gab auf, weil sein König in der Mattfalle sitzt.

Zweispringerspiel im Nachzug (25)

Malachatko – Timoschenko

Kiew 2003

1.e4 e5 2.♘f3 ♘c6 3.♗c4 ♘f6 4.♘g5 d5 5.exd5 ♘a5 6.♗b5+ c6 7.dxc6 bxc6 8.♗e2 h6 9.♘h3!?

Eine alte Idee des Schachweltmeisters Wilhelm Steinitz (1836-1900). Öfter gespielt wird 9.♘f3, siehe die vorige Partie.

9...♗e7

Die Theorie empfiehlt 9...♗d6 oder 9...♗c5.

10.d3 0-0 11.♘g1

Möglich ist auch 11.♘c3 ♖b8 (Oder 11...♕c7 12.0-0 ♖d8 13.♗f3 ♖b8 14.♕e2 c5 15.b3 ♘c6 16.♗xc6 ♕xc6 17.f3 ♗xh3 18.gxh3 ♕d7, und Schwarz steht gut, Lupulescu-Chirila, Bukarest 2008.) 12.0-0 ♖b4 (Nach 12...c5 13.♔h1 ♘c6 14.♘g1 ♘d4 15.♘f3 ♕c7 16.♘d2 ♗b7 17.♖e1 ♖bd8 18.♗f1 ♖fe8 19.♘ce4 ♘d5 20.♘g3 ♘f4 hat Schwarz keine Probleme, Postny-Romanischin, Dresden 2007.) 13.♔h1 ♗xh3 14.gxh3 ♖h4 15.♖g1 ♖xh3 16.♕f1 ♖h4 17.♕g2 g6 18.♗e3 ♘d5 19.♘xd5 cxd5 20.f4 ♘c6 21.♗f3 ♔g7 22.♗xd5 exf4 23.♗f2 ♖g4 24.♕xg4 ♕xd5+ 25.♕g2 f3 mit kompliziertem Spiel, Sermek-Romanischin, Solin/Split 2002.

11...c5

Zu versuchen ist 11...♕b6!?

12.♘f3 ♕c7 13.♘bd2 ♖d8 14.0-0 c4 15.♕e1 ♗b7!?

Ein Bauernopfer für Initiative.

16.♘xc4 ♘xc4 17.dxc4

Weiß hat einen Bauern mehr, aber Schwarz dafür eine aktive Stellung.

17...e4 18.♘d2 ♗d6 19.♘b3

Der Anziehende brauchte nicht den Bauern h2 abzugeben. Also Beachtung verdiente 19.g3!? z.B. 19...♗c8 20.♘b3 ♗h3 21.♕a5 ♗xf1 22.♕xc7 ♗xc7 23.♔xf1 mit genug Kompensation für die geopferte Qualität.

19...♗xh2+ 20.♔h1 ♗e5 21.c3 e3!

Damit aktiviert Schwarz seinen Läufer b7.

22.♗xe3

Aber nicht 22.f3?? ♗g3-+.

22...♕c6 23.♗f3??

Dies ermöglicht Schwarz eine hübsche Kombination. Notwendig war 23.f3! z.B. 23...♘h5 24.♘a5 ♕g6 25.♘xb7 ♘g3+ 26.♔g1 ♕h5 27.♘xd8 ♕h1+ 28.♔f2 ♘e4+ 29.fxe4 ♕h4+ 30.♔f3 ♕h5+ 31.♔f2 (31.g4?? ♕h3+ 32.♕g3 ♕xg3 matt) 31...♕h4+, und Schwarz hat nichts Besseres, als sich mit Dauerschach zufrieden zu geben.

Diagramm Nr. 25

23...♕xf3!

Weiß gab auf wegen 24.gxf3 ♗xf3+ 25.♔g1 ♘g4, und das Matt mit dem Läufer auf h2 ist nicht zu parieren. Ein schönes Beispiel, das die Kraft des Läuferpaars demonstriert.

Zweispringerspiel im Nachzug (26)

De Smeth – Leisebein

Fernpartie 1989

1.e4 e5 2.♘f3 ♘c6 3.♗c4 ♘f6 4.♘g5 d5 5.exd5 b5!?

Das Ulvestad-Gambit. Schwarz opfert einen Bauern zugunsten seiner Entwicklung.

6.♗f1

Andere Möglichkeiten für Weiß sind:

1) 6.♗xb5 ♕xd5 7.♘c3 (Nach 7.♗e2 ♗b7 8.d3 ♘d4 9.♗f3 ♘xf3+ 10.♘xf3 0-0-0 11.♘c3 ♕c6 hat Schwarz ein aktives Spiel für den Bauern.) 7...♕xg2 8.♕f3 ♕xf3 9.♘xf3 ♗d7 10.0-0 ♗d6 11.♗xc6 ♗xc6 12.♘xe5 ♗xe5 13.♖e1 0-0-0 14.♖xe5 ♖he8 15.d4 ♖xd4 16.♖xe8+ ♘xe8 17.♗e3 ♖g4+ 18.♔f1 a6 mit gutem Spiel für Schwarz, Lehmann–Ziese, Fernpartie 1986.

2) 6.dxc6 bxc4 7.♕e2 ♕d5 (In einer Fernpartie Burger–Zweiburg, 1964, geschah 7...h6!? 8.♕xe5+ ♗e7 9.♘f3 0-0 10.0-0 ♗g4 11.♕f4 ♗d6 12.♕xc4 ♗xf3 13.gxf3 ♖b8 14.a3 ♖b5 15.♕xb5 ♘d5 16.♕c4 ♘f4 17.♔h1 ♖e8 18.♖g1 ♕h4 19.♕f1 ♘d3! mit Gewinnstellung für Schwarz.) 8.f4 h6 9.♕xe5+ ♕xe5+ 10.fxe5 hxg5 11.exf6 gxf6 12.♘c3 ♗d6 13.♘d5 ♗e5 14.d4 cxd3 15.cxd3 ♗e6 mit ausgezeichnetem Spiel für Schwarz, Mieses–Steiner, Hastings 1945.

6...h6?!

Diese Fortsetzung wird von der Theorie negativ beurteilt, die hier empfiehlt 6...♘d4!? z.B. 7.c3 ♘xd5 8.cxd4 ♕xg5 9.♘c3 exd4 10.♗xb5+ ♔d8 11.♗c6 ♘f4 12.0-0 (12.♗xa8 ♘xg2+ 13.♗xg2 ♕xg2 14.♖f1 ♗b4-+) 12...♖b8 13.♕f3 ♗g4 14.♕e4 ♗d6 15.♖e1 ♗d7 16.g3 ♗xc6 17.♕xc6 dxc3 18.dxc3 ♕d5 0-1, Blaskowski–Karpatchew, Österreich 2004.

7.♘f3

Interessant ist ein Springeropfer nach 7.♘xf7!? ♔xf7 8.dxc6 ♗c5 9.♗e2! (Nach 9.♗xb5 ♘g4 10.0-0 ♕h4 11.♕f3+ ♔e8 12.♕g3 ♕xg3 13.hxg3 ♖f8 hat Weiß Schwierigkeiten mit dem Bauern f2.) 9...♖f8 (9...♘e4 10.0-0 ♗xf2+ 11.♖xf2+ ♘xf2 12.♕f1 ♖f8 13.♕xf2+ ♔g8 14.♕e3 ♕h4 15.g3 ♕f6 16.d3 ♗h3 17.♘d2 e4 18.d4 ♖ad8 19.c3 ♖d5 20.b3 ♖f5 21.♗a3+-) 10.d3 ♔g8 11.0-0 ♗f5 12.♘c3, und es ist fraglich, ob Schwarz echte Kompensation für die geopferten Bauern hat.

7...♕xd5 8.♘c3 ♕e6 9.♗xb5 ♗b7 10.0-0

Laut Theorie ist 10.♕e2! 0-0-0 11.♗xc6 ♕xc6 12.d3 stärker.

10...0-0-0 11.♕e2 e4 12.♗c4?

Der Anziehende sollte den Springer beseitigen, der gleich ins Spiel kommt. Schauen wir uns das an: 12.♗xc6! ♕xc6 13.♘e5 (Schwächer ist 13.♘e1 ♗c5 14.♘d1 ♖he8 15.♘e3 g6 16.a3 ♘d5 17.c4 ♘f4 18.♕g4+ ♘e6 19.b3 h5 20.♕d1 ♘f4 21.♕c2 f5 mit besserem Spiel für Schwarz, Ginko–Stschebenjuk, Fernpartie 1987.) 13...♕e6 14.♘c4 ♗a6 15.d3 exd3 16.♕xe6+ fxe6 17.cxd3 ♗b4 18.♘e5 ♗xd3 19.♘xd3 ♖xd3 20.♘a4 ♘d5 21.a3 ♗d6 22.b4 ♖f8 23.♖a2 ♘b6 24.♘xb6+ axb6 25.♖d2 ♖xd2 26.♗xd2 b5 mit gleichem Endspiel, Vedder–Solleveld, Dieren 2001.

12...♕f5 13.♘e1

13.♘h4 ♕d7 mit der Idee 14...g7–g5.

13...♘d4! 14.♕d1

Oder 14.♕e3 ♘g4 15.♕h3 ♗d6-+. Jetzt folgt ein Finale im großen Gambitstil:

Diagramm Nr.26

14...♘f3+! 15.gxf3

15.♔h1 ♘xh2! 16.♔xh2 ♘g4+ 17.♔g1 (17.♔g3 ♗d6+ 18.f4 exf3+ 19.♔h4 ♕g5+ 20.♔h3 ♕h5#) 17...♕h5 mit entscheidendem Angriff.

15...exf3 16.d4

16.♗xf7 ♖e8! 17.♗xe8 (17.♘d5 ♖xe1-+) 17...♕g4+ 18.♔h1 ♕h3 19.♖g1 ♗d6 20.♖g3 ♗xg3 21.fxg3 ♕f1 matt.

16...♗d6 17.♘b5

Um den starken Läufer zu beseitigen. Es verliert auch 17.d5 ♕h3 (17...♕g4+ 18.♔h1 ♕xc4-+) 18.♘xf3 ♘g4 19.♖e1 ♗xh2+ 20.♘xh2 ♕xh2+ 21.♔f1 ♕xf2 matt.

17...♖he8

Droht 18...♖xe1!

18.♔h1

Zäher wäre 18.♘xd6+ ♖xd6 19.♔h1 (19.♗e3 ♖xe3! 20.fxe3 ♕g4+ 21.♔h1 f2+ 22.d5 ♕xc4 23.♘g2 ♖xd5 24.♕f3 ♖g5 25.♕h3+ ♕g4! 26.♕xg4+ ♘xg4 mit der Drohung ♖g5–h5 -+) 19...♕h3 20.♖g1 ♘g4 21.♖xg4 ♕xg4 22.♗f1 ♖g6 und Gewinn für Schwarz.

18...♗xh2!

Das zweite Figurenopfer entscheidet: 19.♔xh2 ♕h5+ 20.♔g1 ♕g4+ 21.♔h1 ♖xe1-+. Weiß gab auf.

Zweispringerspiel im Nachzug (27)

B.Stein – E.Kristiansen
Gausdal 1978

1.e4 e5 2.♘f3 ♘c6 3.♗c4 ♘f6 4.♘g5 ♗c5!?

Diese scharfe Fortsetzung wurde vor über 100 Jahren von tschechischen Spielern (u.a. Traxler) entdeckt und erforscht. In der heutigen Turnierpraxis wird sie relativ selten angewandt, hat aber immer noch ihre Anhänger.

5.♗xf7+

Zu sehr kompliziertem und unklarem Spiel führt 5.♘xf7.

5...♔e7 6.♗d5

Dieser Zug wird heutzutage nahezu ausschließlich gespielt. Eine wichtige Alternative ist 6.♗b3!?

6...♖f8

Damit unterbindet Schwarz die Drohung ♘g5–f7 und bereitet das Manöver ♕d8–e8–g6 vor.

7.♘f3

Die andere Möglichkeit gegenüber dem Partiezug ist 7.0-0!? z.B. 7...d6 8.c3 (8.h3!? wäre ebenfalls stark) 8...♗g4 9.♕b3 h6 10.d4 ♗b6 (10...exd4 11.♗xc6 bxc6 12.cxd4 ♗xd4 13.♘f3 mit besseren weißen Perspektiven) 11.h3 hxg5 12.hxg4 ♕d7 13.♗xc6 bxc6 14.♕d1! ♕xg4 15.♕xg4 ♘xg4 16.♗xg5+ ♔d7 17.♗e3, und Schachweltmeister Max Euwe (1901–1981) schreibt zu dieser Stellung: „Zwar hat Schwarz ein gewisses Druckspiel für den Bauern, jedoch ist an einem kleinen weißen Endspielvorteil nicht zu zweifeln.“

7...♕e8 8.c3

8.0-0!? wird auch gespielt.

8...♕h5 9.0-0 d6 10.d4 ♗g4!?

Weil nach 10...exd4 (10...♗b6!?) 11.♗xc6 bxc6 12.cxd4 ♗b6 13.♘c3 die weiße Position besser ist, versucht Schwarz mit einem Figurenopfer, das Spiel zu verschärfen.

11.♗xc6

Zu versuchen wäre 11.dxc5!? z.B. 11...♘xd5 12.exd5 ♖xf3 13.cxd6+ cxd6 14.dxc6 ♖h3 15.f3 ♖xh2 16.♗g5+! und Weiß gewinnt.

11...bxc6 12.dxc5 ♘xe4 13.cxd6+ cxd6 14.♕d3?

Ein grober Fehler, wonach Weiß in eine verlorene Stellung gerät. Richtig war 14.♕e2! d5 15.♘bd2 ♘xd2 16.♕xd2 ♗xf3 (16...h6 17.♘xe5!) 17.♕g5+ ♔d6 18.gxf3 ♕xf3 19.♕g3 ♕e2 20.f4 e4 21.♗e3+−.

14...♗xf3 15.♘d2

Leider geht 15.gxf3? nicht wegen 15...♕g6+ 16.♔h1 ♘xf2+ 17.♖xf2 ♕xd3-+. Diese Variante wäre nach 14.♕e2! (statt 14.♕d3?) allerdings nicht möglich.

15...♘xd2 16.♕xd2

16.♗xd2 ♕g4-+.

Diagramm Nr.27

16...♖f4!

Mit diesem überraschenden Giftpfeil wird die Partie schnell entschieden.

17.gxf3 ♕xf3 18.♖e1 ♖g4+ 19.♔f1 ♖f8 20.♕e3

Es drohte 20...♕g2+ und 21...♖xf2+.

20...♕g2+ 21.♔e2 ♖e4 22.♖g1 ♕xf2+

Weiß gab auf.

Zweispringerspiel im Nachzug (28)

Hergert – Di Pelesi
New York 1990

1.e4 e5 2.♘f3 ♘c6 3.♗c4 ♘f6 4.♘c3

Ein seltener Zug, der kaum in der Praxis vorkommt.

4...♗c5 5.♘d5

Die Einleitung zu einem riskanten Gambit, das Schwarz leicht widerlegen kann. Solider ist 5.d3 d6 6.♗g5 usw.

5...♘xe4 6.d4

In der Partie Bacon–Brandhorst, USA 1999, geschah 6.♕e2 ♘d6 7.d4 ♘xd4 8.♕xe5+ ♘e6 9.♗d3 0-0 10.b4 ♗b6 11.♗b2 f6 12.♕h5 f5 13.0-0 c6 14.♘xb6 axb6 15.♘d2 ♘f4 16.♕f3 ♘xd3 17.♕xd3 ♘e8 18.c4 d5 19.♖fe1 (Nach 19.cxd5 ♗e6 20.♘c4 ♗xd5 besitzt Schwarz einen Mehrbauern.) 19...♘f6 20.♖e2 ♘h5 mit guten Chancen für Schwarz.

6...exd4?

Nun kann Weiß seinen aggressiven Plan realisieren. Richtig ist 6...♘xd4! 7.b4 c6 8.bxc5 cxd5 9.♗xd5 (9.♘xd4 dxc4 10.♘f5 d5 11.♘xg7+ ♔f8 12.♗h6 ♕f6 13.♘f5+ ♔e8-+) 9...♘xf3+ 10.♕xf3 ♕a5+ 11.♔f1 ♘f6 mit Vorteil für Schwarz.

7.0-0 0-0 8.♖e1 ♘a5 9.♗d3 c6

Der schwarze Springer kann nicht gut wegziehen, z.B. 9...♘f6 10.♗g5+−; 9...f5 10.♗xe4 fxe4 11.♖xe4 h6 12.♗xh6! gxh6 13.♕d2 ♔h7 14.♖h4+− oder 9...♘d6 10.♗xh7+!+−.

10.♗xe4 cxd5

Diagramm Nr.28

Es folgt das klassische Läuferopfer.

11.♗xh7+! ♔xh7

Es verliert auch 11...♔h8 12.♘g5 g6 13.♘xf7+ ♖xf7 14.♗xg6 ♕f6 (14...♖g7 15.♕h5+ ♔g8 16.♗h6+−) 15.♕h5+ ♔g8 16.♗xf7+ ♕xf7 17.♕g5+ ♔h7 (17...♕g7 18.♕xd5+ mit Materialgewinn) 18.♖e5 ♕g6 19.♕h4+ ♔g7 20.♖g5+−.

12.♘g5+ ♔g6

Natürlich verliert 12...♔g8 wegen 13.♕h5.

13.♕g4 f5 14.♕g3 ♔f6

Der schwarze Monarch scheint entschlüpfen zu können, doch Weiß behält seinen Angriff.

15.♗f4! d6

15...♘c4 16.b3 ♗d6 17.♘h7+ ♔f7 18.bxc4 ♗xf4 19.♕xf4+−.

16.♘h7+ ♔f7 17.♗g5 ♕c7

Oder 17...♕b6 18.♖e7+ ♔g8 19.♗f4 ♖f7 20.♘f6+! ♖xf6 (20...♔f8 21.♖e8 matt) 21.♕xg7 matt.

18.♖e7+ ♕xe7 19.♗xe7 ♔xe7

Auf 19...♖h8 folgt 20.♗xd6! ♗xd6 21.♕xd6 ♖xh7 22.♕c7+ ♔g6 23.♕xa5 ♗e6 24.♖e1+−.

20.♕xg7+ ♖f7 21.♖e1+ ♗e6 22.♖xe6+! ♔xe6 23.♘g5+
Schwarz gab auf.

Zweispringerspiel im Nachzug (29)

Doetlaff – Homuth
Travemünde 1989

1.e4 e5 2.♘f3 ♘c6 3.d4 exd4 4.♗c4 ♘f6 5.e5 d5

Dieser Zug gibt Schwarz gute Chancen, sich ausreichendes Gegenspiel zu verschaffen.

6.♗b5 ♘e4

Schwächer ist 6...♘d7 7.0-0 ♗e7 8.♗xc6 bxc6 9.♘xd4 ♘b8 10.♘c3 (In einer Fernpartie Salygo–Mitzkewitsch 1965–66 folgte 10.f4 c5 11.♘e2 g6 12.♘bc3 c6 13.♘g3 mit klarem Vorteil für Weiß. Es droht f4–f5!) 10...0-0 11.♕f3 ♕d7 12.h3 ♖d8 13.♖e1 ♘a6 14.♕g3 (14.e6 fxe6 15.♘xe6 ♖e8 bringt nichts, und Schwarz verteidigt seine Stellung.) 14...♘c5 15.♗h6 ♗f8 16.♖ad1. Weiß steht etwas besser.

7.♘xd4 ♗c5

Normalerweise wird hier erst 7...♗d7 gespielt, z.B. 8.♗xc6 bxc6 9.0-0 ♗c5 (Schwach ist 9...♗e7 10.f3 ♘c5 11.f4 ♘e4 12.f5 0-0 13.♘c3 ♘xc3 14.bxc3 f6 15.e6 c5 16.♕g4 ♔h8 17.♖f3 cxd4 18.♖g3 ♖g8 19.♕g6! 1-0, Konikowski–H.Drozd, Fernpartie 1964.) 10.f3 ♘g5 11.f4 ♘e4 12.♗e3 ♗b6 13.♘d2 ♘xd2 14.♕xd2 c5 15.♘f3 d4 16.♗f2 ♗c6 mit beiderseitigen Chancen.

8.0-0?

Das gibt Schwarz gutes Spiel. Nach 8.♗e3 ♗d7 9.♗xc6 bxc6 10.♘d2 ♕h4 11.♘xe4 ♕xe4 12.0-0 0-0 13.♖e1 ♕g6 (13...♕xe5? 14.♘xc6 ♗xc6 15.♗xc5 mit Materialgewinn) 14.♘e6 ♗xe6 15.♗xc5 ♖fb8 16.b3 ♗h3 17.♕f3 ♗f5 entsteht eine Stellung mit gleichen Chancen. Dagegen hat Schwarz nach 8.♘xc6 ♗xf2+ 9.♔f1 ♕h4 gute Angriffsmöglichkeiten.

8...0-0 9.♗xc6

Die Variante 9.♘xc6 bxc6 10.♗xc6 ♗a6! ist günstig für Schwarz.

9...bxc6 10.♗e3

Auf 10.f3 folgt stark 10...f6! 11.exf6 (11.fxe4 fxe5 12.♖xf8+ ♕xf8 13.♗e3 exd4 14.♗xd4 ♗g4 15.♕d2 dxe4 16.♕c3 ♗xd4+ 17.♕xd4 ♕d6 18.♕xd6 cxd6∓) 11...♕xf6 12.♗e3 ♗a6 13.♖e1 ♖ae8 14.c3 ♗d6 15.g3 ♘xg3 16.hxg3 ♗xg3 17.♘a3 ♗xe1 18.♕xe1 c5 19.♘dc2 d4 20.cxd4 ♕g6+ 21.♔f2 ♕g4 22.♕h1 cxd4 0-1, Tschiburdanidse – M.Zeitlin, Moskau 1989.

10...♕e8! 11.f3?

Das verliert einen Bauern. Die einzige Verteidigung war 11.c3!? f6 (11...♗a6 12.♖e1 ♕xe5 13.♘xc6 ♕d6 14.♗xc5 ♕xc5 15.♘d4 ♖ab8 16.f3 ♘d6 17.♕a4 ♕b6 18.♘a3=) 12.exf6 ♖xf6 13.♘d2 ♖g6 14.♖e1 ♗h3 15.g3 usw.

11...♘d6 12.♗f4 ♘c4 13.b3

Nach 13.c3 ♘xb2 14.♕e2 ♘c4 oder 13.b4 ♗xb4 14.c3 ♗a5 verliert Weiß ohne Kompensation einen Bauern.

13...♘xe5

Schwarz hat einen wichtigen Bauern gewonnen und steht klar besser.

14.c3

Wenn 14.♖e1 to 14...♗xd4+ 15.♕xd4 ♘xf3+, so hat Schwarz entscheidenden Vorteil.

14...f6 15.♖e1 ♕h5 16.♔h1 ♗d7 17.b4 ♗d6 18.♘a3?

Verliert sofort, aber nach 18.♖e2 a5 wäre die weiße Stellung auch nicht lange zu halten.

18...♘d3! 19.♕xd3 ♗xf4 20.h3

Diagramm Nr.29

20...♗xh3! 21.gxh3

21.♔g1 ♗h2+! (21...♗xg2!? 22.♔xg2 ♕h2+ 23.♔f1 ♖ae8-+) 22.♔f2 ♕h4+ 23.♔f1 ♗g3-+ 24.gxh3 ♕xh3+ 25.♔e2 ♕h2+ 26.♔d1 ♗xe1 27.♔xe1 ♖fe8+ 28.♔f1 ♕h1+ 29.♔f2 ♕xa1-+.

21...♕xh3+ 22.♔g1 ♗h2+ 23.♔f2

23.♔h1 ♗g3+ 24.♔g1 ♕h2+ 25.♔f1 ♕f2 matt.

23...♗g3+ 24.♔e3

24.♔e2 ♕g2+ 25.♔d1 ♗xe1-+.

24...♕h6+

Auf 25.♔e2 gewinnt 25...♖ae8+. Weiß gab auf.

Italienische Partie (30)

B.Stein – Langeweg

Plovdiv 1978

1.e4 e5 2.♘f3 ♘c6 3.♗c4 ♗c5

Die Italienische Partie gehört zu den ältesten Eröffnungen und wurde bereits in der berühmten „Göttinger Handschrift“ aus dem 15.Jahrhundert erwähnt (1490).

4.c3 ♘f6 5.d4 exd4 6.0-0

Mit diesem Zug kann Weiß kaum auf Vorteil hoffen. Allerdings muss der Nachziehende die nächsten Züge recht genau spielen.

6...♘xe4! 7.cxd4 ♗e7?

Das ist schon ein ernster Fehler. Schwarz hätte 7...d5! spielen müssen. Man sehe: 8.dxc5 dxc4 9.♕xd8+ (9.♕e2 ♕d3 10.♖e1 f5 11.♘c3 0-0 12.♘xe4 fxe4 13.♕xe4 ♗f5 ist günstiger für Schwarz) 9...♔xd8 10.♖d1+ ♗d7 11.♘g5 (11.♗e3 ♔e7 12.♘a3 ♗e6 13.♘b5 ♖hc8 14.♘g5 ♘xg5 15.♗xg5+ f6 16.♗f4 ♘e5 17.♗xe5 fxe5∓, Estrin–Krzyszton, Fernpartie 1972–74) 11...♘xg5 12.♗xg5+ f6 13.♗e3? (13.♗f4!?) 13...♔e7 14.♘a3 ♗e6 15.♖ac1 ♘e5 16.♖c3 ♖hd8 mit schwarzem Vorteil, Jablonski–Konikowski, Fernpartie 1989–91.

8.d5 ♘b8 9.♖e1 ♘d6

9...♘f6 10.d6! cxd6 11.♘c3 0-0 12.♖xe7! ♕xe7 13.♗g5 mit gefährlicher Initiative, Analyse von Euwe.

10.♗d3 0-0 11.♘c3 ♘e8 12.d6!

Eine Empfehlung von Euwe: Weiß verhindert die Entwicklung des schwarzen Damenflügels. **12...cxd6**

Oder 12...♘xd6 13.♗f4 ♘e8 14.♗xh7+! ♔xh7 15.♖xe7! ♕xe7 16.♘d5 ♕d8 17.♘g5+ ♔g6 18.♕d3+ f5 19.♕g3 mit entscheidendem Angriff. Aber die Partiefortsetzung lässt ein wirkungsvolles kombinatorisches Finale zu.

Diagramm Nr.30

13.♗xh7+! ♔xh7 14.♖xe7!

Die Pointe der weißen Kombination.

14...♕xe7

Praktisch erzwungen, da 15.♘g5+ drohte.

15.♘d5!

Nach 15...♕d8 (der einzige Zug, der nicht sofort verliert.) 16.♘g5+ ♔g6 (16...♔g8 17.♕h5+–) 17.♕g4 f5 18.♕h4 gewinnt Weiß. Schwarz kapitulierte daher.

Italienische Partie (31)

Nübling – C. Müller

Deutschland 1989

1.e4 e5 2.♘f3 ♘c6 3.♗c4 ♗c5 4.c3 ♘f6 5.d4 exd4 6.cxd4 ♗b4+ 7.♘c3

Diesen Zug hat Greco bereits im 16. Jahrhundert angewandt. In der modernen Praxis wird hier 7.♗d2 gespielt.

7...♘xe4 8.0-0 ♗xc3

Von der Theorie empfohlen. Zu beachten ist jedoch 8...♘xc3!? Man sehe: 9.bxc3 d5! (9...♗xc3 10.♕b3 d5 11.♕xc3 dxc4 12.d5 ♘e7 13.♗a3 0-0 14.♖fe1 ♘xd5 15.♕xc4 c6 16.♗xf8 ♕xf8 17.♖ab1 h6 18.h3±, Radscharam–Awerbach,

Kalkutta 1965) 10.cxb4 dxc4 11.♖e1+ ♘e7 12.♕e2 ♗e6 13.♗g5 ♕d5 14.♗xe7 ♔xe7 15.♕c2 f6 16.♘g5 fxg5 17.♖e5 ♕xd4 18.♖ae1 ♖ae8 19.♖xe6+ ♔d7 20.♖d1 ♕xd1+ 21.♕xd1+ ♔xe6 mit sicherem Remis.

9.d5

Der Möller-Angriff. Nichts bringt 9.bxc3 wegen 9...d5!

9...♗f6 10.♖e1 ♘e7 11.♖xe4 d6 12.♗g5 ♗xg5 13.♘xg5 h6

13...0-0!? führt nach 14.♘xh7!? zu scharfem und unklarem Spiel, z.B. 14...♗f5 15.♖h4 ♖e8 (15...♗xh7? 16.♕h5 ergibt weißen Vorteil) 16.♕h5 ♘g6 17.♖d4 ♖e5 18.♘g5 (18.f4? ♘xf4 19.♖xf4 ♗g6 20.♕f3 ♔xh7 21.♗d3 ♕e7 22.♕h3+ ♔g8 23.♗xg6 fxg6 ist bequemer für Schwarz) 18...♕f6 19.♕h7+ ♔f8, und Schwarz verteidigt seine Stellung.

14.♘xf7!?

Dieses interessante Springeropfer wurde noch nicht eingehend erforscht. Stärker ist laut Theorie 14.♕e2! hxg5 15.♖e1 mit weißer Initiative.

14...♔xf7 15.♕f3+ ♔g6?

Der Verlustzug. Weiß gewinnt auch nach 15...♔g8? 16.♖ae1 ♔h7 (16...♕f8 17.♕xf8+ ♔xf8 18.♖xe7+-) 17.♖xe7 ♖g8 18.♗d3+ ♔h8 19.♕e4+-, Garcia Blanco-Diaz Diaz, Las Palmas 2005. Oder 15...♔e8? 16.♖ae1 ♖f8 17.♗b5+ ♗d7 (17...c6 18.dxc6 ♖xf3 19.c7+ ♗d7 20.cxd8♕+ ♔xd8 21.♖xe7 ♗xb5 22.gxf3+-) 18.♕h5+ ♖f7 19.♖xe7+ ♕xe7 20.♖xe7+ ♔xe7 21.♗xd7 ♖af8 22.♗b5 ♖xf2 23.♕g4+-. Die kritische Stellung entsteht nach 15...♘f5! 16.g4 ♖f8 (16...g6!? 17.♖ae1 ♕f6 18.gxf5 ♗xf5 muss auch untersucht werden) 17.gxf5 ♔g8 18.♖ae1 ♗xf5 (18...♕g5+!? ist auch möglich) 19.♖e7 ♗e6 20.♕xf8+ ♔xf8 21.♖7xe6 ♕g5+ 22.♔h1 b5 23.♗b3 a5 24.a3 ♕f5 25.♖6e3 ♕xf2 26.♗d1 ♔g8 27.♗h5 ♕f5 28.♗f3 ♖f8 29.♔g2 ♕g5+ 30.♔h1 ♕f6 31.♖1e2 g5 32.♔g2 ♕f4, und Schwarz gewinnt, Plath-Reyer, Deutschland 1994.

Diagramm Nr.31

16.♖xe7!

Nun ist Schwarz unrettbar verloren.

16...♕xe7 17.♗d3+ ♔g5 18.h4+! ♔xh4 19.♕g3+ ♔h5 20.♗g6 matt.

Italienische Partie (32)

Aktouf – Kirjak
Duisburg 1992

1.e4 e5 2.♘f3 ♘c6 3.♗c4 ♗c5 4.c3 ♘f6 5.d4 exd4 6.cxd4 ♗b4+ 7.♘c3 d5?

Stärker ist 7...♘xe4, was schon in der vorigen Partie analysiert wurde.

8.exd5 ♘xd5 9.0-0 ♘xc3

Auch 9...♗e6 wäre hier unzureichend wegen 10.♗g5 ♗e7 11.♗xd5 ♗xd5 12.♘xd5 ♕xd5 13.♗xe7 ♘xe7 (13...♔xe7 14.♖e1+ ♔f8 15.♕e2 f6 16.♖ac1 ♖c8 17.♖c5 ♕d6 18.♕c4 ♘d8 19.♖d5 ♕c6 20.♕e2+-, Weiss-Sehbald, Fernpartie 1935/36) 14.♖e1 f6 15.♕a4+ ♔f7 (15...♕d7 16.♕b4 b6 17.♖xe7+ ♕xe7 18.♖e1+-) 16.♘e5+! fxe5 17.♖xe5 ♕d6 18.♕c4+ ♔f8 19.♖ae1 ♘g8 (19...♖e8 20.♖1e3 g6 21.♖e6+-) 20.♖d5 ♕c6 21.♕b4+ ♔f7 22.♖c5 ♕d6 23.♕c4+ ♔f8 24.♖xc7 mit Gewinn für Weiß, Analyse von Estrin.

10.bxc3 ♗e7

Auf 10...♗xc3 folgt 11.♕b3!

11.d5

Eine starke Initiative ist 11.♖e1!? 0-0 12.d5 (In der Partie Martin del Campo-Fiori, Dos Hermanas 2004, wählte Weiß einen anderen Plan: 12.♗f4 ♗f6 13.a4 ♗g4 14.h3 ♗xf3 15.♕xf3 ♗g5 16.♗g3 ♘a5 17.♗a2 ♘c6 18.♖ab1 ♖b8 19.♖b5 ♗f6 20.♕f4, und Schwarz verliert seinen c7-Bauern.) 12...♘a5 13.♗d3 ♗g4??

(Notwendig war 13...c6.) 14.♕a4 ♗xf3 15.gxf3 ♗d6 (15...b6 16.♕e4+-) 16.♕xa5 ♕h4 17.♗e3 f5 18.f4 ♖f6 19.♔f1 ♗xf4 20.♗xf4 ♕xf4 21.♖e3. Schwarz hat keinen Ersatz für die Figur, Dgebuadze–Belaska, Mlada Boleslav 1993.

11...♘b8 12.♕b3

Einen kurzen Verlauf hatte die Partie Lux–Adler, Stetten 1989. Nach 12.♖e1 0-0 13.♘e5 ♗d6 14.♕h5 ♘d7 15.♗g5 f6? (Es sollte 15...♘f6 geschehen.) 16.♗d3 ♘xe5 (Auf 16...h6 folgt 17.♘g4! mit entscheidendem Angriff.) 17.♗xh7+ ♔h8 18.♗g6+ 1-0.

12...0-0 13.♗f4 c6?

13...♗d6 war ohne Zweifel stärker, um die Wirkung des ♗f4 auf der Schräge b8–h2 zu neutralisieren.

14.d6! ♗f6

Leider kommt 14...♗xd6 nicht in Frage wegen 15.♖ad1+-.

15.♖ad1 ♘d7 16.♖fe1 ♘b6 17.♗e5 ♗g4?

Das verschlechtert nur die Lage von Schwarz. Zu erwägen war, den starken ♗c4 durch 17...♘xc4 zu liquidieren und nach 18.♕xc4 mit dem Läufer nach e6 zu ziehen.

18.♖d3! ♗xf3 19.♗xf6 ♕xf6 20.♖xf3 ♕xd6 21.♗xf7+ ♔h8 22.♕c2

Weiß bereitet nun eine Falle vor: 23.♖e6 und 24.♕xh7+!! Um das zu vermeiden, sollte Schwarz hier 22...h6 spielen. Stattdessen zog er falsch und verlor blitzschnell.

22...♕d7??

Diagramm Nr.32

23.♖e7!! ♕xe7

Resignation, aber nach 23...♕d6 gewinnt 24.♖e6! ♕d7 25.♕xh7+! ♔xh7 26.♖h3 matt.

24.♕xh7+!! ♔xh7 25.♖h3+

Schwarz gab auf.

Italienische Partie (33)

Rossolimo – Reismann

San Juan 1967

1.e4 e5 2.♘f3 ♘c6 3.♗c4 ♗c5 4.c3 ♘f6 5.d4 exd4 6.cxd4 ♗b4+ 7.♗d2

Nach diesem ruhigeren Zug sollte Schwarz eigentlich das Spiel ohne größere Probleme ausgleichen.

7...♗xd2+ 8.♘bxd2 d5 9.exd5 ♘xd5 10.♕b3 ♘ce7

Eine alte Empfehlung von Siegbert Tarrasch (1862–1934), nämlich 10...♘a5!? ist wahrscheinlich genauer: 11.♕a4+ ♘c6 12.♕b3 (12.♗b5 ♗d7 13.0-0 0-0=) 12...♘a5 13.♕a4+ ♘c6 mit Zugwiederholung.

11.0-0 c6 12.♖fe1 0-0 13.a4 b6?

Dies schwächt unnötig die Bauernstruktur am Damenflügel. Die genaueste Fortsetzung ist hier 13...♕c7!? z.B. 14.♘e4 (14.♖ac1 ♕f4 15.♘e4 ♗f5 16.♘c5 b6 17.♘d3 ♗xd3 18.♗xd3 ♖ad8=) 14...♗f5 15.♘g3 (Oder 15.♘c5 ♖ab8 mit etwa gleicher Stellung.) 15...♗g6 16.♘e5 ♕b6 mit gleichen Chancen.

14.♘e5 ♗b7 15.a5 ♖c8 16.♘e4 ♕c7 17.a6! ♗a8 18.♕h3

Weiß bereitet aktive Operationen gegen den feindlichen König vor. Einen interessanten Verlauf hatte die Partie Buchenhornen–Collins, IECG 2000, wo Weiß nach 18.♘g5 h6 19.♘gxf7!? ♖xf7 20.♘xf7 ♔xf7 21.♕h3 b5 22.♗b3 ♔f8 23.♕e6 c5 24.dxc5 ♕xc5 25.♖e3 ♖c6 26.♖f3+ ♔e8 27.♕f7+ ♔d7 28.♖d1 starke Initiative bekam und später gewann.

18...♘f4 19.♕g4 ♘ed5 20.♖a3 ♘e6?

Notwendig war 20...c5. Der Textzug ermöglicht Weiß ein sehr eindrucksvolles Finale.

21.♗xd5 cxd5

Diagramm Nr.33

22.♘f6+ ♔h8 23.♕g6!!

Ein schöner kombinatorischer Schlag. Es droht 24.♕xh7 matt.

23...♕c2

Oder 23...fxg6 24.♘xg6+ hxg6 25.♖h3 matt bzw. 23...hxg6 24.♖h3 matt.

24.♖h3!

Nach diesem Glanzzug gab Schwarz die Partie auf (24...h6 25.♖xh6+!+−).

Evans−Gambit (34)

R. Fischer − Celle

USA 1964

1.e4 e5 2.♘f3 ♘c6 3.♗c4 ♗c5 4.b4

Dieses Gambit wurde nach dem englischen Schiffskapitän William Davis Evans (1790-1872) benannt, der es 1824 in die Praxis einführte. Mit einem Bauernopfer bekommt Weiß gute Chancen auf einen starken Angriff, und Schwarz muss sehr genau spielen, um das Spiel auszugleichen.

4...♗xb4

Eine andere Methode besteht darin, das Bauernopfer abzulehnen: 4...♗b6 5.a4 Po 5...a6 (5...a5!? 6.b5 ♘d4 7.♘xd4 ♗xd4 8.c3 ♗b6 9.d4 exd4 10.0-0 ♘e7 11.♗g5 h6 12.♗xe7 ♕xe7 13.cxd4 ♕b4!? 14.♘a3 d5 15.exd5 0-0 mit gleichen Chancen, Kasparow) 6.♘c3 ♘f6 (6...♘xb4 7.♘xe5 ♕g5 8.♕f3! ist vorteilhaft für Weiß) 7.♘d5 ♘xd5 8.exd5 e4 9.dxc6 exf3 10.♕xf3 ♕e7+ 11.♔d1 dxc6 12.♖e1 ♗e6 13.♗b2 0-0-0 14.♗xg7 ♕xb4 15.♗xe6+ fxe6 16.♕c3 ♕xc3 17.♗xc3 ♖hg8, und Schwarz hat keine Probleme.

5.c3 ♗e7

Alternativen sind:

1) 5...♗a5 6.d4 exd4 (Oder 6...d6 7.♕b3 ♕d7 8.dxe5 ♗b6 9.♗b5 a6 10.♗a4 ♕e6 11.♗xc6+ bxc6 12.0-0 ♖b8 13.♕xe6+ ♗xe6 14.♗a3 mit leichtem Vorteil für Weiß, Analyse von Suetin.) 7.0-0 dxc3? (Nun bekommt Weiß einen gefährlichen Angriff, besser ist 7...♘ge7 8.cxd4 d5!) 8.♕b3 ♕e7 (8...♕f6 9.e5 ♕g6 10.♘xc3 ♘ge7 11.♗a3 0-0 12.♖ad1 ♖b8 13.♗d3 ♕e6 14.♗xh7+ ♔h8 15.♘d5 d6 16.exd6 ♘xd5 17.♖xd5 ♖d8 18.♘g5 ♕e8 19.♖xa5! ♘xa5 20.♘xf7+ ♔xh7 21.♕c2+ g6 22.dxc7+−, Schröder−Feher Polgar, Fernpartie 1990/91) 9.♘xc3 ♘f6 (9...♕b4!?) 10.♘d5 ♘xd5 11.exd5 ♘e5 12.♘xe5 ♕xe5 13.♗b2 ♕g5 14.h4! ♕xh4 (14...♕g4 15.♖fe1+! ♗xe1 16.♖xe1+ ♔d8 17.♕e3 ♕xh4 18.g3+−) 15.♗xg7 ♖g8 16.♖fe1+! ♔d8 17.♕g3 1-0, R. Fischer−Fine, New York 1963.

2) 5...♗c5 6.d4 exd4 7.0-0 (7.cxd4 ♗b4+ 8.♔f1!? ist interessant) 7...d6 (7...dxc3 8.♗xf7+ ♔xf7 9.♕d5+ ♔f8 10.♕xc5+ d6 11.♕xc3 ♕f6 12.♗a3 mit aktivem Spiel für den Bauern) 8.cxd4 ♗b6 9.♘c3 ♘a5 10.♗g5 ♘e7 11.♘d5 (11.♗xf7+!? ♔xf7 12.♘d5 ♖e8 13.♗xe7 ♖xe7 14.♘g5+ ♔g8 15.♕h5 h6 16.♕g6 hxg5 17.♘f6+ ♔f8 18.♘h7+=) 11...f6 12.♗xf6 gxf6 13.♘xf6+ ♔f8 14.♘g5 ♘xc4 15.♕h5 ♔g7 16.♕f7+ ♔h6 17.♕h5+ ♔g7 18.♕f7+ mit ewigem Schach, Analyse von Euwe.

6.d4 d6?

Dieser Zug ist problematisch. Mit 6...♘a5! 7.♘xe5 (7.♗e2!? Kasparow) 7...♘xc4 8.♘xc4 d5 9.exd5 ♕xd5 10.♘e3 ♕a5 11.0-0 ♘f6 12.c4 0-0 13.d5 b5 14.♘d2 ♖d8 15.♘b3 ♕b6 16.♘d4 ♗b7 17.♖b1 a6 18.♘ef5 ♗c5 kann Schwarz um Ausgleich kämpfen, Landa−Silliso-Gonzalez, Camaguey 1986.

7.dxe5 ♘xe5

Falls 7...dxe5, so 8.♕b3 ♘a5 9.♗xf7+ ♔f8 10.♕a4 mit besseren Aussichten für Weiß.

8.♘xe5 dxe5 9.♕h5 g6 10.♕xe5 ♘f6 11.♗a3 ♖f8

Aber nicht 11...♔f8 wegen 12.♕xf6!+−.

12.0-0 ♘g4 13.♕g3 ♗xa3 14.♘xa3 ♕e7 15.♗b5+!
Mit diesem schlauen Zug erzwingt Weiß die Schwächung des Punktes d6 und schafft damit neue Möglichkeiten für den Angriff.
15...c6
Natürlich scheitert 15...♗d7 an 16.♕xg4+−.
16.♘c4! ♕e6
Auf 16...cxb5 bereitete Fischer folgende Variante vor: 17.♘d6+ ♔d8 18.♖fd1 ♗d7 19.♘xb7+ ♔c8 20.♘d6+ ♔d8 21.♖d4! ♘e5 22.♖ad1 ♔c7 23.f4 ♘g4 24.h3 ♘f6 25.f5 ♔b6 26.♕e3 ♔c7 27.♖c4+! bxc4 28.♕c5+ ♗c6 29.♘b5+ mit Damengewinn.
17.♖ad1! cxb5 18.♕c7 ♗d7 19.♘d6+ ♔e7 20.♘f5+!
Mit dem Springeropfer öffnet Weiß die e−Linie für den Angriff auf den gegnerischen König.
20...gxf5
20...♔f6 wird mit 21.♖d6 beantwortet.
21.exf5 ♖ac8
21...♕xf5 verliert nach 22.♕d6+ ♔e8 23.♖fe1+ ♗e6 24.♕d7 matt. Der Textzug gestattet auch ein schönes Finale.

Diagramm Nr.34

22.♖xd7+! ♕xd7
22...♔f6 23.fxe6 ♖xc7 24.♖xc7+−.
23.f6+! ♘xf6 24.♖e1+
Schwarz gab auf, da er zuviel Material verliert.

Russische Verteidigung (35)

Bauer − Read
Fernpartie 1984

1.e4 e5 2.♘f3 ♘f6
Schwarz verteidigt nicht seinen Bauern e5, sondern versucht durch Druck auf den Punkt e4, eine rasche Gegenaktion im Zentrum einzuleiten. Diese Idee wurde schon zu Beginn des 19. Jahrhunderts von den russischen Meistern Alexander Petrow (1794-1867) und Carl Friedrich Jänisch (1813-1872) untersucht und in die Praxis eingeführt.
3.♘xe5 d6 4.♘f3 ♘xe4 5.d4 d5 6.♗d3 ♗e7
Heutzutage wird öfter 6...♘c6 oder 6...♗d6 gespielt.
7.0-0 ♘c6 8.♖e1 ♗g4 9.c4 ♘f6 10.cxd5 ♘xd5 11.♘c3 0-0 12.h3
Ein anderer Plan für Weiß ist 12.♗e4.
12...♗e6 13.a3 h6?
Ein bekannter Eröffnungsfehler. Richtig ist 13...♗f6 mit guten Ausgleichschancen.
14.♗c2! ♘f6 15.♕d3 ♖e8 16.♗xh6! ♗xa3
Andere Erwiderungen verlieren auch:
1) 16...♗c5 17.♗xg7 ♘xd4 (17...♔xg7 18.dxc5 ♕xd3 19.♗xd3+−) 18.♖ad1 ♔xg7 19.♘xd4 ♗xd4 20.♕xd4 ♕xd4 21.♖xd4 c5 22.♖dd1 ♖ad8 23.♘b5 ♗c4 24.♖xe8 ♖xe8 25.♘d6 ♖e2 26.♘f5+ ♔f8 27.♖d8+ ♘e8 28.♘e3 ♔e7 29.♖c8 b6 30.♖a8 ♘d6 31.♖xa7+ und das Endspiel ist gewonnen für Weiß, Wepener−Malmstroem, IECC 1996.
2) 16...♕d7 17.♗g5 ♔f8 18.♖ad1 ♖ad8 19.d5 1-0, Cedrych−Valenta, Tschechien 2000.
3) 16...gxh6 17.♖xe6! fxe6 18.♕g6+ ♔h8 19.♕xh6+ ♔g8 20.♘g5 mit Mattangriff.
17.bxa3 gxh6

Diagramm Nr.35

18.d5!
Der Anfang einer wirkungsvollen Kombination.
18...♘xd5
Auf 18...♗xd5 gewinnt 19.♖xe8+.
19.♕h7+ ♔f8 20.♕xh6+ ♔e7
20...♔g8 21.♗h7+ ♔h8 22.♗f5+ ♔g8 23.♕h7+ ♔f8 24.♕h8+ ♔e7 25.♖xe6+

fxe6 26.♕g7+ ♔d6 27.♘e4 matt.

21.♖xe6+!

Schwarz gab auf. Nach 21...fxe6 folgt 22.♕g7+ ♔d6 23.♘e4 matt.

Russische Verteidigung (36)

Zack – Palm

Fernpartie 1984

1.e4 e5 2.♘f3 ♘f6 3.♘xe5 d6 4.♘f3 ♘xe4 5.d4 d5 6.♗d3 ♗e7 7.0-0 ♘c6 8.c4 ♗g4 9.♖e1 ♗xf3?

Die stärkste Fortsetzung ist hier 9...♘f6 z.B. 10.cxd5 ♗xf3 11.♕xf3 ♕xd5 12.♕h3 ♘xd4 13.♘c3 ♕d7 14.♕xd7+ ♔xd7 (Schwächer ist 14...♘xd7 15.♘d5 ♘e6 16.♖xe6 fxe6 17.♘xc7+ ♔f7 18.♘xa8 ♖xa8 19.♗e3 mit Endspielvorteil für Weiß.) 15.♗e3 ♘e6 16.♖ad1 ♗d6 17.♗f5 ♔e7 18.♘b5 ♖hd8 19.♘xd6 (Nicht zu empfehlen ist 19.♘xa7? ♗b4 20.♖xd8 ♖xd8 21.♖c1 ♗d2 22.♗xd2 ♖xd2 mit aktiverem Endspiel für Schwarz.) 19...cxd6 und etwa gleichem Endspiel, Kasparow–Karpow, Moskau 1984/85, 28. WM–Partie.

10.gxf3?

Eine folgenschwere Unachtsamkeit. Richtig ist 10.♕xf3! ♘xd4 11.♕e3 ♘f5 12.♕h3 ♘fd6 13.cxd5 ♘f6 14.♗g5 mit besserem Spiel für Weiß.

10...♘f6 11.cxd5 ♕xd5 12.♗e3 0-0 13.♘c3 ♕h5 14.♖c1?

Der entscheidende Fehler. Notwendig war 14.♘e4!

14...♗d6 15.♕b3

Weiß ist bereits verloren, auf 15.f4 entscheidet 15...♘g4! 16.♕f3 ♕xh2+ 17.♔f1 ♘xe3+ 18.fxe3 ♕xb2-+.

15...♕xh2+

Es gewann auch 15...♕h3!? 16.♘e4 ♘xe4 17.♗xe4 ♗xh2+ 18.♔h1 ♘xd4 19.♗xd4 ♗f4+ 20.♔g1 ♕h2+ 21.♔f1 ♗xc1 22.♗xg7 ♖fd8-+.

16.♔f1 ♖ae8 17.♘e4 ♘h5 18.♕xb7

Noch zu versuchen war 18.♕c4. Der Textzug ermöglicht Schwarz eine kleine Kombination...

Diagramm Nr.36

18...♘xd4! 19.♗xd4 ♘f4

Weiß gab auf.

Russische Verteidigung (37)

Ponomarjow – Gelfand

Odessa 2008

1.e4 e5 2.♘f3 ♘f6 3.♘xe5 d6 4.♘f3 ♘xe4 5.♘c3!?

Dieser Zug wurde durch Aaron Nimzowitsch (1886-1935) populär gemacht. Seine Idee ist simpel: Nach dem Schlagen auf c3 mit dem d–Bauern zurücknehmen, dann den schwarzfeldrigen Läufer auf e3 bzw. f4 postieren und nach weiterem ♕d1-d2 und 0-0-0 eine Aktion gegen den schwarzen Monarchen auf dem Königsflügel starten. Diese Fortsetzung hat auch den Vorteil, dass Weiß damit viele weit ausanalysierten Varianten nach d2–d4 vermeiden kann.

5...♘xc3

Laut Theorie das Beste. Nach 5...♘f6 6.d4 steht Weiß etwas besser.

6.dxc3 ♗e7

Schwarz möchte seinen König schnell sichern.

7.♗e3

Starke Alternative lautet 7.♗f4!?

7...♘d7 8.♕d2 ♘e5 9.0-0-0 0-0 10.h4!?

Ein Signal zum Angriff. Öfter wird 10.♘d4 gespielt.

10...♖e8

Nach 10...c6 11.♔b1 ♕a5 12.♘xe5 dxe5 13.♗c4 b5 14.♗b3 ♕c7 15.♗g5 a5 16.a4 bxa4 17.♗xe7 ♕xe7 18.♗xa4 ♗e6 19.♕d6 ♕f6 20.♕c5 h6 21.g3 ♗d5 22.♖he1 ♖fb8 23.c4 e4 24.♕d4 ♗xc4 25.♕xf6 gxf6 26.♖xe4 ♗d5 27.♖ed4

bekam Weiß die etwas bessere Stellung, Pavlovic–Savic, Kragujevac 2010.

11.h5 ♗g4

Ein ausgeglichenes Spiel ergibt sich nach 11...♗f6!? 12.♘h2 h6 13.♗e2 ♗e6 14.f4 ♘c4 15.♗xc4 ♗xc4 16.b3 ♗b5 17.♖hg1 ♖e4 18.♘g4 ♕e7 19.♖de1 ♖e8 20.♗f2 ♕d8=, Anand–Gelfand, Mexico City 2007.

12.♗e2 ♕c8 13.h6 g6 14.♘xe5 ♗xe2?

Das führt zum Verlust. Notwendig war 14...dxe5!

Diagramm Nr. 37

15.♘xg6!

Eine wahre Überraschung für Schwarz!

15...♗xd1

Nach 15...♗f6 16.♕xe2 fxg6 17.♕f3 behält Weiß einen Mehrbauern.

16.♕d4 f6 17.♕d5+

Schwarz gab auf.

Russische Verteidigung (38)

Iwantschuk – Rosentalis

Debrecen 1992

1.e4 e5 2.♘f3 ♘f6 3.d4

Diesen Zug hat schon Steinitz empfohlen.

3...♘xe4

Die Alternative ist 3...exd4 4.e5 ♘e4 5.♕xd4 d5 6.exd6 ♘xd6 usw.

4.♗d3 d5 5.♘xe5 ♘d7 6.♘xd7 ♗xd7 7.0-0 ♕h4

Schwarz bereitet die lange Rochade vor. Nach 7...♗d6 8.c4 c6 9.cxd5 cxd5 10.♘c3 ♘xc3 11.bxc3 0-0 entsteht eine Stellung mit beiderseitigen Chancen.

8.c4 0-0-0 9.c5 g6

Als bestes gilt hier 9...g5! 10.♘c3 ♗g7 11.g3 (Oder 11.♘e2 ♖he8 12.♕e1 ♘f6 13.♕d2 ♘e4 14.♕a5 ♔b8 15.f3 ♘f6 16.g3 ♕h5 17.a4 ♘g4! 18.fxg4 ♗xg4 19.♘f4 ♗xd4+ 20.♔g2 gxf4 mit starkem schwarzen Angriff, J.Polgar–Gaprindaschwili, Novi Sad 1990.) 11...♕h6 12.♘xe4 dxe4 13.♗xe4 f5 14.♗g2 f4 15.d5 ♖hf8 16.♖e1 ♔b8 17.d6? (17.♕b3!?) 17...cxd6 18.c6 bxc6 19.♖e4 d5 20.♖a4 ♔a8 21.♗d2 ♗h3 22.♗h1 ♕f6 mit schwarzem Vorteil, Arencibia–Wladimirow, Leon 1991.

10.♘c3 ♗g7 11.g3

Bei der Schacholympiade in Manila 1992, verlor Iwantschuk gegen denselben Partner nach 11.♘e2 ♖he8 12.a4 (12.♗e3!?) 12...♘g5 13.♖a3 h6 14.♗c2? (notwendig war 14.♗e3!) 14...♖xe2! 15.♕xe2 ♘e6 16.♕d1 ♘xd4 17.♗b1 ♗g4 18.f3 ♗f5 19.♗e3 ♗xb1 20.♗f2 ♕f4 21.♕xb1 ♘c6 22.♖d1 a5 23.♕d3 ♕c4 24.♖d2 (24.♕xc4 dxc4 25.♖xd8+ ♔xd8, und gegen das Schlagen auf b2 gibt es keine Verteidigung) 24...♘b4 25.♕f1 h5 26.g3 ♕xf1+ 27.♔xf1 d4 28.♔e2 ♖d5 mit entscheidendem Vorteil für Schwarz.

11...♕h3?

Ein schwacher Zug, der es dem Weißen ermöglicht, die Initiative am Damenflügel in die Hand zu nehmen. Richtig ist 11...♕f6! 12.♗e3 ♘g5 (12...♗f5? 13.♘b5! ♗h3 14.♘xa7+ ♔b8 15.♘b5 ♗xf1 16.♗xf1 ♖he8 17.♕a4 ♕a6 18.♕b4 ♕a8 19.a4 g5 20.a5, und Weiß gewann schnell, Anand–Hübner, Dortmund 1992) 13.f4 (13.♘xd5 ♘h3+ 14.♔g2 ♗c6 15.♕g4+ ♔b8 16.♗e4 ♖xd5!-+) 13...♕e6 14.♖e1 ♘e4, und Schwarz kann dem gegnerischen König mit h7-h5-h4 sehr unangenehm zu Leibe rücken.

12.♘xd5 ♗g4 13.♘e7+ ♔b8

Kaum besser war 13...♔d7 14.♕b3 mit weißem Vorteil.

Diagramm Nr.38

14.♘c6+!

Der entscheidende Schlag.

14...♔c8

Der Springeropfer darf wegen des vernichtenden Angriffs nach 14...bxc6 15.♕b3+ ♔a8 (15...♔c8 16.♗a6+ ♔d7 17.♕xf7 matt) 16.♗xe4 nicht angenommen werden.

15.♘xa7+ ♔b8 16.♘c6+! ♔c8 17.f3 ♖xd4

Auch andere Erwiderungen verlieren: 17...bxc6 18.♗a6+ ♔d7 19.fxg4 ♔e8 20.♗e3 ♖d7 21.♖f4 ♘xg3 22.♕f3 ♖e7 23.♗f1 ♘e2+ 24.♗xe2 ♖xe3 25.♖e4+ 1-0, Garcia Carbo–Hernandez Estevez, Mondariz 1995. Oder 17...♘xg3 18.fxg4 ♗xd4+ 19.♘xd4 ♖xd4 20.♖f4 ♖hd8 21.♖xd4 ♖xd4 22.♕e1 ♖xd3 (22...♕xg4 23.hxg3 ♖xd3 24.♗e3 h5 25.♗f2 h4 26.♕e8+ ♖d8 27.♕e3+–) 23.♗g5 b6 24.c6 ♔b8 25.♕e8+ ♔a7 26.♕e5 ♔a6 27.♗f4 f6 (Oder 27...♕xg4 28.♗xg3 ♖d1+ 29.♖xd1 ♕xd1+ 30.♔f2 ♕c2+ 31.♕e2+ und Schwarz kann aufgeben.) 28.♕e1, und der Nachziehende verliert seinen Springer.

18.♗e3 ♖xd3 19.♕xd3 ♘xg3 20.♗f4

und Schwarz gab auf wegen 20...♘xf1 21.♘e7+ ♔b8 22.♗xc7+! ♔xc7 23.♕d6 matt.

Ungarische Verteidigung (39)

Skrjabin – Smirnow
Kostroma 1978

1.e4 e5 2.♘f3 ♘c6 3.♗c4 ♗e7

Diese Eröffnung verdankt ihren Namen einer Fernpartie Paris–Budapest, 1842–45.

4.d4 exd4

Laut Theorie ist 4...d6 besser, weil der Textzug zu einer passiven Position für Schwarz führt. Zum Beispiel 5.d5 (5.dxe5 dxe5 6.♕xd8+ ♗xd8 7.♘c3 ♘f6=) 5...♘b8 6.♗d3 ♘f6 7.c4 0-0 8.h3 ♘bd7 9.♘c3 ♘e8 10.0-0 g6 11.♗h6 ♘g7 12.♕d2 f5 mit beiderseitigen Chancen.

5.0-0 ♘f6 6.e5 ♘e4 7.♗d5 ♘c5 8.♘xd4

Interessant ist 8.c3!? z.B. 8...dxc3 9.♘xc3 ♘e6 10.♕a4 0-0 11.♖e1, und nun muss Schwarz unter Bauernrückgabe mit 11...d6! um Ausgleich kämpfen.

8...♘xd4

Zu riskant ist 8...♘xe5 wegen 9.f4! Nach dem Abtausch erhält Weiß jedoch deutliches positionelles Übergewicht.

9.♕xd4 0-0 10.♘c3 d6

Zu überlegen ist 10...c6!?

11.♗e3 dxe5

Weiter zu beachten war 11...c6!?

12.♕xe5 ♗d6 13.♕h5 ♘d7 14.♗g5 ♗e7 15.♘e4 ♘f6 16.♗xf6 ♗xf6 17.♖ad1 ♕e7 18.♖fe1

Weiß hat seine Figuren optimal postiert und droht vernichtend 19.♘g5. Die einzige Chance auf Verteidigung bot Schwarz nun 18...g6. Er zog jedoch anders.

18...♕e5?

Diagramm Nr.39

19.♘g5! ♕xg5 20.♕xf7+!

Auf 20...♖xf7 folgt 21.♖e8 matt. Schwarz gab auf.

Schottische Partie (40)

Rigo – Zysk
Budapest 1985

1.e4 e5 2.♘f3 ♘c6 3.d4

Diese interessante Eröffnung wurde im Jahre 1824 eingeführt, als sie in fünf Fernpartien zwischen London und Edinburgh (Schottland) angewendet wurde.

3...exd4 4.♘xd4 ♘f6 5.♘c3 ♗b4 6.♘xc6 bxc6

Eine neue Idee ist hier 6...♗xc3+!? In der Partie Rigo–Mira, Wien 1986, war die Stellung nach weiterem 7.bxc3 dxc6 8.♕xd8+ ♔xd8 9.♗g5 (9.f3 ♗e6 10.♗g5

♔c8 11.♗d3 ♘d7 12.0-0 f6 13.♗e3 ♘e5 14.a3 ♖d8 15.♖ad1 ♘c4 16.♗xc4 ♗xc4 17.♖xd8+ ♔xd8=) 9...h6 10.0-0-0+ ♔e7 11.♗h4 g5 12.♗g3 ♗e6 13.f3 ♘e8 im Gleichgewicht.

7.♗d3 d5 8.exd5 cxd5 9.0-0 0-0 10.♗g5

Droht 11.♗xf6.

10...♗e6

Die Alternative ist 10...c6!? z.B. 11.♕f3 ♗e7 12.♖ae1 h6 13.♗xh6 (13.♗f4!? kommt in Betracht) 13...gxh6 14.♕e3 d4 15.♕xh6 ♕d6 (15...dxc3? scheitert an 16.♖e3 ♗d6 17.♖f3 ♗xh2+ 18.♔h1!, und Weiß gewinnt) 16.♕g5+ ♔h8 17.♕h6+ und Remis durch Dauerschach.

11.♘e2 ♗d6?!

Am genauesten ist hier 11...h6! z.B. 12.♗h4 ♗d6 13.♘d4 ♗d7 (13...c5!? ist auch völlig befriedigend) 14.♘f5 ♗xf5 15.♗xf5 ♖b8 mit Ausgleich.

12.♘d4 c5?

Erforderlich war 12...♗d7!

13.♘c6! ♕c7 14.♗xf6 gxf6

Nach 14...♕xc6 gewinnt 15.♗xh7+! ♔xh7 16.♕h5+ ♔g8 17.♕g5 g6 18.♕h6 nebst Matt. Jetzt ist klar zu sehen, warum Schwarz 11...h6! spielen sollte (statt 11...♗d6?!).

15.♕h5 f5 16.♕g5+ ♔h8 17.♕f6+ ♔g8 18.f4! ♕xc6

Auf 18...♗xf4? gewinnt einfach 19.♘e7+.

19.♖f3 ♖fe8 20.♕h6! ♗xf4

Die einzige Verteidigung gegen die Drohung 21.♖g3+.

21.♖xf4 ♗d7

Auf 21...c4 wäre 22.♕g5+ ♔h8 auch keine Lösung (Nach 22...♔f8 23.♗xf5 ♕b6+ 24.♔h1 ♕xb2 25.♖af1 ♕g7 26.♕h5 ♗xf5 27.♕xf5 ♖e5 28.♕d7 ist der weiße Vorteil eindeutig.) 23.♕f6+ ♔g8 24.♗xf5 ♕b6+ 25.♔h1 ♗xf5 26.♕xf5 ♕e6 27.♕g5+ ♔h8 28.♖af1 ♖e7 29.♖f6 ♕e4 30.♖6f4 ♕e6 31.♖f5 d4 32.♕h4 ♖d7 33.♖f6 ♕d5 34.♖1f5 ♕b7 35.♖h6 f6 36.♖hxf6 mit weißem Vorteil, Tsekouras–Kalaitzoglou, Aghia Pelagia 2004. Aber der Partiezug erleichtert Weiß die Aufgabe...

Diagramm Nr.40

22.♖g4+!

Das Matt ist nun perfekt: 22...fxg4 23.♗xh7+ ♔h8 24.♗g6+ ♔g8 25.♕h7+ ♔f8 26.♕xf7 matt.

Schwarz gab auf.

Schottische Partie (41)

Jousser – Kiprow

Fernpartie 1984

1.e4 e5 2.♘f3 ♘c6 3.d4 exd4 4.♘xd4 ♘f6 5.♘xc6 bxc6 6.e5

Dieser Zug führt zum Mieses–Angriff. Eine weitere, oft gespielte Fortsetzung ist 6.♗d3.

6...♕e7

Nach 6...♘e4 7.♕f3 ♘g5 8.♕g3 ♘e6 9.♗d3 d6 10.0–0 bzw. 6...♘d5 7.c4 ♘b6 8.♗d3 d5 9.cxd5 cxd5 10.0–0 bekommt Weiß bessere Aussichten.

7.♕e2 ♘d5 8.c4 ♘b6

Ein anderes Spiel entsteht nach 8...♗a6 9.b3 z.B.

1) 9...♕h4 10.a3 ♘f4 (10...♗c5!?) 11.♕e4 ♘g6 12.♕e3 c5 13.g3 ♕d4 14.♕xd4 cxd4 15.f4 ♗b7 16.♖g1 d6 17.exd6 ♗xd6 18.♗d3 a5 19.♔f2 mit etwas besseren Perspektiven für Weiß, Karasjew–Aleksandrow, Podolsk 1990.

2) 9...g6 10.f4 f6 11.♗a3 ♕f7 12.♕d2 ♘b6 13.c5 ♗xf1 14.cxb6 axb6? (Besser ist 14...♗a6 z.B. 15.bxc7 fxe5 16.♕a5 ♕xf4 17.♕xa6 ♕h4+ 18.♔d1 ♕d4+ 19.♔c2 ♕e4+ 20.♕d3 ♕xg2+ 21.♘d2 ♗xa3 22.♖he1 0–0 23.b4 ♖f2 24.♖ad1 ♗xb4 25.♕c4+ ♕d5 26.♕xb4 ♕xa2+ mit Rettungschancen.) 15.e6! dxe6 16.♗xf8 ♖d8 17.♕b2 ♗xg2 18.♕xg2 ♔xf8

19.♕xc6 mit weißer Gewinnstellung, Kasparow–Karpow, Tilburg 1991.

3) 9...0–0–0 10.g3 ♖e8 11.♗b2 f6 12.♗g2 fxe5 13.♘d2 (13.0–0 h5! Kasparow–Karpow, Lyon 1990, 14.Matchpartie) 13...g6 14.0–0–0 ♗h6 15.♔b1 ♖hf8 16.♘e4 ♔b8 17.♕e1 ♘f6 18.♘xf6 ♖xf6 19.f4 und Weiß steht besser, Thorhalsson–Sigfusson, Island 1991.

9.♗f4?

Ein Eröffnungsfehler mit verhängnisvollen Folgen. Richtig ist 9.♘d2 oder 9.♘c3.

9...♕b4+ 10.♔d1

Auf 10.♘d2 folgt 10...♗a6 oder 10...♕xb2!?

10...♗a6 11.b3 0–0–0 12.g3?

Hier musste 12.♗d2 oder 12.♕d2 geschehen.

12...d5!

Nach diesem starken Zug befindet sich Weiß in einer misslichen Lage.

13.♗h3+ ♔b7 14.♕d2

Zu spät!

Diagramm Nr.41

14...dxc4!

Eine Einleitung zum entscheidenden Sturm.

15.♕xd8 cxb3 16.♘d2

Andere Fortsetzungen sind auch nicht besser, z.B. 16.e6 ♗d6 17.♕xh8 ♗xf4 18.gxf4 ♕d4+ 19.♔c1 b2+ 20.♔c2 bxa1♕–+ oder 16.axb3 ♕xb3+ 17.♔c1 ♕c4+ 18.♔d1 ♗b4! 19.♕xh8 ♕b3+ 20.♔c1 ♗d3 mit Matt.

16...♕c3 17.♖c1

Oder 17.♘xb3 ♕f3+ 18.♔c2 ♕e4+ 19.♔c3 ♘a4+ 20.♔d2 ♕e2+ 21.♔c1 ♗a3+ 22.♔b1 ♘c3 matt.

17...bxa2!

Weiß gab sich geschlagen. Ein wahrer Exzelsior–Bauer, der sich von d7 nach a2 durchgeschlagen hat. Es könnte noch folgen: 18.♖xc3 a1♕+ 19.♔c2 (Oder 19.♖c1 ♕xc1+ 20.♔xc1 ♗a3+ nebst ♖h8xd8 und schwarzem Gewinn.) 19...♕a2+ (19...♕xh1 20.e6!) 20.♔d1 ♗b4! 21.♕xh8 ♗xc3 22.♗f5 ♗xd2 23.♗xd2 ♕a1+ 24.♔c2 ♕xh1 25.♕xg7 ♗e2 26.♕xf7 ♕d1+ 27.♔c3 ♘a4+ 28.♔b4 ♕xd2+ 29.♔xa4 ♕b2 30.♕b3+ ♗b5+ 31.♔b4 a5+ 32.♔xa5 ♕xb3 mit Gewinn.

Schottische Partie (42)

Pragua – Schäfer

Fernpartie 1984

1.e4 e5 2.♘f3 ♘c6 3.d4 exd4 4.♘xd4 ♕h4 5.♘b5!?

Weiß opfert einen Bauern und bekommt dafür gefährliche Initiative. Möglich ist auch 5.♘c3 z.B. 5...♗b4 6.♗e2 ♕xe4 7.♘db5 ♘f6 (Die Stellung nach 7...♗xc3+ 8.bxc3! ♔d8 9.0-0 wäre günstig für Weiß, weil der schwarze Monarch unrochiert bleibt.) 8.0-0 ♗xc3 9.bxc3 ♔d8 10.♗e3 ♖e8 11.♖e1 ♕d5 12.♕c1 ♕f5 13.♕a3 d6 14.♖ad1 ♖e7 15.c4 ♗e6 16.♗f3 ♖d7 17.♗xc6 bxc6 18.♘d4 ♕h5 19.♗g5! mit weißem Vorteil, Asmaiparaschwili–Hector, San Sebastian 1991.

5...♗b4+

Auf 5...♕xe4+ folgt 6.♗e2 ♔d8 7.0-0 a6 8.♘1c3 ♕e8 9.♘d4, und Weiß besitzt für den geopferten Bauern genügend Kompensation.

6.♘1c3 ♕xe4+ 7.♗e3 ♗xc3+ 8.♘xc3 ♕e5

In der Partie Grimm–Böhm, Oberhaching 2004, wählte Schwarz 8...♕b4 9.♖b1 d6 10.a3 ♕h4 11.♘d5 ♕d8 12.♗c4 ♗e6 13.0-0 ♘ge7 mit Ausgleich.

9.♕d2 ♘ge7 10.0-0-0

Die entstandene Stellung ist sicherlich den Bauern wert. Es droht schon 11.♗f4.

10...♕a5

Einen scharfen Verlauf hatte eine Partie 10...a6 11.♗g5 f6 12.♗f4 ♕a5 13.♗c4 d6 14.♖he1 ♔f8 15.♖xe7!? ♘xe7 (15...♔xe7 16.♗xd6+! cxd6 17.♕xd6+ ♔e8 18.♘d5+–) 16.♖e1 ♕f5 17.♗xd6! cxd6 18.♕xd6 ♕d7 19.♕b6 ♕c6 20.♕b4 ♗e6 (20...♕d7 21.♘d5+–) 21.♖xe6 ♕d7 22.♖d6 1-0, Geryk–Campoy Moreno, Fernpartie 2000.

11.♗c4 a6 12.♕e2 0-0 13.♘d5 ♘xd5 14.♖xd5 b5 15.♖g5 h6??

Ein entscheidender Fehler. Weiß opfert seinen Turm und organisiert einen stürmischen Angriff auf die Stellung des gegnerischen Königs. Nötig war 15...♕b4 oder sogar 15...g6.

Diagramm Nr.42

16.♖xg7+! ♔xg7 17.♕g4+ ♔h8

Andere Mattbilder: 17...♔f6 18.♕h4+ ♔f5 19.♕f4+ ♔g6 20.♕xh6+ ♔f5 21.♕g5+ ♔e4 22.♗d3 matt oder 17...♔h7 18.♕f5+ ♔g7 19.♗xh6+! ♔xh6 20.♕f6+ ♔h7 21.♗d3+ ♔g8 22.♕g5+ ♔h8 23.♕h6+ ♔g8 24.♕h7 matt.

18.♗xh6 ♖g8 19.♕h4 ♖g6 20.♗xf7 ♕b4 21.f4

Schwarz gab auf.

Schottische Partie (43)

Chowaniec – Wisniewski

Polen 1992

1.e4 e5 2.♘f3 ♘c6 3.d4 exd4 4.♘xd4 ♗c5

Mit diesem Zug entwickelt Schwarz mit Tempo seinen Läufer.

5.♘b3

Die Alternative ist 5.♗e3.

5...♗b6 6.a4

In der Praxis trifft man auch die Folge 6.♘c3 ♕f6 7.♕e2 ♘ge7 8.♗e3 usw.

6...a6

Die anderen Antworten sind 6...a5; 6...♕f6 bzw. 6...♕h4.

7.♘c3 ♕f6 8.♕e2 ♘ge7 9.♘d5 ♘xd5 10.exd5+ ♘e7 11.h4 h6 12.a5 ♗a7 13.♗d2

Viel schärfer ist 13.g4!? ♕d6 14.♗d2 ♕xd5 15.♖h3 ♕e6 16.♗e3 d6 17.0-0-0 0-0 18.♕d2 mit guten Angriffsmöglichkeiten für Weiß.

13...0-0?

Ein bekannter Eröffnungsfehler. Laut Euwe ist 13...d6 stärker, z.B. 14.♗c3 ♕f4 15.♗xg7 ♖g8 16.g3 ♕xf2+ 17.♕xf2 ♗xf2+ 18.♔xf2 ♖xg7 mit Ausgleich. Schlecht wäre auch 13...♕xb2 wegen 14.♖h3 ♕xc2 15.♖d3 mit der Drohung 16.♖c1.

14.♗c3 ♕d6 15.0-0-0 ♘xd5

Natürlich hat Schwarz Probleme, die Entwicklung der Figuren zu beenden. Nach 15...♘g6 16.h5 ♘h8 17.♖h4 ist die schwarze Stellung nicht einfach zu verteidigen. Doch der Partiezug verliert sofort.

Diagramm Nr.43

16.♖xd5!

Das Signal zum Angriff.

16...♕xd5 17.♕g4 g6 18.♕f4 ♔h7 19.♗d3 d6

Andere Erwiderungen retten die Partie auch nicht: 19...♕xg2 20.♕f6 ♕xh1+ 21.♔d2 ♗e3+ 22.fxe3 ♕h2+ 23.♔d1 ♕h1+ 24.♔d2 ♕h2+ 25.♔c1 ♕g1+ 26.♗f1 ♕xe3+ 27.♔b1 ♕xc3 28.bxc3 d6 29.♘d4 ♗g4 30.♗c4 c5 31.♗xf7 1-0, Djurovic–Rajic, Novi Sad 1988. Oder 19...♕d6 20.♗e5 ♕e6 21.h5 f5 22.hxg6+ ♕xg6 23.♖h3 d6 24.♗c3 ♗d7 25.♖g3 ♕f7 26.♘d4 ♗xd4 27.♕xd4 ♖g8 28.♗c4 ♕e7 29.♖e3 ♕g5 30.f4 ♕h4 31.♗xg8+ ♖xg8 32.g3 ♕d8 33.♕d5 ♖f8 34.♕xb7 mit weißem Vorteil, M.Bakalarz–Mamedjarowa, Antalya 2004.

20.♕f6

Schwarz gab auf, denn nach dem erzwungenem 20...♖g8 entscheidet 21.♗xg6+! fxg6 (21...♖xg6 22.♕h8#) 22.♕e7+ ♖g7 23.♕xg7 matt.

Schottisches Gambit (44)

Grottke – Meissner

Berlin 1991

1.e4 e5 2.♘f3 ♘c6 3.d4 exd4 4.c3

Dieses Gambit wurde erstmals in der Partie Hering–Paulsen, Leipzig 1877, gespielt. Heutzutage ist es aus der Mode geraten, obwohl es zu einem interessanten und verwickelten Kampf führt.

4...dxc3

Die Annahme des Bauern gibt Weiß eine lang anhaltende Initiative. Um diese Komplikationen zu vermeiden, empfiehlt sich 4...d5!? z.B. 5.exd5 ♕xd5 6.cxd4 ♘f6 (In der Partie Velimirovic–Toth, Nizza 1974, bekam Weiß nach 6...♗g4 7.♗e2 ♗b4+ 8.♘c3 ♗xf3 9.♗xf3 ♕c4 10.♕b3 ♕xb3 11.axb3 ♘xd4 12.♗xb7 ♘c2+ 13.♔e2 ♘xa1 14.♗c6+ ♔f8 15.♗xa8 ♘xb3 16.♗e3 ♘f6 17.♘d5 ♗d6 18.♘xf6 gxf6 19.♗d5 ♘c5 20.♖a1 ♔e7 21.♖xa7 ♖b8 22.♖a2 das bessere Endspiel.) 7.♘c3 ♗b4 8.♗e2 0-0 9.0-0 ♕d8 10.♗g5 h6 11.♗h4 ♗e7 12.♖c1 ♗g4 mit annähernd gleichen Chancen, Velimirovic–Cholmow, Suchumi 1966.

5.♘xc3

Auch direkt 5.♗c4 ist möglich, z.B. 5...cxb2 6.♗xb2 d6 7.0-0, und Weiß hat für das geopferte Material eine starke Initiative.

5...♗b4 6.♗c4 d6 7.0-0 ♗xc3 8.bxc3 ♕f6?

Kein guter Einfall. Schwarz muss sich zunächst um die Entwicklung seiner Figuren kümmern. Die beste Antwort ist hier 8...♘f6 z.B. 9.e5 ♘xe5 10.♘xe5 dxe5 11.♕b3 ♕e7 12.♗a3 c5 13.♗b5+ ♗d7 (13...♔f8!?) 14.♗xd7+ ♕xd7 15.♗xc5 ♘e4 16.♗a3 0-0-0=, Analyse von Suetin.

9.♘d4 ♘xd4 10.cxd4 ♘e7 11.e5!

Die richtige Reaktion: Weiß ist bereit, noch einen zweiten Bauern ins Geschäft zu stecken, um Angriffslinien zu öffnen.

11...dxe5 12.dxe5 ♕c6

12...♕xe5 13.♖e1 ♕d6 (13...♕xa1 14.♖xe7+! ♔xe7 15.♗a3+ würde die Damen kosten) 14.♗b5+ ♗d7 15.♗a3 ♕xd1 16.♖axd1+–.

13.♕e2 a6

Oder 13...0-0 14.♗a3 ♕e8 15.e6 fxe6 16.♗xe6+ ♔h8 17.♖ae1, und Schwarz verliert Material.

14.♗a3 b5?

Schwarz lässt eine effektvolle Kombination zu. Notwendig war 14...♘g6, obwohl Weiß nach 15.f4 bessere Perspektiven hätte.

Diagramm Nr.44

15.♗xf7+!

Konsequent und ganz im Stil der alten Meister. Weiß opfert seinen Läufer, um den König ins Zentrum zu ziehen.

15...♔xf7 16.♖ac1 ♕b7

Die schwarze Dame darf wegen der Drohung 17.♕f3+ die Diagonale a8–h1 nicht verlassen.

17.e6+! ♗xe6

17...♔e8 18.♗xe7 ♔xe7 19.♕e5+–.

18.♖fe1 ♕d5

Auch 18...♕c8 rettet die Partie nicht wegen 19.♖xc7! ♕xc7 20.♕xe6+ ♔e8 21.♗xe7 ♕d7 22.♕e4 ♖a7 23.♗c5+ ♔f7 (Auf 23...♔d8 folgt 24.♖c1! mit der Drohung ♗c5–b6+!) 24.♕f3+ ♔g6 (24...♔g8 25.♕f8 matt) 25.♕g3+ ♔f7 26.♕b3+ ♔f6 27.♗xa7 ♕xa7 28.♕e6+ ♔g5 29.♖e5+ ♔f4 30.♕f5 matt.

19.♖c5 ♕xa2 20.♕f3+ ♘f5

20...♔g8 21.♕xa8+ ♔f7 22.♕f3+ ♔e8 23.♖xc7+– bzw. 20...♔g6 21.♖xe6+! ♕xe6 22.♕h5+ ♔f6 23.♗b2++–.

21.♖xc7+!

Nach 21.♖xf5+ ♗xf5 22.♕xf5+ ♔g8 geriete der weiße Angriff ins Stocken.

21...♔g6

Wegen 22.♕xa8+ darf der König die achte Reihe nicht betreten. Nach 21...♔f6 22.♖xe6+! ♕xe6 (22...♔xe6 23.♕e4+ ♔f6 24.♗e7+ ♔g6 25.♕c6+ ♔h5 26.g4+! ♔xg4 27.♕e4+ ♔h5 28.♕xf5+ ♔h6 29.♕g5 matt) 23.♗b2+ ♔g5 24.h4+! ♔xh4 (24...♘xh4 25.♖xg7+ ♘g6 26.♗c1+ ♔h4 27.♕g3+ ♔h5 28.♕g5 matt) 25.♖xg7! ♘xg7 26.♗f6+ ♕xf6 27.♕xf6+ ♔h5 (27...♔g4 28.f3+ ♔h5 29.g4 matt) 28.f3 wird Schwarz Matt.

22.♕g4+ ♔f6 23.♗b4

Zum Ziel führt auch 23.f4 h6 24.♖xe6+! ♔xe6 (24...♕xe6 25.♗b2+ auch mit Matt) 25.♕g6+ ♔d5 26.♕xf5+ ♔d4 27.♖d7+ ♔c3 28.♕d3 matt.

23...g5 24.♗c3+ ♔g6 25.h4!

Schwarz gab auf wegen 25...♘xh4 (25...h6 26.h5#) 26.♖xe6+ ♕xe6 27.♕xe6+ ♔h5 28.g4#.

Dreispringerspiel (45)

Maric – Holberg

Smederevska Palanka 1986

1.e4 e5 2.♘f3 ♘c6 3.♘c3

Mit diesem Zug möchte Weiß weit ausanalysierte Varianten nach 3.♗b5 bzw. 3.♗c4 vermeiden. Heutzutage ist das Dreispringerspiel selten anzutreffen und daher wenig erforscht.

3...f5?

Dieser überscharfe Zug schwächt die schwarze Stellung. Laut Theorie ist hier – abgesehen von 3...♘f6, was in den nächsten zwei Partien betrachtet wird – die alte Empfehlung von Steinitz 3...g6 die stärkste Erwiderung. Zum Beispiel 4.d4 exd4 5.♘d5 (5.♘xd4 ♗g7 6.♗e3 d6 usw.) 5...♗g7 6.♗g5 ♘ce7! (6...♘ge7?? wird durch 7.♘xd4 ♗xd4 8.♕xd4! widerlegt) 7.♘xd4 c6 8.♘c3 h6 9.♗f4 d5 10.♕d2 ♘f6 (10...dxe4 11.0-0-0!) 11.0-0-0 ♘xe4 12.♘xe4 dxe4 13.♗c4 ♘f5 14.♘b3 ♕xd2+ 15.♘xd2 b5 mit verteilten Endspielchancen, Lehmann–Keres, Hamburg 1960.

4.d4!

Das energischste Vorgehen gegen die verfehlte Aktivität von Schwarz. 4...d6 wäre jetzt noch das kleinere Übel. Nach dem Partiezug gerät Schwarz in große Schwierigkeiten.

4...fxe4? 5.♘xe5 ♘f6 6.♗c4 d5

Der schwarze Aufbau wird nun durch eine Ablenkung des verteidigenden Springers f6 widerlegt.

7.♘xd5! ♘xd5

Dies verliert sofort und recht eindrucksvoll. Schwarz steht aber ohnehin schon auf Verlust, z.B. 7...♘xe5 8.dxe5 ♘xd5 9.♕xd5 ♕xd5 10.♗xd5 c6 11.♗xe4 mit klarem materiellem Vorteil.

8.♕h5+ g6 9.♘xg6 ♘f6

Auch nach 9...hxg6 10.♕xg6+ ♔d7 11.♗xd5 rollt der weiße Angriff: 11...♘xd4 (11...♕e8 12.♗f7 ♕e7 13.♗g5 ♘e5 14.♕f5+ 1-0, Breyer–Balla, Bad Pistyan 1912) 12.♗g5 ♗e7 (12...♕e8 13.♗f7 ♕e5 14.♖d1 mit einer kritischen Stellung für Schwarz) 13.♗e6+! ♘xe6 (13...♔c6 14.♕xe4+ ♔c5 15.♗xe7+ ♕xe7 16.♕d5+ ♔b6 17.♕xd4+ c5 18.♕xh8 ♕xe6+ 19.♔f1 ♕c4+ 20.♔g1+–) 14.♖d1+ ♔c6 15.♖xd8 ♗xd8 16.♕xe4+ ♔b6 17.♗e3+, und Weiß gewinnt.

Diagramm Nr.45

10.♗f7+!

Das tödliche Doppelschach wird durch eine Hinlenkung des feindlichen Königs nach f7 ermöglicht: 10...♔xf7 11.♘e5+ ♔e6 12.♕f7+ ♔d6 13.♘c4 matt bzw. 10...♔d7 11.♕h3+ ♔d6 12.♗f4+ ♘e5 13.♕a3+ ♔c6 (13...c5 14.♕xc5+ ♔d7 15.♘xe5 matt) 14.♘xe5+ mit schnellem Gewinn. Schwarz gab auf.

Vierspringerspiel (46)

Rublewski – Gabriel

Duisburg 1992

1.e4 e5 2.♘f3 ♘c6 3.♘c3 ♘f6

Eine der sehr alten Eröffnungen, wo beide Seiten vor allem möglichst schnell ihre Kräfte entwickeln wollen.

4.d4

Die energischste Fortsetzung. Der Zug 4.♗b5 gilt als ruhiger und wird heute relativ selten angewandt.

4...♗b4

Die Alternative 4...exd4 erörtern wir in der nächsten Partie.

5.♘xe5

Nach 5.d5 ♘e7 6.♘xe5 0-0 7.♗d3 (Oder 7.♕d4 ♗xc3+ 8.bxc3 ♖e8 mit etwa gleichem Spiel.) 7...♘exd5 8.exd5 ♖e8 9.0-0 ♖xe5 10.d6 ♗xd6 11.♘b5 ♗f8 12.♗f4 ♖c5 13.♗e3 ♖e5 14.♗f4 folgte 14...♖c5 Zugwiederholung, Mnazakanjan–Klovans, Alma Ata 1963.

5...♘xe4

Leitet die schärfste Variante ein. Nach 5...♕e7 6.♕d3 ♘xe5 7.dxe5 ♕xe5 8.♗d2 0-0 9.0-0-0 d6 10.f3 ♗d7 11.g4 bekommt der Anziehende bessere Chancen.

6.♕g4 ♘xc3 7.♕xg7 ♖f8 8.a3 ♘xd4?

Diese Variante ist wahrscheinlich nicht spielbar für Schwarz. Die theoretischen Bücher empfehlen hier hauptsächlich eine alte, aber womöglich sichere Analyse von Bogoljubow: 8...♗a5! 9.♘xc6 dxc6 10.♕e5+ ♕e7 11.♕xe7+ ♔xe7 12.♗d2 ♗f5 13.♗xc3 ♗xc3+ 14.bxc3 ♗xc2 15.♔d2 ♗g6 16.h4 ♔d6 17.♖e1 ♖ae8 18.♖xe8 ♖xe8 19.♖h3 c5 mit gleichen Aussichten, Potkin–Jeweljew, Moskau 1997.

9.axb4 ♘xc2+ 10.♔d2 ♘xa1 11.♔xc3 a5 12.♗c4!

Einen turbulenten Verlauf hatte eine Partie Polowodin–Katalymow, UdSSR 1980: 12.♗g5 axb4+ 13.♔d3! (Oder 13.♔d2 ♘b3+ 14.♔c2 ♘d4+ 15.♔d3 ♘e6 16.♗xd8 ♘xg7 17.♗xc7 ♖g8 mit schwarzem Vorteil.) 13...f6 14.♗e2 ♕e7 15.♗h5+ ♔d8 16.♘f7+ ♖xf7 17.♗xf7 ♕d6+ 18.♔e4 fxg5 19.♕g8+ ♔e7 20.♕e8+ ♔f6 21.♕h8+ ♔xf7 22.♕xh7+ mit Remis.

12...♕e7

Nicht besser wäre 12...axb4+ 13.♔d2 d5 (13...♕e7 14.♖e1 d5 15.♗b5+ ♔d8 16.♘xf7+ ♖xf7 17.♖xe7 ♔xe7 18.♕e5+ ♗e6 19.♕xc7+ ♔f6 20.♕f4+ ♔g6 21.♕g3+ ♔f6 22.♔d1+–) 14.♗b5+ c6 15.♖e1 mit entscheidendem Angriff.

13.♖e1! d5

Oder 13...♕xb4+ 14.♔d3 ♕xe1 15.♗xf7+ ♔e7 16.♕g5+ ♔d6 17.♘c4+ ♔c6 18.♕d5#.

14.♗b5+ c6

Schwarz hoffte wohl, damit alle Probleme überwinden zu können, aber...

Diagramm Nr.46

15.♘xc6!! ♕xe1+ 16.♗d2 ♕e4 17.♘b8+! ♔d8

Oder 17...♔e7 18.♗g5+ ♔d6 19.♕xf8+ ♔e5 20.♕e7+ 1-0, Santo Roman–Sharif, Chambery 1994.

18.♕xf8+ ♔c7 19.♕c5+

Schwarz gab auf wegen 19...♔xb8 20.♕d6+ ♔a7 21.♗e3+.

Vierspringerspiel (47)

Gerschwieler – Salzmann

Schweiz 1965

1.e4 e5 2.♘f3 ♘c6 3.♘c3 ♘f6 4.d4 exd4 5.♘d5!?

Dieses Gambit wurde im Jahr 1945 von Belgrader Schachspielern in die Praxis eingeführt und führt zu unklarem Spiel. Ruhiger ist 5.♘xd4 ♗b4 6.♘xc6 bxc6 7.♗d3 d5 8.exd5 ♕e7+ 9.♕e2 cxd5

10.♗d2 ♕xe2+ 11.♔xe2 c6 12.♘a4 ♗d6 13.♗e3 0–0 14.f3 ♘d7 15.♔f2 ♖e8 16.♖he1 g6 17.♖ad1 ♘e5 18.♗f1 ♗f5 19.♖d2 h5 mit gleichen Chancen, Schirow–Karpow, Moskau 1992.

5...h6?!

Eine schwache Erwiderung. Zum Ausgleich führt die folgende Variante: 5...♗e7 6.♗c4 0–0 7.0–0 d6 8.♘xd4 ♘xd4 9.♕xd4 ♘xd5 10.♗xd5 ♗f6 11.♕d3 a5 12.a4 c6 13.♗b3 ♗e6 14.♖d1 ♖e8 15.f3 (15.♕xd6 ♕xd6 16.♖xd6 ♗xb3 17.cxb3 ♖xe4 ist günstiger für Schwarz) 15...d5 16.exd5 ♗xd5 17.♗xd5 ♕b6+ 18.♔h1 cxd5 mit guter Stellung von Schwarz. Für Gambit–Spieler empfiehlt sich das scharfe 5...♘xe4!? z.B. 6.♕e2 f5 7.♘g5 d3 8.cxd3 ♘d4 9.♕h5+ g6 10.♕h4 c6 11.dxe4 cxd5 12.exd5 ♕a5+ 13.♔d1 (Oder 13.♗d2 ♕a4 14.♕g3 f4 15.♗xf4 ♗b4+ 16.♗d2 0–0 17.♗d3 ♗xd2+ 18.♔xd2 ♕b4+ 19.♔d1 ♕a4+ mit Zugwiederholung.) 13...♕xd5 14.♗c4 ♕xc4 15.♖e1+ ♗e7 16.♖xe7+ ♔xe7 17.♘e4+ ♔e6 18.♕f6+ ♔d5 19.♘c3+ ♔c5 20.b4+

1) 20...♕xb4 21.♕e5+ ♔c6 22.♗f4 (22.♗e3? ♕d6!) 22...d6 23.♕d5+ ♔d7 (23...♔c7? 24.♖b1! und Schwarz hat Probleme) 24.♕f7+ ♔c6 25.♕d5+ mit Remis.

2) 20...♔xb4 21.♕d6+ ♔a5! (21...♔xc3? 22.♕a3+ ♘b3 23.♗b2+ ♔d3 24.♖c1+–) 22.♕a3+ ♔b6 23.♕d6+ mit Zugwiederholung, Varady–Larsson, Fernpartie 1961.

6.♗f4 d6

Nach 6...♘xd5 7.exd5 ♗b4+ 8.♗d2 ♕e7+ 9.♕e2! (9.♗e2 d3 10.cxd3 ♗xd2+ 11.♕xd2 ♘b4 12.0–0 0–0 13.d4 ♕d6 14.♖fe1 ♘xd5=) 9...♗xd2+ 10.♔xd2 ♘b4 11.d6 (Möglich ist auch 11.♖e1!? ♕xe2+ 12.♗xe2 mit gutem Spiel für Weiß.) 11...♕xe2+ 12.♗xe2 c5 (12...cxd6 13.♘xd4 ist günstiger für Weiß) 13.♗c4 0–0 14.♖he1 besitzt der Anziehende für den Bauern starke Initiative.

7.♘xd4

Etwas besser steht Weiß nach 7.♗b5 a6 8.♗a4 ♗d7 (8...b5 9.♗b3 ♗g4=) 9.♘xd4 ♘xd5 10.exd5 ♘e5 11.♗xd7+ ♕xd7 12.♕e2 ♕g4 (12...0–0–0!?) 13.♕xg4 ♘xg4 14.f3 ♘e5 15.0–0–0 g5 (15...♔d7 16.♖he1 ♖e8=) 16.♗g3 0–0–0 17.♘f5 h5 18.h3 ♘g6 19.♖de1 ♗h6 20.♔b1 h4 21.♗h2 usw., M. Schulz–Thoele, Magdeburg 2006.

7...♘e5?!

Schwarz sollte mit 7...♗e7! versuchen, die Entwicklung zu beenden.

8.♗xe5

In der Partie Kavcic–Heimann, Peniscola 2002, bekam Schwarz nach 8.♘b5 ♘xd5 9.exd5 ♗e7 10.♗xe5 dxe5 11.c4 ♗b4+ 12.♘c3 ♗xc3+ 13.bxc3 ♕d6 14.♗d3 0–0 15.0–0 f5 bessere Perspektiven.

8...dxe5 9.♗b5+ ♘d7?

Der letzte Fehler. Notwendig war 9...♗d7!, und Schwarz kann seine Stellung verteidigen: 10.♗xd7+ ♕xd7 11.♘xf6+ (11.♘b5 ♘xd5 12.♕xd5 0–0–0 13.♘xa7+ ♔b8 14.♕xd7 ♖xd7 15.♘b5 c6 16.♘c3 ♗b4 17.♖d1 ♖d4 18.f3 ♗xc3+ 19.bxc3 ♖a4 20.♖d7 ♖xa2 21.0–0 ♖xc2 22.♖xf7 g5=) 11...gxf6 12.♘f5 ♕c6 usw. Nun folgt eine Kombination.

Diagramm Nr.47

10.♘e6!

Dieser glänzende Einschlag macht der Partie sofort ein Ende. Nach 10...♗b4+ (10...fxe6 11.♕h5+ g6 12.♕xg6 matt) 11.♘xb4 fxe6 12.♕h5+ ♔f8 13.♗xd7 ♗xd7 14.♕xe5 behält Weiß einen Bauern mehr. Schwarz gab auf.

Philidor–Verteidigung (48)

A. Petrosjan – Gusjew

Riga 1968

1.e4 e5 2.♘f3 d6

Die Verteidigung trägt den Namen des hervorragenden französischen Schachspielers Philidor (1726–1795), der die Fortsetzung 2...d6 mit großen Erfolgen anwandte. Heute gilt diese Verteidigung als ziemlich passiv, und aus diesem Grund ist sie selten in der Praxis zu sehen.

3.d4 exd4

Eine Alternative ist 3...♘f6 z.B.

1) 4.dxe5 ♘xe4 5.♕d5 ♘c5 6.♗g5 ♕d7 7.exd6 ♗xd6 8.♘c3 0–0 9.0–0–0 ♘c6 10.♘b5 (10.♗e3 ♘e7 11.♕c4 b6 12.♘e4 ♘xe4 13.♕xe4 ♕c6 14.♗d3 ♕xe4 15.♗xe4 ♖b8=) 10...♕g4 11.♘xd6 cxd6 12.♗e3 und Schwarz bleibt mit einem schwachen Bauern d6. Weiß steht daher besser.

2) 4.♘c3 ♘bd7 5.♗c4 ♗e7 6.0–0 0–0 7.♕e2 c6 8.a4 ♕c7 9.h3 b6 10.♖d1 ♗b7 11.dxe5 dxe5 (11...♘xe5!?) 12.♘h4 ♖fe8 13.♘f5 ♗f8 14.♕f3 ♘c5 15.♗g5 mit spürbarem Vorteil für Weiß.

4.♘xd4

Möglich ist auch 4.♕xd4!? ♘c6 5.♗b5 ♘ge7 6.♗g5 a6 7.♗xc6+ ♘xc6 8.♕d2 ♗e7 9.♘c3 ♗xg5 10.♘xg5 0–0 11.0–0–0 h6 12.♘f3 b5 13.♕f4 b4 14.♘d5 f6 15.♘h4 a5 16.♘f5 ♔h7 17.g4 mit starkem Angriff für Weiß, Ulybin–Adams, Chalkidiki 1992.

4...♘f6 5.♘c3 ♗e7

Schwarz kann auch auf andere Weise das Spiel fortsetzen: 5...g6 6.♗e3 ♗g7 7.♕d2 0–0 8.0–0–0 ♖e8 mit beiderseitigen Chancen.

6.♗f4 0–0 7.♕d2 a6

Oder 7...d5 8.exd5 (In der Begegnung Varga–Bacrot, Mainz 2004, geschah: 8.♘db5 c6 9.♘c7 d4 10.♘e2 g5 11.♘xa8 gxf4 12.♕xf4 ♘a6 13.0–0–0 c5 14.♘g3 ♘g4 15.♔b1 ♗d6 16.♕f3 ♘e5 17.♕f4 ♘g6 mit schwarzem Vorteil.) 8...♘xd5 9.♘xd5 ♕xd5 10.♘b5 ♕e4+ 11.♗e2 ♘a6 12.0–0 ♖d8 13.♗d3 ♕c6 14.♕e3 ♖e8 15.♖fe1 ♗d7 16.♕g3 ♗f6 17.c3 ♖xe1+ 18.♖xe1 mit weißem Übergewicht.

8.0–0–0 b5 9.f3 b4 10.♘d5 ♘xd5 11.exd5 a5 12.g4 ♗b7?

Der Läufer hat hier keine Perspektiven. Schwarz sollte eine Umgruppierung seiner Kräfte am Königsflügel vornehmen: 12...♖e8!? mit dem Plan ♗e7–f8 usw.

13.♘f5 ♗f6 14.h4 ♕d7 15.♗g5 ♕d8

Die Öffnung der h–Linie durch 15...♗xg5 16.hxg5 nebst ♕d2–h2 wäre noch schlimmer.

16.♖e1 ♘d7 17.♖e7!

Der Anfang einer schönen Kombination.

17...♔h8?

Schwarz hat praktisch keine Wahl, weil 17...♗xe7 18.♗xe7 ♕e8 19.♕g5 g6 20.♕h6 gxf5 21.gxf5 ♔h8 22.♗f6+ ♘xf6 23.♕xf6+ ♔g8 24.♖g1 matt auch verliert. Aber nach 17...♗c8!? könnte man noch Widerstand leisten.

Diagramm Nr.48

18.♖xd7! ♗xb2+

Nach 18...♕xd7 gewinnt 19.♗xf6+–.

19.♔xb2 ♕xd7

Schwarz meinte wohl, alle Probleme überwinden zu können, aber nach...

20.♗f6!

musste er die Waffen strecken, da nach 20...♖g8 (20...gxf6 21.♕h6 ♖g8 22.♕xf6+ ♖g7 23.♕xg7 matt) 21.♕h6! sofort entscheidet.

Philidor–Verteidigung (49)

Manca – Braga

Reggio Emilia 1993

1.e4 e5 2.d4 d6 3.♘f3 ♘f6 4.dxe5

Eine Alternative ist hier 4.♘c3.

4...♘xe4 5.♕d5 ♘c5 6.♗g5 ♕d7 7.♘c3

Einfach und gut. Nach 7.exd6 ♗xd6 8.♘c3 0-0 9.0-0-0 ♘c6 10.♗e3 ♘e7 11.♕c4 b6 12.♘e4 ♘xe4 13.♕xe4 ♕c6 14.♗d3 ♕xe4 15.♗xe4 ♖b8 wäre das Spiel etwa gleich.

7...c6

Die Theorie empfiehlt hier 7...♘e6!? 8.0-0-0 c6 9.♕d2 d5 10.♗d3 ♗b4 mit scharfem Spiel.

8.♕d2 dxe5

Laut Keres steht Weiß nach 8...d5 9.♘d4 vorteilhaft.

9.♕e3!?

Mit Damen spielt es sich viel besser. Deshalb opfert Weiß einen Bauern, um seine Kräfte rasch zu mobilisieren. Nach 9.♘xe5 ♕xd2+ 10.♗xd2 ♘bd7 11.♘xd7 ♗xd7 12.0-0-0 0-0-0 13.♗c4 ♗e6 14.♗xe6+ ♘xe6 15.♗e3 ♗c5 wurde in dem Treffen Cabrera–Vescovi, Cali 2001, ein Remis unterschrieben.

9...f6 10.♗c4

Weiß ist bereit, seinen Läufer für den Angriff zu opfern.

10...♕f5

Die beste Fortsetzung war hier 10...♕g4! z.B. 11.♘xe5 fxe5 12.♕xe5+ ♗e6 13.♗xe6 ♕xe6 14.♕e3 ♕xe3+ 15.♗xe3 ♘bd7 16.0-0-0 0-0-0 und Weiß hat keinen Ersatz für die Figur, Weiß–Knöppel, IECG 2002.

11.0-0-0 ♗e6 12.g4!?

Weiß spielt konsequent auf Mattangriff.

12...♕xg4 13.♗xe6 ♘xe6

Es war zweifellos besser, mit der Dame zurückzunehmen.

14.♖hg1 ♕c4 15.♘xe5!?

Ein schönes Springeropfer, das die schwarze Stellung aufbricht.

15...fxe5 16.♕xe5 ♘d7 17.♖xd7!? ♔xd7 18.♖d1+ ♔c8

Trotz Minusturm geht der weiße Angriff unvermindert weiter. Nach 18...♔e8 gewinnt der Anziehende auf folgende Weise: 19.♖d4! ♕f1+ 20.♘d1 ♕h3 21.♖h4, und Schwarz kann aufgeben.

19.♘d5 ♕g4??

Schwarz musste sich auf 19...cxd5! einlassen, z.B. 20.♕xe6+ ♔c7 21.♖xd5 ♕c6 22.♗f4+ ♔b6 23.♕e3+ (23.♗e3+ ♔a6!) 23...♗c5 24.♖xc5 ♕xc5 25.♕e6+ ♕c6 26.♕b3+ mit Dauerschach.

Diagramm Nr.49

20.♕c7+!!

Schwarz gab auf (20...♘xc7 21.♘b6+! axb6 22.♖d8 matt).

Mittelgambit im Nachzug (50)

Ziegler – Marks

Fernpartie 1989

1.e4 e5 2.♘f3 d5!?

Eine wirklich selten anzutreffende und wenig erforschte Fortsetzung, die jedoch als Überraschungswaffe für Weiß sehr gefährlich sein kann.

3.♘xe5

Die andere Möglichkeit ist 3.exd5 ♗d6 (oder 3...e4 4.♕e2 ♘f6 5.d3 ♗e7 6.dxe4 0–0 7.♕d3 ♖e8 8.♗e3 mit klarem Vorteil für Weiß)

1) 4.♗b5+ c6 5.dxc6 bxc6 6.♗c4 ♘f6 7.0–0 (7.d3!?) 7...e4 8.♘g5 0–0 (8...♗xh2+ 9.♔xh2 ♘g4+ 10.♔g1 ♕xg5 11.d4 ♕h4 12.♗f4±) 9.♘c3 ♗xh2+ 10.♔xh2 ♘g4+ 11.♔g1 ♕xg5 12.d4 ♕h5 13.♗f4 und Weiß steht besser.

2) 4.♘c3 ♘f6 5.d4 (Bei einer Simultanvorstellung in Dortmund 1993 zwischen

Karpow–Kloster, folgte hier 5.♗c4 ♕e7 6.0–0 0–0 7.d3 h6 8.h3 ♗f5 9.♖e1 ♘bd7 10.♘e4 ♗h7 11.♗b3 ♘xe4 12.dxe4 ♘c5 13.♘d2 f5 14.exf5 ♗xf5 15.♘f1 ♕h4 16.♘g3 e4 17.♘xf5 ♖xf5 18.♗e3 ♖af8 mit aktivem Spiel für Schwarz.) 5...e4 6.♘e5 ♘bd7 7.♘xd7 (7.♘c4!?) 7...♗xd7 8.♗g5 0–0 9.♗e2 (In Frage kommt 9.♕d2!? mit der Idee 0–0–0.) 9...♖e8 10.♕d2 a6 11.f3 (11.0–0!?) 11...e3! 12.♗xe3 ♗b4 13.♗g5?? (13.♔f2!) 13...♗b5! 0–1, R. Mainka–Schulenburg, Dortmund 1991.

3...♗d6 4.d4 dxe4 5.♗c4 ♗xe5 6.♕h5 ♕e7 7.dxe5 ♘c6

Oder 7...♗e6 8.♗b3 (8.♗xe6 ♕xe6 9.♘c3 ♘d7 10.0–0 ♕xe5 11.♕xe5+ ♘xe5 12.♘xe4 0–0–0 13.♖e1 ♘e7=) 8...♗xb3 9.axb3 ♘c6 10.♗f4 0–0–0 11.♘c3 g6 12.♕g4+ ♔b8 13.♗g5 (13.♕g3!?) 13...f6 14.exf6 ♘xf6 15.♕h4 ♖hf8 16.0–0 h6 17.♕xh6 ♖h8 18.♕xg6 ♕e5 19.h4 ♘g4 20.g3 ♖dg8 21.♕xe4 ♖xg5 22.hxg5 ♕xg5 23.♖a4 ♘ce5 24.♕g2 ♘h2 25.f4 ♕h6 26.♖f2 (26.fxe5 ♕e3+ 27.♖f2 ♕e1+ 28.♖f1 ♘xf1–+) 26...♘eg4 27.♖e2?? (Richtig war 27.♖b4!) 27...♕b6+ 0–1, Stader–Pape, Fernpartie 1990.

8.♗d5?

In dieser Situation ein unnötiges Unternehmen. Besser ist 8.♗b5 ♗d7 9.♘c3 g6 10.♕e2 0–0–0 11.♗xc6 ♗xc6 12.♗f4 f6 13.exf6 ♘xf6 14.0–0 ♘h5 15.♗e3 ♔b8 oder 8.♗f4 g6 (8...♗e6 9.♗xe6 ♕xe6 10.♘c3 0–0–0 11.0–0=) 9.♕e2 ♘xe5 10.0–0 g5 11.♗xe5 ♕xe5 12.♘c3 ♘f6 13.♖ae1 ♗f5 14.♕e3 ♗g6 15.f3 0–0 16.♘xe4 ♗xe4 17.fxe4 ♘g4 18.♕g3 ♕xg3 19.hxg3 ♖ad8 20.e5 ♔g7, in beiden Fällen mit gleichen Chancen.

8...♘xe5 9.♘c3

Das Schlagen auf e4 geht leider nicht: 9.♗xe4? wegen 9...♗g4 (9...♘f6!?) 10.♕g5 ♘f6 11.♘c3 (11.♕e3? ♘c4–+) 11...h6 12.♕e3 ♘c4 13.♕d4 ♘xe4 14.♕xe4 ♕xe4+ 15.♘xe4 ♗f5 16.♘g3 ♗xc2, und Schwarz hat einen Mehrbauern.

9...♘f6 10.♕e2 ♗g4 11.♕e3 0–0–0 12.♗xe4?

Dies beschleunigt nur das Ende. Aber nach 12.♗b3 ♔b8 13.0–0 ♗f5 stünde Weiß auch nicht besser.

12...♘xe4 13.♕xe4 f5 14.♕e3 f4 15.♕e4

Diagramm Nr.50

15...♖d4!

Ein effektvoller Schlusszug. Weiß kapitulierte, weil 16.♕xd4 ♘f3+ verliert.

Lettisches Gambit (51)

Casset – Leisebein

Fernpartie 1990

1.♘f3 f5 2.e4 e5

Normalerweise entsteht das riskante Lettische Gambit nach den Zügen: 1.e4 e5 2.♘f3 f5 usw.

3.♗c4 fxe4 4.♘xe5 d5

Die Alternative besteht in 4...♕g5. Man sehe: 5.d4 ♕xg2 6.♕h5+ g6 7.♗f7+ ♔d8 8.♗xg6 ♕xh1+ 9.♔e2

1) 9...♕xc1 10.♘f7+ ♔e8 (10...♔e7?? 11.♕e5 matt) 11.♕e5+ (Ein Versuch auf Gewinn zu spielen. Weiß kann einfach remisieren nach 11.♘d6+ ♔d8 12.♘f7+ usw.) 11...♗e7 (Wenn 11...♘e7, so muss sich Weiß nach 12.♘d6+ ♔d8 13.♘f7+ mit Dauerschach zufriedengeben.) 12.♘d2 ♘c6 (Unklar ist 12...hxg6 13.♖xc1 ♖h7 14.♘g5 ♘c6 15.♕xe4 ♖g7 16.♔f1 ♘f6 17.♕e3 b6 usw.) 13.♕xh8 ♘xd4+ (13...♕xa1?? 14.♕xg8+ ♗f8 15.♘d6+! mit Matt) 14.♕xd4 ♕xa1 15.♕g7 hxg6 16.♕xg8+ ♗f8 17.♘e5 c6 18.♕f7+ ♔d8 19.♕xf8+ ♔c7 20.♘f7 (20.♘dc4 b6 21.♕d6+ ♔b7 22.♘xc6 dxc6 23.♕e7+ mit ewigem Schach)

20...♕xa2 21.♕d8+ ♔b8 22.♘d6 ♕a6+ (22...a5?? 23.♕xc8+ ♔a7 24.♕xb7#) 23.c4 b6 (23…b5 24.♘2xe4 bxc4 25.♘c5+−) 24.♘2xe4, und das Manöver ♘e4−f6−e8 entscheidet. Weiß steht also auf Gewinn.

2) 9...c6 10.♘c3 ♘f6 (10...♔c7 11.♗f4! ♕xa1 12.♘xd7+ ♔d8 13.♕e5 hxg6 14.♕c7+ ♔e8 15.♕xc8+ ♔e7 16.♘xf8 ♕g1 17.♘xe4 ♖h5 18.♗d6+ ♔f7 19.♕xb7+ mit schnellem Matt) 11.♕g5 ♖g8 12.♕xf6+ ♗e7 13.♕f7 ♖xg6 14.♗g5 ♕f3+ (14...♕xa1 15.♕xe7+ ♔c7 16.♕d8+ ♔d6 17.♘c4+ ♔e6 18.♕e7+ ♔f5 19.♘e3 matt) 15.♘xf3 exf3+ 16.♔xf3 ♗xg5 (16...♖xg5 17.♖e1+−) 17.♘e4 (17.♕xh7!? ♖f6+ 18.♔g4 mit Materialgewinn) 17...♗e7 18.♕xh7 ♖e6 19.♖g1 b5 20.♖g8+ ♔c7 21.♖e8 mit weißem Gewinn, Pupols - Dreibergs, Fernpartie 1956.

5.♕h5+ g6 6.♘xg6 hxg6

Nach 6...♘f6 empfahl Keres die folgende Variante: 7.♕e5+ ♗e7 8.♗b5+ c6 9.♘xe7 ♕xe7 10.♕xe7+ ♔xe7 11.♗e2 ♖g8 12.g3, und Weiß behauptet den Mehrbauern.

7.♕xh8

Eine umstrittene Fortsetzung, die dem Schwarzen einen gefährlichen Angriff gibt. Sicherer ist 7.♕xg6+!, z.B. 7...♔d7 8.♗xd5 ♘f6 9.♘c3 ♕e7 (Nach 9...♘xd5 10.♘xd5 ♖h6 11.♕f7+ ♔c6 12.♘xc7 hätte Weiß genug Bauern für die Figur.) 10.b3 ♖h6 11.♕f7 ♕xf7 12.♗xf7 ♘c6 13.♗b2 ♗d6 14.0−0−0 ♘e5 15.♗d5 ♘xd5 16.♘xd5 ♘g4 17.♖de1 ♘xf2 18.♖hf1 ♖xh2 (Die Variante nach 18...♘g4 19.h3 ♘e5 20.d4 ♘c6 21.♖xe4 wäre günstiger für Weiß.) 19.♖xf2 ♗g3 20.♖f7+ ♔d6 (20...♔e6 21.♖f6+! ♔xd5 22.c4+ ♔c5 23.♖xe4 c6 24.♗d4+ ♔b4 25.♗c3+ ♔a3 26.c5 b5 27.cxb6 axb6 28.♔c2 ♖h1 29.♖f8 b5 30.♖ee8 1−0, Alloin−Grivainis, Fernpartie 1986) 21.♘xc7 ♗xe1 22.♗a3+ ♔c6 23.♘xa8 ♗g3 24.♖f6+ ♔d7 25.c4 ♖xg2 26.♗c5 b6 27.♗e3 ♗b7 28.♖f7+ ♔c6 29.♖g7 ♗xa8 30.b4 a5 31.b5+ ♔d6 32.♗xb6 e3 33.♗xe3 ♗e5 34.♖xg2 ♗xg2 35.♔c2 mit etwas besserem Endspiel für Weiß.

7...♔f7 8.♗e2

Zu beachten ist 8.♗b3!?

8...♗g7 9.♕h7 ♘c6 10.f3 ♘d4

Stark war auch 10...♘f6!? 11.♕h4 ♘d4 usw.

11.fxe4 ♘xe2?

Ein falscher Weg. Nur nach 11...♘xc2+ könnte Schwarz noch kämpfen: 12.♔d1 ♘xa1 13.♖f1+ ♘f6 14.e5 ♗f5 15.♖xf5 gxf5 16.♕xf5 (Nach 16.exf6 ♕xf6 stünde Weiß wegen der Drohung ♖a8−h8 auf Verlust.) 16...♕d7 17.♕f4 ♖f8 18.exf6 ♔g8 19.♘c3 ♖xf6 usw.

12.♖f1+ ♘f6 13.e5 ♗f5 14.♖xf5! gxf5 15.exf6 ♕xf6 16.♕h5+ ♔f8 17.♔xe2 ♕e5+ 18.♔f3??

Ein Selbstmatt! Ebenfalls schwach wäre 18.♔f1?? ♖e8 19.♕d1 ♕xh2 20.♕f3 ♕h1+ 0−1, S.Szilagyi−Pescod, Fernpartie 1976. Aber nach dem richtigem 18.♔d1 ist nicht zu sehen, wie Schwarz weiter angreifen würde, z.B. 18...♖e8 19.c3 ♕e1+ 20.♔c2 ♕e4+ 21.d3 ♕xg2+ 22.♗d2, und Weiß hat eine Mehrfigur.

18...♕e4+ 19.♔g3 ♗e5+ 20.♔f2

20.♔h3 ♕f4−+.

20...♖e8?

Eine Ungenauigkeit. Schneller zum Ziel führte 20...♗d4+! 21.♔g3 ♔g7 22.♕g5+ ♔f7 23.♕h5+ ♔e6 24.♕g6+ ♔e5 25.♕g7+ ♔d6 26.♕g6+ (26.♕h6+ ♔c5 27.b4+ ♔xb4 28.c3+ ♔a5 29.cxd4 ♖g8+ mit Matt) 26...♔c5 27.b4+ ♔xb4 28.c3+ ♔a5 29.cxd4 f4+, und Weiß verliert seine Dame.

21.♘c3?

Dieser Zug erlaubt einen Paukenschlag. Zäher war 21.d3 ♗d4+ 22.♔g3 ♕e1+

23.♔h3 ♕xc1 24.♘c3! (nicht jedoch 24.♕xf5+?? ♔e7 25.♕h7+ ♔d6 26.♕g6+ ♖e6−+) 24...♕xa1 25.♕xf5+ ♔e7 26.♕g5+ ♔d7 27.♕g4+ (27.♕xd5+? ♔c8 28.♕xd4 ♕xb2−+) 27...♔d8 28.♕xd4 ♕xb2 29.♕xd5+ ♔c8 30.♘e4 ♕xc2 31.♘c5 ♖h8+ 32.♔g3 ♕b2, und Schwarz müsste noch lange arbeiten, um das Ziel zu erreichen.

Diagramm Nr.51

21...♕e1+!

Aufgegeben wegen 22.♔xe1 (22.♔f3 ♕f1+ 23.♔e3 f4#) 22...♗g3+ 23.♔f1 ♖e1 matt.

Königsgambit (52)

Leisebein – Knorr

Fernpartie 1989

1.e4 e5 2.f4

Dieses Gambit gehört zu den schärfsten und kompliziertesten Eröffnungen. Seine Idee besteht darin, die f-Linie zu öffnen und einen raschen Königsangriff zu organisieren. Heutzutage wird das Königsgambit selten in der Turnierpraxis angewendet, aber in den Fernschachkreisen erfreut es sich immer noch großer Popularität.

2...exf4 3.♘f3 d5

Schwarz möchte den Mehrbauern zurückgeben, um die Bildung des weißen Zentrums zu vereiteln und die eigenen Kräfte schnell zu entwickeln.

4.exd5 ♘f6

Schwächer ist 4...♗d6 z.B. 5.♘c3 (energischer war 5.d4!) 5...♘e7 6.d4 0−0 7.♗d3 ♘d7 8.0−0 h6 (8...♘g6 bzw. 8...♘f6 kommen in Frage mit besseren Ausgleichschancen für Schwarz) 9.♘e4 ♘xd5 10.c4 ♘e3 11.♗xe3 fxe3 12.c5 ♗e7 13.♗c2 ♖e8 14.♕d3 e2 15.♘d6!? ♘f8? (Wie Spasski zeigte, würde Schwarz nach 15...♗xd6! 16.♕h7+ ♔f8 17.cxd6 exf1♕+ 18.♖xf1 cxd6 19.♕h8+ ♔e7 20.♖e1+ ♘e5 21.♕xg7 ♖g8 22.♕xh6 ♕b6 23.♔h1 ♗e6 24.dxe5 d5 gute Aussichten auf eine erfolgreiche Verteidigung haben.) 16.♘xf7 exf1♕+ 17.♖xf1 ♗f5 (Oder 17...♔xf7 18.♘e5+ ♔g8 19.♕h7+! ♘xh7 20.♗b3+ ♔h8 21.♘g6#) 18.♕xf5 ♕d7 19.♕f4 ♗f6 20.♘3e5 ♕e7 21.♗b3 ♗xe5 22.♘xe5+ ♔h7 23.♕e4+ 1−0, Spasski−Bronstein, Leningrad 1960.

5.♗b5+ ♗d7?

Heute kommt 5...c6! am häufigsten vor, z.B. 6.dxc6

1) 6...bxc6 7.♗c4 (7.♗e2 ♗d6 8.d4 0−0 9.c4 ♖e8 10.♘c3 ♘bd7 11.c5 ♗c7 12.0−0 ♘f8 13.♘e5 ♗xe5 14.dxe5 ♘6d7 15.b4 a5 16.♘e4 ♖xe5 17.♘d6 ♖d5=, Lutikow−Cholmow, Moskau 1969) 7...♘d5 8.0−0 ♗d6 9.d4 0−0 10.♘c3 ♘xc3 11.bxc3 ♘d7 12.♗d3 c5 13.♘d2 cxd4 14.cxd4 ♘f6 15.♘e4 ♗g4 16.♕d2 ♗c7 17.c3 ♘d5 18.♗a3 ♖e8 mit ausgezeichnetem Spiel für Schwarz, Bronstein-Lilienthal, Moskau 1953.

2) 6...♘xc6 7.d4 ♗d6 8.♕e2+ ♗e6 9.♘g5 0−0 10.♘xe6 fxe6 11.♗xc6 bxc6 12.0−0 ♕c7 13.♕xe6+ ♔h8 14.♘d2 ♖ae8 15.♕h3 c5, und Schwarz hat für den Bauern aktives Spiel.

6.♗xd7+ ♘bxd7

Schlechter ist 6...♕xd7 wegen 7.c4 c6 8.♘e5 ♕f5 9.♕e2 ♘e4 10.dxc6 bxc6 11.d4 ♗b4+ 12.♘d2 ♗xd2+ 13.♗xd2 ♘xd2 14.♔xd2 0−0 15.♖he1 ♖e8 16.♕f3 mit weißer Initiative.

7.0−0 ♗e7 8.c4 0−0 9.d4 b5 10.b3 bxc4 11.bxc4 ♘b6 12.♘e5 g5

Um den Bf4 zu verteidigen, muss Schwarz die eigene Königsstellung schwächen.

13.♘d2 ♖e8

Einen interessanten Verlauf hatte die Partie Maltez−Carr, IECG 2000: 13...♕c8

14.♕c2 ♘g4 15.♘df3 ♘xe5 16.♘xe5 ♕a6 17.♖f3 ♕a4 18.♕d3 f5 19.h4 h6 20.hxg5 hxg5 21.g3 (21.♖h3!?) 21...♗d6 22.♗a3 (Nach 22.gxf4 g4 23.♖f2 ♗xe5 24.fxe5 ♕xc4 25.♕e3 f4 26.♖xf4 ♖xf4 27.♕xf4 ♕d3 28.♕xg4+ ♔h8 29.♕h4+ ♕h7 30.♗h6 ♖g8+ 31.♔f2 stünde Weiß auch auf Gewinn.) 22...g4 23.♗xd6 cxd6 24.♖xf4 dxe5 25.♖xg4+! fxg4 26.♕g6+ ♔h8 27.♔g2 ♖f1 28.♖xf1 1-0.

14.♕c2 ♕c8 15.♘df3 ♘g4

Diagramm Nr.52

16.♘xf7!

Die Stellung ist reif für das Springeropfer.

16...♔xf7 17.♕xh7+ ♔f8 18.♘xg5!

Damit wird die Königsbastion zerschlagen: Auf 18...♗xg5 entscheidet 19.♗xf4. Schwarz gab auf.

Königsgambit (53)

Fedorow – Schirow

Polanica Zdrój 2000

1.e4 e5 2.f4 exf4 3.♘f3 g5

Eine alte Idee. Schwarz will den Mehrbauern halten und gleichzeitig die f-Linie verriegeln.

4.h4

Ein anderer Weg ist 4.♗c4 mit scharfem Spiel.

4...g4 5.♘e5

Leitet das Kieseritzky-Gambit ein. 5.♘g5 führt zum Allgaier-Gambit, z.B. 5...h6 6.♘xf7 ♔xf7 7.d4 (Nach 7.♗c4+ d5 8.♗xd5+ ♔e8 9.d4 ♘f6 10.♘c3 ♗b4 11.0-0 ♗xc3 12.bxc3 ♘xd5 13.exd5 f3 14.♕d3 ♕f6 15.g3 ♔d8 hat Schwarz das aussichtsreichere Spiel, Mostertman-Tangarife, Groningen 2002.) 7...f3! 8.♗c4+ d5 9.♗xd5+ ♔g7 10.gxf3 ♘f6 11.♘c3 ♗b4, und Schwarz besitzt das günstigere Spiel.

5...d6 6.♘xg4 ♘f6 7.♘f2?!

Ein Zeitverlust. Weiß sollte seine Figuren schnell ins Spiel bringen: 7.♘xf6+ ♕xf6 8.♘c3 ist eine solidere Variante.

7...♖g8!

Die Besetzung der halboffenen Linie ist die beste Lösung.

8.d4 ♗h6 9.♘c3 ♘c6 10.♘d5?

Ein schwacher Zug, der Schwarz die Öffnung der e-Linie erlaubt. Besser ist 10.♕d3!

10...♘xd5 11.exd5 ♕e7+!

Eine wichtige Verstärkung der Variante. Bisher wurde 11...♘e7 gespielt, z.B. 12.♕e2 ♖g6 bzw. 12...♔f8 mit unklarem Spiel.

12.♗e2 ♘b4 13.c4 ♗f5!

Für den Angriff opfert Schwarz seinen Springer.

14.♕a4+ ♔f8 15.♕xb4 ♖e8 16.♕d2 ♖xg2 17.♔f1 ♖g3 18.♕d1 ♗e4 19.♖h2 f5 20.♘xe4 fxe4 21.♗g4 Oder 21.♗h5 ♕g7 22.♖h1 ♖g2 23.♗xe8 ♕g3-+.

21...e3 22.♗f3

Es verliert auch 22.♕e2 ♕e4 23.♗h5 ♖e7 24.♕c2 ♕xd4-+ oder 22.♗h5 f3 23.♗xf3 ♕f6-+.

22...♕g7 23.♖h1

Auf 23.♔e2 folgt 23...♖xf3! 24.♔xf3 ♕g3+ mit schwarzem Gewinn.

Diagramm Nr.53

23...♖g2!

Ein attraktiver Schluss. Weiß gab auf wegen 24.♗xg2 e2+.

Königsgambit (54)

Fjodorow – Gyimesi

Kroatien 2001

1.e4 e5 2.f4 exf4 3.♘f3 d6

Diese Verteidigung führte Robert Fischer (1943–2008) in die Turnierpraxis ein: Der Bauer f4 soll im nächsten Zug gedeckt werden.

4.d4

Starke Alternative ist hier 4.♗c4.

4...g5 5.h4

Auf 5.♗c4 stark ist auch 5...g4 mit scharfem Spiel.

5...g4 6.♘g1

Das Springeropfer 6.♘g5 f6 7.♘h3 gxh3 8.♕h5+ ♔d7 9.♗xf4 ♕e8 ist nicht korrekt.

6...f5 7.♘c3 ♘f6 8.♗xf4 fxe4 9.d5

Das Beste. Auf 9.♕d2 folgt einfach 9...d5!

9...♗g7 10.♗c4

In der Partie Baioni–Voetter, ICCF 2004, bekam Schwarz nach 10.♕d2 0-0 11.♘ge2 ♘h5 12.♗g5 ♕e8 13.0-0-0 ♘a6 14.♗h6 ♘c5 15.♗xg7 ♔xg7 16.b4 ♘a4 17.♘xa4 ♕xa4 18.♕g5+ ♔h8 19.♕xh5 ♕xa2 20.♕h6 ♕a3+ 21.♔d2 ♕xb4+ 22.c3 ♕b2+ 23.♔e1 ♗d7 ausreichende Kompensation für die geopferte Figur.

10...♘bd7

Ein anderer Plan ist 10...0-0 11.♘ge2 ♘h5 12.♗e3 ♕e8 13.♕d2 a6 14.♗b3 ♘d7 15.0-0-0 b5 mit guten Aussichten für Schwarz, Eberl–Christow, Fernpartie 2002.

11.h5 0-0 12.h6 ♘e8

In der Begegnung Aberbach–Baroin, IECG 2001, entschied sich Schwarz für 12...♗h8, und nach weiterem 13.♖h4 ♖e8 14.♖xg4+ ♘xg4 15.♕xg4+ ♔f8 16.♕g3 ♗xc3+ 17.bxc3 ♕f6 18.♗e2 e3 19.0-0-0 ♕xc3 20.♔b1 ♖e7 21.♖f1 einigte man sich auf Remis.

13.♘ge2 ♗xc3+?!

Schwarz wollte keine Zeit verlieren und tauschte seinen wichtigen Läufer ab. Zu überlegen war jedoch 13...♗e5!?

14.bxc3 ♘e5 15.♗b3 ♘g6 16.♕d2 a5?

Dies ist ein grober Fehler. Notwendig war 16...♘xf4!, um den starken schwarzfeldrigen Läufer zu tauschen. Jetzt übernimmt Weiß völlig die Initiative.

17.♗g5! e3 18.♕xe3 ♘f6 19.0-0 ♕e8 20.♕d4 ♘h5 21.♘g3 ♖xf1+ 22.♖xf1 ♘e5 23.♘xh5 ♕xh5

Diagramm Nr.54

24.♕xe5!

Diese Damenopfer ist der logische Höhepunkt des weißen Spiels. Schwarz gab sofort auf, weil seine Stellung hoffnungslos ist: 24...dxe5 25.d6+ ♔h8 26.♖f8 matt.

Königsgambit (55)

Westerinen – Archipow

Fonyod 1983

1.e4 e5 2.f4 exf4 3.♘c3

Zum ersten Mal wurde diese höchst scharfe Fortsetzung in der Partie Mason–Rosenthal, Paris 1878, angewendet.

3...♕h4+

Eine Alternative ist 3...♘c6 z.B. 4.♘f3 g5 5.d4 g4 6.♗c4 gxf3 7.0-0

1) 7...♘xd4 8.♗xf4 (8.♕xd4? ♕g5 9.♖f2 ♗c5 10.♗xf4 ♕xg2+ 11.♖xg2 ♗xd4+ 12.♖f2 c6 13.♖d1 ♗xf2+ 14.♔xf2 ♘e7∓) 8...♗g7 9.e5 d5 10.exd6 c6 11.♕e1+ ♗e6 12.♖d1 ♕f6 13.d7+ ♔f8 (Stärker war 13...♔d8!?) 14.♗d6+ ♘e7 15.♘e4 ♕g6 16.♖f2 (16.♘g3 ♕xc2−+) 16...♗xc4 17.♗xe7+ ♔xe7 18.♕b4+ ♔d8 19.♕xb7 ♕xe4 20.♕xa8+ ♔e7 21.♕xa7 ♗d5 und Schwarz gewinnt, M.Zeitlin–Ciolac, Wattens 1992.

2) 7...d5 8.exd5 ♗g4 9.♕d2 ♘a5 10.♗b5+ c6 11.♕xf4 ♕d7? (Notwendig war 11...♘f6! 12.♖e1+ ♔d7 mit guten Verteidigungschancen.) 12.♕e5+ ♘e7 13.♘e4 0-0-0 14.♗f4 1-0, Al.David–Pinter, Frankreich 1993.

4.♔e2 ♘e7!?

Laut Theorie kann Schwarz nur nach dem energischen Gegenstoß 4...d5!? auf Erfolg hoffen, z.B. 5.♘xd5 ♗g4+ 6.♘f3 ♘c6 7.♘xc7+ ♔d8 8.♘xa8 ♘e5
1) 9.♕e1 ♘xf3 10.♕xh4+ (Nicht aber 10.gxf3?? ♗xf3+, und Weiß verliert seine Dame.) 10...♘xh4+ 11.♔e1 ♘f6 12.h3 ♗e6 13.d4 ♘xe4 14.♗xf4 ♗d6 15.♗xd6 ♘xd6 mit kompliziertem Spiel.
2) 9.h3 ♗xf3+ 10.gxf3 ♕g3=, Analyse von Estrin.

5.♘f3 ♕h5 6.d4

Auf 6.♔f2 folgt 6...g5!, und Schwarz hat bessere Chancen.

6...g5 7.♔f2 d6 8.♗e2

Nach 8.♗c4 g4 9.♘g1 ♕h4+ 10.♔f1 ♗h6 11.♘b5 ♘a6 12.♕e1 ♕f6! 13.e5 dxe5 14.dxe5 ♕c6 15.♘a3 0-0 erhält Schwarz ein ausgezeichnetes Spiel.

8...♗g7 9.♘b5

Nichts bringt 9.♘e5 ♕h6 10.♘g4 ♕g6 mit der Absicht h7-h5 und hervorragender Stellung von Schwarz.

9...♘a6 10.c3 g4 11.♘e1 ♗h6 12.♔g1 ♖g8

Weiß hat in der Eröffnungsphase keinen Vorteil errungen. Jetzt behält Schwarz schon die Oberhand.

13.h3?

Die einzige Chance, die Partie zu verlängern, bestand in 13.♕b3.

Diagramm Nr.55

13...f3!

Das Spiel ist entschieden.

14.hxg4

Oder 14.♗xh6 ♕xh6 15.♗f1 ♕e3+ 16.♔h2 g3# bzw. 14.♗f1 f2+! 15.♔xf2 g3+ mit Damengewinn. **14...f2+!**
Weiß gab auf.

Königsgambit (56)

Molander – Ornstein
Stockholm 2001

1.e4 e5 2.f4 exf4 3.♗c4 ♘f6 4.♘c3 ♗b4

Eine alte Idee, die heutzutage kaum angewendet wird. Zur Hauptvariante führt 4...c6.

5.e5

Dieser Zug bringt Schwarz keine Probleme. Stärker ist 5.♘f3!?

5...d5!

Nach diesem energischen Vorstoß im Zentrum bekommt der Nachziehende aktives Gegenspiel.

6.♗b5+

Im Falle von 6.♗b3 erwidert Schwarz 6...♘e4! z.B. 7.♘f3 c6 8.♕e2 ♗xc3 9.dxc3 g5 10.♘d2 ♗f5 11.♘xe4 ♗xe4 12.♗d2 ♘d7 13.c4 ♕e7 14.cxd5 cxd5 15.♗c3 0-0-0, und die schwarze Stellung ist vorzuziehen, Gunsberg–Capablanca, St. Petersburg 1914.

6...c6 7.exf6 cxb5 8.fxg7 ♖g8 9.♕h5

Versucht wurde auch schon 9.♕e2+ ♗e6 10.♘h3 (Nach 10.♕xb5+ ♘c6 11.♕xb7 ♖c8 12.♘f3 ♖xg7 13.0-0 ♗h3 14.♖e1+ ♔f8 15.♖e2 ♗g4 bekam Schwarz für einen Bauern starke Initiative, Castro–Karpow, Stockholm 1969.) 10...♕h4+ 11.♕f2 ♕xf2+ 12.♘xf2 ♘c6 (12...a6!?) 13.♘xb5 0-0-0 14.c3 a6 (14...♗e7!?) 15.cxb4 axb5 16.d3 ♘xb4 mit etwa gleichen Chancen.

9...♖xg7 10.♘xd5?

Keine Probleme hätte Schwarz nach 10.♕e5+ ♕e7 (10...♔f8!? ist interessant) 11.♕xe7+ mit aktivem Spiel. Es kann sein, das dies der beste Weg für Weiß war. Nach der Partiefortsetzung erhält der Nachziehende für den Bauern gefährliche Initiative.

10...♘c6 11.♘xb4 ♕e7+ 12.♔f2 ♘xb4 13.♕xb5+ ♗d7 14.♕e2 ♘xc2 15.♖b1

Der Übergang ins Endspiel wäre auch

keine Rettung: 15.♕xe7+ ♔xe7 16.♖b1 ♖ag8 17.g3 ♗c6 18.♘f3 fxg3+, und Schwarz gewinnt.

15...♗e6 16.b4 ♘d4 17.♕e4

Diagramm Nr.56

17...♖xg2+!

Dies hatte Weiß offensichtlich übersehen.

18.♔xg2

18.♕xg2 ♕h4+ 19.♔f1 ♗c4+ 20.♘e2 ♗xe2+ 21.♔g1 ♕e1+ 22.♕f1 ♕xf1#.

18...♗h3+ 19.♘xh3 ♕xe4+

Weiß gab auf.

Königsgambit (57)

Schneider – Lengyel
Budapest 1975

1.e4 e5 2.f4 d5!?

Dieses Gegengambit wurde durch den Österreicher E. Falkbeer (1819–1885) empfohlen. Eine andere Methode, das Königsgambit abzulehnen, ist 2...♗c5 z.B. 3.♘f3 d6 4.♘c3 (4.c3 ♗g4 5.h3 ♗xf3 6.♕xf3 ♘c6 7.b4 ♗b6 8.♘a3 ♘f6 9.b5 ♘e7 10.fxe5 dxe5 11.♘c4 ♘g6 12.♘xb6 axb6 13.♗c4 0–0=)

1) 4...a6 5.fxe5 (5.d3 ♘c6!) 5...dxe5 6.♘xe5 ♘f6 7.♗e2 0–0 8.♘f3 ♘c6 9.d3 ♘g4 10.♖f1 ♘xh2! 11.♘xh2 ♕h4+ 12.♔d2 ♕g5+ 0–1, Van der Vliet - Müller, London 1988.

2) 4...♘f6 5.♗c4 ♘c6 6.fxe5 (6.d3 ♗g4=) 6...dxe5 7.d3 h6 8.♘a4 ♗d6 9.0–0 ♘a5 10.♗b3 0–0 11.♕e1 ♘xb3 12.axb3 mit etwas besserer Stellung für Weiß, I. Gurewitsch–Kamsky, USA 1991.

3.exd5 e4 4.d3

Nach 4.♗b5+ c6! 5.dxc6 ♘xc6 bekommt Schwarz als Kompensation für den geopferten Bauern die bessere und aktivere Figurenentwicklung.

4...♘f6 5.♘d2

Am konsequentesten ist hier 5.dxe4! Man sehe: 5...♘xe4 6.♘f3 ♗c5 7.♕e2 ♗f5 8.♘c3 ♕e7 9.♗e3 ♗xe3 10.♕xe3 ♘xc3 11.♕xe7+ ♔xe7 12.bxc3 ♗xc2 13.♔d2 ♗a4 14.♖e1+ ♔d6 15.♘g5 ♔xd5 (15...♗e8 16.c4±) 16.♖e4 ♗e8 17.♖d4+ ♔c6 18.♗e2 ♘d7 19.♗f3+ ♔b6 20.♖b1+ ♔a5 21.♖xb7 mit weißem Vorteil, Bronstein–Waisman, Polen 1976.

5...exd3 6.♗xd3 ♘xd5 7.♕f3?

Eine fehlerhafte Entscheidung. Richtig ist 7.♕e2+!? ♗e7 (Oder 7...♕e7 8.♘e4 ♘b4 9.♗e3 ♘xd3+ 10.cxd3 ♗f5 11.♘f3 ♗xe4 12.dxe4 ♕xe4 13.0–0 ♘c6 14.♘g5 ♕e7 15.♖ac1 mit starker Initiative, Musberg–Maminski, Fernpartie 1968.) 8.♘e4 ♘c6 9.♗d2 0–0 10.0–0–0 f5 11.♗c4 b5 12.♗xd5+ ♕xd5 13.♘c3 ♕c4 14.♕xc4+ bxc4 15.♘f3 ♗b7 16.♖he1 ♖ad8 17.♘b5 ♗d6 18.♘g5 ♗c8 19.g3 ♖fe8 20.♖xe8+ ♖xe8 21.♗c3 mit weißem Vorteil, Mroczek–Peczkowski, Fernpartie 1998.

7...♘c6 8.a3 ♗c5 9.♘e4?

Ohne die Entwicklung mittels 9.♘e2 zu beenden, versucht Weiß, den ♗c5 aus der aktiven Stellung zu verdrängen. Doch Schwarz leitet sofort einen Angriff im Zentrum ein.

9...♘d4! 10.♕h5 ♗f5! 11.♗d2 g6 12.♕h6 ♕e7 13.0–0–0?

Weiß übersicht einen taktischen Schlag des Gegners. Hartnäckiger war 13.♔f1!?

13...♗xe4 14.♗xe4

Diagramm Nr.57

14...♕xe4!

Nun zeigt sich, dass Schwarz auf 15.♖e1 15...♘b3+! vorbereitet hat, z.B. 16.cxb3 (16.♔d1 ♘e3+ 17.♗xe3 0–0–0+ 18.♔e2 ♖d2+ 19.♔f1 ♕xg2 matt) 16...♘e3

17.♗xe3 ♗xe3+ mit schwarzem Gewinn. Weiß gab daher auf.

Mittelgambit (58)

Doncevic – Fries-Nielsen
1.Bundesliga 1988

1.e4 e5 2.d4 exd4 3.♕xd4
Die frühzeitige Exponierung der Dame gibt Schwarz nach 3...♘c6 gute Gegenchancen. Deshalb wird hier öfter die scharfe Fortsetzung 3.c3!? bevorzugt, die zum Nordischen Gambit führt: Siehe die nächste Partie.

3...♘c6 4.♕a4
Die Hauptvariante entsteht nach 4.♕e3 ♘f6 5.♘c3
1) 5...♗e7 6.♗d2 0–0 7.0–0–0 d5 8.exd5 ♘xd5 9.♕g3 (9.♘xd5 ♕xd5 10.♕b3 ♕xb3 11.axb3 ♗f5=) 9...♗h4 10.♕f3 ♗e6 und Schwarz hat keine Probleme.
2) 5...♗b4 6.♗d2 0–0 7.0–0–0 ♖e8 8.♗c4 d6 9.♘h3 ♘a5 10.♗d3 d5 11.♕g3 dxe4 12.♘xe4 ♗xd2+ 13.♖xd2 ♘xe4 14.♗xe4 ♕f6 mit gleichen Chancen, Analyse von Keres.

4...♘f6 5.♘c3 ♗c5 6.♗b5 0–0 7.♘f3 d6 8.♗xc6 bxc6 9.♗g5
Nach 9.♕xc6 ♗d7 10.♕a6 ♖e8 11.0–0 ♘xe4 12.♘xe4 ♖xe4 wäre die Stellung etwa ausgeglichen.

9...♖b8 10.0–0–0 h6
Aber nicht 10...♗xf2? wegen 11.e5! h6 12.♗xf6 gxf6 13.exd6 cxd6 14.♘e4 mit weißem Vorteil.

11.♗h4 ♖b4 12.♕xc6 g5 13.♕xc5 dxc5 14.♖xd8 ♖xd8 15.♘xg5 ♖d6
Nach 15...hxg5 16.♗xg5 ♖d6 17.e5 ♖db6 18.♗xf6 ♖xb2 19.♖d1 ♗f5 20.♖d2 steht Weiß besser.

16.♘f3 ♘xe4 17.a3 ♘xc3!
Nicht 17...♖c4? 18.♘b5 ♖b6 19.♘e5 ♖a4 20.b3 ♖a5 21.♘xc7 ♖xa3 22.♔b2 mit etwas besseren Chancen für Weiß.

18.axb4 ♘e2+ 19.♔b1 cxb4 20.♖e1?
Notwendig war 20.♗e7. Jetzt gewinnt der Nachziehende problemlos.

Diagramm Nr.58

20...b3! 21.♗e7
Es verlieren auch 21.♘g1 bxc2+ 22.♔xc2 ♗f5+ 23.♔b3 ♖b6+ 24.♔a2 ♗e6+ 25.♔b1 ♘f4 mit klarem Vorteil für Schwarz oder 21.cxb3 ♗f5+ 22.♔a2 ♖a6 matt.

21...♗f5!
Weiß gab auf (22.♗xd6 bxc2+ 23.♔a1 cxd6–+).

Nordisches Gambit (59)

Westphal – Brest
Porz 1987

1.e4 e5 2.d4 exd4 3.c3
Nordisches Gambit führt zu großen Verwicklungen.

3...♕e7
Die prinzipiellste Fortsetzung 3...dxc3 gibt Weiß eine gefährliche Initiative. Zum Beispiel: 4.♗c4 cxb2 5.♗xb2 d5 6.♗xd5 ♘f6 7.♘f3 (7.♗xf7+ ♔xf7 8.♕xd8 ♗b4+ 9.♕d2 ♗xd2+ 10.♘xd2 c5 mit etwa gleichen Chancen) 7...♗e7 8.0-0 0-0 9.♕b3 ♘c6 10.♖d1 ♕e8 (10...♘xd5!?) 11.♘a3 a6 12.♖ac1 ♗d8 13.♘c4 ♘e7? (13...♗e7!? war notwendig) 14.♗xf7+! ♖xf7 (14...♕xf7 15.♘g5+–) 15.♘ce5 ♘c6 16.♖xc6! bxc6 17.♘g5 ♗e7 18.♘exf7 ♔f8 19.e5 ♘d5 20.♕f3 mit starkem Angriff, Marjasin–Epstein, UdSSR 1967.

4.cxd4 ♕xe4+ 5.♗e3 ♘f6 6.♘f3 ♗b4+ 7.♘c3 ♘d5 8.♕d2 ♗xc3 9.bxc3 ♘xe3 10.fxe3 d6
Zu beachten war 10...d5!? z.B. 11.♗d3 ♕e7 12.0-0 0-0 13.♖ae1 f5 (13...♕d6? 14.e4!) 14.c4 c6 15.♕b2 ♘d7 16.cxd5 cxd5 17.♕b3 ♘f6 18.♘e5 g6 19.♖b1 b6

20.e4 fxe4 21.♗xe4 ♗b7 22.♗f3 ♖ac8 23.♖fe1 ♖fe8 24.♖e3 ♕d6 mit Ausgleich, Fedorko–Malm, IECC 1998.

11.♗d3 ♕e7 12.0-0

Weiß bekam für den geopferten Bauern einen Entwicklungsvorsprung mit guten Angriffsmöglichkeiten.

12...♘c6 13.e4 0-0 14.♘g5 f6

14...h6!? war auch möglich.

15.♗c4+ ♔h8 16.♕f4 ♗d7?

Ein grober Fehler. Notwendig war 16...♘a5!, und nach 17.♗d3 ♗d7 hätte Schwarz gute Chancen.

17.♘xh7! ♔xh7 18.♕h4+ ♔g6

Diagramm Nr.59

19.♖f5!

Dies hatte Schwarz wohl übersehen.

19...♗xf5 20.exf5+ ♔xf5 21.g4+

Zum Gewinnt führte auch 21.♕h5+! g5 22.♖f1+ ♔e4 23.♕e2 matt.

21...♔f4

21...♔e4 22.♖e1+ ♔f4 23.♖f1+ ♔e4 24.♕e1 matt.

22.♖f1+ ♔e3 23.♕e1 matt.

Läuferspiel (60)

Uschold – Wallinger
Fernpartie 1985

1.e4 e5 2.♗c4

Diese alte Eröffnung, wo Weiß im frühen Stadium der Partie den schwachen Punkt f7 angreift, wird in der gegenwärtigen Turnierpraxis selten gespielt.

2...♘f6

Nach 2...♗c5 3.c3 d5 4.♗xd5 (4.exd5 ♗xf2+ 5.♔xf2 ♕h4+ 6.g3 ♕xc4, und Schwarz hat keine Probleme) 4...♘f6 5.♕f3 0-0 6.d4 exd4 7.♗g5 dxc3 (7...♗e7!?) 8.♗xf6 c2! 9.♘c3 ♕xf6 10.♕xf6 gxf6 11.♘f3 c6 12.♗b3 f5 ist die Stellung etwa ausgeglichen.

3.d4

Ruhiger ist 3.d3 z.B. 3...c6 4.♗b3 ♘a6 5.♘f3 ♗e7 6.0-0 (6.♘xe5?? ♕a5+ und Schwarz gewinnt den weißen Springer) 6...♕c7 7.c3 0-0 8.♖e1 d6 9.♘bd2 ♘c5 10.♗c2 a5 11.♘f1 b5 12.♘g3 ♖e8 13.♘f5 ♗f8 14.♗g5 ♗xf5 15.exf5 e4 16.dxe4 ♘cxe4 17.♗f4 ♕d7 und Schwarz steht gut, Mazi–M.Sorokin, Ljubljana 1992.

3...exd4 4.♘f3 ♘xe4

Einen kleinen Vorteil erreicht Weiß nach 4...♗c5 5.0-0 (5.e5 d5!) 5...d6 6.c3 d3 7.♕xd3 ♘c6 8.♗g5 h6 9.♗h4 ♗g4 10.♘bd2 ♘e5 11.♘xe5 dxe5 12.♕g3 ♕xd2 13.♗xf6 gxf6 14.♕xg4 usw.

5.♕xd4 ♘f6 6.♗g5 ♗e7 7.♘c3 ♘c6

Möglich ist 7...c6 8.0-0-0 d5 9.♖he1 ♗e6=, Analyse von Suetin.

8.♕h4 d6

Sicherer ist 8...d5!? 9.0-0-0 ♗e6 10.♖he1 0-0 11.♗d3 h6 12.♗xh6 ♘e4! (Aber nicht 12...gxh6? 13.♕xh6 mit starkem Angriff, z.B. 13...♗d6 14.♘g5 ♗f4+ 15.♔b1 ♗xg5 16.♕xg5+ ♔h8 17.♕h6+ ♔g8 18.♖e3 und Weiß gewinnt.) 13.♕f4 ♗d6 14.♕e3 ♗c5 15.♕f4 ♗d6 mit Ausgleich.

9.0-0-0 ♗e6 10.♗d3 h6?

Diese Empfehlung von Larsen soll zum Ausgleich führen, aber die Partie zeigt, dass es nicht der Fall ist. Aus diesem Grund muss man wohl zum alten Plan greifen: 10...♕d7 z.B. 11.♗b5 0-0 12.♘d4 (12.♘e5 ♕e8!∓) 12...a6 13.♗d3 ♘e5 14.f4 ♘xd3+ 15.♖xd3 c5 16.♖g3 ♔h8 mit etwa ausgeglichener Stellung, wie die Partie Mieses–Rubinstein, Deutschland 1912, zeigte.

11.♖he1 ♕d7 12.♗b5 0-0-0 13.♕a4!

Mit der Idee 13...hxg5 14.♘d4!+−. Schwarz kann diese Drohung nicht mehr vernünftig parieren.

13...♘d5

Diagramm Nr.60

14.♖xd5! hxg5

Es verliert auch 14...♗xg5+ 15.♖xg5! hxg5 16.♘d4 ♖dg8 17.♘xc6 bxc6 18.♗xc6 ♕e7 19.♕xa7 1-0, Svensson-Tolksdorf, Fernpartie 1974.

15.♘d4!

Nach diesem starken Zug gab Schwarz die Partie auf. 15...♖h4 (15...♗xd5 16.♘xd5 ♗f6 17.♘xc6+−) folgt 16.♗xc6 ♕xc6 17.♘xc6 ♖xa4 18.♘xe7+ ♔d7 19.♘xa4 ♔xe7 20.♖xg5, und Weiß gewinnt.

Läuferspiel (61)

Pawlenko – Kirejew
Fernpartie 1980

1.e4 e5 2.♗c4 c6

Mit der Idee d7-d5.

3.♕e2

Die Theorie empfiehlt hier 3.d4 z.B. 3...♘f6 4.dxe5 ♘xe4 5.♕e2 ♘c5 6.a3 d5 7.exd6+ ♘e6 8.♘f3 ♗xd6 9.♘g5 ♕e7 10.♘xe6 ♗xe6 11.♗xe6 fxe6 12.♘d2 0-0 13.♘e4 ♗e5 14.♗g5 ♕f7 15.0-0-0 und Weiß steht aktiver, Fjodorow-Mamedjarow, Moskau 2004.

3...♘e7

Schwarz strebt weiter d7-d5 an. Schwach ist 3...♗c5? wegen 4.♗xf7+ ♔xf7 5.♕c4+ ♔e8 6.♕xc5 mit einem Mehrbauern. Aber interessant ist 3...d5!? 4.exd5 cxd5 5.♕xe5+ ♗e6 6.♗b5+ ♘c6, und für den Bauern hat Schwarz Initiative.

4.♘c3 b5

Das Gegenspiel auf dem Damenflügel ist wenig effektiv. Zu überlegen war 4...d5!? 5.exd5 cxd5 6.♗b5+ ♘bc6 7.♕xe5 ♗e6 usw.

5.♗b3 b4?

Nach diesem fehlerhaften Zug gerät Schwarz rasch in eine schwierige Lage. Besser war 5...♘g6 mit der Absicht ♗f8-f7, um die Entwicklung seines Königsflügels zu beenden.

6.♕f3

Schwach wäre 6.♕c4? wegen 6...d5! 7.♕xb4 ♘a6 8.♕a4 ♘c5 9.♕b4 ♘g6 mit guten Gegenchancen für Schwarz.

6...f6

Auf 6...d5!? würde 7.exd5 bxc3 8.dxc6 ♘bxc6 9.♕xf7+ ♔d7 10.dxc3 folgen, und Weiß hat einen starken Angriff für die geopferte Figur.

7.♕h5+ ♘g6

Oder 7...g6 8.♕h4 bzw. 8.♕f3.

8.♘f3 ♔e7

Im Fall von 8...bxc3 9.♘h4! wäre die Lage von Schwarz auch nicht besonders glücklich.

9.♘e2 ♕e8 10.d4 ♗b7 11.♗e3 ♘a6 12.♖d1 exd4?

Er sollte das Spiel mit 12...d6 geschlossen halten.

13.♘exd4 ♘e5?

Der entscheidende Fehler! Schwarz hätte noch 13...♔d8 versuchen sollen.

Diagramm Nr.61

14.♕xe5+!

Ein Damenopfer, das nicht angenommen werden darf.

14...♔d8

Wenn, so 14...fxe5 15.♗g5+ ♔d6 16.♘e6 matt.

15.♕a5+ ♔c8 16.♘xc6!

Schwarz gab auf (16...dxc6 17.♗e6+ ♕xe6 18.♖d8 matt).

Wiener Partie (62)

Leisebein – Tuchtenhagen
Fernpartie 1988

1.e4 e5 2.♘c3

Weiß nimmt den Punkt d5 unter Kontrolle und bereitet gleichzeitig den Vorstoß des f-Bauern vor.

2...♘c6

Die andere Möglichkeit ist 2...♘f6 wonach Weiß 3.♗c4 spielen kann (siehe die nächsten Partien).

3.♗c4

3.f4 exf4 4.d4 ♕h4+ 5.♔e2 ergibt das Hamppe-Algaier-Gambit, wo ein wahrlich scharfer Kampf entstehen kann, z.B. 5...d5 6.exd5 (6.♘xd5 ♗g4+ 7.♘f3 0-0-0 8.c3 f5! mit Gegenspiel) 6...♗g4+ 7.♘f3 0-0-0 8.dxc6 ♗c5 9.♕e1 ♕h5 10.cxb7+ ♔b8 11.♔d2 ♗xf3 12.gxf3 ♗xd4 13.♗d3 ♕xf3 14.♕f1 (Nach 14.♘e2 folgt 14...♘f6 mit der Drohung ♘f6–e4+.) 14...♕xb7 15.♔d1 f3 16.♗d2 ♘f6 mit kompliziertem Spiel.

3...♗c5 4.♕g4 ♕f6?

Dieser Zug führt zu großen Verwicklungen, die jedoch günstig für Weiß sind. Solider ist daher 4...g6 5.♕f3 ♘f6 6.♘ge2 d6 7.d3 ♗g4 8.♕g3 h6 9.f4 ♕e7 mit guten Aussichten für Schwarz.

5.♘d5! ♕xf2+ 6.♔d1 ♘ge7

Andere Möglichkeiten sind:

1) 6...♔f8 7.♘h3 ♕d4 8.d3 d6 9.♕h4 ♗xh3 10.♕xh3 ♕f2 11.♗d2 ♘d4 12.c3 ♕e2+ 13.♔c1 ♘e6 14.♖e1 ♕f2 15.♔c2 ♘f6 16.♖f1+–, Leisebein–Keller, Fernpartie 1988/89.

2) 6...d6 7.♕xg7 ♘d4 8.c3 (8.♕xh8?? ♗g4+ mit Matt) 8...b5 9.cxd4 bxc4 10.♘e2! (10.dxc5 ♕f1+ 11.♔c2 ♕d3+ mit Dauerschach) 10...exd4 11.♕xh8 und Gewinn für Weiß.

3) 6...♘f6 7.♕xg7 ♘xd5 8.♕xh8+ ♗f8 9.exd5 ♕xg2 10.dxc6 d6 (10...♕xh1 11.♕xe5+ ♗e7 12.♕g3 ♕xc6 13.♕g8+ 1-0, Leisebein–Andre, Fernpartie 1988) 11.cxb7 ♗g4+ (11...♗xb7 12.♕f6+–) 12.♔e1 ♕e4+ 13.♗e2 ♖b8 14.d3 ♕xh1 15.♗h6, und Weiß gewinnt, Leisebein–Fiebig, Fernpartie 1988/89.

7.♘h3 ♕d4 8.♕xg7 ♘g6 9.d3 ♗e7

Es verliert auch 9...♗f8 10.♕f6 ♗e7 11.♘xe7 ♘cxe7 12.♗xf7+ ♔d8 13.♗xg6 ♖e8 14.♗xe8 ♕d6 15.♕f8 c5 16.♗g5+–, Guner–Evrensay, Izmir 2006.

10.♖f1!

10.♘xc7+ ♔d8 11.♘xa8 wäre natürlich möglich, aber Weiß spielt auf Angriff.

10...♔d8 11.♘g5 ♖f8

Das führt zu einem drastischen Abschluss, aber es gibt keine bessere Verteidigung für Schwarz.

Diagramm Nr.62

12.♕xf8+!

Das Damenopfer führt zu schönen Mattbildern: 12...♗xf8 (12...♘xf8 13.♘xf7+ ♔e8 14.♘xc7 matt) 13.♘xf7+ ♔e8 14.♘xc7+ ♔e7 15.♗g5 matt. Schwarz gab auf.

Wiener Partie (63)

Moens – Hamer
Fernpartie 1983

1.e4 e5 2.♘c3 ♘f6 3.♗c4 ♘xe4 4.♕h5 ♘d6 5.♗b3

Die objektiv beste Fortsetzung. Nach 5.♕xe5+ ♕e7 6.♕xe7+ ♗xe7 7.♗b3 ♘f5 hat Schwarz keinerlei Schwierigkeiten.

5...♗e7

Oder 5...♘c6 6.♘b5 g6 7.♕f3 f5 8.♕d5 ♕e7 9.♘xc7+ ♔d8 10.♘xa8 b6 mit scharfer Stellung.

6.♘f3

Nach 6.♕xe5 0-0 erhält Schwarz Entwicklungsvorsprung.

6...♘c6 7.♘xe5 ♘xe5?

Ein bekannter Eröffnungsfehler. Besser ist 7...0-0 8.♘d5 ♘d4 (8...♗f6!?) 9.0-0 ♘xb3 10.axb3 ♘e8 mit etwa gleichen Chancen. In der Partie Anand–Iwantschuk, Roquebrune 1992, wurde eine neue Idee ausprobiert: 7...g6 8.♕e2 (8.♘xc6 dxc6 9.♕e5 0-0 10.0-0 ♘f5 11.♘e4 ♘d4=) 8...♘d4 9.♕d3 ♘xb3 10.axb3 ♘f5 11.0-0 d6 12.♘f3 c6 13.b4 0-0 14.b5 d5 15.bxc6 bxc6 16.♖e1 a5 17.♕e2 ♗b4 mit gutem Spiel für Schwarz.

8.♕xe5 0-0 9.♘d5 ♖e8 10.0-0 ♗f8 11.♕f4 c6 12.♘e3 ♕a5

Verlieren würde auch 12...♕e7 13.d3 ♖d8 14.♗d2 ♘e8 15.♘f5 ♕f6 16.♗c3 ♕g6 17.♘h4 ♕h5 18.g4, 1-0, Berezjuk-Kozak, Frydek Mistek 1998.

13.d3 ♕h5 14.c4 b6 15.♗d2 ♗b7 16.♗c3 ♘c8

Stärker war 16...c5, um dem ♗b7 die lange Diagonale zu öffnen.

17.c5!

Weiß möchte seinen ♗b3 aktivieren (zielt auf den Punkt f7).

17...bxc5 18.♘f5 ♘b6?

Notwendig war 18...d5!

Diagramm Nr.63

19.♘h6+!

Schwarz gab auf: 19... ♔h8 20.♘xf7+ ♔g8 21.♘d6+ ♘d5 22.♘xb7+–; 19...♕xh6 20.♕xf7+ ♔h8 21.♕g8 matt; 19...♔h8 20.♘xf7+ ♔g8 21.♘d6+ ♘d5 22.♘xb7+–; 19...gxh6 20.♕f6+–.

Wiener Partie (64)

Delekta – Dumitrache
Capelle la Grande 1992

1.e4 e5 2.♘c3 ♘f6 3.♗c4 ♗c5 4.d3 0-0

Gut ist 4...d6!? z.B. 5.f4 ♘c6 (5...♘g4? 6.f5! ♘f2 7.♕h5 g6 8.♕h6 ♘xh1 9.♗g5 f6 10.fxg6 fxg5 11.g7 ♔d7 12.♕e6+ ♔c6 13.♕d5+ ♔d7 14.♕f7+ ♔c6 15.♗b5+ ♔b6 16.♗e8! ♕xe8 17.♕b3+ ♔a6 18.gxh8♕+–) 6.f5 ♘d4 7.♘f3 c6 8.♘xd4 exd4 9.♘e2 d5 10.exd5 ♘xd5 mit annähernd gleichem Spiel, Analyse von Keres.

5.f4

5.♗g5 wird auch gespielt.

5...d5?

Dieser Versuch eines Gegenspiels findet eine elegante Widerlegung. Stärker ist 5...d6!? z.B. 6.f5 c6 7.♗g5 b5 8.♗b3 ♘bd7 mit guten Möglichkeiten für Schwarz.

6.♘xd5 ♘g4

In der Partie Gudmundsson–Moen, Fügen 2006, geschah 6...♘xd5 7.♗xd5 ♗xg1 8.♖xg1 ♕h4+ 9.g3 ♕xh2 10.♗e3 c6 11.♗b3 exf4 12.gxf4 ♕h4+ 13.♔d2 ♗e6 14.♕f3 ♘d7 15.♗d4 g6 16.♖h1 ♕g4 17.♖xh7! mit weißem Gewinn.

7.f5! ♘f2 8.♕h5 ♔h8

Oder 8...♘xh1 9.♗g5 ♕d6 (9...♕e8 10.♘f6+! gxf6 11.♗xf6+–) 10.f6 mit entscheidendem Angriff.

9.♘f3 b5

Verlieren würden auch 9...g6 10.fxg6 fxg6 11.♕xe5+ 1-0, Cheng–Walker, Kitchener 2006, oder 9...♘d7 10.♘g5+– und 9...f6 10.♘h4+–.

10.♘g5 h6

Diagramm Nr.64

11.f6!

Ein vernichtender Zug.

11...♕d7

Wenn 11...bxc4, so 12.fxg7+ ♔xg7 13.♘xf7 ♖xf7 14.♗xh6+ ♔g8 15.♕g6+ ♔h8 16.♕xf7+–.

12.fxg7+ ♔xg7 13.♘xf7!

Schwarz streckte die Waffen. Auf 13...♘g4 folgt 14.♘e7! ♖h8 (14...♕xe7 15.♗xh6+ nebst Matt) 15.♘xh8 ♕xe7 16.♕g6+ ♔xh8 17.♕g8 matt.

Wiener Partie (65)

I. Hund – Näpfer

Biel 1981

1.e4 e5 2.♘c3 ♘f6 3.♗c4 ♗b4 4.d3 0-0

Schwarz kann mit 4...c6 das Spiel schnell ausgleichen, z.B. 5.♘ge2 d5 6.exd5 cxd5 7.♗b5+ ♗d7 8.♗xd7+ ♘bxd7 9.0-0 0-0=, Rawinski–Smyslow, Moskau 1942.

5.♗g5 ♗xc3+

Eigentlich ist Schwarz nicht dazu gezwungen. In Frage kommt hier 5...h6!? 6.♗h4 (6.♗xf6 ♕xf6 7.♘ge2 c6 8.0-0 d6 9.a3 ♗a5 10.b4 ♗b6 11.a4 a5 12.b5 ♗e6=, Dimov–Organdziev, Skopje 2007) 6...d6 7.a3 ♗xc3+ 8.bxc3 c6 9.♘e2 d5 10.exd5 cxd5 11.♗b3 ♗e6 12.0-0 ♘c6=, Hegedus–Breja, Bratislava 1999, oder sogar 5...c6=.

6.bxc3 d6 7.♘e2 ♘bd7 8.♘g3 h6 9.h4!?

Ein bekanntes Motiv, die h–Linie durch Figurenopfer zu öffnen.

9...♘b6

Wahrscheinlich spielbar ist 9...hxg5!? 10.hxg5 g6! 11.gxf6 ♕xf6 12.♕d2 ♘c5 13.0-0-0 ♗e6 14.♖h6 ♕f4 15.♗xe6 ♕xd2+ 16.♔xd2 ♘xe6 17.♖dh1 ♘f4 mit Verteidigungsressourcen. Beachtung verdient auch 9...♕e8!?, um mit der Dame aus der Fesselung zu gehen.

10.♗b3 ♔h7

Zu überlegen war 10...hxg5!? 11.hxg5 ♘g4 12.♕d2 a5 mit guten Konterchancen.

11.♘h5 ♘bd7

Zu schnellem Matt führt 11...hxg5? 12.♘xf6+ gxf6 (12...♕xf6 13.hxg5+ mit Damengewinn) 13.hxg5+ ♔g7 14.♕h5 ♗h3 15.♕h6+ ♔g8 16.♕g6+ ♔h8 17.♖xh3 matt.

12.♕f3 ♔h8

12...hxg5 13.hxg5 ♔g8 14.♕h3 ♘h7 15.♘xg7 ♘df6 16.♕h6+–.

13.♖h3!

Weiß führt den Angriff mit großer Kraft. In Frage kam auch 13.♔d2!?

13...♕e7?

Der Verlustzug. Nötig war 13...hxg5! 14.hxg5 ♘h7 15.♘xg7 ♕xg5! (15...♔xg7?? 16.♖xh7+! ♔xh7 17.♕h5+ ♔g8 18.0-0-0+–) 16.♘e8 ♘c5 (Spielbar ist auch 16...♖xe8!? 17.♕xf7 ♘df6 18.♖xh7+ ♘xh7 19.♕xe8+ ♔g7 20.♕f7+ ♔h8 usw.) 17.♖h1 f5! (17...♗g4? 18.♘f6!+–) 18.♘xc7 ♖b8, und Schwarz sollte seine Stellung problemlos verteidigen.

14.♕e3 ♕e8

Oder 14...hxg5 15.hxg5 ♘h7 16.♘g3 g6 17.♔e2 ♔g7 18.♘f5+! gxf5 19.♖xh7+! ♔xh7 20.♕h3+ ♔g7 21.♕h6+ ♔g8 22.♕g6+ ♔h8 23.♖h1 matt.

Diagramm Nr.65

15.♗xh6!

Ein Signal zum entscheidenden Angriff.

15...♘xh5 16.♗xg7+! ♘xg7

16...♔xg7 17.♕g5+ ♔h7 18.♕xh5+ ♔g7 19.♖g3+ ♔f6 20.♕g5 matt.

17.♕h6+ ♔g8 18.♖g3

Schwarz gab auf.

Halboffene Spiele

Wen Schwarz den Zug 1.e4 anders als mit 1...e5 beantwortet, sprechen wir von halboffenen Spielen. Solche Eröffnungen können auch ohne Gambitcharakter sehr schnell an Schärfe gewinnen, weil sich asymmetrische Stellungen ergeben und somit jeder der beiden Kontrahenten an einem anderen Brettabschnitt aktiv wird. Halboffene Spiele haben erst im vergangenen 20. Jahrhundert, das auch auf dem Gebiet des Schachs zunehmend von dynamischen Wertvorstellungen geprägt war, entscheidend an Beliebtheit gewonnen. Dies betrifft vor allem die Sizilianische und die Französische Verteidigung.

Sizilianische Verteidigung (66)

P. Bücker – Koch
Münster 1989

1.e4 c5 2.b3

Eine seltene Variante, aber nicht ohne Gift.

2...d6

Die andere Möglichkeit ist 2...e6 z.B. 3.♗b2 ♘c6 4.♘f3 (4.f4!?) 4...d6 5.d4 cxd4 6.♘xd4 ♘f6 7.♘xc6 (7.♗d3 ♗d7 8.0-0 ♘e5 9.c4 ♘xd3 10.♕xd3 ♗e7 11.♘c3 a6 mit beiderseitigen Chancen, Nei–Knaak, Tallinn 1979) 7...bxc6 8.e5 dxe5 9.♕xd8+ ♔xd8 10.♗xe5 ♘g4 11.♗g3 ♗b4+ 12.c3 ♗a5 13.♗e2 ♘h6 14.♗f3 ♗d7 mit Ausgleich, Fleichanderl–Telbis, Fernpartie 1990-92.

3.♗b2 e6 4.♘f3 ♘f6

Auf 4...♘c6 folgt 5.♗b5!

5.e5 dxe5 6.♘xe5 ♘bd7 7.f4 ♕c7

7...♗e7 nebst 0-0 sieht besser aus.

8.♗d3 b6 9.♘a3 ♗b7 10.0-0 ♗e7 11.♘b5 ♕b8

Auf 11...♕c8 ist 12.f5! sehr stark.

12.♕e2 a6 13.♘a3 b5 14.♖ae1

Droht 15.♘xf7! ♔xf7 16.♕xe6+ mit Gewinn.

14...0-0?

Das kleinere Übel war 14...♕d6!?, und Schwarz konnte sich mit Sicherheit noch verteidigen. Auf den Textzug folgt eine schöne Kombination nach klassischem Muster.

Diagramm Nr.66

15.♘xd7 ♘xd7 16.♗xh7+! ♔xh7 17.♕h5+ ♔g8 18.♗xg7! ♔xg7

Andere Erwiderungen helfen auch nicht mehr: 18...f6 19.♗h6 ♖f7 20.♕g6+ ♔h8 21.♕xf7+–; 18...f5 19.♖xe6 ♗f6 (19...♘f6 20.♗xf6 ♗xf6 21.♕g6+ ♗g7 22.♖e7+–) 20.♕g6 ♗xg7 21.♖e7+–.

19.♕g4+ ♔h8 20.♖e3 ♗xg2 21.♖g3!

Schwarz gab auf, da es keine Verteidigung gegen die doppelte Mattdrohung 22.♕g7 und 22.♕h5 gibt.

Sizilianische Verteidigung (67)

Stoltefuss – Komljenovic
Münster 1989

1.e4 c5 2.d4 cxd4 3.c3

Die Idee des Morra-Gambits ist, mit einem Bauernopfer ein Tempo zu gewinnen und auf der d- sowie der c-Linie Druck gegen die schwarze Stellung auszuüben.

3...dxc3

Mit 3...d3 kann Schwarz das Bauernopfer ablehnen.

4.♘xc3 ♘c6 5.♘f3 e6

Nach 5...g6 6.♗c4 ♗g7 7.0-0 d6 8.♕e2 ♘f6 9.h3 0-0 10.♖d1 hat Weiß für den Bauern ein aktives Spiel.

6.♗c4 d6

Zur überlegen ist der Plan 6...a6 7.0-0 ♘ge7!? z.B. 8.♗g5 f6 9.♗e3 b5 10.♗b3 ♗b7 11.♕e2 ♘a5 mit guten Chancen für Schwarz.

7.0-0 ♘f6 8.♕e2 ♗d7

Gut ist 8...♗e7 9.♖d1 e5 10.h3 0-0 11.♗e3 ♗e6 12.♗xe6 fxe6 mit gleichen Perspektiven, Panella–Pantaleoni, Fernpartie 1992/93.

9.♖d1 ♕b8 10.♗g5 ♗e7 11.♘b5

Andere Möglichkeiten für Weiß sind:

1) 11.♖d2 ♘e5 12.♘xe5 dxe5 13.♘b5 a6 14.♗xf6 gxf6 15.♘c3 ♕c7 16.♖ad1 ♖d8 17.♗b3 ♗c5 18.♕h5 ♔e7, und Schwarz hat keine Probleme, Kripp–Klein, Weilburg 1998.

2) 11.♖ac1 a6 12.a3 ♘e5 13.♘xe5 dxe5 14.♗xf6 ♗xf6, und nun bringt 15.♘b5 axb5 16.♗xb5 ♗c6 17.♖xc6 bxc6 18.♗xc6+ ♔f8 19.♗xa8 ♕xa8 20.♕f3 ♔e7 21.♕c3 ♖c8 22.♕d2 ♔f8 23.♕e3 ♖c4 24.♖e1 ♕c6 25.g3 ♗d8 nichts ein. Schwarz steht auf Gewinn, Hedke–Rabiega, Deutschland 1990.

3) 11.♕d2 0-0 12.♗xf6 ♗xf6 13.♘b5 ♘e5 14.♘xd6 ♗c6 15.♗e2 ♖d8 16.♕b4 ♘xf3+ 17.gxf3 ♗e5 18.♘c4 ♗xh2+ 19.♔g2 ♗f4 20.♖h1 ♖d7 21.♕c5 ♕d8 22.♕h5 ♕g5+ 23.♕xg5 ♗xg5 24.♘e5 ♖d2 25.♘xc6 ♖xe2-+, Sadilek–Hellmayr, Aschach 2003.

11...0-0?!

Äußerst optimistisch. Schwarz hofft, dass der weiße Angriff am Königsflügel nicht schnell genug organisiert werden kann. Es sollte besser 11...a6 geschehen.

12.♗xf6 gxf6

Die Schwächung der Königsstellung wird durch Weiß gleich ausgenutzt. Stärker war deshalb 12...♗xf6!? 13.♘xd6 ♘e5 14.♖d2 ♗c6 mit aktivem Spiel.

13.♖d3 ♘a5?

Nach der Partie wurde 13...♖c8!? vorgeschlagen, um bei Bedarf ♗e7–f8–g7 spielen zu können.

Diagramm Nr.67

14.♘e5!

Der Anziehende räumt damit die dritte Reihe für den Turm und blockiert den Bauern e6.

14...fxe5

Praktisch erzwungen. Es drohte 15.♕g4+ ♔h8 16.♖g3 ♖g8 17.♘xf7 matt.

15.♕h5 ♖c8

Der schwarze König braucht mehr Luft: 15...♗c6 16.♖e1 ♘xc4 17.♖g3+ ♔h8 18.♖h3+– oder 15...♗f6 16.♖g3+ ♔h8 17.♖h3+–.

16.♖g3+ ♗g5

Der Läufer reserviert das Feld e7 für seinen König. Nach 16...♔f8 geschieht 17.♕h6+ ♔e8 18.♖g8+ ♗f8 19.♕xf8 matt oder 16...♔h8 17.♖h3, und Schwarz wird umgehend mattgesetzt.

17.♕xg5+ ♔f8 18.♕f6 ♗xb5 19.♖g7 ♕c7 20.♖xh7 ♔e8 21.♖h8+ ♔d7

Schwarz gab gleichzeitig auf (22.♗xb5+ ♘c6 23.♕xf7 matt).

Sizilianische Verteidigung (68)

Röder – Heinbuch

1.Bundesliga 1982

1.e4 c5 2.c3

Dieser alte, auf Simon Alapin (1856-1923) zurückgehende Zug erfreut sich in den letzten Jahren steigender Beliebtheit. Sein strategisches Ziel besteht darin, nach 3.d4 ein starkes Zentrum zu errichten.

2...d5
Die Alternativen werden in den nächsten Partien erörtert.
3.exd5 ♕xd5 4.d4 e6
Schwarz versperrt seinem Läufer den Weg. Andere Möglichkeiten sind:
1) 4...♘f6 5.♘f3 (5.♗e3 cxd4 6.cxd4 ♗g4 7.♘c3 ♗xd1 8.♘xd5 ♘xd5 9.♔xd1 e6 10.♘f3 ♘d7 11.♗d3 ♗d6=, Motwani–Charlow, Gausdal 1992) 5...♗g4 6.♗e2 e6 7.h3 ♗h5 8.c4 ♕d7 9.d5 exd5 10.g4 ♗g6 11.♘e5 ♕e6 12.♘xg6 hxg6 13.g5 ♘e4 14.cxd5 ♕f5 und Schwarz bekam genug Gegenspiel im Endspiel, Rosentalis–Loginow, Manila 1992.
2) 4...♘c6 5.dxc5 ♕xd1+ 6.♔xd1 e5 7.b4 a5 8.♗b5 ♗d7 9.♘f3 f6 10.♗d2 ♘ge7 11.♖e1 axb4 12.cxb4 ♘d5 13.♗xc6 ♗xc6 14.♔c1 ♔f7 15.a3 b6 mit aktivem Spiel für Schwarz im Endspiel, Sweschnikow–Raschkowski, Moskau 1992.
5.♘f3 ♘f6 6.♗d3 cxd4
Danach erhält Weiß einen isolierten d-Bauern, gewinnt aber mit ♘b1-c3 ein wichtiges Tempo. Schwarz kann einen anderen Entwicklungsplan wählen: 6...♗e7 z.B. 7.0-0 0-0 8.c4 ♕d8 9.dxc5 ♗xc5 10.♕e2 ♘bd7 11.♘c3 b6 12.♗g5 ♗b7 mit beiderseitigen Perspektiven.
7.cxd4 ♗e7 8.♘c3 ♕d8
Gespielt wurde auch 8...♕d6 9.0-0 0-0 10.♘b5 ♕d8 11.♗f4 ♘c6 12.♘c7 ♖b8 13.♘b5 mit Remis, Teske–Vogt, Stralsund 1988.
9.♗g5 ♘c6 10.♖c1!?
Eine interessante Idee. Der Anziehende will die Rochade zunächst unterlassen, um sich Angriffsmöglichkeiten am Königsflügel vorzubehalten.
10...0-0
Nicht spielbar ist natürlich 10...♘xd4?? 11.♘xd4 ♕xd4 12.♗b5+ mit Damenverlust. Aber 10...♘d5!? wäre angebracht, um sich unverzüglich vom weißen Figurendruck zu befreien.
11.h4!? ♖e8 12.♗b1 h6 13.a3!?
Eine mutige Entscheidung, doch das ist die Konsequenz des weißen Entschlusses. Zu gleichem Spiel führte 13.♗e3.
13...hxg5 14.hxg5 ♘d5??
Richtig war 14...♘g4! oder 14...g6!? 15.gxf6 ♗xf6 mit guten Verteidigungschancen, da der Fianchettoläufer hervorragend am Königsflügel wirken konnte. Nach dem Textzug folgt eine vernichtende Kombination.

Diagramm Nr.68

15.♘e5! ♘xe5
Schwarz hat nichts Besseres:
1) 15...♘f4 16.♕g4 ♗d6 (16...♕xd4 17.♖h8+! ♔xh8 18.♕h4+ ♔g8 19.♕h7+ ♔f8 20.♕h8#) 17.♕xf4 ♗xe5 18.dxe5 ♕d4 19.♕xd4 ♘xd4 20.♘e4+−.
2) 15...♗xg5 16.♕h5 ♗h6 17.♕xf7+ ♔h8 18.♖xh6+! gxh6 19.♕h7 matt.
3) 15...g6 16.♘xf7! ♔xf7 (16...♘xc3 17.♕c2+−) 17.♗xg6+! ♔xg6 (17...♔g8 18.♖h8+! ♔xh8 19.♕h5+ mit Matt) 18.♕h5+ ♔f5 (18...♔g7 19.♕h7+ ♔f8 20.♕h8+ ♔f7 21.♖h7+ ♔g6 22.♖g7+ ♔f5 23.♕h3+ ♔f4 24.♕f3 matt) 19.g4+ ♔f4 20.♘e2+ ♔e4 21.♕h7+ ♔f3 22.♖h3+ ♔xg4 23.♖g3 matt.
16.♖h8+!
Schwarz gab auf wegen 16...♔xh8 17.♕h5+ ♔g8 18.♕h7+ ♔f8 19.♕h8 matt.

Sizilianische Verteidigung (69)

Sweschnikow – Zeschkowski
Frunse 1981

1.e4 c5 2.c3 d6
Die Idee dieses Zuges besteht darin, das Vertreiben des schwarzen Sprin-

gers auf f6 durch e4–e5 zu verhindern. Danach greift er mit ♘g8–f6 den Punkt e4 an und verhindert so die harmonische Entwicklung der weißen Figuren.

3.d4 ♘f6 4.dxc5 ♘c6 5.♗c4

Zu scharfem Spiel führt 5.cxd6 ♘xe4 6.dxe7 ♕xd1+ 7.♔xd1 ♗xe7 (Möglich ist auch 7...♘xf2+!? 8.♔e1 ♘xh1 9.exf8♕+ ♖xf8 usw.) 8.♗e3 ♗f5 9.♘f3 (Zu beachten war 9.♗b5!? 0-0-0+ 10.♔e2 usw.) 9...0-0-0+ 10.♘bd2 a6 11.♗c4 ♗c5 12.♔e2 ♗xe3 13.♘xe4? (13.fxe3 war notwendig) 13...♗a7! 14.♘g3 ♖he8+ 15.♔f1 ♗g4 16.♗xf7 ♖e7 17.♗b3 ♗xf3 18.gxf3 ♖d2 19.♘e4 ♖xe4! 20.fxe4 ♖xf2+ 21.♔e1 ♘e5 22.♔d1 ♗e3 und Weiß gab sich geschlagen, Mohlfeld–Grooten, Ramsgate 1983.

5...♘xe4! 6.♗xf7+ ♔xf7 7.♕d5+

In der Partie Daniljuk–Karasjew, St. Petersburg 1992, folgte: 7.♕h5+ ♔g8 8.♕d5+ e6 9.♕xe4 d5 10.♕e3 d4 (10...b6!? scheint besser zu sein) 11.♕e4 ♕d5 12.♕xd5 exd5 13.♘f3 dxc3 (13...♗xc5!?) 14.♘xc3 d4 15.♘e4 ♗g4? (Stärker ist 15...♗f5!?) 16.0-0 ♖e8 17.♖e1 mit Vorteil für Weiß.

7...e6 8.♕xe4 d5 9.♕f3+ ♔g8

Stark ist auch 9...♕f6!?

10.♗e3 b6!

Schwarz opfert einen Bauern, um Linien für den Angriff zu öffnen.

11.cxb6 axb6 12.♕d1

Schlecht ist 12.♘e2 ♘e5 13.♕g3 ♘d3+ 14.♔f1 ♘xb2 15.♘d2 ♗a6 16.♕g4 ♕e8 17.♔g1 h5 18.♕f3 ♕f7 19.♘f4 ♘c4 20.♘xc4 ♗xc4 21.♕g3 ♗d6 22.♕g6 ♖h6 23.♕xf7+ ♔xf7 24.♘h3 ♖f6 25.♗xb6 ♖xa2 mit schwierigem Endspiel für Weiß, Angelow–Tscheparinow, Borowez 2002.

12...♗c5 13.♘e2?

Erst sollte man auf c5 schlagen, um dann 14.♘e2 zu ziehen: 13.♗xc5 bxc5 14.♘e2 h5 15.0-0 h4 16.♘d2 ♘e5 17.♘f4 ♕f6 18.♘h3 ♘d3 19.♕c2 ♕g6 20.♕b3, und Weiß hat die Partie später gewonnen, Mutafow–Bratanow, Bulgarien 2004.

13...♗xe3 14.fxe3 ♕h4+ 15.♘g3 ♗a6!

Jetzt kann der Monarch nicht mehr rochieren.

16.♘a3 h5 17.♕b3 ♕g4!

Der Bauer b6 hat keine praktische Bedeutung, der Angriff ist wichtiger.

18.♕xb6 ♘e5 19.♕d4 h4

Eine starke Alternative ist 19...♕g5!?

20.♕xe5?

Notwendig war 20.♕xg4!? ♘xg4 21.♘e2 ♘xe3 22.♔d2 ♘xg2 23.♘c2, und der Kampf würde noch andauern. Der Textzug verliert sofort.

20...hxg3 21.c4 dxc4 22.h3

Zum Verlust führte auch 22.♕f4 ♕xf4 23.exf4 c3 24.0-0-0 cxb2+ 25.♔xb2 ♖b8+ 26.♔a1 gxh2 27.♖d2 ♗b7 28.♖b2 ♔f7 usw.

Diagramm Nr.69

22...c3!

Der entscheidende Schlag.

23.♘b5 cxb2 24.♕xb2

Oder 24.hxg4 ♖xh1+ 25.♔d2 bxa1♕-+.

24...♕g5 25.a4 ♗xb5, und Weiß gab sich geschlagen wegen 26.axb5 ♕xe3+ 27.♔d1 ♖d8+ 28.♔c2 ♕d3+ 29.♔c1 ♖c8+ nebst Matt.

Sizilianische Verteidigung (70)

Zysk – Hölzl

Budapest 1988

1.♘f3 c5 2.e4 d6 3.c3 ♘f6 4.h3 ♘c6

Natürlich nicht 4...♘xe4?? wegen 5.♕a4+, und Schwarz verliert seinen Springer.

5.♗d3 d5

Anstelle dieses zweiten Zugs mit dem d–Bauern sollte Schwarz mit 5...e5!? fortsetzen.

6.exd5 ♕xd5 7.♕e2 ♗f5

Schauen wir andere Möglichkeiten für Schwarz an:

1) 7...g6 8.♗c4 ♕d6 9.d4 cxd4 10.0-0 ♗g7 11.cxd4 0-0 12.♘c3 ♘a5 13.♗d3 ♗e6 14.♘b5 ♕d8 15.♗f4 ♘d5=, Jacobs–Izoria, New York 2006.

2) 7...h6 8.0-0 ♗f5 9.♗xf5 ♕xf5 10.♕b5 0-0-0 11.d4 e5 12.dxe5 ♘xe5 13.♘xe5 ♕xe5 14.♘d2 ♗d6 15.♘f3 ♕h5 16.b4 a6 17.♕a4 ♘e4 18.bxc5 ♘xc5 19.♕c2 ♖he8 20.♗e3 ♖e6 mit befriedigendem Spiel für Schwarz, Soderberg–Hedman, Stockholm 2008.

8.♗c4 ♕d6 9.0-0 ♖d8

Angebracht war die weitere Entwicklung mit 9...e6 10.d4 cxd4 11.♘xd4 ♘xd4 12.cxd4 ♗e7 13.♗b5+ ♘d7 14.♕f3 ♕d5 15.♕xd5 exd5 16.g4 ♗e6 17.f4 f5 18.♖e1 ♔f7 19.♘c3 ♘f6 20.gxf5 ♗xf5 21.♘xd5 ♘xd5 22.♗c4 ♖ad8 23.♖e5 ♗xh3 24.♗xd5+ ♔f6 und gleichem Endspiel, Werner–Vigorito, Budapest 2003.

10.d4! cxd4

Die Öffnung des Spiels ist natürlich günstiger für Weiß, da der schwarze König noch im Zentrum steht. Noch immer bot sich allerdings 10...e6!? an.

11.♘xd4 ♘xd4 12.cxd4 a6 13.♘c3 b5 14.♗b3 e6 15.d5! ♗e7 16.♖e1 b4 17.dxe6 bxc3?

17...fxe6!? war wohl noch die beste Lösung.

18.exf7+ ♔f8 19.bxc3 ♗d3?

Der letzte Fehler. Schwarz musste schon den ♗e7 mit 19...♖d7!? überdecken, obgleich der weiße Angriff mit 20.a4! und ♗c1-a3 weiter rollt.

Diagramm Nr.70

20.♕xe7+! ♕xe7 21.♖xe7 ♔xe7 22.♗a3+ ♔d7 23.♖d1 ♔c7 24.♗e7

Weiß gewinnt nun Material, z.B. 24...♖d7 (24...♖c8 25.f8♕ ♖hxf8 26.♗xf8 ♖xf8 27.♖xd3+−) 25.f8♕ usw. Schwarz gab auf.

Sizilianische Verteidigung (71)

Sibarevic – Pavlov
Pernik 1988

1.e4 c5 2.♘f3 ♘c6 3.c3 ♘f6 4.e5 ♘d5 5.d4 cxd4 6.♗c4 ♘b6 7.♗b3 d5 8.exd6 dxc3

Die Annahme des weißen Bauernopfers verschärft das Spiel erheblich. Solider ist wohl 8...♕xd6!?, z.B. 9.0-0 ♗e6 10.♘a3 ♗xb3 11.♕xb3 e6 12.♖d1 ♕d5 13.♘b5 0-0-0 14.♘xa7+ ♘xa7 15.♕xb6 ♗c5 16.♕a5 ♘c6 17.♕a8+ ♔c7, und Schwarz kann auf Ausgleich hoffen, Blatny–Kotronias, Debrecen 1992.

9.♘xc3 exd6 10.♘g5 d5 11.♘xd5

Interessanter wäre es, den Angriff unter Bauernopfer wie folgt vorzutragen: 11.0-0!? ♗e7 12.♕h5 g6 13.♕h6 ♗e6 14.♖e1 ♕d7 15.♗f4 usw.

11...♘xd5 12.♗xd5!?

Eine etwa ausgeglichene Stellung ergibt sich nach 12.♕xd5 ♕xd5 13.♗xd5 ♘d8 14.0-0 ♗e7 15.♖e1 h6 16.♘e4 ♗e6=. Weiß verzichtet auf die Rochade mit dem Ziel, um Initiative zu kämpfen.

12...♗b4+ 13.♔f1 0-0 14.♕h5 ♗f5 15.♗xf7+ ♔h8

Das Bauernopfer erlaubt dem Nachziehenden einen Gegenangriff (auf den Punkt f2).

16.♗e3 ♕d3+ 17.♔g1 ♘d4 18.♗xd4 ♕xd4 19.h4 ♗g6??

Nach 19...♗c5! 20.♖f1 h6 hätte Schwarz gute Angriffsmöglichkeiten. Er übersicht jedoch diese Möglichkeit und auch die hübsche Kombination des Weißen.

Diagramm Nr.71

20.♕xg6!! hxg6 21.h5!

Plötzlich wird der ♖h1 ins Spiel eingeschaltet.

21...♖xf7 22.hxg6+ ♔g8 23.gxf7+ ♔f8 24.♘e6+

Die Springergabel entscheidet. Schwarz gab auf.

Sizilianische Verteidigung (72)

Unzicker – Sarapu
Siegen 1970

1.e4 c5 2.♘f3 ♘f6

Dieses System wurde durch die Großmeister Nimzowitsch und Rubinstein (1882–1961) in die Praxis eingeführt.

3.e5 ♘d5 4.♘c3

Eine andere Variante entsteht nach 4.c3 oder 4.d4.

4...e6

Nach 4...♘xc3 5.dxc3 ♘c6 6.♗f4 h6 7.♕e2 ♕c7 8.0-0-0 hat Weiß bessere Perspektiven.

5.♘xd5

Hier wird auch 5.♘e4!? gespielt.

5...exd5 6.d4 ♘c6

Diese Gambitfortsetzung mit dem Ziel eines Entwicklungsvorsprungs ist die Hauptidee der schwarzen Strategie. Zu passivem Spiel führt 6...d6.

7.dxc5 ♗xc5 8.♕xd5 ♕b6

Eine scharfe Stellung entsteht nach 8...d6 9.exd6 ♕b6 10.♗c4 ♗xf2+ 11.♔e2 0-0 usw.

9.♗c4!

Weiß gibt den Bauern zurück und erarbeitet sich damit gleichzeitig einen Entwicklungsvorsprung. Falls 9.♕d2, so geschieht 9...0-0 10.♗d3 d6 11.exd6 ♖e8+ mit gefährlicher schwarzer Initiative.

9...♗xf2+ 10.♔e2 0-0 11.♖f1 ♗c5 12.♘g5

Weiß hat Druck auf der f-Linie.

12...♘d4+

12...d6? verliert wegen 13.♖xf7 ♗g4+ 14.♖f3+ ♔h8 15.♕g8+! ♖xg8 16.♘f7 matt.

13.♔d1 ♘e6 14.♘e4 d6 15.exd6 ♗xd6?

Das ist ein schwerer Fehler. Schwarz musste hier mit 15...♗d7! fortsetzen, was ihm ein ausgeglichenes Spiel garantiert, z.B. 16.♘xc5 ♘xc5 17.♗e3 ♗e6 18.♕xc5 ♕xc5 19.♗xc5 ♗xc4 20.♖f4 ♗b5 21.♔d2 ♖fc8 22.♗a3 ♖e8 23.c4 ♗c6 24.♖af1 f6 25.g4 ♖e5, und die Stellung mit ungleichfarbigen Läufer ist für Weiß nicht zu gewinnen, wie die Partie Teske–Bartsch, Forchheim 2003, zeigte. Eine andere starke Möglichkeit ist auch 15...♖d8!, z.B. 16.♕h5 ♗xd6 17.♗d3 (17.♖xf7 ♗e5+ 18.♗d2 ♕xb2 19.♖c1 ♕d4=) 17...f5 18.♖xf5 ♕g1+ 19.♖f1 ♕xh2 20.♕xh2 ♗xh2 21.♘g5 (21.g3 ♘d4 22.♗g5 ♗g4+ 23.♔d2 ♖d7=) 21...♘xg5 22.♗xg5 ♗g4+ 23.♔d2 ♖d7 mit gleichem Endspiel, Analyse von Boleslawski.

16.♘xd6 ♖d8 17.♗f4 ♘xf4

Andere Erwiderungen verlieren auch: 17...h6 18.♗e5 ♘g5 19.♖xf7 ♗e6 20.♖xg7+ ♔f8 21.♖xb7 ♕g1+ 22.♔e2 ♗g4+ (22...♗xd5 23.♗g7+ ♔g8 24.♗xd5+ ♔h7 25.♖xg1 ♖xd6 26.♗e5+ mit Gewinn) 23.♔d3 ♗f5+ 24.♔c3 ♕e3+ 25.♔b4 a5+ 26.♔b5 ♗d7+ 27.♖xd7 ♖ab8+ 28.♘b7 ♖xd7 29.♖f1+ 1-0, Zaretdinow–Pugatschewski, UdSSR 1977. Oder 17...♗d7 18.♔c1 ♗e8 19.♕e5 ♘xf4 20.♘xe8 ♖xe8 21.♕xf4 ♖e7 22.♗xf7+ ♔h8 23.♗c4 ♖ee8 24.b3 ♕c5

25.♔b2 b5 26.♗d3 ♖f8 27.♕e4 mit weißem Gewinn, Gorbatenko–Dorofijew, Charkow 2004.

18.♕xf7+ ♔h8

Diagramm Nr.72

19.♕g8+!!

Schwarz gab auf wegen 19...♖xg8 20.♘f7 und ersticktes Matt, das schon seit dem Mittelalter bekannt ist.

Sizilianische Verteidigung (73)

Wasjukow – Velimirovic
Tbilissi 1973

1.e4 c5 2.♘f3 ♘c6 3.♗b5

Diese Idee führte Simon Winawer (1838–1919) in die Turnierpraxis ein.

3...e6

3...g6 siehe die nächste Partie.

4.♗xc6

Mit dem Ziel, die schwarze Bauernstruktur zu schwächen. Öfter wird hier jedoch 4.0-0 gespielt, z.B.; 4.0-0 ♘ge7 5.c3 (5.♘c3!?) 5...d5 6.exd5 ♕xd5 7.♖e1 ♗d7 8.♘a3 ♘g6 9.♗f1 ♗e7 (9...♖c8!?) 10.d4 cxd4 11.♘b5 0-0-0 mit scharfer Stellung, Tschechow–Sweschnikow, Podolsk 1992.

4...bxc6 5.0-0 ♕c7

Der gewählte Plan ist zu passiv und wird deshalb von der Theorie nicht empfohlen. Besser ist 5...♘e7! nebst ♘e7–g6, ♗f8–e7, 0-0 usw.

6.d3 d6 7.♘c3 ♘f6 8.♕e2 e5 9.♘h4!

Mit dem Plan f2–f4.

9...g6

Ein anderer Plan ist 9...♗e7 10.f4 exf4 11.♗xf4 0-0 mit kleinem Vorteil von Weiß, der nach ♗f4–g3 und ♘h4–f5 Druck auf der f-Linie hätte.

10.f4 exf4 11.e5

Solider war 11.♗xf4!

11...dxe5 12.♗xf4 ♘d7 13.♖ae1 ♗g7 14.♘f3 f6 15.♘e4 0-0 16.♗e3

Weiß steht aktiver, aber Schwarz hat noch alles unter Kontrolle.

16...♖e8 17.g4!?

Nach 17.♘xc5 ♘xc5 18.♗xc5 ♕a5 19.♗a3 ♗e6 hätte Schwarz für den Bauern ein aktives Spiel. Deshalb entschied sich Wasjukow für einen Königsangriff.

17...f5

In Frage kam 17...♘f8!? 18.♘fd2 f5 19.gxf5 gxf5 mit beiderseitigen Chancen.

18.gxf5 gxf5 19.♘fg5!

Es entstand eine scharfe Stellung.

19...♘f6?

Nun übernimmt Schwarz völlig die Initiative. Schwach wäre 19...h6? 20.♕h5 ♖e7 21.♖xf5 hxg5 (21...♘f8 22.♖xf8+! ♔xf8 23.♖f1+ ♔g8 24.♕g6 hxg5 25.♘f6+ ♔f8 26.♘h7+ ♔g8 27.♖f8 matt) 22.♕g6 ♕d8 23.♘xg5 ♘f8 24.♖xf8+ ♔xf8 25.♖f1+ ♔g8 26.♕h7 matt, aber nach dem richtigem 19...♘f8! 20.♕h5 ♖e7 21.♗xc5 h6! 22.♘g3 hxg5 23.♗xe7 ♕xe7 24.♘xf5 ♗xf5 25.♖xf5 ♘e6 hätte der Nachziehende gute Verteidigungsmöglichkeiten.

20.♘xf6+ ♗xf6 21.♕h5 ♖e7

Diagramm Nr.73

22.♘xh7!

Eine große Überraschung!

22...♖g7+

Der Springer war tabu: 22...♖xh7 23.♕e8+ ♔g7 24.♖e2 ♖h4 25.♖g2+ ♖g4 26.♖xg4+ fxg4 27.♗h6+! ♔xh6 28.♖xf6+ nebst Matt.

23.♔h1 ♕f7

Oder 23...♖xh7 24.♕e8+ ♔g7 25.♖g1+ mit schnellem Matt.

24.♘xf6+ ♕xf6 25.♖g1
Schwarz gab auf. Nach 25...♗e6 26.♖xg7+ ♕xg7 27.c4 ♗f7 28.♕xf5 ♗g6 29.♕e6+ ♕f7 30.♕xc6 steht Weiß auf Gewinn.

Sizilianische Verteidigung (74)

J. Polgar – Angelowa
Thessaloniki 1988

1.e4 c5 2.♘f3 ♘c6 3.♗b5 g6 4.0-0
Weiß kann auch 4.c3 wählen, z.B. 4...♘f6 5.e5 ♘d5 6.0-0 ♗g7 7.d4 usw.
4...♗g7 5.c3 e5
Die Theorie rät hier 5...♘f6 6.♖e1 0-0 7.d4 d5 (7...cxd4 8.cxd4 d5 9.e5 ♘e4 10.♗xc6 bxc6 11.♘bd2 c5!=) 8.exd5 ♕xd5 9.c4 ♕d6 10.dxc5 ♕xd1 11.♖xd1 ♘e4 12.♗xc6 bxc6 13.♘a3 ♗g4 14.♘c2 ♘xc5 mit Ausgleich, Torre–Kotronias, Manila 1992.
6.d4 exd4
Ein wertvolles Spiel hat Schwarz nach 6...cxd4 7.cxd4 exd4 8.♗f4 ♘ge7 9.♗d6 0-0 10.♘bd2 ♖e8 11.♘b3 a6 12.♗e2 b6 13.♘fxd4 ♗b7 usw.
7.cxd4 ♘xd4
Laut Theorie ist 7...cxd4!? stärker.
8.♘xd4 cxd4
Nach 8...♗xd4 9.♘c3 wäre die schwarze Stellung zu löchrig.
9.e5 ♘e7
Nicht aber 9...♗xe5?? 10.♖e1+–.
10.♗g5
10.♕xd4 0-0 11.♘c3 ♘c6 12.♗xc6 dxc6 13.♕xd8 ♖xd8 14.♗g5 ♖d3 15.f4 ♗e6 16.♖ad1 ♖xd1 17.♖xd1 h6 18.♗e7 g5 19.g3 ♖e8=.
10...0-0
10...♗xe5?? 11.♗xe7 ♕xe7 12.f4 ♕c5 13.♖e1 f6 14.♘a3+–.
11.♕xd4 ♘c6
Zu überlegen war 11...♘f5!? 12.♕d2 ♕b6 13.♘c3 ♗xe5, und Schwarz hat gute Perspektiven.
12.♕h4 ♕b6 13.♘c3 ♗xe5
Günstig für Weiß wäre die Variante nach 13...♘xe5 14.♗e7 ♖e8 15.♘d5 usw.
14.♖ae1! ♗xc3??
Eine falsche Einschätzung der Stellung. Die Annahme des Figurenopfers verliert. Notwendig war 14...♗g7!, um die Königsstellung richtig zu schützen.
15.bxc3 ♕xb5
15...h5 16.♗h6 ♕d8 (16...♕xb5 17.♕f6+–) 17.♕a4 ♖e8 18.♗g5+–.
16.♕h6 ♕f5
16...f6 17.♗xf6!+–.

Diagramm Nr.74

17.♕xf8+!!
Herrlich gespielt. Schwarz gab auf. Das Matt ist nicht zu verhindern: 17...♔xf8 18.♗h6+ ♔g8 19.♖e8 matt.

Sizilianische Verteidigung (75)

Sutowski – Smirin
Tel Aviv 2002

1.e4 c5 2.♘c3
Mit diesem Zug signalisiert Weiß, dass er das Zentrum zunächst geschlossen halten möchte. Der Vorstoß d2–d4 wird eventuell später durchgeführt.
2...♘c6 3.♘f3
Der andere Plan besteht in der Entwicklung des Läufers auf der Diagonale a8–h1 nach 3.g3.
3...e5
Schwarz verstärkt die Kontrolle über den Punkt d4. Andererseits wird das geschwächte Feld d5 an die weißen Figuren abgegeben. Aus diesem Grund wird hier öfter 3...e6 gespielt.

4.♗c4 d6 5.d3 ♗e7 6.0-0 ♘f6 7.♘g5
Mit klarer Absicht f2–f4.
7...0-0 8.f4 exf4 9.♗xf4 h6 10.♘f3 ♗e6 11.♘d5 ♗xd5 12.exd5 ♘a5 13.♘h4 b5?!
Diese Fortsetzung ist nur für Weiß günstig. Stärker ist laut Theorie 13...♘xc4! 14.dxc4 ♘xd5 15.♕xd5 ♗xh4 16.♗xd6 ♗e7 17.♗e5 ♕b6 18.♖ae1 ♖ad8 19.♕f3 ♗g5 20.♕g3 (20.♗c3 ♖d6 21.♖e5 mit Remis, Gvetadze–Lomineischwili, Tbilissi 2007) 20...♕g6 21.h4 ♗d2 22.♕xg6 fxg6 23.♖xf8+ ♖xf8 24.♖e4 ♖e8 25.♔f2 ♗f4 26.♖xf4 ♖xe5 mit Ausgleich, Zezulkin–Lisowski, Polen 2006.
14.♘f5!
Ein Figurenopfer für Angriff.
14...bxc4 15.♗xh6!
Die Konsequenz der weißen Attacke.
15...gxh6
Bessere Aussichten hat Weiß nach 15...♘e8 16.♕e1 ♗f6 17.♗d2 ♘b7 18.♗c3 ♗xc3 19.♘e7+ ♕xe7 20.♕xe7 ♗d4+ 21.♔h1 ♖b8 22.c3 ♗e5 23.♕h4 mit der Drohung ♖f1-f3–h3 usw.
16.♘xh6+ ♔h7
Wenn 16...♔h8, so 17.♖xf6! ♗xf6 18.♕h5 ♗d4+ 19.♔h1 ♕c7 20.♘f5+ ♔g8 21.♕g5+ ♔h7 22.♖f1 ♖fe8 23.c3 f6 24.♕h4+ ♔g8 25.♘h6+ ♔h8 (Auf 25...♔f8 folgt 26.♖xf6+!) 26.♘f7+ ♔g7 27.♕h6+ ♔xf7 28.♕h7+ mit weißem Gewinn.
17.♘f5 cxd3?
In einer komplizierten Stellung reagiert Schwarz mechanisch. Geboten war 17...♔g8! 18.♕e2 ♖e8 19.♕e3 ♗f8 20.♕g3+ ♔h8 21.♖f4 cxd3 22.cxd3 ♖b8 23.♖h4+ ♘h7 24.♕h3 ♕xh4 25.♘xh4 ♖xb2 mit Verteidigungschancen, Analyse von Nunn.
18.♕xd3 ♔h8 19.♖ae1
Alle weißen Figuren sind aktiv postiert. Die Partie ist schon entschieden.
19...♕b6
Oder 19...♖e8 20.♕h3+ ♘h7 21.♘h6, und Weiß gewinnt.
20.♕h3+ ♘h7 21.♖xe7 c4+ 22.♔h1 ♕xb2 23.♖e4 ♖g8
Das ermöglicht eine Kombination, aber nach 23...♕f6 24.♖h4 ♕g6 25.♖g4 ♕f6 26.♘g3 ♕c3 27.♖h4 ♕xc2 28.♘f5 wäre die Lage von Schwarz auch hoffnungslos.

Diagramm Nr.75

24.♕xh7+!
Schwarz gab sich geschlagen: 24...♔xh7 25.♖h4+ ♔g6 26.♖h6+ ♔g5 27.h4+ ♔g4 28.♘e3+ ♔g3 29.♖f3 matt.

Sizilianische Verteidigung (76)

Radjabow – Anand
Rishon le Zion 2006

1.e4 c5 2.♘f3 d6 3.d4 cxd4 4.♘xd4
Nicht ohne Gift ist hier das Schlagen mit der Dame. Ein schönes Beispiel: 4.♕xd4 a6 5.♗g5 ♘c6 6.♕d2 ♘f6 7.♗d3 e6 8.c4 h6 9.♗f4 d5 10.exd5 exd5 11.0-0 ♗e7 12.♘c3 ♗g4 (Nach 12...dxc4 13.♗xc4 ♕xd2 14.♘xd2 0-0 könnte eine ungefähr gleiche Stellung entstehen.) 13.cxd5 ♗xf3? (Unbedingt notwendig war 13...♘xd5!) 14.dxc6 ♗xc6 15.♖ad1 0-0 16.♗xh6! gxh6 17.♕xh6 ♖e8 18.♗c4 ♗d7 19.♖d4 ♗f8 20.♕g6+ ♗g7 21.♕xf7+ ♔h8 22.♖h4+ ♘h7 23.♖xh7+! ♔xh7 24.♕h5+ ♗h6 25.♗d3+ ♔g8 26.♕xh6, und Schwarz gab auf, Kamsky–Lautier, Dortmund 1993.
4...♘f6 5.♘c3 a6
Schwarz bereitet b7–b5 mit Konterspiel am Damenflügel vor. Diese Idee trägt den Namen des polnisch-argentinischen Großmeisters Miguel Najdorf (1910–1997). Die Variante stellt eine

der bevorzugten Spielweisen der Sizilianischen Verteidigung dar. Sie führt zu einem sehr verwickelten und kompromisslosen Kampf.

6.♗g5

Diese Fortsetzung gilt allgemein als beste Antwort. Alternativen werden im weiteren Teil des Buches behandelt.

6...e6 7.f4 ♕b6

Die scharfe sogenannte Bauernraub-Variante. Erst nach Erfolgen von Schachweltmeister Robert Fischer erfreute sich dieser Zug großer Beliebtheit.

8.♕d2

Nun entsteht ein sehr scharfes Spiel. Ruhigere Varianten ergeben sich nach 8.♘b3.

8...♕xb2 9.♖b1 ♕a3 10.e5

Zur Hauptvariante führt 10.f5!? ♘c6 11.fxe6 fxe6 12.♘xc6 bxc6 13.♗e2 (In dem Treffen Vallejo Pons–Kasparow, Moskau 2004, kam es nach 13.e5 dxe5 14.♗xf6 gxf6 15.♘e4 ♕xa2 16.♖d1 ♗e7 17.♗e2 0-0 18.0-0 ♖a7 19.♖f3 ♔h8 20.♖g3 ♖d7 21.♕h6 ♖f7 22.♕h5 ♖xd1+ 23.♗xd1 ♕a5 24.♔f1 ♕d8 25.♕xf7 ♕xd1+ zu einem Dauerschach.) 13...♗e7 14.0-0 0-0 15.♖b3 ♕c5+ 16.♗e3 ♕e5 mit beiderseitigen Chancen. Die Fortsetzung 10.♗e2 wird in der nächsten Partie vorgestellt.

10...dxe5 11.fxe5 ♘fd7 12.♘e4

Ein interessantes Beispiel: 12.♗c4!? ♕a5 (Stärker ist 12...♗b4!?) 13.♗xe6 fxe6 (Nach 13...♕xe5+ 14.♔d1 fxe6 15.♖e1 besitzt Weiß eine starke Initiative.) 14.0-0 ♗c5 15.♔h1 ♗xd4 16.♕xd4 ♘c6 17.♘e4! ♘dxe5 18.♕d6 ♘f7 19.♖xb7!, und Schwarz gab sich geschlagen, Manduch–Kasljuk, Fernpartie 1992.

12...h6 13.♗h4 ♕a4?

Ein bekannter Eröffnungsfehler. Die Theorie empfiehlt hier 13...♕xa2!? z.B. 14.♖d1 ♕d5! (Aber nicht 14...♕b2? 15.♕e3 ♗c5 16.♗e2 ♘c6 17.c3 ♕a3 18.0-0 0-0 19.♘f6+ ♘xf6 20.♗xf6 ♘xd4 21.♖xd4 ♗xd4 22.♕xd4 gxf6 23.exf6 ♕a5 24.h4 ♔h7 25.♗d3+ mit weißem Gewinn, Radjabow–Karjakin, Cap d'Agde 2006.) 15.♕e3 ♕xe5 16.♗e2 ♗c5 17.♗g3 ♗xd4 18.♖xd4 ♕a5+ 19.♖d2 0-0 20.♗d6 ♘c6 21.♗xf8 ♘xf8 22.0-0 ♘d7 mit Kompensation für Qualität. Die Partie endete später mit Remis, Below–Kokarjew, Russland 2007.

14.♗e2 ♘c6??

Ein seltener Fall von Schachblindheit bei Weltmeister Anand. Notwendig war 14...♗a3 obwohl Weiß nach 15.0-0 weiter besser stünde.

Diagramm Nr.76

15.♘xe6!

Ein typisches Springeropfer.

15...g5 16.♘f6+

Schwarz gab auf wegen 16...♘xf6 17.♘c7+ ♔e7 18.♕d6 matt.

Sizilianische Verteidigung (77)

Timman – Ljubojevic

Linares 1985

1.e4 c5 2.♘f3 d6 3.d4 cxd4 4.♘xd4 ♘f6 5.♘c3 a6 6.♗g5 e6 7.f4 ♕b6 8.♕d2 ♕xb2 9.♖b1 ♕a3 10.♗e2

Weiß setzt ruhig die weitere Mobilisierung seiner Kräfte fort, um in einem geeigneten Moment aktiv zu werden.

10...♗e7 11.0-0 ♘bd7 12.e5!

Die Öffnung der Stellung im Zentrum ist natürlich günstig für Weiß.

12...dxe5 13.fxe5 ♘xe5 14.♗xf6 ♗xf6?

Das bringt Schwarz nur in Schwierigkeiten. Richtig ist 14...gxf6! z.B. 15.♘e4 f5 16.♖b3 ♕a4 17.♘xf5 exf5!? 18.♘d6+

♗xd6 19.♕xd6 ♕e4 20.♖e1 ♘c6 21.♔f1 ♗e6 22.♗h5 ♕c4+ 23.♖d3 ♘d8 24.♖xe6+ ♕xe6 25.♕d4 ♖g8 26.♖e3 ♖c8 27.♖xe6+ ♘xe6 28.♕f6 ♖g6 29.♕xf5 ♔e7 30.♗xg6 hxg6 31.♕e4 ♖c7 mit späterem Remis, Teichmeister–Cranbourne, Fernpartie 1999.

15.♖xf6! gxf6 16.♘e4 ♘d7

In der Begegnung Tal–Ftacnik, Sotschi 1982, folgte 16...♕e7 17.♕f4 ♔d8 (17...♘d7 18.♘d6+ ♔d8 19.♖xb7! mit Angriff) 18.♘xf6 ♘d7 19.♘xd7 ♗xd7 20.♖xb7 ♖c8 21.♘f3 f6 22.♗xa6 ♖f8 23.♕d4 ♔e8 24.♗b5 ♖d8 25.♕b6 e5 26.♘d2 f5 27.♘c4 ♖f6 28.♗xd7+ ♖xd7 29.♕b5 ♖e6 30.a4 e4 31.♔f1! ♕g7 32.♖b8+, und Schwarz gab sich geschlagen.

17.♖b3 ♕xa2 18.♘d6+ ♔f8

Wenn 18...♔e7, so 19.♕b4!+–.

19.♕c3 ♔g7

Diagramm Nr.77

20.♘6f5+!

Eine hübsche Kombination.

20...exf5

Oder 20...♔f8 21.♕b4+ ♔g8 22.♖g3 matt; 20...♔g8 21.♕g3+ ♔f8 22.♕d6+ ♔e8 23.♕e7 matt.

21.♘xf5+ ♔g6 22.♕h3!

Gegen das Matt gibt es keine Verteidigung mehr. Schwarz gab auf.

Sizilianische Verteidigung (78)

Van der Wiel – Quinteros
Biel 1985

1.e4 c5 2.♘f3 d6 3.d4 cxd4 4.♘xd4 ♘f6 5.♘c3 a6 6.♗g5 e6 7.f4 ♕b6 8.♕d3

Der Routinezug ist 8.♕d2, aber der Textzug hat auch Vorteile. Die Dame kann nämlich von d3 leichter zum Königsflügel herüberschwenken.

8...♘bd7?!

Schwarz muss konsequent auf b2 schlagen. Nach 8...♕xb2! 9.♘b3 ♘bd7 10.♗xf6 gxf6 11.♖b1 ♕a3 12.♗e2 ♘c5 13.♕f3 ♗g7 14.0-0 0-0 hält er die Balance, Suetin–Sacharow, UdSSR 1962.

9.0-0-0 ♗e7 10.♕h3 ♘c5?

Lässt das Vorgehen des e–Bauern zu. Deswegen war 10...♕c7! logisch, um mit 11...b5 ein Gegenspiel am Damenflügel zu organisieren.

11.e5! dxe5 12.fxe5 ♘d5 13.♗xe7 ♘xe7 14.♗d3 ♗d7 15.♕g3!

Um die schwarze Rochade zu verhindern, denn nach 15...0-0? würde 16.♗xh7+! ♔xh7 17.♕h4+ ♔g8 18.♕xe7+– folgen. Weiß steht schon klar besser.

15...♘xd3+ 16.♖xd3 0-0

Schwarz hat keine Alternative. Auf 16...♘g6 folgt 17.♘e4!

17.♘e4

Droht tödlich 18.♘f6+.

17...♔h8

Andere Züge retten auch nicht mehr: 17...♗c6 18.♘f6+ ♔h8 19.♕g5+– oder 17...♘d5 18.♘f6+ ♘xf6 19.exf6 g6 20.♕g5 e5 21.♖f1 ♔h8 22.♕xe5, und Weiß behält einen Mehrbauern sowie Angriff.

Diagramm Nr.78

18.♘f6!

Schwarz hat nun keine Wahl: Die Doppeldrohung 19.♘xd7 und 19.♘xh7 zwingt zur Annahme des Springeropfers.

18...gxf6

Oder 18...♗b5 19.♘xb5 ♕xb5 20.♕f4 ♘g6 21.♖h3! gxf6 (21...h6 22.♖xh6+ gxh6 23.♕xh6 matt) 22.♕h6+–.

19.♕h4 ♘g8

Es gibt keine Rettung mehr: 19...♘g6 20.♕xf6+ ♔g8 21.♘f5+− bzw. 19...♖g8 20.♖h3 ♖g7 21.exf6+−.

20.♖g3

Die Drohung 21.♕g4 ist unparierbar. Schwarz gab auf.

Sizilianische Verteidigung (79)

Pedersen – Gallmeyer

Dänemark 1971

1.e4 c5 2.♘f3 d6 3.d4 cxd4 4.♘xd4 ♘f6 5.♘c3 a6 6.♗g5 e6 7.f4 b5

Die Variante wurde durch Großmeister Lew Polugajewski (1934-1995) in die Praxis eingeführt. Sie führt zu einem äußerst komplizierten Spiel.

8.e5 dxe5 9.fxe5 ♕c7 10.exf6 ♕e5+ 11.♗e2 ♕xg5 12.0-0 ♕e5 13.♗f3

Alternativen sind 13.♔h1 ♖a7 14.fxg7 ♗xg7 15.♘f3 ♕c7= oder 13.♘f3 ♕e3+ 14.♔h1 ♘d7 15.♖e1 ♕a7 16.fxg7 ♗xg7 17.♕d6 ♕b6 18.♕g3 0-0 19.♖ad1 ♖a7 20.♘e4 ♕c7 21.♘d6 ♗b7 22.♘g5 ♘f6=.

13...♖a7 14.♘c6 ♕c5+

Besser ist laut Theorie 14...♘xc6! 15.♗xc6+ ♗d7 16.♗xd7+ ♖xd7 17.♕f3 ♗d6 usw.

15.♔h1 ♖d7

Nicht aber 15...♘xc6? 16.♘e4 ♕b6 (16...♕d4 17.♘d6+ ♕xd6 18.fxg7 ♖g8 19.gxf8♕+ ♕xf8 20.♗xc6+ ♗d7 21.♕f3 mit weißem Vorteil) 17.fxg7 ♗xg7 18.♘d6+ ♔e7 19.♗xc6 f5 (19...♕xc6 20.♖xf7+ ♔d8 21.♖xa7+−) 20.♘xf5+! exf5 21.♖e1+ ♔f6 (21...♔f7 22.♕d5+ ♔g6 23.♕d6+ und weiter wie in der Hauptvariante) 22.♕d6+ ♔g5 23.h4+ ♔xh4 24.♕f4+ ♔h5 25.♗f3+ ♔g6 26.♕g3+ ♔f6 27.♖ad1 ♖d7 28.♕h4+ ♔f7 29.♖xd7+ ♗xd7 30.♖e7+ ♔f8 31.♖xd7 ♕f6 32.♕b4+ ♔e8 33.♗c6!, und Weiß gewinnt.

16.♘xb8!

Eine Überraschung.

16...♖xd1 17.♖axd1 gxf6 18.♘e4 ♕c7??

Ein fataler Fehler. Nur nach 18...♕f5! kann Schwarz noch kämpfen, z.B. 19.♘xf6+ ♕xf6 20.♗c6+ ♔e7 21.♖xf6 ♔xf6 mit gleichem Endspiel.

19.♘xf6+ ♔e7 20.♗h5! ♗g7

Diagramm Nr.79

21.♘c6+!

Ein hübscher Schlusszug.

21...♕xc6

21...♔f8 22.♘d7+ ♗xd7 23.♖xf7+ ♔g8 24.♘e7 matt.

22.♘g8+! ♔e8

22...♖xg8 23.♖xf7+ ♔e8 24.♖c7+ ♔f8 25.♖d8+ ♕e8 26.♖xe8 matt.

23.♗xf7+ ♔f8 24.♖d8+

Schwarz gab auf (24...♕e8 25.♖xe8 matt).

Sizilianische Verteidigung (80)

Lombardy – Quinteros

Manila 1983

1.e4 c5 2.♘f3 d6 3.d4 cxd4 4.♘xd4 ♘f6 5.♘c3 a6 6.♗g5 e6 7.f4 ♗e7 8.♕f3 h6

Der Nachteil dieses Zuges liegt in der Schwächung des Königsflügels, was Weiß einen starken Angriff gegen den schwarzen Monarchen möglich macht.

9.♗h4 ♕c7

Mehr Spannung bringt 9...g5!? 10.fxg5 ♘fd7 11.♘xe6 fxe6 12.♕h5+ ♔f8 13.♗b5 ♖h7 14.0-0+ ♔g8 15.g6 ♖g7 16.♖f7 ♗xh4 17.♕xh6 ♖xf7 18.gxf7+ ♔xf7 19.♖f1+ ♗f6 20.♕h7+ ♔e8 21.♕g6+ ♔f8 22.e5 dxe5 23.♘e4 ♕b6+ 24.♔h1 axb5

25.♘xf6 ♔e7 26.♕e8+ ♔d6 27.♕xc8 ♖a4! mit scharfer Stellung.

10.0-0-0 ♘bd7 11.♗e2 ♖b8 12.♕g3 ♖g8 13.♖hf1 b5 14.♘xe6!

Weiß beginnt mit dem Angriff auf den feindlichen König im Zentrum.

14...fxe6 15.♕g6+ ♔d8

Zum Verlust führt 15...♔f8 16.e5 dxe5 17.f5 ♕d8 18.♗xf6 gxf6 (18...♗xf6 19.fxe6 ♕e7 20.♖d6! mit der Drohung e6xd7) 19.♕xh6+ ♖g7 20.fxe6+−.

16.e5 dxe5 17.f5

Stärker sieht 17.fxe5! aus, z.B. 17...♕xe5 18.♗g3 ♕e3+ 19.♔b1 b4 20.♗f4 ♕a7 21.♘e4 ♘xe4 22.♕xe4, und Schwarz hat viele Probleme zu lösen.

17...exf5 18.♗xf6?

Ungenau gespielt. In der Partie Zenklusen−Grünenwald, Schweiz 2004, folgte richtig 18.♕f7! ♖e8 19.♕xg7 (19.♖xf5!?) 19...b4 20.♗xf6 bxc3 21.♗xe7+ ♖xe7 22.♕f8+ ♖e8 23.♕f6+ mit Remis.

18...♗xf6 19.♘d5 ♕c6 20.♖xf5 ♖f8?

Schwarz hat den gegnerischen Fehler im 18. Zug nicht ausgenutzt. Richtig war 20...♕e6! 21.♕h7 ♖f8 22.♗g4 ♕g8 23.♕g6 ♕f7 24.♕h7 b4 mit der Idee ♖b8−b5 und klarem Vorteil.

21.♗g4 ♖b6??

Das führt endgültig zum Verlust. Nur mit 21...♕e6! könnte man noch Widerstand leisten.

Diagramm Nr.80

22.♖xf6!

Dies hat Schwarz offensichtlich übersehen.

22...gxf6

22...♖xf6 23.♕xg7 ♖e6 24.♕f7+−.

23.♕g7 ♖b7

23...♖e8 24.♘xb6 ♖e7 (24...♕xb6 25.♖xd7+ ♗xd7 26.♕xd7 matt) 25.♕g8+ ♖e8 26.♗xd7 ♖xg8 (26...♗xd7 27.♕f7 ♖e7 28.♕f8+ ♖e8 29.♕xf6+ ♕xf6 30.♖xd7 matt) 27.♗xc6+ ♔e7 28.♘xc8+, und Weiß behält materiellen Vorteil.

24.♕e7 matt.

Sizilianische Verteidigung (81)

Adorjan − Ribli
Budapest 1979

1.e4 c5 2.♘f3 d6 3.d4 cxd4 4.♘xd4 ♘f6 5.♘c3 a6 6.♗e3

Diese Fortsetzung ist erst in neuerer Zeit in der Turnierpraxis beliebt geworden. Weiß plant damit eine Entwicklung nach dem Schema f2−f3, ♕d1-d2, 0-0-0 nebst g2−g4, h2−h4 und Angriff auf der rechten Seite.

6...e5 7.♘b3 ♗e6 8.♕d2 ♘bd7 9.f3 ♖c8 10.g4 ♗e7 11.0-0-0 ♘b6 12.h4 0-0

Eine natürliche Fortsetzung, aber die falsche. Mit diesem Zug sollte Schwarz noch warten und erst 12...♘c4!? spielen, z.B. 13.♗xc4 ♖xc4 14.♗g5 ♖c6 15.♔b1 ♕c7 16.♗e3 0-0 17.h5 ♖c8 18.g5 ♘d7 19.♖h2 ♘b6 20.♗xb6 ♕xb6 mit Gegenspiel, Gufeld−Raschkowski, UdSSR 1981. Jetzt hat Weiß freie Hand am Königsflügel.

13.h5! ♘c4?

In diesem kritischen Moment ist der Springerzug schon ein Fehler. Notwendig war 13...d5! 14.g5 ♘xe4 15.fxe4 d4 16.♕g2 ♘d7, und Schwarz bleibt noch am Ball.

14.♗xc4 ♖xc4 15.g5 ♘d7 16.♖dg1 ♕c7 17.g6 ♖c8

Diagramm Nr.81

18.♗h6!!

Eine effektvolle und vernichtende Antwort.

18...♗f6

Auch kein leichtes Leben hätte Schwarz nach 18...hxg6 19.hxg6 ♖xc3 20.gxf7+ ♔xf7 21.♖xg7+ ♔e8 22.bxc3 ♕xc3 23.♗e3, und Weiß steht auf Gewinn.

19.gxh7+ ♔xh7 20.♗xg7! ♗xg7 21.h6 ♗f6

Oder 21...♔g8 22.hxg7 f6 23.♕g2+−.

22.♕g2!

Schwarz kapitulierte wegen 22...♕d8 23.♕g7+! ♗xg7 24.hxg7+ ♔g8 25.♖h8 matt.

Sizilianische Verteidigung (82)

Timman – Van Wely
Breda 1998

1.e4 c5 2.♘f3 d6 3.d4 cxd4 4.♘xd4 ♘f6 5.♘c3 a6 6.♗e3 ♘c6

Eine seltene Antwort. Die Theorie empfiehlt hier 6...♘g4; 6...e5 bzw. 6...e6.

7.h3

Öfter wird hier 7.f3 gespielt mit dem Plan ♕d1-d2, g2−g4 usw.

7...e6 8.g4 ♗e7 9.♗g2

Eine andere Idee ist 9.♕e2 0-0 10.0-0-0 ♘xd4 11.♗xd4 ♕a5 12.♗g2 e5 13.♗e3 ♗e6 14.♔b1 ♖ac8 15.♘d5 ♘xd5 16.exd5 ♗d7 17.♗e4 f5 18.gxf5 ♗xf5 19.♗xf5 ♖xf5 20.♖hg1 ♕a4 21.♖g4 ♕d7 22.♖dg1 mit starker weißer Initiative, Djukic−Kovacevic, Sozina 2004.

9...h6 10.f4 ♕c7 11.0-0

Natürlich kam auch ein Plan mit langer Rochade in Frage: 11.♕e2!? ♗d7 12.0-0-0 usw.

11...♘xd4 12.♕xd4 e5 13.♕d2 exf4 14.♖xf4 ♗e6 15.♖af1 0-0

Auf 15...♘d7 war 16.♘d5! stark.

16.♖xf6!? ♗xf6 17.♖xf6!?

Mit dem doppelten Qualitätsopfer eliminiert Weiß eine wichtige Deckungsfigur am Königsflügel seines Gegners.

17...gxf6 18.♕f2 ♔g7?

Die falsche Entscheidung. Zwar hätte Weiß nach 18...♕e7 einen starken Angriff: 19.♕h4 ♖fc8 (19...♖fe8 20.♗d4!) 20.e5! d5 (20...dxe5 21.♘e4+−) 21.exf6+−. Aber nach 18...♕a5! könnte sich Schwarz erfolgreich verteidigen: 19.♗xh6 ♕c5 20.♗e3 ♕a5 21.♗d4 ♕g5 22.♗xf6 ♕c5 23.♗d4 ♕g5 usw.

19.e5!

Weiß macht das Feld e4 für seine Leichtfiguren frei.

19...fxe5

19...♖h8 20.♕xf6+ ♔g8 21.exd6 ♕xd6 22.♗d4 ♖h7 23.♘e4 ♕c7 24.♕f2 ♔f8 25.♘f6+−.

Diagramm Nr.82

20.♗xh6+!

Ein taktischer Schlag, der die Partie schnell beendet.

20...♔g6

20...♔xh6 21.♕f6+ ♔h7 22.♗e4+ ♗f5 23.♕xf5+ ♔g7 24.♕g5+ ♔h8 25.♕h6+ ♔g8 26.♕h7 matt.

21.♕h4

Schwarz gab auf wegen 21...f6 22.♕h5+ ♔h7 23.♗xf8+ ♔g8 24.♗h6+−.

Sizilianische Verteidigung (83)

Kasparow – Van Wely
Wijk aan Zee 2000

1.e4 c5 2.♘f3 d6 3.d4 cxd4 4.♘xd4 ♘f6 5.♘c3 a6 6.♗e3 e6 7.f3 b5 8.g4

Ein aggressiver Plan für Weiß. Schwarz muss jetzt genau spielen, um nicht schnell zu verlieren.

8...h6 9.♕d2 ♘bd7 10.0-0-0 ♗b7 11.h4 b4 12.♘a4 d5

Die Theorie empfiehl hier eigentlich 12...♕a5!?

13.♗h3

Mit der Idee g4–g5 und eventuellem Figurenopfer auf e6.

13...g5 14.♗g2

Energischer ist 14.hxg5!? hxg5 15.e5 ♘xe5 16.♗xg5 ♖g8 17.♘b6 (17.♖he1!? ♗d6 18.♘c5 ♗xc5 19.♖xe5 ♔d7 20.♖de1 ♖c8 21.♖xe6 ♘e4 22.♖6xe4 ♕xg5 23.f4 ♕h4 24.♖4e3 mit weißem Vorteil, Hertel–Tiemann, E–Mail 2001.) 17...♘c4 18.♘xc4 dxc4 19.♗xf6 ♕xf6 20.♘xe6! ♗h6 21.g5 fxe6 22.♕d7+ ♔f8 23.gxh6 ♗d5 24.♕d6+ ♕e7 25.♕f4+ ♕f7 26.♕e5, und Schwarz kapitulierte, Kasparow–Wojtkiewicz, Kopavogur (rapid) 2000.

14...gxh4?

Spätere Analysen bewiesen, dass in dieser Stellung 14...♖g8!? richtig ist, z.B. 15.hxg5 hxg5 16.♗xg5 ♘xe4 17.fxe4 ♕xg5 18.exd5 ♗xd5 mit etwa gleichen Chancen.

15.♖xh4 dxe4

Oder 15...♘xe4 16.fxe4 ♕xh4 17.exd5 exd5 (17...e5 18.d6! ♗xg2 19.♕xg2 ♖b8 20.♘f5 ♕d8 21.♘c5, und Weiß steht auf Gewinn) 18.♘f5 (18.♗xd5!?) 18...♕xg4 19.♗xd5 ♕xf5 20.♗xb7 ♖d8 21.♗b6 ♗e7 22.♗xd8 ♗xd8 23.♔b1 ♗g5 24.♕d6 mit weißem Sieg.

16.g5 ♘d5

16...exf3 17.♘xf3 ♘d5 18.♗d4 ♖h7 19.♕d3+–.

17.♖xe4 hxg5

Eine interessante Variante könnte nach 17...♕a5 entstehen: 18.♘xe6! fxe6 19.♖xe6+ ♗e7 (19...♔f7 20.♕d3! ♔xe6 21.♕e4+ ♘e5 22.♗h3+ ♔d6 23.♗c5+ ♕xc5 24.♘xc5 ♔xc5 25.♕d4+ ♔b5 26.♕xe5+–) 20.♘b6! ♘7xb6 21.♗xb6 ♘xb6 22.♖xe7+! ♔xe7 23.♕d6+ ♔f7 24.g6+ ♔g7 25.♕e7+ ♔xg6 26.♖d6+ ♔h5 27.♕f7+ ♔g5 28.♕f6+ ♔h5 29.♕g6+ ♔h4 30.♕g4 matt.

18.♗xg5 ♕a5 19.f4 ♖h2

Nicht besser war 19...♕xa4 20.♘xe6! fxe6 21.♖xe6+ ♔f7 22.♗xd5 mit Mattangriff.

Diagramm Nr.83

20.♘xe6!

Effektvoll und entscheidend.

20...fxe6

Oder 20...♗e7 21.♘g7+ ♔f8 22.♗xe7+ ♔xg7 23.f5 ♘xe7 24.♕g5+ ♘g6 (24...♔h8 25.♖h4+ ♖xh4 26.♕xh4+ ♔g7 27.♗xb7 ♖b8 28.♕xe7+–) 25.♖xd7 ♖xg2 (25...♗xe4 26.♕xg6+ ♔h8 27.♕f6+ ♔h7 28.♖xf7+ ♔g8 29.♕g7 matt) 26.♕xg2 ♗xe4 27.♕xg6+ ♔h8 28.♖xf7+–.

21.♖xe6+ ♔f7

21...♗e7 22.♖xe7+ ♔f8 23.♕d4+–.

22.♕d3! ♗g7

Eine andere Variante lautet 22...♔xe6 23.♗xd5+ ♗xd5 24.♕g6+ ♘f6 25.♕xf6+ ♔d7 26.♖xd5+ ♕xd5 27.♘b6+ mit Damengewinn.

23.♕f5+ ♔g8 24.♖xd5 ♕xa4 25.♖e7

Schwarz gab sich geschlagen.

Sizilianische Verteidigung (84)

Tscheparinow – Rivera Huerta
Morelia 2007

1.e4 c5 2.♘f3 d6 3.d4 cxd4 4.♘xd4 ♘f6 5.♘c3 a6 6.♗e3 e6 7.g4

Ein energischer Plan. Die Alternativ ist 7.f3 nebst ♕d1-d2 und 0-0-0.

7...h6

Verhindert g4–g5. Ein sehr scharfes Spiel mit beiderseitigen Chancen entsteht nach 7...e5!? 8.♘f5 g6 9.g5 gxf5 10.exf5 d5 11.gxf6 d4 12.♗c4 usw. Beachtung verdient auch 7...h5!? mit Gegenspiel am Damenflügel.

8.♗g2 e5

Es wurden auch 8...♘c6 bzw. 8...♕c7 gespielt, aber Weiß erhält auch hier starke Initiative.

9.♘f5 g6 10.♕e2

Weiß plant die lange Rochade. Nichts bringt ihm 10.h3 d5 11.♕e2 gxf5 12.exf5 ♗b4 13.0-0-0 ♗xc3 14.bxc3 ♘c6 15.c4 ♕d6 16.cxd5 ♕a3+ 17.♔b1 ♕b4+ 18.♔c1 ♕a3+ 19.♔b1 ♕b4+ mit Remis, Kalod–Stopa, Brno 2006.

10...gxf5 11.exf5 ♖g8

Es ist nicht einfach für Schwarz, einen besseren Plan zu finden. Ein Beispiel aus der Praxis: 11...♕a5 12.0-0-0 ♘c6 13.f4 ♗e7 14.g5 ♘h7 15.g6 ♘f6 16.♕c4 0-0 17.♗xc6 ♘g4 18.gxf7+ ♔h8 19.♖dg1 ♗xf5 (19...♘xe3 20.♖g8+ ♔h7 21.♖hg1 ♗f6 22.♖xf8 ♘xc4 23.♖h8+ ♔xh8 24.f8♕+ ♔h7 25.♕g8#) 20.♘d5 ♖xf7 21.♗b6 ♖c8 22.♗xa5 ♖xc6 23.♕b3 ♖xc2+ 24.♕xc2 ♗xc2 25.♔xc2+–, Siwak–Koroljew, Tula 2004.

12.h3

Nicht zu empfehlen ist 12.♗f3, weil der Läufer den Marsch seines f–Bauern blockiert. Aber schauen wir eine interessante Partie der Maschinen an: 12...♘bd7 13.0-0-0 ♘b6 14.h4 ♖b8 15.g5 ♘h7 16.♗g4 ♕c7 17.♗xb6 ♕xb6 18.f4 ♔d8 19.fxe5 ♕a5 20.exd6 ♗d7 21.♗h5 ♖c8 22.♗xf7 ♖g7 23.♗e6 ♖xc3 24.♖he1 ♗c6 25.bxc3 ♕xc3 26.♕f2 ♕a3+ 27.♔b1 ♕b4+ 28.♗b3 ♖d7 29.a3 ♕b5 30.♖e6 ♗e4 31.♕e3 ♗xd6 32.♖dxd6 1-0, DEEP GANDALF–ISI-CHESS MMX/Leiden 2006.

12...♕c7

In der Partie Vachier Lagrave–Arun Prasad, Heraklion 2004, geschah: 12...♘bd7 13.0-0-0 ♕c7 14.f4 ♔d8 15.♖he1 exf4 16.♗xf4 ♕c5 17.♖d5 ♘xd5 18.♘xd5 ♘e5 19.♗e3 ♕b5 20.♗b6+ ♔d7 21.♘f6+ ♔e7 22.♘xg8+ ♔d7 23.♘f6+ ♔e7 24.♘d5+ ♔d7 25.♕e4 ♗e7 26.♗d4, und Schwarz gab auf.

13.f4

Oft wird auch 13.0-0-0 gespielt.

13...♗d7

13...♘c6 gibt dem Weißen einen starken Angriff: 14.0-0-0 ♘e7 15.♖d2 (15.♖he1 ♗d7 16.♕f2 ♖c8 17.♗b6 ♕b8 18.♖xd6 ♖xc3 19.♖xf6+–) 15...♗d7 16.♖hd1 d5 17.♗xd5 0-0-0 18.♗xf7 ♖g7 19.♗e6 ♘c6 20.fxe5 ♕xe5 21.♘a4 usw.

14.0-0-0 ♗c6 15.fxe5 dxe5 16.♗b6! ♕xb6

16...♕e7 17.♖d8+ ♕xd8 18.♗xd8 ♔xd8 19.♖d1+ (19.♕xe5!?) 19...♘fd7 20.♘d5 ♗e7 21.♘b6 ♗xg2 22.♕xg2 ♗g5+ 23.♔b1 ♔e7 24.♕xb7 ♖d8 25.♘xa8 1-0, Szalanczy–Purtov, Harkany 1993.

17.♕xe5+ ♗e7 18.♖he1 ♔f8

Ein neuer Zug in der bekannten Stellung. In der Partie Tolnai–Gawrikow, Budapest 1989, folgte 18...♗e4 19.♘xe4 (Noch stärker war 19.♖xe4! ♘xe4 20.♕xe7+ ♔xe7 21.♘d5+ ♔f8 22.♘xb6 ♖a7 23.♗xe4+–) 19...♔f8 20.♘d6 ♕c7 21.♘xf7 ♕xe5 22.♘xe5 ♔g7 23.♗xb7 ♖a7 24.♗f3 ♘h7 25.♔b1 ♗f6 26.♘d3, und Weiß hat endgültig das Endspiel gewonnen. „Fritz" empfiehlt hier 18...♕b4!?, aber es ist schwer zu glauben, dass Schwarz diese Stellung verteidigen kann.

19.♕xe7+ ♔g7

Diagramm Nr.84

20.♖e6!

Weiß nutzt die Tatsache, dass der Königsflügel schwach ist und beginnt den entscheidenden Angriff.

20...♘bd7 21.♖xd7! ♘xd7 22.♖g6+ ♔h8 23.♖xh6+

Schwarz gab auf (23...♔g7 24.♖g6+ ♔h8 25.♕h4 matt).

Sizilianische Verteidigung (85)

Beljawski – Kusmin
Vilnius 1981

1.e4 c5 2.♘f3 ♘c6 3.d4 cxd4 4.♘xd4 ♘f6 5.♘c3 d6 6.♗g5

Die Hauptidee des Systems ist eine schnelle Entwicklung der Figuren, und nach der langen Rochade erfolgt ein Angriff gegen den schwarzen König.

6...♗d7

Mit dem Plan, den Turm so schnell wie möglich ins Spiel zu bringen und ein Gegenspiel auf der c–Linie zu inszenieren. Öfter wird an dieser Stelle jedoch 6...e6 gespielt.

7.♕d2 ♘g4?!

Die stärkste Fortsetzung für Schwarz ist hier 7...♖c8 z.B. 8.0-0-0 ♘xd4 9.♕xd4 ♕a5 10.f4 ♖xc3!? (Das Standardopfer gibt dem Schwarzen die besten Chancen auf Gegenspiel.) 11.bxc3 e5 12.♕b4 ♕xb4 13.cxb4 ♘xe4 14.♗h4 g5 15.fxg5 ♗e7 mit ausreichendem Spiel. Der Partiezug wirkt sehr verdächtig. Auch die Antwort 7...♘xd4 ist möglich.

8.h3 ♘ge5 9.♗e3 ♘xd4 10.♕xd4 ♘c6

Schwarz hat viel Zeit verloren, um den ♘d4 zu beseitigen. Der Tempovorsprung wird von Weiß rasch ausgenutzt.

11.♕d2 g6

Schwarz hat keine andere Wahl. Nach 11...e6 12.♘b5! fällt der Bauer d6.

12.♗c4 ♖c8 13.♗b3 ♕a5 14.♗h6 ♗xh6 15.♕xh6

Der Nachziehende muss nun das Problem seines unrochierten Königs lösen.

15...♗e6 16.0-0 ♕h5 17.♕d2 g5?!

Schwarz hatte sicher Angst, dass Weiß nach 17...0-0 mit 18.f4 und 19.f5 einen Königsangriff einleiten könnte. Aber es ist für Weiß noch leichter, gegen den im Zentrum gebliebenen König eine starke Attacke durchzuführen.

18.♘d5 ♖g8

Auszuprobieren war 18...g4!? 19.♘f4 ♕h6 (19...♕h4?? 20.♘xe6 fxe6 21.♗xe6+–) 20.♖fd1 ♗xb3 (20...gxh3? 21.♘xe6 ♕xd2 22.♖xd2 fxe6 23.♗xe6 ♖c7 24.♗xh3 mit weißem Vorteil) 21.axb3 gxh3 22.♘xh3 ♕xd2 23.♖xd2 a6 und Verteidigungschancen für Schwarz.

19.♖ad1 ♕h4

Weiter in Frage käme 19...g4!? z.B. 20.♘f4 ♕e5 21.♘xe6 gxh3 22.f4 ♖xg2+ 23.♕xg2 hxg2 24.fxe5 gxf1♕+ 25.♖xf1 fxe6 26.♗xe6 ♖d8 mit etwa gleichem Endspiel.

20.♖fe1

Keine Probleme hätte Schwarz nach 20.f3 h5 21.♕f2 ♕xf2+ 22.♔xf2 ♘e5 23.c3 ♗xd5 24.♖xd5 ♔d7=.

20...♘e5

20...g4!? war immer noch aktuell.

21.♖e3 ♖g6?

Das bringt nur die Niederlage. Notwendig war deshalb 21...g4!, z.B. 22.♖g3 ♔f8 mit Rettungschancen.

Diagramm Nr.85

22.♘xe7!

Nun folgt die Zertrümmerung der schwarzen Stellung.

22...♔xe7 23.♕xd6+ ♔f6

23...♔e8 24.♕xe5+–.

24.♗xe6 fxe6

Unzureichend ist auch 24...♖c6 25.♕d8+ ♔g7 (25...♔xe6 26.♖d5 ♕f4 27.g3 ♘f3+ 28.♖xf3 ♕xf3 29.♕e8+ ♔f6 30.♕e5 matt) 26.♗b3+–.

25.♖d5

Schwarz streckte die Waffen wegen der möglichen Varianten 25...♘f7 26.♖f5+ ♔g7 27.♖xf7+ ♔xf7 28.♕d7+ ♔g8

29.♕xc8+ ♔g7 30.♖f3 ♖f6 31.♕d7+ ♔g6 32.♕e8++– bzw. 25...♘c6 26.♖f3+ ♔g7 27.♕d7+ ♔h6 28.♕xc8 exd5 29.♕f8+ ♔h5 30.g4++–.

Sizilianische Verteidigung (86)

Ganguly – Venkatesh
Kalkutta 2003

1.e4 c5 2.♘f3 ♘c6 3.d4 cxd4 4.♘xd4 ♘f6 5.♘c3 d6 6.♗g5 ♗d7 7.♕d2 ♖c8 8.0-0-0 ♘xd4 9.♕xd4 ♕a5 10.h4!?

Eine neue Idee. Auf 10.f4 kann folgen: 10...♖xc3!? 11.bxc3 e5 12.♕b4 ♕xb4 13.cxb4 ♘xe4 14.♗h4 g5 15.fxg5 ♗e7 16.♖e1 ♘xg5 17.c3 ♖g8 18.♗c4 ♗c6 19.♖e2 b5 20.♗b3 ♘e6 21.♗xe6 ♗xh4 22.♗f5 ♗xg2 23.♖g1 ♖g5 24.♖gxg2 ♖xf5 25.♖g8+ ♔d7 26.♖a8 ♗f2 27.♖h8 h5 mit Gegenspiel.

10...e5 11.♕e3

In der Partie Fuchs–Bokutsawa, Batumi 2006, geschah: 11.♕d2 ♖xc3!? 12.♕xc3 ♕xc3 13.bxc3 ♘xe4 14.♗e3 ♘xc3 15.♖d3 ♘e4 16.♗xa7 ♗e7 17.♖b3 ♗c6 18.♗b5 ♔d7, und Schwarz hat genügend Ersatz für die Qualität.

11...♘g4

Schwarz hat auf das typische Opfer 11...♖xc3!? verzichtet, z.B. 12.bxc3 ♘g4 13.♕e1 h6 14.♗e3 ♕xa2 15.f3 ♘xe3 16.♕xe3 ♗e7 17.♗d3 0-0 18.♔d2 ♖c8 mit unklarem Spiel, Unzicker–Katalymow, Bad Liebenzell 1995.

12.♕e1 b5?

Das sieht optisch gut aus, aber bringt in Wirklichkeit nur Schwierigkeiten. Schwarz sollte sich hier für das Opfer 12...♖xc3! entscheiden: 13.bxc3 (13.♕xc3? ♕xc3 14.bxc3 ♘xf2∓) 13...♕xa2 mit Gegenspiel.

13.♔b1 b4 14.♘d5 b3

Nach 14...♕c5 folgt das gute 15.♗a6! mit starkem Angriff. Man sehe: 15...♕xc2+ 16.♔a1 ♖c5 17.♕xb4 f6 18.♕b8+ ♔f7 19.♕xa7 ♔e8 20.♘b6 ♗e6 21.♖c1 ♕xf2 22.♖xc5 ♕xc5 23.♖c1 ♕a5 24.♘d5 fxg5 25.♘c7+ ♔f7 26.♘xe6+ ♔g6 (26...♔xe6 27.♗c8+ und Damengewinn) 27.♕d7 mit Gewinn.

15.♕xa5 bxc2+ 16.♔c1 cxd1♕+ 17.♔xd1 ♘xf2+ 18.♔e1 ♘xh1

Und nun ein Hammer!

Diagramm Nr.86

19.♕d8+!

Schwarz gab auf: 19...♖xd8 20.♘c7 matt.

Sizilianische Verteidigung (87)

Sax – Van der Wiel
Biel 1985

1.e4 c5 2.♘f3 d6 3.d4 cxd4 4.♘xd4 ♘f6 5.♘c3 ♘c6 6.♗g5 e6 7.♕d2 ♗e7 8.0-0-0 0-0 9.f4

Möglich ist 9.♘b3, um den vereinfachenden Abtausch durch ♘c6xd4 zu vermeiden.

9...h6 10.♗h4

Der Bauerngewinn 10.♗xf6 ♗xf6 11.♘xc6 bxc6 12.♕xd6 gibt Schwarz nach 12...♕b6 Gegenspiel. 10.h4!? wird in der nächsten Partie besprochen.

10...e5

Verdächtig ist die Wendung 10...♘xe4 11.♗xe7 ♘xd2 12.♗xd8 ♘xf1 13.♘xc6 bxc6 14.♗e7 ♖e8 15.♖hxf1 ♖xe7 16.♖xd6 ♗b7 17.g3 c5 18.♖fd1 mit schlechterem Endspiel für Schwarz. Oder 10...♘xd4 11.♕xd4 a6 (Auch nach 11...♕a5 12.♗c4 e5 13.fxe5 dxe5

14.♕d3 ♕c5 15.♗xf6 ♗xf6 16.♕e2 a6 17.♔b1 b5 18.♗b3 ♗e6 19.♘d5 erhält Weiß einen kleinen Vorteil.) 12.g4 ♘xg4 13.♗xe7 ♕xe7 14.♕xd6 ♕xd6 15.♖xd6 b5 16.♗e2 mit ebenfalls kleinem Plus für Weiß, Dolmatow–Smirin, Manila 1992.

11.♘f5 ♗xf5 12.exf5 exf4 13.♔b1

Oder 13.♕xf4 d5 mit unklarem Spiel.

13...d5 14.♕xf4

Besser ist laut Theorie 14.♗xf6 ♗xf6 15.♘xd5 ♗e5 16.♗c4 usw.

14...d4 15.♗xf6 ♗xf6 16.♘e4 ♗e5 17.♕f3 ♖c8 18.♗c4 ♘a5 19.♗d3 ♘c4

Schwarz übernimmt allmählich die Initiative.

20.f6

Weiß strebt Komplikationen an. Sicherer war 20.♗xc4 ♖xc4 21.♖d3 ♕c7 22.♖d2 ♖c8 23.♕d3, und nun geht 23...♗xh2?? nicht wegen 24.g3 mit Eroberung des Läufers.

20...g6 21.h4

Schwach spielte Weiß in der Partie Rizouk–Moreno Tejera, Lorca 2003: 21.♗xc4 ♖xc4 22.♖hf1 ♕b6 23.♕h3?? (Notwendig war 23.b3! ♖fc8 24.♖d2 mit Verteidigungsmöglichkeiten.) 23...d3! 24.c3 ♖xe4 25.♖xd3 (25.♕xh6 ♗xf6-+) 25...♖e2, und Schwarz steht auf Gewinn.

21...♕b6 22.♗xc4 ♖xc4 23.h5??

Falsch. Erforderlich war 23.b3! ♖fc8 24.♖d2, und Weiß lebt noch! Nun aber wird er lehrreich bestraft...

Diagramm Nr.87

23...d3! 24.c3

Die einzige Parade gegen den Doppelangriff auf b2 und c2. Die Variante 24.b3 ♕d4 25.c3 ♖xc3! nützt nichts mehr.

24...♖xe4! 25.♕xe4 ♗xc3

Weiß gab auf. Nach 26.b3 ♕f2 ist der Punkt b2 nicht mehr zu decken.

Sizilianische Verteidigung (88)

Dwoiris – Feher
Budapest 1991

1.e4 c5 2.♘f3 d6 3.d4 cxd4 4.♘xd4 ♘f6 5.♘c3 ♘c6 6.♗g5 e6 7.♕d2 ♗e7 8.0-0-0 0-0 9.f4 h6 10.h4!?

Mit dem Läuferopfer kann Weiß dem Gegner große Schwierigkeiten bereiten, wenn Schwarz die Nuancen der Variante nicht gut kennt. Anderseits vermeidet der Anziehende dadurch die langen Theorievarianten nach 10.♗h4.

10...♘xd4

Das Schlagen auf g5 ist gefährlich: 10...hxg5 11.hxg5 ♘g4 (11...♘xd4!?) 12.♕e2 e5 13.♘f5 ♗xf5 14.exf5 ♗xg5 15.♕xg4 (15.fxg5? ♕xg5+ 16.♔b1 ♘d4 ist günstig für Schwarz) 15...♗xf4+ 16.♔b1 ♕g5 17.♕xg5 (17.♕h3 ♕h6=) 17...♗xg5 18.♘e4 ♗h6 (Nach 18...♗e7 19.♗c4 ♘d4 20.♖h5 droht Weiß ♖d1-h1 und hat entscheidenden Vorteil.) 19.♗c4 ♘d4 20.g4 mit klarem weißen Plus.

11.♕xd4 hxg5

In der Partie Dwoiris–Utjomow, UdSSR 1989, fand Schwarz einen anderen Weg zum Ausgleich: 11...♕a5!? 12.♔b1 e5 13.♕d2 ♗g4 14.♗e2 ♗xe2 15.♕xe2 exf4 16.♗xf4 ♖fe8 17.g4 ♗f8 18.♕f3 ♖ac8 19.♗d2 ♕e5 20.g5 ♘xe4 21.gxh6 ♕f6 22.♕xf6 gxf6 23.♘xe4 ♖xe4 24.♖df1 ♖e6 25.♗c3 ♗xh6 26.♗xf6 ♖c4=.

12.hxg5 ♘g4 13.♗e2 e5 14.♕g1 exf4 15.♗xg4 ♗xg5?

Schwarz konnte sich einfach mit 15...♗xg4! verteidigen, z.B. 16.♕h2 f5 17.g6 ♗h4 18.♖d5 fxe4 19.♘xe4 (Nach 19.♕xh4 ♕xh4 20.♖xh4 ♗f5 21.♖xf4 ♗xg6 22.♖g4 ♗h7 23.♘xe4 ♖ae8 24.♘xd6 ♖e2 25.♖c4 ♖f1+ 26.♖d1 ♖ff2 27.♖c8+ ♖f8 28.♖xf8+ ♔xf8 29.♖d2 ♖e1+ 30.♖d1 ♖e2 rettet sich Schwarz durch

Zugwiederholung.) 19...♗f5 20.♘xd6 ♗xg6 21.♕xh4 ♕xh4 22.♖xh4 ♖ad8 23.c4 b6 mit gleichem Endspiel.

16.♗xc8 ♖xc8 17.♖d3 ♖e8

17...♗h6 18.♔b1 ♕g5 19.g3 ♖c5 20.♘d5, und laut Knaak steht Weiß besser.

18.♔b1 ♖c5 19.g3 fxg3 20.♖xg3 ♖e6 21.♖h5 ♗f6 22.♘d5 b6??

Nur 22...♖e5!? bot noch praktische Chancen: 23.♖xg7+ ♗xg7 24.♖xe5 dxe5 25.♕xc5 ♕h4 26.♕g1 ♔h8 27.♘c3 ♗h6 mit Remis, Roosaar–Tingander, Fernschach 1991. Nach dem Fehler in der Partie folgt der krönende weiße Schlussangriff.

23.♖gh3 g6

Diagramm Nr.88

24.♕g5!!

Schwarz gab auf.

Sizilianische Verteidigung (89)

Michaltschischin – Csom
Kopenhagen 1980

1.e4 c5 2.♘f3 d6 3.d4 cxd4 4.♘xd4 ♘f6 5.♘c3 ♘c6 6.♗g5 e6 7.♕d2 a6 8.0-0-0 h6 9.♗e3 ♕c7 10.f4 ♗e7 11.♗e2 ♘a5?

Damit gibt Schwarz die Kontrolle über das Feld e5 auf. Richtig ist 11...♗d7!?, um ein Konterspiel am Damenflügel zu organisieren: 12.♘b3 b5 13.♗f3 ♖c8 14.♔b1 b4 15.♘a4 ♘a5 16.♘b6 ♘c4 17.♘xc4 ♕xc4 18.e5 dxe5 19.fxe5 ♘d5 20.♗xd5 exd5 21.♘d4 a5, und Schwarz hat gute Remischancen.

12.e5! dxe5 13.fxe5 ♘d5

Einen kurzen Verlauf hatte die Partie Petruschin–Sher, Wolgodonsk 1983: 13...♘d7 14.♗f4 ♘c4 15.♕e1 b5 16.♖f1 ♗g5 17.♗xg5 hxg5 18.♗xc4 ♕xc4 19.♘e4 0-0 20.♘xg5, und Schwarz kapitulierte. Auch nach 13...♕xe5 hat Schwarz kein leichtes Leben: 14.♗f4 ♕c5 15.♘a4 ♕b4 16.♕xb4 ♗xb4 17.c3 ♗e7 18.♘b6 ♘d5 19.♘xa8 ♘xf4 20.♘b6 ♗g5 21.♔b1 0-0 22.♗f3 mit weißem Vorteil.

Diagramm Nr.89

14.♘xe6!

Nun bricht die schwarze Stellung zusammen.

14...♗xe6

Das Schlagen mit dem Bauern verliert auch rasch: 14...fxe6 15.♗h5+ ♔d8 (15...♔f8 16.♖hf1+ ♔g8 17.♘xd5+-) 16.♘xd5 exd5 17.♕xd5+ ♗d7 18.♗b6+-.

15.♘xd5 ♗xd5 16.♕xd5

Jetzt behält der Anziehende einen Mehrbauern und klaren positionellen Vorteil. Der Rest ist schon Sache der Technik.

16...♖c8 17.c3 0-0 18.♗d3 ♖fe8 19.e6! ♗f8

19...fxe6 20.♕xe6+ ♔h8 21.♕g6+-.

20.exf7+ ♕xf7 21.♗h7+!

Schwarz gab auf.

Sizilianische Verteidigung (90)

Koglin – Riedel
Damenoberliga 1990

1.e4 c5 2.♘f3 d6 3.d4 cxd4 4.♘xd4 ♘f6 5.♘c3 a6 6.♗g5 e6 7.♕d2

Die meistgespielte Fortsetzung ist hier 7.f4.

7...h6

Schwarz sollte seine Kräfte entwickeln. Die Theorie empfiehlt hier 7...♘c6!? z.B. 8.0-0-0 ♗d7 9.f4 b5 10.♗xf6 gxf6 11.♔b1 ♕b6 12.♘xc6 ♗xc6 13.♕e1 ♖a7 (13...♗e7!?) 14.f5 ♕c5 15.♗d3 a5 16.♘e2 ♗h6 17.♖f1 e5 18.♘g3 ♔e7

19.♖f3 ♖g8 20.♕e2 a4 mit aktivem Spiel von Schwarz, Benjamin–Kozul, Luzern 1997.

8.♗xf6 ♕xf6 9.0-0-0 ♘c6 10.♘xc6 bxc6 11.f4 d5?

Riedel musste schnell ihren König mit 11...♕d8! und dem Plan ♗f8–e7 nebst 0-0 in Sicherheit bringen. Nach dem Textzug führt Weiß eine einfache, aber gefällige Kombination durch.

12.exd5 cxd5

Diagramm Nr.90

13.♘xd5!

Das entscheidende Springeropfer.

13...exd5

Nach 13...♕d8 14.♕e3 verfügt Weiß über einen Mehrbauern und Angriff.

14.♕xd5 ♖b8

Oder 14...♖a7 15.♗b5+! axb5 16.♖he1+ ♗e6 (16...♗e7 17.♕d8 matt) 17.♕c6+ ♔e7 18.♕d6+ ♔e8 19.♕b8+ mit weißem Gewinn.

15.♗b5+!

Schwarz gab auf wegen 15...axb5 16.♖he1+ ♗e6 (16...♗e7 17.♕d8 matt) 17.♕d7 matt.

Sizilianische Verteidigung (91)

Klinger – Kiss
Oberwart 1988

1.e4 c5 2.♘f3 ♘c6 3.d4 cxd4 4.♘xd4 ♘f6 5.♘c3 d6 6.f4 e5

Häufiger wird 6...e6 mit Übergang in das Scheveninger System gespielt.

7.♘f3 ♗e7 8.♗c4

In Frage kommt 8.♗d3!?

8...♕b6

Stärker ist 8...0-0. Möglich ist auch 8...♕a5!? Dieser Damenausfall verhindert ebenfalls die weiße Rochade (9.0-0?? ♕c5+ mit Läufergewinn), er nimmt aber zugleich den Bauern e4 aufs Korn. Nach weiterem 9.♕e2 ♘d4 10.♕d3 d5 11.♘xe5 (11.exd5? ♗f5±) 11...dxc4 12.♕xd4 ♗e6 13.♗e3 0-0 14.♘xc4 ♕b4 oder 9.♗d2 ♕c5 10.♗b3 ♘d4 erhält Schwarz aktives Spiel.

9.♗b3 0-0 10.♕d3?!

Bronstein demonstrierte gegen Barczay, Szombathely 1966, den richtigen Plan für Weiß: 10.f5! h6 (Es drohte unangenehm 11.♗g5!) 11.g4!? ♘xg4 12.♕e2 ♘d4 13.♘xd4 ♗h4+ 14.♔f1 ♕xd4 15.♖g1 ♕f2+ 16.♕xf2 ♘xf2 17.♗xh6, und Weiß stand auf Gewinn.

10...d5!?

Schwarz ist besser entwickelt, und er möchte das weitere Geschehen gern mit taktischen Mitteln forcieren. Interessant ist auch 10...♘b4!? 11.♕e2 ♗e6 12.♗xe6 fxe6 13.♘g5 d5 mit aktivem Spiel für Schwarz.

11.♘xd5

Zu einer unklaren Stellung führte 11.exd5 e4 12.♘xe4 ♘b4 13.♕e2 (Oder 13.♘xf6+ ♗xf6 14.♕e3 ♗f5 15.♕xb6 axb6 16.c3 ♘d3+ 17.♔e2 ♖fe8+ 18.♗e3 ♘xf4+ 19.♔d2 ♘xg2 20.♗xb6 ♗e4 mit Kompensation für den Bauern.) 13...♗g4 (13...♗f5!?) 14.♘xf6+ ♗xf6 15.♗e3 ♕a5 16.0-0 ♘xd5 17.♕d2 ♕xd2 18.♗xd2 ♗xf3 19.gxf3 (19.♖xf3 ♗xb2!) 19...♖ad8, und Schwarz hat ein aktives Spiel. Auch nach 11.fxe5 dxe4 12.♘xe4 ♘xe5 13.♘xe5 ♕a5+ 14.♘c3 ♕xe5+ besitzt Schwarz bessere Perspektiven.

11...♘xd5 12.♗xd5?

Viel stärker wäre 12.exd5!, wonach Schwarz seine Kompensation hätte beweisen müssen. Nach dem Partiezug wird Weiß einem starken Angriff ausgesetzt.

12...♘b4 13.♕b3 exf4 14.♗xf4 ♘xd5 15.exd5 ♗b4+ 16.♔d1

Gefährlich für Weiß wäre 16.c3 ♖e8+ 17.♔d1 ♗g4! 18.♕xb4 ♕f2 usw.

16...♗g4 17.♗e3 ♕d6 18.♔c1 ♖ac8 19.♖d1 ♖c7

Schablonenhaft gespielt. Nach 19...♖fe8! wäre der schwarze Druck sehr stark. Nun bekommt Weiß eine Atempause.

20.♖d4 ♗xf3 21.gxf3 ♖fc8 22.♖xb4?

Leider nutzt Weiß seine Rettungschance nicht. Zum Remis führt 22.♕xb4! ♖xc2+ 23.♔d1 ♕xh2 24.♕e1 ♕g2 25.♗d2 ♕xf3+ 26.♕e2 ♕h1+ mit Dauerschach, Analyse von Stohl.

22...♖xc2+ 23.♔b1

Oder 23.♕xc2 ♖xc2+ 24.♔xc2 ♕xb4 25.♖d1 ♕c4+ 26.♔d2 (26.♔b1 ♕e2 27.♖c1 h5 28.♗xa7 ♕xf3-+) 26...♕xd5+ 27.♔e2 ♕b5+ 28.♔f2 h5, und Schwarz gewinnt.

23...♕g6 24.♖e4

Diagramm Nr.91

24...♕g1+!

Eine kleine Kombination. Weiß gab auf: 25.♗xg1 ♖c1 matt.

Sizilianische Verteidigung (92)

Malisauskas – Oll
UdSSR 1988

1.e4 c5 2.♘f3 d6 3.d4 cxd4 4.♘xd4 ♘f6 5.♘c3 a6 6.♗d3

Eine seltene Fortsetzung. Weiß möchte damit die komplizierten Varianten nach 6.♗g5; 6.♗e3 oder 6.f3 vermeiden.

6...e6 7.0-0 b5?

Schwarz sollte erst über seine Entwicklung nachdenken. Vorzuziehen war 7...♗e7 nebst Rochade und dann mit der Aktion am Damenflügel.

8.a4! b4 9.♘a2 ♗b7 10.♖e1 ♗e7

10...d5 würde nach 11.exd5 die Linie für den ♖e1 öffnen, aber der Textzug führt auch zu günstigeren Komplikationen für Weiß.

11.♘xb4 d5 12.e5 ♗xb4 13.c3 ♗c5

In der Begegnung Vallejo Pons–Van Wely, Amber 2006, bekam Weiß nach 13...♗e7 14.exf6 ♗xf6 15.♕b3 ♕d7 16.♘xe6! fxe6 17.♗f5 ♗e7 18.♗xe6 ♕c6 19.♗g5! ♗xg5 (19...d4 20.♗h3+-) 20.♗xd5+ ♔d8 21.♗xc6 ♗xc6 22.♖ad1+ (22.♕b6+!? war noch stärker) 22...♔c7 23.a5 ♖d8 24.♕b6+ ♔c8 25.♕c5 eine gewonnene Stellung. Auch nach 13...♗xc3 14.bxc3 ♘e4 (Nach 14...♘fd7 folgt natürlich 15.♗a3!) 15.♗a3 ♘xc3 16.♕g4 wäre die Situation von Schwarz nicht einfach zu verteidigen.

14.exf6 ♕xf6 15.♕g4 h5?!

Schwarz hatte schwierige Auswahl. Die Rochade verliert wegen 16.♗g5! Dagegen nach 15...♗xd4 16.cxd4 ♘c6 17.♗g5 ♕xd4 18.♖xe6+! fxe6 (Oder 18...♔f8 19.♗e7+ ♔g8 20.♕xd4 ♘xd4 21.♖b6 ♗c8 22.♖c1 mit weißem Vorteil.) 19.♕xe6+ ♔f8 20.♕d6+ ♔f7 (20...♔g8 21.♗f5+-) 21.♕d7+ ♔f8 22.♕xb7 ♖e8 23.♗xa6 hätte Weiß eine volle Kompensation für Qualität.

16.♕g3 h4 17.♕c7 ♕e7?

Notwendig war 17...♗xd4 18.cxd4 ♕e7, obwohl Weiß nach 19.♕b6 besser stünde. Aber die Partiefortsetzung führte sofort zur Katastrophe.

Diagramm Nr.92

18.♘xe6!

Der Gewinnzug: 18...fxe6 (18...♕xc7 19.♘xc7+ ♔d7 20.♘xa8 ♗xa8+-) 19.♗g6+ ♔f8 20.♖xe6! ♕xe6 (20...♕xc7 21.♖e8 matt) 21.♕d8+ ♕e8 22.♕xe8 matt. Schwarz gab auf.

Sizilianische Verteidigung (93)

Zimmermann – Braun
Bad Mergentheim 1988

1.e4 c5 2.♘f3 e6 3.d4 cxd4 4.♘xd4 ♘f6 5.♘c3 d6 6.♗c4

Die Entwicklung des Läufers auf die Diagonale a2–g8 findet man in der Turnierpraxis häufig. Sie ist besonders beliebt unter Schachspielern, die ein scharfes Spiel mögen.

6...a6 7.♗b3

Damit hebt man die Drohung 7...♘xe4 nebst d6–d5 auf.

7...b5 8.0-0

Zu zweischneidigem Kampf führt 8.f4.

8...♗e7

Die logischste und am meist angewendete Fortsetzung. Schwarz möchte schnell seinen König in Sicherheit bringen.

9.f4

Weiß plant, den Vorstoß e4–e5 durchsetzen, um aktives Spiel im Zentrum und am Königsflügel zu erhalten.

9...0-0 10.e5 dxe5 11.fxe5 ♘fd7 12.♗e3 ♗b7?

12...♘xe5! scheint der beste Zug zu sein. Man sehe: 13.♕h5 ♘c4 (Nach 13...♘bd7 folgt das typische Opfer: 14.♗xe6! g6 15.♕e2 fxe6 16.♘xe6 ♖xf1+ 17.♖xf1 ♕a5 18.♘d5 ♗d6 19.♕f2 mit entscheidendem Angriff.) 14.♗xc4 bxc4 15.♖ad1 ♕c7 16.♖f3 g6 17.♕h6 f5 18.♘xf5 ♖xf5 19.♖xf5 gxf5 20.♗d4 e5 21.♘d5 ♕d6 22.♘xe7+ ♕xe7 23.♗xe5 ♘d7! (23...♕xe5?? 24.♖d8+ ♔f7 25.♕h5+ ♔f6 26.♖f8+ mit Damengewinn) 24.♗c3 ♗b7 25.♖e1 ♗e4 26.♖e3 ♘e5 27.♖g3+ ♘g6 28.h4 ♖d8 und Schwarz hat gute Chancen, den gegnerischen Angriff abzuwehren, De Firmian–Ribli, Baden-Baden 1981.

13.♕h5 g6

Zur Niederlage führte 13...♘c5? 14.♖xf7! ♖xf7 15.♘xe6 ♘xb3 16.♘xd8 g6 17.♕d1 ♘xa1 18.♘xb7 ♘c6 19.♘d6 ♖d8 20.♗b6 1-0, Bednarski–Pytel, Lublin 1972. Auch nach 13...♘c6 14.♘xc6 ♗xc6 15.♖xf7 ♖xf7 16.♗xe6 ♕e8 17.♖f1 ♘f6 18.exf6 ♗xf6 19.♗xf7+ ♕xf7 20.♕xf7+ ♔xf7 21.♗g5 b4 22.♗xf6 gxf6 23.♘d1 hat Weiß einen Mehrbauern. Die beste Fortsetzung ist in dieser Stellung 13...♗c5! 14.♔h1 (14.♖xf7? ♗xd4 15.♗xd4 ♖xf7 16.♗xe6 ♕e7 mit Vorteil für Schwarz) 14...♗xd4 15.♗xd4 ♘c6, und Schwarz kann mit seiner Stellung zufrieden sein.

14.♕h3 ♘c5??

Mit dem Plan, den starken Läufer b3 zu beseitigen. Doch dieser Zug ist schwach und ermöglicht Weiß, einen erfolgreichen Königsangriff durchzuführen. Nur nach 14...♗g5 könnte Schwarz noch Widerstand leisten.

Diagramm Nr.93

15.♖xf7! ♖xf7 16.♘xe6 ♘xb3

Oder 16...♕c8 17.♘xc5 ♕xh3 18.gxh3 ♗xc5 19.♗xc5 ♔g7 20.♗xf7 ♔xf7 21.♖d1, und Weiß erhält ein gewonnenes Endspiel. Auch nach 16...♘xe6 17.♗xe6 oder 16...♕b6 17.♘xc5 ♗xc5 18.♗xf7+ ♔xf7 19.♕xh7+ ♔e8 20.♕h8+ ♔e7 21.♕f6+ ♕xf6 22.exf6+ ♔xf6 23.♗xc5 wäre die schwarze Stellung nicht zu retten. Deshalb versucht Schwarz, wenigstens viel Material für seine Dame einzusammeln.

17.♘xd8 ♘xa1 18.♘xf7 ♔xf7 19.e6+

Zum Sieg führte auch 19.♕xh7+!? ♔e6 20.♕xg6+ ♔d7 (20...♔xe5 21.g3+–) 21.♗b6 usw.

19...♔g8 20.♕g3

Es droht nun das Eindringen der weißen Dame auf c7, wogegen Schwarz nichts tun kann.

20...♘c6 21.♕c7

Auf 21...♖b8 gewinnt 22.♘d5. Schwarz kapitulierte.

Sizilianische Verteidigung (94)

K. Müller – Sagrebelny
Budapest 1991

1.e4 c5 2.♘f3 d6 3.d4 cxd4 4.♘xd4 ♘f6 5.♘c3 a6 6.♗c4 e6 7.0-0

Mit 7.♕e2 nebst ♗e3 und 0–0–0 kann Weiß den scharfen Velimirovic–Angriff einleiten. Siehe die nächste Partie.

7...♗e7 8.♗b3 0-0 9.f4 ♘bd7

Üblicherweise wird hier 9...b5!? gespielt, mit Gegenspiel am Damenflügel. Der von Schwarz gewählte Plan ist langsamer und gibt dem Weißen gute Angriffsmöglichkeiten.

10.♔h1 ♘c5 11.e5

Mit diesem energischen Zug beginnt der Anziehende eine Angriffsaktion im Zentrum und am Königsflügel.

11...dxe5?!

Schwarz sollte auf keinen Fall die f-Linie öffnen und einfach 11...♘e8!? spielen.

12.fxe5 ♘fd7 13.♕h5!

Ein starker Zug. Möglich ist jedoch auch 13.♗f4 z.B. 13...♗g5 14.♕h5 h6 15.♗g3 g6 (15...♗e3 16.♖ad1 ♕g5 17.♕e2 ♗xd4 18.♖xd4 h5 19.♖h4 g6 20.♘e4 ♘xe4 21.♖xe4 ♕h6 22.♗f4 g5 23.♗d2 ♘c5 24.♖h4 ♕g6 25.♖xh5+–,Vandenbussche–Barbier, Eupen 2003) 16.♕e2 ♔h7 17.♖f3 h5 18.♖af1 ♕e8 19.♗f4 ♗xf4 20.♖xf4 f5 21.exf6 e5 22.♖4f2 exd4 23.♕e7+ ♕xe7 24.fxe7 ♖e8 25.♘d5 b5 26.♘c7 mit weißem Gewinn, K.Müller–Heinemann, Hamburg 1997.

13...a5?

Eine fragwürdige Entscheidung. Zu überlegen war 13...♕c7!? z.B. 14.♗f4 g6 (14...b5? 15.♖f3 g6 16.♕h6 ♖e8 17.♘d5! ♕d8 18.♖h3 ♘f8 19.♘xe7+ ♕xe7 20.♗g5+–) 15.♕e2 (Oder 15.♕h6 ♘xe5 16.♖ae1 f6 mit unklarer Stellung.) 15...♖d8 16.♖ad1 ♘xb3 17.axb3 b5 18.♘e4 ♗b7 mit Verteidigungsressourcen für Schwarz.

14.♖f3 a4 15.♖h3! h6

Diagramm Nr.94

16.♘f5!

Nun macht Weiß kurzen Prozess. Es droht 17.♘xh6+! Die schwarze Antwort ist daher erzwungen.

16...exf5

16...♗g5 17.♗xg5 ♕xg5 18.♕xg5 hxg5 19.♘e7 matt.

17.♗xh6! ♗h4

17...gxh6 18.♕g6+ mit Matt.

18.♕g6 ♕g5

Die einzige Verteidigung gegen das Matt.

19.♗xg5 axb3 20.♕h5 ♘xe5 21.♖xh4

Schwarz gab auf. Es könnte noch geschehen: 21...f6 22.♘d5 ♖d8 23.♘xf6+ gxf6 24.♕h8+ ♔f7 25.♕xf6+ nebst Matt.

Sizilianische Verteidigung (95)

Bielak – M.Müller
Fernpartie 1990

1.e4 c5 2.♘c3 ♘c6 3.♘ge2 ♘f6 4.d4 cxd4 5.♘xd4 d6 6.♗c4 e6 7.♗e3 ♗e7 8.♕e2

Weiß bereitet die lange Rochade vor.

8...0–0 9.0–0–0 a6 10.♖hg1

Die Pläne der beiden Seiten sind klar: Weiß wird am Königsflügel attackieren, Schwarz dagegen auf der anderen Seite. Statt 10.♖hg1 wird auch 10.♗b3 ♕c7 gespielt. Man sehe:

1) 11.g4 ♘xd4 (Oder 11...♘d7 12.♖hg1 ♘c5 13.g5 b5 14.♕h5 b4 15.♘a4 ♗d7

16.♘xc5 ♘xd4 17.♘xd7 ♘xb3+ 18.axb3 ♖fc8 19.♗c5 ♕xd7 20.♗xb4 ♕b7 21.♗c3 ♕xe4 22.♖d4 ♕f5 23.♕g4 ♖c5 24.f4 ♖ac8 mit beiderseitigen Chancen.) 12.♖xd4 b5 (Nach 12...e5 13.♖c4 ♕d8 14.g5 ♘e8 15.♖g1 b5 16.♖xc8! ♖xc8 17.h4 ♘c7 18.h5 hat Weiß einen starken Angriff.) 13.g5 ♘d7 14.♖g1 ♘c5 15.♕h5 g6 16.♕h6 f5 17.gxf6 ♗xf6 18.h4 ♗xd4 19.♗xd4 ♘xb3+ 20.axb3 e5 21.♗b6 ♕xb6 22.♖xg6+ hxg6 23.♕xg6+ mit Dauerschach.

2) 11.♖hg1 ♘d7 12.g4 ♘c5 13.g5 ♗d7 14.♕h5 ♖fc8 15.♖g3 g6 16.♕h6 ♗f8 17.♕h4 ♘xd4 (17...♗e7 18.♕h6 ♗f8=) 18.♖xd4 b5 19.♖h3 h5 20.gxh6 ♔h7 und Schwarz hat seinen König gesichert und ist bereit, den Angriff am Damenflügel fortzusetzen, Rytschagow-Lanka, Debrecen 1992.

10...♕e8?!

Mit der Idee b7-b5. Aber dieser Plan ist in dieser Stellung zu langsam. Der Nachziehende sollte mittels 10...♘a5 11.♗d3 b5 12.g4 ♘d7 13.g5 ♘c5 schnell aktives Gegenspiel anstreben.

11.g4 b5

Nicht gut für Schwarz ist die Stellung nach 11...♘d7 12.g5 ♘c5. Hierfür nun zwei interessante Beispiele:

1) 13.♘xc6 ♕xc6 14.♗d4 ♖e8 15.♕h5 ♘xe4 16.♖g4 ♘xc3 (16...♕xc4 17.♘xe4 e5 18.♘f6+! ♗xf6 19.gxf6 ♗xg4 20.♕g5 g6 21.♕h6+-) 17.♗xc3 ♕f3 18.♗d3 g6 19.♕xh7+! 1-0, Amonatow-Tschaurow, Russland 2001.

2) 13.♕h5 ♘xd4 14.♗xd4 b5 15.♗f6 ♔h8 16.♖g4 ♗xf6 17.gxf6 g5 18.h4 e5 19.hxg5 ♘xe4 (19...♗xg4 20.♕h6 ♖g8 21.♖h1+-) 20.♖h1 ♗f5 21.♖gh4 1-0, Reefat-Sandipan, Kelamabakkam 2000.

12.g5 ♘xd4 13.♗xd4 ♘d7 14.♗b3 ♘c5 15.♕h5 ♘xb3+ 16.axb3 ♗b7??

Jetzt geht es schnell bergab. Nötig war 16...e5, um den folgenden feindlichen Angriff abzuwehren.

Diagramm Nr.95

17.♗f6! b4

Die schwarze Partie war nicht mehr zu retten. Auf 17...♔h8 entscheidet 18.♖d3! nebst ♖d3-h3+-.

18.♕h6!

Das Matt ist nicht zu parieren. Schwarz gab auf.

Sizilianische Verteidigung (96)

Kasparow - Gelfand
Linares 1993

1.e4 c5 2.♘f3 d6 3.d4 cxd4 4.♘xd4 ♘f6 5.♘c3 a6 6.♗c4 e6 7.♗b3 b5 8.0-0 ♗e7 9.♕f3

Mit der Drohung 10.e5.

9...♕c7

Um nach 10.e5 ♗b7! antworten zu können. Schwarz kann seinen Läufer nicht sofort auf die Diagonale a8-h1 bringen: 9...♗b7? wegen 10.♗xe6! fxe6 11.♘xe6 ♕d7 12.♘xg7+ ♔f7 13.♘f5, und Weiß besitzt drei Bauern für die geopferte Figur bei guten Angriffsmöglichkeiten.

10.♕g3 0-0

In der Partie De Firmian-Browne, USA 1989, erreichte Weiß nach 10...♘c6 11.♘xc6 ♕xc6 12.♖e1 0-0 13.♗h6 ♘e8 14.♘d5! ♗d8 (Oder 14...exd5 15.♗xd5 ♕xc2 16.♗xa8 ♕xb2 17.♗d5 ♗e6 18.♖ab1 ♕f6 19.♗c1 mit weißem Vorteil.) 15.♖e3 (15.♗f4!?) 15...♕b7 16.♘f4 ♔h8 17.♗g5 ♗b6 18.♖f3 ♕xe4 19.♔f1 e5 20.♘d5 ♗a5 21.♘e7 ♘c7 22.♘xc8 ♖axc8 23.♗e7 f5 24.♗xf8 ♖xf8 25.c3 f4 26.♕g4 b4 27.♖e1 einen klaren Vorteil. Zu prüfen ist aber die Idee 10...♗b7!? 11.♕xg7 ♖g8 mit scharfem Spiel.

11.♗h6 ♘e8 12.♖ad1

Beim Schnellturnier in Paris 1991 geschah zwischen denselben Partnern 12.♖fe1 ♗d7 13.a4 b4 14.♘ce2 ♔h8 15.♗g5 ♗xg5 16.♕xg5 ♘f6 mit etwa gleichen Chancen.

12...♗d7 13.♘f3

Eine interessante Idee. Weiß verzichtet auf den typischen Marsch seines f-Bauern und plant einen Figurendruck gegen die gegnerische Königsstellung.

13...b4 14.♘e2 a5 15.♘f4 ♔h8

Erzwungen, weil Weiß mit 16.♗xg7! ♘xg7 17.♘h5 drohte.

16.♗g5 ♘f6

Eine schöne Variante könnte nach 16...f6 17.♕h3 fxg5 18.♘g6+ ♔g8 19.♘xe7+ ♔f7 20.♘f5 h6 21.♕h5+ ♔g8 (21...g6 22.♘xh6+ ♔g7 23.♕xg5+–) 22.♘e7+ ♔h8 23.♘xg5 ♘f6 24.♘g6+ ♔g8 25.♘xe6+– entstehen. Aber zu beachten war 16...♘c6!? 17.♘d5 exd5 18.exd5 ♘f6 19.dxc6 ♗xc6 20.♖fe1 a4 mit etwa gleichen Chancen.

17.♕h4

Mit dem Plan 18.♘h5!

17...♗b5?

Jetzt wird die weiße Attacke schon unwiderstehlich. Schwarz musste hier 17...♘c6! versuchen, z.B. 18.c3 ♗e8 19.♖fe1 ♘e5 20.♗xe6 fxe6 21.♘xe6 ♕c4 22.♘xf8 ♘xf3+ 23.gxf3 ♗xf8 24.♗xf6 gxf6 25.♕xf6+ ♗g7 26.♕xd6 bxc3, und Schwarz hat später die Partie gerettet, Ciuksyte–Pähtz, Plowdiw 2003.

18.♘d4! ♗e8

Schwarz hat keine Zeit, den Turm zu schlagen: 18...♗xf1 19.♘dxe6! fxe6 20.♗xe6 ♘h5 21.♕xh5 ♖xf4 22.♗xf4 ♘d7 23.♔xf1 mit weißem Vorteil. Aber nach dem Textzug entscheidet auch das Springeropfer.

Diagramm Nr.96

19.♘dxe6! fxe6 20.♘xe6 ♕a7

Oder 20...♕c8 21.e5 dxe5 (21...a4 22.exf6+–) 22.♘xf8 ♗xf8 23.♗xf6 gxf6 24.♕xf6+ ♗g7 25.♖d8+–.

21.e5!

Auf diese Weise wird die Linie für den Turm geöffnet.

21...dxe5 22.♘xf8 ♗xf8 23.♗xf6 gxf6 24.♖d8 ♘d7

Nach 24...♕e7 gewann Weiß folgenderweise: 25.♕c4! ♔g7 26.♕g8+ ♔h6 27.♖e1! ♕xd8 28.♕xf8+ ♔g5 29.♗f7+–.

25.♕g4

Das Matt auf g8 kann mit 25...♗g7 gedeckt werden, aber danach gewinnt einfach 26.♕e6! Schwarz gab auf.

Sizilianische Verteidigung (97)

Telbis – Sanakojew
Fernpartie 1976–78

1.e4 c5 2.♘f3 d6 3.d4 cxd4 4.♘xd4 ♘f6 5.♘c3 a6 6.♗c4 e6 7.♗b3 b5 8.0-0 ♗e7 9.f4 ♗b7 10.e5

Zu empfehlen ist hier 10.♗e3!? z.B. 10...♘xe4 11.♘xe4 ♗xe4 12.f5 exf5 (12...e5 13.♗xf7+! ♔xf7 14.♕h5+ ♔g8 15.♘e6 ♕c8 16.♕g4 ♗f6 17.♕xe4+–) 13.♘xf5 0-0 14.♘xg7! ♗f6 15.♘h5 mit entscheidendem Vorteil, Konikowski–Tiahnybok, Krakow 1973.

10...dxe5 11.fxe5 ♗c5 12.♗e3 ♘c6 13.exf6 ♗xd4!

Das Beste. Schwach ist 13...♘xd4? wegen 14.fxg7 ♖g8 15.♖xf7! ♘xb3 16.♕h5 ♗xe3+ 17.♔h1 ♗xg2+ 18.♔xg2 ♕g5+ 19.♕xg5 ♗xg5 20.♖af1 0-0-0 21.♘e4 ♗h6 22.axb3 ♖xg7+ 23.♖xg7 ♗xg7 24.c3 mit Vorteil für Weiß, Marjanovic–Dieks, Groningen 1973.

14.fxg7?

Ein bekannter Eröffnungsfehler. Richtig war 14.♕e1! np. 14...♗xe3+ (14...♕b6 15.♘d5! ♗xe3+ 16.♕xe3 ♕xe3+ 17.♘xe3 gxf6 18.♖xf6 ♔e7=) 15.♕xe3 ♕d4 16.♖ae1 gxf6 17.♘e4 ♕xe3+ 18.♖xe3 ♔e7 19.♘xf6 ♘d4 20.c3 ♘xb3 21.axb3 ♖ad8 mit gleichen Chancen.

14...♗xe3+ 15.♔h1 ♖g8 16.♕h5

Andere Züge sind 16.♗xe6 ♖xg7! (Nach 16...fxe6 kann Weiß noch kämpfen: 17.♕h5+ ♔d7 18.♖ad1+ ♗d4 19.♘e2 ♕e8 20.♕xh7 e5 21.c3 ♔c7 22.cxd4 exd4 23.♘xd4 ♘xd4 24.♖xd4 ♕e2 25.♖d7+! ♔xd7 26.♖f7+ ♔d6 27.♕h6+ ♕e6 28.♕f4+ ♔c5 29.♕f2+ ♔b4 30.♕d2+ mit Dauerschach.) 17.♕f3 ♕e7 18.♗d5 ♘d4 19.♕h3 ♗d2 20.♗xb7 ♕xb7 und Schwarz gewinnt, Zaitschik–Lukow, Tbilisi 1988. Oder 16.♕f3 ♖xg7 17.♗xe6 ♕e7 18.♗d5 ♘d4 19.♕h3 ♗d2! 20.♗xb7 ♕xb7 21.♖f2 ♗xc3 22.♕xc3 ♘e6 23.♖e1 ♖g8 mit schwarzem Vorteil.

16...♖xg7 17.♗xe6 ♘e5!

Nur dieser Zug verschafft Schwarz Gegenspiel.

18.♗h3

18.♗d5 scheitert an 18...♖g5! 19.♕d1 (19.♗xf7+ ♔e7!-+) 19...♕b6 20.♘e4 0-0-0 21.♘xg5 ♖xd5 22.♕h5 ♘d7 23.h4 h6 24.♖ae1 ♗xg5 25.hxg5 ♖xg5 26.♖e8+ ♔c7 27.♕h2+ ♕d6 28.♕xd6+ ♔xd6 29.♖e2 ♗d5 30.♖d2 ♔e6 31.b3 ♘e5 32.♖e1 f6-+, Levy–Stewart, Ayr 1974.

18...♕g5 19.♕e2

19.♕xg5 ♖xg5 20.♖ae1 ♗d4-+.

19...♕h6 20.♘xb5 ♖d8!

Die letzte schwarze Figur wird ins Spiel gebracht.

21.♘c7+ ♔e7 22.♖f5 ♕xh3 23.♖xe5+ ♔f8 24.♘d5

Nun geht 24.♖xe3 nicht wegen 24...♗xg2+ 25.♔g1 ♗f3+ 26.♔f2 ♖g2+ 27.♔e1 ♖g1+ 28.♔f2 ♕g2 matt. Aber jetzt gewinnt Schwarz nach...

Diagramm Nr.97

24...♖xd5! 25.♖xe3

25.gxh3 ♖d1 matt.

25...♖e5!

Nach diesem überraschenden Schlag ist es für Weiß schon aus. Er gab sich daher geschlagen.

Sizilianische Verteidigung (98)

Konikowski – Barbulovic
Polen 1968

1.e4 c5 2.♘f3 d6 3.d4 cxd4 4.♘xd4 ♘f6 5.♘c3 a6 6.♗c4 e6 7.♗b3 b5 8.a3

Eine ruhigere Fortsetzung. Elastischer ist 8.0-0, um nach 8...♗e7 mit 9.f4 fortzusetzen.

8...♗b7

In dem Duell Rajna–Barczay, Budapest 1977, geschah 8...♗e7 9.♗e3 0-0 10.♕e2 ♗b7 11.f3 ♘bd7 12.g4 ♘c5 13.♗a2 ♖c8 14.0-0-0 ♕a5 mit scharfer Stellung.

9.♕e2 ♘bd7 10.f3 ♖c8

Oder 10...♘c5 11.♗a2 ♗e7 12.♗e3 0-0 13.0-0 (Gespielt wurde auch 13.♖d1 ♕c7 14.0-0 ♖ac8 15.♖d2 ♖fd8 16.g4 ♘fd7 17.b4 ♘a4 18.♘xa4 bxa4 19.c4 ♘e5 20.♖c2 ♘c6 21.♗b1 ♗g5 22.♘xc6 ♗xe3+ 23.♕xe3 ♗xc6 24.♖d1 ♕b7 25.♖cd2 ♕e7 26.♕f4 e5 27.♕e3 mit weißem Vorteil, Schneider–Siebarth, Deutschland 2005.) 13...♕c7 14.♕f2 ♖fd8 15.♕g3 ♖ac8 16.♖ae1 d5 17.e5 ♘h5 18.♕h3 g6 19.f4 ♘g7 20.g4 h5 21.gxh5 ♘xh5, und nun konnte Weiß in Hamilton–Ree, Siegen 1970, nach 22.f5! einen starken Angriff erreichen.

11.♗e3 ♘b6

11...♘c5!? sieht besser aus: 12.0-0 ♗e7 13.♖fd1 ♘xb3 14.cxb3 0-0 15.b4 ♘d7 16.♘b3 ♘e5 17.♘a5 ♗a8 18.♖ac1 ♘c4 19.♘xc4 ♖xc4 20.♕d2 ♕c7 21.♗g5 ♗xg5 22.♕xg5 d5 mit gleichen Chancen, Schischow–Dementiew, Swetlogorsk 1969. Spielbar ist auch 11...♘e5!? z.B. 12.0-0-0 ♘c4 13.♗xc4 bxc4 14.g4 ♗e7 15.g5 ♘d7 16.h4 ♕a5 17.♖hg1 0-0 18.h5 d5 19.g6 ♗xa3 20.bxa3 ♕xc3 21.gxf7+ ♖xf7 22.♘xe6 ♕xa3+ 23.♔d2 dxe4, und Schwarz gewinnt, Chavez Lazo–Villalobos, Barquisimeto 2001.

12.a4!?

Der Auftakt zu einem scharfen Spiel. Nicht überzeugend ist 12.♗xe6 fxe6 13.♘xe6 ♕e7 14.♘xf8 (14.♗xb6 ♕xe6-+) 14...♘c4 15.♘xh7 ♖xh7, und Schwarz hat bessere Perspektiven. Ruhiger war dagegen 12.0-0.

12...b4 13.♘a2 d5 14.♖d1 ♕c7

Im Fall von 14...e5 kann folgen: 15.exd5!? (Die Alternative ist 15.♘f5.) 15...exd4 16.♗xd4+ ♔d7 (16...♗e7 17.♗xf6 gxf6 18.d6+–) 17.a5 ♘a8 (17...♘bxd5 18.♗xf6 ♕xf6 19.♗xd5 wäre günstig für Weiß) 18.♗a4+ ♔c7 19.♗e5+ ♗d6 20.♘xb4 ♕e7 21.f4 ♗xe5 22.♕xe5+, und die offene Stellung schafft für Weiß günstige Voraussetzungen, um den unrochierten schwarzen König erfolgreich anzugreifen.

15.0-0 dxe4

Sofort 15...♗d6!? wäre bestimmt stärker.

16.fxe4 ♗d6

Sehr verdächtigt ist 16...♘xe4 wegen 17.a5 ♘d5 (17...♘d7 18.♖xf7! ♔xf7 19.♘xe6+–) 18.♗a4+ ♔e7 19.♘xb4 ♘xb4 20.♘xe6 fxe6 21.♗b6 mit weißem Gewinn.

17.♗xe6!?

Weiß muss konsequent opfern, sonst beendet Schwarz die Entwicklung und verbleibt mit der besseren Stellung.

17...♗xh2+

In Frage käme 17...fxe6!? 18.♘xe6 ♗xh2+ (18...♕e7? 19.♖xd6! ♕xd6 20.♘xg7+ mit starkem Angriff) 19.♔h1 ♕e7, und Weiß hätte es nicht leicht, die Korrektheit seiner Kombination zu beweisen.

18.♔h1 0-0??

Der Verlustzug. Schwarz sollte den Läufer schlagen: 18...fxe6! 19.♘xe6 ♕e7 usw. Dagegen verliert 18...♘xe4 wegen 19.♗xf7+ ♕xf7 20.♖xf7 ♘g3+ 21.♔xh2 ♘xe2 22.♖xb7 mit entscheidendem Vorteil. Nach dem Textzug kommt Weiß zu einer gewaltigen Königsattacke.

Diagramm Nr.98

19.♖xf6!

Nun erhält Weiß den entscheidenden Angriff.

19...gxf6 20.♗f5

Droht 21.♕h5!+–.

20...♖fd8

Auf 20...♖fe8 folgt auch eine schöne Variante: 21.♗xh7+! ♔xh7 22.♕h5+ ♔g8 23.♕g4+ ♔h8 24.♘f5+–.

21.♕g4+ ♔f8

21...♔h8 22.♕h5+–.

22.♘e6+! fxe6 23.♗h6+ ♔e8

23...♔f7 24.♕g7+ ♔e8 25.♕f8 matt.

24.♕g8+ ♔e7 25.♕xe6 matt.

Sizilianische Verteidigung (99)

Jansa – Adamski
Ungarn 1970

1.e4 c5 2.♘f3 e6 3.d4 cxd4 4.♘xd4 a6 5.♘c3 d6 6.♗c4 b5 7.♗b3 ♗b7

Der Läufer sollte weiterhin ein Auge auf den Punkt e6 werfen. Es bot sich 7...♘f6 8.0-0 ♗e7 an.

8.0-0 ♘d7?
Ein Fehler. Besser war wiederum 8...♘f6!?

9.♗xe6!
Weiß erhält jetzt einen beherrschenden Springer im feindlichen Lager.

9...fxe6 10.♘xe6 ♕b6?
Dies verschlechtert nur die schwarze Situation. Zu versuchen war 10...♕c8!? 11.a4 (Zu beachten ist 11.♘d5!? oder 11.♘xf8!? ♘xf8 12.♕xd6 ♔f7 13.♗e3 in beiden Fällen mit weißem Vorteil.) 11...b4 12.♘d5 ♗xd5 13.♕h5+ (Nicht so klar ist 13.exd5 ♘gf6 14.♖e1 ♔f7 usw.) 13...g6 14.♕xd5 ♘b6 15.♕b3 ♘f6 16.♘xf8 ♖xf8 17.♕xb4 ♕c6 18.f3 ♔f7 19.♗g5 a5 20.♕d4 d5 21.♖ad1 ♖ac8 22.c3 ♖fe8 23.♖f2 ♖c7 mit unklarer Stellung, Hracek–Wojtkiewicz, Newark 1995.

11.♘d5! ♗xd5 12.exd5 ♘gf6 13.♕e2 ♘e5 14.♗e3 ♕b7 15.♗d4
Stark war 15.f4!? ♘g6 16.♗d4 mit Initiative.

15...♔f7
Natürlich nicht 15...♕xd5? wegen 16.♘c7+.

16.f4! ♕xd5 17.fxe5 ♕xe6?
Zäher war 17...dxe5. Jetzt kommt es zu einem schönen Finale.

Diagramm Nr.99

18.exf6!
Schwarz gab auf wegen 18...♕xe2 19.fxg7+ ♔e8 20.gxh8♕+–.

Sizilianische Verteidigung (100)

Konikowski – Buczinski
Polen 1971

1.e4 c5 2.♘f3 d6 3.d4 cxd4 4.♘xd4 ♘f6 5.♘c3 a6 6.♗c4 e6 7.♗b3 b5 8.♗e3!?
Eine scharfe Variante, die mit einem Bauernopfer verbunden ist. Die Theorie empfiehlt hier 8.0-0 und nun ist 8...b4? ein Fehler (Richtig war 8...♗e7!) 9.♘a4 ♘xe4 10.♖e1 d5 11.c4 (Stark ist auch 11.♗f4!?) 11...dxc4 (Nach 11...bxc3 12.♘xc3 ♘xc3 13.bxc3 ♗e7 14.♗f4 steht Schwarz kritisch, z.B. 14...♗d7 15.♗xd5! exd5 16.♗d6 ♗e6 17.♘xe6 ♕xd6 18.♘xg7+ ♔d8 19.♘f5, und Weiß gewinnt.) 12.♗xc4 ♘c5 13.♗f4 ♘xa4 14.♕xa4+ ♕d7? (Es verliert, aber nach 14...♗d7 15.♕b3 ♗c5 16.♘xe6 ♗xe6 17.♗xe6 0-0 18.♗d5 hätte Weiß einen klaren Vorteil.) 15.♗b5! axb5 16.♕xa8 mit weißem Gewinn, Konikowski–Sokolowski, Fernpartie 1972.

8...♗e7
In der Duell Velimirovic–Suba, Pinerolo 1987, wählte Schwarz einen riskanten Plan mit Eroberung des Zentralbauern: 8...♗b7 9.f4 b4 10.♘a4 ♗xe4 11.0-0 ♘bd7 12.f5 e5 13.♘e6 fxe6 14.fxe6 ♘b8 15.♘b6 ♗e7 16.♗a4+ ♗c6 17.♘xa8 ♗xa4 18.♗b6 ♕c8 19.♖xf6! ♗xc2 20.♖c1 ♗xf6 21.♖xc2 ♕b7 22.♕xd6, und Weiß steht auf Gewinn.

9.f4 b4
Richtig ist laut Theorie 9...0-0!, um die Majestät in Sicherheit zu bringen, z.B. 10.0-0 b4 11.e5 bxc3 12.exf6 ♗xf6 13.bxc3 ♕c7 14.f5 ♕xc3 15.♕d3 ♕xd3 16.cxd3 ♗xd4 17.♗xd4 ♘c6 18.♗b2 exf5 19.♗d5 ♖b8 20.♗xg7 ♔xg7 21.♗xc6 ♖b4 mit schwarzem Vorteil, Bronstein–Kortschnoj, Moskau 1971.

10.♘a4 ♘xe4
Der Bauernraub ist eine sehr riskante Entscheidung. Schwarz sollte weiter seinen König mit 10...0-0! sichern, z.B. 11.0-0 ♗b7 12.e5 dxe5 13.fxe5 ♘d5 14.♗f2 ♘d7 15.♖e1 ♖e8 16.♘f5 ♗f8 17.♗h4 ♕c7 18.♗g3 ♕c6 19.♘d4 ♕c7 20.♘f5, und das Remis wurde unter-

schrieben, Hawelko–W.Schmidt, Lublin 1988.

11.f5 ♘c5??

Das verliert forciert. Nur nach 11...♗g5!? oder 11...d5!? konnte man noch kämpfen.

12.fxe6 fxe6 13.♘xc5 dxc5 14.♗a4+ ♔f7

Es gab auch keine Verteidigung nach 14...♗d7 15.♘xe6 ♗h4+ 16.g3 ♕e7 17.♗xd7+ ♘xd7 18.♕d5+–.

15.0-0+ ♗f6 16.♕h5+ ♔e7

Der Flucht auf die andere Seite verliert auch: 16...♔g8 17.♖xf6! ♕xf6 (17...gxf6 18.♘f5!+–) 18.♖f1+–.

Diagramm Nr.100

17.♘f5+!

Nach diesem effektvollen Schlag ist es für Schwarz schon aus. Er kapitulierte wegen 17...exf5 18.♗xc5++–.

Sizilianische Verteidigung (101)

Thiel – Schmitz
2.Bundesliga 1993

1.e4 c5 2.♘f3 ♘c6 3.d4 cxd4 4.♘xd4 g6

Dieser Zug führt zum Drachensystem, dessen Grundgedanke ist, nachhaltig Druck auf der Diagonale a1-h8 auszuüben. Die Eröffnung wird heute sehr oft gespielt und gibt Schwarz gute Gegenchancen.

5.♘c3 ♗g7 6.♗e3 ♘f6 7.♘b3

Weiß möchte damit den Ausfall ♘f6–g4 verhindern. Ein Nachteil dieses Zuges liegt jedoch in der Dezentralisation des Springers. Eine andere Möglichkeit ist hier 7.♗e2, z.B. 7...d6 8.0-0 0-0 9.♕d2 ♘g4 (9...♗d7 10.f4 ♘xd4 11.♗xd4 ♗c6 12.♗f3 e5 gilt als stärkere Alternative.) 10.♗xg4 ♗xg4 11.♘xc6 bxc6 12.♗h6 ♗xh6 13.♕xh6 ♕b6 14.♖ab1 ♗e6 15.♖fd1 ♖ab8 16.♖d3 ♕c5 17.b3 ♖b4 18.♖e1 f6 19.♕d2 a5 20.♘a4 ♕a7 21.c3 ♖b7 22.c4 ♖b4 23.♖c3 c5 24.f4 mit etwas besseren Aussichten für Weiß, Kindermann–Benkö, Aruba 1992.

7...0-0 8.♗e2 d6 9.f4

Eine andere Variante entsteht nach 9.0-0 ♗e6 10.f4 ♕c8 11.♔h1 ♖d8 12.♗g1 d5 13.e5 ♘e4 14.♗d3 f5 15.exf6 exf6 16.♘b5 f5 17.c3 ♗f7 18.a4 h5 19.a5, und Weiß steht aktiver, Barua–Tiwjakow, Tilburg 1992.

9...♗e6 10.g4!?

Dieser scharfe Zug ist verbunden mit der langen Rochade und einem Bauernsturm am Königsflügel.

10...♘a5

Schwarz kann in der Mitte aktiv sein: 10...d5!? 11.f5 ♗c8 12.exd5 ♘b4 13.♗f3 gxf5 14.a3 fxg4 15.♗g2 ♘a6 16.♕d3 (Interessant ist 16.♕d2, z.B. 16...♗f5 17.0-0-0 ♕d7 18.♘d4 ♗g6 19.h3 g3 20.h4 und die weiße Initiative wiegt den geopferten Bauern auf.) 16...♕d6 17.0-0-0 ♗d7 mit scharfem Spiel.

11.g5 ♘d7 12.♗d4 f6 13.h4 fxg5 14.♗xg7 ♔xg7 15.♘d4 ♗g8 16.f5 ♕b6

In der Partie Betkowski–Skalski, Polen 2003, bekam Weiß nach 16...♘c6 17.hxg5 ♕b6 18.♘xc6 bxc6 19.♕d3 ♘e5 20.♕h3 ♔f7 21.0-0-0 Vorteil.

17.h5!?

Nicht viel erreicht Weiß nach 17.hxg5 ♘e5 18.♘a4 (Schwach ist 18.♘d5? ♗xd5 19.exd5 ♕xb2 20.♘e6+ ♔g8 21.♘xf8 ♕c3+ 22.♔f2 ♖xf8 mit schwarzer Initiative.) 18...♕c7 19.♔f2 ♕d7 20.♗b5 ♘ac6 21.♔g3 ♕c8 22.♗xc6 bxc6 23.♘c3 c5 24.♘f3 ♘xf3 25.♕xf3 d5 26.♖af1 dxe4 27.f6+ exf6 28.gxf6+ ♔h8 29.♕xe4 ♕c7+ 30.♔g2 ♖ad8 31.♖h3 ♖d2+ mit zweischneidigem Spiel, Ponater–Friedrich, Fernpartie 1994. Aus diesem Grund wollte Weiß einen anderen Plan ausprobieren.

17...♘c6?

Zu langsam. Schwarz müsste schon 17...gxh5!? 18.♕d2 h6 bzw. 17...♕xb2!? versuchen. Nach dem Textzug entwickelt Weiß rasch eine gefährliche Initiative am Königsflügel.

18.♘xc6 bxc6 19.♕d2 h6

Wenn 19...♕xb2!? 20.♖b1 ♕a3 21.♖b7, so hätte Weiß für den Bauern einen unangenehmen Druck auf der 7. Reihe.

20.hxg6 ♖ab8 21.b3 ♘e5 22.0-0-0 ♕c5

Diagramm Nr. 101

23.♖xh6!

Nun ist klar, dass der weiße Angriff viel schneller durchdringt.

23...♔xh6 24.♖h1+ ♔g7 25.♕xg5

Schwarz gab auf, denn gegen die Drohung 25...♕xc3 26.♕h6+ ♔f6 27.♕h8+ ♔g5 28.♕h4 matt gibt es keine Verteidigung.

Sizilianische Verteidigung (102)

Van der Wiel – Sax
Plowdiw 1983

1.e4 c5 2.♘f3 d6 3.d4 cxd4 4.♘xd4 ♘f6 5.♘c3 g6 6.♗e3 ♗g7

Aber nicht 6...♘g4?? wegen 7.♗b5+!, und Weiß gewinnt.

7.f3

Weiß nimmt die Felder e4 und g4 unter Kontrolle und bereitet damit die lange Rochade sowie einen Bauernsturm an der Königsflanke vor.

7...0-0

Ein anderer Weg ist 7...♘c6 8.♕d2 0-0 9.♗c4 ♗d7 mit beiderseitigen Chancen.

8.♕d2 ♘c6 9.0-0-0 ♘xd4?

Die prinzipiellste Erwiderung ist hier 9...d5!? Man sehe:

1) 10.exd5 ♘xd5 11.♘xc6 (11.♘xd5 ♕xd5 12.♘xc6 ♕xc6=) 11...bxc6 12.♗d4 (Unklar ist 12.♘xd5 cxd5 13.♕xd5 ♕c7 14.♕xa8 ♗f5 15.♕xf8+ ♔xf8 16.♖d2 ♕b8 usw.) 12...♘xc3 13.♕xc3 ♗h6+ 14.♗e3 ♗xe3+ 15.♕xe3 ♕b6 16.♕xe7 ♗e6 17.♕f6 ♗xa2 18.b3 a5 19.♗c4 ♖a7 20.h4 a4 21.h5 axb3 22.cxb3 ♕e3+ (22...♗xb3 23.h6+−) 23.♔c2 ♗xb3+ 24.♗xb3 ♕c5+ 25.♔b2 ♕b5 (25...♕a3+ 26.♔c2 ♕c5+ 27.♕c3+−) 26.♕c3 ♖b7 27.♖d3 ♕g5 28.h6 1-0, Giaccio–Kanefsck, Mar del Plata 1994.

2) 12...e5!? 13.♗c5 ♗e6 14.♘e4 ♖e8 15.h4 h6 16.g4 ♕c7 17.g5 h5 18.♗c4 ♖ed8 19.♕f2 a5 20.a4 ♕b7 21.b3 ♘f4 22.♗xe6 ♘xe6 23.♖xd8+ ♖xd8 24.♗b6 ♖a8 25.♖d1 ♘d4 26.♗c5 ♕d7 27.♘f6+ ♗xf6 28.gxf6 ♖d8 29.♔b2 ♕e6 mit gleichen Chancen.

Die von Schwarz gewählte Variante ist schwach, so dass Weiß einen starken Angriff entwickeln kann.

10.♗xd4 ♗e6 11.♔b1 ♕c7 12.h4!

Das ist die richtige Art der Angriffsführung. Weiß möchte schnell die h-Linie öffnen. Zu langsam ist 12.g4 ♖fc8 13.g5 ♘h5 14.♗xg7 ♔xg7 15.♘d5 ♕d7 16.♕d4+ ♔g8 17.♗d3 ♖c5 18.f4 ♖ac8 19.♖hf1 b5 20.♖de1 ♗xd5 21.exd5 ♘g7 mit etwa gleichen Aussichten, Popovic–Kir.Georgiew, Tilburg 1992.

12...♖fc8

Nach 12...h5 13.g4! hxg4 14.h5 wird die schwarze Königsstellung rasch zerschlagen.

13.h5 ♕a5

Ein bekannter Fehler ist 13...♘xh5? Nach 14.♗xg7 ♔xg7 15.g4 ♘f6 16.♕h6+ ♔g8 17.e5! dxe5 18.g5 ♘h5 19.♖xh5! gxh5 20.♗d3 e4 21.♘xe4 bekommt Weiß entscheidenden Angriff.

14.hxg6 hxg6 15.a3 ♖ab8 16.♗d3 b5

Der Nachziehende muss ein Konterspiel am Damenflügel suchen.

17.♕g5 ♕c7 18.e5 dxe5 19.♗xe5 ♕c5 20.f4 ♖b7

Es verliert auch 20...b4 21.♗xb8 ♕xg5 22.fxg5 bxc3 23.gxf6 ♖xb8 24.fxg7 ♖xb2+ 25.♔c1 ♗d7 26.♗c4 1-0, Rios Parra–Clavijo, Medellin 2000.

Diagramm Nr.102

21.♗xg6!

Ein Läuferopfer in richtigem Moment.

21...fxg6

Für eigene Aktionen bleibt keine Zeit. Nach 21...b4 22.♖h7! bxc3 23.♗xf7+! sehen wir ein schönes Mattfinale.

22.♕xg6 ♗f7

Andere Züge verlieren auch: 22...b4 23.♖h7+– oder 22...♗f5 23.♕xf5 b4 24.axb4 ♖xb4 25.b3+–.

23.♖h8+!

Nach 23...♔xh8 24.♕xf7 nebst 25.♖h1+ kommt jede Hilfe für den schwarzen Monarchen zu spät. Er gab sich geschlagen.

Sizilianische Verteidigung (103)

Michaltschischin – Schirow
Klaipeda 1989

1.e4 c5 2.♘f3 d6 3.d4 cxd4 4.♘xd4 ♘f6 5.♘c3 g6 6.♗e3 ♗g7 7.f3 0–0 8.♕d2 ♘c6 9.♗c4

Der schärfste Zug. Weiß verhindert den Vorstoß d6–d5 und bereitet auch die lange Rochade, gefolgt von h2–h4–h5, vor.

9...♗d7 10.0–0–0

Energischer ist 10.h4 mit guten Perspektiven für einen erfolgreichen Königsangriff, z.B. 10...♖c8 11.♗b3

1) 11...♘e5 12.0–0–0 ♘c4 13.♗xc4 ♖xc4 14.h5 ♘xh5 15.g4 ♘f6 16.♔b1 (16.♘de2 ♖e8 17.♗d4 ♕a5 18.g5 ♘h5 19.♗xg7 ♔xg7 20.♘f4 ♘xf4 21.♕xf4 ♗e6 22.♖xh7+! ♔xh7 23.♕h4+ ♔g8 24.♖h1 ♕e5 25.♕h7+ ♔f8 26.♕h8+ ♕xh8 27.♖xh8+ ♔g7 28.♖xe8 mit besserem Endspiel für Weiß, Nadanjan–Jegizarjan, Armenien 1992) 16...♖e8 17.♘d5 e6 18.♘xf6+ ♕xf6 19.♕h2 und Weiß hat für den geopferten Bauern eine starke Initiative, Golubew–Kulagin, Polen 1992.

2) 11...h5 12.0–0–0 ♘e5 13.♗g5 (13.♗h6 a5 14.♗xg7 ♔xg7 15.a4 ♖c5 16.♘db5 ♕b6 17.f4 ♘eg4 18.♖he1 ♖fc8 19.♔b1 ♗e6 20.♕d4 ♗xb3 21.cxb3 mit etwas besserer Stellung für Weiß, Grünfeld–Alterman, Israel 1993) 13...♖c5 14.♔b1 (Schärfer ist 14.g4!? hxg4 15.f4 ♘c4 16.♕e2 b5 17.f5 und starkem Angriff.) 14...b5 15.♖he1 ♘c4 16.♗xc4 bxc4 17.e5 dxe5 (17...♖xe5? 18.♖xe5 dxe5 19.♘de2 mit der Idee 20.♗xf6 sowie 21.♕xd7+–) 18.♗xf6 ♗xf6 19.♘db5 a6 20.♘a3 ♖c7 21.♘d5 ♖b7 22.♘xf6+ exf6 23.♘xc4 ♕b8 mit zweischneidigem Spiel, Kriwenzow–Koschurow, Russland 1992.

10...♕b8

Schwarz serviert dem Gegner eine seltene Variante. Mit 10...♖c8 oder 10...♕a5 kann man das Spiel in die Hauptvariante lenken.

11.h4

Diese Fortsetzung bereitet Schwarz die meisten Schwierigkeiten.

11...b5

Er muss aktiv am Damenflügel vorgehen. Bei ruhigem Spiel ergreift Weiß mit 12.♘d5 die Initiative.

12.♗d5

Nach 12.♘dxb5 bzw. 12.♘cxb5 folgt 12...♖c8 mit gutem Gegenspiel für Schwarz.

12...♖c8 13.♔b1

Das hält die Spannung. Mit 13.♗xc6 vereinfacht sich das Spiel: 13...♗xc6

14.♘xc6 ♖xc6 15.♘d5 ♘xd5 16.exd5 ♖c4 17.h5 ♕f8 gefolgt von 18...♖ac8, und die Chancen sind gleich, Analyse von Polugajewski.

13...b4 14.♘ce2 ♘xd5 15.♘xc6 ♖xc6 16.exd5 ♖a6 17.♗d4 ♕b5 18.♗xg7 ♖c8

Schwarz gibt eine Figur für einen Angriff, z.B. 19.♗h6 ♖xa2 20.♔xa2 (Beachtung verdient 20.♘c1!?) 20...b3+! 21.♔b1 (21.cxb3 ♕a6+ 22.♔b1 ♗f5+ und Schwarz gewinnt) 21...bxc2+ 22.♕xc2 ♖xc2 23.♔xc2 ♕xe2+ mit klarem Vorteil für Schwarz.

19.b3 ♔xg7

Nach 19...♖xc2 20.♕xc2 ♗f5 21.♕xf5 gxf5 22.♘d4 ♕a5 23.♖d2 ♔xg7 24.♘xf5+ ♔f6 25.g4 hat Weiß Turm und Springer für die Dame und kann den schwarzen König bedrängen.

20.g4 h5?

Schwarz übersieht die Möglichkeiten von Weiß am Königsflügel. Nötig war 20...h6!

21.♘c1 ♔g8 22.♖dg1 ♖c3 23.♕f4 ♔f8 24.gxh5! ♗f5

Mit diesem Zug hoffte Schirow, gute Gegenchancen am Damenflügel zu bekommen, aber...

Diagramm Nr. 103

25.♕xf5!

Obwohl der weiße Bauer nach 25...gxf5 26.h6 erst auf der sechsten Reihe ist, kann er nicht mehr aufgehalten werden. Schwarz gab auf.

Sizilianische Verteidigung (104)

Kowaljow – Tschutschelow
Münster 1990

1.e4 c5 2.♘f3 e6 3.d4 cxd4 4.♘xd4 a6

Das System wurde vom deutschen Meister Louis Paulsen (1833–1891) in die Praxis eingeführt. Ein wesentlicher Unterschied zu anderen sizilianischen Spielweisen besteht darin, dass Schwarz in der Anfangsphase der Partie oft auf den Zug d7–d6 verzichtet, was eine flexible Entwicklung des ♗f8 ermöglicht.

5.♗d3 ♕c7 6.0-0 ♘f6 7.♗e3

Gespielt wird auch 7.♕e2 d6 8.c4 oder 7.♔h1 b5 8.f4 ♗b7 9.♕e2 ♘c6 10.♘xc6 ♕xc6 11.♘d2 ♗e7 12.e5 ♘d5 13.c4 ♘b4 14.♗e4 ♕b6 15.c5 ♗xc5 16.♗xb7 ♕xb7 17.♘e4 ♗e7 18.f5 mit gefährlicher Initiative am Königsflügel, Tschiburdanidse–Wyschmanawin, Kusadasi 1990.

7...d6 8.♘d2

Üblich ist hier 8.c4 oder 8.♘c3, aber der Textzug hat auch viele Vorteile, z.B. kann der Springer via f3 auf den Königsflügel überführt werden oder nach eventuellem ♘d2–c4 die Felder b6 bzw. d6 unter Kontrolle nehmen.

8...g6

Eine solide Fortsetzung ist hier 8...♗e7, z.B. 9.c4 ♗d7 10.♔h1 ♘c6 11.f4 0-0 mit unklarer Stellung.

9.f4 ♗g7 10.♔h1

Dieser prophylaktische Zug ist sehr nützlich in solchen Stellungen, da der weiße König sehr oft auf der Diagonale a7–g1 bedroht wird.

10...0-0 11.♕e1

Weiß bereitet den Standardplan ♕e1-h4 und f4–f5 vor.

11...♘c6

Ein anderer Plan ist 11...b6, um nach der Postierung des Läufers auf b7 Druck auf den Punkt e4 auszuüben, z.B. 12.♕h4 ♗b7 13.f5 e5 14.♘4b3 d5 mit scharfem Spiel.

12.♘xc6 bxc6 13.♕h4 c5?

Schwarz muss energischer im Zentrum vorgehen: 13...d5!? 14.e5 ♘d7 mit der Idee f7–f6 und beiderseitigen Chancen. Nach dem Textzug entwickelt Weiß rasch einen erfolgreichen Angriff auf der Königsseite.

14.f5! exf5 15.exf5 d5 16.♗g5 ♕c6

Besser ist 16...♕d6!?

17.♖ae1 c4?

Verliert zwingend. Der einzige Zug war 17...♖a7!?

18.fxg6 fxg6 19.♘xc4! dxc4

19...♘g4 20.♖xf8+ ♗xf8 (20...♔xf8 21.♘d6+−) 21.♘e3 ♘xe3 22.♗xe3+−.

20.♗xc4+ ♔h8

Oder 20...♘d5 21.♖xf8+ ♗xf8 (21...♔xf8 22.♗xd5 ♕xd5 23.♕b4+ mit Matt) 22.♕d4 ♗b7 23.♖e5 mit Gewinn.

21.♖xf6! ♗xf6

21...♖xf6 22.♗xf6 ♗b7 (22...♗xf6 23.♖e8+! ♕xe8 24.♕xf6 matt) 23.♗xg7+ ♔xg7 24.♖e7+ ♔f8 25.♖f7+ ♔e8 26.♕e7 matt.

Diagramm Nr.104

22.♖e8!!

Schwarz gab auf. Er ist verloren: 22...♗g7 (22...♕xe8 23.♗xf6+ ♖xf6 24.♕xf6 matt) 23.♖xf8+ ♗xf8 24.♕d4+ ♗g7 25.♕d8+ nebst Matt.

Sizilianische Verteidigung (105)

Anand – Ninow
Baguio City 1987

1.e4 c5 2.♘f3 e6 3.d4 cxd4 4.♘xd4 a6 5.♗d3 ♗c5 6.♘b3 ♗a7 7.♘c3

Schwach ist 7.♕g4? angesichts der Erwiderung 7...♘f6! 8.♕xg7 ♖g8 9.♕h6 ♗xf2+!, und der Läufer ist tabu wegen ♘f6–g4+.

7...♘c6 8.♕e2 d6 9.♗e3

Es ist für Weiß günstig, den aktiven schwarzen Läufer abzutauschen.

9...♗xe3 10.♕xe3 ♘f6 11.g4! b5

Nach 11...♘xg4 12.♕g3 bekommt Weiß den Bauern mit großer Initiative zurück: 12...h5 13.h3 ♘f6 14.♕xg7 ♔e7 (Günstig für Weiß ist 14...♖g8 15.♕h6 ♗d7 16.0-0-0 usw.) 15.♕g5 ♕f8 16.f4 ♕h6 17.♕h4 ♔d7 18.0-0-0 ♔c7 19.♔b1 ♗d7 20.e5 dxe5 21.fxe5 ♘d5 (21...♘xe5 22.♕g3+−) 22.♘xd5+ exd5 23.♖hf1 ♗e6 24.♘d4 ♖ad8 25.♖f6 ♕e3 26.♖xe6!, und Weiß gewinnt, Kokkila–Patola, Finnland 1990.

12.0-0-0

Es ist wichtig, alle Kräfte zu mobilisieren. In Frage kam 12.g5!?

12...0-0 13.g5 ♘e8

Zu überlegen war 13...♘d7!?

14.f4 b4 15.♘e2 a5 16.♘bd4

Ein anderer Plan ist 16.e5!? ♗b7 17.exd6 ♘xd6 18.♘c5!? (18.♗xh7+ ♔xh7 19.♕d3+ ♔g8 20.♕xd6 ♕xd6 21.♖xd6 ♘d4 22.♖e1 ♘f3 23.♖ed1 ♘xh2 ist unklar) 18...♕c7 19.♘xb7 ♘xb7 (19...♕xb7 20.♗xh7+ ♔xh7 21.♖xd6+−) 20.h4 mit Angriff.

16...♘xd4 17.♘xd4 ♕b6

Eine Idee war 17...♗a6!?, um den starken ♗d3 zu vernichten.

18.e5! ♗b7 19.♖hf1 dxe5 20.fxe5 ♖d8??

Der entscheidende Fehler, da nun das Standardopfer auf h7 möglich ist. Schwarz müsste 20...♘c7! ziehen. Nun folgt eine Kombination...

Diagramm Nr.105

21.♗xh7+! ♔xh7 22.g6+! ♔g8

Falls 22...fxg6, so 23.♖xf8+−. Oder 22...♔xg6 23.♕d3+ ♔h6 24.♕h3+ ♔g6 25.♖g1+ nebst Matt.

23.♕h3 ♘f6

23...fxg6 24.♖xf8+ ♔xf8 25.♘xe6+ mit Gewinn.

24.exf6 fxg6 25.fxg7

...und angesichts von 25...♔xg7 26.♘xe6+ streckte Schwarz die Waffen.

Sizilianische Verteidigung (106)

Steiner – Cvitan
Oberwart 2004

1.e4 c5 2.♘f3 e6 3.d4 cxd4 4.♘xd4 a6 5.♗d3 ♗c5

Ein anderer Plan für Schwarz ist 5...♘f6 6.0-0 d6 7.c4 ♗e7 8.♘c3 0-0 9.♗e3 ♘bd7.

6.♘b3 ♗a7 7.0-0 ♘c6 8.♘c3

Elastischer ist 8.♕e2!? mit der Idee c2–c4!

8...♘f6 9.♔h1 d6 10.♗g5

Logischer sieht 10.♕e2!? aus, mit der Absicht ♗c1-d2, f2–f4, ♖a1-e1 und der Vorbereitung von e4–e5.

10...h6 11.♗h4

In der Begegnung Ziatdinow–Spangenberg, Groningen 1994, wollte Weiß kein Tempo verlieren und schlug den Springer f6: 11.♗xf6 ♕xf6 12.f4 ♕e7 13.♕h5 g6 14.♕h3 ♗d7 15.♖ae1 0-0-0 16.♕f3 ♖df8 17.e5 d5 18.♘e2 f6 19.c4 dxc4 20.♗xc4 fxe5 21.♕c3 ♕f6 22.♕c1 ♔b8 23.fxe5 ♕g5 24.♘f4 ♘xe5 mit schwarzem Vorteil.

11...g5 12.♗g3 h5!

Eine mutige Entscheidung. Schwarz bleibt mit seinem König im Zentrum und startet einen Königsangriff. In der Partie Ozerow–Sträter, Essen 2005, wählte der Nachziehende einen anderen Weg: 12...e5 13.♗c4 ♗e6 14.♗d5 ♕e7 15.f3 ♘b4 16.♗xe6 fxe6 17.♘a5 0-0 18.♘c4 ♖fd8 19.a3 ♘c6 20.♕e1 ♖ac8 21.♘e3 d5 mit aktivem Spiel.

13.f4

Oder 13.♗e2 e5 14.h3 ♗e6 15.♕d2 ♖g8 16.♖ad1 ♘d4 17.♗d3 h4 18.♗h2 g4 19.hxg4 ♘xg4 20.♘xd4 exd4 21.♖de1 ♕f6 22.♘d1 h3 23.♗g3 hxg2+ 24.♔xg2 ♘h2, und Weiß gab auf, Pogonina–Christiansen, Kapuskasing 2003.

13...h4 14.♗f2 ♘h5 15.♘e2 gxf4 16.♗xa7 ♘g3+!

Die Einleitung des Mattangriffs.

17.♘xg3

Es gibt keine andere Wahl. Nach 17.♔g1 gewinnt einfach 17...♘xf1. Dagegen führt 17.hxg3 zu einer bekannten Mattkombination: 17...hxg3+ 18.♔g1 ♖h1+! 19.♔xh1 ♕h4+ 20.♔g1 ♕h2 matt.

17...hxg3 18.h3

Diagramm Nr.106

18...e5!

Schwarz schlägt den Läufer a7 nicht, sondern bereitet einen Königsangriff vor. Es droht schon ♗xh3!

19.♗f2 ♗xh3! 20.gxh3 ♕h4 21.♔g2 ♕xh3+

Weiß kapitulierte. Der Untergang ist nicht zu vermeiden: 22.♔f3 gxf2+ 23.♔xf2 ♕e3+ 24.♔g2 ♕g3 matt.

Sizilianische Verteidigung (107)

Balaschow – Andersson
Wijk aan Zee 1973

1.e4 c5 2.♘f3 e6 3.♘c3 ♘c6 4.d4 cxd4 5.♘xd4 a6 6.♗e2 ♕c7 7.0-0 ♘f6 8.♗e3 d6 9.f4 ♗e7 10.♕e1

Die weiße Dame wird zum Königsflügel überführt.

10...0-0 11.♕g3 ♘xd4 12.♗xd4 b5 13.a3 ♗b7 14.♗d3

Laut Theorie ist 14.♔h1 oder 14.♖ae1 besser.

14...g6

Nach 14...e5! kann man das Spiel einfach ausgleichen: 15.fxe5 ♘h5 16.♕h3 dxe5 17.♕xh5 exd4 18.♘d5 ♗xd5 19.exd5 g6 20.♕h6 ♕e5 21.♖ae1 ♕g5 22.♕h3 mit Remis, Hennings–Szabo, Sotschi 1973.

15.f5 ♖ae8?!

In der Partie Rimawi-Haytham, Asien 1989, spielte Schwarz richtig 15...♘h5!? 16.♕h3 e5 17.♗e3 ♘f4 18.♗xf4 exf4 19.♖xf4 ♗f6 20.♖af1 g5 21.♖4f3 ♔h8 22.♘e2 ♖g8 23.♕h6 ♕e7 24.♖h3 ♖g7, und man einigte sich auf Remis.

16.♕h3 gxf5?

Das schwächt nur den Königsflügel, was rasch durch den Gegner ausgenutzt wird. Notwendig war 16...e5 17.♗e3 ♖c8 18.♗h6 ♖fe8 mit geringem Vorteil von Weiß.

17.♕h6! e5 18.♖xf5 ♘g4

Nicht jedoch 18...exd4?? 19.♖g5+ ♔h8 20.♕g7 matt.

19.♕h3 exd4

Es ist nicht einfach, die Stellung zu verteidigen. Auf 19...♘f6 folgt 20.♘d5! ♗xd5 21.exd5 exd4 22.♖xf6 nebst Matt.

Diagramm Nr. 107

20.♘d5!

Der Auftakt zum Mattangriff.

20...♕d7

Verlieren würde auch 20...♕c8 21.♕xg4+ ♔h8 22.♘xe7 ♖xe7 23.♕h4 f6 24.♖xf6 ♖g7 25.♖af1 ♖fg8 26.g3 ♕b8 27.♖h6+−.

21.e5! ♔h8

21...♘xe5 22.♖g5+ ♘g6 23.♕xd7+−.

22.♖h5 f5

Oder 22...♗xd5 23.♖xh7+ ♔g8 24.♖g7+! ♔xg7 25.♕h7 matt.

23.e6!

Angesichts von 23...♕xe6 24.♖xh7+ ♔g8 25.♖h8+ ♔g7 26.♕h7 matt gab Schwarz auf.

Sizilianische Verteidigung (108)

Ehlvest - Andersson
Belfort 1988

1.e4 c5 2.♘f3 e6 3.d4 cxd4 4.♘xd4 ♘c6 5.♘c3 a6 6.♗e2 ♕c7 7.f4

Öfter rochiert Weiß hier kurz.

7...♘xd4

Laut Theorie stärker ist 7...b5!? z.B. 8.♘xc6 ♕xc6 9.♗f3 ♗b7 10.♗e3 (10.e5 ♕c7 11.♘e4 ♖c8 12.0-0 ♕xc2 13.♕xc2 ♖xc2 14.♘d6+ ♗xd6 15.♗xb7 ♗c5+ 16.♔h1 ♘h6=, Chandler-Wilder, London 1987) 10...♖c8 11.a3 ♕c4 12.♕d3 ♘f6 13.0-0 h5 14.h3 ♗c5 15.♗xc5 ♕xc5+ 16.♖f2 e5 17.♘d5 ♗xd5 18.exd5 exf4 19.♖e1+ ♔d8 20.♕f5 ♕d6, und Schwarz kann mit seiner Stellung zufrieden sein, Chandler-Benjamin, Hastings 1987/88.

8.♕xd4 b5 9.♗e3 ♗b7 10.0-0-0!?

Eine interessante Idee. Nach 10.0-0 ♖c8 11.♖ad1 ♘f6 12.♗f3 h5 hat Schwarz ausreichendes Gegenspiel.

10...♖c8 11.♖d2

Deckt den Bauern c2 und bereitet die Verdopplung der Türme vor.

11...♘f6 12.♗f3 ♗e7 13.♖hd1

Zu scharfem Spiel führt allerdings 13.g4!?

13...0-0 14.e5 ♗xf3?

In dieser Stellung muss Schwarz aktiver spielen. Also der beste Weg ist 14...b4! z.B. 15.♘a4 ♗xf3 16.gxf3 ♘d5 17.♘b6 ♘xb6 18.♕xb6 ♕c4 19.b3 (19.♔b1!?) 19...♕c3 20.♕d4 h5 21.♔b1 h4 22.♕e4 f5 23.♕d3 ♔f7 24.♕e2 a5 25.♖d3 ♕c6 26.♕g2 h3 27.♕f2 ♖c7 mit beiderseitigen Chancen, Zhao-A.Horvath, Athen 2001.

15.gxf3 b4?

Mit diesem Zug hoffte Schwarz, alle seine Probleme zu überwinden. Aber der Schein trügt. Besser ist 15...♘e8 oder 15...♘h5.

16.exf6! bxc3 17.♖g2! ♕b7

17...cxb2+ 18.♔b1 ♗c5 (18...♗xf6 19.♕xf6+−) 19.♖xg7+ ♔h8 20.♕e4+−.

18.♖xg7+ ♔h8

Diagramm Nr. 108

19.♖g8+!

Eine schöne Pointe. Wenn 19...♖xg8, so 20.fxe7+ ♖g7 21.♖g1 ♕xb2+ 22.♔d1

♕b1+ 23.♗c1+− bzw. 19...♔xg8 20.♖g1+ ♔h8 21.fxe7+ mit Gewinn. Schwarz gab auf.

Sizilianische Verteidigung (109)

Lawton – Rasuwajew London 1983

1.e4 c5 2.♘f3 e6 3.d4 cxd4 4.♘xd4 ♘f6 5.♗d3 ♘c6 6.♘xc6

Dieser Abtausch kommt selten vor und kann Weiß nicht viel versprechen. Besser sieht 6.♗e3 aus.

6...dxc6

Es wird auch 6...bxc6 7.0-0 d5 gespielt.

7.0-0 e5!

Die beste Antwort: Schwarz öffnet die Diagonale c8−h3 für den Läufer und hält den gegnerischen Opponenten auf d3 fest.

8.♘d2 ♗g4 9.♕e1 ♗c5 10.♘c4 ♕e7 11.♗g5

11.♗e3!? ist vorzuziehen.

11...h6 12.♗h4

Weiß lädt zu einem Sturmangriff der schwarzen Bauern am Königsflügel ein. Der Läufer sollte sich deshalb nach e3 zurückziehen.

12...♗e6 13.♔h1

Weiß wollte die scharfe Variante nach 13.♘xe5 g5 14.♗g3 h5 15.h4 ♘g4 lieber vermeiden, denn Schwarz hätte danach eine starke Initiative.

13...g5 14.♗g3 ♗xc4 15.♗xc4 h5 16.h3?

16.f3! war besser.

16...h4 17.♗h2 g4 18.f4 exf4 19.♖xf4 gxh3 20.gxh3 0-0-0 21.♖xh4

Die Öffnung der h−Linie rächt sich bald. Zu versuchen war 21.♕e2!? mit dem Plan ♖a1-f1.

21...♖dg8 22.♗e2?

Das führt zu großen Problemen von Weiß. Es sollte daher 22.♖xh8! ♖xh8 23.e5 ♘d5 24.♕g3 geschehen.

22...♗d6 23.♗xd6 ♕xd6 24.♗f3?

Dieser Zug verliert sofort, aber auch nach 24.♖xh8 ♖xh8 25.♗f1 ♘g4 26.♕e2 ♕g3 wäre die Lage von Weiß hoffnungslos.

24...♕e5?!

Das schadet der Stellung zwar nicht, aber 24...♕f4! führte sofort zum Gewinn.

25.♖d1?

Der Anziehende sollte noch 25.♕f2!? versuchen. Dagegen verliert 25.♖xh8? ♖xh8 26.♗g2 ♘g4 27.♔g1 ♕d4+ 28.♔h1 ♘f2+ 29.♔h2 ♕e5+ 30.♔g1 ♘xh3+ 31.♗xh3+ ♖xh3-+.

Diagramm Nr. 109

25...♕f4!

Nun hat Schwarz es geschehen! Weiß gab auf (26.♖xf4 ♖xh3 matt).

Sizilianische Verteidigung (110)

Haznedaroglu – Iotow Antalya 2004

1.e4 c5 2.♘f3 e6 3.d4 cxd4 4.♘xd4 ♘c6 5.♘c3 ♕c7 6.♗e3 a6 7.♗d3

Weiß kann auch eine Variante mit langer Rochade wählen: 7.♕d2 ♘f6 8.0−0−0 und scharfem Spiel.

7...♘f6 8.0−0 ♘e5

So spielt man am meistens. Schwarz hat hier eine große Auswahl: 8...b5; 8...♘xd4 und 8...♗d6.

9.h3 ♗c5 10.♔h1 d6 11.f4 ♘g6 12.♕e1

Weiß plant 13.f5 und 14.♕h4 mit Königsangriff.

12...0−0?

Zu optimistisch. Jetzt hat Weiß einen simplen Plan: Königsangriff. Aus diesem Grund sollte Schwarz mit der Rochade abwarten und erst 12...♗d7!? spielen.

13.f5 ♘e5 14.♕h4! ♗d7

Auch nach 14...b5 kann Weiß ähnlich wie in der Partie vorgehen: 15.♖f3!? ♘xf3 16.gxf3 ♘e8 17.♖g1 g6 18.♖g4 b4 19.♘ce2 e5 20.♕h6 d5 21.♖h4 f6 22.♘e6 ♗xe6 23.♗xc5 ♖f7 24.fxe6 ♖g7 25.♗xb4 1–0, Nedzew–Comas Fabrego, Batumi 1999.

15.♖f3!

Das alles ist in der Eröffnungstheorie gut bekannt. Mit dem Qualitätsopfer möchte Weiß die g–Linie öffnen. Nun droht 16.♖g3! Nicht viel bringt dagegen 15.g4 ♕b6 16.g5 ♘h5 17.♕xh5 ♗xd4 18.♗xd4 ♕xd4 19.f6 ♗c6 mit Remis, Kasparow–Milos, Rio de Janeiro 1996.

15...♘xf3

Das Schlagen des Turmes gibt Weiß gute Angriffschancen. Ungünstig ist auch 15...♕b6 16.♖g3 ♘e8 17.♘ce2 exf5 18.exf5 ♕xb2 19.♖d1 f6 20.♗e4 ♗c6 21.♘xc6 bxc6 22.♗xc5 dxc5 23.♘f4 mit starker Initiative, was später zum weißen Sieg führte, Parligras–Cosma, Targoviste 2001. Aber Beachtung verdient 15...♘xd3! 16.cxd3 ♕b6 17.e5 dxe5 18.♖g3 exf5 19.♗g5 ♔h8 20.♘xf5 ♗xf5 21.♘a4 ♕b4 22.♘xc5 ♕xh4 23.♗xh4 ♘d5 24.♘xb7 ♗g6 mit guten Perspektiven für Schwarz.

16.gxf3 ♕d8?

Die Dame möchte ihrem Monarchen helfen. Doch diese Entscheidung ist falsch, was der Verlauf zeigen wird. Nach Meinung des ungarischen Großmeisters Ribli kann sich Schwarz nur mit 16...♔h8! verteidigen. Man sehe: 17.♖g1 ♖g8 (17...♕d8? 18.e5! dxe5 19.♖xg7!! ♖g8 20.♖xg8+ ♔xg8 21.♗g5 ♗e7 22.♘e4! ♘d5 23.f6! ♕b6 24.♘c5 ♕xc5 25.♕xh7+ 1–0, Mitkow–Rublewski, Neum 2000) 18.fxe6

1) 18...♗xe6 19.e5 dxe5 (19...♗xd4? 20.exf6 g6 21.♗xd4 d5 22.♖g5 1–0, E. Pähtz–A.Horvath, Dresden 2001) 20.♘e4 ♘xe4 21.♗xe4 g6 22.♕f6+ ♖g7 23.♗h6 ♗f8 24.♗xg7+ ♗xg7 25.♘xe6 fxe6 26.♕xe6 ♖d8=.

2) 18...fxe6 19.e5 dxe5 20.♘e4 ♘xe4 21.♗xe4 g6 22.♖xg6 ♖xg6 23.♗xg6 ♗c8 24.♘f5 (24.♘xe6 ♗xe6 25.♗xc5 ♔g8 26.♗e4 ♕xc5 27.♕xh7+ ♔f8 28.♕h8+ ♗g8 29.♕f6+ ♗f7=; 24.♘c6 ♗xe3 25.♕f6+ ♔g8 26.♘e7+ ♕xe7 27.♕xe7 hxg6=) 24...♗f8 25.♕f6+ ♗g7 26.♘xg7 ♕xg7 27.♕d8+ ♕g8 28.♕f6+=. **17.♖g1**

Weiß ist bereit zum Angriff. Der schwarze König befindet sich in großer Gefahr.

17...♘e8

Diagramm Nr.110

18.♖xg7+!

Das Turmopfer führt zum forcierten Gewinn. Diese Variante ist gut in der Theorie bekannt. Wahrscheinlich kannte Iotow sie nicht oder hatte einfach sie vergessen. Dieses Beispiel zeigt, wie wichtig das Wissen über die modernen Varianten ist.

18...♘xg7

Der erste selbständige Zug von Schwarz. Es verliert auch 18...♔xg7 19.♕h6+ ♔g8 20.e5 exf5 (20...dxe5 21.f6+–) 21.♘xf5 f6 22.♗c4+ ♖f7 23.♗xf7+ ♔xf7 24.♕xh7+ ♘g7 25.e6+ ♔xe6 26.♘xg7+ ♔f7 27.♘h5+ ♔e8 28.♕g8+ 1–0, Odisharia–Jawakhishwili, Tbilissi 2002.

19.f6 ♔h8

19...♘e8 20.e5+–; 19...e5 20.♕g5+–.

20.♗g5

Energischer war 20.fxg7+! ♔xg7 21.♗g5 ♗xd4 22.e5+–.

20...♗xd4

Etwas hartnäckiger ist 20...♘h5 21.e5 ♖g8 22.♕xh5 ♖g6 23.♗xg6 fxg6 24.♕h4 ♕e8 25.♘e4 ♗xd4 26.♘xd6 ♕f8 27.♕xd4+–.

21.fxg7+ ♗xg7 22.e5! h6

Keine Rettung gibt es nach 22...f5 23.exf6 ♗h6 24.♗xh7! ♗xg5 25.♕h5 mit unparierbarem Matt.

23.♕e4 f5 24.exf6

Schwarz gab auf.

Sizilianische Verteidigung (111)

Schäfer – Koch
Berlin 1992

1.e4 c5 2.♘f3 d6 3.d4 cxd4 4.♘xd4 ♘f6 5.♘c3 a6 6.♗e2 e6 7.0-0 ♗e7 8.f4 ♕c7 9.a4 0-0 10.♔h1 b6 11.e5

Dieses Manöver wird oft durch 11.♗f3!? vorbereitet.

11...dxe5 12.fxe5 ♘fd7

Das Schlagen auf e5 ist günstig für Weiß: 12...♕xe5 13.♗f4 ♕c5 14.♗f3 e5 (Nach 14...♘d5 15.♘xd5 exd5 16.♘b3 gewinnt Weiß.) 15.♗xe5 ♕xe5 16.♗xa8 ♖d8 17.♕e2 usw.

13.♗f3 ♗b7 14.♗xb7 ♕xb7 15.♗f4 ♖d8?

Damit wird der Punkt f7 wesentlich geschwächt. Die Theorie hält hier 15...♘c6! für die beste Antwort, z.B. 16.♕f3 ♖ac8 17.♖ad1 ♔h8 18.♖f2 (Unklar ist 18.♗g3 ♘c5 19.♘xc6 ♖xc6 usw.) 18...♘c5 19.♘xc6 ♕xc6 20.♕xc6 ♖xc6 21.b4? (21.♖fd2 h6=) 21...♘b7 22.♘a2 ♖d8 23.♖xd8+ ♘xd8 24.♗e3 b5 25.♖d2 ♖c4 mit besserem Endspiel für Schwarz, Lukin–Judassin, UdSSR 1991.

16.♕g4 ♘f8

Jetzt reicht 16...♘c6 schon nicht mehr aus: 17.♗h6! g6 (17...♗f8 18.♗xg7! ♗xg7 19.♖xf7 ♔xf7 20.♕xe6+ ♔f8 21.♖f1+ ♘f6 22.♘xc6 ♖e8 23.♕d6+ ♔g8 24.exf6+–) 18.♘xc6 (Stark ist auch 18.♘xe6 ♖e8 19.♖xf7 ♘cxe5 20.♖g7+ ♔h8 21.♘g5 ♗xg5 22.♕xg5 und weißem Vorteil.) 18...♕xc6 19.♕f4 f5 20.exf6 ♘xf6 21.♖ae1 mit der Drohung ♘c3–e4!

17.♗h6 ♘g6

Auf 17...g6 gewinnt 18.♕f4+–.

Diagramm Nr. 111

18.♖xf7!

Der Beginn eines starken Angriffs.

18...♔xf7

Oder 18...gxh6 19.♖af1 (19.♕xe6+–) 19...♖f8 20.♕xe6 ♔h8 21.♘d5 1-0, P.Nielsen–Sax, Valby 1994.

19.♕xe6+ ♔e8 20.♘f5!

Weiß möchte kein Tempo verlieren und opfert weiter.

20...gxh6 21.♖f1 ♖d2

Für einen Gegenangriff ist es schon zu spät.

22.♘d6+ ♖xd6 23.exd6 ♖a7

Wenn 23...♕c6, so 24.♘e4 ♘d7 25.♖f7+–.

24.♘d5 ♕c6

Auch 24...♘c6 verliert: 25.dxe7 ♘cxe7 (25...♘gxe7 26.♖f7+–) 26.♘f6+ ♔f8 (oder 26...♔d8 27.♖d1+ mit weißem Gewinn) 27.♘xh7+ ♔e8 28.♘f6+ ♔f8 29.♘e4+ ♔e8 30.♘d6+, und die schwarze Dame geht verloren.

25.♕g8+

Schwarz gab auf. Mögliche Varianten sind 25...♔d7 26.dxe7 ♘xe7 27.♘xe7 ♔xe7 28.♕xb8+– oder 25...♗f8 26.♖xf8+! ♘xf8 27.♘f6+ ♔d8 28.♕xf8+ nebst Matt.

Sizilianische Verteidigung (112)

Karrer – Joksic
Burgdorf 2008

1.e4 c5 2.♘f3 e6 3.d4 cxd4 4.♘xd4 ♘f6 5.♘c3 d6 6.♗e2

Mehr Schärfe hat natürlich der Zug 6.g4!?

6...a6 7.a4

Um den Vorstoß b7–b5 zu verhindern.

7...♘bd7

Anders entwickelt sich das Spiel nach 7...♘c6 8.0-0 ♗e7 9.♗e3 0-0 10.f4 ♕c7 11.♔h1 ♖e8 12.♗f3 ♖b8 13.♕d2 ♗d7 14.♘b3 b6 15.g4 ♗c8 16.g5 ♘d7 17.♗g2 ♘a5 18.♕f2 ♘c4 usw. Weiß attackiert am Königsflügel, Schwarz hingegen auf der anderen Seite.

8.0-0 ♘c5

Auch die Entwicklung des Läufers auf der Diagonale a8–h1 ist möglich: 8...b6 9.f4 ♗b7 10.♗f3 ♕c7 usw.

9.♗g5!?

Gewöhnlich spielt Weiß in dieser Stellung 9.♗f3 ♗e7 10.g3 0-0 11.♗g2 ♕c7 12.♗e3 ♖b8 13.f4 usw. Aber der Anziehende wollte hier eine neue Idee ausprobieren.

9...♗e7 10.♗xf6

Praktisch erzwungen, weil Schwarz nach 10.f3? ♘fxe4! 11.♗xe7 ♘xc3 12.♗xd8 ♘xd1 13.♖fxd1 ♔xd8 mit einem Mehrbauern verbleibt.

10...♗xf6 11.♕d2 ♕a5

Eigentlich steht hier die schwarze Dame nicht optimal. Besser ist 11...0-0!?, um die Entwicklung des Königsflügels zu beenden, z.B. 12.a5 b5 13.axb6 ♕xb6 mit guter Stellung für Schwarz.

12.♖fd1 0-0?

Schablonenhaft gespielt. Ausgerechnet in diesem Moment war 12...♗d7! stärker.

13.♘b3! ♘xb3 14.cxb3 ♕b6?

Die einzige Rettungschance für Schwarz im Endspiel gab es nach 14...♖d8!? 15.♘d5 ♕xd2 16.♘xf6+ gxf6 17.♖xd2 ♗d7 18.♖ad1 (18.♖xd6 ♗c6 19.♖ad1 ♖xd6 20.♖xd6 ♗xe4 21.f3 ♗c6=) 18...♗c6 19.f3 d5 20.♗c4 (20.exd5 ♖xd5=) 20...♖d6 21.exd5 ♗xd5 22.♗xd5 ♖ad8 23.♔f2 exd5 24.♖d4 f5 usw. Nach der Partiefortsetzung gewinnt Weiß schnell.

15.♕xd6 ♕xb3

Oder 15...♕xd6 16.♖xd6, und Weiß hat einen Bauern extra.

16.e5 ♕xb2

Es gibt nichts Besseres. 16...♗g5 17.♘e4 ♗h6 verliert nach 18.♕e7+-.

17.exf6 ♕xc3

Diagramm Nr.112

18.♕xf8+!

Schwarz gab auf wegen 18...♔xf8 19.♖d8 matt.

Sizilianische Verteidigung (113)

Nunn – Thorstein
Lugano 1989

1.e4 c5 2.♘f3 e6 3.d4 cxd4 4.♘xd4 ♘f6 5.♘c3 d6 6.g4

Dieser aggressive weiße Aufbau wurde vom sowjetischen Meister Wassili Panow (1906–1973) sowie Großmeister Paul Keres (1916–1975) in die Praxis eingeführt.

6...♗e7

Kaum ein Nachziehender greift noch zu diesem Zug, seit sich 6...h6! als die vermeintlich beste Verteidigung gegen den scharfen Vorstoß 6.g4 etabliert hat. Beleuchten wir daher kurz diese modernere Fortsetzung anhand einiger Beispiele:

1) 7.g5 hxg5 8.♗xg5 ♘c6 9.♕d2 ♕b6 10.♘b3 a6 11.0–0–0 ♕c7 (Es wird auch 11...♗d7!? gespielt.) 12.♗g2 ♗d7 13.h4 ♗e7 14.f4 0–0–0 15.♗f3 ♔b8 16.h5 ♗c8 mit zweischneidigem Spiel, Pedzich–Pieniazek, Polen 1992.

2) 7.♖g1 ♗e7 (7...♘c6!?) 8.♗e3 ♘c6 9.♕f3 a6 10.0–0–0 ♕c7 11.h4 ♘d7 12.g5 ♘de5 13.♕g3 h5 14.♗e2 g6 15.f4 ♘g4 16.♗xg4 hxg4 17.f5 ♘e5 18.fxe6 fxe6 mit etwa gleichen Chancen, Spraggett–A. Sokolow, Saint John 1988.

3) 7.h4 ♘c6 8.♖g1 d5 9.♗b5 ♗d7 10.exd5 ♘xd5 11.♘xd5 exd5 12.♗e3 ♕xh4 13.♕f3 a6 14.♗xc6 bxc6 15.0–0–0 ♗d6 16.♘f5 ♗xf5 17.gxf5 ♗e5 mit beiderseitigen Chancen, Anand–Salow, Moskau 1992.

7.g5 ♘fd7 8.h4 0–0

Ein anderer Plan wäre 8...a6 9.♗e3 b5 10.a3 ♗b7 11.♕d2 ♘c5 12.f3 ♕c7 13.0–0–0 ♘c6 14.♘xc6 ♗xc6 mit scharfem Spiel.

9.♗e3 ♘c6 10.♗c4

Üblich ist hier 10.♕d2!? mit langer Rochade.

10...♘xd4

10...♘de5!? scheint eine brauchbare Alternative zu sein: 11.♗b3 ♘xd4 12.♗xd4 ♗d7 13.♕e2 ♘c6 14.0–0–0 ♘xd4 15.♖xd4 b5! 16.♖hd1 a5 17.♘xb5 ♗xg5+ 18.hxg5 ♕xg5+ 19.f4 ♕xb5 20.♕xb5 ♗xb5 21.a4 ♗e2 22.♖e1 ♗g4 23.♖xd6 h5 24.c3 ♖fd8, und der freie h–Bauer garantiert Schwarz gutes Gegenspiel, Sznapik–Cvitan, Manila 1992.

11.♕xd4

Selten wird 11.♗xd4 gespielt, z.B. 11...a6 12.f4 b5 13.♗b3 ♗b7 und Schwarz bekommt nach ♕d8–c7 und ♖f8–c8 aktives Spiel am Damenflügel.

11...a6 12.0–0–0 b5 13.♗b3 ♘c5 14.f4 ♕a5?

Sägt den Ast ab, auf dem er sitzt! Auf keinen Fall durfte sich Schwarz die Möglichkeit zu a6–a5–a4 nehmen, da sein Gegenspiel am Damenflügel nur so ins Rollen kommt. In diesem Sinne hätte das vorbereitende 14...♗b7!? oder sogar 14...♕b6!? geschehen sollen. Nach dem Textzug hält Weiß schon bald alle Trümpfe in der Hand.

15.h5 b4 16.h6! e5

Diagramm Nr. 113

17.♘d5!!

Auf die Gelegenheit zu diesem wunderschönen Damenopfer hatte Weiß nur gewartet. Wie nachfolgende forcierte Variante zeigt, ist es völlig korrekt: 17...exd4 18.♘xe7+ ♔h8 19.hxg7+ ♔xg7 20.♗xd4+ f6 21.gxf6+ ♖xf6 22.♖dg1+ ♗g4 23.♖xg4+ ♔f8 (23...♔h8 24.♗xf6 matt) 24.♖g8+ ♔xe7 25.♖xh7+ ♖f7 26.♖xf7 matt.

17...♘xb3+ 18.axb3 ♗xg5

Ein anderes hübsches Abspiel ergibt sich nach 18...exd4 19.♘xe7+ ♔h8 20.♗xd4 f6 (20...♖g8 21.hxg7+ ♖xg7 22.♖xh7+! ♔xh7 23.♖h1+ nebst Matt) 21.g6! ♖g8 22.hxg7+ (22.gxh7 ♔xh7 23.hxg7+ ♔xg7 24.♖dg1+ ♔f7 25.♖h7+ ♔e8 26.♖xg8+ ♔d7 27.♘xc8++–) 22...♔xg7 23.♖xh7+ ♔f8 24.♖f7+ ♔e8 25.♘xg8 ♗e6 26.♘xf6+ ♔d8 27.♖f8+ ♔c7 28.♖xa8, und Weiß gewinnt leicht.

19.fxe5 ♗xe3+ 20.♕xe3

Durch den Verzicht auf die weiße Dame hat der Nachziehende nichts außer seiner Bankrotterklärung bewirkt. Der Rest ist nur noch eine Formalität.

20...g6 21.♕g5 f6

Oder 21...♕d8 22.♘e7+ ♔h8 23.♕f6 matt.

22.♘e7+ ♔f7

Interessanter war 22...♔h8 23.♘xg6+! hxg6 24.♕xg6 ♖a7 (24...♖g8 25.♕xf6+ ♔h7 26.♕f7+ ♔h8 27.h7+–) 25.exf6 ♕d8 26.♖df1 ♗e6 27.♕g7+! ♖xg7 28.fxg7+ ♔h7 29.gxf8♕+–.

23.e6+!

Schwarz gab auf.

Französische Verteidigung (114)

Rahls – Danerud
Travemünde 1989

1.e4 e6

Der Nachteil dieses Zuges besteht darin, dass Schwarz seinen Läufer c8 ver–

sperrt, was Weiß gelegentlich im Endspiel ausnutzen kann.

2.♘f3

Zur Hauptvariante führt 2.d4.

2...d5 3.e5 c5 4.b4!?

Die Idee dieses Gambits ist einmal mehr die Schaffung eines starken Bauernzentrums.

4...cxb4 5.d4

Interessant ist hier 5.a3!? Man sehe:
1) 5...♘c6 6.axb4 ♗xb4 7.c3 ♗e7 8.d4 ♗d7 9.♗d3 ♘a5 10.0–0 a6 11.♘e1 h5 12.♖a2 ♖c8 13.♖e2 ♘h6 14.♖e3 g6 15.♖h3 ♗c6 mit komplizierter Stellung, Bücker–Hort, Bad Neuenahr 1991.
2) 5...bxa3 6.d4 ♘c6 7.c3 f6 (7...f5!?) 8.♗d3 fxe5 9.dxe5 ♕c7 10.♕e2 ♘h6 11.0–0 ♘f7 12.♖e1 g6 13.♘xa3 ♗g7 (13...♗c5 14.♘b5 ♕b8 15.♖a4 a6 16.♘bd4 ♘xd4 17.♘xd4, und Weiß bekam für den Bauern ein aktives Spiel, Bücker–Poldauf, Bad Neuenahr 1991) 14.♘b5 ♕b8 15.♗a3 ♘cxe5 16.♘xe5 ♗xe5 17.♕g4 a6 18.♖xe5! ♘xe5 (18...♕xe5 19.♕b4 ♕f6 20.♘c7+ ♔d7 21.♘xa8+–) 19.♕g5 ♘c6 20.♘d6+ ♔d7 21.♕f6 ♖e8 22.♘xe8 ♔xe8 23.♖e1 mit entscheidendem Angriff.
3) 5...d4 6.♗b2 ♘c6 7.♗b5 ♗d7 8.0–0 ♘xe5 (Zu empfehlen ist 8...♘h6!?, z.B. 9.axb4 ♗xb4 10.♗xc6 bxc6 11.♘xd4 ♗e7 nebst c6–c5 und gutem Spiel für Schwarz.) 9.♘xe5 ♗xb5 10.♘xf7 ♔xf7 11.♕h5+ g6 12.♕xb5 ♕b6 13.♕c4 ♗g7 14.axb4 ♘e7 15.♘a3 ♖hc8 16.♕b3 ♘d5 17.b5 a6 mit beiderseitigen Chancen, Bücker–Uhlmann, Bad Neuenahr 1991.

5...♘c6 6.a3 bxa3 7.c3 ♕a5?

Die Dame steht hier jedenfalls schlecht. Beachtung verdient 7...f5!?

8.♗xa3 ♗xa3 9.♖xa3 ♕c7 10.♗d3 ♘ge7 11.0–0 ♘g6

Zu versuchen war 11...♗d7!?

12.♕c1 ♗d7 13.h4!

Das Signal zu Attacke!

13...♘a5

Zu überlegen war 13...h6!, um den weiteren Vormarsch des h–Bauern zu vermeiden.

14.h5 ♘f8 15.♕g5 ♖g8

Schwarz ist schon in die Defensive geraten.

16.h6! g6?

Das verliert umgehend. Erforderlich war 16...♘g6!

17.♘bd2

Zeitverlust! Richtig war sofort 17.♖xa5! ♕xa5 18.♕f6 mit der Drohung ♕f6–g7!

17...b5??

Schwarz übersah die gegnerische Möglichkeit. Er musste hier 17...♗c6! ziehen, um nach 18.♕f6 ♘d7 spielen zu können.

18.♕f6 ♘c4 19.♗xc4 bxc4

Diagramm Nr. 114

20.♕g7!

Nach 20...♖xg7 21.hxg7 erhält Weiß eine neue Dame. Schwarz gab auf.

Französische Verteidigung (115)

Romanischin – Iwantschuk
Irkutsk 1986

1.e4 e6 2.d4 d5 3.e5

Das Vorstoß–System: Mit dem Textzug klärt Weiß schnell die Lage im Zentrum.

3...c5

Die richtige Reaktion. Bevor Schwarz ♘b8–c6 zieht, muss der c–Bauer zu seinem Recht kommen.

4.c3 ♘c6 5.♘f3 ♗d7

Stärker ist 5...♕b6, um den Druck auf den Punkt d4 zu verstärken. Man sehe:
1) 6.a3 c4 7.g3 f6 8.exf6 ♘xf6 9.♗g2 ♗d6

10.0–0 0–0 11.♕e2 (Nach 11.♘bd2 e5! hat Schwarz ein gutes Spiel.) 11...♗d7 12.♘e5 ♗e8 13.♘xc4 ♘xd4 14.cxd4 dxc4 15.♘d2, und Weiß steht etwas besser.

2) 6.♗e2 cxd4 7.cxd4 ♘h6 8.♘c3 ♘f5 9.♘a4 ♗b4+ 10.♗d2 ♕a5 11.♗c3 b5 (11...♗xc3+ 12.♘xc3 ♕b6 13.♗b5 ♗d7 14.♗xc6 ♗xc6 15.b3=) 12.a3 ♗xc3+ 13.♘xc3 b4 14.axb4 ♕xb4 15.♗b5 ♗d7 16.♗xc6 ♗xc6 17.♕d2 0–0 18.0–0 ♖fb8, und Schwarz hat keine Probleme.

6.♗e2

Nicht aber 6.♗b5? wegen 6...♘xe5!, und Schwarz gewinnt einen Bauern.

6...f6

Gespielt wird auch 6...♘ge7, obwohl Weiß nach 7.0–0 ♘g6 8.g3 ♗e7 9.h4 Initiative am Königsflügel erhalten kann.

7.0–0 fxe5?

Mit einem unrochierten König war diese Entscheidung sehr riskant. Daher in Frage kam 7...♕b6!? mit dem Druck auf das Punkt d4.

8.♘xe5 ♘xe5 9.dxe5 ♕c7 10.c4!

Eine energische Aktion gegen den im Zentrum gebliebenen König.

10...♕xe5

In Frage kam 10...0–0–0!? um den eigenen Monarchen zu schützen.

11.♗h5+ g6 12.♗f3 0–0–0 13.♖e1 ♕d6 14.♘c3 dxc4

Andere Erwiderungen für Schwarz sind auch gut für Weiß:

1) 14...♘f6 15.♗g5 ♗g7 16.♗xf6 ♗xf6 17.♘e4 ♕f8 18.cxd5 ♗c6 19.♕c2 exd5 20.♘xc5 ♖d6 21.♖ad1 ♔b8 22.b4 ♕f7 23.a4 ♖e8 24.b5 ♗d7 25.♖xe8+ ♕xe8 26.♕b3 ♗e6 27.g3 d4 28.♕b4 ♖b6 29.♖e1, und Weiß steht klar besser, Tschernajew–Witnik, Wladiwostok 1995.

2) 14...♗g7 15.cxd5 ♗xc3 16.bxc3 exd5 17.♗g5 ♖f8 18.♗xd5 ♗c6 19.♗e6+ ♔c7 20.♕e2 ♔b8 21.♗h4 ♔a8 22.♖ad1 ♕c7 23.♗g3 ♕a5 24.♗d6 ♖e8 25.♕e5 ♘h6 26.♕xc5 ♕xc5 27.♗xc5, und Weiß hat einen Mehrbauern, Lein–Remlinger, USA 1987.

3. 14...♘e7 15.♗g5 d4 16.♘e4 ♕c7 17.b4 ♖e8 18.♘xc5 ♘c6 19.♘xd7 ♕xd7 20.b5 ♘d8 21.♕e2 ♗c5 22.♗f4 ♘f7 23.♗g4 ♗d6 24.♗xd6 ♕xd6 25.c5 ♕c7 26.c6 ♔b8 27.cxb7 ♕xb7 28.♗f3, und Weiß steht auf Gewinn, Milliet–Carton, Noyon 2005.

15.♕e2 ♘f6 16.♕xc4 ♗e7 17.♗f4 ♕d4??

Schwarz hat eine taktische Variante übersehen. Zäher war 17...♕a6!?

Diagramm Nr.115

18.♘b5! ♗xb5

18...♕xc4 19.♘xa7 matt.

19.♗xb7+!

Gegen das Matt gibt es keine Parade mehr: 19...♔xb7 20.♕xb5+ ♔a8 21.♕c6 matt. Schwarz gab die Partie auf.

Französische Verteidigung (116)

Colberg – Leutloff
Wilhelmshaven 1989

1.e4 e6 2.d4 d5 3.♘d2

Dieser Zug wurde vom deutschen Großmeister Siegbert Tarrasch in die Praxis eingeführt. Er schaltet das schwarze Gegenspiel durch ♗f8–b4 aus.

3...♘f6

Der Kampf um das zentrale Feld e4! Diese Fortsetzung, die schon seit langem bekannt ist, hat bis heute kaum etwas von ihrer Popularität eingebüßt.

4.e5 ♘fd7 5.♗d3

Stark ist auch 5.f4.

5...c5 6.c3 ♘c6 7.♘e2 cxd4 8.cxd4 ♕b6

Die moderne Fortsetzung ist 8...f6.

9.♘f3 ♗b4+

Normalerweise wird hier 9...f6 gespielt. Durch den sofortigen Angriff auf den weißen Bauernvorposten erhält Schwarz vollwertiges Spiel, z.B. 10.exf6 ♘xf6 11.0-0 ♗d6 12.b3 0-0 13.♗b2 ♗d7 14.♘g3 ♘e7 15.a4 a5 16.♘e5 ♗e8 17.♖c1 ♔h8, und die Chancen beider Seiten sind etwa gleich, Bosman–I. Farago, Dieren 1990.

10.♗d2

Die Alternative ist hier 10.♔f1!?, um nach g2–g3 und ♔f1-g2 die Entwicklung des Königsflügels zu beenden.

10...0-0 11.0-0 ♗xd2 12.♕xd2 ♕d8?

Eine passive Fortsetzung. 12...f6 war logischer.

13.♖ac1 ♘b6

13...f6 weiter war gut.

14.♖c2 ♗d7 15.♖fc1 ♕e7

15...f6!? war noch immer zu überlegen.

16.a3 f6

Viel zu spät!

17.exf6 ♕xf6 18.♕e3 ♖ac8 19.b4 ♘b8 20.♘e5! ♖xc2 21.♖xc2 ♗a4?

Aktiviert zwar den Läufer, aber ermöglicht das entscheidende Eindringen des Turms auf der 7.Reihe. Notwendig war daher 21...♘c6!?

22.♖c7 ♘c6 23.♘g4! ♕d8 24.♕xe6+ ♔h8

Diagramm Nr. 116

25.♕h6!

Ein hübscher Schluss. Auf 25...gxh6 folgt 26.♖xh7+ ♔g8 27.♘xh6 matt. Schwarz gab auf.

Französische Verteidigung (117)

Gollasch – G. Fischer
Mannheim 1987

1.e4 e6 2.d4 d5 3.♘d2 ♘f6 4.e5 ♘fd7 5.♗d3 c5 6.c3 ♘c6 7.♘e2 cxd4 8.cxd4 f6 9.exf6 ♘xf6 10.♘f3 ♗d6 11.0-0 ♕c7 12.♗d2

Das wird selten gespielt. Die bekannten Wege sind:

1) 12.g3 0-0 13.♗f4 ♗xf4 14.♘xf4 ♕b6 15.♕d2!? (Nach 15.b3 ♔h8 16.♗c2 ♗d7 17.♖e1 ♖ae8 18.♖c1 e5 hat Schwarz ein gutes Spiel, Przewoznik–Foisor, Timisoara 1987.) 15...♔h8 16.♕e3 ♕xb2 17.♖ab1 ♕a3 18.♘g5 ♕d6 19.♖fe1 ♗d7 20.♘fxe6 ♗xe6 21.♘xe6 ♖ae8 22.♖xb7 ♘d8 23.♕g5 g6 24.♗xg6 ♖xe6 25.♖xe6 ♕xe6 26.♕h6 ♘xb7 27.♕xf8+ ♘g8 28.♗f7 ♕e1+ 29.♔g2 ♕e4+ 30.♔g1 mit Remis, Lakos–Salami, Opatija 2000.

2) 12.♗g5 0-0 13.♖c1 ♘g4 14.♘g3 g6 15.♘h4 (15.♗b5!? wurde auch schon ausprobiert) 15...♘f6 16.♕d2 ♖f7 17.h3 ♗d7 18.♘f3 ♕b6 (18...♗xg3 19.fxg3 ♕xg3?? 20.♗f4+–) 19.♗e3 ♘b4 20.♗b1 mit besseren Perspektiven für Weiß, Geller–Weiser, Delhi 1987.

3) 12.♘c3 a6 13.♗g5 0-0 14.♗h4 ♘h5 (Oder 14...♗d7 15.♖e1 ♔h8 16.♗g3 ♗xg3 17.hxg3 ♕b6 18.♘a4 ♕a7 19.♗b1 ♖ac8 20.♘c5 ♘xd4 21.♘xd7 ♘xf3+ 22.gxf3 ♘xd7 23.♖xe6 mit leichtem Vorteil für Weiß.) 15.♖c1 g6 16.♗e2 ♗f4 17.♖b1 ♗h6 18.♘a4 ♗d7 19.♘c5 ♖ae8 mit beiderseitigen Chancen, Tolnai–Barejew, UdSSR 1987.

12...0-0 13.♘c3 a6 14.♖c1 ♗d7 15.♘a4 ♘e4

Eine andere Idee ist 15...♖ae8!? mit der Vorbereitung von e6–e5.

16.♘g5?

Ungenau gespielt. Besser war 16.♗e3, um den Schutz den Bauern d4 zu verstärken.

16...♗xh2+ 17.♔h1 ♖xf2??

Der Verlustzug. Schwarz sollte 17...♘xg5! 18.♗xg5 ♗f4 19.♕h5 (19.♗xf4 ♕xf4 20.♘b6 ♕h4+ 21.♔g1 ♖ad8 ist günstig für Schwarz) 19...h6 spielen und behält einen Mehrbauern. Auch nach 17...♘xf2+! stünde Weiß sehr verdächtig. Zum Beispiel 18.♖xf2 ♖xf2 19.♕h5 h6 (Oder 19...♕g3 20.♕xh7+ ♔f8 21.♗f1 ♖xd2 22.♕h8+ ♔e7 23.♕xg7+ ♔d6 24.♘c5 ♖d8 25.♘ge4+ dxe4 26.♘xe4+ mit Damengewinn.) 20.♕g6 ♕g3 21.♕h7+ ♔f8 22.♕h8+ ♔e7 23.♕xg7+ ♔d6 24.♗f1 hxg5 25.♘c5 ♖d8 26.♗xg5 ♗c8 27.♘xb7+ ♗xb7 28.♕xb7 ♖xf1+ 29.♖xf1 ♕xg5 30.♖f7 ♕c1+ 31.♔xh2 ♖h8+ 32.♔g3 ♕e1+ 33.♔f4 ♕f2+ 34.♔g4 ♖h4+ 35.♔g5 ♕g3+ 36.♔f6 ♖f4 matt.

18.♗xe4 ♖xf1+ 19.♕xf1 dxe4 20.♕f7+ ♔h8 21.♘c5

Der weiße Angriff ist nun unparierbar.

21...h6

Oder 21...♖d8 22.♖f1 ♗d6 (22...♕d6 23.♕h5+−) 23.♕h5 h6 24.♘f7+ ♔h7 25.♗xh6 ♔g8 26.♗xg7! ♗f4 27.♘g5 ♔xg7 28.♕h7+ ♔f6 29.♘cxe4 matt.

22.♘gxe4 ♖d8

Keine Rettung bringt 22...♗e8 23.♕f8+ ♔h7 24.♘xe6 ♕e7 25.♘4g5+ hxg5 26.♘xg5+ ♔g6 27.♖xc6+ mit Damenverlust.

Diagramm Nr.117

23.♗xh6! gxh6

23...♖g8 24.♘xd7 gxh6 25.♘ef6+−.

24.♘f6 ♗c8

Schwarz hoffte mit diesem Zug, die Drohung 25.♕h7 matt pariert zu haben, aber...

25.♘cd7!

Schwarz gab auf.

Französische Verteidigung (118)

Pirrot – Hertneck
1. Bundesliga 1989

1.e4 e6 2.d4 d5 3.♘d2 ♘f6 4.e5 ♘fd7 5.♗d3 c5 6.c3 ♘c6 7.♘e2 cxd4 8.cxd4 f6 9.♘f4

Normal ist hier 9.exf6, siehe die vorige Partie. Der zweischneidige Zug 9.♘f4 verpflichtet Weiß praktisch dazu, die Qualität zu gewinnen, aber auch in Kauf zu nehmen, dass seine Dame für lange Zeit ins Abseits gerät. Schwarz erhält schnell Gegenspiel.

9...♘xd4

Auf 9...♕e7 kann folgen: 10.♘f3 fxe5 11.dxe5 ♘dxe5 12.♘xe5 ♘xe5 13.♕h5+ ♘f7 14.0-0 (14.♗xh7 ♕b4+ 15.♔f1 ♗d7 ist bequemer für Schwarz.) 14...g6 15.♕e2 ♗g7 16.♗b5+ ♔f8 17.♗e3 ♗e5 18.♘d3 ♗d6 19.f4 mit Initiative für den Bauern, Morosow-Belinkow, UdSSR 1958.

10.♕h5+ ♔e7 11.exf6+ ♘xf6 12.♘g6+ hxg6 13.♕xh8 ♔f7!

Das ist wahrscheinlich stärker als das sofortige 13...e5 14.♗xg6!±.

14.0-0

Oder 14.♕h4 e5 15.♘f3 ♘xf3+ 16.gxf3 ♗f5 17.♗xf5 gxf5 18.♗g5 ♕a5+ 19.♔f1 g6! (mit der Idee ♘f6−h5) 20.♗xf6 ♕a6+ 21.♔g2 ♕xf6 22.♕a4 (Nach 22.♕xf6+ ♔xf6 23.♖ac1 ♗d6 24.♖hd1 ♔e6 hat Schwarz hinreichende Kompensation für die Qualität, Van der Wiel−Timman, Brüsssel 1986.) 22...♕c6 23.♕b3 ♗h6 24.♖ad1 ♖d8 25.♖d3 ♔f6 26.♖c3 ♕d7 27.♕c2 d4 28.♖c7 ♕d5 29.♖d1 ♗f4 mit etwa gleichen Chancen, Ni Hua−Wang Hao, Singapur 2006.

14...e5 15.♘f3 ♘xf3+ 16.gxf3 ♘h5

Nach 16...e4!? 17.fxe4 ♘h5 18.exd5 muss Schwarz sein Heil in einer Remisabwicklung suchen: 18...♕h4 19.♗xg6+ ♔xg6 20.♕xf8 ♗f5 21.♕a3! (21.♕xa8? ♕g4+ 22.♔h1 ♕f3+ 23.♔g1 ♗h3-+) 21...♕g4+ 22.♔h1 ♖e8 23.♖g1 ♖e1 24.♖xe1 ♗e4+ 25.♖xe4 ♕xe4+ 26.♔g1 (26.f3 ♕e1+ 27.♔g2 ♕e2+ 28.♔h3 ♕f1+ 29.♔h4 ♕f2+ 30.♔g4 ♘f6+ 31.♔f4 ♕d4+ mit ewigem Schach) 26...♕g4+ 27.♔f1 ♕d1+ mit Dauerschach.

17.♗xg6+ ♔xg6 18.♔h1 ♕h4!

18...♘f6? wird mit 19.♖g1+ ♔f7 20.♖xg7+ beantwortet, z.B. 20...♔e6 21.♗g5 ♗e7 22.♖xe7+! ♕xe7 23.♖c1 ♔f7 24.♖xc8 ♖xc8 25.♕xc8 und weißem Vorteil, Ernst–Rodgaard, Kopenhagen 1986.

19.♕xf8 ♔h7!

Eine Neuerung gegenüber der bekannten Partie Kruszynski–Ehrenfeucht, Polen 1986, die folgenden für Schwarz entmutigenden Verlauf nahm: 19...♗g4? 20.♕a3! ♗e6 21.♖g1+ ♔h7 22.♗g5 ♕xf2 23.♖af1 ♕d4 (23...♕c2!?) 24.♕e7 ♕b6 25.♗f6! ♖g8 26.♗xg7 ♖xg7 27.♖xg7+ ♘xg7 28.♖g1 1:0.

20.♖g1 ♕xf2

In der Partie Lettieri–Luther, Verona 2005, wählte Schwarz einen anderen Weg: 20...♕h3 21.♕a3 ♗f5 22.♗d2 d4 23.♕b3 d3 24.♕xb7 ♖b8 25.♕d5 e4 26.♖g5 ♕xf3+ 27.♔g1 ♖f8 28.♖e1 ♖f6 29.♕d4 ♖g6 30.♖xg6 ♗xg6 31.♕e3 ♕g4+ 32.♔h1 ♕f5 33.♖c1 mit weißem Vorteil.

21.♕f7??

Der Verlustzug. Die einzige Möglichkeit war 21.♕a3! und kompliziertem Spiel.

Diagramm Nr. 118

21...♗g4!!

Ein abruptes Finale. Wegen 22.♖xg4 (22.fxg4 ♕xf7 23.gxh5 ♖c8-+) 22...♕f1+ 23.♖g1 ♘g3+!! 24.hxg3 ♕h3 matt gab sich Weiß geschlagen.

Französische Verteidigung (119)

Lanka – Piskow
UdSSR 1988

1.e4 e6 2.d4 d5 3.♘d2 a6

Bevor Schwarz c7–c5 spielen wird, will er erst den Zug ♗f1-b5+ ausschalten. Das kostet allerdings ein Tempo, und es ist fraglich, ob die Verhinderung von ♗b5+ so viel Wert hat.

4.♗d3

Heute wird öfter 4.♘gf3 gespielt.

4...c5 5.dxc5 ♗xc5 6.♘gf3 ♘c6 7.a3 ♘f6

Nach 7...♘ge7 8.0-0 0-0 9.b4 ♗d6 10.♗b2 erhält Weiß mehr Raum.

8.0-0 ♕c7

Elastischer ist 8...0-0!?, um später die Position der Dame festzulegen.

9.b4 ♗e7 10.♗b2 b5 11.♖e1 0-0 12.exd5 ♘xd5 13.c4 bxc4 14.♘xc4 ♗b7

In Frage kam 14...♗f6!?, um die Wirkung des ♗b2 zu neutralisieren.

15.♖c1 ♕f4?

Dieser unbedachte Zug bringt Schwarz schnell in den Abgrund. Richtig war 15...♕b8.

16.♖e4 ♕b8

Nichts taugt 16...♕h6? wegen 17.♘d6! ♗xd6 18.♖h4+–.

17.♖g4 ♗f6 18.♕d2 ♘ce7 19.h4 ♔h8?

Erforderlich war 19...♗xb2!? 20.♕xb2 f6 21.h5 ♘f4 mit Rettungschancen.

20.♘fe5!

Weiß hat den Gegner total in die Defensive gedrängt und droht nun 21.♘d7. Mittels 20...♕d8 konnte Schwarz noch Widerstand leisten. Nach dem folgenden Textzug geht es jedoch schnell abwärts.

20...♗c8?

Diagramm Nr. 119

21.♘c6!!
Mit der Idee, den schwarzen ♘e7 von der Verteidigung des Königsflügels abzulenken.
21...♕c7
Auf 21...♘xc6 wäre 22.♖xg7! ♔xg7 (22...♗xg7 23.♕h6+−) 23.♕g5+ für Schwarz tödlich.
22.♖xg7! ♘g6
Schade! Die Annahme des Turmopfers führte zu schönen Varianten: 22...♔xg7 23.♘xe7 ♘f4 (23...♕xe7 24.♕g5+ ♔h8 25.♕h6+−) 24.♘e5! ♕xe7 25.♕xf4 ♗xe5 26.♕xe5+ f6 27.♕e4 mit Doppelangriff auf a8 und h7. Es verliert auch 22...♗xg7 23.♕h6+−.
23.♕h6
Schwarz gab auf.

Französische Verteidigung (120)

Negi – Van Dongen
Capelle la Grande 2010

1.e4 e6 2.d4 d5 3.♘d2 ♘f6 4.e5 ♘fd7 5.f4
Diese Fortsetzung führt zu großen Verwicklungen.
5...c5 6.♘df3 ♘c6 7.c3 cxd4
Häufiger hält Schwarz die Spannung im Zentrum aufrecht und spielt 7...♕b6.
8.cxd4 ♗b4+
Die Theorie rät hier 8...♕b6 z.B. 9.g3 ♗b4+ 10.♔f2 g5 11.fxg5 ♘dxe5 12.♘xe5 ♘xe5 13.♔g2 ♘c6 14.♘f3 ♗f8 15.b3 ♗g7 mit beiderseitigen Chancen.
9.♔f2 f6 10.g3 fxe5
Die stärkste Antwort ist 10...♕b6!
11.fxe5 0-0 12.♔g2
Der Monarch steht jetzt auf dem idealen Feld.
12...♖f7?
Kein guter Zug, denn er ist einfach ein Zeitverlust und bringt Schwarz nur in Schwierigkeiten. Immer noch richtig war in diesem Moment 12...♕b6!
13.♗d3 ♘f8 14.♘g5 ♖e7 15.♕h5 h6
Nicht viel besser ist 15...g6 16.♕h4 ♗d7 17.♘e2 ♖g7 18.♖f1, und Weiß hat eine starke Initiative am Königsflügel.
16.♘5f3 ♗d7 17.♘e2 ♗e8 18.♕g4 ♔h8 19.a3 ♗a5

Diagramm Nr.120

20.♗g5!
Ein präziser taktischer Zug, der die schwarze Stellung zum Einsturz bringt.
20...hxg5 21.♘xg5
Es droht 22.♕h4+, gefolgt von 23.♗h7+ usw.
21...g6 22.♖af1 ♘h7
Entschieden war die Partie auch nach 22...♘d7 23.♕h3+ ♔g8 24.♖f4 nebst ♖h1-f4 usw.
23.♘xh7 ♔xh7 24.♕h4+ ♔g7 25.♖f8!
Schwarz gab sich geschlagen, denn nach 25...♔xf8 26.♕h8+ ♔f7 27.♖f1 wird er matt.

Französische Verteidigung (121)

Hillebrand – Ketzscher
DDR–Liga 1985

1.e4 e6 2.d4 d5 3.♘d2 ♘f6 4.e5 ♘fd7 5.f4 c5 6.c3 ♘c6 7.♘e2
Stärker ist 7.♘df3 z.B. 7...♕b6 8.g3 cxd4 9.cxd4 f6 10.♗h3 fxe5 11.fxe5 ♗b4+ 12.♔f1 0-0 13.♔g2 ♘dxe5 14.dxe5 ♘xe5 15.♕e2 ♘xf3 16.♘xf3 e5 17.♗xc8 ♖axc8 18.♘xe5 ♕e6 19.♗f4 ♖f5 20.♕d3 ♖xe5 (20...g5 21.♘f3 gxf4 22.♘d4 f3+ 23.♔f1+−) 21.♗xe5 ♕xe5 22.♖hd1 mit weißem Vorteil.
7...♕b6 8.♘f3 f6 9.g3 cxd4 10.cxd4
Laut Suetin ist 10.♘exd4! stärker.

10...♗b4+ 11.♘c3 fxe5 12.fxe5 0-0 13.♗f4 ♗e7
Durch Zugumstellung entstand eine in der Theorie bekannte Stellung, wo es mit 14.a3 g5 15.♘a4 ♕d8 16.♗e3 weitergeht. In der Partie glaubte Weiß, ohne 14.a3 auszukommen. Schwarz widerlegt das eindrucksvoll.
14.♘a4? ♕a5+ 15.♗d2 ♗b4 16.♘c3 ♖xf3!
Dieses Opfer mit Zertrümmerung des weißen Zentrums ist eine typische Wendung in der Französischen Verteidigung.
17.♕xf3 ♘xd4 18.♕d1
Auf 18.♕d3 folgt natürlich 18...♘xe5! 19. ♕xd4 ♘f3+ mit Damengewinn.
18...♘xe5 19.♗e2 ♕c5!
Schwarz hält den weißen König in der Mitte fest.
20.♖f1 ♗d7 21.a3 ♘xe2! 22.axb4
Oder 22.♕xe2 ♗xc3 23.♗xc3 d4 mit klarem schwarzen Vorteil.
22...♕c4 23.b3
Nach 23.♕xe2 folgt 23...♘d3+ 24.♔d1 ♕b3 matt. Der letzte weiße Zug ermöglicht auch ein schönes Springermatt.

Diagramm Nr. 121

23...♘xc3! 24.bxc4
Die Variante 24.♗xc3 ♕xc3+ 25.♔f2 ♗b5 wäre für Weiß auch hoffnungslos.
24...♘d3 matt.

Französische Verteidigung (122)

Kindermann – Hansen
München 1989

1.e4 e6 2.d4 d5 3.♘c3 ♗b4
Dieser Läuferausfall wurde erst nach gründlichen Analysen und praktischen Erfolgen von Großmeister Aaron Nimzowitsch wirklich salonfähig.
4.e5 c5 5.a3 ♗xc3+ 6.bxc3 ♘e7 7.♕g4
Wenn Weiß ruhigeres Fahrwasser wünscht, kann er das Spiel mit 7.♘f3 fortsetzen.
7...0-0 8.♗d3 ♘d7
Eine andere Variante entsteht nach 8...♘bc6. In einer Partie Chalifman-Pr.Nikolic, Moskau 1990, geschah weiter: 9.♕h5 ♘f5 (Nach 9...h6? folgte 10.♗xh6! gxh6 11.♕xh6 ♘f5 12.♗xf5 exf5 13.0-0-0 f4 14.♘h3 ♘e7 15.♘g5 ♗f5 16.g4 ♗e4 17.♖he1 ♕b6 18.e6 ♗g6 19.♖d3! und Schwarz gab sich geschlagen, Maus-Hübner, Lugano 1989.) 10.♘f3 (10.g4 ♕h4!) 10...f6 11.g4 c4 12.gxf5 cxd3 13.♖g1 exf5? (Der schwarze Springer musste mit 13...♘e7 zur Verteidigung herbeieilen.) 14.♗h6 ♖f7 15.♔d2 ♗e6 16.♗xg7! ♖xg7 17.♖xg7+ ♔xg7 18.♖g1+ 1-0 (18...♔h8 19.♘h4+- oder 18...♔f8 19.♕xh7 ♗f7 20.♖g7 ♕e8 21.♘h4+-).
Die beste Fortsetzung ist hier wahrscheinlich 8...f5!? Man sehe: 9.exf6 ♖xf6 10.♗g5 e5 11.♕h4 e4 12.♗xf6 gxf6 13.♗e2 ♘f5 14.♕f4 cxd4 15.cxd4 ♘xd4 16.♕d2 ♘bc6 17.♖d1 ♗e6 mit kompliziertem Spiel, Emunds-Piskow, Münster 1991.
9.♘f3 f5 10.♕h3 ♕a5 11.♗d2 c4
Einen anderen Verlauf hatte die Partie Minasjan-Oll, UdSSR 1990, wo folgte: 11...♘b6 12.g4! ♘c4 13.♖g1 cxd4 14.gxf5 ♘xf5? (Der schwarzfeldrige Läufer musste hier mit 14...♘xd2 ver-

nichtet werden.) 15.♗h6 ♖f7 16.♗xg7 ♖xg7 17.♖xg7+ ♔xg7 18.♔e2! ♕d8? (18...♔h8! war stärker) 19.♖g1+ ♔h8 20.♘g5 ♕g8 (20...♕e7 21.♗xc4 dxc4 22.♕h5+-) 21.♗xf5 exf5 22.♕h4 ♗e6 23.♘xh7! ♕xg1 24.♘g5+ ♔g8 25.♕h7+ ♔f8 26.♕h6+ ♔e8 27.♕xe6+ ♔d8 28.♕xd5+ ♔c7 29.♘e6+ 1-0, wegen 29...♔b6 30.♕c5+ ♔a6 31.♘c7 matt.

12.♗e2 ♘b6 13.0-0 ♕a4 14.♖a2 ♕e8 15.♔h1 h6 16.♖g1!

Weiß bereitet sofort den einzigen Hebel vor, über den er in dieser Position noch verfügt: g2-g4!

16...♕g6

Die Dame strebt h7 an, wo sie den eigenen König verteidigen möchte.

17.g4 fxg4 18.♖xg4 ♕h7 19.♖a1!

Nach 19.♕xh6 konnte Weiß natürlich einen Bauern gewinnen, aber Kindermann bringt mit Recht den Turm auf die g-Linie, wo das Schicksal von Schwarz rasch entschieden wird.

19...♘f5 20.♖ag1 ♗d7?

Der entscheidende Fehler. Zäher war 20...♖f7, um den schwachen Punkt g7 nochmals zu verteidigen.

21.♘h4! g5

Nun wäre 21...♖f7 schon zu spät wegen 22.♘xf5 exf5 23.♖g6 mit den Drohungen 24.♖xh6 und 24.e6. Auch 21...♘xh4 verliert wegen 22.♖xg7+ bzw. 22.♖xh4, aber der Textzug ermöglicht eine kleine Kombination.

Diagramm Nr. 122

22.♗xg5! hxg5 23.♖xg5+ ♔f7 24.♖h5 ♖h8

Auf 24...♘h6 folgt 25.♖g6+-.

25.♘xf5

Schwarz gab auf.

Französische Verteidigung (123)

Lau - Hertneck
1.Bundesliga 1987

1.e4 e6 2.d4 d5 3.♘c3 ♗b4 4.e5 c5 5.a3 ♗xc3+ 6.bxc3 ♘e7 7.♕g4 0-0 8.♘f3 f5

Eine ältere Verteidigungsmethode ist hier 8...♘bc6 z.B. 9.♗d3 f5 10.exf6 ♖xf6 11.♗g5 e5 (Oder 11...♖f7 12.♗xe7 ♖xe7 13.♕h4 g6 14.0-0 c4 15.♗e2 ♕f8 16.♖fe1 ♗d7 17.♗d1 ♖ae8 18.♘e5 ♘xe5 19.♖xe5 ♗a4 20.♕g5 ♔g7 21.♕d2 nebst ♗d1-g4, ♖a1-e1 und starkem Druck auf e6.) 12.♗xh7+ ♔xh7 13.♕h5+ ♔g8 14.♗xf6 gxf6 15.dxe5 ♕f8 16.0-0-0 fxe5 17.♖he1 ♕f4+ 18.♖d2 ♗g4 19.♕g5+ ♕xg5 20.♘xg5 ♖f8, und Schwarz bekam ein besseres Endspiel, Hübner-Kindermann, München 1990.

9.exf6 ♖xf6 10.♗g5 ♕a5?!

Eine riskante Fortsetzung. Nach jüngsten theoretischen Erkenntnissen ist 10...♘d7! stärker, z.B. 11.dxc5 (11.♗xf6 ♘xf6 12.♕f4 ♕a5 ist schlechter für Weiß) 11...♖f7 12.♗b5 ♘xc5 13.0-0 a6 14.♕d4 ♕d6 15.♗e3 b6 16.♗d3 ♘f5 17.♕e5 ♕xe5 18.♘xe5 ♘xe3 19.fxe3 ♖xf1+ 20.♖xf1 ♖a7 nebst ♖a7-c7 mit Gleichgewicht.

11.♗xf6 ♕xc3+ 12.♔e2 ♘g6 13.♖c1 gxf6 14.h4 ♘c6 15.h5 e5 16.♕g3 e4 17.hxg6 exf3+ 18.♔d1

Nicht jedoch 18.gxf3? ♘xd4+ 19.♔d1 ♗f5, und Schwarz ist im Vorteil.

18...♗f5 19.♖xh7 ♕xd4+ 20.♗d3 ♘e5

Nach 20...♗xd3 folgt 21.♖h8+! ♔g7 22.♕c7+ ♔xg6 (22...♔xh8 23.♕h7 matt) 23.♕h7+ ♔g5 24.♕h5+ ♔f4 25.g3+ ♔e4 26.♕g4+ ♔e5 27.♕xd4+ ♔xd4 28.♖xa8 mit materiellem Vorteil für Weiß.

21.♖h4 ♗g4 22.gxf3!

Ein sicherer Zug gegenüber einer Analyse von Arencibia, in der Schwarz nach 22.♖h8+ ♔xh8 23.♕h4+ ♔g8 24.♕h7+

♔f8 25.g7+ ♔e7 26.g8♕+ ♔d6 in Vorteil kommen sollte.

22...♘xd3?

Nun erwartet Schwarz eine Überraschung. Notwendig war 22...♗xf3+! 23.♔d2 ♘c4+ 24.♔e1 ♖e8+ 25.♔f1 ♘d2+ 26.♔g1 ♕e5, und er kann noch Widerstand leisten. Nach der Partiefortsetzung wird er mattgesetzt.

Diagramm Nr. 123

23.♖h8+!

Schwarz gab auf wegen 23...♔xh8 (23...♔g7 24.♕c7+ ♔xg6 25.♕h7+ ♔g5 26.♕g7+ ♔f5 27.♕xg4+ ♕xg4 28.fxg4+ ♔xg4 29.♖xa8+-) 24.♕h4+ ♔g8 25.♕h7+ ♔f8 26.♕f7 matt.

Französische Verteidigung (124)

Mortensen – Karlsson
Esbjerg 1988

1.e4 e6 2.d4 d5 3.♘c3 ♗b4 4.e5 c5 5.a3 ♗xc3+ 6.bxc3 ♘e7 7.♕g4 0-0 8.♗d3 c4

Aus strategischer Sicht kein logischer Zug, da Schwarz damit die Bauernstruktur im Zentrum erstarren lässt. Besser ist 8...♘bc6.

9.♗h6

Dieser taktische Witz führt zu einem günstigen Abtausch des ♗d3.

9...♘g6 10.♗xg6 fxg6 11.♗e3 ♘c6 12.h4!

Weil die Lage im Zentrum mit 8...c4 stabilisiert wurde, kann Weiß seinen König in der Mitte stehen lassen und einen Angriff am Königsflügel beginnen.

12...♕e8 13.h5 gxh5 14.♖xh5 ♘e7 15.♘f3 ♖f5 16.♖h2

16.♖h3! wäre wohl besser.

16...♕g6 17.♕h4 ♘c6 18.0-0-0

Hier leistete 18.♔d2! das Gleiche und war bestimmt sicherer.

18...♗d7 19.♖dh1 h6 20.♖h3?

Es droht 21.♖g3 mit entscheidendem Angriff. Aber Weiß übersicht eine starke Riposte, die sofort zu einer Katastrophe führt. Richtig war zunächst 20.♔d2!

Diagramm Nr. 124

20...♖xf3!

Dies muss für Weiß ein Schock gewesen sein.

21.♖xf3

Die Erwiderung 21.gxf3 rettet auch nicht mehr: 21...♘b4!! 22.♔d2 ♕xc2+ 23.♔e1 ♕b1+ 24.♗c1 ♕xc1+ 25.♔e2 ♕xc3 26.♔f1 (26.axb4 ♕d3+ 27.♔e1 ♗a4-+) 26...♘d3 27.♔g2 ♖f8-+.

21...♘b4!!

Weiß gab auf wegen 22.axb4 ♗a4 23.♔b2 (23.♔d2 ♕xc2+ 24.♔e1 ♕d1 matt) 23...♕xc2+ 24.♔a1 ♗b3 nebst 25...♕a2 matt.

Französische Verteidigung (125)

J. Polgar – Sinkovics
Ungarn 1990

1.e4 e6 2.d4 d5 3.♘c3 ♗b4 4.e5 ♘e7 5.a3 ♗xc3+ 6.bxc3 c5 7.♕g4 0-0 8.♗d3 ♘d7 9.♘f3 f5 10.♕h3 ♘b6 11.♖g1!

Eine mutige Entscheidung. Weiß lässt seinen König in der Mitte und fängt sofort einen Angriff am Königsflügel an. Die Alternative ist 11.a4.

11...♕c7

Zu überlegen war 11...♘c4!? 12.g4 ♕a5 13.♗d2 cxd4 usw.

12.♗d2 ♘c4 13.g4 ♘xd2

Schwarz konnte versuchen, mit 13...♘b2!? den anderen Läufer zu beseitigen.

14.♔xd2 ♔h8?
Ein Zeitverlust. Besser war 14...cxd4 15.cxd4 ♗d7, und Schwarz verteidigt seine Stellung.
15.gxf5 ♘xf5 16.♖g5 cxd4 17.♖ag1!
Weiß widmet sich zu Recht nur seiner Attacke gegen den feindlichen König und kümmert sich nicht mehr um die Gegenchancen von Schwarz auf der anderen Seite.
17...dxc3+ 18.♔d1 ♕e7 19.♖h5 ♘h6
Oder 19...h6 20.♘h4+-..

Diagramm Nr.125

20.♖xg7! ♔xg7
Verlieren würde auch 20...♕xg7 21.♖xh6 ♖f5 22.♗xf5 exf5 23.♘g5+-.
21.♖xh6 ♖h8 22.♖f6 ♔g8
Es drohte 23.♕g3 matt.
23.♖f4
Schwarz hat keine Ruhe. Es droht nun 24.♕g3+ ♕g7 25.♖g4+-.
23...h5 24.♖f6!
Gegen die Fortsetzung 25.♕g3+ ♕g7 26.♖g6 gibt es keine Parade mehr. Schwarz gab auf.

Französische Verteidigung (126)

Balaschow – I. Farago
Dortmund 1987

1.e4 e6 2.d4 d5 3.♘c3 ♗b4 4.e5 ♘e7 5.a3 ♗xc3+ 6.bxc3 c5 7.♕g4 0-0 8.♘f3 ♕a5
Mit diesem Zug hat man sich bisher noch nicht näher befasst. Besser ist vielleicht das alte 8...♘bc6 9.♗d3 f5 10.exf6 ♖xf6 11.♗g5 ♖f7 mit beiderseitigen Chancen.
9.♗d2 ♕a4 10.♗d3 c4 11.♗xh7+ ♔xh7 12.♕h4+ ♔g8 13.♕xe7 ♕xc2
Die Theorie empfiehlt 13...♘c6!
14.h4!
Dies ist eine Verstärkung gegenüber der Partie Bronstein–Kortschnoi, Moskau 1958, wo 14.0-0 ♘c6 15.♕h4 ♗d7 16.♖ae1 f6 17.♖e3 fxe5 18.♖c1 ♕h7 folgte, und Schwarz konnte das Gleichgewicht halten.
14...♘c6 15.♕g5 ♕e4+
Zu überlegen war 15...f6!?
16.♔f1 ♕f5?
Im jetzt entstehenden Endspiel behält Weiß taktische Möglichkeiten. Immer noch sollte 16...f6!? geschehen.
17.♕xf5 exf5 18.h5! ♘a5 19.h6 ♘b3

Diagramm Nr.126

20.♗g5!!
Es ist nicht zu glauben, wie schnell sich jetzt auch ohne Damen der weiße Königsangriff durchsetzt.
20...gxh6
20...♘xa1 geht nicht wegen 21.hxg7+-.
21.♖xh6 ♔g7
Weiß gewinnt auch nach 21...f6 22.♗xf6 ♖xf6 (22...♘xa1 23.♘g5+-) 23.exf6 ♘xa1 24.♘g5 ♗d7 25.♖g6+ ♔f8 (25...♔h8 26.♘f7+ ♔h7 27.♖g7 matt) 26.♖g7+-.
22.♖h2 ♘xa1
Zäher war wohl 22...♖g8 23.♖e1 ♗e6 24.♗f6+ ♔f8 25.♖h7 ♔e8 26.♘g5+-.
23.♗f6+ ♔g6 24.♘h4+ ♔h5 25.♘xf5+
Vor dem Matt gibt es keine Rettung mehr: 25...♔g4 (25...♔g6 26.♘e7 matt) 26.♘h6+ ♔f4 27.♖h4+ ♗g4 28.♖xg4 matt. Schwarz gab auf.

Französische Verteidigung (127)

Mudelsee – Geveke
1.Bundesliga 1990

1.e4 e6 2.d4 d5 3.♘c3 ♗b4 4.e5 c5 5.a3 ♗xc3+ 6.bxc3 ♕c7 7.♕g4 f6
Eine selten gespielt Variante.

Normalerweise wählt Schwarz hier 7...♘e7 8.♕xg7 ♖g8 9.♕xh7 cxd4 mit beiderseitigen Chancen.

8.♗b5+ ♔f8

Die logische Folge an dieser Stelle ist 8...♘c6.

9.♘f3 c4

In der Begegnung Kindermann–Mohr, Altensteig 1989, geschah 9...a6 10.♗d3 cxd4 11.0-0 dxc3 (11...fxe5 12.♕g3±) 12.a4 f5 13.♗a3+ ♘e7 14.♕h5 ♘bc6 15.g4 ♕d8 16.gxf5 exf5 17.e6±.

10.a4 a6 11.♗a3+ ♔f7?

Danach ist es sofort aus. Erforderlich war 11...♘e7! z.B. 12.♗e8!? (Oder 12.♗d6 ♕d8 13.exf6 gxf6 14.♕f4 ♔f7 15.♗xb8 axb5 mit unklarer Stellung.) 12...♔xe8 (12...f5 13.♕h5 g6 14.♗xg6+–) 13.♕xg7 ♖g8 14.♕xh7 mit guten Chancen für Weiß.

Diagramm Nr. 127

12.♘g5+! fxg5

12...♔g6 13.♗e8+ ♔h6 14.♕h4 matt.

13.♕h5+

Nach diesem Zwischenschach wird der schwarze König erlegt: 13...g6 14.♕f3+ ♘f6 (14...♔g7 15.♕f8 matt) 15.♕xf6+ ♔g8 16.♕f8 matt. Schwarz gab auf.

Französische Verteidigung (128)

Coles – Westbrock

USA 1980

1.e4 e6 2.d4 d5 3.♘c3 ♘f6 4.♗g5 ♗b4

Durch diese Fortsetzung wird die MacCutcheon–Variante charakterisiert, die 1890 ihre Premiere erlebte.

5.♗d3

Üblicherweise wird hier 5.e5 gezogen. Weiter kann folgen: 5...h6 6.♗d2 ♗xc3 7.bxc3 ♘e4 8.♕g4 g6 9.♗d3 ♘xd2 10.♔xd2 c5 11.h4 (11.♕f4 ♘c6 12.♘f3 cxd4 13.cxd4 ♕c7 14.♕f6 ♖g8 15.♖ab1 ♗d7 16.h4±, Kindermann–Knaak, Dortmund 1991) 11...♘c6 12.♕f4 ♕a5 13.♘f3⩲, Jagupow–Glek, Katowice 1992.

5...dxe4

Schwarz erlangt auch auf andere Weise gleiches Spiel: 5...c5 6.♘f3 cxd4 7.♘xd4 dxe4 8.♗xe4 h6 9.♗xf6 ♕xf6=, Analyse von Keres.

6.♗xe4 c5 7.♘ge2 cxd4 8.♘xd4

Ausgleich ergibt laut Keres 8.♗xf6 ♕xf6 9.♕xd4 ♕xd4 10.♘xd4 ♘d7 usw.

8...♕a5 9.♗xf6

9.♗d2 ♕b6 ist gut für Schwarz.

9...♗xc3+ 10.bxc3 ♕xc3+ 11.♕d2

In dem Treffen Honfi–Lengyel, Budapest 1957, folgte nun das richtige 11...♕xd2+! 12.♔xd2 gxf6 mit etwa ausgeglichenem Endspiel. In der hier vorgestellten Partie wählte Schwarz einen riskanten Weg.

11...♕xa1+ 12.♔e2 ♕b2

Nach 12...♕xh1 13.♘xe6! gewinnt Weiß ähnlich wie in der Partie.

13.♖b1!

Jetzt muss die Dame die lange Diagonale verlassen.

13...♕xb1 14.♘xe6!?

Eine fantastische Stellung mit vielen sehenswerten und effektvollen Wendungen.

14...♗d7??

Der Verlustzug. Zur Niederlage führte auch 14...♘d7?? 15.♘xg7+ ♔f8 16.♘e6+! fxe6 (16...♔e8 17.♘c7+ ♔f8 18.♕h6+ ♔g8 19.♕g7 matt) 17.♕d6+ ♔g8 (17...♔f7 18.♕e7+ ♔g8 19.♕g7 matt) 18.♕xe6+ ♔f8 19.♕e7+ ♔g8 20.♕g7 matt. Es gab jedoch eine Rettung nach 14...♕b5+! 15.♔f3 ♕d7 (15...♕h5+? 16.♔g3+–) 16.♘xg7+ ♔f8 17.♘e6+! (17.♕h6?? verliert wegen

17...♕d1+!) 17...♔e8 18.♘g7+, und Weiß hat nichts Besseres, als sich mit Dauerschach zufrieden zu geben.

15.♘xg7+ ♔f8

Diagramm Nr.128

16.♘e6+!

Das hübsche Ende einer sehr interessanten Partie.

16...fxe6

Oder 16...♗xe6 17.♕d8 matt bzw. 16...♔e8 17.♘c7+ ♔f8 18.♕h6+ ♔g8 19.♕g7 matt.

17.♕d6+ ♔g8 18.♕g3+

Schwarz gab sich geschlagen (18...♔f8 19.♕g7+ ♔e8 20.♕e7 matt).

Französische Verteidigung (129)

Jurtajew – Lewin
Riga 1988

1.e4 e6 2.d4 d5 3.♘c3 ♘f6 4.♗g5 ♗e7 5.e5 ♘fd7 6.h4

Dieses Bauernopfer war eine Lieblingswaffe des Franzosen Chatard, fand jedoch erst nach dem glanzvollen Sieg Aljechins über Fahrni im Mannheimer Turnier 1914 allgemeine Anerkennung.

6...♗xg5

Die Annahme dieses Opfers gibt Weiß gefährliche Initiative. Aus diesem Grund spielt Schwarz meistens 6...c5.

7.hxg5 ♕xg5 8.♘h3 ♕h6

Eine riskante Fortsetzung. Die Theorie empfiehlt hier 8...♕e7.

9.♗d3

Eine gute Alternative ist 9.g3!?, z.B. 9...c6 10.♕f3 g6 11.♘f4 ♕f8 12.0-0-0 mit starker Initiative.

9...a6?!

Zu zahm! Besser war 9...♘c6 oder 9...b6, um schnell den Damenflügel zu entwickeln.

10.♕g4 c5 11.f4 cxd4?

Notwendig ist 11...g6, um nach 12.♘f2 ♕f8 zu spielen. Mit dem Textzug hat Schwarz eine Kombination ausgedacht, bei der er für die Figur vier Bauern bekommen will. Aber der Schein trügt...

12.♘f2 ♘xe5 13.fxe5 ♕e3+ 14.♘e2 ♕xe5 15.♖h5 ♕f6

Oder 15...f5 16.♕h3 h6 17.g4±.

16.♖xd5!

Diese Möglichkeit hatte Schwarz übersehen. Wenn jetzt 16...exd5, so 17.♕xc8+ ♕d8 18.♕xb7 ♘d7 19.♕xd5 mit weißem Vorteil. Nach 16...♘c6 folgt 17.♘e4+–, aber der Textzug verliert sofort.

16...0-0

Diagramm Nr.129

17.♗xh7+! ♔xh7 18.♖h5+ ♔g8 19.♕h3

Schwarz gab auf. Nach 19...g6 20.♘g4 gibt es keine Rettung mehr.

Französische Verteidigung (130)

Janocha – Tschubar
Jalta 1990

1.e4 e6 2.d4 d5 3.♘c3 dxe4

Mit diesem Abtausch klärt sich die Lage in der Brettmitte sehr rasch. Wie die Praxis zeigt, erhält Weiß die besseren Aussichten, weil er seine Figuren bald zu einem gefährlichen Angriff formieren kann.

4.♘xe4 ♗e7

Andere Pläne für Schwarz sind: 4...♗d7 5.♘f3 ♗c6 6.♗d3 ♘d7 7.0-0 (7.c4 ♘gf6 8.♘c3 ♗xf3 9.♕xf3 c5 10.♗e3 ♕b6=, Nunn–Jepischin, Wijk aan Zee 1992) 7...♘gf6 8.♘g3 ♗e7 9.b3 0-0 10.♗b2 a5 11.a3 b5 12.♖e1 b4=, Adams–Drejew, Manila 1992. Oder 4...♘d7 5.♘f3 ♘gf6 6.♘xf6+ ♘xf6 7.♗d3 (7.♗g5 h6 8.♗h4 c5

9.♗xf6 gxf6 10.♗e2 cxd4 11.♘xd4 ♗c5=, Hübner–Rivas, Manila 1992) 7...♗e7 8.♗f4 c5 9.dxc5 ♕a5+ 10.c3 ♕xc5 11.0-0 0-0 12.♘e5 ♘d5 13.♗g3 mit etwas besserem Spiel für Weiß, Oll–Tal, Sevilla 1992.

5.♘f3 ♘f6 6.♘xf6+ ♗xf6 7.♗d3 0-0

Nach 7...♘c6 8.c3 e5 9.dxe5 ♘xe5 10.♘xe5 ♗xe5 11.0-0 ♗f6 12.♕a4+ sind die weißen Figuren nahezu ideal aufgestellt. Der Partiezug ist neu und offensichtlich keine Verstärkung.

8.h4!

Das Signal zum Angriff.

8...g6

8...c5? wäre bereits mit der klassischen Kombination 9.♗xh7+! ♔xh7 10.♘g5+ usw. beantwortet worden.

9.♗g5 c5 10.♕d2 cxd4

Schwarz sollte über die weitere Entwicklung seiner Figuren nachdenken. In Frage kam etwa 10...♘d7!? mit dem Plan b7–b6 und ♗c8–b7.

11.0-0-0 h5

Die Schwächung der Königsstellung erleichtert die Aufgabe des Gegners. Zu überlegen war daher 11...♘d7!?

12.♕f4 ♗xg5?

Immer noch war 12...♘d7 besser.

13.hxg5 ♘c6 14.♗b5 ♕d5 15.♗xc6 bxc6 16.b3 c5 17.♘e5! ♕xg2

Es drohte unangenehm 18.f3 und 19.g4, aber dieser Zug kann die Partie nicht mehr retten.

18.f3 ♕e2 19.♕f6

Es droht vernichtend 20.♘xg6!

19...♔h7

Diagramm Nr. 130

20.♖xh5+!

Der Lohn für gute Arbeit!

20...gxh5 21.g6+

Auf 21...fxg6 folgt 22.♕xg6+ ♔h8 23.♕xh5+ ♔g7 24.♖g1+ ♔f6 25.♕g5 matt. Schwarz gab auf.

Französische Verteidigung (131)

Farachi – Gadda
Rom 1989

1.e4 e6 2.d4 d5 3.♘c3 ♘e7

Unverständlich gespielt! Dieser Zug leistet eigentlich nichts im Sinne dieser Verteidigung. Bessere Alternativen sind 3...♗b4; 3...♘f6 oder sogar 3...dxe4.

4.♗g5 h6 5.♗h4 ♕d6 6.♘f3 dxe4 7.♗b5+!

Mit der Idee 7...c6 8.♘xe4 ♕b4+ 9.c3 ♕xb2 (9...♕xb5 10.♘d6+ und Damengewinn) 10.♘d6+ ♔d8 (10...♔d7 11.♘e5+! ♔xd6 12.♘c4++–) 11.♘xf7+, und Weiß gewinnt Material.

7...♘ec6 8.♘e5 ♗e7 9.♗g3 ♕b4?

Am besten wäre es, zum Ursprungsfeld d8 zurückzukehren.

10.♘c4!

Weiß bereitet ein Netz für die gegnerische Dame vor. Es droht schon 11.a3 mit Damenfang. Gibt es überhaupt eine Rettung?

10...♗d8

Nein!

Diagramm Nr. 131

11.♗d6!

Damit sperrt Weiß die Fluchtdiagonale a3–f8. Nach 11...cxd6 12.a3 zappelt die Dame in der Schlinge. Schwarz gab auf.

Caro–Kann–Verteidigung (132)

Beljawski – Larsen
Tilburg 1981

1.e4 c6

Schwarz bereitet damit den Gegenstoß d7–d5 vor, um die Kontrolle über den Punkt e4 zu gewinnen. Bezeichnend ist, dass der ♗c8 nicht eingeschlossen wird und nach g4 oder f5 entwickelt werden kann.

2.d4 d5 3.♘c3 dxe4 4.♘xe4 ♗f5

Diese Variante trägt den Namen des ehemaligen kubanischen Weltmeisters Jose Raul Capablanca (1888–1942).

5.♘g3 ♗g6 6.h4 h6 7.♘f3 ♘d7 8.h5 ♗h7 9.♗d3 ♗xd3 10.♕xd3 ♘gf6

Gebräuchlicher ist 10...♕c7 als Vorbereitung der langen Rochade.

11.♗f4

Weil Schwarz nicht 10...♕c7 gezogen hat, bringt Weiß seinen schwarzfeldrigen Läufer in eine aktive Position. Die Alternative ist 11.♗d2.

11...e6 12.0-0-0 ♗e7 13.♘e5 a5

Schwarz greift am Damenflügel an, ohne erst seinen König zu sichern. In der Partie Asrijen–Jobava, Abu Dhabi 2007, folgte 13...0-0!? 14.♕e2 ♕a5 15.♔b1 ♖fe8 (15...♖ad8 16.c4 ♘xe5 17.dxe5 ♘d7 18.♖d2 ♗g5=, Beljawski–Tal, UdSSR 1981) 16.♘xd7 ♘xd7 17.♘e4 ♖ad8 18.g4 ♘f6 19.♘xf6+ ♗xf6 20.♗e5 ♗xe5 21.dxe5 ♕b4 22.f3 ♕f4 mit gleichem Endspiel.

14.♖he1 a4?

Viel zu zeitraubend. Weiß, der die Entwicklung seiner Kräfte schon abgeschlossen hat, beginnt eine energische Aktion gegen den feindlichen König. Richtig ist 14...0-0! z.B. 15.♔b1 a4 16.c4 a3 17.b3 ♗b4 18.♖h1 ♕e7 19.♘e4 ♖ad8 20.♘xf6+ ♕xf6 21.♕e4 ♘xe5 22.dxe5 ♕e7 23.♔c2 ♖xd1 24.♖xd1 ♖d8 25.♖xd8+ ♕xd8 26.♗e3 mit Remis, Suradiradja–Chandler, Surakarta 1982.

15.♘g6! ♘d5

Das Nehmen auf g6 wäre sehr gefährlich: 15...fxg6 16.♕xg6+ ♔f8 17.♖xe6 ♕e8 18.♖de1 ♕xg6 19.hxg6 ♗b4 20.c3 ♘d5 (20...♗a5 21.♗d6+ ♔g8 22.♘f5+–) 21.♗d2 ♗a5 22.c4 ♗xd2+ 23.♔xd2 ♘5f6 24.♖e7 mit gewonnener Stellung für Weiß.

16.♘f5!

Die weiße Kavallerie im Angriff!

16...♗f8

Verlieren würde 16...exf5 17.♘xe7 ♘xe7 18.♗d6 ♘e5 19.dxe5 0-0 20.e6+– oder 16...fxg6 17.♘xg7+ ♔f7 18.♕xg6+ ♔f8 19.♘xe6 matt.

17.♗d6 ♖g8 18.c4 ♘b4

18...♘e5 19.♘xe5 ♕g5+ 20.♕d2 ♕xf5 21.♗xf8 ♖xf8 22.cxd5+–.

19.♕h3! fxg6

Es drohte 20.♘xf8 und 21.♗xb4+–. Aber nun folgt das Finale...

20.♖xe6+ ♔f7

Diagramm Nr. 132

21.hxg6+! ♔xe6 22.♖e1+ ♘e5

22...♔f6 23.♘g3! mit schnellem Matt.

23.♗xe5

Schwarz gab auf. Sein König befindet sich in einer ausweglosen Lage: 23...♘d3+ 24.♔b1 ♘xe1 (24...♘xe5 25.♖xe5+ ♔d7 26.♘xg7+ ♔c7 27.♘e6++–) 25.♘xg7+ ♔e7 26.♕e6 matt.

Caro–Kann–Verteidigung (133)

Landa – Schaposchnikow
Sotschi 2005

1.e4 c6 2.d4 d5 3.♘c3 dxe4 4.♘xe4 ♗f5 5.♘g3 ♗g6 6.h4 h6 7.♘f3 ♘d7 8.h5 ♗h7 9.♗d3 ♗xd3 10.♕xd3 e6 11.♗f4 ♕a5+

Hier wird auch 11...♘gf6 gespielt, was bereits in der Partie Beljawski–Larsen, analysiert wurde.

12.♗d2 ♗b4 13.c3 ♗e7 14.c4 ♕a6 15.0-0 ♖d8

Die Theorie empfiehlt 15...♘gf6 16.♖fe1 ♖d8 17.♕e2 0-0 18.♗c3 (Schwächer ist 18.♘e5 c5 19.♘xd7 ♖xd7 20.dxc5 ♗xc5 21.♗e3 ♗xe3 22.♕xe3 ♕xc4 23.♕xa7 ♕b5 24.b3 ♘xh5 25.a4 ♕g5 26.♘xh5

♕xh5 27.b4 ♖c8 mit schwarzem Vorteil, Kulowana–Purtseladze, Belfort 2005.) 18...♖fe8 19.♘e5 ♗f8 20.a4 c5 21.dxc5 ♘xe5 22.♗xe5 ♘d7 23.♗c3 ♘xc5 24.b4 ♘d3 25.b5 ♕b6 26.♖ed1 ♘c5 27.♘e4 ♘xe4 28.♕xe4 ♕c5 29.♕e2 a6 mit Ausgleich, Berescu–Ekström, Kreta 2007.]

16.b4 ♘gf6 17.a4

Weiß steht klar besser am Damenflügel. Nun sollte Schwarz am besten mit dem Manöver ♕a6–b6–c7 seine Dame aktivieren. Nach dem Partiezug bleibt sie jedoch außer Spiel.

17...b6? 18.♖fe1 0-0 19.♘f5! ♖fe8

Nicht zu empfehlen war die Variante 19...exf5 20.♖xe7 ♖fe8 21.♖xe8+ ♘xe8 22.♘h4 ♘e5 23.♕g3 ♘xc4 24.♘xf5 ♘xd2 25.♖e1 mit der Drohung ♖xe8+ und ♕xg7 matt.

20.♘xg7

Genauer war 20.♖xe6! fxe6 21.♘xg7! mit Gewinn.

20...♔xg7 21.♖xe6 fxe6?

Der Verlustzug. Nur nach 21...♕c8! konnte man noch den Widerstand leisten: 22.♕f5 ♘g8 (22...fxe6 23.♗xh6+! ♔h8 24.♗g7+ ♔xg7 25.♕g6+ ♔f8 26.♘g5+–) 23.♕g4+ ♔h7 24.♗xh6 ♘xh6 25.♕e4+ ♔g7 26.♖xe7 ♖xe7 27.♕xe7 ♘f6 usw. Noch zu überlegen war 21...♗f8!? 22.♖xc6 ♕b7 23.b5 ♔g8 usw.

Diagramm Nr. 133

22.♗xh6+!

Eine effektvolle Einleitung des Mattangriffs.

22...♔h8 23.♗g7+! ♔xg7 24.♕g6+

Schwarz gab auf wegen 24...♔h8 25.♘g5 ♖f8 26.h6+–.

Caro–Kann–Verteidigung (134)

Doncevic – Garcia Lugue
San Fernardo 1991

1.e4 c6 2.d4 d5 3.♘c3 dxe4 4.♘xe4 ♘d7

Schwarz beginnt mit einer harmonischen Mobilisierung seiner Kräfte auf beiden Flügeln und möchte sich nach dem Schema ♘g8–f6, e7–e6, ♗f8–e7 nebst anschließendem b7–b6 und ♗c8–b7 entwickeln.

5.♗c4

Eine starke Alternative ist 5.♘f3.

5...♘gf6 6.♘xf6+

Zu den Hauptvarianten führt 6.♘g5 e6 7.♕e2 ♘b6 8.♗b3 h6 9.♘5f3 c5 mit beiderseitigen Chancen.

6...♘xf6 7.c3

Die Textfortsetzung verhindert wegen der Antwort ♕b3 eine sofortige Entwicklung des ♗c8, im Allgemeinen das Problemkind von Schwarz in dieser Variante.

7...e6

Mit 7...♕c7!? kann Schwarz versuchen, seinen Damenläufer zu entwickeln, z.B. 8.♘f3 (8.♕b3 e6 9.♘f3 ♗d6 10.0-0 0-0 11.♖e1 b6 12.♗g5 ♘d5 13.♗h4 ♗b7=) 8...♗g4 9.h3 ♗h5 10.g4 ♗g6 11.♘e5 ♘d7 12.♗f4 ♘xe5 13.♗xe5 ♕d7 14.♕e2 0-0-0 15.0-0-0 e6 16.♖he1 ♗d6 17.f4 h5 18.♕f2 hxg4 19.hxg4 ♕c7 mit etwa gleichen Chancen, Stein–Filip, Jerewan 1965.

8.♘f3 ♗e7 9.0-0 0-0 10.♕e2 a6?!

In Frage kam die Entwicklung der Kräfte am Damenflügel auf folgende Weise: 10...b6 11.a4 (11.♗f4 ♗b7 12.♖ad1 ♕c8 13.♘e5 c5 14.♖fe1 cxd4 15.cxd4 ♕d8 16.♖d3 ♘d5 17.♗d2 ♖c8 18.♖h3 ♗g5 19.♗d3 h6 20.♗xg5 ♕xg5=, Ujtumen–Vadasz, Havanna 1967) 11...♗b7 12.♖e1 ♘d5 13.♗d3 ♕c7 14.♕e4 g6

15.♗h6 ♖fe8 16.a5 ♖ad8 17.♕e5 ♕xe5 18.♘xe5 f6 19.a6 ♗a8 20.♘g4 ♔f7 21.h4 c5 22.♗b5 ♖h8 23.dxc5 ♗xc5 und Schwarz hat den Ausgleich halten können, Zeschkowski–Tukmakow, Minsk 1987.

11.♘e5 c5 12.dxc5 ♗xc5 13.♗g5 b5?

Schwarz geht weiter auf dem falschen Weg. Es sollte 13...♗e7 mit gewissen Überlebenschancen geschehen.

14.♗d3 ♗b7

Auf 14...♗e7 folgt 15.♘c6 ♕e8 16.♘xe7+ ♕xe7 17.♗xf6 ♕xf6 18.♕e4 ♕f5 19.♕xa8 ♕xd3 20.a4 mit klarem weißen Vorteil.

15.♖ad1 ♕c7??

Dies gibt Weiß die Gelegenheit zu einem zwingenden Abschluss. Auch das bessere 15...♕e7 würde die Partie nicht retten: 16.♗xh7+ ♔xh7 17.♖d7 ♕xd7 18.♘xd7 ♘xd7 19.♕d3+ ♔g8 20.♕xd7 ♗d5 21.♕c7 ♖ac8 22.♕g3+–.

Diagramm Nr. 134

16.♗xf6 gxf6 17.♗xh7+! ♔h8

17...♔xh7 18.♕h5+ ♔g7 19.♕g4+ ♔h7 20.♖d3+–.

18.♕h5 fxe5

Führt auf der Stelle zum Matt, aber man könnte beinahe sagen, dass 18...♕xe5 19.♗f5+ ♔g7 20.♕h7 matt oder 18...♔g7 19.♕g4+! ♔h8 20.♕h4 ♔g7 21.♕g3+ ♔xh7 (21...♔h8 22.♘g6+ mit Damengewinn) 22.♕h4+ ♔g7 23.♕g4+ ♔h7 24.♖d3 den Kampf nur unnötig verlängert hätte.

19.♗f5+

Schwarz gab auf. Nach 19...♔g7 20.♕g5+ sind es bis zum Matt noch ganze zwei Züge: 20...♔h8 21.♕h6+ ♔g8 22.♕h7 matt.

Caro–Kann–Verteidigung (135)

Tal – Meduna
Bamberg 1989

1.e4 c6 2.d4 d5 3.♘d2 dxe4 4.♘xe4 ♘d7 5.♘g5

Eine Modervariante.

5...♘gf6

Auf 5...h6 folgt stark 6.♘e6! ♕a5+ 7.♗d2 ♕b6 8.♗d3 fxe6?? (Richtig ist 8...♘gf6!) 9.♕h5+ ♔d8 10.♗a5 1–0, Nunn–Georgiew, Linares 1988. In Betracht kommt dagegen 5...♘b6 6.♘1f3 g6 7.c3 ♗g7 8.♕b3 ♘h6 9.♗e2 0-0 10.0-0 ♘f5 11.♖d1 ♕c7 mit gutem Spiel für Schwarz, Van der Wiel–Karpow, Amsterdam 1988.

6.♗d3 c5?!

Solide ist 6...e6 z.B. 7.♘1f3 ♗d6 8.♕e2 (8.0-0 h6 9.♘e4 ♘xe4 10.♗xe4 0-0=) 8...h6 9.♘e4 ♘xe4 10.♕xe4 ♘f6 11.♕h4 ♔e7!? 12.♘e5 ♗xe5 13.dxe5 ♕a5+ 14.c3 ♕xe5+ 15.♗e3 b6 16.0-0-0 g5 17.♕a4 c5 18.♖he1 ♗d7 19.♕a3 ♖hd8 20.g3 ♕c7, und Schwarz behielt den Mehrbauern, Kamsky–Karpow, Dortmund 1993.

7.♘1f3 cxd4 8.0-0 ♕b6?

Dieser Plan, den ♙d4 zu verteidigen, wird wegen seiner Langsamkeit brutal widerlegt. Es musste schon 8...e6 geschehen, um den schwarzen König schneller in Sicherheit zu bringen, z.B. 9.♘xd4 ♗e7 nebst 0-0 usw.

9.♗c4 e6 10.♖e1 ♗e7

Auf 10...♗b4 plante Tal auch 11.♘xf7! ♗xe1 12.♘xh8 ♗b4 13.♕e2 mit Initiative.

Diagramm Nr. 135

11.♘xf7!

Nun folgt eine Gewinnkombination.

11...♕c7

Im Fall von 11...♔xf7 folgt 12.♖xe6 ♕b4 (12...♕xe6 13.♘g5++–) 13.♖xf6+ ♔e8

(13...♔xf6 14.♕xd4+ mit schnellem Matt) 14.♗f7+ ♔d8 15.♖f4 und Weiß steht auf Gewinn.

12.♗xe6 ♘c5

Oder 12...0-0 13.♘7g5+ ♔h8 14.♕xd4 mit zwei Mehrbauern.

13.♗c4 b5 14.♕xd4! bxc4

14...0-0 15.♗f4 ♕b6 16.♘h6+ ♔h8 17.♖xe7 bxc4 (17...gxh6 18.♗xh6+-) 18.♘f7+ ♔g8 19.♘d6 ♘e6 20.♕xc4+-.

15.♗f4 ♕b6 16.♘xh8 ♗e6 17.♘g5 ♖d8 18.♕xc5!

Für die Dame bekommt Weiß mehr als genug Material.

18...♕xc5

Oder 18...♗xc5 19.♖xe6+ ♕xe6 20.♘xe6 ♖c8 21.♖e1 ♔d7 22.♘f7 mit gesunder Mehrfigur.

19.♘xe6 ♕b6 20.♗c7

Schwarz gab auf (20...♕xb2 21.♘xd8 ♔d7 22.♘hf7+-).

Caro-Kann-Verteidigung (136)

Watson - Meduna

Prag 1992

1.e4 c6 2.d4 d5 3.♘d2 dxe4 4.♘xe4 ♘d7 5.♘g5 ♘gf6 6.♗d3 g6

Die Fianchettierung des Königsläufers gilt hier als nicht besonders gut. Besser ist 6...e6 7.♘1f3 ♗d6, um schnell die Entwicklung des Königsflügels zu beenden.

7.♘1f3 ♗g7 8.♕e2 0-0?

Schwarz erkennt die Gefahr nicht. Es sollte 8...h6!? geschehen, z.B. 9.♘e4 (Zu riskant wäre 9.♘e6 fxe6 10.♗xg6+ ♔f8 11.♕xe6 ♕a5+ 12.♗d2 ♕d5 13.♕e2, obwohl Weiß für die geopferte Figur etwas Initiative hätte.) 9...0-0 usw. Nach dem Textzug startet Weiß einen starken Angriff.

9.h4!

Der Beginn einer vielversprechenden Königsattacke.

9...h6 10.h5! ♘xh5

Auf 10...hxg5 folgt 11.h6!, und der weiße Angriff schlägt durch, z.B. 11...♗h8 12.♘xg5 ♘h7 13.♗xg6! ♘xg5 (13...fxg6 14.♕e6+ ♖f7 15.♕xf7 matt) 14.h7+ ♔g7 15.♗d3 usw.

11.g4 ♘hf6

Oder 11...hxg5 12.gxh5 g4 13.♘g5 mit starkem Angriff.

12.♘e6!

Ein für die Stellung typischer Springerzug.

12...fxe6 13.♕xe6+ ♖f7

13...♔h7 14.♗xh6! ♗xh6 15.g5+-.

14.♗xg6 ♕f8

Oder 14...♕e8 15.g5 ♘g4 16.gxh6 ♘f8 17.♕xf7+ ♕xf7 18.♗xf7+ ♔xf7 19.hxg7 ♔xg7 20.♖g1 ♔f7 21.♖xg4 1-0, Dizdarevic-Menken, Doernigheim 1994.

15.g5 ♘d5 16.gxh6 ♘e5

Diagramm Nr. 136

17.♗h7+!

Ein schöner Schlusszug. Schwarz gab auf, denn nach 17...♔h8 (17...♔xh7 18.hxg7+ ♔xg7 19.♕h6+ ♔g8 20.♕h8 matt) 18.hxg7+ ♕xg7 19.♗e4+ ♔g8 20.♕xe5 ist der Nachziehende am Ende.

Caro-Kann-Verteidigung (137)

Chalifman - Seirawan

Wijk aan Zee 1991

1.e4 c6 2.d4 d5 3.♘c3 dxe4 4.♘xe4 ♘f6

Schwarz nimmt die Verschlechterung seiner Bauernstruktur in Kauf, erhält dafür aber eine beachtliche Entwicklung seiner Figuren.

5.♘xf6+ exf6

5...gxf6 wird später analysiert.

6.c3 ♗d6 7.♗d3 0-0 8.♘e2

Eine Alternative ist hier 8.♕c2 z.B. 8...♖e8+ 9.♘e2 g6 10.h4 ♘d7 11.h5 ♘f8 12.♗h6 ♗e6 13.0-0-0 b5 14.♔b1 ♕a5 15.b3 ♕c7 16.hxg6 fxg6 17.♖h4 ♗f7 18.♗xf8 ♗xf8 19.♖dh1 f5 20.♖xh7 ♗g7 21.g4! mit entscheidendem Angriff, Konikowski–Boersma, Dortmund 1981.

8...♖e8 9.0-0 ♕c7?!

Eine Ungenauigkeit, die zu großen Schwierigkeiten führen wird. Die Fortsetzungen 9...♘d7!? oder 9...♗g4!? 10.f3 ♗h5 sind besser.

10.♘g3 ♗e6

Zu beachten ist 10...♘d7!?, um nach ♘d7–f8 eigenen Monarchen zu sichern.

11.f4 c5

Ein Beispiel aus der modernen Turnierpraxis: 11...♔h8 12.f5 ♗d7 13.♘e4 c5 14.d5 ♗xh2+ 15.♔h1 c4 16.♗c2 ♗e5 17.♕h5 ♗b5 18.♖f3 ♘d7 19.♖h3 ♘f8 20.♗h6! ♕d8 (Oder 20...gxh6 21.♕xh6 ♕e7 22.♖f1 ♖ad8 23.♘g3 ♗xg3 24.♖xg3 ♘g6 25.fxg6 fxg6 26.♗xg6 ♖g8 27.♖xf6 mit starkem Angriff.) 21.♖f1 a5 22.♖ff3 gxh6 23.♕xh6 ♖a6 24.♖h4 ♕xd5 25.♕xf8+! ♖xf8 26.♖fh3 1–0, Friedrich–Bellia, Bratto 2003.

12.d5 ♗d7?

Dieser Fehler ermöglicht Weiß einen simplen Plan zum entscheidenden Königsangriff. Laut Chalifman sollte Schwarz hier 12...c4! ziehen, z.B. 13.dxe6 cxd3 14.exf7+ ♕xf7 15.♕xd3 ♗c5+ 16.♔h1 ♘c6 mit einigen praktischen Chancen. Zum schnellen Verlust führte dagegen auch 12...♗xd5? 13.♕h5 ♗e6 14.♕xh7+ ♔f8 15.♘h5+–.

13.c4 ♘a6 14.♕f3 ♕b6 15.b3 ♗f8 16.♗b2 ♘c7 17.♗f5!

Der Tausch der weißfeldrigen Läufer ist der einfachste Weg zum Gewinn.

17...♗xf5 18.♘xf5 ♖ed8

Mit der Idee ♘c7–e8–d6, um den aktiven weißen Springer zu tauschen.

19.♖ae1 ♘e8 20.♕h5 ♕a5

20...♘d6 kommt leider nicht in Frage wegen 21.♘h6+! gxh6 22.♕g4+ ♗g7 23.♗xf6 ♘f5 24.♗xd8 ♖xd8 25.♕xf5+–. Auch hoffnungslos für Schwarz wäre 20...g6 21.♘h6+ ♗xh6 (21...♔g7 22.♕h4+–) 22.♕xh6 ♘g7 23.f5+–. Der Textzug erlaubt eine nette Kombination.

Diagramm Nr.137

21.♖xe8! ♖xe8 22.♘h6+! gxh6

Oder 22...♔h8 23.♕xf7 ♗d6 24.♕g8+! mit ersticktem Matt: 24...♖xg8 25.♘f7 matt.

23.♕g4+

Schwarz gab auf (23...♗g7 24.♗xf6+–).

Caro–Kann–Verteidigung (138)

Kudrin – King
London 1988

1.e4 c6 2.d4 d5 3.♘c3 dxe4 4.♘xe4 ♘f6 5.♘xf6+ exf6 6.c3 ♗d6 7.♗d3 0-0 8.♕c2 ♖e8+ 9.♘e2 g6

Besser ist 9...h6!?

10.h4! ♗e6

Nach 10...♘d7 folgt 11.h5! mit starkem Angriff.

11.h5 f5 12.hxg6 fxg6 13.♗h6 ♘d7?

Ein schablonenhafter Zug. Besser wären 13...♗d5!? bzw. 13...♕f6!?

14.g4!

Vorwärts!

14...♗d5 15.0-0-0!

In einer derart scharfen Stellung ist das Material nicht so wichtig. Entscheidender ist der Angriff!

15...♗xh1

Nach 15...♗f8 16.♗xf8 ♘xf8 17.gxf5 ♗xh1 18.♖xh1 ♕d5 19.♘g3 ♕xa2 20.fxg6 hxg6 21.♗xg6 ♖e7 22.♗d3 wäre die schwarze Stellung nicht länger zu halten.

16.♖xh1 ♗f8 17.♗d2

Stärker war 17.♕b3+! ♔h8 und jetzt 18.♗d2 mit der Idee ♕b3–f7!

17...fxg4??

Ein Fehler, der Schwarz in eine hoffnungslose Lage bringt. Zäher war 17...♘b6!? Nun folgt eine nette Kombination.

18.♕b3+ ♔g7

Diagramm Nr. 138

19.♖xh7+! ♔xh7 20.♕f7+ ♔h8

Wenn 20...♗g7, so 21.♕xg6+ ♔g8 22.♗c4+ ♔h8 23.♕h5+ ♗h6 24.♕xh6 matt.

21.♘f4

Schwarz gab auf.

Caro–Kann–Verteidigung (139)

Ernst – Berg
Malmö 1988

1.e4 c6 2.d4 d5 3.♘d2 dxe4 4.♘xe4 ♘f6 5.♘xf6+ exf6 6.♗e2

Ein Zug ohne Ehrgeiz. Stärkere Fortsetzungen sind 6.♗c4; 6.♘f3 oder 6.c3.

6...♗d6 7.♗f3

Nach 7.♘f3 0-0 8.0-0 ♖e8 9.♖e1 ♗f5 10.♗e3 ♘d7 11.h3 ♗e4 ergab sich in Karpow–Hort, Tilburg 1979, eine etwa ausgeglichene Stellung. Der mit dem erneuten Läuferzug beabsichtigte Aufmarsch verliert zuviel Zeit.

7...0-0 8.♘e2 ♖e8 9.0-0 ♕c7 10.h3 ♘d7 11.c4 ♘f8

Stark war 11...c5! mit gutem Spiel.

12.♘c3?!

12.c5! ♗e7 13.♗f4 nebst ♕d1-d2 verdient den Vorzug.

12...♘g6 13.c5 ♗f8 14.b4 ♗e6 15.♗e3 ♖ad8

Schwarz hat seine Figuren ideal postiert.

16.♕a4?

Ein Fehler. 16.♖e1 ♘h4 17.♗e4 (17.♗e2?? ♗xh3 18.gxh3 ♖xe3! 19.fxe3 ♕g3+ 20.♔h1 ♕g2 matt) 17...f5 18.♕h5 fxe4 19.♕xh4 wäre noch zu versuchen.

16...♘h4 17.♗e2

Diagramm Nr. 139

17...♗xh3!

Weiß gab auf (18.gxh3 ♖xe3! 19.fxe3 ♕g3+ 20.♔h1 ♕g2 matt).

Caro–Kann–Verteidigung (140)

Przewoznik – Radzepagic
Naleczow 1987

1.e4 c6 2.d4 d5 3.♘d2 dxe4 4.♘xe4 ♘f6 5.♘xf6+ gxf6

Die Bauernstruktur wird durch den Doppelbauer zwar geschwächt, aber der Nachziehende kann unter Ausnutzung der halboffenen g–Linie ein aktives Gegenspiel am Königsflügel erhalten.

6.♗c4

Die Hauptfortsetzung ist hier 6.c3.

6...♗f5 7.♘e2

Oder 7.c3 e6 8.♕f3 ♘d7 9.♘e2 h5 10.♘f4 h4 11.♗e3 ♕c7 mit vollwertigem Spiel für Schwarz, Iwanowitsch–Bronstein, Tallinn 1979.

7...h5?

Larsen empfiehlt hier 7...e6! z.B. 8.♘g3 (Oder 8.0-0 ♗d6 9.♘g3 ♗g6 10.f4 f5 nebst ♘b8–d7–f6 und guten Chancen für Schwarz.) 8...♗g6 9.h4 h5 10.♗f4 ♗d6 11.♕d2 ♕c7 12.♗xd6 ♕xd6 13.0-0-0 ♘d7 14.♖he1 0-0-0, und der Kampf ist ausgeglichen.

8.♗e3 e6 9.♘f4 h4 10.♕e2 ♗d6

Zu versuchen war noch 10...♗h6!? mit der Idee ♘b8–d7, ♕d8–e7 und 0-0-0. Der Nachziehende wählte jedoch einen falschen Plan, der nur zu Schwierigkeiten führt.

11.0-0-0 ♕c7 12.♘h5! ♔e7 13.♘g7

Der schwarze König steht im Zentrum unsicher, und Weiß bereitet nun ein entscheidendes Opfer auf e6 vor.

13...♗h7 14.♕g4 ♖g8 15.♗h6 ♘d7 16.♖he1 ♘b6

Diagramm Nr.140

17.♗xe6! fxe6

17...♔d8 18.♕xh4 ♖xg7 19.♗xg7 fxe6 20.♕xh7+–.

18.♕xe6+ ♔d8 19.♘e8 ♗f4+ 20.♔b1!

Die Pointe. Nach 20...♗xh6 21.♘xc7 ♔xc7 22.♕e7+ bleibt zuviel Material auf der Strecke. Schwarz kapitulierte.

Caro–Kann–Verteidigung (141)

Schirow – Hracek
Ostrava 1998

1.e4 c6 2.d4 d5 3.e5

Die geschlossene Variante.

3...♗f5

Eine Alternative ist 3...c5!?

4.♘c3 ♕b6

Nach 4...e6 Schwarz muss mit dem energischem 5.g4! rechnen.

5.♘f3 e6 6.♗e2 ♘d7 7.0-0 ♘e7 8.b3 c5

Öfter trifft man in der Praxis 8...♗g4 9.♘a4 ♕c7 10.c4 ♖d8 11.♘h4 ♗xe2 12.♕xe2 ♘b6 13.♘xb6 ♕xb6 14.♗e3 ♘g6 mit beiderseitigen Chancen.

9.dxc5 ♘xc5 10.♘d4 a6 11.♗e3 ♕d8 12.g4

Möglich ist auch sofort 12.f4!?

12...♗g6 13.f4 ♘e4 14.♘a4 h5!

Eine typische Reaktion.

15.f5

Nur so kann Weiß um die Initiative kämpfen. Nach 15.gxh5 ♘f5 16.♘xf5 ♗xf5 hat Schwarz gute Aussichten.

15...hxg4 16.fxe6

Die Variante 16.fxg6 ♘xg6 17.♗xg4 ♕h4 18.♕e2 ♘xe5 gäbe Schwarz viel Gegenspiel.

16...g3?

Die Ursache des Partieverlusts. Besser war 16...f5!? 17.exf6 gxf6 18.♗xg4 (18.♗f4 ♗g7 ist gut für Schwarz) 18...f5 19.♗e2 ♗g7 (19...b5?? 20.♘xb5 ♕b8 21.♗f4 axb5 22.♗xb8 ♖xb8 23.♕d4 ♖g8 24.♕a7 1-0, Eremin–Stefanou, IECG 2001) 20.♘b6 ♕d6 (20...♕xb6? 21.♘xf5 ♕c7 22.♘xg7+ ♔d8 23.♖f4 mit klarem Vorteil für Weiß) 21.♘f3 ♖d8, und in dieser scharfen Stellung hat Schwarz gute Perspektiven. Zu beachten war auch 16...♘c6!? 17.exf7+ ♗xf7 18.e6 ♗g6 19.♗xg4 ♕h4 mit starkem Angriff.

17.exf7+ ♗xf7 18.h3 g2

Diagramm Nr.141

19.♖xf7!

Ein Angriff gegen den unrochierten Monarchen.

19...♔xf7 20.♗g4 ♕c7 21.♕f3+ ♔e8 22.♗e6 ♘c6

Es verlieren auch 22...♘g6 23.♗xd5 ♘c5 24.♕xg2 ♘h4 25.♕g4 ♕xe5 26.♖e1 ♕xd5 27.♘b6 ♕g2+ 28.♕xg2 ♘xg2 29.♔xg2+– oder 22...♕xe5 23.♕f7+ ♔d8 24.♘c6+ bxc6 25.♗b6+ ♕c7 26.♔xg2!+–.

23.♗xd5 ♘xd4 24.♕xe4

Schwarz kapitulierte.

Caro–Kann–Verteidigung (142)

Tatai – Mariotti
Reggio Emilia 1968

1.e4 c6 2.d4 d5 3.f3!?

Eine seltene Variante: Der Bauer versperrt das Feld f3 für den Königsspringer und erschwert damit eine normale Entwicklung der Figuren.

3...dxe4

Eine Alternative ist 3...e6 z.B. 4.♘c3 ♘f6 5.♗g5 h6 6.♗h4 ♕b6 7.a3 c5 8.♘ge2 ♘c6 9.dxc5 ♗xc5 10.♘a4 ♕a5+ 11.♘ec3 ♗e7 12.♗xf6 ♗xf6 13.exd5 ♘d4 14.♗d3 exd5 15.0-0 0-0 mit gutem Gegenspiel für Schwarz, Smyslow–Botwinnik, Moskau 1958.

4.fxe4 e5 5.♘f3 exd4?

Ein naheliegender Fehler, der die weitere Entwicklung entscheidend vernachlässigt. Laut Theorie ist hier 5...♗e6! richtig, z.B. 6.c3 (6.dxe5 ♘d7 7.♘c3 ♕c7 8.♗f4 0-0-0 9.♕e2 ♘e7 10.0-0-0 ♘g6 11.♗g3 ♕a5=) 6...♘f6 7.♗d3 ♘bd7 8.♕e2 ♗d6 9.♘bd2 ♕e7 mit gleichen Aussichten, Kasparjan–Cholmow, Tbilissi 1949.

6.♗c4! ♗b4+?

Schwarz sollte unbedingt 6...♘f6!? spielen, z.B. 7.0-0 (7.♘g5 ♗e6 8.♗xe6 fxe6 9.♘xe6 ♕e7 10.♘xd4 ♕xe4+ 11.♕e2 ♕xe2+ 12.♔xe2 ♘bd7 13.♗e3 0-0-0=) 7...♗e7 8.♘g5 0-0 9.♘xf7 ♖xf7 10.♗xf7+ ♔xf7 11.e5 ♔g8 12.exf6 ♗xf6 13.♘d2 ♕d5 14.♕e2 ♗e6 15.♘e4 ♘d7 16.♕f3 ♖f8 17.♘xf6+ ♘xf6 18.♕xd5 ♗xd5 mit Rettungschancen, Krajina–Aichmaier, Moravia 2002.

7.c3!

Nun folgt eine taktische Lösung.

7...dxc3

Diagramm Nr.142

8.♗xf7+! ♔xf7

Oder 8...♔e7 9.♕b3 cxb2+ (Nach 9...♗a5 folgt 10.bxc3 mit der Idee ♗c1-a3+!) 10.♕xb4+ ♔xf7 (10...♕d6 11.♕xd6+ ♔xd6 12.♗xb2+−) 11.♗xb2, und Weiß hat für den Bauern eine starke Initiative.

9.♕xd8 cxb2+ 10.♔e2 bxa1♕

Der Nachziehende verfügt über deutlichen materiellen Vorteil, aber er übersah in seiner Vorausberechnung beim 7. Zug den kommenden Mattüberfall.

11.♘g5+ ♔g6 12.♕e8+ ♔h6 13.♘e6+ g5 14.♗xg5 matt.

Caro–Kann–Verteidigung (143)

Darnstädt – Okrajek
Jena 1988

1.e4 c6 2.d4 d5 3.exd5 cxd5 4.♗d3

Zu zweischneidigem Spiel führt der Panow–Angriff nach 4.c4. Der Textzug erleichtert dem Schwarzen die Aufgabe, Ausgleich zu erreichen.

4...♘c6 5.c3 ♘f6 6.h3

Stärker ist 6.♗f4!? z.B. 6...♗g4 7.♕b3 ♘a5 8.♕a4+ ♗d7 9.♕c2 e6 10.♘f3 ♕b6 11.a4 ♖c8 12.♘bd2 ♘c6 13.♕b1 ♘h5 14.♗e3 h6 15.♘e5 mit dauerhafter weißer Initiative, Fischer–Petrosjan, Belgrad 1970.

6...e5! 7.dxe5 ♘xe5 8.♗c2

Weiterer Zeitverlust! In offenen Stellungen ist es bedenklich, die Entwicklung zu vernachlässigen. Aber nach 8.♘f3 ♗d6 9.0-0 0-0 10.♘xe5 ♗xe5 11.♘d2 ♗c7 12.♘f3 ♘e4 hat Schwarz auch keine Probleme.

8...♗c5 9.♘e2 0-0 10.♘g3?

10.0-0 war wohl besser, z.B. 10...h6 (10...♖e8!?) 11.♘d4 ♖e8 12.♘d2 ♗b6 13.♖e1 ♗d7 14.♘f1 ♕c8 15.♗f4 ♘c4 mit Remis, Asztalos–Schulz, Bardejov 1926.

10...♕c7 11.0-0 ♘eg4!

Unterstreicht die Schwäche des weißen Spiels. Nun droht schon 12...♕xg3!

12.♕f3 ♘h5! 13.hxg4 ♘xg3 14.♖d1?

Doch erst dieser Fehler wirft die Partie

endgültig weg. Erforderlich war 14.♖e1!?

14...♖e8 15.♗e3

Die Verteidigung gegen 15...♖e2. Jetzt aber beendet ein Keulenschlag die Partie.

Diagramm Nr.143

15...♖xe3!

Auf 16.fxe3 folgt 16...♗xg4 17.♕xg4 ♗xe3+ 18.♔h2 ♘f1+ 19.♔h1 ♕h2 matt. Weiß gab auf.

Jugoslawische Verteidigung (144)

Adams – Wolff
London 1990

1.e4 d6 2.d4 g6

Diese Eröffnung wurde bereits im 19. Jahrhundert gespielt, aber erst kurz vor dem 2. Weltkrieg begann man sich mehr dafür zu interessieren. Heutzutage nimmt die Jugoslawische Verteidigung (auch Pirc–Verteidigung genannt) einen festen Platz im Eröffnungsrepertoire vieler Turnierspieler ein.

3.♘c3 ♗g7 4.♗e3 c6 5.♕d2 b5 6.h4 ♘f6 7.f3 ♕c7

Die Theorie empfiehlt 7...h5!? um den nächsten weißen Zug zu vermeiden.

8.♗h6 ♗xh6 9.♕xh6 ♗e6

Nach 9...♘bd7 hat Weiß einen simplen Angriffsplan: 10.♘h3 ♕a5 11.♘g5 b4 12.♘d1 ♘b6 13.b3 ♗e6 14.♘xe6 fxe6 15.♕g5 ♕a3 16.g3 ♘fd7 17.♗h3 e5 18.dxe5 ♘xe5 19.♕e3 ♕a6 20.f4 ♘ed7 21.c3 bxc3 22.♕xc3 ♔f7 23.♘f2 ♕b5 24.♘d3 ♘f6 25.♗g2 ♖ac8 26.0-0 ♖hg8 27.a4 ♕h5 28.a5 ♘bd7 29.e5 ♘d5 30.♕d4 ♕f5 31.♖ae1 mit entscheidendem Vorteil, Meissner–Syre, Stralsund 1975.

10.♘h3 ♗xh3

Die Drohung ♘h3–g5 war sehr stark.

11.♖xh3 ♘bd7 12.0-0-0 ♘b6 13.♔b1 0-0-0 14.♕e3 e5 15.a3 d5?

Ein sehr riskanter Zug. Schwarz sollte mit 15...♖he8!? die Spannung halten.

16.dxe5 ♕xe5 17.f4 ♕e7

Noch schlimmer wäre 17...♕c7 18.e5 ♘fd7 19.♗xb5! cxb5 20.♘xb5 ♕b8 21.♘d6+ ♔c7 22.♕c3+ mit weißem Gewinn.

18.e5 ♘fd7 19.a4! a6?

Dies beschleunigt nur die Niederlage. Zäher war 19...b4 20.♘xd5 cxd5 (20...♘xd5 21.♖xd5 cxd5 22.♕xa7+-) 21.a5 ♔b7 22.axb6 ♘xb6 23.h5 mit weißem Vorteil. Oder 19...bxa4 20.♘xa4 ♔b8 (20...♘xa4 21.♕xa7 ♘ac5 22.♖b3+-) 21.♕b3 auch mit besseren Aussichten für Weiß.

20.a5 ♘a8

20...♘c4 21.♕a7 ♕b4 22.♕xa6+ ♔b8 23.♗xc4 ♕xc4 24.♘xd5 cxd5 25.♖c3+-.

Diagramm Nr.144

21.♘xd5!

Der entscheidende Schlag!

21...cxd5 22.♕a7 ♘c7 23.♖c3 ♘b8 24.g3

Schwarz gab auf. Gegen die Drohung ♗f1-h3+ gibt es keine Verteidigung.

Jugoslawische Verteidigung (145)

Drejew – Asmaiparaschwili
Moskau 1989

1.d4 g6 2.e4 ♗g7 3.♘c3 d6 4.♗g5 ♘f6 5.f4

Weiß strebt einen Angriff auf breiter Front mit Bauern und Figuren im Zentrum und am Königsflügel an. Möglich ist auch 5.♕d2 mit der Idee 0-0-0 und ♗g5–h6 usw.

5...0-0 6.♘f3 c6

Schwarz nimmt den Punkt d5 unter Kontrolle und bereitet gleichzeitig ein Gegenspiel am Damenflügel durch b7-b5 vor.

7.♕d2 b5 8.♗d3 ♗g4 9.e5!?

In einer Partie Browne-Hort, Madrid 1973, folgte 9.f5 b4 10.♘e2 ♘bd7 11.0-0 (Riskant ist 11.♕xb4 ♖b8 12.♕c3 c5 mit schwarzer Initiative.) 11...c5 12.c3 bxc3 13.bxc3 ♕a5 14.♕f4 cxd4 15.cxd4 ♕a4 mit einem dynamischen Gleichgewicht. Aber Schwarz kann auf 9.f5 scharf mit 9...d5! 10.e5 ♘e4! usw. reagieren. Wahrscheinlich wählt Weiß aus diesem Grund einen anderen Plan.

9...b4 10.♘e2 ♗xf3?!

Schwarz sollte auf f3 nicht schlagen, weil nun die g-Linie für seinen König eine Gefahr bedeutet. Besser war 10...♘d5!?

11.gxf3 ♘d5 12.♗c4 a5 13.0-0-0 ♕d7 14.f5!

Weiß opfert den ersten Hebelbauern, um unter Tempogewinn den zweiten Hebel ansetzen zu können.

14...♕xf5

In der Partie Jakowitsch-Beim, Leeuwarden 1994, geschah 14...dxe5 15.fxg6 fxg6 16.h4 e6 17.h5 ♘b6 18.♗d3 ♕d5 19.♔b1 ♖xf3 20.hxg6 h5 21.♗h6 mit entscheidendem weißen Angriff.

15.♘g3 ♕e6

15...♕d7 war geboten, um den zweiten Hebelangriff parieren zu können.

16.f4 dxe5 17.f5! ♕d6

Auf 17...gxf5 wäre 18.♘h5! ♖h1-g1 sehr stark.

18.fxg6 hxg6 19.♖dg1 exd4?

Schwarz spürt noch nicht die Gefahr, sonst hätte er hier 19...f5! gespielt.

20.♘f5!

Eine weitere Überraschung. Der Springer ist allerdings wegen 21.♗h6! tabu.

20...♕e5 21.♘xg7 ♘e3

Chancenlos ist auch 21...♕xg7 22.♗h6 ♕e5 23.h4 mit starkem weißen Angriff.

22.♗xe3 dxe3 23.♕d3 ♔xg7

Diagramm Nr.145

24.♗xf7!

Dieser schöne Zug, der die schwarze Königsstellung zertrümmert, wurde wohl von Schwarz übersehen.

24...♕h5

Zum Verlust führte auch 24...♔xf7 25.♕xg6# oder 24...♖xf7 25.♕xg6+ ♔f8 26.♕g8 matt.

25.♖xg6+!

Schwarz gab auf. Es könnte folgen: 25...♖xg6+ ♔h8 26.♕d4+ e5 27.♕d6+- bzw. 25...♔xf7 26.♖f1+ ♔e8 27.♖xf8+ ♔xf8 28.♕d8+ ♔f7 29.♕g8 matt.

Jugoslawische Verteidigung (146)

Liu Wenzhe – Donner

Buenos Aires 1978

1.e4 d6 2.d4 ♘f6 3.♘c3 g6 4.♗e2 ♗g7 5.g4!?

Damit verrät Weiß seinen Absicht: Angriff am Königsflügel!

5...h6 6.h3 c5 7.d5 0-0

Mit der Rochade sollte man erst warten. In der Partie Schlachetka-Jakel, Deutschland 2005, wählte Schwarz einen Plan mit dem Gegenspiel am Damenflügel: 7...a6 8.a4 e6 9.♕d3 exd5 10.exd5 0-0 11.♗f4 ♖e8 12.♘f3 ♘bd7 13.♗xd6? (13.♔f1!? war besser) 13...♘b6 14.♗xc5 ♘bxd5 15.0-0-0 ♗e6 16.♗d4 ♘b4 17.♕d2 ♕a5 18.g5 ♘e4 19.♘xe4 ♕xa4 20.b3 ♕a3+ 21.♔b1 ♗xd4-+.

8.h4 e6?!

Besser war 8...♘fd7!? um nach 9.g5 h5 zu spielen.

9.g5! hxg5 10.hxg5 ♘e8

Auf 10...♘h7 folgt 11.♕d2! mit starkem Angriff, z.B. 11...exd5 12.♕f4 f6 13.♕h4 ♘xg5 14.♗xg5 fxg5 15.♕h7+ ♔f7 16.♖h6 ♖h8 (16...♕f6 17.♘xd5 ♖h8 18.♘xf6 ♖xh7 19.♖xh7 ♔xf6 20.0-0-0+−) 17.♕xg6+ ♔g8 18.♖xh8+ ♔xh8 19.♘f3 ♕f6 20.♕h5+ ♗h6 21.♘xd5, und Weiß steht auf Gewinn.

11.♕d3 exd5 12.♘xd5 ♘c6?

Es ist nicht einfach, sich in einer schlechteren Stellung zu verteidigen. Dieses Springermanöver war nicht gut, wie die weitere Partie zeigt. Notwendig war 12...♘c7! um den aktiven Springer d5 zu tauschen, z.B. 13.♘f6+ (Nach 13.♗d2 ♘xd5 14.exd5 ♗f5 würde Schwarz besser stehen.) 13...♗xf6 14.gxf6 ♕xf6 15.♘h3 (Keine Gefahr für Schwarz wäre 15.♕g3 ♘c6 16.♕h2 ♖e8 17.♕h7+ ♔f8 18.♗h6+ ♔e7 19.0-0-0 ♘e6 usw.) 15...♘e6 16.♕xd6 ♖d8 17.♕g3 ♘c6 mit Verteidigungschancen.

13.♕g3! ♗e6 14.♕h4 f5

Jetzt wird das Feld f7 für den Monarchen frei gemacht, aber das hilft leider nicht...

15.♕h7+ ♔f7

Diagramm Nr.146

16.♕xg6+!!

Eine große Überraschung für Schwarz.

16...♔xg6 17.♗h5+ ♔h7 18.♗f7+ ♗h6 19.g6+ ♔g7 20.♗xh6+

Schwarz gab auf wegen 20...♔h8 21.♗xf8+ ♕h4 22.♖xh4 matt.

Jugoslawische Verteidigung (147)

Platonow − Sawon
UdSSR 1968

1.e4 ♘f6 2.♘c3 d6 3.d4 g6

Durch Zugumstellung ist aus der Aljechin- die Jugoslawische Verteidigung entstanden.

4.♗e3 c6 5.♕d2

In dieser Variante beabsichtigt Weiß, lang zu rochieren und am Königsflügel anzugreifen.

5...b5

Schwarz muss natürlich am anderen Flügel Gegenspiel suchen.

6.f3 ♗g7 7.0-0-0 ♕a5 8.♔b1 ♘bd7 9.♗h6

Nach dem Abtausch der schwarzfeldrigen Läufer, was zum weißen Plan gehört, entstehen in der schwarzen Königsstellung gewisse Schwächungen.

9...♗xh6 10.♕xh6 ♘b6 11.♘h3

In der Partie Bulski−Major, Polen 2006, wählte Weiß einen aktiveren Plan: 11.e5!? ♘fd5 12.♘xd5 ♘xd5 13.♘e2 b4 14.exd6 exd6 15.♘f4 b3 16.cxb3 ♘b4 17.a3 ♗f5+ 18.♘d3 ♗xd3+ 19.♗xd3 ♘xd3 20.♖xd3 ♕f5 21.♕d2 (Stark war 21.♖hd1!? nebst ♔b1-a2!) 21...0-0 22.h4 h5 23.♔a2 ♖ab8 24.d5 c5 25.g4 mit starkem Angriff.

11...♗xh3 12.♕xh3 0-0

Diese Stellung ist in der Theorie schon bekannt. In einer Partie Garbarino−Schwanek, Chacabuco 1980, wählte Schwarz den richtigen Weg: 12...♘a4!, und nach 13.♘xa4 bxa4 14.♕h6 a3 15.♕d2 ♕xd2 16.♖xd2 axb2 17.c3 ♖b8 18.♖xb2 ♖xb2+ 19.♔xb2 ♔d7 entstand eine gleiche Stellung.

13.♕h6 b4 14.♘e2 c5

Besser war 14...♕h5!? um die weiße Dame aus ihrer starken Position zu vertreiben.

15.g4 e5?

Die zweite Ungenauigkeit, wonach Schwarz nicht mehr zum Gegenspiel kommt. Erforderlich war 15...cxd4!?, um den weißen Angriff zu entkräften.

16.♘g3! ♘e8

Auf 16...cxd4 entscheidet eine typische Angriffswendung: 17.♘f5! gxf5 (17...♘e8 18.♘e7+ ♔h8 19.♕xf8 matt)

18.♕g5+ ♔h8 19.♕xf6+ ♔g8 20.gxf5 ♖fe8 21.♕h6 mit weißem Gewinn.

17.dxe5 dxe5 18.♘f5! ♘c8

Oder 18...gxf5 19.gxf5 mit der entscheidenden Drohung ♖h1-g1+!

19.♗c4 ♕b6

Nun folgt ein sehenswertes Opferangebot, aber für Schwarz gab es nichts Besseres mehr.

Diagramm Nr.147

20.♖d6! ♕c7

Der Turm war unverletzlich: 20...♘exd6 21.♕g7 matt bzw. 20...♘cxd6 21.♘e7+ ♔h8 22.♕xf8 matt.

21.♖xg6+! hxg6 22.♕xg6+ ♔h8 23.♕h6+ ♔g8 24.g5

Gegen die Drohung g5–g6 gibt es keine Verteidigung. Schwarz gab auf.

Jugoslawische Verteidigung (148)

Lehmann – Kaiser
1.Bundesliga 1989

1.e4 d6 2.d4 ♘f6 3.♘c3 g6 4.♘f3 ♗g7 5.♗e2 0-0 6.0-0 b6

Eine seltene Erwiderung, wonach Weiß Raumvorteil im Zentrum erzielen kann. Schwarz stehen noch andere Entwicklungsmöglichkeiten zur Verfügung. Man sehe: 6...c6 7.♗f4 ♘bd7 8.♖e1 ♕b6 9.♕c1 e5 10.dxe5 dxe5 11.♗e3 ♕c7 12.♘d2 ♖d8=, Karpow–Cu.Hansen, Biel 1992. Oder 6...♗g4 7.♗e3 (7.a4!?) 7...♘c6 8.♕d2 ♖e8 9.♖ad1 a6 10.♖fe1 e5 11.dxe5 dxe5 12.♕xd8 ♖axd8 13.h3 ♗xf3 14.♗xf3 ♘d4=, Ochoa–M.Gurewitsch, Barcelona 1992.

7.♖e1 ♗b7 8.e5 dxe5

Nach 8...♘d5 folgt 9.♘xd5 ♗xd5 10.c4 ♗b7 11.e6 f5 (Nach 11...fxe6 12.♘g5 hätte Schwarz Probleme.) 12.d5 mit deutlichem weißem Vorteil.

9.♘xe5 e6

9...♘bd7 10.♗f3 ♗xf3 11.♕xf3 ♘xe5 12.dxe5 ♘d7 13.♗f4 gefolgt von ♖a1-d1 bekommt Weiß ein klares Übergewicht.

10.♗f3 ♕c8 11.♗g5 c6?

Erforderlich war hier 11...♘fd7 oder 11...h6, weil Weiß nun Aktivitäten am Königsflügel entwickeln kann.

12.♕d2 ♘d5 13.♗h6 ♗xh6

Dies bringt die weiße Dame dem Gegnerischen König nahe. Schwarz sollte mit 13...♘d7 seine Figuren weiter entwickeln.

14.♕xh6 ♘xc3 15.bxc3 c5?

Der Nachziehende sollte endlich seinen Springer durch 15...♘d7 ins Spiel bringen.

16.♖e3! cxd4 17.cxd4 ♘a6?

Die Entwicklung des Springers kommt zu spät, weil Weiß jetzt einen entscheidenden Angriff führen kann. Hätte Schwarz aber besser spielen können? Man sehe: 17...♘d7 18.♗xb7 ♕xb7 19.♖h3 ♘f6 20.♘g4 ♘h5 21.♖xh5 f5, und Schwarz erhält die Figur zurück, aber bleibt mit einem Bauern weniger. Doch diese Variante wäre die beste Lösung für ihn.

Diagramm Nr.148

18.♗c6!

Dieser Glanzzug räumt die Linie für den Turm.

18...♕c7

18...♗xc6 19.♖h3+–.

19.♖h3 f6 20.♗d7!

Schwarz gab auf. Nach 20...♖f7 21.♗xe6 fxe5 22.♕xh7+ ♔f8 23.♕xg6 gewinnt Weiß einfach.

Jugoslawische Verteidigung (149)

Konikowski – Plater
Polen 1968

1.e4 d6 2.d4 ♘f6 3.♘c3 g6 4.f4

Das Drei-Bauern-System ist eine gefährliche Waffe gegen die Jugoslawische Verteidigung.

4...♗g7 5.♘f3 0-0

5...c5!? wird heutzutage sehr oft gespielt.

6.e5!?

Die populärste Fortsetzung ist hier 6.♗d3 Der Partiezug führt zu großen Komplikationen.

6...♘fd7

Eine andere Variante: 6...dxe5 7.dxe5 (7.fxe5 ♘d5 8.♗c4 ♗e6 9.♘xd5 ♗xd5 10.♗xd5 ♕xd5 11.♕e2 b5 12.0-0 ♘d7 13.c3 ♘b6 14.b3 a5 15.♗a3 ♕d7 16.♗c5 ♘d5 17.♕d2 ♖fb8 18.♖ac1 c6=) 7...♕xd1+ 8.♔xd1 ♖d8+ (8...♘g4 9.♔e1 ♘c6 10.♗c4 ♔h8 11.h3 ♘h6 12.♗e3 f6 13.exf6 exf6 14.♗c5 ♖d8 15.♖d1 ♖xd1+ 16.♔xd1 b6 17.♗f2 ♗b7 18.♗d5 ♘f5 19.♖e1 ♖d8 20.♔c1±, Vera-Conquest, Calvia 2004.) 9.♔e1 ♘d5 10.♘xd5 ♖xd5 11.♗c4 ♖d8 12.♘g5 e6 13.♗e3 b6 14.♔f2 ♘c6 15.♗e2 ♗b7 16.♗f3 ♘a5 17.♗xb7 ♘xb7 18.♘e4 ♖f8 19.♗d4 ♘d6 20.♔f3 ♘xe4 21.♔xe4 ♖ad8 22.♖ad1 ♖d7 23.♗e3 ♖fd8 mit gleichem Endspiel, Bronstein-Wasjukow, Tallinn 1965.

7.h4

Die schärfste Erwiderung. Nach 7.♗c4 ♘b6 8.♗b3 ♘c6 9.0-0 ♘a5 10.♘e4 ♘xb3 11.axb3 f6 12.exf6 exf6 13.d5 ♖e8 14.♘g3 f5 15.c4 c6 16.♘e2 cxd5 17.cxd5 ♕c7 18.♘c3 ♗d7 erhielt Schwarz in der Partie Minew-Tringow, Bulgarien 1969, die besseren Chancen.

7...c5 8.h5 cxd4 9.hxg6

Ein weiterer Plan ist 9.♕xd4!? mit der Idee ♕d4-f2-h4, z.B. 9...dxe5 10.♕f2 e4 11.♘xe4 ♘f6 12.♘xf6+ exf6 (12...♗xf6 13.hxg6 hxg6 14.♘g5±) 13.hxg6 ♖e8+ 14.♗e2 fxg6 15.♗d2 ♕e7 16.♔f1 und Angriffschancen. Weiß hat einen klaren Weg: ♖a1-e1, ♗d2-c3, ♕f2-h4 usw.

9...dxc3

Nach 9...hxg6 10.♕xd4 ♘c6 11.♕f2 dxe5 12.♕h4 ♘f6 13.fxe5 ♘h5 14.g4 erlangt Weiß sehr starken Angriff, Katschanowski-Makarow, Moskau 1963.

10.gxf7+ ♖xf7

Auf 10...♔h8?? folgt 11.♖xh7+! ♔xh7 12.♕d3+ mit schnellem Matt.

11.♗c4

Günstigere Varianten für Schwarz entstehen nach 11.e6 z.B. 11...cxb2 12.exf7+ ♔f8! (12...♔xf7?? 13.♘g5+ und Weiß gewinnt) 13.♗xb2 ♗xb2 14.♗c4 ♕a5+ 15.♔f1 ♘f6 16.♘g5 ♕c3-+.

11...♘f8

In dem scharfen Abspiel 11...e6 12.♘g5 ♘xe5 13.♕h5 ♗f6 (13...h6 14.fxe5 hxg5 15.♕h7+ ♔f8 16.♕h8+ ♗xh8 17.♖xh8+ ♔g7 18.♖xd8=) 14.fxe5 ♗xg5 15.♗xg5 cxb2 16.♖b1 ♕a5+ 17.♗d2 ♕xe5+ 18.♕xe5 dxe5 19.♖xb2 ♘c6 20.♖b3 ♖g7 21.♖bh3 ♘d4 22.♗d3 ♗d7 23.♖xh7 ♖xh7 24.♖xh7 ♗c6 25.♗g6 ♗xg2 26.♗h6 ♘f3+ 27.♔f2 ♘h4 28.♖g7+ ♔h8 29.♖h7+ rettet sich Weiß mit Dauerschach.

12.♗xf7+ ♔xf7 13.♘g5+ ♔g8 14.♕h5 cxb2??

Ein Verlustzug. Richtig ist 14...h6!, wonach Weiß das Remis durch Dauerschach forcieren muss: 15.♕f7+ ♔h8 16.♕b3 (16.f5?? ♕a5!) 16...♕a5 17.♘f7+ ½-½, Barczay-Toth, Budapest 1970. Es verliert auch 14...♕a5? 15.♕f7+ ♔h8 16.♘xh7! cxb2+ 17.♔f1 ♕b5+ (17...♘xh7 18.♕e8+ ♗f8 19.♕xf8 matt) 18.c4 ♘xh7 19.cxb5 bxa1♕ 20.♕e8+ ♗f8 21.♕xf8 matt.

15.♕f7+ ♔h8 16.♗xb2 ♕a5+

Oder 16...h6 17.♖xh6+! ♗xh6 18.e6+ nebst Matt.

17.c3 ♕a4

Auf 17...♕b6 folgt natürlich 18.0-0-0 mit starkem Angriff.

Diagramm Nr.149

18.♘xh7! ♕e4+

Oder 18...♘xh7 19.♕g6+–. Deshalb will Schwarz das Feld g6 unter Beschuss nehmen.

19.♔f2 ♕c2+

19...♘xh7 20.♕e8+ ♗f8 21.♕xf8 matt.

20.♔e3!

Die schwarze Dame kontrolliert zwar die Diagonale b1-h7, verteidigt aber nicht mehr die 8.Reihe. Aus diesem Grund geht 20...♘xh7 21.♕e8+ nicht. Schwarz versuchte noch...

20...♕xh7 21.♖xh7+

Dann gab er auf.

Jugoslawische Verteidigung (150)

J.Polgar – Smirin
Istanbul 2000

1.e4 g6 2.d4 ♗g7 3.♘c3 d6 4.f4 ♘f6 5.♘f3 0-0 6.♗e3 b6

Mit dem Plan ♗c8–b7 und c7–c5.

7.♕d2

Weiß bereitet die lange Rochade vor.

7...c5

Öfter wird 7...♗b7 gespielt.

8.0-0-0

Die andere Möglichkeit ist natürlich 8.d5!?

8...cxd4 9.♗xd4 ♘c6 10.♗xf6!?

Weiß hat seinen starken Läufer abgetauscht, um ohne Zeit zu verlieren, einen Bauernangriff am Königsflügel einzuleiten.

10...♗xf6 11.h4 ♗g4 12.h5! ♗xh5 13.♖xh5!

Ein typisches Verhalten von Judit, die für den Angriff immer bereit ist, Material zu opfern.

13...gxh5 14.♕d5 ♖c8?

Die falsche Einschätzung der Situation am Brett. Notwendig war 14...♗xc3! 15.bxc3 ♕c8 (Oder 15...♘a5 16.♕xh5 f6 17.♘d4 ♕e8 18.♕d5+ ♔h8 19.♘e6 mit weißer Initiative.) 16.♕xh5 ♕e6 17.♗b5! (In einer Fernpartie Copley–Kraszewski, 2001, wählte Weiß den falschen Plan 17.f5?, und nach 17...♕f6 18.g4 ♕xc3 19.♘g5 ♕a1+ 20.♔d2 ♕g7 21.♗e2 h6 22.♘f3 ♘d4 23.♘xd4 ♕xd4+ 24.♔e1 ♕e3 25.♖d3 ♕g5 stand Schwarz auf Gewinn.) 17...♖fc8 18.♘h4 ♕f6 19.♘f5 e6 20.♖xd6 (20.♘xd6!?) 20...♘b4 21.cxb4 ♕a1+ 22.♔d2 exf5 23.♗d3 ♕g7 24.♕xf5 ♖d8 (Nach 24...♕xg2+ 25.♔c1 ♖d8 26.e5 ♕g7 27.♖c6 hätte Weiß genügend Kompensation für die Qualität.) 25.♖c6 ♕xg2+ 26.♔c3 a5 27.b5 ♕g1 28.e5 ♕d4+ 29.♔d2 ♕f2+, und Schwarz rettet sich mit ewigem Schach.

15.♕xh5 ♗g7

Jetzt war 15...♗xc3? schwach wegen 16.♘g5 mit Gewinn.

16.e5 ♕e8

Wenn 16...h6, dann 17.g4! mit starkem Angriff.

17.♕h3 h6

17...dxe5 führt zum Matt: 18.♘g5 h6 19.♕f5! hxg5 20.♗d3 e4 (20...f6 21.♕h7+ ♔f7 22.♗g6+ ♔e6 23.f5 matt) 21.♗xe4 f6 22.♕h7+ ♔f7 23.♗g6+ ♔e6 24.f5+ ♔e5 25.♕h2 matt.

18.♗d3 ♘b4

18...dxe5 19.♕f5+–.

19.♗e4 e6

Diagramm Nr.150

20.f5!

Führt zum entscheidenden Angriff.

20...♖xc3

Auf 20...dxe5 gewinnt 21.f6!

21.f6 ♕b5

21...♕a4 22.bxc3 ♘xa2+ 23.♔b2 ♕xe4 (23...♘xc3 24.♖d4! ♘d1+ 25.♖xd1 ♕b4+ 26.♔c1 ♕xe4 27.♕g3+–) 24.fxg7 ♖c8 25.♕xh6 ♕h7 26.♕xh7+ ♔xh7 27.♔xa2+–.

22.♕g3!

Schwarz gab sich geschlagen: 22...♖xc2+ 23.♗xc2 ♘xa2+ 24.♔d2 ♕a5+ 25.♔e3 ♕c5+ 26.♖d4+–.

Jugoslawische Verteidigung (151)

Koglin – Seidemann

Bad Beverungen 1991

1.e4 d6 2.d4 g6 3.♘c3 ♗g7 4.f4 ♘f6 5.♘f3 c5 6.♗b5+

Mit diesem gegenwärtig sehr beliebten Zug verschärft Weiß spürbar die Gangart.

6...♗d7 7.e5 ♘g4 8.e6!?

Gilt als die giftigste Fortsetzung. Nach 8.♗xd7+ ♕xd7 9.d5 dxe5 10.h3 e4 11.♘xe4 ♘f6 12.♘e5 ♕c7 13.♘g5 0-0 14.c4 ♘bd7 15.♘xd7 ♕xd7 16.0-0 b5 hat Schwarz ausgezeichnete Gegenchancen.

8...fxe6

Diese rigorose Fortsetzung machte Großmeister Seirawan 1988 in Brüssel salonfähig. Bis dahin begnügte man sich hauptsächlich mit 8...♗xb5 Zum Beispiel: 9.exf7+ ♔d7 (9...♔xf7 10.♘g5+ ♔g8 11.♘xb5 ♕d7 12.dxc5 ♘f6 13.♕d3 mit weißem Vorteil) 10.♘xb5 ♕a5+ 11.♘c3 cxd4 12.♘xd4 ♗xd4 13.♕xd4 ♘c6 14.♕c4 ♖hf8 (14...♕h5 15.♕e2 ♘f6 16.♕xh5 ♘xh5 17.f5 ♘d4 18.0-0 ♘xc2 19.♖b1 ♖af8 20.♗g5 ♖xf7 21.fxg6 ♖g7 22.♘d5 ♖xg6 23.♗xe7 ♖hg8 24.♖f2 ♘b4 25.♘xb4 ♔xe7 26.♖e1+ ♔d8 27.g3±, Totzki–Glianez, UdSSR 1991) 15.♗d2 ♖ac8 16.h3 ♘f6 17.0-0-0 ♕a6 18.♕xa6 bxa6 19.♖he1 ♖xf7 20.b3 mit kleinem Vorteil für Weiß, Beljawski–Kauder, UdSSR 1991.

9.♘g5 ♗xb5 10.♕xg4

Alternativen für Weiß:

1) 10.♘xb5 ♕a5+ 11.c3 ♕xb5 12.♘xe6 (12.♕xg4 cxd4 13.♘xe6 ♕c4 14.f5 ♗f6 15.fxg6 ♖g8 16.g7 ♘c6 17.♘c7+ ♔d8 18.♘e6+ mit Dauerschach, Schirow–Chalifman, Groningen 1990) 12...♕c4 (12...♘a6 13.♘xg7+ ♔f7 14.♘e6 ♘f6 15.♘g5+ ♔g7 16.♘e6+ mit gleichem Spiel, Van der Wiel–Seirawan, Luzern 1989) 13.♕xg4 cxd4 14.♘xg7+ ♔f7 15.♘f5 ♕e6+ 16.♘e3 dxe3 17.♕f3 ♘c6 18.0-0 ♖hf8 19.♗xe3 ♔g8 20.b3 a5 21.♖ae1 a4 22.♗c1 ♕f7=, Dolmatow–Tschernin, Moskau 1990.

2) 10.♘xe6 ♗xd4 11.♘xb5 (11.♘xd8 ♗f2+ 12.♔d2 ♗e3+=, Sax–Seirawan, Brüssel 1988) 11...♕a5+ 12.♕d2 ♗f2+ 13.♔d1 ♘e3+ 14.♔e2 ♕xb5+ 15.♔xf2 ♘g4+ 16.♔g3 ♕d7 17.♖e1 ♘h6 18.b3 ♘c6 19.♗b2 ♘f5+ 20.♔f2 ♘fd4 21.♔g1 mit weißem Vorteil, De Firmian–Alburt, USA 1990.

10...♗d7?

Ein schwerer Fehler, da der schwarze Monarch das Feld d7 als Schlupfloch benötigt. Notwendig ist 10...♗c4! 11.b3 (11.♘xh7? ♔d7! 12.♕xg6 ♕g8 13.♘g5 ♘c6+–) 11...♗xd4 12.♗d2 ♗d5 13.♘xd5 exd5 14.0-0-0 ♘c6 15.♕e6 ♕c8 16.♕f7+ ♔d7 17.♕xd5 ♕g8 18.♕xg8 ♖hxg8 19.♘xh7 b5 20.♘g5 b4 mit gutem Spiel für Schwarz, Nunn–Seirawan, Skelleftea 1989.

Diagramm Nr. 151

11.♘xh7!

Auf diese Weise wird das schwarze Königshaus völlig zerstört.

11...♖xh7

Nicht besser wäre 11...♔f7 wegen 12.♘g5+ ♔f8 (Auf 12...♔g8 folgt auch

13.♘xe6!) 13.♘xe6+ ♗xe6 14.♕xe6 cxd4 15.♘e2 ♕a5+ 16.♗d2 ♕f5 17.♕b3 ♕d7 18.0-0-0 ♘a6 19.♕d3 ♘c5 20.♕xg6 ♖h6 21.♕g3 ♕e6 22.f5 ♕xe2 23.♖he1 ♕b5 24.♖xe7 ♖h7 25.♖xg7 ♖xg7 26.♗h6 1-0, Sirobaba–Striepens, Fernpartie 1988.

12.♕xg6+ ♔f8 13.♕xh7 cxd4 14.♘e4

Noch stärker wäre 14.f5! mit der Drohung ♗c1-h6!

14...♕a5+ 15.♗d2 ♕b5

Zäher ist 15...♕f5!?

16.♘g5 ♕f5 17.♕h5 ♗e8 18.♘h7+ ♔g8 19.♕xe8+ ♔xh7 20.0-0

Nun droht ♖f1-f3–h3+, und die Schwarze kann nichts dagegen tun. Sie gab sich geschlagen.

Jugoslawische Verteidigung (152)

Sadler – Mestel

Hove 1997

1.d4 d6 2.e4 ♘f6 3.♘c3 g6 4.f4 ♗g7 5.♘f3 0-0 6.♗e3

Öfter trifft man 6.♗d3.

6...b6 7.♕d2 c5 8.d5

Die Alternative ist 8.e5, aber der Partiezug hat mehr Anhänger.

8...a6

Mit der Idee b6–b5 und Gegenspiel am Damenflügel. Eine andere Möglichkeit ist 8...♘a6 nebst ♘a6–c7, a7–a6 und schließlich b6–b5, z.B. 9.♗e2 ♘c7 10.a4 a6 11.h3 ♗b7 12.♘h2 b5 13.♗f3 b4 14.♘d1 e6 15.c4 exd5 16.exd5 ♖e8 17.0-0 ♘e4 18.♗xe4 ♖xe4 19.♖c1 f5 20.b3 ♕e7 21.♖f3 ♖e8 mit sehr guter Stellung für Schwarz, Bauer–Gipslis, Dresden 1998.

9.e5 ♘fd7 10.h4 dxe5 11.h5

Der Anziehende soll keine Zeit verlieren und einfach angreifen!

11...e4 12.♘g5 gxh5 13.♘cxe4

13.♘gxe4!? scheint stärker.

13...♘f6?

Erforderlich war 13...h6 und nach 14.♘f3 den Bauern auf b2 zu schlagen.

14.0-0-0 ♗g4 15.♗e2 ♘bd7 16.♘g3 h6 17.♘5e4 e6?

Noch zu versuchen war 17...♘xe4!? 18.♘xe4 f5 19.♘g3 ♘f6 20.♗xg4 fxg4 21.♘xh5 ♘xh5 22.♖xh5 ♕e8 23.♖dh1 ♕g6 usw.

18.♗xg4 hxg4

Oder 18...♘xg4 19.dxe6 ♘df6 20.exf7+ ♔h8 21.♘d6+–.

19.f5 ♘xe4

Auf 19...♘xd5 würde 20.♗xh6! folgen.

20.♘xe4 ♘f6

20...exf5 21.♗xh6!+–.

21.♗xh6 ♘xe4

Diagramm Nr.152

22.♗xg7!

Die entscheidende Kombination.

22...♘xd2 23.f6

Das Matt auf h8 ist nicht zu parieren. Schwarz gab auf.

Königsfianchetto (153)

Borngässer – Lodes

1. Bundesliga 1989

1.e4 g6

Diese Idee ist natürlich mit der Jugoslawischen Verteidigung eng verwandt.

2.d4 c6 3.♘c3 d5

Öfter spielt man 3...♗g7.

4.♘f3

Stärker ist laut Theorie 4.h3, um die Fesselung durch ♗c8–g4 zu vermeiden.

4...dxe4

Besser war hier 4...♗g4 5.♗e3 ♕b6 (Nach 5...♘f6 6.h3 dxe4 7.hxg4 exf3 8.♕xf3 hat Weiß Vorteil.) 6.♕d2 ♗xf3 7.gxf3 e6 8.0-0-0 ♕a5 9.a3 ♘d7 10.♔b1 a6 mit beiderseitigen Chancen, obwohl Schwarz noch das Problem lösen muss, wohin sein König rochieren soll. Es ist klar, dass er in der Mitte nicht lange bleiben darf.

5.♘xe4 ♗g7 6.♗c4 ♘d7?

Dieser unschuldige Zug führt schnell zum Verlust, weil die Diagonale c8–h3 durch den Springer verstopft wird. Es sollte also 6...♘f6!? geschehen, z.B. 7.♘xf6+ exf6 8.♕e2+ ♕e7 9.♗e3 ♗e6 10.0-0 0-0 11.♖fe1 ♖e8 mit etwa gleichen Chancen, Prates–Pinto, Sao Paulo 2006. Nach dem Textzug wird der Läufer auf bekannte Weise geopfert.

Diagramm Nr.153

7.♗xf7+! ♔xf7 8.♘eg5+ ♔e8 9.♘e6 ♕b6

Keinen Unterschied macht 9...♕a5+ 10.♗d2 ♕b6 11.♘xg7+ ♔f7 12.♘e6! und weiter wie in der Partie.

10.♘xg7+ ♔f7 11.♘e6!

Nun ist das Nehmen auf e6 nicht erzwungen, aber dann bleibt Schwarz mit einem Bauern weniger und desolater Stellung. Er hat also nichts zu verlieren.

11...♔xe6 12.♘g5+ ♔d6

Oder 12...♔f6 13.♕f3+ ♔g7 14.♕f7+ ♔h6 15.♘e6+ ♔h5 16.♕f3+ ♔h4 17.♕h3 matt bzw. 12...♔d5 13.c4+ ♔xc4 (13...♔d6 14.c5++–) 14.♕e2+ ♔b4 (14...♔d5 15.♕e6+ ♔xd4 16.♗e3+ ♔d3 17.♕e4 matt) 15.♗d2+ ♔a4 16.♕c4+ ♕b4 17.♕xb4 matt.

13.♗f4+ e5 14.dxe5+

Aufgegeben, da 14...♔e7 (14...♔c7 15.♘e6+ ♔b8 16.♕d6+) 15.♕d6+ schnell verliert.

Skandinavische Verteidigung (154)

R. Fischer – Addison
Palma de Mallorca 1970

1.e4 d5

Diese Eröffnung wurde erstmals von Lucena im Jahre 1497 empfohlen. Mit dem Konterschlag im Zentrum greift Schwarz unvermittelt den weißen Bauern e4 an und öffnet zugleich die Schräge c8–h3 für seinen Läufer. Heutzutage ist die Skandinavische Verteidigung nur selten anzutreffen, da die schwarze Stellung beengt ist und die Figuren ein wenig passiv postiert sind.

2.exd5 ♕xd5 3.♘c3 ♕d8

Die gewöhnliche und beste Erwiderung ist hier 3...♕a5, z.B. 4.d4 ♘f6 5.♘f3 c6 6.♗c4 ♗f5 7.♗d2 e6 8.♕e2 ♗b4 (8...♗xc2?? 9.d5! cxd5 10.♗b5+ ♘c6 11.♘xd5 ♕d8 12.♘xf6+ ♕xf6 13.♗xc6+ bxc6 14.♕c4 ♖c8 15.♕xc2+–) 9.0-0-0 ♘bd7 10.a3 ♗xc3 11.♗xc3 ♕c7 12.♘e5 ♘xe5 13.dxe5 ♘d5 14.♗d2 0-0-0 15.g4 ♗g6 16.f4 h5 17.h3 hxg4 (17...♕b6!? ist auch möglich.) 18.hxg4 ♖xh1 19.♖xh1 ♕b6 20.♖f1 ♕d4 21.f5 (Nach 21.c3 ♕e4 22.f5 exf5 23.gxf5 ♗xf5 24.♕xe4 ♗xe4 25.♖xf7 g6 sollte Schwarz Ausgleich haben.) 21...exf5 22.gxf5 ♗h5 23.♕xh5 ♕xc4 mit Gegenchancen.

Spielbar ist auch 3...♕d6 4.d4 (4.♗c4 ♘f6 5.d3 ♗g4 6.♘ge2 ♘c6 7.h3 ♗xe2 8.♘xe2 e6 9.♗f4 ♕d7 10.0-0 ♘a5 11.♗b3 ♗e7 12.♘c3 ♘xb3 13.axb3 0-0 14.♕f3 c5 15.♖fe1 ♖fd8 16.♗e5 ♘d5 17.♘xd5 ♕xd5 18.♕g3 f6 19.♗c3 ♗d6=) 4...♘f6 5.♗c4 a6 6.♗b3 ♗g4 7.♘ge2 e6 8.♗e3 ♗e7 9.♕d2 ♘c6 10.f3 ♗f5 11.♘g3 ♗g6 12.♘ce4 ♕d7 13.0-0-0 0-0-0 14.♖he1 ♘d5, und Schwarz kann mit seiner Stellung zufrieden sein.

4.d4 ♘f6 5.♗c4 ♗f5?

Besser ist 5...a6!? z.B. 6.♘f3 b5 7.♗b3 c5 8.dxc5 ♕xd1+ 9.♘xd1 e6 10.c3 (10.♗e3 ♗b7 11.a4 b4 12.a5 ♘fd7 13.♗a4 ♗c6=. Auch in der Partie Manolov–Dorfman, Burgas 1992, erreichte Schwarz nach 10.0-0 ♗xc5 11.♘e5 ♘bd7 12.♘d3 a5 13.a4 b4 14.♗e3 ♗xe3 15.♘xe3 ♗a6 den Ausgleich.) 10...♗xc5

11.♗e3 ♘bd7 12.♗c2 ♗b7 mit dem Plan ♔e8–e7, ♖h8–d8 und guten Perspektiven.

6.♕f3!?

Natürlich ist auch 6.♘f3 möglich. In der Partie Sermek–Gerencer, Pula 1999, folgte 6...e6 7.♘e5 c6 8.g4 ♗e4 9.♘xe4 ♘xe4 10.♕f3 ♘d6 11.♗b3 ♘d7 12.♗e3 ♘xe5 13.dxe5 ♕a5+ 14.c3 ♕xe5 15.0-0-0 ♗e7 16.♖he1 ♗g5 17.h4 ♗xe3+ 18.♖xe3 ♕c5 19.♗xe6 0-0 20.♗b3 mit guten Aussichten für Weiß.

6...♕c8 7.♗g5!?

Ein Bauernopfer für Initiative. Spielbar ist auch 7.♗b3 c6 8.h3 e6 9.g4 ♗g6 10.♘ge2 ♗b4 11.♘g3 ♘bd7 12.♗d2 ♕c7 13.a3 ♗d6 14.0-0-0 ♘d5 15.♖he1 und aktiver Position von Weiß, Prol Nogueira–Rodriguez Lopez, Ourense 2006.

7...♗xc2

Schwarz hat einen Mehrbauern und eine schlechte Stellung. 7...♘c6!? ist wohl besser.

8.♖c1 ♗g6 9.♘ge2 ♘bd7 10.0-0 e6 11.♗xf6 gxf6

Auf 11...♘xf6 folgt 12.d5! mit Öffnung des Spiels im Zentrum, die ausschließlich im Interesse von Weiß liegt.

12.d5 e5 13.♗b5 ♗e7 14.♘g3 a6 15.♗d3 ♕d8

Die Tragödie von Schwarz besteht darin, dass er seine Entwicklung nicht beenden kann.

16.h4! h5 17.♗f5 ♘b6 18.♘ce4 ♘xd5?

Schwarz meinte wahrscheinlich, dass er sowieso nichts zu verlieren hat. Doch das Nehmen des zweiten Bauern beschleunigt nur die Niederlage. Offensichtlich hartnäckiger war 18...♘c8 19.♖c3 ♘d6 20.♘xd6+ ♗xd6 21.♘e4 ♗xf5 22.♕xf5 ♖h6 23.♖fc1 ♔f8 usw.

19.♖fd1 c6 20.♘c3 ♕b6

Diagramm Nr. 154

21.♖xd5!

Das Qualitätsopfer gestattet dem weißen Springer, aktiv ins Spielgeschehen einzugreifen.

21...cxd5 22.♘xd5 ♕xb2 23.♖b1

Zum Gewinn führte auch 23.♖c7!

23...♕xa2 24.♖xb7

Auf 24...♗d8 entscheidet 25.♗xg6 fxg6 26.♘xf6+ ♗xf6 27.♕xf6 nebst Matt. Schwarz gab auf.

Skandinavische Verteidigung (155)

Bielczyk – Slabek
Polen 1992

1.e4 d5 2.exd5 ♘f6

Eine elastische Fortsetzung: Schwarz möchte kein Tempo verlieren und mit dem Springer auf d5 schlagen.

3.d4

Nach 3.c4 c6 (3...e6!? ist eine interessante Alternative, siehe die nächste Partie.) 4.dxc6 ♘xc6 5.d3 e5 6.♘c3 ♗f5 7.♘f3 ♗b4 8.♗e2 e4 hat Schwarz keine Probleme, das Spiel auszugleichen.

3...♘xd5 4.c4 ♘b6

Schwächer ist 4...♘b4?! wegen 5.a3 (Gut ist auch 5.♕a4+ ♘8c6 6.a3 ♘a6 7.♗e3 usw.) 5...♘4c6 6.d5 ♘e5 7.♘f3 ♘xf3+ 8.♕xf3 e6 9.♘c3 exd5 10.♘xd5 ♗d6 11.♗e3 0–0 12.0–0–0 mit weißer Initiative, Analyse von Boleslawski.

5.♘c3

Auf 5.♘f3!? kann folgen:

1) 5...g6 6.♗e2 ♗g7 7.0–0 0–0 8.♘c3 ♘c6 9.d5 ♘e5 (9...♘a5 10.c5 ♗xc3 11.cxb6 ♗g7 12.bxc7 ♕xc7 13.♕a4 ♗d7 14.♕b4 nebst ♗c1–f4!) 10.♘xe5 ♗xe5 11.♗h6 ♗g7 12.♗xg7 ♔xg7 13.♕d4+ f6 14.c5 e5 15.♕d2 ♘d7 16.b4 f5 17.♖ad1 a5 18.a3 axb4 19.axb4 f4 20.d6 mit Vorteil für Weiß, J.Polgar–Stefansson, Egilsstadir 1988.

2) 5...♗g4 6.c5 ♘6d7 (6...♘d5 7.♕b3 ♗xf3 8.♕xb7 ist bequemer für Weiß) 7.♗c4 e6 8.h3 ♗h5 9.♗e3 ♘c6 10.♘c3 ♗e7 11.a3 e5 12.d5 ♘d4 13.g4 ♘xf3+ 14.♕xf3 ♗g6 15.b4 0–0 16.♖d1 und Weiß bekam einen klaren Raumvorteil im Zentrum, Byrne–Rogoff, USA 1978.

5...e5! 6.d5

Nicht aber 6.dxe5? ♕xd1+ 7.♘xd1 ♘c6 8.f4 ♗e6 9.b3 0–0–0 10.♘e3 ♗c5 11.a3 ♖he8 12.♘f3 f6 und ausgezeichnetem Spiel für Schwarz.

6...c6

Die Bücher empfehlen sofortiges 6...♗b4!? mit guten Chancen auf Ausgleich.

7.♘f3 ♗b4 8.♗e3 cxd5

Interessant ist 8...e4!? 9.♘g5 cxd5 usw.

9.c5 d4 10.♘xe5 dxc3

Auf 10...♗xc5 wäre 11.♗b5+ unangenehm für Schwarz.

11.♕xd8+ ♔xd8 12.0–0–0+ ♔e7 13.cxb6 axb6 14.♗c4 cxb2+ 15.♔xb2 ♗a3+?

Damit verliert Schwarz die Kontrolle über das Feld e1. Mit 15...♗e6 16.♗xe6 (16.♔b3 ♗a5=) 16...♔xe6 ließ sich seine Stellung noch verteidigen.

16.♔a1 f6?

Der letzte Versuch bestand in 16...♗e6! Der Partiezug ermöglicht ein schönes Mattfinale.

Diagramm Nr. 155

17.♘g6+!

Es wäre auch 17.♗c5+! ♗xc5 18.♘g6+ möglich.

17...hxg6 18.♗c5+! ♗xc5 19.♖he1+

Die Möglichkeit zum entscheidenden Einsatz des Turmes, nachdem sich der schwarze Läufer nach a3 verirrt hat.

19...♗e6 20.♖xe6+

Schwarz gab auf (20...♔f7 21.♖e3+ ♔f8 22.♖d8 matt).

Skandinavische Verteidigung (156)

Cossins – A.Evans
England 1973

1.e4 d5 2.exd5 ♘f6 3.c4

Solider ist hier 3.d4!

3...e6!?

Das Isländische Gambit führt zu einem scharfen Spiel. Das Skandinavische Gambit entsteht dagegen nach 3...c6!? z.B. 4.dxc6 (Möglich ist 4.d4!? cxd5 5.♘c3 usw.) 4...♘xc6 5.d3 e5 6.♘c3 ♗f5 7.♘f3 ♕d7 8.♗e2 0-0-0 9.0-0 ♗xd3 10.♗xd3 ♕xd3 11.♕xd3 ♖xd3 12.♗g5 ♘d7 13.♖fd1 ♘c5 14.♘d5 f6 15.♗e3 ♖xd1+ 16.♖xd1 ♘e6 17.♔f1 ♗c5 mit gleicher Stellung.

4.dxe6

Nach 4.d4 exd5 5.♘c3 kann man die Komplikationen vermeiden.

4...♗xe6 5.d4

Weiß kann diesen Zug erst unterlassen und die Entwicklung des Königsflügels vorantreiben: 5.♘f3 ♘c6 (5...c5 6.d4 cxd4 7.♕xd4 ♗b4+ 8.♗d2 ♕a5∞) 6.d4 (Konsequent wäre 6.♗e2!?) 6...♗b4+ 7.♘c3 ♘e4 8.♗d2 ♘xd2 9.♕xd2 ♕e7 10.♕e3 0-0-0 11.0-0-0 ♖he8 12.d5 ♗xc3 13.♕xc3 ♘b4 mit scharfem Spiel, Mortsensen–Thorhallsson, Gausdal 1987.

5...♗b4+ 6.♗d2 ♕e7 7.♕e2?

Auf diesen Zug sind viele der folgenden Schwierigkeiten zurückzuführen. Besser ist 7.♗e2 z.B. 7...♘c6 (7...♗xc4? 8.♕a4+ ♘c6 9.♗xb4 ♕xb4+ 10.♕xb4 ♘xb4 11.♗xc4 ♘c2+ 12.♔d2 ♘xa1 13.♘c3 0-0-0 14.♘ge2 c5 15.f3 cxd4 16.♘b5 d3 17.♗xd3 ♖d7 18.♖xa1 ♖hd8 19.♖c1+ ♔b8 20.♖c3 a6 21.♘a3 ♘d5 22.♖b3±) 8.d5 ♘xd5 9.cxd5 ♗xd5 10.♔f1 0-0-0 11.♕e1 (11.♘c3!?) 11...♗xd2 12.♘xd2 ♔b8 13.♗f3 ♕d6 14.♗xd5 ♕xd5 15.♘gf3 ♖he8 16.♕c1 und Weiß gewann später die Partie, Ioseliani–Gurieli, Tbilissi 1987.

In der Begegnung Fette–Wesseln, 1.Bundesliga 1993 geschah 7.♗xb4 ♕xb4+ 8.♘d2 (Nach der Alternative 8.♕d2 hat Schwarz auch Gegenspiel: 8...♘c6 9.d5 0-0-0 usw.) 8...♘c6 9.♘gf3 0-0-0 10.d5 ♖he8 (10...♗g4 11.♗e2 ♗xf3 12.♗xf3 ♖he8+ 13.♔f1 ♘d4 mit aktivem Spiel für Schwarz, Sokolow–Speelman, Madrid 1988) 11.♗e2 ♘xd5 12.cxd5 ♗xd5 13.a3 (13.0-0 ♗xf3 14.♗xf3 ♖xd2, und Schwarz gewinnt vorteilhaft seine Figur zurück) 13...♕e7 14.♔f1, und nun konnte Schwarz mittels 14...♗xf3! einen klaren Vorteil erreichen: 15.♗xf3 ♕g5 16.♗xc6 bxc6 17.♕f3 ♖xd2 18.♕xc6 ♖ee2-+.

7...♘c6 8.♘f3

Auf 8.d5 folgt natürlich 8...♘d4!

8...0-0-0 9.d5 ♖he8! 10.dxc6

Weiß hat zwar eine Figur gewonnen, kann jedoch seinen König nicht in Sicherheit bringen. Schauen wir andere Möglichkeiten für ihn an:

1) 10.♘c3 ♗xc3 11.♗xc3 ♕c5 12.♗xf6 gxf6 13.0-0-0 ♗f5 14.♕d2 ♘b4 15.b3 ♖xd5-+, Guerin–Le Duin, Issy les Moulineaux 2004.

2) 10.dxe6 ♕c5 11.♘c3 ♖xd2 12.♕xd2 ♖xe6+ 13.♔d1 ♗xc3 14.♕xc3 ♘e4 15.♕xg7 ♘xf2+ 16.♔c1 ♕e3+ 17.♔b1 ♕e4+ 18.♔c1 ♘xh1∓.

10...♕c5 11.cxb7+ ♔xb7 12.♘e5?

Verliert blitzschnell. Zäher war 12.♘c3!? ♗xc4 13.♗e3 ♖xe3 14.♕xe3 ♖e8 15.♕xe8 ♘xe8 16.♗xc4 ♕xc4 17.♖c1 usw.

12...♗g4! 13.♘xg4 ♘xg4 14.♕xe8

Was soll Weiß sonst spielen?

14...♕xf2+ 15.♔d1 ♘e3+

Zum Gewinn führte auch 15...♖xe8!

16.♔c1

Nun folgt eine elegante Kombination...

Diagramm Nr.156

16...♕e1+! 17.♗xe1 ♖d1 matt.

Aljechin–Verteidigung (157)

Ivkov – Timman
Amsterdam 1974

1.e4 ♘f6

Die Idee dieser Verteidigung besteht darin, durch das Springermanöver ♘g8–f6–d5–b6 einen gegnerischen Bauernsturm zu provozieren, um danach das entstandene weiße Bauernzentrum zu zerschlagen. Diese originelle Eröffnung kam 1921 überraschend zu Ansehen, als sich der spätere Weltmeister Alexander Aljechin (1892–1946) ihrer bediente.

2.e5 ♘d5 3.d4 d6 4.c4 ♘b6 5.f4

Das Vierbauernsystem ist noch immer sehr beliebt und stets eine gefährliche Waffe gegen die Aljechin–Verteidigung.

5...♗f5

Die Variante nach 5...dxe5 wird in der nächsten Partie analysiert.

6.♘c3 e6 7.♘f3 dxe5 8.fxe5 ♗b4?

Dieser Plan ist nicht gut, wie diese Partie zeigt. Die Theorie empfiehlt 8...♗e7 oder 8...♘c6.

9.♗d3 ♗xd3 10.♕xd3 c5 11.0-0 cxd4 12.♘e4 ♘6d7

Andere Erwiderungen:

1) 12...♗e7 13.♘fg5 ♗xg5 (13...0-0 14.♘f6+ ♗xf6 15.♕xh7#) 14.♗xg5 ♕c7 15.♘d6+ 1-0, Ducheny–Issaly, Fernpartie 1975.

2) 12...♘8d7 13.a3 ♘c5 14.♘xc5 ♗xc5 15.♘g5 ♖f8 16.♘xh7 mit klarem weißen Vorteil, Vetemaa–Mark Zeitlin, Parnu 1973.

3) 12...0-0 13.♘fg5 ♘8d7 14.♘d6 g6 15.♕h3 h5 16.♘gxf7, und Weiß gewinnt.

13.♘fg5!

Der Auftakt zu einem Königsangriff.

13...♘xe5 14.♕g3 ♘bd7 15.♗f4 ♕b6

Es gibt es nichts Besseres: 15...♕a5 16.a3 ♗e7 17.b4 ♕c7 18.♘xf7 oder 15...0-0 16.♗xe5 ♘xe5 17.♘f6+ – in beiden Fällen behält Weiß die Oberhand.

16.♗xe5 f6 17.♗d6

Noch stärker war 17.c5! ♗xc5 18.♘xc5 ♘xc5 19.♗xd4+–.

17...fxg5 18.♗xb4 ♕xb4 19.♘d6+ ♔e7 20.♖f7+ ♔d8 21.♕xg5+ ♔c7 22.♘b5+ ♔c8 23.♖af1 b6

Diagramm Nr. 157

24.♖xd7!

Dieses Turmopfer führt zu einem raschen Gewinn.

24...♔xd7 25.♕xg7+

Schwarz gab auf. Nach 25...♕e7 26.♖f7 erobert Weiß die Dame.

Aljechin–Verteidigung (158)

Löhn – Hergert

Fernpartie 1985/86

1.e4 ♘f6 2.e5 ♘d5 3.d4 d6 4.c4 ♘b6 5.f4 dxe5 6.fxe5 c5

Die schärfste Fortsetzung anstelle des gemächlichen 6...♘c6 z.B. 7.♗e3 ♗f5 8.♘c3 e6 9.♘f3 ♗e7 mit kompliziertem Spiel.

7.d5 e6 8.♘c3 exd5

Früher spielte man meist 8...♕h4+ 9.g3 ♕d4 10.♕e2 a6 11.♘f3 ♕g4 12.♗f4 exd5 13.cxd5 ♗e7 14.♗g2 0-0 15.0-0 c4 16.h3 ♕g6 17.d6 ♗d8 18.♘d4, und Weiß steht auf Gewinn.

9.cxd5 c4

Oder 9...♕h4+ 10.g3 ♕d4 11.♗f4 g5 12.♗xg5 ♕xe5+ 13.♕e2 ♕xe2+ 14.♘gxe2 ♗g4 15.♗g2 ♗g7 16.0-0-0±.

10.♘f3 ♗g4?

Besser ist 10...♗b4! z.B. 11.♗xc4 (11.♗g5 war eine Alternative) 11...♗xc3+ 12.bxc3 ♘xc4 13.♕a4+ ♘d7 14.♕xc4 ♘b6 15.♕f4 ♕xd5 16.0-0 0-0 17.♗a3 ♖d8, und Schwarz kann sich erfolgreich verteidigen.

11.♗xc4

Der stärkste Zug laut Theorie ist hier 11.♕d4! z.B. 11...♗xf3 12.gxf3 ♗b4 13.♗xc4 0-0 14.♖g1 mit besseren Perspektiven für Weiß.

11...♘xc4 12.♕a4+ ♘d7 13.♕xc4 ♗xf3 14.gxf3 ♘xe5 15.♕a4+

15.♕e4!? scheint besser zu sein, z.B. 15...♕h4+ 16.♔e2 (Aber nicht 16.♕xh4? ♘xf3+ 17.♔f2 ♘xh4 und Schwarz steht besser.) 16...♕xe4+ 17.fxe4 g6 18.♗e3 ♔d7 19.♖ac1 mit kleinem Vorteil für Weiß.

15...♘d7

Zu prüfen ist 15...♕d7!? z.B. 16.♕e4 0-0-0 17.♗f4 ♗d6=.

16.♗f4 ♕e7+?

Schwarz hofft, durch ♕e7–b4 zum Damentausch zu kommen. Jedoch übersieht er dabei den schönen Konter im 19.Zug. Deshalb sollte sich der Nachziehende jetzt für 16...♕h4+ entscheiden, z.B. 17.♔d1 g5 18.♖e1+ ♔d8 19.♕e4 ♗c5 20.♗g3 ♕xe4 21.♘xe4 h6 mit Chancen auf Überleben im entstandenen Endspiel.

17.♔f1! ♕b4 18.♖e1+ ♔d8

Diagramm Nr. 158

19.♗c7+! ♔xc7

19...♔c8 20.♖e8+ ♔xc7 21.d6+ ♕xd6 22.♘b5+ mit Damengewinn.

20.d6+!

Schwarz gab wegen Damenverlust auf: 20...♗xd6 21.♘d5+ bzw. 20...♕xd6 21.♘b5+ oder 20...♔xd6 21.♕xb4+.

Aljechin–Verteidigung (159)

Pfrommer – Schnabel
Mannheim 1991

1.e4 ♘f6 2.e5 ♘d5 3.d4 d6 4.♘f3
Weiß befestigt den Punkt e5 und setzt auf schleunige Entwicklung.
4...♗g4 5.♗e2 c6 6.c4 ♘b6 7.♘bd2 ♘8d7 8.♘g5
Nach 8.0-0!? np. 8...♗xf3 (Oder 8...dxe5 9.♘xe5 ♘xe5 10.dxe5 ♗f5 11.♗g4 e6 12.♗xf5 exf5 13.♕c2 ♕d7 14.♘f3 0-0-0 15.♗g5 ♕d3 16.♕c1 ♖e8 17.b3 h6 18.♖d1 ♕e4 19.♗e3 mit der starken Drohung ♖d1-d4 und besseren Chancen für Weiß, J. Polgar–Fernandez Garcia, Santurtzi 2003.) 9.♘xf3 dxe5 10.dxe5 e6 11.♗d2 ♕c7 12.♗c3 0-0-0 13.♕c2 h6 14.a4 ♔b8 15.a5 ♘c8 16.b4 mit weißem Angriff am Damenflügel, Delgado–Podobnik, Dos Hermanas 2004.
8...♗xe2 9.e6!
Wegen Matt auf f7 ist die Dame tabu.
9...fxe6?
Ein schlimmer Fehler. Richtig ist 9...f6! 10.♕xe2 fxg5 11.♘e4 (11.exd7+ ♕xd7 12.♘e4 0-0-0 13.♘xg5 e5 14.dxe5 ♖e8 15.0-0 ♖xe5=) 11...♘f6 12.♘xg5 ♘xc4 13.0-0 (Unklar ist 13.♕xc4 ♕a5+ 14.♗d2 ♕d5 usw.) 13...♕a5 14.♕xc4 h6 15.♘f7 ♖g8 16.♕b3 ♕b5 17.♕xb5 cxb5 18.h4 ♘d5 19.♗d2 g5 20.h5 ♖c8 21.♖ac1 ♖c6 22.♖xc6 bxc6 23.♖c1 ♘c7 24.♖xc6 ♘xe6 25.♘e5 dxe5 26.♖xe6 exd4=, Vogt–Rogulj, Balatonbereny 1986.
10.♕xe2 ♘f6
10...e5 ist günstig für Weiß: 11.♘de4 d5 12.♘e6±.
11.♘xe6 ♕d7 12.0-0 ♔f7 13.♘f3 ♖e8
13...♕xe6 14.♘g5+ mit Damengewinn.
14.♗d2 g6 15.♖ae1 ♔g8
Der schwarze König hat „rochiert", aber sein Turm bleibt auf h8 eingeklemmt.
16.b3 ♘a8
Schwarz möchte mittels ♘a8–c7 den starken ♘e6 vertreiben, doch dazu kommt es nicht mehr.
17.♘fg5! ♗g7
17...♘c7 18.♘xc7 ♕xc7 19.♕e6+ mit Matt. Oder 17...h6 18.♕d3 hxg5 19.♕xg6+ ♗g7 20.♕xg7 matt.
18.f4 d5
18...♘c7 verbot sich wegen 19.♘xc7 ♕xc7 20.♕e6+ ♔f8 21.♕f7 matt.
19.f5! h6 20.♘xg7 ♔xg7 21.♘e6+ ♔h7 22.fxg6+ ♔xg6
Auch hoffnungslos wäre 22...♔g8 wegen 23.♘c5+–. Nach dem Textzug folgt eine kleine Kombination.

Diagramm Nr. 159

23.♖xf6+!
Schwarz gab auf. Er wird in spätestens vier Zügen mattgesetzt: 23...exf6 (23...♔xf6 24.♕f3+ ♔g6 25.♕g4+ ♔f7 26.♖f1 matt) 24.♕g4+ ♔h7 25.♕f5+ ♔g8 26.♕g6+ ♕g7 27.♕xg7 matt.

Tschechische Verteidigung (160)

Vuckovic – Eberlein
Schwäbisch Gmünd 1990

1.e4 d6 2.d4 ♘f6 3.♘c3 c6 4.f4 ♕a5
Dieses interessante System wurde von tschechischen Spielern in die Praxis eingeführt.
5.♗d3
Andere Möglichkeiten sind:
1) 5.e5 ♘e4 6.♕f3 ♘xc3 7.♗d2 ♗f5 8.♗xc3 ♕d5 9.♕xd5 cxd5 10.0-0-0 e6 11.♘f3 ♘c6 12.♗d3 ♗xd3 13.♖xd3 ♗e7 und Schwarz hat keine Probleme, Szurovszky–Pribyl, Tapolca 1986.
2) 5.♗d2 ♕b6 6.♘f3 d5 (6...♕xb2? 7.♖b1 ♕a3 8.♗d3 mit weißer Initiative für den Bauern) 7.e5 ♘e4 8.♗d3 ♘xd2 9.♕xd2 e6 10.♘e2 (10.0-0-0!?) 10...c5

(10...♕xb2 wäre gefährlich, da Schwarz in Entwicklung zurückbleibt) 11.c3 ♘c6 12.0-0 ♗d7 13.♔h1 g6 14.♖ad1 c4 15.♗b1 ♗e7 mit kompliziertem Spiel.

5...e5 6.dxe5

Als stärker gilt 6.♘f3! np. 6...♗g4 7.♗e3 ♘bd7 (Oder 7...exd4 8.♗xd4 ♕b4 9.♗e2 ♘xe4 10.0-0 d5 11.♘xe4 dxe4 12.c3 ♕e7 13.♘e5 ♗xe2 14.♕xe2 c5 15.♗f2 ♘c6 16.♖ad1 mit gutem Spiel für Weiß, Lorenz–Pribyl, 1.Bundesliga 1991.) 8.0-0 ♗e7 9.h3 ♗h5 10.♕e1 exf4 11.♗xf4 ♗g6 12.e5 dxe5 13.dxe5 ♘d5 14.e6 ♕b6+ 15.♔h1 fxe6 16.♗xg6+ hxg6 17.♗g5 ♘5f6 18.♕xe6 ♕xb2 19.♗xf6 (19.♘e4!+-) 19...gxf6, und jetzt sollte Weiß in der Partie Browne–Benjamin, USA 1995, 20.♘e4! wählen mit schwieriger Stellung für Schwarz.

6...dxe5 7.f5 b5

Die Alternative ist 7...♗c5!?

8.♕f3?!

Besser ist 8.♘f3, um die Figuren weiter zu entwickeln.

8...b4

In Frage kam 8...♘bd7 mit der Idee ♘d7–c5.

9.♘b1 b3+ 10.♗d2??

Der Verlustzug. Erforderlich war 10.♘c3!

Diagramm Nr.160

10...♕xa2!!

Plötzlich ist nach 11.♖xa2 bxa2 die Umwandlung des a–Bauern nicht zu verhindern: Schwarz gewinnt Material. Weiß gab sich geschlagen.

Nimzowitsch - Verteidigung (161)

Sixtensson – West
Biel 1985

1.e4 ♘c6

Obwohl diese Verteidigung selten gespielt wird, gibt es in ihr einige interessante Abspiele. Der Hauptgedanke: Schwarz erlaubt den Aufmarsch der beiden gegnerischen Mittelbauern, um dann den Bauern d4 mit Figuren aufs Korn zu nehmen.

2.d4 d5

Die Grundidee von Nimzowitsch. Eine andere Variante entsteht nach 2...e5, z.B. 3.dxe5 ♘xe5 4.f4 ♘c6 5.♗c4 ♗b4+ 6.c3 ♗a5 7.♘f3 ♕e7 8.♕e2 ♗b6 9.♘bd2 d6 10.♗d3 ♘f6 11.♘c4 0-0 12.♘xb6 axb6 13.0-0 ♖e8 14.♖e1 h6 15.♗d2 ♘d7 16.♕f2, und die weißen Kräfte sind harmonischer aufgestellt, Knaak–Przewoznik, Dortmund 1992.

3.exd5

Die übliche Fortsetzung ist hier 3.♘c3 z.B. 3...dxe4 4.d5 ♘e5 5.♕d4 (Möglich ist 5.♗f4 ♘g6 6.♗g3 f5 7.♘h3 e5 8.dxe6 c6 9.♕xd8+ ♔xd8 10.♘g5 ♘h6 11.0-0-0+, und Weiß bekam eine starke Initiative, Apicella–Vaisman, Frankreich 1990.) 5...♘g6 6.♕xe4 ♘f6 7.♕a4+ ♗d7 8.♗b5 a6 9.♗xd7+ ♕xd7 10.♕xd7+ ♘xd7 11.♘f3 ♖d8 12.♗e3 ♘de5 13.♘xe5 ♘xe5 14.0-0-0 ♘c4 15.♗f4 ♘d6 16.♖he1 g6 17.♘e4 ♘xe4 18.♖xe4 ♔d7 19.c4, und das Endspiel ist bequemer für Weiß, Barle–Knaak, Pula 1975. Eine sehr schöne Partie wurde zwischen Smagin und Sahovic, Biel 1990, gespielt, wo geschah: 3.e5 ♗f5 4.c3 e6 5.♘d2 f6 6.f4 fxe5 7.fxe5 ♘h6?! (Nach 7...♕d7!? gefolgt von 8...0-0-0 wäre es zu einer Partie mit beiderseitigen Chancen gekommen.) 8.♘df3 ♘f7 9.♘e2 ♗e7 10.♘g3 ♗g4 11.♗d3 ♘g5 12.♘xg5! ♗xd1 13.♘xe6 ♕b8 (13...♕d7 14.♘xg7+ ♔f8 15.♗f5+-) 14.♘xg7+ ♔d8 (Oder 14...♔f7 15.♗h6 ♗g4 16.0-0+ ♔g8 17.♖f4 ♗d7 18.♖af1 mit starkem Angriff.) 15.♔xd1 b5 16.♘e6+ ♔c8 17.♘f5 ♗f8 18.♖f1 ♔b7 19.♗h6 ♗xh6 20.♘c5+ ♔c8 21.♘xh6 ♘e7 22.♗e2 ♘g6 23.♘f7, und Schwarz gab sich geschlagen.

3...♕xd5 4.♘f3 ♗g4 5.♗e2 0-0-0

Natürlich nicht 5...♗xf3 6.♗xf3 ♕xd4?? 7.♗xc6+, und Weiß gewinnt.

6.c4

Die Theorie empfiehlt hier 6.♗e3 oder 6.♘c3.

6...♕h5

Laut Radulow besitzt Weiß nach 6...♕f5 7.♗e3 e6 8.0-0 h5 9.♘c3 ♘f6 10.♕a4 a6 11.c5 die Initiative.

7.0-0

7.d5? e6 8.♘c3 exd5 9.cxd5 ♘f6 gewinnt den d-Bauern.

7...♘f6 8.♗e3 e5 9.d5??

Ein sehr schwacher Zug. Notwendig war 9.h3! exd4 10.hxg4 ♘xg4 11.♗g5 (11.♗f4 d3! 12.♗xd3 ♘b4 13.♘h2 ♘xd3 14.♗xc7 ♖d4-+) 11...f6 12.♗h4 d3 13.♗xd3 ♘b4 14.♘h2 ♖xd3 15.♕xg4+ ♕xg4 16.♘xg4 ♘c2 17.♘c3 ♘xa1 18.♖xa1 ♖d4 19.f3 ♖xc4 mit zweischneidigem Spiel.

9...e4 10.♘d4 ♘xd4 11.♗xg4+ ♘xg4 12.h3

Diagramm Nr. 161

12...♘f3+!

Ein Hammer!

13.gxf3

13.♔h1 ♕e5 14.g3 ♘xe3 15.fxe3 ♕xg3−+.

13...♕xh3!

Nun greift die Dame kraftvoll in den Angriff ein. Aber interessant war auch 13...♘e5!?

14.fxg4 ♗d6 15.♖e1 ♗h2+ 16.♔h1 ♖d6

Schwarz bringt seine Reserven ins Spiel.

17.♕c2

Oder 17.g5 ♖g6! 18.♘c3 ♗f4+ 19.♔g1 ♖xg5+ mit Matt.

17...♕f3+!

Schwarz opfert den Läufer und erkämpft sich die entscheidende Überlegenheit.

18.♔xh2 g5

Sofort 18...h5?? funktioniert noch nicht wegen 19.g5!

19.♗xg5 h5 20.♕c3 ♕xf2+ 21.♔h1 f6 22.♕e3 hxg4+

Nach 23.♗h6 ♖xh6+! 24.♕xh6 ♕xe1+ 25.♔g2 ♕e2+ 26.♔g1 ♕xb2 gewinnt Schwarz den Turm a1.

Weiß gab auf.

Das System 1...a6 (162)

Wolowik – Koslow
UdSSR 1987

1.e4 a6

Auf diese Fortsetzung wurde man aufmerksam, nachdem der englische Großmeister Tony Miles (1955–2001) mit ihr 1980 in Skara einen spektakulären Sieg gegen den damaligen Weltmeister Anatoli Karpow verzeichnen konnte. Heutzutage wird der Zug selten gespielt.

2.d4 b5 3.♘f3 ♗b7 4.♗d3 ♘f6 5.♕e2

Spielbar ist auch 5.♘bd2.

5...e6 6.a4

Es geht auch 6.0-0 c5 7.c3 ♗e7 8.♗g5 mit dem Plan ♘b1-d2, a2–a4 und guten Chancen für Weiß.

6...c5 7.dxc5 ♗xc5 8.♘bd2 b4 9.e5 ♘d5 10.♘e4 ♗e7 11.♗g5!

Karpow spielte schwächer 11.0-0, und nach 11...♘c6 12.♗d2 (Im Fall von 12.♗g5 f6 13.exf6 gxf6 14.♗d2 ♕c7 nebst langer Rochade bekommt Schwarz ausgezeichnetes Spiel.) 12...♕c7 13.c4 bxc3 14.♘xc3 ♘xc3 15.♗xc3 ♘b4 16.♗xb4 ♗xb4 17.♖ac1 ♕b6 18.♗e4 0-0 19.♘g5 h6 20.♗h7+ ♔h8 21.♗b1 ♗e7 22.♘e4 ♖ac8 erhielt Schwarz eine hervorragende Stellung.

11...0-0

Wenn 11...♗xg5, so 12.♘d6+ bzw. 11...f6 12.exf6 gxf6 13.♘e5! mit starkem Angriff.

12.♘d6 ♗c6

Oder 12...♗xg5 13.♘xb7 ♕e7 14.g3 ♘c6 15.♘d6±.

13.h4!

Eine energische Aktion gegen die schwarze Rochade. Nach dem ruhigerem 13.♗xe7 ♕xe7 14.♕e4 f5 15.♕d4 g5 16.0-0-0 g4 17.♘d2 ♕g5 bekommt Schwarz gute Gegenchancen.

13...f6 14.exf6 gxf6?

Nun kann die geschwächte Königsstellung durch die weißen Figuren erstürmt werden. Schwarz musste unbedingt 14...♘xf6! spielen.

15.♘e5! fxg5??

Das verliert sofort. Die einzige Rettung war noch 15...♗xd6!, z.B. 16.♗xh7+ ♔g7! (Nicht 16...♔xh7?? 17.♕h5+ ♔g8 18.♕g6+ ♔h8 19.♗h6 ♕e7 20.♗xf8 ♕xf8 21.♘f7+, und Weiß gewinnt) 17.♕h5 ♗xe5 (17...fxg5?? 18.♕g6+ ♔h8 19.♗g8!+−) 18.♗h6+ ♔xh7 (18...♔h8?? 19.♗g6+−) 19.♗e3+, und Weiß muss sich mit Dauerschach zufriedengeben. Zum Verlust von Schwarz führte dagegen auch 15...fxe5? 16.♕h5 ♖f5 17.♗xf5 exf5 18.♕f7+ ♔h8 19.♘e8+−.

16.♕h5 ♖f5

Oder 16...♘f6 17.♕xg5+ ♔h8 18.♘ef7+ ♖xf7 19.♘xf7 matt.

17.♗xf5 exf5 18.♕f7+ ♔h8

Diagramm Nr.162

19.♘g6+!

Schwarz gab auf, denn er wird nach 19...hxg6 20.hxg5 matt.

Geschlossene Spiele

Alle Eröffnungen, die nicht mit 1.e4 beginnen, werden zur Gruppe der geschlossenen Spiele zusammengefasst. Dazu gehören insbesondere die Damenbauernspiele (z.B. Damengambit, Slawisch und die Indischen Verteidigungen (z.B. Königsindisch, Grünfeld-Indisch, Nimzoindisch). Auch die gelegentlich als sogenannte Flankeneröffnungen gesondert behandelten Systeme (z.B. Englische Partie) rechnen wir dazu.
Geschlossene Spiele entwickeln sich im Allgemeinen langsamer als die Eröffnungen der offenen und halboffenen Gruppe. Nach mitunter zähem Positionsspiel treffen die Streitkräfte erst später, doch zuweilen mit umso größerer Wucht aufeinander.

Damenbauernspiel (163)

Adam - H. Müller
Berlin 1989

1.d4 ♘f6 2.♘c3

Diese Fortsetzung führt zu den Damenbauernspielen. Weiß verzichtet hier auf einen aktiven Zug wie c2-c4, um den weit ausanalysierten Varianten der Haupteröffnungen auszuweichen. Dieser Entwicklungsplan findet in der modernen Praxis häufig Anwendung.

2...d5 3.♗g5 ♘bd7 4.f3

Es wird auch 4.♘f3 gespielt. Mit dem Partiezug möchte Weiß ein starkes Bauernzentrum errichten.

4...c6

Aktiver ist 4...c5!? 5.dxc5 ♕a5 6.♗xf6 ♘xf6 7.♕d4 ♗d7 8.e3 ♖c8 9.b4 ♕a3 mit Gegenspiel, Espig-Vogt, DDR 1968.

5.e4 dxe4 6.fxe4 ♕a5

6...e5!? bietet vielleicht bessere Chancen, z.B. 7.dxe5 ♕a5 8.exf6 ♕xg5 9.fxg7 ♗xg7 10.♕d2 ♕xd2+ 11.♔xd2 ♘c5 12.♗d3 ♗e6 13.♘f3 0-0-0 14.♔e2 b5 15.a3 a5 mit aktivem Spiel für den Bauern, Alburt-Tal, UdSSR 1971.

7.e5 ♘e4 8.♘f3 ♘xg5

Nach 8...♘xc3 9.♕d2 gewinnt Weiß den Springer mit besserer Stellung zurück.

9.♘xg5 ♘xe5

Weiß drohte unangenehm mit 10.♕f3 bzw. 10.♕h5 und starkem Druck. Deshalb versucht Schwarz, das Stellungsproblem auf taktische Weise zu lösen.

10.dxe5 ♕xe5+ 11.♘ce4 f6

Andere Erwiderungen können die schwarze Stellung nicht retten:
1) 11...f5 12.♗c4 e6 13.♕f3 ♕xb2 14.♖d1 ♕b4+ 15.♘d2 ♗e7 16.0-0 ♗xg5 17.♕h5+ g6 18.♕xg5 ♕e7 19.♕e3 0-0 20.♖fe1 ♖f6 21.♘f3 ♔g7 22.♘e5 h6 23.♖e2 b6 24.♖ed2 ♕c5 25.♕xc5 bxc5 26.♖d8 mit weißem Vorteil, Teuffer-Amberger, Hagenbach 1998.
2) 11...h6 12.♕d8+ ♔xd8 13.♘xf7+ ♔c7 14.♘xe5 ♗f5 15.♗d3 g5 (15...e6 16.0-0-0+-) 16.♖f1 ♗xe4 17.♗xe4 ♗g7 18.♘d3 ♗f6 19.0-0-0, und Weiß steht auf Gewinn, Koksch-Escher, Sottrum 2005.

12.♗c4 fxg5 13.0-0

Für zwei Bauern bekam Weiß Entwicklungsvorsprung. Es droht schon 14.♗f7 matt.

13...♗e6?

Jetzt übernimmt Weiß die Initiative. Erforderlich war 13...♗f5!

14.♗xe6 ♕xe6 15.♕f3

15.♘xg5?? ♕e3+ 16.♔h1 ♕xg5-+.

15...h6

Weil 15...0-0-0 wegen 16.♘xg5 nebst 17.♘f7 nicht ging, wollte Schwarz erst den Bauern g5 decken. Aber Weiß hat eine Überraschung in petto.

Diagramm Nr.163

16.♘d6+! ♔d7

16...♕xd6 17.♕f7+ ♔d7 18.♖ad1 führt ebenso wie 16...exd6 17.♖ae1 zu Damenverlust bei schlechter Stellung. Aber auch die Flucht nach vorn bedeutet keine Verteidigung und ergibt ein sehenswertes Finale.

17.♘b5

Eine starke Alternative war 17.♘f7!? ♖g8 18.♖ad1+ ♔c7 19.♕g3+ ♔b6 20.♘e5 mit dem Plan ♖f1-f3 und entscheidendem Königsangriff.

17...g4

17...cxb5 18.♕xb7+ wäre ebenfalls nicht besser. Auch nach 17...♖e8 18.♖fe1 ♕g6 19.♖ad1+ ♔c8 20.♘xa7+ ♔b8 21.♕c3 ♔xa7 22.♕a5+ ♔b8 23.♖d7 ♖c8 24.♕b6 ist die Lage von Schwarz hoffnungslos.

18.♖ad1+ ♔c8 19.♕xf8+ ♖xf8 20.♖xf8 matt.

Damenbauernspiel (164)

Stefanowa – R. Rodriguez
Mondariz Balneario 1999

1.d4 e6 2.♘f3 c5 3.c3 d5 4.♗f4 ♘c6 5.e3 ♘f6 6.♘bd2 ♗e7 7.♗d3 0-0 8.0–0

In Frage kommt 8.h3!?, um auf 8...♘h5 9.♗h2 spielen zu können.

8...b6

Nach 8...♘h5!? könnte Schwarz den starken Läufer tauschen.

9.♕b1 ♗b7

In der Begegnung Obregon–Hungaski, Buenos Aires 2003, bekam Schwarz nach 9...h6 10.♘e5 ♗b7 11.♘xc6 ♗xc6 12.b4 ♘h5 13.♗e5 f6 14.♗g3 ♘xg3 15.hxg3 a5 16.b5 ♗e8 17.dxc5 ♗xc5 18.♘b3 ♖c8 eine gute Stellung.

10.♘e5 ♕c8 11.♗g3 g6 12.f4 ♘h5 13.♗e1 cxd4 14.exd4 ♘xe5?

Ein positioneller Fehler, denn Weiß öffnet nun die f–Linie für den Angriff. Besser war 14...♕c7! um die Spannung des Kampfes zu halten.

15.fxe5 ♗a6 16.g4

Weiß inszeniert eine aktive Aktion am Königsflügel.

16...♘g7 17.♘f3 ♘e8 18.♗d2 f5 19.exf6 ♘xf6?

Ein Fehler in schlechter Position. Nur nach 19...♖xf6!? könnte Schwarz noch Widerstand leisten.

20.♗h6 ♖e8

Oder 20...♘xg4 21.♗xf8 ♗xf8 22.♗xg6 ♗xf1 23.♗xh7+ ♔h8 24.♕g6 ♗g7 25.♖xf1+–.

Diagramm Nr.164

21.♗xg6!

Der entscheidende Schlag.

21...♗xf1

Oder 21...♘xg4 22.♗xh7+ ♔h8 23.♗g7+ ♔xg7 24.♕g6+ ♔h8 25.♕xg4 ♔xh7 (25...♖g8 26.♗g6 ♖xg6 27.♕xg6 ♗xf1 28.♘e5+–; 25...♗xf1 26.♕h5 ♔g7 27.♕g6+ ♔h8 28.♘e5 ♖f8 29.♕h6 ♖f6 30.♗g6+ ♔g8 31.♕h7+ ♔f8 32.♕h8 matt) 26.♕h5+ ♔g7 (26...♔g8 27.♕g6+ ♔h8 28.♘e5 ♖f8 29.♖f7 ♖xf7 30.♘xf7 matt) 27.♘e5 ♖f8 28.♕g6+ ♔h8 29.♖f7 ♖xf7 30.♘xf7 matt.

22.♗xh7+ ♔h8 23.♘e5!

Schwarz gab auf.

Damenbauernspiel (165)

Bruno – Opacic

Verona 2005

1.d4 d5 2.♘f3 ♘f6 3.♗f4 e6 4.e3 ♗e7 5.♗d3 c5 6.c3 ♘c6 7.♘bd2 0-0 8.h4!?

Ein aggressiver Plan. Normalerweise wird hier 8.h3 gespielt.

8...♘g4?

Dies ermöglicht Weiß, eine Kombination durchzuführen. Schwarz sollte seine Figuren weiter entwickeln: 8...♗d7 9.♘e5 ♘e8 10.♕h5 f5 11.♕e2 ♘f6 12.♘df3 ♖c8 13.♘xc6 ♗xc6 14.♘e5 ♗e8 15.g4 cxd4 16.exd4 ♘e4 17.g5 ♕a5=, Bossert–Brennenstuhl, Baden 2003.

9.♗xh7+! ♔xh7 10.♘g5+ ♗xg5?

Das führt schnell zum Matt. Nach 10...♔g8 11.♕xg4 e5 12.♕h5 ♗f5 13.dxe5±, könnte Schwarz noch Widerstand leisten.

11.hxg5+ ♔g6

11...♘h6 12.gxh6+–.

12.♕xg4 ♖h8

Diagramm Nr.165

13.♖h6+!!

Dieser effektvoller Zug entscheidet sofort: 13...gxh6 14.gxh6+ ♔h7 15.♕g7 matt. Aus diesem Grund gab Schwarz die Partie auf.

Damenbauernspiel (166)

Radulow – Lorenz

Bad Mergentheim 1989

1.♘f3 ♘c6 2.d4 d5 3.g3 ♗g4 4.♗g2 ♕d7 5.0-0

In Frage kommt 5.h3!?

5...0-0-0

Die entgegengesetzten Rochaden versprechen ein scharfes Spiel.

6.c3 f6 7.b4 h5 8.♘bd2 g5 9.♘b3 e6

Damit verschafft der Nachziehende seiner Dame das Feld h7, von wo aus sie dem weißen König kräftig zu Leibe rücken wird.

10.♖b1

Der Turm hat hier nichts zu suchen. Zu überlegen war dagegen 10.♘c5 z.B. 10...♕h7 11.h3 ♗f5 (11...♗xf3 12.exf3 ist gut für Weiß) 12.♕a4 g4 13.hxg4 hxg4 14.♘h4 mit scharfer Stellung.

10...♕h7 11.♗e3

Der ♖b1 muss gedeckt werden, und Weiß verliert damit ein Tempo.

11...h4

Die weiße Stellung sieht schon sehr verdächtig aus, da Schwarz 12...♗xf3 nebst 13...hxg3 -+ droht.

12.gxh4 ♗f5 13.hxg5

Nach 13.♖b2 g4 und 14...♕xh4 wäre die weiße Stellung hoffnungslos. Deshalb ist Weiß bereit, die Qualität zu opfern, um den gegnerischen Druck am Königsflügel zu vermindern. Aber Schwarz denkt nur an Angriff.

13...♗d6 14.h4 fxg5 15.♗xg5 ♘ge7 16.b5 ♘b8 17.♖c1 ♖dg8

Zwei Bauern weniger, das hat keine praktische Bedeutung, da Weiß ohne Gegenspiel ist und Schwarz seinen Angriff ruhig fortsetzen kann.

18.♕d2

Diagramm Nr.166

18...♖xg5!

Nun steht Weiß mit dem Rücken zur Wand.

19.♕xg5

Oder 19.♘xg5 ♕xh4 20.f4 (20.♘f3 ♗h2+ 21.♔h1 ♕g4 22.♘xh2 ♕h4-+) 20...♕h2+ 21.♔f2 ♗xf4-+.

19...♖g8 20.♕e3 ♘g6! 21.c4 ♗e4

Der schwarze Angriff ist gewaltig.

22.♕c3 ♘xh4 23.♖fd1 ♘xg2

Weiß gab auf.

Damenbauernspiel (167)

Hodgson – Martin
Plymouth 1992

1.d4 ♘f6 2.♗g5

Andere Möglichkeiten sind: 2.♘f3; 2.♘c3 oder 2.♗f4.

2...d5

Alternativen wären 2...e6; 2...♘e4 oder 2...c5.

3.♗xf6

Der Hauptgedanke dieser Variante: Durch den Tausch entsteht im schwarzen Lager eine Bauernschwäche, die von Weiß sehr oft ausgenutzt werden kann. Schwarz muss also mit seinem Läuferpaar ein Figurenspiel anstreben.

3...gxf6 4.c4 c6 5.e3 e6

Stärker ist 5...♗f5, wo der Läufer eine aktive Position im Zentrum besetzt. Nach dem Textzug bleibt er praktisch außer Spiel.

6.♘c3 f5 7.♘f3 ♗g7 8.♕c2 ♘d7 9.h3 dxc4 10.♗xc4 ♕c7?

Zu überlegen war 10...b5!? 11.♗d3 ♗b7 mit der Idee a7–a6 und c6–c5.

11.0-0-0 b5 12.♗b3 ♗a6?

Es ist schwer, Schwarz etwas Besseres zu empfehlen. Noch zu versuchen war 12...♕b6!? mit dem Plan a7–a5–a4 usw.

13.g4! f4 14.♘g5 ♘f8 15.♘ce4 h6

Diagramm Nr.167

16.♘xf7!

Eine schöne Kombination, die die Partie schnell beendet.

16...♔xf7 17.d5 ♗e5 18.dxe6+ ♔g7 19.♕c5

19.♘c5!? wäre auch zum Gewinn ausreichend.

19...♗c8 20.♖d7+!

Nach 20...♗xd7 bzw.20...♘xd7 folgt 21.♕e7+ nebst Matt. Schwarz gab auf.

Damenbauernspiel (168)

Povah – Ledger
England 2002

1.d4 d5 2.♗g5 c5 3.dxc5 ♕a5+

Die Stellung nach 3...f6 4.♗h4 e5 5.e4 dxe4 6.♕xd8+ ♔xd8 7.♘c3 ♗xc5 8.0-0-0+ ♘d7 9.♘xe4 ist günstiger für Weiß.

4.♘c3 e6 5.e4 ♗xc5 6.exd5 ♕b6

Nach 6...♗a3 kann sich das weitere Spiel so entwickeln: 7.♗b5+ ♗d7 8.dxe6 fxe6 (Nach 8...♗xb5 9.exf7+ ♔xf7 10.♕d5+ gewinnt Weiß.) 9.♕h5+ g6 10.♕e2 ♘c6 11.♗d2 ♗b4 12.0-0-0 0-0-0 13.a3 ♗xa3 14.bxa3 ♕xa3+ 15.♔b1 ♕b4+ 16.♔a1 ♘d4 17.♕c4+ ♕xc4 18.♗xc4+–, Poletow–Krasnow, Tula 2005.

7.♕d2 ♗xf2+ 8.♕xf2 ♕xb2 9.♔d2

Eine starke Alternative ist 9.♗b5+!? z.B. 9...♗d7 10.♕c5 ♕xa1+ 11.♔d2 f6 12.♕c8+ ♔e7 13.d6+! ♔xd6 (Es verliert 13...♔f7 14.♗xd7 ♘xd7 15.♕xd7++–.) 14.♕f8+ ♘e7 15.♕xg7 ♗xb5 (15...fxg5 16.♘e4+ mit Damengewinn) 16.♕xf6 ♔d7 17.♕xe7+ ♔c8 18.♘xb5 ♘d7 19.♘e2 ♕e5 (19...♕xh1 20.♕d6+–) 20.♘d6+ ♔c7 21.♗f4 ♕d5+ 22.♔c1 e5 23.♖d1 ♕c6 24.♗xe5, und Schwarz kann aufgeben.

9...♕xa1 10.♘f3 ♘d7

Oder 10...♗d7 11.♘b5 f6 12.♘c7+ ♔f8 13.♘xa8 ♕xa2 14.♕c5+ ♘e7 15.♗c4 ♕a4 16.dxe6 ♗e8 17.♘c7 fxg5 18.♖f1+–.

11.dxe6 fxe6 12.♖g1

Noch stärker wäre 12.♕e3! z.B. 12...♘gf6 (12...♔f7 13.♗c4!+–) 13.♕xe6+ ♔d8 14.♘e5 ♘xe5 15.♗xf6+ gxf6 16.♕xf6+ ♔d7 17.♗b5+ mit Gewinn.

12...♕b2 13.♗b5 ♘gf6?

Wenn 13...♕b4, so 14.♖e1!, und die schwarze Stellung wäre nicht zu verteidigen. Aber der Partiezug verliert noch schneller.

14.♗xf6 gxf6 15.♕c5 ♔f7 16.♕d6 ♘b6

Diagramm Nr.168

17.♘e5+!

Das entscheidende Springeropfer.

17...fxe5 18.♖f1+ ♔g6 19.♗d3+ ♔h6 20.♖f6+

Schwarz gab sich geschlagen wegen 20...♔g5 21.♕xe5+ ♔h4 22.♖f4 matt.

Damenbauernspiel (169)

Ommer – Roshi

Porz 1984

1.d4 ♘f6 2.♘f3 b6 3.♘bd2 ♗b7 4.e3 e6 5.♗d3 d5 6.♘e5 ♗e7 7.0-0 0-0 8.a3

Stärker ist wohl sofort 8.f4!

8...♘bd7 9.f4 g6 10.♖f3!

Der Turm ist zum Angriff bereit.

10...c5 11.c3 ♘e4 12.♖h3 ♘xe5?

Nun wird sich der weiße Angriff schnell entwickeln. Schwarz sollte eine Festung mittels 12...♗f6 nebst ♗f6–g7 aufbauen.

13.fxe5 f5 14.exf6 ♗xf6

Zu beachten ist 14...♘xf6!?

15.♕g4 e5?

Notwendig war 15...♕e7!

16.dxe5 ♗c8 17.e6 ♕d6 18.♘xe4 dxe4

18...♗xe6 19.♕g3 ♕xg3 20.♘xf6+ ♖xf6 21.♖xg3+−.

Diagramm Nr.169

19.♖xh7! ♔xh7

Auf 19...♗g7 gewinnt sowohl 20.♕xe4 als auch 20.♕xg6 ♕e7 21.♗xe4 mit der Drohung 22.♖h8+! und 23.♕h7 matt.

20.♗xe4 ♗g5

In der Hoffnung 21.♕xg5?? ♕d1 matt. Andere Züge verlieren auch: 20...♖g8 21.♕h5+ oder 20...♕e7 21.♕xg6+ ♔h8 22.♗xa8 usw.

21.♕h5+

Schwarz gab auf (Wenn 21...♗h6, so 22.♕xg6+ ♔h8 23.♕h7 matt).

Damenbauernspiel (170)

Kumaran – Miles

Dublin 1993

1.d4 ♘c6 2.♘f3

Aktiver ist 2.e4.

2...d5 3.g3

Die Theorie rät hier 3.c4, z.B. 3...♗g4 (3...♘f6 4.♘c3 dxc4 5.e4 ♗g4 6.♗e3 e6 7.♗xc4 mit weißem Vorteil) 4.♘c3 e6 5.cxd5 exd5 6.♗f4 ♗xf3 7.gxf3 ♗d6 8.♗g3 ♘ge7 9.e3 a6 10.a3 h5 11.♕c2 h4 12.♗xd6 ♕xd6 13.f4 g6 14.♗d3 ♔f8 15.♘e2 ♘b8 16.♖c1 c6 17.♘g1 ♘d7 18.♘f3, und Weiß steht besser, Karpow–Piket, Monte Carlo 2000.

3...♗g4

Spielbar ist auch 3...♗f5!?

4.♗g2 ♕d7 5.c4 e6 6.0-0 0-0-0 7.♘c3

Das Beste. Nach 7.cxd5 exd5 (7...♕xd5? 8.♘e5±) 8.♘c3 f6 (Günstig für Weiß ist 8...♘f6 9.♘e5!) 9.♕a4 hat Weiß einen minimalen Vorteil.

7...dxc4 8.♕a4 ♗b4?

Dies führt nur zu Problemen. Dagegen hätte Schwarz nach 8...♔b8! gute Ausgleichschancen.

9.♘e5 ♘xe5 10.♕xa7!

Das gewinnt forciert.

10...c6 11.♗f4 ♗d6 12.♕a8+ ♔c7

Diagramm Nr.170

13.♘b5+! ♔b6

13...cxb5 14.♕xb7 matt.

14.♕a7+ ♔xb5 15.a4+

Schwarz kapitulierte wegen 15...♔b4 16.♕b6 matt.

Angenommenes Damengambit (171)

Oltean – Meszaros
Eger 1991

1.d4 d5 2.c4

Weiß entfacht sofort einen Kampf um die zentralen Felder e4 und d5, ohne jedoch wirklich viel zu riskieren. Denn eigentlich handelt es sich um ein Scheinopfer, und Weiß vermag den Gambitbauern stets zurückzuerobern.

2...dxc4

Die Idee des angenommenen Damengambits besteht darin, dass Schwarz den Zug e2–e4 zulässt, um danach das starke feindliche Zentrum mit den Gegenstößen c7–c5 oder e7–e5 zu zerschlagen.

3.e4

Weiß kann natürlich auch 3.♘f3 oder 3.e3 spielen.

3...♘c6

Eine relativ neue Idee. Schwarz provoziert d4–d5, um das Zentrum später mit e7–e6 und c7–c6 zu unterminieren. Öfter wird jedoch 3...c5 bzw. 3...e5 gespielt. Ein Beispiel: 4.♘f3 ♗b4+ 5.♘c3 exd4 6.♘xd4 ♕e7 7.♗xc4 ♘f6 (Schwach spielte Schwarz in Schirow–Hübner, Dortmund 1992: 7...♕xe4+? 8.♔f1 ♗xc3 9.bxc3 ♗e6 10.♕a4+ ♘c6 11.♗g5 ♗xc4+ 12.♕xc4 ♘ce7 13.♖e1 ♕g6 14.h4 ♔f8 15.♖h3 mit weißem Vorteil.) 8.0-0 0-0 9.♗g5 ♗xc3 10.♗xf6 ♕xf6 11.bxc3 ♘c6 12.♘xc6 ♕xc6 13.♕d5 ♕xd5 14.♗xd5 c6=, Alburt–Zaltsman, New York 1983.

4.♘f3

4.d5 ♘e5 5.♗f4 ♘g6 6.♗g3 e5 7.♘c3 ♗d6 8.♗xc4 a6 9.♘f3 ♘f6 10.0-0 0-0=.

4...♗g4 5.d5

Keinen Vorteil garantiert 5.♗xc4 ♗xf3 6.♕xf3 e6 7.d5 ♘e5 8.♕e2 ♘xc4 9.♕xc4 exd5 10.♕b5+ c6 11.♕xb7 ♕c8 12.♕xc8+ ♖xc8 13.exd5 ♗b4+ mit gleichen Chancen.

5...♘e5 6.♕d4!?

Das führt zu einem scharfen Kampf. Solider ist 6.♗f4!?

6...♘xf3+ 7.gxf3 ♗xf3 8.♗xc4! e5

Nicht zu empfehlen war 8...♗xh1? 9.♗b5+ c6 10.dxc6 ♕xd4 11.cxb7+ ♔d8 12.bxa8♕+ ♔c7 13.♗f4+ e5 14.♕c6+ (14.♘d2!?) 14...♔b8 15.♕e8+ ♔b7 16.♘c3 exf4 17.♕c6+ ♔b8 18.♗a6, und Weiß gewinnt. Aber in Frage kam 8...a6 bzw. 8...e6.

9.♗b5+ c6 10.♕xe5+ ♘e7

10...♗e7!?

11.♘d2

Nicht sofort 11.dxc6?? wegen 11...♕d1 matt.

11...♕b8??

Ein schrecklicher Fehler. Unerläßlich war 11...f6! z.B. 12.dxc6 bxc6 13.♗xc6+ ♔f7 14.♕c3 ♗xh1 15.♕b3+ ♔g6 16.♕g3+, und Weiß rettet sich mit Dauerschach.

Diagramm Nr.171

12.dxc6!

Eine nette Kombination.

12...bxc6

12...♕xe5 13.cxb7+ ♕xb5 14.bxa8♕+ ♔d7 15.♕xa7+ ♔e6 16.♘xf3+–.

13.♗xc6+ ♔d8 14.♕d4+ ♔c7 15.♕d7+ ♔b6 16.♘c4+ ♔a6

Oder 16...♔c5 17.♗e3+! ♔xc4 18.♖c1+ ♔b4 19.♕d2 matt.

17.♗b7+!

Ein pikanter Schluss.

17...♕xb7 18.♕a4 matt.

Angenommenes Damengambit (172)

Barejew – Jakowitsch
Tallinn 1986

1.d4 d5 2.♘f3 ♘f6 3.c4 dxc4 4.♘c3
Diese Zugfolge läuft auf ein echtes Gambit hinaus. Die Fortsetzungen 4.♕a4+ oder 4.e3 führen zu den bekannten, jedoch weniger scharfen Abspielen.

4...a6
Schwarz will den Bauern verteidigen, aber das gibt Weiß einen dynamischen Entwicklungsvorsprung. Die Alternativen sind 4...c6 oder 4...e6.

5.e4
Die Fortsetzung 5.a4 wird als schwächer eingestuft.

5...b5 6.e5 ♘d5 7.a4 ♘xc3
Mit diesem Tausch mindert der Nachziehende den Druck gegen den Punkt b5 und plant eine schnelle weißfeldrige Entwicklung nach dem Schema ♕d5 nebst ♗b7 oder auch ♕d5 in Verbindung mit ♗e6.

8.bxc3 ♕d5
Nach 8...♗b7 9.e6! f6 10.♗e2 ♕d5 11.0-0 ♕xe6 12.♖e1 entsteht auch eine scharfe und komplizierte Stellung mit guten Perspektiven für Weiß. Das Ziel des Textzuges ist, das lästige e5–e6 auszuschalten und für den Fall von axb5 dennoch den ♖a8 zu decken.

9.g3 ♗e6 10.♗g2 ♕b7 11.0-0 ♗d5 12.e6!
Nur so kommt Weiß weiter!

12...♗xe6
Oder 12...fxe6 13.♖e1 ♘d7 14.♘h4 ♗xg2 15.♘xg2 e5 16.axb5 axb5 17.♖xa8+ ♕xa8 18.dxe5 g6 19.♘f4 ♕c6, und nun hätte Weiß in Szymczak–Pekarek, Prag 1986, durch 20.♕d5! ♕xd5 21.♘xd5 c6 (21...♔d8 22.e6 ♘f6 23.♘b4 ♗g7 24.♖e5 ist auch günstig für Weiß) 22.♘c7+ ♔d8 23.♘e6+ ♔c8 24.♗f4 ♘b6 25.♖a1 ♔b8 26.♖a6 ♘a4 27.♖xc6 ♘xc3 28.♖c5 ♘e2+ 29.♔f1 ♘xf4 30.♖xb5+ ♔c8 31.gxf4 einen Vorteil erzielt.

13.♘g5 ♗d5 14.♗xd5 ♕xd5 15.axb5 e6
Schlecht für Schwarz ist 15...axb5 16.♖xa8 ♕xa8 17.♕g4 ♘c6 18.♕f3 f6 19.♘e6 ♕b7 20.♕d5 g5 21.♗f4! ♗h6 (21...gxf4 22.♕h5+ ♔d7 23.♘c5+ mit Damengewinn) 22.♖e1 ♕b6 23.♘xc7+ ♔f8 24.♖e6 gxf4 25.♖xc6 ♕b8 26.♘e6+ ♔e8 27.♖c7 ♔f7 28.♘xf4+ ♔f8 29.♕c5 1-0, Balaschow–Miles, Bugojno 1978.

16.♖e1 ♘d7??
Nur durch 16...♗e7!? konnte Schwarz noch Widerstand leisten. Nach dem Partiezug folgt eine glänzende Kombination.

17.♕h5! g6
Oder 17...e5 18.dxe5 g6 19.♕h3 mit der Drohung e5–e6, und Weiß hätte entscheidenden Vorteil.

Diagramm Nr. 172

18.♘xe6!!
Schwarz gab auf (18...♕xh5 19.♘g7+ ♔d8 20.♖e8 matt).

Angenommenes Damengambit (173)

Kramnik – Sadwakasow
Astana 2001

1.d4 d5 2.c4 dxc4 3.♘f3 ♘f6 4.e3
Eine ruhigere Fortsetzung mit dem Ziel, den Gambitbauern schnell zurückzubekommen.

4...e6 5.♗xc4 c5
Ein typischer Angriff auf das Zentrum von Weiß.

6.0-0 a6 7.a4
Gegen b7–b5 gerichtet. Ein anderer Plan ist 7.♕e2, z.B. 7...b5 8.♗b3 (8.♗d3!?) 8...♗b7 9.♖d1 ♘bd7 10.♘c3 ♕b6 11.d5 ♘xd5 12.♘xd5 ♗xd5

13.♗xd5 exd5 14.♖xd5 ♗e7 15.e4 ♕b7 16.♗g5 f6 (16...♘b6!?) 17.♗f4 ♘b6 18.♖d2 0-0 19.♖ad1 ♖ad8 mit zweischneidigem Spiel.

7...♘c6 8.♕e2 ♕c7

Öfter wird hier 8...cxd4 gespielt, z.B. 9.♖d1 ♗e7 10.exd4 0-0 11.♘c3 ♘d5 12.♗d3 ♘cb4 13.♗b1 b6 14.♘e5 ♗b7, und Schwarz steht gut.

9.♖d1

In der Begegnung Rajetzki–Golikow, Kecskemet 1991, wählte Weiß einen anderen Entwicklungsplan: 9.♘c3 ♗d6 10.♖d1 0-0 11.h3 b6 12.dxc5 (Nach 12.d5 exd5 13.♗xd5 ♗b7 14.e4 ♖ae8 sollte Schwarz den Ausgleich behalten.) 12...♗xc5 13.e4 ♘d7 14.e5 ♘dxe5 15.♗f4 ♘xf3+ 16.♕xf3 ♕b7 17.♘e4 ♘d4 18.♕d3 ♖d8 19.♗e5 f5 20.♘d6 ♗xd6 21.♕xd4 ♗e7 22.♕c3 ♖xd1+ 23.♖xd1 ♕c6 24.♖d6! ♕xa4 25.♖xb6 und bekam für den geopferten Bauern ein aktives Spiel.

9...♗d6

Der Läufer kann auch nach e7 entwickelt werden: 9...♗e7 z.B. 10.♘c3 0-0 11.h3 ♖d8 12.d5 exd5 13.♗xd5 ♘b4 14.e4 ♘fxd5 15.♘xd5 ♘xd5 16.exd5 ♗f5 mit etwa gleichen Aussichten.

10.dxc5 ♗xc5 11.b3 0-0 12.♗b2 e5

Das ist nicht zu empfehlen, denn Schwarz schwächt die weißen Felder. Besser ist 12...b6 13.♘bd2 ♗b7 14.♖ac1 ♘b4 15.♘e5 ♕e7 oder 12...♕e7 13.♘bd2 h6 14.♖ac1 b6 15.e4 ♖d8 16.e5 ♘d5 17.♕e4 ♘cb4 – in beiden Fällen mit guten Chancen für Schwarz.

13.♘c3 e4

13...♘b4!?

14.♘g5 ♗d6

Auf 14...♗g4 folgt 15.♘d5! ♗xe2 16.♘xc7 ♗xd1 17.♘xa8 ♗c2 18.♖c1 ♘b4 19.♗c3 ♖xa8 20.♗xb4 ♗xb4 21.♖xc2 ♖f8 22.♘xf7 ♖xf7 23.♗xf7+ ♔xf7 24.♖c7+ ♔g6 25.♖xb7 a5 26.f3 und etwas besserem Endspiel für Weiß.

15.♘d5! ♘xd5 16.♖xd5 ♗xh2+ 17.♔h1 ♗e5

Wenn 17...h6, so 18.g3 hxg5 19.♖xg5+−.

18.♕h5 ♗f5?

Der Nachziehende hat den nächsten gegnerischen Zug völlig übersehen. Unentbehrlich war 18...h6 19.♖xe5 ♘xe5 20.♘xf7 ♖xf7! (20...♘xf7?? 21.♕g6+−; 20...♘xc4?? 21.♘xh6+ ♔h7 22.♘f7+ ♔g8 23.♕h8+ ♔xf7 24.♕xg7++−) 21.♗xe5 ♕e7 22.♕xf7+ ♕xf7 23.♗xf7+ ♔xf7 24.♖c1 b5 25.♖c7+ ♔e6 26.♗xg7 ♔d6 27.♖c2 ♗e6 28.♖b2 h5 mit ausgeglichenem Endspiel.

Diagramm Nr. 173

19.♘xf7!

Die schöne Pointe des weißen Spiels.

19...♖xf7

Oder 19...♗xb2 20.♖xf5! g6 21.♕h6 gxf5 22.♘d8+, und Weiß gewinnt.

20.♕xf5 g6

Andere Erwiderungen führten auch zum Verlust: 20...♖xf5 21.♖d8 matt; 20...♔h8 21.♗xe5+−; 20...♗xb2 21.♖d7+−.

21.♗xe5

Schwarz gab auf.

Damengambit (174)

I.Farago – Welikow

Albena 1983

1.d4 d5 2.c4 c6 3.♘c3 ♘f6 4.♘f3 e6 5.♗g5 ♗e7 6.e3 ♘bd7 7.♖c1 0-0 8.♗d3 dxc4 9.♗xc4 ♘d5

Eine alte Idee des ehemaligen Weltmeisters Jose Raoul Capablanca (1888–1942). Schwarz plant, die Lage durch Abtausch zu vereinfachen und e6–e5 durchzusetzen, um den ♗c8 zu befreien.

10.♗xe7 ♕xe7 11.0-0 ♘xc3 12.♖xc3 e5

Es ist eine kritische Stellung der orthodoxen Verteidigung entstanden. Weiß hat hier eine große Wahl an Möglichkeiten, z.B. 13.e4; 13.d5; 13.♗b3; 13.♕b1; 13.dxe5. In der Partie zog er...

13.♕c2 exd4

Nach 13...e4 14.♘d2 ♘f6 15.♗b3 ♗f5 16.f3 ♗g6 17.f4 steht Weiß besser, Analyse von Suetin.

14.exd4 ♕d6?

Die Theorie berücksichtigt vor allem 14...♘b6 und 14...♘f6.

15.♘g5! ♘f6 16.♖f3

Droht 17.♖xf6! nebst 18.♕xh7 matt.

16...g6 17.♕b3 ♘d5

Auf 17...♕e7 gewinnt 18.♗xf7+! ♖xf7 19.♘xf7 ♕xf7 20.♖xf6+−.

18.♘e4 ♕d8 19.♗xd5 cxd5 20.♘f6+ ♔g7 21.♕e3!

Weiß spielt auf Angriff. Die Überleitung ins Endspiel wäre armselig: 21.♕xd5 ♕xd5 22.♘xd5 ♖d8 23.♘c7 ♖b8 24.♖d3 ♗f5 25.♖dd1 a6 usw.

21...h5

Praktisch die einzige Verteidigung gegen 22.♕e5. Der Zug 21...♕d6? käme nicht in Frage wegen 22.♘e8+ mit Damengewinn.

22.♕e5 ♔h6

Diagramm Nr. 174

23.♘xh5!

Nun kommt es zur Zerstörung der schwarzen Königsstellung.

23...♗g4

Wenn 23...gxh5, so 24.♖f6+ nebst Matt.

24.♕g7+ ♔g5

Oder 24...♔xh5 25.♕h7+ ♔g5 26.h4 matt.

25.♖g3!

Schwarz gab auf (25...♔xh5 26.f3+−).

Damengambit (175)

Tschechow – Klovans
UdSSR 1983

1.d4 d5 2.c4 e6 3.♘c3 ♗e7 4.♘f3 ♘f6 5.♗g5 0-0 6.e3 h6 7.♗h4 b6

Das Tartakower-System gehört zu den populären Spielweisen im Damengambit. Mit dem Zug 6...h6 entfernt Schwarz mit Tempogewinn den Bauern vom Feld h7 und muss nun im Falle von ♗f1-d3 und ♕d1-c2 keine Zeit für die Deckung dieses Bauern verlieren. Dann entwickelt er seinen Läufer auf der Diagonale a8–h1, wo er sehr aktiv sein kann. Dieses System führte Savielly Tartakower (1887–1956) im Jahre 1922 in die Praxis ein.

8.♖c1

Dieser aktive Zug verstärkt den Druck auf der wichtigen c-Linie und bereitet im Fall von ♘f6–e4 nebst ♘xc3 das Zurückschlagen mit dem Turm vor. Heutzutage wird hier öfter 8.♗e2 gezogen.

8...♗b7 9.cxd5 ♘xd5

Es wird auch 9...exd5 gespielt, z.B. 10.♗e2 ♘bd7 11.0-0 ♘e4 12.♗xe7 ♕xe7 13.♕b3 ♘df6 14.♘xe4 ♘xe4 15.♖fd1 c5 16.♕a3 ♖fc8 17.♘d2 ♘xd2 18.♖xd2 ♔f8 (Schwarz deckt seine Dame und droht, sich mit c5–c4 eine Bauernmehrheit am Damenflügel zu verschaffen.) 19.dxc5 ♖xc5 20.♖cd1 ♖c7 21.♕b3, und Weiß besitzt klaren positionellen Vorteil, Hort-Beljawski, Reggio Emilia 1986/87.

10.♗xe7 ♕xe7 11.♘xd5 exd5

Eine starke Alternative ist 11...♗xd5!?

12.♕a4 c5 13.♕a3

Das ist ein typisches Manöver im Tartakower-System. Weiß verstärkt den Druck auf den Bauern c5 und verhindert den Vorstoß c5–c4.

13...♖c8 14.♗d3 a5 15.0-0 ♘a6 16.♘e5 ♘b4 17.♗b1 c4?

Stärker war 17...a4!? Nach dem Textzug organisiert Weiß einen schnellen Angriff am Königsflügel.

18.♕a4 ♖c7 19.a3 ♘c6 20.f4 b5?

Zeitverlust. Schwarz sollte sich um seinen Königsflügel kümmern. Unbedingt notwendig war 20...g6, um 21.♕c2 mit 21...♕e8! beantworten zu können.

21.♕c2! g6 22.♖f3 ♖a6

Diagramm Nr. 175

23.♘xg6!

Zerstört völlig die gegnerische Königsstellung.

23...fxg6 24.♕xg6+ ♕g7

Schwarz hat keine Wahl. Nach 24...♔f8 gewinnt einfach 25.♖g3! ♕f7 26.♕xh6+ usw.

25.♕e8+

Wegen der Variante **2**5...♕f8 26.♖g3+ ♖g7 27.♖xg7+ ♔xg7 28.♕g6+ ♔h8 29.♕h7 matt gab Schwarz die Partie auf.

Damengambit (176)

Eingorn – Pandavos
Haifa 1989

1.d4 ♘f6 2.♘f3 e6 3.c4 d5 4.♘c3 ♗e7 5.♗g5 0-0 6.♕c2

Diesen Zug in Verbindung mit der langen Rochade führte schon Akiba Rubinstein in die Turnierpraxis ein. Öfter wird 6.e3 gespielt.

6...h6

Ein anderer Plan ist 6...b6 oder 6...♘bd7.

7.♗xf6 ♗xf6 8.0-0-0

8.e3 kam auch schon vor.

8...c6

Angesichts der heterogenen Rochaden ist dies viel zu passiv. Stärker war 8...c5! mit Gegenspiel.

9.e4 dxc4

Eine interessante Idee wurde in Wolkow–Aweskulow, ICC INT 2006, ausprobiert: 9...b5!? 10.cxb5 cxb5 11.♗xb5 ♗a6 12.♔b1 ♗xb5 13.♘xb5 ♘a6 14.e5 ♗e7 15.♖c1 ♕a5 16.♘c3 ♖ab8 17.♕a4 ♕b6 18.♖c2 ♖fc8 mit schwarzer Initiative.

10.♗xc4 b5 11.♗e2 ♕b6?

Richtig war 11...♘d7!? mit dem Ziel, die Entwicklung des Damenflügels zu beenden.

12.g4!

Der weiße Angriff läuft schon auf vollen Touren.

12...♖d8 13.e5 ♗e7 14.g5! hxg5 15.♖hg1 ♘d7 16.♘xg5 ♘f8 17.♕e4 ♗d7

Diagramm Nr. 176

18.♘xf7! ♔xf7 19.♖xg7+!

Totale Zertrümmerung.

19...♔xg7

Oder 19...♔e8 20.♗h5+ nebst Matt.

20.♖g1+

Schwarz gab auf wegen 20...♔h8 21.♕g2 und Matt.

Damengambit (177)

Gustafsson – Naiditsch
Dortmund 2008

1.d4 ♘f6 2.c4 e6 3.♘f3 d5 4.♘c3 dxc4 5.e4 ♗b4 6.♗g5 c5 7.♗xc4 cxd4 8.♘xd4 ♗xc3+ 9.bxc3 ♕a5 10.♗b5+ ♗d7 11.♗xf6 gxf6

Es ist bekannt, dass 11...♕xc3+?? verliert: 12.♔f1 ♗xb5+ (12...gxf6 13.♖c1 ♕b2 14.♖c8+ ♔e7 15.♖xh8 ♗xb5+ 16.♘xb5 ♕xb5+ 17.♔g1+–) 13.♘xb5 ♕xf6 14.♘c7+ ♔e7 15.♘xa8 ♖d8 16.♕c1 ♘a6 17.♘c7 ♖c8 18.♕a3+ ♔d7 19.♖d1+ 1-0, Spiess–Schirrmeister, Deutschland 2003.

12.♗xd7+ ♘xd7 13.0-0 a6 14.♖b1 ♕c7 15.♕h5 ♔e7

Solider ist 15...♘c5!? z.B. 16.♖b4 ♕e5 17.♕h4 (17.♕xe5 fxe5 18.♘b3 ♘xb3=) 17...♕g5 18.♕h3 ♖g8 19.♖c4 b5 20.♖xc5 ♕xc5 21.♘xe6 fxe6 22.♕xe6+ ♔f8 23.♕xf6+ ♔e8 24.♕e6+ mit ewigem Schach, Khismatullin–P.Nielsen, Plowdiw 2008.

16.f4!?

Eine Verbesserung dieser Variante. Der Zug 16.♖fd1 ist günstig für Schwarz, z.B. 16...♖ad8 (16...b5 17.♖b2 ♖ac8 18.♖bd2 ♘c5 19.♖e2 ♕f4 20.g3 ♕g5 21.♕f3 h5 22.e5 f5 23.c4 bxc4 24.♖c2 ♕g4 25.♖xc4 ♕xf3 26.♘xf3 ♘e4 27.♖dc1 ♖xc4 28.♖xc4 ♖b8=, Awruch–Grischuk, Biel 2007) 17.♖d3 ♘e5 18.♖g3 ♘g6 19.♕d1 ♖d7 20.♕b3 ♖c8 21.♖e1 ♕c4 22.♕b1 ♖c5 23.h3 ♖a5 24.♘b3 ♖g5 25.♖xg5 fxg5 26.♕c1 h6 27.g3 ♔f8 28.♔g2 ♔g7 29.♖e3 ♘e5 mit besserer Stellung für Schwarz, W.Schmidt–Tukmakow, Polen 1999.

16...♕xc3 17.♖fd1 ♖ab8?

Ein falscher Plan. Schwarz sollte den zweiten Turm ins Spiel bringen: 17...♖hd8!? z.B. 18.e5 (18.♖xb7 ♕e3+ 19.♔h1 ♖ac8 20.♕f3 ♕xf3 21.♘xf3 ♔e8 22.♖a7 ♘c5=; 18.♔h1 ♖ac8=) 18...♕e3+ 19.♔h1 ♕e4, und Schwarz hat alles unter Kontrolle.

18.e5! ♕e3+??

Das verliert definitiv. Zu versuchen war noch 18...♖hg8!? z.B. 19.exf6+ ♔xf6 (19...♘xf6?? 20.♕e5 ♖gc8 21.♘f5+ ♔e8 22.♘g7+ ♔f8 23.♖d8+ ♖xd8 24.♕xc3 ♔xg7 25.♕e5 h6 26.g4+–) 20.♕h4+ ♔g7 21.♘xe6+ ♔h8 22.♖xd7 (22.♘g5 ♕c5+ 23.♔h1 ♕f5!) 22...♕e3+ 23.♕f2 ♕xe6 24.♖dxb7 ♖xb7 25.♖xb7 ♖c8 26.h3, und Weiß behält einen Mehrbauern, aber der Kampf würde noch andauern. Dagegen gewinnt Weiß nach dem Partiezug rasch.

19.♔h1 ♖hd8

19...♕e4 20.exf6+ ♔f8 (20...♘xf6 21.♕c5+ ♔e8 22.♘c6+–) 21.♘xe6+! ♕xe6 22.♕h6+ ♔e8 23.♖e1+–.

20.exf6+ ♔e8

20...♘xf6 21.♖xb7+ ♘d7 (21...♖xb7 22.♘c6+ ♔f8 23.♖xd8+ ♔g7 24.♕g5#) 22.♘c6+ ♔f8 23.♕h6+ ♔e8 24.♕xh7+–.

Diagramm Nr.177

21.♘xe6!

Das entscheidende Springeropfer.

21...♘xf6

21...♕xe6 22.♖e1+–.

22.♘c7+ ♔e7 23.♕h4,

und Schwarz kapitulierte.

Damengambit (178)

Weiser – Diaz

Havanna 1985

1.d4 d5 2.c4 e6 3.♘c3 ♗e7 4.cxd5

Dies führt zur Abtauschvariante, die heutzutage sehr populär ist. Die Hauptidee des Zuges 4.cxd5 besteht darin, dass Weiß ein stabiles Zentrum bekommt. Es ermöglicht ihm verschiedene Pläne, z.B. einen Minoritätsangriff am Damenflügel oder einen Königsangriff. Der Nachteil des Plans besteht darin, dass Weiß freiwillig dem Läufer c8 den Weg öffnet.

4...exd5 5.♗f4 c6 6.e3 ♗f5 7.g4

Diese aggressive Fortsetzung wurde erstmals durch Michail Botwinnik im Jahre 1963 im WM-Kampf gegen Tigran Petrosjan angewandt.

7...♗e6 8.h4!

Weiß ist bereit, einen Bauern zu opfern, um seinen Raumvorteil am Königsflügel zu vergrößern.

8...♗xh4 9.♕b3 g5

Auf 9...b6 folgt 10.♘f3 ♗e7 11.♗xb8 ♖xb8 (11...♕xb8 12.♘e5 ♕b7

13.♘xc6!±) 12.♘e5 ♖c8 13.♕a4 mit weißer Initiative.

10.♗h2! ♗xg4?

Das kleinere Übel wäre 10...♕b6 11.♘f3 ♗xg4 12.♘xh4 gxh4 13.♗d6 usw.

11.♕xb7 ♕e7 12.♕xa8 ♕xe3+ 13.♗e2 ♕xf2+

Schwarz kann nicht 13...♗xf2+ spielen, weil ihm das Feld f7 für seinen König fehlt: 14.♔f1 ♗h4 15.♕xb8+ ♔e7 16.♕d6+ ♔e8 17.♕e5+, und Weiß gewinnt.

14.♔d2 ♗g3 15.♗xg3 ♕xg3 16.♗xg4 ♘f6 17.♘ge2 ♕c7 18.♖h6! ♘xg4

Schwarz hofft noch auf den Fang der weißen ♕a8, aber die Entscheidung fällt sehr schnell.

Diagramm Nr.178

19.♖xc6! ♕d8

Oder 19...♕xc6 20.♕xb8+ mit Gewinn.

20.♘xd5 0-0 21.♖c8! ♕a5+

Nach 21...♕xc8 22.♘e7+ geht die schwarze Dame verloren.

22.b4 ♕a3 23.♖xf8+ ♔xf8 24.♕xb8+ ♔g7 25.♔c2

Schwarz gab endlich auf.

Damengambit (179)

Seirawan – Lobron
Arnheim/Amsterdam 1983

1.d4 d5 2.c4 e6 3.♘c3 c5

Dieser unverzügliche Angriff auf das weiße Zentrum wurde von dem deutschen Großmeister und Theoretiker Siegbert Tarrasch in die Praxis eingeführt. Tarrasch war stolz auf seine Verteidigung, und er vertrat sogar die Ansicht, dass sie die einzig richtige Bekämpfungsmethode des Damengambits sei.

4.cxd5 exd5 5.♘f3 ♘c6 6.g3

Mit dem Plan 7.♗g2, um langfristig den empfindlichen Punkt d5 unter Beschuss zu nehmen.

6...♘f6

Kompliziert ist die so genannte Schwedische Variante nach 6...c4. Dem Vorstoß c5–c4 begegnet man auch in einigen anderen Abspielen der Tarrasch-Verteidigung. Mit der sehr frühzeitigen Aufgabe der Zentrumsspannung experimentierten 1933 erstmals die Schweden Stahlberg, Lundin und Stolz während der Olympiade in Folkestone. Der Plan von Schwarz besteht darin, die Bauernmajorität am Damenflügel zu aktivieren und dort die Initiative zu ergreifen. Gefahren am anderen Flügel fürchtet er nicht, weil sich der Gegner angeschickt hat, seinen Königsläufer zu fianchettieren. 7.♗g2 ♗b4 8.0-0 ♘ge7 9.e4 (9.♘e5!? ist eine starke Initiative) 9...0-0 10.exd5 ♘xd5 11.♘e4 ♗g4 12.♗e3 ♖e8 13.♕c2 h6 14.♘e5 ♘xe5 15.dxe5 ♘xe3 16.fxe3 ♕d3! 17.♕f2 ♖e7 18.a3 (18.♕f4!?) 18...♗a5 19.h3 ♗e2 20.♘c5 ♗xf1!? 21.♘xd3 ♗xd3 22.♔h2? (Stärker war 22.♗d5! ♖d8 23.♕f3 usw.) 22...♖xe5 23.♗xb7 ♖b8 24.♗c6 ♖b6 25.♗g2 ♖f5 0-1, Miralles–Mich.Zeitlin, Woskrosensk 1990.

7.♗g2 ♗e7 8.0-0 0-0 9.♗g5

Das ist der häufigste Zug in der Praxis. Weiß drückt gegen den Punkt d5 und zwingt Schwarz praktisch zu einer sofortigen Reaktion im Zentrum.

9...cxd4

Zu einem scharfen und komplizierten Spiel führt 9...c4 10.♘e5 ♗e6 11.♘xc6 bxc6 12.b3 ♕a5 13.♘a4 ♖fd8 14.e3 c5 15.♗xf6 gxf6 16.dxc5 ♗xc5 17.♕h5 ♖ac8 18.♖fd1 c3 19.♖ac1 ♗b4 20.♖d4 c2 21.♗h3 ♗xh3 22.♕xh3 ♗a3 23.♕h6! f5 24.♕g5+ ♔f8 25.♕f6 ♗xc1 26.♕h8+ ♔e7 27.♕e5+ ♔d7 28.♖xd5+ ♕xd5 29.♕xd5+ ♔c7 30.♕c5+ ♔b7 31.♕b5+ ♔a8 32.♘b6+! axb6 33.♕a6+ ♔b8 34.♕xb6+ mit Dauerschach.

10.♘xd4 h6 11.♗xf6 ♗xf6 12.♘b3
Grundsätzlich wird hier 12.e3 gespielt, z.B. 12...♘xd4 13.exd4 ♗e6 14.♕b3 ♗xd4 15.♗xd5 ♗xc3 16.♗xe6 ♗d4 17.♗d5 ♕f6 18.♖ab1 ♖ab8 19.♕f3 ♗xb2 20.♕xf6 ♗xf6 21.♖xb7 ♖xb7 mit Ausgleich.

12...♗g4 13.♗xd5
13.♘xd5 ♗xb2 14.♖b1 ♗a3 ist gut für Schwarz.

13...♗xc3 14.bxc3 ♕f6
Schwach wäre 14...♗xe2 wegen 15.♗xf7+ ♖xf7 16.♕xe2 ♕f6 17.♖ac1 und weißem Vorteil.

15.♕c2 ♖ac8 16.♕b2 ♘b4 17.♗xb7 ♖xc3 18.e3 ♖b8 19.♗e4
Auf 19.♘d4 wäre 19...♖c4 gut, aber sehr in Frage kam 19.♗g2.

19...♗h3 20.♖fc1 ♘xa2 21.♖xa2
Nach 21.♕xa2 ♖cxb3 22.♕xa7 ♖b2 hätte Schwarz für den Bauern ein aktives Spiel.

21...♖bxb3 22.♖xa7??
Weiß übersicht die schöne Antwort. Mit 22.♕a1 bzw. 22.♕d2 war immer noch ein Remis zu haben.

Diagramm Nr. 179

22...♕xf2+!! 23.♔xf2 ♖xb2+ 24.♔f3 ♖xc1
Weiß gab auf.

Damengambit (180)

Krasenkow – Larino Nieto
Leon 2010

1.♘f3 d5 2.d4 e6 3.c4 c5 4.cxd5 exd5 5.♘c3 ♘c6 6.dxc5!?
Eine Nebenvariante von 6.g3.

6...d4 7.♘a4 ♗xc5 8.♘xc5 ♕a5+ 9.♗d2
Der Damentausch nach 9.♕d2 ♕xc5 10.e3 dxe3 11.♕xe3+ ♕xe3+ 12.♗xe3 ♘ge7 13.♗c4 0-0 bringt Weiß nur einen kleinen Vorteil (das Läuferpaar). Die Partiefortsetzung gibt dem Anziehenden jedoch mehr Chancen auf Erfolg.

9...♕xc5 10.e3
Einen kurzen Verlauf hatte die Partie Rooda–Middelveld, Hoogeveen 2007: 10.♖c1 ♕b6 11.e3 dxe3 12.♗xe3 ♕xb2 13.♗c4 ♕b4+ 14.♔f1 ♘ge7? (14...♗e6 war notwendig) 15.♗c5! ♕a5 (15...♕xc5 16.♗xf7+ mit Damengewinn) 16.♘g5 ♗e6 17.♗xe6 fxe6 18.♘xe6 ♔f7 19.♕b3 b6 20.♘c7+ ♔g6 21.♕e6+ mit schnellem Matt. Deshalb 1-0.

10...♗g4 11.♖c1!
Dieser logische Zug ist die beste Lösung in dieser Stellung. Keinen Vorteil erreichte Weiß in der Partie Knaak–Lalic, Warna 1985: 11.exd4 ♕e7+ 12.♗e2 ♗xf3 13.gxf3 ♘f6 14.♗c3 0-0 15.♕d2 ♖fe8 16.♔f1 ♖ad8 17.♖g1 g6 18.♖d1 ♕e6 19.♖g5 ♘d5 20.♖e1 ♕f6, und trotz seines Minusbauern Schwarz hat alles unter Kontrolle. Die Partie endete später mit Remis.

11...♕d6
Schwarz muss sich genau verteidigen, sonst kann Weiß einen starken Angriff organisieren. Schauen wir ein lehrreiches Beispiel an: 11...♕b6 12.exd4 ♘f6 13.♗e2 ♕xb2 (13...0-0!?) 14.0-0 ♕xa2?? (Erforderlich war 14...0-0!) 15.♗c4 ♕a3 16.♖e1+ ♔f8 17.♖b1 ♗xf3 18.gxf3 ♕d6 19.♖xb7 ♘d7 20.♕a4 ♖d8 21.♗g5 ♕g6 22.♕a3+ ♔g8 23.♖xd7! ♕xg5+ 24.♔h1 h5 25.♖xf7 ♘a5 26.♗a2 1–0, Wochnik–Llorach Garcia, ICCF Email 2000.

12.exd4 ♘ge7
Alternativ ist 12...♘f6 13.♗e2 0-0 14.♗e3 ♖ad8 mit dem Druck gegen den Isolani d4.

13.♗e2 0-0 14.0-0 ♖ad8 15.♖e1 ♘d5
Ein vorteilhaftes Endspiel hätte Weiß nach 15...♗xf3 16.♗xf3 ♕xd4 17.♗c3 ♕xd1 18.♖cxd1 (Läuferpaar).

16.h3 ♗xf3 17.♗xf3 ♘xd4 18.♗e4 ♕b6 19.♗g5 f6??

Dies ermöglicht Weiß, einen entscheidenden Königsangriff durchzuführen. Nur nach 19...♘f6! konnte man den Kampf noch weiter führen.

20.♕h5 g6

Keine Rettung bedeutet 20...f5 21.♗xd8 ♕xd8 22.♗xd5+ ♕xd5 mit materiellem Vorteil von Weiß.

Diagramm Nr. 180

21.♗xg6!

Solche Züge macht man automatisch.

21...hxg6

Auch nach 21...♖d7 22.♗h6 ♖fd8 23.♖e8+ ♖xe8 24.♗xe8 ♖e7 25.♗f7+ ♖xf7 26.♖c8+ gewinnt Weiß.

22.♕xg6+ ♔h8 23.♕h5+ ♔g8 24.♗h6

Schwarz gab auf.

Slawische Verteidigung (181)

Kramnik – Lautier
Tilburg 1998

1.d4 d5 2.♘f3 c6

Die Hauptidee der Slawischen Verteidigung besteht darin, durch c7–c6 den angegriffenen ♙d5 zu befestigen und dabei die Schräge c8–h3 für den ♗c8 offenzuhalten.

3.c4 e6 4.♕c2

Zum anderen Spiel führt die Variante nach 4.♘c3 ♘f6 (Oder 4...dxc4 5.a4 ♗b4 6.e3 b5 7.♗d2 a5 8.axb5 ♗xc3 9.♗xc3 cxb5 10.b3 ♗b7 11.bxc4 b4 12.♗b2 ♘f6 13.♗d3 ♘bd7 14.0-0 0-0 mit sehr kompliziertem Spiel.) 5.e3 ♘bd7 6.♗d3 dxc4 7.♗xc4 b5 8.♗d3 ♗b7 9.0-0 a6 10.e4 c5 mit beiderseitigen Chancen.

4...dxc4 5.♕xc4 ♘f6 6.♗g5 ♗e7 7.e3 0-0 8.♗d3 h6 9.♗xf6 ♗xf6 10.♘c3 ♘d7 11.♖d1 ♕e7 12.♗b1

Nach 12.♘e4 e5 13.d5 cxd5 (13...♘b6 14.d6!) 14.♕xd5 ♕b4+ 15.♖d2 ♘b6 16.♕c5 ♕xc5 17.♘xc5 ♗e7 18.♖c2 f6 erreicht Weiß eigentlich nichts. Deshalb plant Kramnik ♕c4–d3 mit Drohungen gegen den schwarzen Königsflügel.

12...e5 13.0-0 exd4 14.exd4 ♘b6 15.♕d3 g6 16.♖fe1 ♕b4

Zu überlegen war 16...♕d8!?

17.♕d2 ♘c4?

Leichtsinnig gespielt. Schwarz sollte auf keinen Fall das Schlagen auf h6 zulassen. Unbedingt notwendig war 17...♗g7!

18.♕xh6 ♘xb2

Sieht optisch gut für Schwarz aus, aber nun startet Weiß den entscheidenden Königsangriff.

Diagramm Nr. 181

19.♗xg6! fxg6 20.♘g5!

Nur so! Nach 20.♕xg6+? ♗g7 21.♘g5 ♗f5 gewinnt Schwarz.

20...♗xg5 21.♕xg6+ ♔h8 22.♕h5+ ♔g7 23.♕xg5+ ♔f7

23...♔h7 24.♖e4+–.

24.♖e3!

Schwarz gab auf, wegen 24...♘xd1 (24...♗e6 25.d5! cxd5 26.♖xd5! ♗xd5 27.♕f5+ ♔g7 28.♖g3+ ♔h6 29.♕g6 matt) 25.♕f4+ ♔g7 26.♖g3+ ♔h7 27.♕h4 matt.

Slawische Verteidigung (182)

Eingorn – Ivanovic
Bor 1986

1.d4 d5 2.c4 c6 3.♘f3 ♘f6 4.♘c3 e6 5.♗g5 dxc4

Diese Fortsetzung führt zum Botwinnik-System, das zu den kompliziertesten Spielweisen in der Slawischen Verteidigung gehört. Scharfe Varianten kann man mit 5...♘bd7 bzw. 5...h6 vermeiden.

6.e4 b5 7.e5 h6 8.♗h4 g5 9.♘xg5 hxg5 10.♗xg5

Um den Bauern c4 zu behaupten, akzeptiert Schwarz die fast vollständige Zerstörung seiner Bauernstruktur am Königsflügel. Aber nach der langen Rochade kann er die geöffnete g- und h- Linie für den Angriff seiner Schwerfiguren nutzen. Die Partie ist eine schöne Illustration dieser Idee.

10...♗e7

Diese Fortsetzung schätzt die Theorie als schwach für Schwarz ein. Die Hauptvariante lautet 10...♘bd7 z.B. 11.g3 ♗b7 12.♗g2 ♕b6 13.exf6 0-0-0 14.0-0 c5 15.d5 b4 16.♘a4 ♕b5 17.dxe6 ♗xg2 18.♔xg2 ♕c6+ 19.f3 ♕xe6 20.♕c2 ♘e5 21.♖ae1 ♖d4 22.h4 ♗d6 23.a3 ♕d5 24.♕f5+ ♔c7 25.♖e2 ♔c6 mit verwickeltem Spiel, in dem Schwarz gute Angriffsmöglichkeiten besitzt, Pr.Nikolic–Schirow, Wijk aan Zee 1993.

11.exf6 ♗xf6 12.♗xf6 ♕xf6 13.g3

Mit diesem Zug bereitet der Anziehende nicht nur die Fianchettierung des Läufers vor, sondern verhindert auch den starken Ausfall 13...♖h4.

13...♗b7 14.♗g2 ♘a6 15.a4

Weiß wählte in der Partie eine scharfe Variante mit beiderseitigen Chancen. Zum Remis führt 15.♘xb5 0-0-0 16.♕a4 cxb5 17.♗xb7+ ♔xb7 18.♕xb5+ ♔a8 19.♕c6+ (19.♕xa6 ♕f3 20.0-0 ♖xh2! 21.♔xh2 ♖h8+ 22.♔g1 ♖h1 matt) 19...♔b8 20.♕b5+ ♔a8 (Oder 20...♔c7 21.♕xa6 ♖xd4 22.♕xa7+ ♔c6 23.0-0 ♕h6 24.♕a6+ ♔c7 25.♕a7+ ♔c6=.) 21.♕c6+ mit Dauerschach.

15...0-0-0 16.axb5 cxb5 17.♗xb7+ ♔xb7 18.♘xb5 e5

Aber nicht 18...♕f5? 19.♕a4 ♕e4+ 20.♔d2 ♕c6 21.b3±, Polugajewski–Flear, London 1986.

19.d5 ♘b4 20.0-0??

Ein Versehen, das dem Schwarzen eine schöne Kombination ermöglicht. In der Begegnung Ehlwest–Iwantschuk, UdSSR 1986, folgte richtig 20.♖xa7+ ♔b6 21.♕a4 ♘d3+ 22.♔d2 ♕xf2+ 23.♔c3 ♕xb2+ 24.♔xc4 ♖c8+ 25.♔xd3 (25.♖c7?? ♖xc7+ 26.♘xc7 ♕d4+ und Schwarz gewinnt) 25...e4+! 26.♔e3 ♖c3+! 27.♘xc3 (Nicht 27.♔f4?? wegen 27...♖f3+ 28.♔xe4 ♕e2+ 29.♔d4 ♕e3+ 30.♔c4 ♕c5 matt.) 27...♕xc3+ 28.♔xe4 f5+ 29.♔f4 (29.♔xf5?? ♕f3+ 30.♕f4 ♕xd5+ 31.♔g6 ♕h5+ 32.♔g7 ♕h7+ 33.♔f6 ♖f8+ mit Damengewinn) 29...♕d2+ und Remis.

20...♕h6 21.h4

Oder 21.♖e1 ♕xh2+ 22.♔f1 ♘d3 23.♕f3 ♕h1+ mit Gewinn von Schwarz.

Diagramm Nr. 182

21...♕xh4!

Ein schöner Schluss. Nach 22.gxh4 folgt das Ende: 22...♖dg8+ 23.♔h2 ♖xh4 matt. Weiß gab auf.

Slawische Verteidigung (183)

Gelfand – Schabalow
Bermuda 2004

1.d4 d5 2.c4 c6 3.♘c3 ♘f6 4.♘f3 e6 5.e3 ♘bd7 6.♕c2

Das ist ein Versuch, die weit ausanalysierten Abweichungen der Meraner Variante zu umgehen: 6.♗d3 dxc4 7.♗xc4 b5 8.♗d3 (8.♗e2 ♗b7 9.0-0 b4 10.♘a4 ♗e7 11.♕c2 0-0 12.♖d1 c5 13.♘xc5 ♘xc5 14.dxc5 ♕c7 15.a3 a5 16.axb4 axb4 17.♖xa8 ♖xa8 18.♗d2 ♕xc5 remis, L.Bo Hansen–Hector, Espergarde 1992) 8...a6 9.e4 c5 10.d5 c4 11.dxe6 cxd3 12.exd7+ ♕xd7 13.0-0 ♗b7 14.♖e1 ♗e7 15.e5 ♘d5 16.♘e4

0-0 17.♕xd3 ♕g4 18.♘g3 f5 19.♗d2 ♖ad8∞, Cu.Hansen–Tschernin, Taastrup 1992.

6...♗d6 7.g4!?

Eine interessante Idee, und eine objektive Bewertung des Zuges kann nur die Zeit bringen. Klar ist aber, dass nun völlig andere Stellungsbilder als in den herkömmlichen Meraner Varianten entstehen. Normalerweise wird hier 7.♗e2 gespielt, z.B. 7...0-0 8.0-0 (8.b3 ♖e8 9.0-0 ♕e7 10.♗b2 b6 11.e4 dxe4 12.♘xe4 ♘xe4 13.♕xe4 ♗b7 14.♕e3 c5=, Konikowski–Bangiew, Fernpartie 1993) 8...♕e7 9.e4 ♘xe4 10.♘xe4 dxe4 11.♕xe4 c5 12.♗f4 ♗xf4 13.♕xf4 cxd4 14.♘xd4 ♕b4 15.♕e3 e5 (15...♕xb2?? 16.♖fb1+–) 16.♘f5 g6 17.a3 ♕c5 (17...♕xb2?? 18.♖fb1 ♕c2 19.♗d3 ♕c3 20.♖c1 ♕b2 21.♖ab1 ♕xa3 22.♕h6 gxf5 23.♗xf5 ♘f6 24.♕g5+ mit Gewinn) 18.b4 ♕xe3 19.♘xe3, und das entstandene Endspiel ist günstiger für Weiß, Georgadse–Drejew, Podolsk 1992.

7...dxc4

Schwarz hat das Bauernopfer abgelehnt. Nach 7...♘xg4 erhält Weiß eine starke Initiative. Man sehe: 8.♖g1 f5 (8...♘xh2 9.♘xh2 ♗xh2 10.♖xg7 ♘f8 11.♖g2 ♗c7 12.e4 ♘g6 13.♗g5 f6 14.♗h6 ♘h4 15.0-0-0!? ♘xg2 16.♗xg2 dxc4 17.♗f3 ♕e7 18.♗h5+ ♔d8 19.e5 mit weißem Angriff, Djurhuus–Groenn, Oslo 1992. Oder 8...♘h6 9.e4 dxe4 10.♘xe4 ♗b4+ 11.♗d2 ♗xd2+ 12.♕xd2 ♘f5 13.0-0-0 ♘f6 14.♗d3 0-0 15.♖g2 ♘xe4 16.♗xe4 ♕f6 17.♘e5 ♖d8 18.♘g4 ♕e7 19.♗xf5 exf5 20.♘h6+ ♔h8 21.♖xg7! ♔xg7 22.♖g1+ ♔h8 23.♕e2! 1-0, Krasenkow–Sweschnikow, Moskau 1992.) 9.h3 ♘gf6 10.♖xg7 ♘e4 11.♗d2 ♕f6 12.♖g2 ♘f8 13.0-0-0 ♘g6 14.♗d3 ♗d7 15.♖dg1 ♗c7 16.♗e1 0-0-0 17.♔b1 ♔b8 18.♘a4 e5 19.dxe5 ♘xe5 20.♘xe5 ♗xe5 21.f4 ♗d6 22.♗xe4 fxe4 23.♗c3+–, Kasparow–Nielsen, Reykjavik 2004.

8.♗xc4 b6

Dieser Plan mit Fianchettierung des Läufers auf b7 hat eine schlechte Beurteilung in der Theorie. Diese empfiehlt hier 8...e5!? np. 9.g5 ♘d5 10.♗d2 exd4 11.♘xd4 0-0 12.0-0-0 ♘e5 13.♘xd5 cxd5 14.♗xd5 ♗g4 15.♗c3 ♗b4 16.♘e2 ♗xc3 17.♘xc3 ♗xd1 18.♖xd1 ♕e7 19.♕e4 ♖ad8 mit komplizierter Stellung. Schwarz hat später gewonnen, Adly–Harikrishna, Reykjavik 2006.

9.e4 ♗b7 10.e5 c5 11.exf6 ♗xf3

Schwach ist 11...♕xf6? 12.♗e2 ♗xf3 13.g5, und Weiß behält materiellen Vorteil.

12.fxg7 ♖g8 13.♕xh7 ♘f6 14.♗b5+ ♔e7 15.♗g5 ♗f4

Auf 15...cxd4? folgt 16.♕h6 ♗e5 17.♘e4 ♗xe4 18.f4, wonach Weiß gewinnt.

16.♕h3! ♗xh1 17.♗xf4 ♕xd4 18.♕g3 ♘e4 19.♕h4+

Möglich ist 19.♘xe4!? ♕xe4+ 20.♗e2 mit der Drohung f2–f3.

19...♕f6 20.g5 ♕f5??

Das kostet einen vollen Punkt. Erforderlich war 20...♕xg7!

21.0-0-0 ♖ad8

21...♘xc3 22.g6+ f6 23.♖d7+ ♔e8 24.bxc3+–.

22.♖xd8 ♔xd8

22...♖xd8 23.♘xe4 ♕xe4 24.g6+ f6 25.g8♘+! ♖xg8 26.♕h7+ ♔f8 27.♕f7 matt.

23.♗d3 ♖xg7 24.♘xe4 ♖h7

Nach 24...♗xe4 gewann Weiß einfach durch 25.♗xe4 ♕xe4 26.♗c7+! mit Damengewinn.

Diagramm Nr. 183

25.♗c7+!

Das Läuferopfer beendet die Partie. Schwarz gab sich geschlagen wegen

25...♔xc7 26.♕g3+ e5 (26...♔c6 27.♕d6+ ♔b7 28.♕d7+ ♔b8 29.♕d8+ ♔b7 30.♘d6++−) 27.♘c3+−.

Slawische Verteidigung (184)

Husman – Kasparow
Rethymnon 2003

1.♘f3 d5 2.d4 ♘f6 3.c4 c6 4.♘c3 e6 5.e3 a6

Mit dem klaren Ziel d5xc4 und b7−b5. Die Hauptvariante entsteht nach 5...♘bd7.

6.b3

Um auf d5xc4 mit dem Bauern zurückzuschlagen. Nach 6.♕c2 c5 7.dxc5 ♗xc5 8.a3 dxc4 9.♗xc4 b5 10.♗d3 ♘bd7 11.♘e4 ♗e7 hat Schwarz keine Probleme im Kampf um Ausgleich.

6...♗b4 7.♗d2 0-0 8.♗d3 ♘bd7 9.♕c2 ♗d6 10.♘e2

Weiß möchte seinen Springer auf g3 platzieren. Öfter spielt man hier 10.0-0 z.B. 10...h6 11.♖ad1 e5 12.cxd5 cxd5 13.dxe5 ♘xe5 14.♘xe5 ♗xe5 15.♘e2 ♗g4 16.h3 ♖c8 17.♕b1 ♗d7 mit komplizierter Stellung.

10...c5

Es wird auch 10...♖e8 11.♖d1 e5 gezogen.

11.0-0 b6 12.cxd5 exd5 13.♘g3 ♗b7 14.♘f5

Jetzt sehen wir den Sinn des Springermanövers nach g3.

14...♗c7 15.dxc5 bxc5 16.b4!

Damit wird die schwarze Bauernstruktur geschwächt, und Weiß bekommt das Feld d4 für seine Leichtfiguren.

16...c4 17.♗e2 ♘e4 18.♗c3 ♘xc3 19.♕xc3 ♘f6 20.♖fd1 ♗c8??

Ein grober Fehler. Dagegen wäre nach dem einfachen Zug 20...♕d7! alles in Ordnung.

Diagramm Nr.184

21.♖xd5!

Eine böse Überraschung!

21...♕e8

Der Turm war tabu: 21...♘xd5 22.♕xg7 matt oder 21...♕xd5 22.♘e7+ mit Damengewinn.

22.♗xc4

Schwarz gab auf, denn Weiß hat zwei Bauern mehr.

Slawische Verteidigung (185)

Jussupow – Baramidze
Bindlach 2007

1.c4 c6 2.d4 d5 3.e3 ♘f6 4.♘c3 e6 5.♘f3 ♘bd7 6.♕c2

Zur Hauptvariante führt 6.♗d3.

6...♗d6 7.♗d3

Möglich ist auch 7.♗e2.

7...0-0 8.0-0 dxc4 9.♗xc4 e5

Schwarz beginnt damit die Befreiungsoperation des Läufers c8. Zu unklarem Spiel führt 9...b5.

10.♗b3 ♕e7 11.♗d2 ♗c7

Die Variante nach 11...e4 12.♘g5 ♗xh2+ 13.♔xh2 ♘g4+ 14.♔g1 ♕xg5 15.♕xe4 ♘df6 ergibt etwa gleiches Spiel. Mehr Spannung ist nach 11...b5!? mit dem Plan a7−a6, c6−c5, ♗c8−b7 usw.

12.♖ae1 h6?

Zeitverlust und eine unnötige Schwächung der Königsstellung. Dagegen kommt weiter in Frage 12...e4!? 13.♘g5 ♗xh2+ 14.♔xh2 ♘g4+ 15.♔g1 ♕xg5 16.♕xe4 ♕h4 17.♕f4 ♘df6 mit guten Perspektiven für Schwarz.

13.♘h4! ♖d8?

Es drohte ♘h4−g6 mit Materialgewinn, aber dieser Zug ist schwach. In Nikcevic−Mukhametov, Budva 1996, wählte

Schwarz jetzt 13...♖e8? und nach weiterem 14.f4! e4 15.♘g6 ♕d8 16.♘e5 ♖e7 17.♘xe4 ♘xe4 18.♕xe4 ♘c5 19.dxc5 ♕xd2 20.♖d1 ♕e2 21.♖d6 ♕h5 22.♗c2 g6 23.♕d4 ♗e6 24.♘xg6 fxg6 25.♖xe6 ♖g7 26.♕e4 wurde er zur Aufgabe gezwungen. Nur nach 13...exd4! 14.exd4 ♕d6 könnte Schwarz noch kämpfen.

14.f4! exd4

Jetzt wäre 14...e4 schon schwach wegen 15.♘g6 ♕d6 16.♘e5+−.

15.exd4 ♕b4

Lässt das Läuferopfer zu. Aber nach 15...♕f8 16.♘g6 ♕d6 17.♘e7+ ♔h8 18.♘f5 ♕f8 19.♖e7 wäre die schwarze Stellung auch hoffnungslos.

Diagramm Nr.185

16.♗xf7+!

Eine Gewinnkombination.

16...♔xf7 17.♕g6+ ♔g8 18.♘f5 ♕f8 19.♖e7 ♘e8 20.♖fe1 ♘e5

Es gibt nichts Besseres. Nach 20...♘df6 21.♘xh6+ ♔h8 22.♖f7 ♕d6 23.♖xg7 ♘xg7 (23...♕xd4+ 24.♗e3+−) 24.♘f7+ ♔g8 25.♘xd6 ♗xd6 (25...♖xd6 26.♖e7+−) 26.♕xf6 gewinnt Weiß leicht.

21.♘xh6+ ♔h8 22.fxe5 ♕xe7 23.♘f7+ ♔g8 24.♘g5

Schwarz kapitulierte wegen 24...♗f5 25.♕xf5 g6 26.♕xg6+ ♕g7 (26...♔h8 27.♖e3+−) 27.♕e6+ ♔h8 28.♖e3+−.

Budapester Gambit (185)

Beljawski – Jepischin

Reggio Emilia 1991

1.d4 ♘f6 2.c4 e5

Dieses scharfe Gambit wurde Anfang des 20.Jahrhunderts von ungarischen Meistern ausgearbeitet. Sein Ziel ist, mit einem Bauernopfer von den ersten Zügen an die Initiative zu übernehmen.

3.dxe5 ♘g4

Der Zug 3...♘e4 hatte seine Premiere beim Turnier in Wiesbaden 1928 in der Begegnung H.Steiner–Fajarowicz. Er kommt in der heutigen Turnierpraxis nur noch verhältnismäßig selten vor, z.B. 4.♘f3 ♗b4+ 5.♘bd2 ♘c6 6.a3 ♗xd2+ 7.♗xd2 ♘xd2 8.♕xd2 ♕e7 9.♕c3 b6 10.e3 ♗b7 11.♗e2 0-0-0 12.0-0-0 g5 mit scharfem Spiel.

4.♕d4?!

Diese Fortsetzung gilt als unbefriedigend für Weiß, aber Beljawski wollte wohl die zu bekannten und ausanalysierten Pfade verlassen. Als stärker gilt 4.♘f3 (siehe nächste Partie).

4...d6 5.exd6

Nach 5.♘f3 ♘c6 gewinnt Schwarz den Bauern zurück, da die weiße Dame ziehen muss.

5...♗xd6 6.♕e4+?!

Ein weiterer Bauernraub durch 6.♕xg7?? überließe Schwarz nach 6...♗e5 eine gefährliche Initiative. Der Partiezug fördert jedoch ebenfalls nur die schwarze Entwicklung. Richtig ist 6.♘f3!? 0-0 7.e3 ♘c6 8.♕d1 ♗f5 mit scharfem Spiel.

6...♗e6 7.♘c3

7.♕xb7 gibt Schwarz nach 7...♘d7 einen großen Entwicklungsvorsprung: 8.e3 0-0, und zum Verlust führte jetzt 9.♘f3 ♘c5 10.♕b5 ♖b8 11.♕a5 (11.♕c6 ♖b6-+) 11...♘d3+ 12.♗xd3 ♗b4+ mit Damengewinn für Schwarz.

7...0-0 8.♘f3 ♕d7 9.♘d4

Weiß ist nicht in der Lage, die Entwicklung seiner Kräfte zu beenden. Auf 9.e3 folgt 9...♘c6 mit den Drohungen ♗e6−f5 und ♘c6−b4 usw.

9...♗xc4 10.♘f5 ♗e6 11.♘xd6 cxd6 12.g3?

Weiß wollte nach ♗f1-g2 und 0-0 die Entwicklung des Königsflügels ab−

schließen, aber dies gelingt ihm leider nicht. Zu überlegen war daher 12.♕a4!? z.B. 12...♘c6 13.h3 ♘ge5 14.♗f4 a6 15.e3 b5 16.♕d1 d5 17.♗e2 nebst 0-0.

12...d5 13.♕f4 d4 14.♘e4 ♗d5 15.f3 f5!

Der Anziehende hat keine Zeit, seine Stellung zu stabilisieren. Schwarz ist besser entwickelt und diktiert nun allein das Geschehen.

16.♘c5 ♕e7 17.♘d3

17.♕xd4 ♗xf3 18.♗g5 ♕xg5 19.exf3 ♖e8+ 20.♗e2 ♘e3 21.♔f2 ♘c6 22.♕f4 ♕f6-+.

17...♘c6 18.h3

Der riesige Entwicklungsvorsprung von Schwarz sorgt dafür, dass Weiß nicht mit 18.♗g2 zur Ruhe kommt: 18...♖ae8 19.0-0 ♕xe2-+.

18...♘ge5 19.♘xe5 ♘xe5 20.♔f2 d3!

Damit wird die weiße Bauernstruktur am Königsflügel geschwächt.

21.♗d2

21.exd3 ♗xf3 22.♖g1 ♖ac8-+ wäre noch schlimmer.

21...dxe2 22.♗xe2

Diagramm Nr. 186

22...♗xf3!

Mit der Idee 23.♗xf3 ♘d3+ und Damengewinn.

23.♗b4 ♕e6 24.♖he1

Es verliert auch 24.♗xf8 ♘g4+! 25.♔xf3 (25.hxg4 ♕xe2+ 26.♔g1 ♕g2 matt) 25...♕d5+ nebst Matt.

24...♗xe2 25.♕e3

Oder 25.♖xe2 ♘d3+ 26.♔f1 ♕d5 27.♕e3 ♖ae8 28.♗xf8 (28.♕xe8 ♕h1 matt) 28...♖xe3 29.♖xe3 ♕h1+ 30.♔e2 ♕xa1, und Schwarz gewinnt.

25...f4!

Auf 26.♕xe2 entscheidet 26...♕b6+ 27.♔f1 (Oder 27.♔g2 f3+, und Schwarz siegt.) 27...fxg3+ 28.♗xf8 ♖xf8+ 29.♔g2 ♖f2+. Weiß gab auf.

Budapester Gambit (187)

Eslon – Porper

Benasque 1992

1.d4 ♘f6 2.c4 e5 3.dxe5 ♘g4 4.♘f3 ♗c5 5.e3 ♘c6 6.♗e2 0-0

Oder 6...♘gxe5 7.♘c3 0-0 8.0-0 ♖e8 9.♘xe5 ♘xe5 10.b3 a5 11.♗b2 ♖a6 12.♘e4 ♗a7 13.c5 ♖h6 mit sehr kompliziertem Spiel. Schwarz hat zwar einen passiven ♗c8, aber es droht ♕d8-h4 mit starkem Angriff.

7.♘c3 ♖e8 8.0-0 ♘cxe5 9.♘xe5 ♘xe5 10.b3 a5 11.♗b2

Weiß setzt seine Entwicklung fort. Nach 11.♘e4!? folgt 11...♗f8 12.c5 ♕h4 13.f4 ♘g4 (13...♘c6? 14.♘g5±) 14.♗xg4 ♖xe4 15.♗f3 ♖e8 mit Ausgleich.

11...♖a6 12.♘e4 ♗a7 13.♕d5 ♖h6 14.c5?

Eigentlich ein Tempoverlust, wonach Schwarz eine gefährliche Aktion gegen den weißen König startet. Richtig war 14.♗xe5 c6 15.♗f6 gxf6 16.♕d3 d5 17.♘g3 ♖e5 18.♖ad1 f5 19.cxd5 cxd5 20.♕c3 ♖e8 21.h3 d4 22.♕d3 ♕g5 mit zweischneidigem Spiel, Nyback-Mamedjarow, Antalya 2004.

14...c6 15.♕d4 d5 16.♘g3 b6!

Plötzlich stehen die weißen Figuren ungünstig, und Schwarz kann seinen Angriff am Königsflügel fortsetzen.

17.cxb6 ♗xb6 18.♕c3 ♕h4 19.h3

Diagramm Nr. 187

19...♗xh3!

So einfach geht es!

20.gxh3 ♕xh3 21.♖fc1 ♕h2+ 22.♔f1 ♖f6

In dieser aussichtslosen Stellung gab sich Weiß geschlagen.

Albins Gegengambit (188)

Ott – Dintheer

Schweiz 1986

1.d4 d5 2.c4 e5!?

Das Ziel dieses Gambits, das der rumänische Meister Adolf Albin (1848–1920) in die Turnierpraxis eingeführt hat, besteht darin, durch ein Bauernopfer die weiße Entwicklung zu erschweren.

3.dxe5 d4

Mit diesem Zug engt Schwarz die weiße Stellung im Zentrum ein. Der Anziehende muss nun richtig vorgehen.

4.♘f3

Die beste Reaktion. Nach 4.e3 ♗b4+ 5.♗d2 dxe3 6.fxe3 (Es verliert 6.♗xb4?? exf2+ 7.♔e2 fxg1♘+! 8.♖xg1 ♗g4+ mit Damengewinn.) 6...♕h4+ 7.g3 ♕e4 8.♕f3 ♗xd2+ 9.♘xd2 ♕xe5 entsteht eine ausgeglichene Stellung.

4...♘c6 5.g3 ♗g4

Es wird auch 5...♗e6 gespielt, z.B. 6.♘bd2 (Oder 6.♕a4 ♕d7 7.♗g2 d3! 8.exd3 ♕xd3 9.♘d4 ♗b4+ 10.♗d2 0-0-0 mit entscheidendem Angriff, Sadowitsch–Fedjaschin, Fernpartie 1979/80) 6...♕d7 7.♗g2 ♘ge7 8.0-0 ♘g6 9.♕a4 ♗e7 (9...0-0-0 10.b4! ♗xb4 11.♖b1 mit weißem Angriff) 10.♘b3 ♖d8 11.♖d1 0-0 12.♗g5 (12.♘bxd4?? ♘xd4 13.♕xd7 ♘xf3+-+) 12...♘gxe5 13.♘xe5 ♘xe5 14.♕xd7 ♖xd7 15.♗xe7 ♖xe7 16.♘xd4 ♗xc4 17.♖ac1 ♗a6 18.b4 b6 19.♘f5 ♖ee8 20.♖xc7 ♗xe2 21.♖e1 ♘d3 22.♘e7+ ♖xe7 23.♖xe7 ♘xe1 24.♖xe2 ♘xg2 25.♔xg2 f6 26.♖e7 ♖f7 mit gleichem Endspiel, Bräuning–Lach, Deutschland 1991.

6.♘bd2 f6

Schwarz tauscht den weißen ♙e5, um die Entwicklung seiner Kräfte zu beschleunigen. Andere Idee ist 6...♕d7 7.♗g2 0-0-0 8.0-0 h5 mit scharfem Spiel.

7.exf6 ♘xf6 8.♗g2 ♕d7 9.0-0 0-0-0 10.a3

Energischer war 10.♕a4!? mit dem Plan 11.b4 ♗xb4 12.♖b1 und Druck auf der b–Linie.

10...h5 11.b4 d3 12.exd3 h4 13.♖e1 hxg3 14.hxg3 ♕xd3 15.♕a4 ♔b8 16.♖e3

Sofort 16.♗b2!? wäre vorzuziehen.

16...♕d7 17.♗b2 ♗h3 18.♗h1 ♕g4 19.♖ae1

Nach 19.b5 wäre 19...♗c5! sehr stark.

19...♗d6 20.♘e4?

Eine falsche Idee. Die einzige Chance von Weiß war 20.♘h2! z.B. 20...♕h5 21.♗xf6 gxf6 22.♗xc6 bxc6 23.♕xc6 ♗c8 24.♕b5+ ♕xb5 25.cxb5 ♗xb4 26.axb4 ♖xd2 27.♘f3 ♖d5 28.♖e4 ♖xb5 mit etwa gleichem Endspiel.

20...♗f4! 21.♘xf6 gxf6 22.♖e4

Auch nach 22.♘h2 ♕h5 23.♗f3 ♕g6 24.♗e4 (24.♗xc6 ♗xe3-+) 24...♗f5 25.♗xf5 ♕h5 26.♕c2 (26.gxf4 ♕xh2+ 27.♔f1 ♖d2-+) 26...♕xh2+ 27.♔f1 ♗xe3 28.♖xe3 ♖he8 wäre die Lage von Weiß hoffnungslos.

Diagramm Nr. 188

22...♗f1!

Ein wirkungsvolles Finale.

23.♔xf1

Andere Möglichkeiten retten die Partie auch nicht mehr: 23.♖xf1 ♖xh1+! 24.♔xh1 ♕xf3+ 25.♔g1 ♗xg3 26.♗xf6 ♗f4! 27.♖xf4 ♖g8+ mit schnellem Mat. Oder 23.♘h2 ♖xh2! 24.♔xh2 ♖h8+ 25.♔g1 ♖xh1+! 26.♔xh1 ♕h3+ 27.♔g1 ♕g2 matt oder auch 23.♘h4 ♖xh4 24.♖xf4 ♖xh1+! 25.♔xh1 ♕h3+ nebst Matt.

23...♖xh1+ 24.♘g1

24.♔e2 ♖d2 matt.

24...♕h3+

Weiß gab sich geschlagen. Es könnte noch folgen: 25.♔e2 ♖d2+ 26.♔f3 ♖xf2+! 27.♔xf2 ♖h2+ 28.♔f3 ♕xg3 matt.

Nimzo-Indische Verteidigung (189)

Van Wely – Acs
Hoogeveen 2002

1.d4 ♘f6 2.c4 e6 3.♘c3 ♗b4

Diese in der Turnierpraxis stets populäre Verteidigung, die den Namen des hervorragenden dänischen Großmeisters Aaron Nimzowitsch trägt, beruht auf dem Kampf ums Zentrum (besonders um das Feld e4). Schwarz nimmt die Brettmitte mit seinen Figuren unter Kontrolle.

4.e3

Dies ist zweifellos die populärste Erwiderung von Weiß auf Nimzo-Indisch.

4...0-0 5.♗d3 d5

Schwarz hat auch andere Züge zur Verfügung: 5...c5 oder 5...b6.

6.cxd5

Weiß kann mittels 6.♘f3 oder sogar 6.♘ge2 die Spannung noch halten.

6...exd5 7.♘ge2 ♖e8 8.0-0 ♗d6 9.a3

Laut Theorie besser ist 9.f3, um das Manöver e3–e4 vorzubereiten, z.B. 9...c5 10.♕e1 ♘c6 11.♕h4 ♗e7 12.♕f2 a6 13.g4 b5 14.♘g3 b4 15.♘ce2 a5 16.g5 ♘d7 17.f4 ♗a6 18.♗xa6 ♖xa6 19.h4 ♕b6 mit scharfer Stellung. Der Plan von Weiß besteht in einer Aktion am Königsflügel nach f4–f5–f6 usw. Dagegen wird Schwarz auf der anderen Seite sein Gegenspiel suchen.

9...♘g4!

So ist es richtig. Ein Fehler wäre 9...♗xh2+? 10.♔xh2 ♘g4+ 11.♔g3 h5 12.♖h1 h4+ 13.♖xh4 ♘xf2 14.♔xf2 ♕xh4+ 15.♘g3 c6 16.♕h5 mit weißem Vorteil.

10.h3?

Unvorsichtig gespielt, denn Schwarz bekommt nun einen starken Angriff. Besser ist 10.♘f4! z.B. 10...g5 (Nach 10...♕h4 11.h3 ♘f6 12.♘cxd5 ♘xd5 13.♘xd5 ♗xh3 14.gxh3 ♕xh3 15.♘f4 ♗xf4 16.exf4 ♘c6 17.a4! ♘xd4 18.♖a3 ♖ad8 19.♗b5 bleibt Weiß materiell im Vorteil.) 11.♘fxd5 ♗xh2+ 12.♔h1 ♕d6 13.♗e2 ♗g1 14.♘f6+ ♘xf6 15.♔xg1 ♘c6 mit etwa gleichen Chancen.

10...♘h2 11.♖e1 ♘f3+! 12.gxf3 ♕g5+ 13.♔h1

Einen kurzen Verlauf hatte die Partie Tkeshelashvili–Xu Yuhua, Elista 2004: 13.♘g3 ♗xg3 14.♔f1 ♗xh3+ 15.♔e2 ♗xf2 16.♖h1 ♗xe3 17.♗xh7+ ♔f8 18.♘e4 dxe4 19.f4 ♗xf4 0-1.

13...♕h4 14.♘f4

Nicht besser wären 14.♘xd5 ♕xh3+ 15.♔g1 ♕h2+ 16.♔f1 ♗h3 matt oder 14.♔g1 ♗xh3 15.f4 ♗g4 16.♕b3 (16.♕a4 ♖e6! 17.♘g3 ♖h6 18.♕e8+ ♗f8 19.♘xd5 ♘c6! 20.♕e4 ♕h2+ 21.♔f1 ♖e8! mit Damengewinn) 16...♗f3 17.♘g3 ♗xf4 18.♘ce2 ♗d6, mit der Absicht ♖e8–e6 und entscheidendem Angriff.

14...♗xh3 15.♘cxd5

Es gab auch keine Rettung nach 15.e4 ♘c6 16.e5 ♘xd4 17.♗xh7+ ♔xh7 18.♕xd4 c5 19.♕e3 (Nach 19.♕xd5 ♗e6+ verliert Weiß die Dame.) 19...♖xe5 20.♕xe5 ♖e8! 21.♕xe8 ♗xf4 22.♗xf4 ♗g4+ 23.♔g1 ♗xf3 und Matt. Oder 15.♘g2 ♕xf2 16.♗f1 (16.♖g1 ♖e6 17.e4 ♖g6-+) 16...♘c6 17.♖e2 ♕xf3 18.♘b5 ♗g3 mit der Drohung ♖e8–e6 und starkem Angriff.

Diagramm Nr.189

15...♖e6!

Mit dem Plan ♖e6–h6!

16.♘xe6 ♗f5+! 17.♔g1 ♕h2+ 18.♔f1 ♗g3!

Weiß gab auf wegen 19.♘e7+ ♔h8 20.♘g6+ hxg6 21.♕d2 ♗xd3+ 22.♕xd3 ♕xf2 matt; 19.♕c2 ♗xd3+ 20.♕xd3 ♕xf2 matt; 19.fxg3 ♗h3 matt.

Nimzo-Indische Verteidigung (190)

Knaak – Adorjan
Szirak 1985

1.d4 ♘f6 2.c4 e6 3.♘c3 ♗b4 4.e3 b6

Der ♗b7 kann auf der langen Diagonale a8–h1 sehr aktiv sein, besonders gegen die feindliche Königsstellung. Elastischer ist jedoch 4...0-0, um seine Pläne noch nicht zu verraten.

5.♘ge2

Die alte Idee von Akiba Rubinstein. Weiß vermeidet den Doppelbauern, obwohl damit die Entwicklung des Königsflügels verlangsamt wird. Nach 5.♗d3 ♗xc3+ 6.bxc3 ♗a6 7.♘f3 ♘c6 8.0-0 ♘a5 bekommt Schwarz Druck gegen den Bauern c4.

5...♗a6 6.♘g3 0-0 7.e4 ♘c6 8.♗d3 ♘a5?!

Schematisch gespielt. Ausgerechnet jetzt ist dieser Plan zu langsam. Die Theorie empfiehlt 8...e5, z.B. folgte in der Partie Sadler–Wahls, Hamburg 1999 weiter: 9.d5 ♗xc3+ 10.bxc3 ♘e7 11.♗g5 ♘e8 12.a4 f6 13.♗e3 ♕c8 14.0-0 ♘d6 15.♕e2 ♘b7 16.f4 d6 17.fxe5 dxe5 18.c5 ♗xd3 19.♕xd3 bxc5 20.a5 a6 21.♖ab1 ♖f7 mit zweischneidigem Spiel.

9.♗g5 h6 10.h4!?

Reine Taktik: Weiß ist bereit, für die Öffnung der h–Linie seinen Läufer zu opfern.

10...d6?

Das Schlagen des Läufers ist zu gefährlich: 10...hxg5 11.hxg5 g6 (11...♘e8 12.♕h5 f5 13.g6+–) 12.gxf6 ♕xf6 13.e5 ♕g7 14.♘ge4 ♗e7 15.♕f3 f5 16.exf6 ♗xf6 17.♘xf6+ ♕xf6 18.♕h3 mit weißer Initiative. Der Partiezug ist schwach und gibt dem Weißen gute Angriffschancen. Besser war 10...♗e7!

11.♘h5! hxg5 12.hxg5 ♘xe4

Andere Antworten sind: 12...♘d7 13.♘f6+! ♘xf6 (13...gxf6 14.♕h5+–) 14.gxf6 ♕xf6 15.e5 ♕g5 (15...dxe5 16.♗h7+ ♔h8 17.♗g6+ ♔g8 18.♖h8+ ♔xh8 19.♕h5+ ♔g8 20.♕h7 matt) 16.♗h7+ ♔h8 17.♗e4+ ♔g8 18.♖h5 ♕f4 19.♗h7+ ♔h8 20.♗c2+ ♔g8 21.g3, und Weiß gewinnt. Oder; 12...♘h7 13.e5 (13.♘f6+! führte auch zum Gewinn) 13...♕xg5 14.♗xh7+ ♔xh7 15.f4 ♕h6 16.♘f6+ gxf6 17.♕d3+ ♔g7 18.♖xh6 ♔xh6 19.♕h3+ ♔g6 20.♕g4+ ♔h7 21.♔f2 und Matt. Oder 12...♘e8 13.♘f6+! ♘xf6 14.gxf6 g6 15.♕f3 ♖e8 16.♕f4 und vor dem Matt gibt es keine Verteidigung.

13.♗xe4

Stark war auch 13.♘f6+! ♘xf6 14.gxf6 mit schnellem Matt, z.B. 14...♕xf6 15.♗h7+ ♔h8 16.♗g6+ ♔g8 17.♖h8+! ♔xh8 18.♕h5+ ♔g8 19.♕h7 matt.

13...♕xg5

13...♖e8 14.♕g4!+–.

14.f4 ♕h6 15.♕f3

Effektiver war 15.♘f6+! ♕xf6 16.♗h7+ ♔h8 17.♗g6+ ♔g8 18.♖h8+! ♔xh8 19.♕h5+ ♔g8 20.♕h7 matt.

15...d5 16.♗h7+

16.♘f6+! führte schneller zum Ziel.

16...♔h8

Oder 16...♕xh7 17.♘f6+ gxf6 18.♖xh7 ♔xh7 19.♕h5+ ♔g7 20.♕g4+ ♔h7 21.♔f2 und Matt im nächsten Zug.

17.♗c2 ♔g8

Nach 17...f5 gewann 18.♘g3 oder 17...♗e7 18.0-0-0 ♔g8 19.♘f6+! ♕xf6 20.♗h7+ ♔h8 21.♗g6+ ♕h4 22.♖xh4+ ♗xh4 23.♕h5+ ♔g8 24.♕h7 matt.

Diagramm Nr. 190

18.♘f6+!

Endlich hat Weiß diese Möglichkeit bemerkt.

18...♕xf6 19.♗h7+ ♔h8 20.♗g6+ ♔g8 21.♖h8+! mit dem bekanntem Matt. Schwarz gab daher auf.

Nimzo-Indische Verteidigung (191)

Gual - Garbarino
La Coruna 1991

1.d4 ♘f6 2.c4 e6 3.♘c3 ♗b4 4.e3 b6 5.♘ge2 c5 6.a3 ♗a5

Ein aktives Spiel erhält Weiß nach 6...♗xc3+ 7.♘xc3 cxd4 8.exd4 0-0 9.♗g5 ♗b7 10.♗d3 d5 (Die Variante nach 10...♗xg2 11.♖g1 ♗b7 12.♗h6 g6 13.♗xf8 ♕xf8 14.♕d2 ♘c6 15.♕f4 ist günstig für Weiß.) 11.cxd5 ♗xd5 12.♘xd5 exd5 13.0-0 h6 14.♗h4 ♖e8 15.♖c1±, Sellos-Forintos, Paris 1995.

7.♖b1 ♘a6

Eine andere Parade gegen die Drohung 8.b4 ist 7...♕e7 z.B. 8.♗d2 ♘c6 9.♘g3 cxd4 10.exd4 ♗xc3 11.♗xc3 d5 12.♗d3 dxc4 13.♗xc4 ♘d5 14.0-0 ♘xc3 15.bxc3 0-0=.

8.♗d2 0-0 9.d5 ♗b7 10.e4 exd5 11.exd5

Nach 11.cxd5 c4! 12.♘g3 ♘c5 13.♗xc4 ♗xc3 14.♗xc3 ♘fxe4 steht Schwarz gut.

11...♘g4!? 12.♘g3

Die Vertreibung des Springers durch 12.f3 bringt nichts: 12...♘e5 13.♘f4 ♕f6 14.♔f2 ♗xc3 15.bxc3 ♘c7 16.g4 ♗a6 17.♘h5 ♕h4+ 18.♔g2 f5 mit schwarzer Initiative, Jelen-Grosar, Ljubljana 1992. In Frage kommt aber der Springerzug 12.♘f4!?

12...♕h4 13.♗e2 ♖ae8

In der Partie Sitnik-Grosar, Portoroz 1996, geschah: 13...♘xh2!? 14.♕c2 f5 15.♔d1 ♖ae8 16.♕d3 b5 17.b3 ♗xc3 18.♗xc3 b4 19.axb4 ♘xb4 20.♗xb4 cxb4 21.♗f3 d6 22.♘f1 ♖e1+ 23.♔xe1 ♘xf3+ 24.♕xf3 ♕xh1 25.♔d2 f4 26.♖e1 ♕h4 27.♖e2 ♗c8-+.

14.♘ce4?

Stärker war 14.♔f1!? z.B. 14...f5 15.♗xg4 fxg4 16.♔g1 mit dem Plan h2-h3 und Einschaltung des Turms ins Spiel.

14...♘xh2?

Der Anfang einer Kombination, die jedoch nicht korrekt ist. Richtig war 14...♖xe4! 15.♗xa5 (15.♘xe4 ♘e3!-+) 15...♖e7 16.♗c3 ♖fe8-+.

15.♘d6! f5

Der Nachziehende spielt mutig auf Angriff und hofft auf gegnerische Fehler.

16.♘xb7?

Es hat geklappt! Dagegen wäre die Lage nach dem richtigen 16.♗xa5! sehr ernst. Man sehe: 16...bxa5 (16...f4 17.♘f1 ♘f3+ 18.gxf3 ♕xh1 19.♗c3 ♕xf3 20.♕d2 ♗a8 21.♘xe8 ♖xe8 22.♔d1 ♕xf2 23.♗d3 ♕xd2+ 24.♔xd2 ♘c7 25.♘h2+-) 17.♕d3 f4 18.♘ge4 f3 19.gxf3, und Weiß steht auf Gewinn.

16...f4 17.♘f1

Es gab nichts Besseres: 17.♘xa5 fxg3 18.♗e3 gxf2+ 19.♔d2 ♕g3 20.♗xf2 ♖xf2-+ oder 17.♗xa5 fxg3 18.♕d3 ♖xf2-+.

Diagramm Nr.191

17...f3!

Der kecke Bauer gewinnt die Partie!

18.♖xh2 ♕xh2 19.♘xh2

19.gxf3 ♗xd2+ 20.♔xd2 ♕c7 mit Eroberung des Springers.

19...fxg2 20.♗xa5 g1♕+

Weiß gab auf wegen 21.♘f1 (21.♔d2 ♕xh2 22.♗c3 ♖xf2-+) 21...♖xf2-+.

Nimzo-Indische Verteidigung (192)

Beljawski - Van der Wiel
Amsterdam 1989

1.d4 ♘f6 2.c4 e6 3.♘c3 ♗b4 4.♕c2

Dieses System ist gegenwärtig recht populär. Seine Idee besteht darin, den Punkt e4 unter Kontrolle zu nehmen und im Fall des Abtauschs auf c3 die Möglichkeit ♕xc3 zu behalten.

4...0-0 5.a3 ♗xc3+ 6.♕xc3 d6

Schwarz kann auch hier seinen weißfeldrigen Läufer fianchettieren: 6...b6 z.B. 7.♘f3 ♗b7 8.e3 (8.♗g5!?) 8...d6 9.♗e2 ♘bd7 10.0-0 ♘e4 11.♕c2 f5 12.b4 ♘df6 13.d5 e5 14.♘e1 a5 15.f3 ♘g5 16.♖b1 (16.♕xf5? ♘fe4 17.♕g4 ♗c8 18.♕h5 g6-+) 16...axb4 17.axb4 ♗c8 18.♗b2 ♕e8 19.♔h1 ♘h5, und Schwarz bekam gute Aussichten auf der Königsseite, I. Sokolov–Chalifman, Manila 1992.

7.♗g5 ♘bd7 8.♘f3 h6

Normalerweise wird hier 8...b6 nebst ♗c8–b7 gespielt. In der Partie wählte der Nachziehende einen ziemlich riskanten Plan.

9.♗h4 g5?

Eine deutliche Schwächung des Königsflügels. Deshalb war 9...b6!? besser.

10.♗g3 ♘e4 11.♕c2 f5 12.e3 ♘df6

Jetzt wäre 12...b6 nicht mehr ausreichend zum Ausgleich, wie eine Partie Onischuk–Van der Wiel, Wijk aan Zee 2000, zeigte: 13.♘d2 ♘xg3 14.hxg3 ♕f6 15.♗e2 ♗b7 16.♗f3 c6 17.0-0-0 g4 18.♗e2 c5 19.d5 exd5 20.cxd5 c4 21.♘b1 b5 22.♘c3 ♗a6 23.♖h4 ♘c5 24.♖dh1 ♔g7 25.♔b1 ♖ab8 26.♗xg4 ♘d3 (26...fxg4 27.♖xg4+ ♔f7 28.♖f4+–) 27.♖xh6 ♕xh6 28.♖xh6 ♔xh6 29.♗e2 ♘xf2 (29...b4!?) 30.♗xc4 ♘g4 31.♗d3 ♘e5 32.♘e2 mit baldigem weißen Sieg.

13.♗d3

Es geht auch 13.0-0-0!? mit scharfem Spiel.

13...h5 14.h4! ♘xg3 15.fxg3 g4 16.♘g5 ♘h7 17.♘xh7 ♔xh7 18.0-0 ♕f6

Die Aktion von Schwarz am Königsflügel ist nicht gelungen. Seine Königsstellung wurde geschwächt und dies ermöglicht dem Gegner, jetzt zur Offensive überzugehen.

19.d5 ♔g7

Oder 19...♕e5 20.e4! ♕xg3 21.dxe6 ♕xh4 (21...♗xe6 22.exf5 ♗d7 23.f6+ ♔h8 24.♕d2+–) 22.exf5 g3 23.♖f3 ♖f6 (23...♕h2+ 24.♔f1 ♕h1+ 25.♔e2 ♕xa1 26.f6+ ♔h8 27.f7+–) 24.♔f1 ♕h1+ 25.♔e2 ♕xg2+ 26.♔e3 ♕xc2 27.♗xc2 und weißem Gewinn.

20.e4!

Das ist die richtige Reaktion. Bei der offenen Stellung des schwarzen Königs muss das Spiel im Zentrum geöffnet werden.

20...♗d7 21.dxe6 ♕d4+?

Besser war 21...♕xe6 22.exf5 ♕f6, und Schwarz lebt noch.

22.♔h2 fxe4

Diagramm Nr. 192

23.♕d2!

Eine böse Überraschung: Weiß führt nun einen erfolgreichen Angriff durch.

23...♕c5

Andere Erwiderungen verlieren auch: 23...♗e8 24.♖xf8 ♔xf8 25.♖f1+ ♔g8 26.♕g5+ ♕g7 27.♗xe4 ♕xg5 28.hxg5 ♗c6 (28...c6 29.♖f6+–) 29.♗xc6 bxc6 30.♖f7 ♖e8 (30...♖c8 31.g6 d5 32.cxd5 cxd5 33.b4 a6 34.e7 ♖e8 35.♔g1+–) 31.♖xc7 ♖xe6 32.♖xc6+– bzw. 23...exd3 24.♕g5+ ♔h7 25.♖xf8 ♖xf8 26.exd7 d2 27.d8♕ ♖xd8 28.♖f1+– oder auch 23...♕e5 24.exd7 exd3 25.♖ae1 ♕c5 (25...♖xf1 26.♖xe5 dxe5 27.♕g5+ nebst d7–d8♕+–) 26.♖e7+ mit schnellem Matt.

24.♗xe4 ♗xe6 25.♗d5!

Die schwarze Position ist hoffnungslos, z.B. 25...♗xd5 26.♕g5+ ♔h7 27.♕xh5+ ♔g7 28.♕xg4+ ♔h7 29.♕h5+ ♔g7 30.♕xd5 und einfach gewonnenem Endspiel. Daher streckte Schwarz die Waffen.

Nimzo-Indische Verteidigung (193)

Piket – Sax

Wijk aan Zee 1989

1.d4 ♘f6 2.c4 e6 3.♘c3 ♗b4 4.♘f3 c5 5.g3 cxd4 6.♘xd4 0-0

Diese Stellung kann auch aus der Englischen Eröffnung entstehen: 1.c4 c5 2.♘f3 ♘f6 3.d4 cxd4 4.♘xd4 e6 5.♘c3 ♗b4 6.g3 0-0 usw.

7.♗g2 d5 8.0-0

Zu gleichem Spiel führt 8.cxd5 ♘xd5 9.♗d2 ♗xc3 (9...♘xc3!?) 10.bxc3 e5 11.♘b3 ♘c6 12.0-0 ♘de7 13.c4 ♕c7 14.♕c2 ♖d8 15.♖ac1 ♗f5=, Rasuwajew–Balaschow, Minsk 1979.

8...dxc4

Schwarz konnte die Spannung im Zentrum mittels 8...♘c6 behalten.

9.♕a4 ♘a6 10.♘db5 ♘d5

Der Nachziehende wollte damit die Schräge a8–h1 sperren, aber jetzt entsteht auf d5 eine Schwäche.

11.♘xd5 exd5 12.♖d1 ♗d7?

Ein Fehler. Warum hat Schwarz 12...♗e6!? nicht gespielt? Man sehe: 13.♗xd5 ♗xd5 14.e4 ♘c5 15.♕xb4 ♘xe4 16.♗f4 ♕b6 17.♗e3 ♕c6 18.♘xa7 ♕e6, und Schwarz hat eine gute Stellung.

13.♗xd5

Weiß bekommt jetzt seinen Bauern zurück und erobert dabei noch einen auf c4.

13...♕e8 14.♗xc4 ♗c6 15.♖d4

Gegen die Drohung 15...♕e4 muss sich Weiß verteidigen.

15...♕e5

Auf 15...♗c5 folgte 16.♖h4!

16.♕c2 ♗xb5 17.♖d5 ♕c7 18.♖xb5 ♖ac8 19.b3 ♗c5 20.♗b2

Jetzt kann man Zwischenbilanz des Kampfes ziehen: Weiß hat einen Mehrbauern, das Läuferpaar und die bessere Stellung. Also war der Zug 12...♗d7? schon der entscheidende Fehler.

20...♖fd8 21.♕f5! ♕e7 22.♕g4 g6 23.♕f3 ♖c6

23...♖d7 24.♖xb7!+–.

Diagramm Nr. 193

24.♖xc5!

Das Qualitätsopfer entscheidet sofort: 24...♖xc5 (24...♘xc5 25.♕c3+–) 25.♗f6 (25.♕c3+–) 25...♕d7 26.♗xd8 ♕xd8 27.♕xf7+ mit leichtem Gewinn. Deshalb streckte Schwarz die Waffen.

Nimzo-Indische Verteidigung (194)

Syre – Meier

Budapest 1989

1.d4 ♘f6 2.c4 e6 3.♘c3 ♗b4 4.♘f3 b6

4...d5! wird öfter gespielt.

5.g3 ♗b7

Mit der Fianchettierung des Läufers verstärkt Schwarz den Druck auf das Feld e4 und neutralisiert gleichzeitig die Wirkung des weißen Läufers auf g2.

6.♗g2 ♘e4 7.♕c2 ♕c8 8.0-0 ♗xc3 9.bxc3 f5?!

9...0-0! wäre eine normale Reaktion. Der Textzug ist ein positioneller Fehler.

10.d5!

Eine typische Gegenreaktion auf den verfrühten schwarzen Flankenvorstoß. Nun folgt nach 10...exd5 11.cxd5 ♗xd5 12.♘h4 g6 (12...0-0 13.♘xf5±) 13.f3 ♘f6 14.♗h6, und die Stellung des schwarzen Königs in der Mitte kann gefährlich sein. Der beste Zug für Schwarz ist hier 10...0-0!, obwohl Weiß nach 11.♘h4 (Oder 11.♘d4 ♘a6 12.♗xe4 fxe4 13.♕xe4 ♕e8, und Schwarz hat ausreichend Kompensation für den Bauern.) mit dem Plan f2–f3 und e2–e4 mehr vom Spiel hätte. Schwarz spielte jedoch anders...

10...c5? 11.♖d1 0-0 12.♘g5! ♘xg5

Wenn 12...♘f6?, so 13.dxe6 ♗xg2 14.exd7 ♘bxd7 15.♔xg2 mit weißem Vorteil.

13.♗xg5 e5

Es drohte das starke 14.e4!

14.♗h3 g6?

Schwarz hat die Drohung e2–e4 ignoriert. Jetzt war 14...h6!? notwendig.

15.e4! d6

15...f4 16.gxf4 exf4 17.e5 ♕c7 18.♕e4+–.

16.exf5

Das einfache 16.♗e7 wäre auch möglich, aber Weiß spielt auf Angriff.

16...♕d7

16...gxf5 17.♗e7+–.

17.f4

Die Öffnung der Stellung ist natürlich günstig für Weiß.

17...♘a6 18.fxe5 dxe5 19.♖f1 b5

Ein Versuch, Gegenspiel am Damenflügel zu erhalten.

20.♗h6 ♖fd8

Diagramm Nr.194

21.fxg6!

Der Königsangriff ist eine Figur wert, besonders wenn die gegnerischen Kräfte ihrem Monarchen nicht zur Hilfe kommen können.

21...♕xh3 22.gxh7+ ♔h8 23.♕g6 ♖d7 24.♖f5!

Es droht einfach 25.♖af1 nebst 26.♖f8+.

24...♖xh7 25.♕f6+

Schwarz gab auf (25...♔g8 26.♕f8+ ♖xf8 27.♖xf8 matt).

Nimzo-Indische Verteidigung (195)

Nowicki - Konikowski

Polen 1963

1.d4 ♘f6 2.c4 e6 3.♘c3 ♗b4 4.♗d2

So wird heutzutage kaum gespielt.

4...d5

Man kann natürlich auch 4...0-0 ziehen, z.B. 5.♘f3 b6 6.e3 ♗b7 mit beiderseitigen Chancen.

5.e3 0-0 6.♘f3 ♖e8 7.♗e2

Zu wenig ehrgeizig. Aktiver ist 7.♗d3.

7...♘c6!?

Schwarz bereitet e6–e5 vor. Andere Möglichkeiten:

1) 7...c5 8.0-0 b6 9.a3 ♗xc3 10.♗xc3 ♗b7 11.b4 ♘e4 12.♕c2 cxb4 13.♗xb4 ♘c6 14.h3 ♘g5 15.♘xg5 ♕xg5 16.♗d3 dxc4 17.♗e4 f5 18.♗xc6 ♗xc6 19.g3 a6 20.♕xc4 ♗b5 mit Materialgewinn, Ironmangareth–Fincham, Dos Hermanas 2003.

2) 7...a5 8.0-0 c6 9.♖c1 ♘bd7 10.c5 e5 11.h3 e4 12.♘h2 b6 13.cxb6 ♘xb6 14.♘b1 ♕d6 15.♗xb4 axb4 16.a3 ♗b7 17.axb4 ♕xb4 18.♕c2 ♖a2 19.♕c3 ♕xb2 20.♕xb2 ♖xb2 mit schwarzem Vorteil, Schrödter–Bouroutzakis, Kiel 2001.

8.a3 ♗f8

Der Läufer wird noch nützlich sein.

9.0-0 e5!

Die Pointe des schwarzen Plans.

10.dxe5 ♘xe5 11.♘xe5 ♖xe5 12.♖e1 dxc4 13.♗xc4 ♗d6 14.e4 ♖h5 15.f4?

Eine Schwächung der Diagonale a7–g1. Sie erleichtert Schwarz, einen Mattangriff durchzuführen. Erforderlich war 15.h3, um den nächsten schwarzen Zug nicht zulassen.

15...♘g4 16.h3 ♕h4! 17.♕f3

Oder 17.hxg4 ♗xg4 18.♕b3 (18.♗xf7+ ♔xf7 19.♕b3+ ♗e6-+) 18...♗c5+ 19.♖e3 ♕h2+ 20.♔f1 ♕xf4+ 21.♖f3 ♗xf3! 22.♗xf4 ♖h1 matt.

17...♗c5+ 18.♔h1

Nach 18.♗e3 ♘xe3 19.♖xe3 ♗xh3 20.gxh3 ♕xh3 21.♕xh3 ♖xh3 22.♘d5 ♖xe3! (22...♗xe3+ 23.♔g2!) 23.♘xe3 ♗xe3+ 24.♔g2 ♗xf4 hätte Schwarz drei Bauern mehr.

18...♘f2+ 19.♔h2

Diagramm Nr. 195

19...♘xh3!

Nun folgt eine hübsche Mattkombination.

20.gxh3 ♗xh3 21.♕g3 ♗f2! 22.♕xh4 ♖xh4 23.♖h1 ♗f1 matt.

Damenindische Verteidigung (196)

Spasski – Tal
Montreal 1979

1.d4 ♘f6 2.c4 e6 3.♘f3

Mit diesem Zug vermeidet Weiß die Nimzo-Indische Verteidigung (3.♘c3 ♗b4) und strebt gleichzeitig die schnelle Entwicklung seines Königsflügels an.

3...b6

Der Läufer wird auf der Diagonalen a8-h1 postiert, wo er gegen die weiße Königsstellung aktiv werden kann.

4.e3

Eine andere Möglichkeit ist hier 4.g3.

4...♗b7 5.♗d3 d5 6.b3 ♗d6 7.0-0 0-0 8.♗b2 ♘bd7 9.♘bd2

Aktiver und daher besser ist 9.♘c3 z.B. 9...c5 10.cxd5 exd5 11.♖c1 ♖e8 12.♕e2 a6 13.♖fd1 ♕e7 14.♗f5 ♗c6 (14...♘e4? 15.♘xd5! ♗xd5 16.dxc5+-) 15.♗h3 ♘f8 16.♘e5 mit besserer Stellung für Weiß, Charitonow-Sturua, Baku 1979.

9...♕e7

Stark ist 9...♘e4!?, um nach 10.♕c2 f5 die zentrale Position des Springers zu verstärken.

10.♖c1 ♖ad8 11.♕c2

Normalerweise stellt Weiß die Dame auf e2, z.B. 11.♘e5 c5 12.♕e2 ♘e4 13.cxd5 exd5 14.f4 ♘xd2 15.♕xd2 f6 16.♘g4 ♖fe8 17.♖f3 ♕e6 18.♖g3 mit weißer Initiative am Königsflügel, Colle-Yates, Karlsbad 1929.

11...c5 12.cxd5

Weiß sollte besser die Spannung im Zentrum mittels 12.♖fd1 aufrecht erhalten.

12...exd5 13.dxc5

Die nun entstehenden hängenden Bauern c5 und d5 stellen zusammen mit den harmonisch postierten schwarzen Figuren eine große Kraft dar, so dass 13.♗f5 bzw. 13.♖fd1 vorzuziehen war.

13...bxc5 14.♕c3 ♖fe8 15.♖fd1

Stärker ist 15.♖fe1!?

15...d4!?

Eine riskante Entscheidung: Mit Hilfe eines Bauernopfers will der Nachziehende die Diagonale für sein Läuferpaar öffnen. Solider war jedoch 15...♗c6!?

16.exd4 cxd4 17.♕a5?

Spasski bringt unnötig seine Dame ins Abseits, was vom Gegner rasch ausgenutzt wird. Er musste sich das vermutlich geplante, aber unklare Läuferopfer zeigen lassen: 17.♘xd4! ♗xh2+ (17...♕e5 18.♘4f3 ♕h5 19.♖e1±) 18.♔xh2 ♘g4+ 19.♔g3! ♕e5+ 20.f4 ♕e3+ 21.♘4f3 ♘df6 22.♗xh7+! ♔xh7 23.♕xe3 ♘xe3 (23...♖xe3 24.♘c4±) 24.♖h1+ ♔g8 25.♗xf6 gxf6 26.♖he1, und Weiß behält einen Mehrbauern.

17...♘e5 18.♘xe5 ♗xe5 19.♘c4 ♖d5

Mit Tempo bringt Schwarz noch seinen Turm ins Spiel.

20.♕d2

Diagramm Nr. 196

20...♗xh2+!

Ein typisches und lange geplantes Läuferopfer.

21.♔xh2

Nach 21.♔f1 ♖h5 22.♖e1 ♗f4 23.♖xe7 ♖xe7 24.♔g1 ♗xd2 25.♘xd2 ♖g5 26.f3 h6 verbleibt Weiß einfach mit materiellem Nachteil.

21...♖h5+ 22.♔g1

Oder 22.♔g3 ♘e4+ 23.♗xe4 ♕h4+ 24.♔f3 ♕xe4+ 25.♔g3 ♕h4 matt.

22...♘g4

Es droht 23...♖h1+! 24.♔xh1 ♕h4+ nebst Matt in zwei Zügen, wogegen es keine Verteidigung mehr gibt. Weiß streckte die Waffen.

Damenindische Verteidigung (197)

Adorjan – Kudrin
New York 1987

1.d4 ♘f6 2.♘f3 e6 3.c4 b6 4.g3 ♗a6

Der Nachziehende verzichtet vorerst auf die Aufstellung seines Läufers auf der Diagonalen h1-a8 und benutzt ihn zunächst dazu, die elastische Entwicklung der gegnerischen Figuren zu stören.

5.♘bd2 ♗b7

Das ist kein Tempoverlust. Schwarz ist nämlich der Meinung, dass der weiße Springer auf d2 (Auf c3 steht er besser) nicht besonders aktiv ist, und dass daher der Rückzug des Läufers auf die Diagonale a8–h1 gerechtfertig ist.

6.♗g2 c5 7.e4 cxd4

Es verliert 7...♘xe4?? 8.♘e5 d5 9.cxd5 exd5 10.♘xe4 dxe4 11.♕a4+ ♘d7 12.♗h3 ♗c8 13.♕c6 ♖b8 14.♘xf7!+– oder 7...♗xe4?? 8.♘xe4 ♘xe4 9.♘e5 d5 10.cxd5 exd5 11.♕a4+ ♘d7 12.♗h3 ♘ef6 13.♗g5 b5 14.♕xb5 ♖b8 15.♕a4 ♖b7 16.♗xf6 gxf6 17.♘xd7+–.

8.e5 ♘g4

Laut Theorie besser ist 8...♘e4!? 9.♘xe4 ♗xe4 10.♕xd4 ♗b4+ 11.♗d2 ♗xd2+ 12.♕xd2 ♘c6 13.♕f4 ♗xf3 14.♗xf3 ♖c8 mit gleicher Stellung.

9.0-0 ♕c7 10.♖e1 ♗c5

Im Duell Rasuwajew–Gheorghiu, Novi Sad 1982, erreichte Schwarz Ausgleich nach 10...h5!? 11.h3 ♘h6 12.♘xd4 ♗xg2 13.♔xg2 ♘c6 14.♘b5 ♕b7 15.♘e4 ♘f5 16.♗f4 a6 17.♘bc3 ♘ce7 18.♕f3 ♖b8 19.♖ad1 ♘g6 20.♔g1 mit Remis.

11.♘e4!

Auf 11.h3? folgt stark 11...♘e3!

11...d3

Nach 11...♘c6 12.♗f4 0-0 13.h3 ♘h6 14.♗xh6 gxh6 15.♘f6+ ♔g7 16.♕d3 ♖h8 17.♘h5+ ♔f8 18.♕d2 ♔e7 19.♕xh6 wäre die schwarze Stellung sehr verdächtigt.

12.♘fg5

Eine starke Alternative war 12.♕xd3!? 0-0 (12...♘xe5 13.♘xe5 ♕xe5 14.♗f4 ♗xe4 15.♗xe4 ♕xb2 16.♗xa8 ♗xf2+ 17.♔h1 ♗xe1 18.♖xe1+–) 13.♘xc5 ♕xc5 14.♖e2 ♘c6 15.h3 ♘h6 16.♗e3 mit weißem Vorteil.

12...♘xe5 13.♗f4 d6

Keine Zukunft hätte Schwarz nach 13...f6? 14.♕h5+ ♔e7 (14...g6 15.♘xf6+ ♔e7 16.♕h6+–) 15.♘xc5 bxc5 (15...fxg5 16.♕xg5+ ♔e8 17.♖xe5+–) 16.♖xe5 fxe5 (16...fxg5 17.♕xg5+ ♔f8 18.♖f5+ exf5 19.♕xf5+ ♔e8 20.♗xc7+–) 17.♕f7+ ♔d8 18.♕xg7 exf4 19.♕xh8+ ♔e7 20.♕g7+ ♔e8 21.♕f7+ ♔d8 22.♕f8 matt.

14.♕h5 ♔f8?

Die Ursache der schnellen Niederlage. Zu empfehlen war daher 14...g6! mit realen Verteidigungschancen.

15.♘xc5 bxc5 16.♖xe5! dxe5

Oder 16...♗xg2 17.♖xc5 ♗c6 18.♗xd6+, und Schwarz kann aufgeben.

17.♗xe5 ♕d7 18.♗xb7 ♕xb7

Diagramm Nr. 197

19.♘xe6+!

Der Anfang vom Ende: Weiß forciert gewinnt.

19...♔g8

19...fxe6 20.♗d6+ ♔g8 21.♕e8 matt.

20.♘xg7 ♘c6 21.♘f5! ♘xe5

21...f6 22.♘h6+ ♔f8 (22...♔g7 23.♕g5+

♔f8 24.♕xf6+ ♔e8 25.♕xh8++−) 23.♗d6+ ♔g7 24.♕g4+ ♔xh6 25.♗f4 matt.

22.♕g5+ ♘g6 23.♕f6

Schwarz kapitulierte wegen 23...♔f8 24.♕g7+ ♔e8 25.♘d6+ mit Damengewinn.

Damenindische Verteidigung (198)

S. Farago – Grooten
Sas van Gent 1988

1.d4 ♘f6 2.c4 e6 3.♘f3 b6 4.a3

Dieser Zug erfüllt eine wichtige Aufgabe, denn er verhindert die Fesselung durch ♗f8–b4.

4...♗a6

Nach 4...♗b7 kann folgen: 5.♘c3 d5 6.♗g5 ♗e7 7.e3 (7.♗xf6 ♗xf6 8.cxd5 exd5 9.♕b3 0-0 10.♖d1 ♖e8 11.g3 c5 12.♗g2 c4 13.♕c2 ♘c6 14.0-0 ♖c8 mit Ausgleich, Krasenkow–Akesson, Gausdal 1992) 7...0-0 8.♖c1 ♘bd7 9.cxd5 exd5 10.♗d3 c5 11.0-0 ♘e4 12.♗xe7 ♕xe7 13.dxc5 bxc5 14.♕e2 ♖ab8 mit etwa gleichen Chancen.

5.♕c2 ♗b7 6.♘c3 c5 7.e4 cxd4 8.♘xd4 ♘c6 9.♘xc6 ♗xc6 10.♗e2 ♗c5 11.0-0 ♕c7 12.♔h1?

Ein Tempoverlust. Besser ist 12.♗f3 z.B. 12...h5 13.g3 a5 14.♕e2 ♗d4 15.♘d5! mit scharfem Spiel, Fransson–Almström, Schweden 2005.

12...h5!

Ein Signal zum Angriff.

13.f3 h4 14.b4 ♗d4 15.♗d2 ♘h5!

Mit der Drohung 16...♘g3+!

16.♗e1 ♕f4 17.♕c1

Weiß ist total auf dem Rückzug.

17...♗e3 18.♕d1 ♘g3+ 19.♗xg3 hxg3 20.h3 ♖h4

Jetzt ging schon 20...♖xh3+!? 21.gxh3 g2+ 22.♔xg2 ♕g5+ 23.♔h2 (23.♔h1 ♕g3-+) 23...♗f4+ 24.♔h1 ♕g3 25.♖f2 ♕xh3+ (25...♕xf2 26.♕g1!) 26.♔g1 ♗e3 27.♕f1 ♕g3+ 28.♕g2 ♗xf2+ mit Bauerngewinn. Schwarz hat es nicht eilig, er wartet auf eine bessere Gelegenheit.

21.♖e1

Der Anziehende will mit 22.♗f1 die Verteidigung seiner Königsstellung verstärken, aber jetzt knallt es...

Diagramm Nr. 198

21...♖xh3+!

Erst jetzt, wo der Turm auf e1 steht, ist die schwarze Kombination völlig erfolgreich.

22.gxh3 g2+ 23.♔xg2 ♕g5+

Weiß gab auf wegen 24.♔h1 (24.♔h2 ♗f4+ 25.♔h1 ♕g3 nebst 26...♕h2 matt) 24...♕g3 25.♗f1 ♕g1 matt.

Damenindische Verteidigung (199)

Lukomski – Podebrin
Moskau 1980

1.d4 ♘f6 2.c4 e6 3.♘c3 b6?!

Schwarz kann die damenindische Aufstellung mit b7–b6 nach ♘f6 und e6 nur dann verwirklichen, wenn Weiß 3.♘f3 spielt. Nach 3.♘c3, wie hier geschehen, ist dieser Aufbau schon ungenau.

4.e4 ♗b4

Konsequent war 4...♗b7.

5.e5 ♘e4 6.♕g4 ♘xc3 7.bxc3

Weiß ist opfersüchtig. Der bekannte Weg zum klaren Vorteil lautet 7.a3 ♗f8 (7...♗a5 8.♕xg7 ♘e4+ 9.b4 ♖f8 10.♗h6+−) 8.♗g5 ♗e7 9.♗xe7 ♕xe7 10.♕xg7 nebst 11.bxc3 usw.

7...♗xc3+ 8.♔d1 ♔f8?

Verlieren würde zwar 8...g6? 9.♗g5+− oder 8...♗xa1 9.♕xg7 ♖f8 10.♗g5 f6 11.♗xf6 ♖xf6 12.exf6+−, aber nach dem einzig richtigen 8...0-0! 9.♗h6 g6 10.♖c1 ♗b4 11.♗xf8 ♗xf8 dauerte der Kampf noch an. Nach dem Partiezug entwickelt Weiß einen schnellen Angriff.

9.♖b1 ♘c6 10.♗a3+ ♔g8 11.♖b3 ♗xd4?

Auf 11...h5 wäre auch eine schöne Variante möglich: 12.♕g3 ♗xd4 13.♕xg7+!! ♔xg7 14.♖g3+ ♕g5 (14...♔h7 15.♗d3+ f5 16.exf6+ ♔h6 17.♗c1+ ♗e3 18.♗xe3 matt) 15.♖xg5+ ♔h6 16.♗c1 ♗b2 17.♗f4 mit der starken Drohung 18.♗d3+–. Nun erwartet Schwarz die sofortige Strafe für seine Missachtung der bekannten Eröffnungsregeln.

Diagramm Nr.199

12.♕xg7+!! ♔xg7 13.♖g3+

Auf 13...♔h6 gewinnt leicht 14.♗c1+ ♔h5 (14...♕g5 15.♗xg5+ ♔g7 16.♗f6++–) 15.♗e2+ ♔h4 16.♖h3 matt. Schwarz gab die Partie deshalb auf.

Grünfeld-Indische Verteidigung (200)

Iwantschuk – Swidler

Morelia/Linares 2006

1.d4 ♘f6 2.c4 g6 3.♘c3 d5

Diese immer noch aktuelle Eröffnung ist 1922 vom österreichischen Großmeister Erich Grünfeld (1893–1962) in die Turnierpraxis eingeführt worden.

4.♗g5

Es droht das Schlagen auf f6 und d5. Oft wird auch 4.♗f4 gespielt, z.B. 4...♗g7 5.e3 0-0 6.♖c1 (Nach 6.cxd5 ♘xd5 7.♘xd5 ♕xd5 8.♗xc7 ♘a6 hat Schwarz für einen Bauern gefährlich Initiative.) 6...c5 7.dxc5 ♕a5?! (Laut Theorie ist 7...♗e6 besser.) 8.cxd5 ♖d8 9.♗c4 ♗e6 10.dxe6!? (10.e4 ♘xe4 11.♘ge2 ♘xc5 12.0-0 ist besser für Weiß) 10...♖xd1+ 11.♖xd1 ♘e4? (Die einzige logische Fortsetzung ist hier 11...♘c6!? 12.exf7+ ♔f8 13.♘ge2 ♕xc5 mit komplizierter Stellung.) 12.exf7+ ♔f8 13.b4!!, und Schwarz gab auf, Bauer–Münch, Würzburg 1989.

4...♘e4 5.♗h4 ♘xc3 6.bxc3 dxc4 7.e3 ♗e6 8.♕b1

Die Alternative ist 8.♘f3 z.B. 8...♗g7 9.♗e2 0-0 10.0-0 c5 11.♘g5 ♗d5 12.e4 ♗c6 13.d5 ♗b5 14.a4 ♗a6 15.♕d2 (15.♕c2!?) 15...e6 16.♘f3 ♕d6 17.e5 ♕xd5 18.♕e3 ♘d7 19.♖fd1 ♕c6 mit sehr komplizierter Stellung, Gligoric–Portisch, Amsterdam 1971.

8...c5!?

Diese Fortsetzung wurde noch nicht genau geprüft. Normalerweise wird hier 8...♕d5 gespielt, z.B. 9.♘f3 ♕a5 10.♕b2 ♘d7 11.♗e2 ♘b6 12.0-0 ♘a4 13.♕xb7 ♗d5 14.♕b1 ♘xc3 15.♕e1 ♗g7 16.e4 ♘xe2+ 17.♕xe2 ♗e6 mit beiderseitigen Chancen, Atalik–Predojevic, Sarajevo 2004.

9.♕xb7 ♗d5 10.♕b5+ ♘d7

In der Partie Sargissjan–Naiditsch, Deutschland 2006, wählte Schwarz den laut Theorie besten Plan: 10...♕d7!? 11.♖b1 (Nach 11.♕xc5 e5 12.♕a5 ♘c6 13.♕a4 exd4 14.♗f6 ♖g8 15.♗xd4 ♘xd4 16.♕xd7+ ♔xd7 17.exd4 ♗d6 hat Schwarz für den Bauern einen klaren Vorteil.) 11...♕xb5 12.♖xb5 ♘d7 13.♘f3 e6 14.♗e2 ♗e7 15.♔d2 cxd4 16.exd4 a6 17.♖bb1 g5 18.♗g3 (18.♘xg5 ♖g8 19.♘f3 ♖xg2=) 18...g4 19.♘e1 h5, und die Stellung ist etwa ausgeglichen.

11.♘f3 ♖b8 12.♕a4 cxd4 13.cxd4 ♕c8 14.♖c1 e6?

Das schwächt nur die schwarzen Felder. Swidler sollte schnell seinen Monarchen in Sicherheit bringen. Notwendig war 14...♗g7! z.B. 15.♗e2 0-0 16.♗xe7 ♖e8 17.♗b4 ♘b6 mit Gegenspiel.

15.♗xc4! ♖b4 16.♕a6 ♗b7

Das Endspiel nach 16...♕c7 17.♘e5! ♖b6 18.0-0 ♖xa6 19.♗xa6 ♕b8 20.♖c8+ ♕xc8 21.♗xc8 ♘xe5 22.♗f6 ♘f3+ 23.gxf3 ♖g8 24.e4 wäre natürlich vorteilhaft für Weiß.

17.♕a5 f6

17...♗d5 18.♘e5! ♗xg2 19.♔d1 ♕b8 20.♗b5! ♖xb5 21.♕xb5!+−.

18.♘d2 ♗xg2?

Ein grober Fehler. Die einzige Verteidigung war nach 18...♖b6!? z.B. 19.0-0 (19.♗xf6 ♗b4 20.♕a4 ♖f8 21.♗h4 ♗xg2 22.♖g1 ♕b7∞) 19...♗b4 20.♕xa7 ♗xd2 21.♗b5 ♗xc1 22.♕xb6 ♔e7 23.♗xd7 ♔xd7 24.♗xf6 ♖f8 25.♗g5 ♔e8 26.♕d6 ♖f7 mit Rettungschancen.

19.♖g1 ♕c6

Es gab keine Rettung mehr: 19...♗d5 20.♗xf6! ♖g8 (20...♖xc4 21.♘xc4 ♕b8 22.♕a4 ♕b4+ 23.♕xb4 ♗xb4+ 24.♘d2 0-0 25.♗h4+−) 21.♗xd5! ♕xc1+ 22.♔e2 ♕c8 (22...♕xg1 23.♕d8+ ♔f7 24.♕xd7+ ♔xf6 25.♘e4+ ♔f5 26.♕xe6#) 23.♖c1! ♕b8 24.♗xe6 ♘xf6 25.♖c8+ ♕xc8 26.♗xc8+−.

Diagramm Nr.200

20.♖xg2!

Eine Einleitung zum Königsangriff.

20...♕xg2 21.♗xe6 ♗d6 22.♖c8+ ♔e7 23.♖xh8 ♔xe6 24.♕d8 ♕g1+ 25.♔e2

Schwarz gab auf wegen 25...♕g4+ 26.f3 ♕xh4 27.♖e8+ ♔f5 28.♕xd7+ ♔g5 29.♘e4+ ♔h6 30.♖h8 ♖b2+ 31.♔d3 mit schnellem Matt.

Grünfeld-Indische Verteidigung (201)

Cramling - Kindermann

Hamburg 1991

1.d4 ♘f6 2.c4 g6 3.♘c3 d5 4.cxd5 ♘xd5 5.e4

Das ist die Hauptfortsetzung. Sie garantiert ein scharfes Spiel mit verteilten Chancen.

5...♘xc3 6.bxc3 ♗g7 7.♗c4

Diese Fortsetzung gilt als aktivste. Populär ist in der modernen Praxis auch 7.♘f3 c5 8.♖b1 0−0 9.♗e2 cxd4 10.cxd4 ♕a5+ 11.♗d2 ♕xa2 12.0−0 ♗g4 mit turbulentem Spiel.

7...0-0 8.♘e2 b6

Schwarz verzichtet darauf, mittels 8...c5 das Zentrum unverzüglich zu sprengen (was die meisten Spieler bevorzugen), sondern versucht, zunächst die Figuren am Damenflügel zu aktivieren. Die Turnierpraxis lehrt allerdings, dass Schwarz dann oft mit dem Konterspiel im Zentrum zu spät kommt und in einen gefährlichen Angriff gerät.

9.h4!

Der stärkste Zug. Umgehend nimmt der Anziehende die schwarze Königsstellung aufs Korn.

9...♘c6 10.♗d5

Energischer ist 10.h5! ♘a5 11.♗d3 e5 (11...c5!?) 12.♗e3 ♕e7 13.♕d2 exd4 14.cxd4 ♗b7 15.e5 ♗xg2 16.♖g1 ♗f3 17.♘g3 f5 (17...♕h4!?) 18.♘xf5 ♖xf5 19.♗xf5 ♗xh5? (Notwendig war 19...♘c4! 20.♗g5 ♕f7 21.♕d3 ♗xh5 22.♗e4 ♖f8 23.♖g2 c5 mit schwarzem Gegenspiel.) 20.♗e4 ♖f8 21.♖c1 und weißem Vorteil, Timman−Adorjan, Skopje 1976.

10...♕d7 11.h5 e6 12.♗b3 ♗a6

In der Begegnung Harikrishna−Asmaiparashwili, Pune 2004, geschah: 12...♘a5 13.hxg6 hxg6 14.♕d3 e5 15.♕g3 ♘xb3 16.axb3 ♖e8 17.♕h4 f6 18.♕h7+ ♔f7 19.♗h6 ♖g8 20.dxe5 ♕c6 (20...fxe5 21.♖h3+−) 21.exf6 ♕xf6 22.♗xg7 ♖xg7 23.♕h4 ♕xh4 24.♖xh4 ♗e6 25.♘d4 mit weißem Vorteil.

13.hxg6 hxg6 14.♘f4 ♖fd8?
Schwarz bereitet gegen die Drohung ♘f4xe6 ein Gegenopfer auf d4 vor, das aber leicht widerlegt wird. Unbedingt nötig war 14...♘a5!
15.♘xe6! fxe6 16.♕g4 ♗c8
Auf 16...♔f7 folgt natürlich 17.♖h3+−.
17.♕xg6 ♘xd4

Diagramm Nr.201

18.♖h3!
Weiß setzt auf Angriff. Aber zum Gewinn sollte auch 18.cxd4!? reichen. Man sehe: 18...♕xd4 19.♖h3 ♕f6 (19...♕xa1 20.♗xe6+ ♗xe6 21.♕xe6+ ♔f8 22.♖f3+ mit Gewinn) 20.♕h7+ ♔f8 21.♖f3+−.
18...♘xb3
18...♕f7 19.♖h8+!+−.
19.♕h7+ ♔f8 20.♖f3+ ♕f7
Oder 20...♔e7 21.♗a3+ c5 22.♕xg7+ ♔d6 23.♖d1+ ♔c6 mit Damengewinn.
21.♗h6
Zum Sieg reicht wohl 21.♖xf7+ nebst 22.axb3, aber Weiß sucht nach dem kürzesten Weg.
21...♕xf3
21...♔e8 22.♖xf7 ♗xh6 23.♕g8+ ♗f8 24.♕xf8 matt.
22.♕xg7+ ♔e8 23.gxf3 ♘xa1 24.♗g5
Materiell steht Schwarz nicht schlecht, aber die Mattdrohung auf e7 bricht ihm sofort das Genick.
24...♘c2+ 25.♔f1
Schwarz gab auf.

Grünfeld-Indische Verteidigung (202)

Polugajewski - Kudrin
New York 1989

1.d4 ♘f6 2.c4 g6 3.♘c3 d5 4.cxd5 ♘xd5 5.e4 ♘xc3 6.bxc3 ♗g7 7.♗c4 c5 8.♘e2 ♘c6 9.♗e3 0−0 10.♖c1
Weiß nimmt damit den Verlust der Rochade in Kauf, um eine Offensive auf der h-Linie zu starten. Häufiger wird hier 10.0−0 gespielt, z.B.:
1) 10...♕c7 11.♖c1 ♖d8 12.♗f4 (Zu einem scharfen Kampf führt auch 12.♕d2 ♕a5 13.♖fd1 ♗d7 14.♗h6 cxd4 15.♗xg7 ♔xg7 16.♕f4 dxc3 17.♕xf7+ ♔h8 18.♖d5 ♕b4 19.♘f4 ♕xc4 20.♘xg6+ hxg6 21.♕xg6 ♗g4 22.♕h6+ mit ewigem Schach.) 12...♕d7 13.d5 ♘a5 14.♗d3 e5 15.♗e3 ♕e7 16.♕d2 b6 17.f4 c4 18.♗c2 exf4 19.♗xf4 ♘c6 20.♘d4 ♘xd4 21.cxd4 mit weißem Vorteil, Jussupow-Kamsky, Tilburg 1992.
2) 10...♗g4 11.f3 ♗d7 (11...♘a5 12.♗xf7+ ♖xf7 13.fxg4 ♖xf1+ 14.♔xf1 ♕d6 15.e5 ♕d5 16.g5 ♕e4 17.♗f2 ♖f8 18.♘g1 ♘c4 19.♘f3 ♘e3+ 20.♗xe3 ♕xe3 21.♕b3+ ♔h8 22.♖e1 ♕xg5 23.♕xb7 ♕d2 24.dxc5 ♕xc3 25.♕d5 ♗h6 26.c6 ♗f4 27.♖e4 ♕c1+ 28.♖e1 ♕c3 29.♕e4 mit Remis, Beljawski-Kasparow, Linares 1992) 12.♖b1 ♘a5 13.♗d3 a6 14.d5 ♖c8 15.c4 b5 16.cxb5 c4 17.♗c2 axb5 18.♗d4 c3 19.♗xg7 ♔xg7 20.♕d4+ f6 mit beiderseitigen Chancen, Sadler-Kouatly, Frankreich 1992.
10...cxd4 11.cxd4 ♕a5+ 12.♔f1 ♗d7 13.h4!
Eine typische Reaktion. Weiß fängt mit dem Bauernsturm am Königsflügel an.
13...♖ac8
Die Theorie empfiehlt 13...♖fc8!?, um das Feld f8 für den schwarzen Monarchen zu räumen. Hier ein lehrreiches Beispiel: 14.h5 ♘d8 15.f3 ♗a4 16.♕d3 b5 17.♗d5 ♖xc1+ 18.♗xc1 ♖c8 19.hxg6 hxg6 20.♗h6 ♗xh6 21.♖xh6 e6 22.f4 ♖c2 (22...exd5?? 23.♕h3+−) 23.♕h3 ♔f8!, und Schwarz verteidigte seine Stellung, Schirow-Kamsky, Moskau 1992.
14.h5 e5

Ohne diesen Vorstoß im Zentrum kann der Nachziehende schwerlich mit Gegenspiel rechnen.

15.hxg6 hxg6 16.d5!

Das ist ohne Zweifel stärker als 16.♗d2 ♕b6 17.♖b1 ♕c7 18.d5 ♘a5 19.♗d3 ♘c4 mit gutem Spiel von Schwarz, Guseinow–Huzman, Baku 1988.

16...♘d4

Oder 16...♘e7 17.♗g5 mit weißem Übergewicht.

17.♘xd4 ♖xc4?

Mit diesem Opfer versucht Schwarz, auf der Diagonalen a6–f1 Gegenchancen zu erhalten. Doch die einzige Verteidigung war nach 17...exd4! z.B. 18.♗xd4 (Oder 18.♗d2 ♕a3 19.♔g1 ♖fe8 20.f3 d3 21.♗b3 a5 22.♖xc8 ♖xc8 23.♕b1 ♕c5+ 24.♔f1 ♗b5 mit hervorragendem Spiel für Schwarz, De Laat–Plijter, Niederlande 1992.) 18...♖xc4 19.♖xc4 ♗b5 20.♗xg7 ♗xc4+ 21.♔g1 ♔xg7 22.♕c1 f6 23.♖h3 ♕c5 24.♕h6+ ♔f7 25.♕h7+ ♔e8 26.♕xb7 ♗e2 27.♖h7 ♕c1+ 28.♔h2 ♕f4+, und Schwarz rettet sich durch Dauerschach.

18.♖xc4 ♕a6 19.♕d3!

Der Anfang einer weit vorausberechneten Kombination.

19...exd4

19...f5 20.♔g1 exd4 (20...fxe4 21.♕b3+–) 21.♗xd4 fxe4 22.♕b3+–.

20.♗xd4 ♗b5

Diagramm Nr.202

21.♕h3!!

Der Mattangriff ist der Clou des weißen Spiels. Obwohl Schwarz materiellen Vorteil erreichen kann, muss er verlieren.

21...♗xc4+ 22.♔g1 f6

Wenn 22...♖e8, so 23.♕h8+! ♗xh8 24.♖xh8 matt.

23.♕h7+ ♔f7 24.♖h6

Es droht 25.♖xg6 mit Gewinn, und auf 24...♖h8 entscheidet 25.♕xg6+ ♔f8 26.♗c5+ bzw. 24...♕a3 25.♕xg6+ ♔g8 26.♕h7+ ♔f7 27.♖xf6+, und Weiß gewinnt. Deshalb gab Schwarz die Partie auf.

Grünfeld–Indische Verteidigung (203)

Twardon – Jasnikowski

Polen 1993

1.d4 ♘f6 2.c4 g6 3.♘c3 d5 4.cxd5 ♘xd5 5.e4 ♘xc3 6.bxc3 ♗g7 7.♕a4+

Eine seltene Variante.

7...♘d7 8.♘f3 c5

Einen anderen Plan probierte Schwarz in der Partie Bachin–Chachian, UdSSR 1990, aus: 8...0-0 9.♗g5 h6 10.♗e3 c5 11.♖c1 e5 12.dxe5 ♕e7 13.♗d3 g5 14.h3 ♘xe5, und er kann mit dem Ergebnis der Eröffnung durchaus zufrieden sein.

9.♗e3 0-0 10.♖c1

Anders spielte Weiß in Jurkow–Pospelow, Witebsk 2006: 10.♖d1 ♕c7 11.♗d3 cxd4 12.cxd4 ♕c3+ 13.♔e2 ♘b6 14.♕b3 ♕xb3 15.axb3 f5 16.h4 f4 17.♗d2 ♗g4 18.d5 ♖ac8 19.♖c1 ♗e5 20.♗b4 ♗d6 21.♗d2 ♘d7 22.♖xc8 ♖xc8 23.♖c1 ♖xc1 24.♗xc1 a6 mit etwa gleichen Chancen.

10...a6

Mit der Idee 11...b5 12.♗xb5? ♘b6, und Schwarz gewinnt.

11.♕a3 b6 12.e5 ♗b7 13.h4!

Weiß erreichte positionellen Vorteil im Zentrum, und nun bereitet er einen Königsangriff vor.

13...b5 14.h5 e6

In Frage kam 14...b4!? z.B. 15.♕b3 ♗xf3 16.gxf3 bxc3 17.♕xc3 cxd4 18.♗xd4 ♘b6 mit zweischneidigem Spiel.

15.hxg6 hxg6 16.♘g5!

Weiß verstärkt damit den Druck gegen den feindlichen König.

16...♖c8 17.f4 cxd4 18.cxd4 ♖xc1+ 19.♗xc1 ♕b6??

Schwarz merkte die Gefahr nicht. Es sollte 19...♖e8! geschehen. Jetzt kommt es zu einem interessanten Schluss...

Diagramm Nr.203

20.♖h8+! ♗xh8

Nach dem Schlagen mit dem König gewinnt ebenfalls 21.♕h3+.

21.♕h3

Schwarz ist völlig hilflos. Er gab daher auf.

Königsindische Verteidigung (204)

Timman – Kasparow

Linares 1992

1.d4 ♘f6 2.c4 g6 3.♘c3 ♗g7 4.e4 d6 5.f3

Das alte Patent des deutschen Großmeisters Fritz Sämisch (1896-1975) gehört immer noch zu den stärksten Waffen gegen Königsindische Verteidigung. Weiß verstärkt das Zentrum und plant eine Entwicklung nach dem Schema: ♗c1-e3, ♕d1-d2, 0-0-0, g2–g4, h2–h4 und Königsangriff.

5...0-0

Es wird auch 5...c6 gespielt, z.B. 6.♗e3 a6 7.♕d2 b5 mit aktivem Spiel am Damenflügel.

6.♗e3

Die Alternative ist 6.♗g5.

6...e5

Populär ist auch 6...♘c6 mit der Absicht a7–a6, ♖a8–b8, b7–b5 und Gegenspiel am Damenflügel.

7.d5 ♘h5

Damit leitet Schwarz das übliche Gegenspiel am Königsflügel ein. Eine andere Idee ist hier 7...c6 z.B. 8.♗d3 (8.♕d2 cxd5 9.cxd5 a6 10.♗d3 ♘bd7 11.♘ge2 b5 12.0-0 ♘b6 13.b4 ♗d7 14.♖fc1 ♖c8 15.a4 ♘c4 mit beiderseitigen Chancen) 8...cxd5 9.cxd5 ♘h5 10.♘ge2 f5 11.exf5 gxf5 12.0-0 ♘d7 13.♖c1 ♘c5 14.♗c4 a6 15.b4 ♘d7 16.a4 ♕h4 17.f4 ♔h8 18.♕d2 ♖g8 19.g3 ♗h6 20.♖f2 ♕h3 mit scharfem Spiel, Karpow–Kasparow, Reggio Emilia 1991.

8.♕d2 f5

Schlechte Erfahrungen sammelte Kasparow nach 8...♕h4+. In der 23.Matchpartie, Lyon 1990, erreichte Karpow nach weiterem 9.g3 (Nach 9.♗f2 ♕e7 10.0-0-0 f5 11.♘ge2 ♘d7 12.♔b1 ♘df6 13.exf5 gxf5 14.♘c1 ♗d7 15.h3 ♖ae8 16.g4 ♘f4 17.♗e3 ♘g6 entsteht eine Stellung etwa gleichen Chancen.) 9...♕e7 (Zu riskant ist 9...♘xg3 10.♕f2 ♘xf1 11.♕xh4 ♘xe3 12.♔e2 ♘xc4 13.♖c1 usw.) 10.0-0-0 f5 11.exf5 gxf5 12.♘h3 ♘a6 13.♖g1 ♘f6 14.♘f2 ♔h8?! (14...♗d7!?) 15.♗e2 ♗d7 16.♗g5 ♘c5 17.g4 e4 18.fxe4 fxe4 19.♗e3 ♘a4 20.g5 bessere Perspektiven.

9.0-0-0 ♘d7 10.♗d3 ♘c5 11.♗c2 a6

Schwarz bereitet eine sofortige Aktion gegen den feindlichen Monarchen vor.

12.♘ge2 b5 13.b4 ♘d7 14.cxb5 axb5 15.♘xb5 ♖xa2 16.♘ec3 ♖a8 17.♔b2 ♘df6 18.♘a7?

18.exf5!? gxf5 19.♖a1 ♖b8 20.♖a5 ist eine bessere Chance für Weiß.

18...fxe4 19.♘c6 ♕d7 20.g4!?

Das führt zu enormen Komplikationen. Die Alternative war 20.♗xe4 mit verwickelter Stellung.

20...♘f4 21.g5

Diagramm Nr.204

21...♘6xd5!

Einleitung zum starken Angriff. Die schwarze Kombination ist wirklich eines Weltmeisters würdig.

22.♘xd5
Schwarz musste natürlich auch alle möglichen Varianten nach 22.♗b3 berechnen: 22...♔h8 23.♗xd5 ♘xd5 24.♕xd5 exf3 mit drei Bauern für die Figur und dazu taktische Möglichkeiten.
22...♘d3+ 23.♗xd3
Laut Kasparow sollte Weiß hier 23.♔b1 versuchen, worauf 23...♖xf3 folgen würde, mit sehr starkem Angriff.
23...exd3 24.♘ce7+
Es verliert auch 24.♕xd3 e4+-+ bzw. 24.♘de7+ ♔h8 25.♘xc8 ♕xc6-+ usw.
24...♔h8 25.♘xc8
Wenn 25.♕c3, dann 25...♖xf3, und die weiße Stellung wäre auch hoffnungslos.
25...e4+
Weiß gab auf wegen 26.♘f6 (26.♘c3 ♕a4-+) 26...♖xf6!-+.

Königsindische Verteidigung (205)

Jagstaidt – Ho No
Bern 1994

1.d4 ♘f6 2.c4 g6 3.♘c3 ♗g7 4.e4 d6 5.f3 0-0 6.♗e3 e5 7.♘ge2 c6
Der Plan von Schwarz ist einfach: a7–a6, b7–b5 mit Konterspiel auf der linken Seite.
8.♕d2 ♘bd7 9.0-0-0 a6 10.♔b1 b5 11.♘c1 exd4 12.♗xd4 b4 13.♘3e2 c5
Nicht schlecht für Schwarz ist auch 13...a5!? 14.♘g3 ♗a6 15.♗f2 d5! mit Gegenspiel.
14.♗e3 ♘e5 15.♘f4
Der Bauer ist tabu: 15.♕xd6? ♕xd6 16.♖xd6 ♘xc4 17.♖d3 ♘d7 mit schwarzem Vorteil.
15...g5 16.♘d5 ♘xd5 17.♕xd5 ♗e6 18.♕xd6?
So einfach geht es nicht, wie der weitere Partieverlauf zeigt. Richtig war 18.♕d2!
18...♕f6 19.♕xc5 ♖fc8 20.♕xb4 ♖ab8 21.♕c3 ♘xc4 22.♗d4
Oder 22.♕xf6 ♗xf6 23.♗xc4 ♖xb2+ 24.♔a1 ♖cb8-+.

Diagramm Nr.205

22...♕xd4!!
Damit hatte Weiß wohl nicht gerechnet: Schwarz gewinnt nun forciert.
23.♖xd4 ♗xd4 24.♕d3
24.♕xd4 ♘a3+ 25.♔a1 ♖xc1 matt.
24...♖xb2+ 25.♔a1 ♖c2+
Weiß gab sich geschlagen wegen 26.♔b1 ♘d2+ 27.♕xd2 ♖xd2 28.♗xa6 ♖b2+ 29.♔a1 ♖b3 matt.

Königsindische Verteidigung (206)

Konikowski – Segiet
Polen 1967

1.c4 ♘f6 2.♘c3 g6 3.e4 d6 4.d4 ♗g7 5.f4
Der Vierbauernangriff ist sehr gefährlich für Schwarz.
5...c5 6.d5 0–0 7.♘f3 e6 8.♗e2
Diese Stellung kann auch nach den Zügen 1.d4 ♘f6 2.c4 c5 3.d5 e6 4.♘c3 exd5 5.cxd5 d6 6.e4 g6 7.f4 ♗g7 entstehen.
8...exd5 9.cxd5
Ruhiger ist hier 9.exd5. Zu scharfem Spiel führt dagegen 9.e5!? (Das ist eine Idee des Deutschen Theoretikers Gerhart Gunderam.)
1) 9...♘g4!? 10.cxd5 dxe5 11.h3 e4 12.hxg4 exf3 13.gxf3 ♖e8 14.f5 (14.♔f2!?) 14...gxf5 15.♗h6 ♗xc3+ 16.bxc3 fxg4 17.♕d3 ♕f6 18.♖h5 ♖e5 19.♖xe5 ♕xe5 20.0–0–0 ♗f5 21.♕d2 ♘d7 22.fxg4 mit komplizierter Stellung.
2) 9...dxe5 10.fxe5 ♘e4 11.cxd5 ♘xc3

12.bxc3 ♗g4 (Nach 12...♘d7 13.♗f4 ♖e8 14.e6! fxe6 15.dxe6 ♖xe6 16.0–0 bekam Weiß gute Angriffschancen, Rasa–Robb, Dunedin 1965.) 13.0–0 ♗xf3 14.♖xf3 ♘d7 (Noch nicht wurde erprobt 14...♗xe5.) 15.e6 ♘e5 16.exf7+ ♔h8 (Zu versuchen ist 16...♘xf7 mit der Idee ♘f6–d6 usw.) 17.♖f1 ♖xf7 18.♗f4 ♕d7? (Vorzuziehen ist 18...♖d7 19.c4 b5! mit guten Aussichten für Schwarz.) 19.♕d2 ♖d8 20.♖ad1 b6 21.h3 ♕b7 22.d6! ♘d7 23.♗c4 ♖ff8 24.♖de1 ♖de8 25.♖e7! ♗f6 26.♗e5! mit weißem Gewinn, Konikowski–R.E.Evans, Fernpartie 1991/92.

9...b5

Populärer sind hier die Erwiderungen: 1) 9...♖e8 10.e5 (Eine eigenwillige Fortsetzung ist 10.0–0!? ♘xe4 11.♘xe4 ♖xe4 12.♗d3 ♖e8 13.f5! mit guten Angriffschancen als Kompensation für den geopferten Bauern.) 10...dxe5 11.fxe5 ♘g4 12.♗g5 ♕b6 (12...f6!? ist eine Alternative) 13.0–0 (Eine interessante Idee ist 13.♕d2!? ♘xe5 14.0–0–0 ♗f5 15.♘xe5 ♗xe5 16.♖he1 ♕b4 17.a3 ♕b3 18.g4 ♗d7 19.♗f3 ♗g7 20.♖xe8+ ♗xe8 21.♖e1 ♘d7 22.♖e7 mit sehr starkem Angriff, Bloch–K. Schneider, Fernpartie 1992.) 13...♘xe5 (13...♕xb2 14.♘b5 ♗xe5 15.♖b1 ♕xa2 16.♘xe5 ♖xe5 17.♘c3 ♕xb1 18.♕xb1 ♖xg5 19.h4 ♖e5 20.♗xg4 f5 21.♗f3+–) 14.♘xe5 (14.d6!?) 14...♗xe5 15.♗c4 ♕xb2 16.d6 ♗d4+ (16...♖f8! ist stärker) 17.♔h1 ♗f5? (⌓17...♖f8) 18.♖xf5! gxf5 19.♗xf7+! ♔xf7 20.♕h5+ ♔f8 21.♗h6+ ♗g7 22.♕xf5+ ♔g8 23.♖f1 1–0, Arencibia–Del Canpo, Bayamo 1989.

2) 9...♗g4 10.0–0 ♘bd7 11.♖e1 ♖e8 12.h3 ♗xf3 13.♗xf3 ♕a5 (13...c4 14.♗e3 ♕a5 15.♔h1 ♖e7 16.♗d4 ♘c5 17.b4! und weißem Vorteil, Glek–Koroljew, Fernpartie 1988–90) 14.♗e3 b5 15.a3 ♘b6 16.e5 ♘c4 17.exf6 ♘xe3 18.♖xe3 ♖xe3 19.fxg7 mit sehr komplizierter Stellung, aber Weiß errang im weiteren Spiel den Sieg, Waiser–Yrjölä, Helsinki 1991.

10.e5

Der obligatorische Konter im Zentrum. Die Beseitigung des b–Bauern wäre harmlos: 10.♗xb5?! ♘xe4! 11.♘xe4 ♕a5+ 12.♔f2 ♕xb5 13.♘xd6 ♕b6 14.♘c4 (Nach 14.♘xc8 ♖xc8 15.♘e5 ♖d8 16.♖e1 ♘d7 übt Schwarz bald starken Druck auf d5 aus.) 14...♕a6 15.♕e2 ♗d7 16.♗e3 ♗b5 17.♖hc1 ♖e8 mit aktivem Gegenspiel, A.Zajcew–Bogdanovic, Sotschi 1967.

10...dxe5 11.fxe5 ♘g4 12.♗g5 ♕a5?

Schwach ist auch 12...f6? 13.exf6 ♗xf6 14.♕d2 ♗f5 15.♘xb5 a6 16.♘c3 ♖a7 17.h3 ♘e5 18.♗xf6 ♕xf6 19.0–0 ♘bd7 20.g4 ♘xf3+ 21.♗xf3 ♕d4+ 22.♕xd4 cxd4 23.♘e4 ♗xe4 24.♗xe4 ♖e8 25.♗g2 mit weißem Vorteil, Konikowski–Stanojevic, Cianciano 1989. Die besten Chancen bietet Schwarz 12...♕b6!

13.0–0 ♘xe5 14.♘xe5 ♗xe5 15.♗e7 ♖e8 16.d6

Für den Bauern bekam Weiß eine schnelle Mobilisierung seiner Kräfte und gute Perspektiven auf einen Königsangriff.

16...♗d4+ 17.♔h1 ♗d7?

Ermöglicht eine Kombination, aber nach 17...a6 18.♗f3 ♖a7 19.♗d5 ♖axe7 20.dxe7 ♖xe7 21.♕f3 ♕c7 22.♖ae1 stünde Weiß besser.

Diagramm Nr.206

18.♘xb5! ♗xb5

Oder 18...♘c6 19.♘xd4 ♘xd4 20.♗c4 ♗e6 21.♗xe6 fxe6 (21...♘xe6 22.♕f3 f5 23.♕d5 ♔f7 24.♖xf5+! gxf5 25.♕xf5+ ♔g7 26.♕f6+ ♔g8 27.♕xe6+ ♔g7 28.♕g4+ ♔f7 29.♖f1 matt) 22.♕g4±, Opl–Ager, Ranshofen 1984.

19.♕b3 a6

Nach 19...c4 verliert Schwarz auf folgende Weise: 20.♗xc4 ♗xc4 21.♕xc4 ♘c6 22.♕xf7+ ♔h8 23.♗f6+ ♗xf6 24.♕xf6+ ♔g8 25.d7+−.

20.♕xf7+ ♔h8 21.a4!

Der Läufer darf nicht ziehen, weil er die Felder e8 und c4 unter Kontrolle halten muss.

21...♘d7 22.axb5 ♕d2 23.♗g4

Schwarz gab auf.

Königsindische Verteidigung (207)

Fahnenschmidt - Stohl

1.Bundesliga 1993

1.♘f3 d6 2.d4 ♘f6 3.c4 g6 4.♘c3 ♗f5

Schwarz möchte um den zentralen Punkt e4 kämpfen. Jedoch wird dadurch die normale Entwicklung der Figuren vernachlässigt. Die Theorie empfiehlt nur 4...♗g7.

5.g3 ♘e4 6.♘xe4 ♗xe4 7.♗h3

Üblich ist hier 7.♗g2.

7...d5

7...♗g7 wäre doch sinnvoller.

8.0-0 dxc4

Besser war 8...♗xf3!? 9.exf3 ♘c6. Im Duell Maurer-Sharif, Liechtenstein 1996, folgte weiter: 10.♕b3 ♘xd4 11.♕xb7 ♗g7 12.♗e3 ♘xf3+ 13.♔g2 ♘e5 14.cxd5 (Oder 14.♖fd1 0-0 15.♖xd5 ♕b8 16.♕b3 e6 17.♖b5 ♕e8 mit scharfem Spiel.) 14...♖b8 15.♕xa7 ♕xd5+ 16.f3?? (16.♔g1!) 16...♖xb2+ 17.♔g1 0-0 18.♗g2 ♖a8 19.♕xc7 ♘g4!, und Weiß gab sich geschlagen.

9.♕a4+ c6 10.♕xc4 ♗xf3 11.exf3 ♗g7 12.♗g5!

Mit dem Plan, nach 12...0-0 mittels 13.♖fe1 Druck auf Bauern e7 auszuüben. Schwarz wollte jedoch die Sache prüfen.

12...♕xd4 13.♕e2 ♕e5 14.♕d2 ♕c7?

Schwarz sollte die Damen behalten, da nach 14...♕xb2 15.♕xb2 ♗xb2 16.♖ab1 ♗g7 17.♖xb7 das entstandene Endspiel schlecht für ihn wäre. Aber in Frage käme 14...0-0!? z.B. 15.♖fe1 ♕xb2 16.♕xb2 ♗xb2 17.♖ab1 ♗c3 18.♖ec1 ♗f6 19.♗h6 ♗g7 20.♗xg7 ♔xg7 21.♖xb7 ♖e8 22.♗f1 a5 23.♖c5 e6 24.♗c4 ♔f6 und Schwarz verteidigt seine Stellung.

15.♖fe1 e5

Nach 15...e6 wäre schon das Läuferopfer möglich: 16.♗xe6! fxe6 17.♖xe6+ ♔f8 (17...♔f7 18.♕e2+−) 18.♗d8 ♕f7 19.♖e7 ♕d5 20.♕f4+ ♕f5 21.♖ae1 ♕xf4 22.♖e8+ ♔f7 23.♖1e7+ ♔f6 24.♖xb7+ ♔f5 25.♖f7+ ♗f6 26.♖xf6+ mit weißem Gewinn.

16.♖ad1 f6??

Ein grober Schnitzer. Hier war 16...♘a6 erzwungen.

Diagramm Nr.207

17.♖xe5+! fxe5

Oder 17...♕xe5 18.♗f4+−, und Schwarz hätte keine vernünftige Züge mehr.

18.♗d8 ♕f7 19.♕d6 b6

Der ♘b8 darf leider nicht ziehen wegen: 19...♘a6 20.♗e6 ♕f8 21.♕d7 matt.

20.♗g5!

Damit setzt der Anziehende der glänzend gespielten Partie die Krone auf. Gegen die Drohung 21.♕d8 matt gibt es keine Parade mehr. Schwarz gab sich geschlagen.

Königsindische Verteidigung (208)

Andersen – Sinkovics

Budapest 1992

1.d4 ♘f6 2.c4 g6 3.♘c3 ♗g7 4.e4 d6 5.♗e2 0-0 6.♘f3 e5

Andere Situationen entstehen nach 6...♘bd7 7.0-0 e5 8.♖e1 c6 usw. Oder 6...♕e8 7.0-0 e5 8.d5 ♘fd7 9.♘e1 f5 10.♘d3 f4 mit beiderseitigen Chancen.

7.0-0

In der Abtauschvariante nach 7.dxe5 dxe5 8.♕xd8 ♖xd8 9.♗g5 ♖e8! ist es für Weiß sehr schwierig, einen Vorteil zu erreichen: 10.♘d5 (In der Partie Hebert–Gufeld, New York 1989, entstand nach 10.0-0-0 ♘a6 11.♘e1 ♘c5 12.f3 c6 13.♘c2 a5 14.b3 ♘fd7 15.♗e3 ♗f8 16.♔b2 ♘b6 17.h4 ♗e6 18.h5 ♖ed8 19.hxg6 fxg6 20.♗g5 ♖xd1 21.♖xd1 ♔f7 eine etwa gleiche Stellung.) 10...♘xd5 11.cxd5 c6 12.♗c4 cxd5 13.♗xd5 ♘c6 14.0-0-0 ♘b4 15.♗b3 ♗e6 16.♗xe6 ♖xe6 17.♔b1 ♘a6 18.♗e3 f5 19.♖d5 b6 20.♘g5 ♖ee8 21.f3 ♗f6 22.♘h3 f4 23.♗f2 ♖ad8 mit gleichem Spiel, Guner–Ari, Türkei 1993.

7...♘c6

Diese Fortsetzung erfreut sich gegenwärtig großer Popularität. Das ist ohne Zweifel ein Verdienst des ehemaligen Weltmeisters Garri Kasparow, der die komplizierte Variante mit überwältigenden Erfolgen anwendete. Zu einem anderem Spiel führt 7...♘bd7.

8.d5 ♘e7 9.♘d2

Weiß hat an dieser Stelle auch weitere Pläne: 9.♘e1 ♘d7 10.♗e3 f5 11.f3 f4 12.♗f2 g5 13.a4 ♘g6 14.a5 h5 oder 9.b4 ♘h5 10.♖e1 f5 11.♘g5 ♘f6 12.♗f3 c6 13.♗e3 h6 14.♘e6 ♗xe6 15.dxe6 fxe4 16.♘xe4 ♘xe4 17.♗xe4 d5 18.cxd5 cxd5 19.♗c2 b6 20.♕g4 e4 21.♖ad1 ♕c7 22.♗b3 ♖f5, in beiden Fällen mit zweischneidigem Spiel.

9...♘e8

„Normal" ist 9...a5, was den Vorstoß b2–b4 nicht sofort zulässt, z.B. 10.a3 ♘d7 11.♖b1 f5 12.b4 ♔h8 13.♕c2 ♘g8 und scharfem Spiel.

10.b4 f5 11.c5 fxe4

Meistens hält Schwarz die Spannung im Zentrum aufrecht und spielt 11...♘f6, um danach mit f5–f4 und einem typischen Angriff am Königsflügel fortzusetzen. Mit dem Textzug, der die Zentrumslage schnell klärt, plant Schwarz, seinen Springer auf das zentrale Feld d4 zu lotsen.

12.♘dxe4 ♘f5 13.♗g5 ♕d7

Eine Alternative ist hier 13...♘f6.

14.a4 h6 15.♗c1

Die Theorie empfiehlt 15.♗d2!?

15...♕e7 16.♗a3 ♘d4 17.b5 ♗f5 18.f3

18.♗d3!? wäre logischer.

18...dxc5 19.♗xc5 ♘d6 20.♖c1?!

In Frage kam 20.♗d3!? mit der Idee ♘c3–e2. Die Partiefortsetzung bedeutet nur Zeitverlust.

20...h5! 21.a5 b6 22.♗a3 ♗h6 23.♖b1??

Notwendig war 23.♖a1, weil nun Schwarz eine kleine Kombination aufs Brett zaubern kann.

Diagramm Nr.208

23...♘xe4!

Weiß gab sofort auf, weil Schwarz für die Dame zuviel Material erhält, z.B. 24.♗xe7 (24.fxe4 ♕xa3 25.exf5 ♕xc3-+) 24...♘xc3 25.♗xf8 (25.♕e1 ♘dxe2+ 26.♔h1 ♗xb1 27.♗xf8 ♖xf8-+) 25...♘dxe2+ 26.♔h1 ♘xd1 27.♗xh6 ♗xb1 28.♖xd1 ♗f5-+.

Königsindische Verteidigung (209)

Uhlmann – Dely
Sarajevo 1964

1.d4 ♘f6 2.c4 c5 3.d5 d6 4.♘c3 g6 5.e4 ♗g7 6.♗e2 0-0 7.♘f3 e6 8.♗g5 exd5 9.cxd5

Mit Zugumstellung kam es zu einer Variante des beliebten Awerbach-Systems, wo Weiß seine Läufer nach e2 und g5 entwickelt.

9...♗g4?!

Besser ist 9...h6! z.B. 10.♗h4 g5 11.♗g3 ♘h5 (11...b5!? 12.♗xb5 ♘xe4 13.♘xe4 ♕a5+ 14.♘fd2 ♕xb5 15.♘xd6 ♕xb2 16.♖b1 ♕xa2 17.♕b3 ♕xb3 18.♖xb3 ♘d7=) 12.♘d2 ♘xg3 13.hxg3 ♘d7 14.♘c4 ♕e7 15.♕c2 ♘e5 16.♘e3 ♖e8 mit zweischneidigem Spiel.

10.♘d2 ♗xe2 11.♕xe2 a6 12.0-0

Öfter wird hier 12.a4 gespielt, um b7–b5 zu verhindern.

12...♘bd7

Besser sieht 12...b5!? aus.

13.f4 ♖e8 14.♖ae1 b5 15.♕f3 c4 16.♔h1 ♕c7

Nach 16...b4 plante Uhlmann 17.♘xc4!? bxc3 (17...♕c7? 18.b3 bxc3 19.e5 dxe5 20.fxe5 ♘xe5 21.♖xe5 ♖xe5 22.d6+–) 18.♘xd6 cxb2 19.♘xe8 ♕xe8 20.e5 ♘h5 21.e6 fxe6 22.dxe6 ♘b6 23.f5 mit starker Initiative.

17.♗xf6 ♗xf6

Nicht zum Ausgleich reichte 17...♘xf6 18.e5! ♘d7 (18...dxe5 19.fxe5 ♖xe5 20.d6+–) 19.♘ce4 (19.e6!?) 19...dxe5 20.d6 ♕d8 21.f5! und starkem weißem Angriff.

18.e5! dxe5 19.fxe5 ♗xe5

Oder 19...♖xe5 20.d6! ♕d8 21.♖xe5 ♗xe5 22.♕xf7+ ♔h8 23.♘f3 ♗g7 24.♖e1 mit der kräftigen Drohung ♖e1-e7.

20.♕xf7+ ♔h8 21.♘f3 ♖f8

Diagramm Nr.209

22.♘xe5!!

Ein sehr schönes Damenopfer.

22...♖xf7 23.♘xf7+, und Schwarz gab sich geschlagen wegen 23...♔g7 (23...♔g8 24.♖e7+–) 24.♖e7 ♖f8 25.♘g5+ ♔g8 (25...♔h6 26.♖xh7+ ♔xg5 27.♘e4+ ♔g4 28.h3 matt) 26.♖xf8+ ♔xf8 27.♘e6+ mit Damengewinn.

Modernes Benoni (210)

Jewdokimow – Wolokitin
Moskau 2008

1.d4 ♘f6 2.c4 e6 3.♘f3 c5 4.d5 d6 5.♘c3 exd5 6.cxd5

Die entstandene Bauernformation ist charakteristisch für die Moderne Benoni-Verteidigung.

6...g6 7.♘d2 ♗g7 8.e4

Ein anderer Plan ist, nach 8.♘c4 und 9.♗f4 ein Druckspiel gegen den Punkt d6 zu organisieren.

8...0-0 9.♗e2 ♖e8 10.0-0 ♘bd7 11.a4 ♘e5 12.♕c2 ♗g4

Die Theorie empfiehlt hier 12...g5!?, um f2–f4 zu vermeiden, z.B. 13.♘c4 (Oder 13.♖a3 a6 14.a5 ♖b8 15.♘f3 ♘xf3+ 16.♗xf3 ♘g4 17.♗xg4 ♗xg4 18.♘a4 ♕xa5 19.♗xg5 ♗h5 20.♖g3 ♗g6 21.♘c3 b5 22.f3 c4 23.♘d1 ♖bc8 mit guten Chancen für Schwarz, Vaisman-Velickovic, Zrenjamin 1981.) 13...♘xc4 14.♗xc4 ♘g4 15.♘e2 ♕f6 16.♘g3 ♕g6 17.♗e2 ♗e5?! (17...♗d4!?) 18.♗xg4 ♗xg4 19.f4 gxf4 20.♗xf4 ♗d4+ 21.♔h1 ♖e7 22.♖a3 ♔h8 23.♕d2 ♖g8, und das Spiel ist zweischneidig, Nickoloff-Hulak, New York 1989.

13.f3 ♗d7 14.f4

Zu überlegen war erst 14.h3!? mit dem Plan f3–f4.

14...♘eg4 15.♘c4?

Das erlaubt dem Schwarzen, die Initiative zu übernehmen. Notwendig war 15.♘f3!?, um die Felder d4 und h4 zu kontrollieren.

15...♘xe4! 16.♘xe4 ♗d4+ 17.♔h1

Ohne Zweifel stärker war 17.♘f2!?, obwohl Weiß nach 17...♕h4 18.♗xg4 ♗xg4 19.g3 ♕h5 den Druck der gegnerischen Figuren gespürt hätte.

Diagramm Nr.210

17...♘xh2!

Der Springer ist tabu wegen ♕d8-h4 matt.

18.♘g5 ♘xf1 19.♗xf1 ♖e1 20.♘d2 ♕f8!

Auf diese Weise wird die Dame ins Spiel geführt.

21.♖a3

Oder 21.♘gf3 ♕h6+ 22.♘h2 ♗e3-+.

21...♕h6+ 22.♖h3 ♗xh3 23.♘xh3 ♕h5 24.♔h2 ♕d1

Weiß gab auf.

Wolga-Gambit (211)

Kilian - Geisman
Fernpartie 1987

1.d4 ♘f6 2.c4 c5 3.d5 b5

Dieses interessante Bauernopfer führt zu einem scharfen und zweischneidigem Kampf. Der Plan von Schwarz ist klar: Durch Öffnung der a- und b-Linie möchte er den Gegner dort mit allen Schwerfiguren ständig unter Druck setzen. Dabei spielt der schwarze Königsläufer eine weitere Hauptrolle, indem er von g7 aus die kritischen Felder c3 und b2 aufs Korn nimmt. Weiß ist also von Anfang an gezwungen, genau zu spielen, will er nicht völlig die Initiative verlieren.

4.cxb5

Weiß kann das Bauernopfer natürlich ablehnen:

1) 4.♘f3 bxc4 5.♘c3 g6 6.e4 d6 7.♗xc4 ♗g7 8.0-0 0-0 9.h3 ♘bd7 10.a4 ♘b6 11.♗b5 ♖b8 12.♖e1 a6 13.♗f1 ♘a8 14.e5 ♘d7 15.exd6 exd6 16.♗f4 ♘f6 17.♘d2 ♘h5 18.♗h2 ♖xb2 19.♘ce4 f5 20.♘xd6 ♗d4 21.♘xc8 ♕xc8 22.♖b1 mit weißem Vorteil, Barejew-Adams, Hastings 1991.

2) 4.f3 g6 5.e4 d6 6.cxb5 a6 7.♘c3 ♗g7 8.a4 0-0 9.♖a3 axb5 10.♗xb5 ♗a6 11.♘ge2 ♗xb5 12.♘xb5 ♘a6 13.0-0 ♘c7 14.♘ec3, und Weiß hat einen Mehrbauern sowie bessere Chancen, Anand-Adams, Roquebrune 1992.

4...a6 5.♘c3

Eine moderne Variante entsteht nach 5.b6!? z.B. 5...d6 6.♘c3 ♘bd7 7.a4 ♕xb6 8.a5 ♕b7 9.e4 g6 10.f4 ♗g7 11.♘f3 0-0 12.♗c4 ♘e8 13.0-0 ♘c7 14.♕d3 ♘f6 15.♖a3 ♗d7 16.h3 ♗b5=, Schirow-Adams, Dortmund 1992.

5...axb5 6.e4 b4 7.♘b5 d6

Angesichts der Drohung 8.e5 das Einzige. Nicht spielbar ist 7...♘xe4?? wegen 8.♕e2 f5 9.f3 mit Figurengewinn, da 9...♘f6 an 10.♘d6 matt scheitert.

8.♗f4 ♘bd7 9.♘f3 ♘h5 10.♗g5 ♘hf6

Auf 10...♕b6 folgt 11.♘d2 g6 12.♘c4 ♕b8 (Nicht jedoch 12...♕xb5?? wegen 13.♘xd6+ und Damengewinn.) 13.a3 ♗g7 14.♗d3 mit weißem Vorteil, Raschkowski-Silbermann, UdSSR 1975.

11.e5!? ♘xe5 12.♘xe5 dxe5 13.♗c4 ♗b7 14.0-0 ♘e4

Aber nicht 14...♘xd5?? wegen 15.♗xd5 ♗xd5 16.♕xd5 ♕xd5 17.♘c7+ mit materiellem Vorteil.

15.♗e3 ♕b6?

Ein Tempoverlust. Notwendig war 15...g6!? nebst ♗f8-g7, 0-0 und Rettungschancen. Nun geht Weiß zum entscheidenden Angriff über.

16.f4! ♘d6

Das vereinfacht die Aufgabe von Weiß, doch die schwarze Stellung ist schwer zu verteidigen, z.B. 16...exf4 17.♗xf4 ♘d6 18.♗xd6 exd6 19.♕e2+ ♗e7 20.♖ae1 ♕d8 21.♕xe7+! ♕xe7 22.♘xd6+ ♔d7 23.♖xe7+ ♔xe7 24.♘xb7+−.

17.♘xd6+ exd6 18.fxe5 dxe5

Darauf forciert der Anziehende den Gewinn durch eine wirkungsvolle Kombination.

Diagramm Nr.211

19.♖xf7! ♔xf7

Nach 19...0-0-0 folgt 20.a3! mit Öffnung der Stellung am Damenflügel.

20.d6+ ♔e8

Andere Königszüge verlieren auch: 20...♔g6 21.♕g4+ ♔f6 22.♕g5 matt bzw. 20...♔f6 21.♕f1+ ♔g6 22.♕f7 matt.

21.♕h5+ ♔d7

Auf 21...g6 folgt 22.♕xe5+ mit Materialgewinn.

22.♕f7+ ♔c6

Schwarz glaubte sich mit diesem Zug retten zu können, z.B. 23.♗d5+ ♔b5 24.♕f1+ ♔a5 aber nach

23.a4!

...gibt es keine Befreiung mehr.

23...bxa3

Oder 23...♕d8 24.♕d5+ mit Mattangriff.

24.♗d5+ ♔b5

24...♔xd6 25.♖d1+−.

25.♕f1+

Schwarz gab auf wegen 25...♔a5 (25...♔b4 26.♕c4+ ♔a5 27.♖xa3#) 26.♖xa3+ ♔b4 27.♗d2 matt.

Wolga-Gambit (212)

Conquest - Degraeve
Clichy 2001

1.d4 ♘f6 2.♘f3 c5 3.d5 b5 4.c4 ♗b7

Energischer ist 4...e6!?, um die weiße Bauernstruktur im Zentrum sofort anzugreifen.

5.♕c2 bxc4 6.e4 g6

Auch hier war 6...e6!? gut.

7.♗xc4 ♗g7

In der Partie Lisko-Havlicek, Slowakei 2003, folgte 7...d6 8.0-0 ♘bd7 9.h3 ♗g7 10.♖e1 0-0 11.♗f4 ♘b6 12.♗f1 ♕c8 13.♘c3 ♗a6 14.♖ad1 ♗xf1 mit Remis.

8.♘c3 0-0?!

Schwarz sollte den nächsten gegnerischen Zug nicht zulassen. Besser war also 8...d6!

9.e5 ♘e8 10.h4!

Ein Signal zum Königsangriff.

10...d6 11.h5 dxe5 12.hxg6 hxg6 13.♕e4 ♘d6??

Der entscheidende Fehler. Notwendig war 13...♘d7! 14.♕h4 ♘ef6, und Schwarz kann sich noch verteidigen.

14.♕h4 f6 15.♗d3! e4

15...♔f7 16.♗xg6+! ♔xg6 17.♕h5 matt.

16.♘xe4 ♘f5 17.♕h7+ ♔f7

Diagramm Nr.212

18.♘eg5+!

Die Einleitung des Mattangriffs.

18...fxg5 19.♘e5+ ♔f6 20.♕xg6+! ♔xe5 21.♕e6+ ♔d4 22.♕e4 matt.

Blumenfeld-Gambit (213)

Miles - Alburt
USA 1989

1.d4 ♘f6 2.♘f3 c5 3.d5 e6 4.c4 b5

Dieses Eröffnungsfossil aus den 20er Jahren des vergangenen Jahrhunderts, das seinerzeit der Moskauer Meister Benjamin Blumenfeld (1884-1947) kreierte, erlebt gegenwärtig eine Renaissance. Grund hierfür sind wahrscheinlich die vielen Ähnlichkeiten zum populären Wolga-Gambit.

5.dxe6

Das ist nicht zu empfehlen, weil Schwarz ein starkes Bauernzentrum bekommt.

Am besten ist 5.♗g5, um die Spannung des Kampfes zu behalten. Man sehe: 5...♕a5+ (Nach 5...exd5 6.cxd5 ♕a5+ 7.♘c3 ♘e4 8.♗d2 ♘xd2 9.♘xd2 d6 10.e4 a6 11.a4 b4 12.♘cb1 ♗e7 13.♗e2 0-0 14.0-0 ♕c7 15.♘c4 a5 16.♘bd2 hat Weiß einen klaren Plan f2–f4, e4–e5 und aktivem Spiel, Spasow–Martinovic, Vrnjacka Banja 1984.) 6.♕d2 ♕xd2+ 7.♘bxd2 (In der Variante nach 7.♘fxd2 bxc4 8.♗xf6 gxf6 9.e4 ♘a6 10.♗xc4 ♖b8 11.♘c3 ♖xb2 12.0-0-0 ♖b8 13.♘b5 ♗b7 14.♘b3 f5 hat Schwarz gutes Gegenspiel.) 7...bxc4 8.♗xf6 gxf6 9.e4 ♗b7 10.♗xc4 ♔e7 (Mit der Idee d7–d6 und ♘b8–d7.) 11.♘b3 f5 12.♘xc5 fxe4 13.♘xb7 exf3 14.gxf3 ♔f6 15.0-0-0 a5, und Weiß hat einen Mehrbauern, aber Schwarz die aktivere Stellung. Die Situation ist recht kompliziert, Sahovic-Kostic, Vrnjacka Banja 1982.

5...fxe6 6.cxb5 ♗b7

Der letzte Schrei der Mode. Schwarz vermeidet nahezu ausanalysierte Varianten, wie sie nach 6...d5 entstehen können, z.B. 7.e3 (7.♗g5 ♗e7 8.e3 0-0 9.♗e2 ♘bd7 10.♘c3 ♗b7 11.0-0 ♕e8 12.♕c2 ♗d6 13.♖fe1 ♖c8 14.♖ad1 ♗b8 15.♗h4 ♔h8 16.♗f1 e5 17.e4 d4 mit kompliziertem Spiel, Cholmow–Portisch, Balatonfüred 1959.) 7...♗d6 8.♘c3 0-0 9.♗e2 ♗b7 10.0-0 ♘bd7 11.b3 ♕e7 12.♗b2 e5 13.a4 ♖ae8 14.a5 ♔h8 15.♘h4 ♗b8 16.♘f5 ♕e6 17.♘g3 e4, und Schwarz bekam ausgezeichnete Angriffschancen am Königsflügel, Monina–Ambarcumowa, Smolensk 2005.

7.♘c3 ♗e7 8.e3 0-0 9.♗d3

Vermutlich steht der Läufer auf e2 besser.

9...d5 10.0-0 ♕d6

Interessant ist 10...♕e8!? mit dem Plan ♕e8–h5.

11.♖e1 ♘bd7 12.b3?

Weiß wittert die Gefahr am Königsflügel nicht, sonst hätte er richtig 12.h3! gespielt. Jetzt bringt Schwarz dort einiges ins Rollen.

12...♘g4!

Es droht 13...♖xf3! mit Angriff.

13.h3

Auch nach 13.♗e2 folgt 13...♖xf3! 14.♗xf3 ♕xh2+ 15.♔f1 ♖f8 mit starker Attacke. Aber der Partiezug ermöglicht eine schöne Kombination...

Diagramm Nr.213

13...♘xf2! 14.♔xf2 ♗h4+

Noch stärker war 14...♕h2!, z.B. 15.♕c2 ♗h4+ 16.♔e2 ♕xg2+ 17.♔d1 ♕xf3+ 18.♗e2 ♕xh3-+.

15.♔g1

Andere Königszüge führen schnell zum Matt: 15.♔f1 ♕h2! 16.♘e2 ♖xf3+ 17.gxf3 ♕f2 matt, bzw. 15.♔e2 ♖xf3! 16.♔xf3 ♕g3+ 17.♔e2 ♕f2 matt.

15...♖xf3! 16.♕xf3

16.gxf3 ♕g3+ 17.♔h1 ♕xh3+ 18.♔g1 ♘e5 19.♗xh7+ ♔xh7 20.♕c2+ ♔g8-+.

16...♗xe1 17.♗b2 ♖f8 18.♗xh7+

18.♕h5 ♗f2+ 19.♔h1 ♘f6-+.

18...♔xh7 19.♕h5+ ♔g8 20.♖xe1 ♕g3 21.♖e2 d4 22.exd4 ♗f3 23.♘e4 ♗xe4 24.♖xe4 ♖f2 25.♕e8+ ♘f8

Weiß gab auf.

Holländische Verteidigung (214)

Pinter – Karolyi
Budapest 1989

1.d4 f5

Die Holländische Verteidigung hat den Ruf, eine aggressive und sehr komplizierte Eröffnung zu sein.

2.g3 ♘f6 3.♗g2 g6 4.c4 ♗g7

Unter den Freunden dieser Verteidigung findet die Leningrader Variante gegenwärtig am meisten Anklang. Der fianchettierte schwarze Läufer spielt auf der Diagonalen a1-h8 eine wichtige Rolle: Er steht bereit, dem mittels e7–e5, c7–c5 oder ♘b8–c6 geführten Angriff gegen den zentralen Punkt d4 Vorschub zu leisten, während der ⇄holländische⊕ Bauer auf f5 wie üblich die Kontrolle über den zentralen Punkt e4 sichert. In gleicher Weise kann Weiß durch Fianchettierung des Königsläufers seinen Einfluss auf der großen weißen Diagonale, insbesondere den Punkten e4 und d5 zur Geltung bringen, was ihm gute Aussichten für ein Spiel im Zentrum und am Damenflügel einräumt.

5.♘c3 0-0 6.♘f3 d6 7.0-0 ♕e8

Zurzeit in Mode. Auf e8 unterstützt die Dame den Vorstoß des Bauern e7 und steht außerdem bereit für einen späteren Schwenk zum Königsflügel. Von Bedeutung sind ferner:

1) 7...c6 8.d5 e5 9.dxe6 ♗xe6 10.b3 ♘a6 (Die Variante nach 10...♘e4 11.♘xe4 ♗xa1 12.♕xd6 ♕xd6 13.♘xd6 ♗c8 14.♗g5 ♗f6 15.♗xf6 ♖xf6 16.♘xc8 ♘a6 17.♘e7+ ♔f8 18.♘xc6 bxc6 19.♘e5 ist günstig für Weiß.) 11.♗b2 ♕e7 12.♘g5 ♗d7 13.♕c2 ♖ad8 14.♖ad1 ♖fe8 15.a3 h6 16.♘f3 ♗e6 17.♖fe1 ♗f7 mit beiderseitigen Perspektiven, Se.Iwanow–Jagupow, Russland 1992.

2) 7...♘c6 8.d5 ♘e5 9.♘xe5 dxe5 10.♕b3 (Unklar ist 10.e4 f4 usw.) 10...h6 11.c5 ♔h8 12.♖d1 g5 13.♗d2 f4 14.♗e1 ♗f5 15.♕xb7 ♖b8 16.♕xa7 ♖xb2 17.♕a3 ♖b8 18.d6 mit weißem Vorteil, Ibragimow–Glek, Asow 1991.

8.b3 e5?!

Dieser vorbereitete Vorstoß ist hier zu riskant. Solider war 8...c6 oder 8...♘c6.

9.dxe5 dxe5 10.e4! ♘c6

Nach 10...fxe4 11.♘xe4 ♘xe4 12.♕d5+ ♗e6 13.♕xe4 ♘c6 14.♘g5 stünde Weiß besser.

11.♘d5

Gut ist auch 11.♗a3 ♖f7 12.♖e1 f4 13.gxf4 ♘h5 14.f5 gxf5 15.♘g5 ♖d7 16.♘d5 ♕g6 17.h4 mit größeren Perspektiven für Weiß, Meduna–Beljawski, Sotschi 1986.

11...♕d7

Besser für Weiß ist 11...♘xd5 12.cxd5 fxe4 13.♘g5 ♘d4 14.♗a3 ♖f5 15.♘xe4 usw.

12.♗a3 ♖e8?

Stärker war 12...♖d8! z.B. 13.♕c2 ♘xe4 14.♖ad1 ♔h8 (Nach 14...♘d4 15.♘xd4 exd4 16.♗xe4 fxe4 17.♕xe4 c6 18.♘e7+ ♔f7 19.♖fe1 ♗f6 20.♖d3 ♕g4 21.♖f3 ♕xe4 22.♖xe4 ♔g7 23.♘xc8 ♖axc8 24.♗e7 bekam Weiß besseres Endspiel, Leski–Philippe, Frankreich 2001.) 15.♘f6 ♗xf6 16.♖xd7 ♗xd7 17.♗b2 ♗e8 18.a3 a5 19.h4 ♘c5 20.♖e1 ♘d3 mit etwa gleichem Spiel, Jakab–Markus, Subotica 2001.

13.exf5 e4 14.♘g5 gxf5 15.♘xf6+ ♗xf6 16.♕h5!

Für die Qualität erhält der Anziehende genug Kompensation, da der Läufer auf der langen Diagonale a1-h8 sehr gefährlich sein kann.

16...♗xa1 17.♖xa1 ♖d8

Nach 17...♘d4 18.♘xh7! zeigt sich plötzlich die schlechte Position des ♖e8.

18.♗b2 ♕e7 19.♖e1 ♘d4

Auch mit der weiteren Entwicklung 19...♗d7 kommt Schwarz zu spät, um noch den eigenen Monarchen zu schützen. Danach kann nämlich 20.♖xe4! fxe4 21.♗xe4 mit entscheidendem Angriff folgen.

Diagramm Nr.214

20.♗xe4! fxe4 21.♖xe4 ♘f3+

In der Begegnung Flear–Wall, West Bromwich 2005, gab sich Schwarz nach 21...♕g7 22.♗xd4 ♕g6 23.♕xg6+ hxg6 24.♖h4 geschlagen.

22.♔g2! ♗h3+

Nach 22...♕xg5 23.♖e8+ ♖xe8 24.♕xe8 wird Schwarz mattgesetzt.

23.♔xf3

Es könnte noch folgen: 23...♕f8+ 24.♖f4 ♖d3+ 25.♔e2 ♗f5 26.♘e4 ♗xe4 27.♖g4+ ♗g6 28.♖xg6+ hxg6 29.♕xg6+ ♕g7 30.♕xg7 matt. Schwarz gab sich geschlagen.

Holländische Verteidigung (215)

Wockenfuss – Klaric
Amsterdam 1985

1.g3 g6 2.♗g2 ♗g7 3.d4 f5 4.c4 ♘f6 5.♘c3 0-0 6.♘h3

Weiß möchte mit der Entwicklung des Springers auf h3 nebst ♘h3–f4 Druck auf die Punkte d5 und e6 ausüben.

6...d6 7.d5 ♘a6

Der Springer wird auf c5 platziert. Nach 7...c6 8.♘f4 e5 9.dxe6 ♕e7 10.0-0 ♗xe6 11.♘xe6 ♕xe6 12.♗f4 ♕xc4 13.♕xd6 ♘a6 14.♖fd1 steht Weiß besser.

8.0-0 ♘c5 9.♘f4 g5

Möglich ist hier auch 9...e5!? z.B. 10.dxe6 c6 11.♗e3 (Keine Probleme hat Schwarz nach 11.♕c2 ♘xe6 12.♖d1 ♘g4 13.♘xe6 ♗xe6 14.c5 d5 15.e3 ♕e7 16.♘e2 ♖ae8 mit aktivem Spiel, Taimanow–Lutikow, Leningrad 1955.) 11...♘xe6 12.♕d2 ♘g4 13.♘xe6 ♗xe6 14.♗g5 und etwa gleichen Chancen.

10.♘d3 ♘ce4 11.♘xe4 fxe4 12.♘e1 h6 13.♘c2 ♕e8

Ein typisches Manöver. Die Dame wird zum Königsflügel gebracht.

14.♗e3

Das Beste ist hier 14.♘e3! z.B. 14...♕h5 15.♕c2 e5 (Oder 15...♗h3 16.f3 ♗xg2 17.♔xg2 g4 18.fxe4 ♕h3+ 19.♔g1 ♘h5 20.♘f5 mit weißem Vorteil, Andrianow–Berkowitsch, Moskau 1986.) 16.♖e1 mit dem Plan ♗c1-d2–c3 nebst Angriff gegen den e4–Bauern.

14...♘g4! 15.♗d4

Nach 15.♗xe4 ♕h5 hätte Weiß ernste Schwierigkeiten.

15...♕h5 16.h3 ♘e5 17.♘e3?

Auf keinen Fall sollte Weiß seinen Bauern auf h3 abgeben. Richtig war 17.♗xe5! ♗xe5 18.e3 ♕xd1 19.♖fxd1 ♗f5 20.♘d4, und die Stellung ist noch verteidigungsfähig. Nach dem Partiezug übernimmt Schwarz völlig die Initiative.

17...♗xh3 18.♗xh3 ♕xh3 19.♗xe5

Jetzt wird der schwarze Läufer auf e5 eine starke Position besetzen, von wo er den Punkt g3 unter Beschuss nimmt. Aber auch nach 19.♕c2 ♘g4! 20.♘xg4 ♗xd4 21.e3 ♗xb2 22.♘xh6+ ♕xh6 23.♕xb2 ♕h5 24.♕xb7 ♔f7 25.♖fb1 ♖h8 26.♔f1 ♕f3 27.♔e1 ♖ab8 28.♕xb8 ♖xb8 29.♖xb8 ♕h1+ 30.♔e2 ♕xa1 wäre das Endspiel leicht für Schwarz gewonnen.

19...♗xe5 20.♕c2 ♖f4!

Diesen Zug hat Weiß wohl übersehen. Der Turm kann nicht genommen werden: 21.gxf4 ♗xf4 22.♖fd1 ♕h2+ 23.♔f1 ♕h1 matt.

21.♘g2 ♖af8

Ein effektvoller Zug, aber zum Gewinn führte auch 21...♖g4! 22.e3 h5 nebst h5–h4-+.

22.a4

Das Nehmen auf f4 kommt weiterhin nicht in Frage: 22.e3 ♖xf2! 23.♖xf2 ♖xf2 24.♕xf2 ♗xg3 25.♕c2 ♕h2+ 26.♔f1 ♕h1+ 27.♔e2 ♕xg2+ 28.♔d1 ♕f1+ 29.♔d2 ♕xa1 30.♕xe4 ♕xb2+ 31.♔d1 ♕f6-+. Oder 22.gxf4 ♗xf4 23.♘xf4 ♖xf4 24.♕c3 (24.f3 ♕g3+ 25.♔h1 ♖h4 matt) 24...♖g4+ 25.♕g3 ♖xg3+ 26.fxg3 ♕xg3+ 27.♔h1 g4-+.

Diagramm Nr.215

22...♖xf2! 23.♖xf2 ♗xg3

Weiß gab auf wegen 24.♖xf8+ ♔xf8 25.e3 ♕h2+ 26.♔f1 ♕h1+ 27.♔e2 ♕xg2+ mit Materialgewinn.

Holländische Verteidigung (216)

Rajlich – Kadziolka
Polen 2007

1.d4 f5 2.♗g5

Eine seltene Variante gegen die Holländischen Verteidigung. Normalerweise wird hier 2.g3 mit der Entwicklung des Läufers nach g2 gespielt.

2...g6 3.♘d2

3.♘c3 trifft man öfter in der Praxis.

3...♗g7 4.e3

Nach 4.e4 fxe4 5.♘xe4 d5 6.♘c5 b6 7.♘b3 ♘h6 8.♘f3 0-0 (8...♘f7!? 9.♗h4 0-0 10.♗e2 a5 11.a4 c5 12.0-0 c4 13.♘bd2 ♘c6∞) 9.♕d2 ♘f7 10.♗f4 c5 11.c3 c4 12.♘c1 ♘c6 13.♗e2 ♗f5 14.0-0 ♕d7 hat Schwarz keine Probleme.

4...d6

Zu beachten war 4...♘f6!?, um schnell die Entwicklung des Königsflügels zu beenden: 5.f4 c5 6.c3 b6 7.♘gf3 ♗b7 8.♗xf6 ♗xf6 9.♗d3 d5 10.♕e2 e6 11.0-0 0-0 12.g4 ♘c6 13.gxf5 exf5 14.♘e5 ♗xe5 15.dxe5 ♘xe5!? 16.fxe5 ♕g5+ 17.♔f2 (Oder 17.♔h1 c4 18.♗b1 d4+ 19.♘f3 d3 mit Kompensation.) 17...♕h4+ 18.♔g1 ♕g5+ mit ewigem Schach.

5.c3 h6 6.♗h4 ♘f6 7.♘gf3 g5

Die Schwächung der Königsstellung ist sehr gefährlich. Stärker war deshalb 7...♗e6 nebst ♗e6–f7 und Vorbereitung von e7–e5.

8.♗g3 ♘c6 9.♘c4 ♘e4

Weiter kam 9...♗e6!? in Frage.

10.d5 ♘b8 11.♗d3 ♘xg3?

Die falsche Entscheidung, denn die h-Linie wird bald durch Weiß zum entscheidenden Schlag ausgenutzt. Besser war 11...c6!?

12.hxg3 0-0 13.e4! e6 14.dxe6 ♗xe6 15.exf5 ♗xf5 16.♗xf5 ♖xf5 17.♘e3 ♖f7 18.♕c2 ♘d7 19.0-0-0 ♕f6 20.♘g4 ♕e6

Diagramm Nr.216

21.♕h7+!

Auf diese Weise nutzt Weiß den Fehler von Schwarz im 11.Zug.

21...♔xh7

21...♔f8 22.♘xh6+–.

22.♘xg5+ ♔g6 23.♘xe6 h5 24.♘xc7 hxg4

Oder 24...♖c8 25.♖xd6+ ♔g5 (25...♔f5 26.♘e3+ ♔g5 27.f4++–) 26.♘e6+ ♔xg4 27.♖h4+ ♔f5 28.♖xh5+ ♔f6 (28...♔g6 29.♘f4 matt) 29.♘c5+ ♔e7 30.♖xd7+ mit Gewinn.

25.♖xd6+

Schwarz gab auf.

Englische Eröffnung (217)

Speelman – Kudrin
Hastings 1983/84

1.♘f3 c5 2.c4 ♘f6 3.♘c3 b6

Die Einleitung zu dem in der Turnierpraxis populären Igel-System.

4.e3

Normalerweise wird hier 4.g3 gespielt, um den weißfeldrigen Läufer aktiv auf der langen Schräge a8–h1 zu postieren.

4...e6 5.d4 cxd4 6.exd4 ♗b7 7.♗g5 ♗e7 8.♗d3 0-0

Ein anderer Plan für Schwarz ist 8...d6 9.0-0 ♘bd7 10.♕e2 0-0 11.♖ac1 ♖c8 12.♖fd1 ♖e8 mit unklarem Spiel, Sondermann–Szakolczai, Berlin 2006.

9.h4!?

Mit diesem aggressiven Zug bereitet Weiß eine Falle vor: 9...♘c6 10.♗xf6 ♗xf6 11.♗xh7+!? ♔xh7 12.♘g5+ ♔h6 (12...♔g8 13.♕h5 ♖e8 14.♕xf7+ ♔h8 15.♘ce4 und gefährlicher Initiative) 13.♕d2 ♗xg5 14.hxg5+ ♔g6 15.♕d3+ f5 16.gxf6+ ♔xf6 17.d5 ♘e5 18.♘e4+ ♔e7 19.♕g3 mit starkem Angriff.

9...♘e8?

Ein passiver Zug. Besser ist 9...♗xf3! 10.♕xf3 ♘c6 mit guten Chancen auf Gegenspiel.

10.d5 ♘a6 11.♕e2 h6 12.♖d1!?

Weiß ist bereit, seinen Läufer zu opfern, um die h-Linie für den Angriff zu erhalten.

12...♘c5 13.♗b1

Ohne Risiko war 13.♗xe7 ♕xe7 14.0-0 usw.

13...hxg5 14.hxg5 ♗xg5??

Der Bauer ist vergiftet. Am besten war hier laut Speelman 14...f5! 15.gxf6 ♗xf6 16.♗h7+ ♔f7 mit Verteidigungschancen.

15.♗h7+ ♔h8

Diagramm Nr.217

16.♘xg5! ♕xg5 17.♗c2+ ♔g8 18.♖h5!

Um jetzt 19.♖h8+! mit der Idee 20.♕h5+ nebst Matt auf h7 zu vereiteln, muss Schwarz den Punkt h6 im Auge behalten.

18...♕f4 19.g3 ♕f6 20.♗h7+ ♔h8 21.♗g6+!

Schwarz gab auf. Seine Dame ist durch den letzten Zug von Weiß von dem Punkt h6 abgeschnitten worden, wonach Weiß nun mit 22.♖h8+ und 23.♕h5+ mattsetzt.

Englische Eröffnung (218)

Haag – Wojtkiewicz
Bad Mergentheim 1989

1.d4 ♘f6 2.c4 c5 3.♘f3 cxd4 4.♘xd4 e6 5.♘c3 ♗b4

Eine andere Möglichkeit für Schwarz ist 5...♘c6.

6.♘db5 d5 7.♗f4?!

Vorzuziehen ist das übliche 7.cxd5 exd5 8.♗g5 0-0 9.a3 ♗xc3+ 10.♘xc3 ♘c6 11.e3 (Auf den Bauergewinn mittels 11.♗xf6 ♕xf6 12.♕xd5 ♘d4! wird sich Weiß gewiss nicht einlassen.) 11...♗e6 12.♗d3 h6 13.♗xf6 ♕xf6 14.0-0 ♖ad8 mit ungefähr gleichen Chancen, Miles–Furman, Bad Lauterberg 1977.

7...0-0 8.e3

8.♘c7 ♘h5! ist günstig für Schwarz.

8...a6 9.♘d4

In der Partie Tschernikow–Polugajewski, UdSSR 1971, geschah: 9.a3 ♗a5 10.♘d6 ♘c6 11.♗g3 ♗xc3+ (11...e5 12.cxd5 ♕xd6 13.dxc6 ♗xc3+ 14.bxc3 ♕c5 15.♕b3 bxc6 16.♕b4±, Lenic–Stohl, Sibenik 2007) 12.bxc3 ♕a5 13.♕d2 ♖d8 14.cxd5 ♘xd5 15.c4 ♘db4 16.♖c1 ♕xa3 und Weiß hat nicht genügend Kompensation für den geopferten Bauern. Nach 9.♘c7 kann folgen 9...♖a7 10.♕b3 (10.♘7xd5 exd5 11.♗xb8 ♗xc3+ 12.bxc3 ♗g4 13.f3 ♕xb8 14.fxg4 dxc4 mit klarem Vorteil für Schwarz) 10...♗d6 11.♗xd6 ♕xd6 12.♘7b5 axb5 13.♘xb5 ♕c5 14.♘xa7 ♕xa7 15.♗d3 d4 16.exd4 ♕xd4 17.0-0 ♘c6 18.♖ad1 ♕g4 und Schwarz steht besser, Nordstrom–Eriksson, Borlange 1992.

9...♕a5 10.♕c2

10.♘b3 ♗xc3+ 11.bxc3 ♕xc3+ 12.♕d2 ♕xd2+ 13.♘xd2 ♘c6∓.

10...♘e4

Schwarz übernimmt nun völlig die Initiative. Zu überlegen war jedoch 10...dxc4!?

11.♘de2

Vorsichtiger war 11.♖c1!?

11...e5!

Der Nachziehende opfert logischerweise einen Bauern, um einen heftigen Angriff gegen den unrochierten weißen König zu erlangen.

12.♗xe5 ♘c6 13.♗d4??

Nun wird auch die e-Linie zum Angriff geöffnet. Bessere Verteidigungsaussichten bot noch 13.cxd5 ♕xd5 14.a3 ♕xe5 15.axb4 ♗f5 16.♘xe4 ♘xb4 17.♕b3 ♕xe4 18.♘d4 usw.

13...♘xd4 14.exd4 ♗f5 15.♕c1 ♖fe8 16.a3 ♗xc3+ 17.bxc3 ♘xc3 18.♕d2

Diagramm Nr.218

18...♖xe2+!

Die Entscheidung fällt auf der e-Linie.

19.♗xe2 ♖e8 20.♔f1 ♖xe2 21.♖e1

Mit der Idee 21...♖xd2?? 22.♖e8 matt.

21...♖xe1+ 22.♕xe1

22.♔xe1 ♕xa3-+.

22...♗d3+

Weiß kapitulierte wegen 23.♔g1 ♘e2+ 24.♔f1 ♘g3+ 25.♔g1 ♕xe1 matt.

Englische Eröffnung (219)

Pytel – Tal

Jurmala 1983

1.♘f3 c5 2.c4 ♘c6 3.♘c3 g6 4.e3 d6 5.d4 ♗g7 6.d5

Mit diesem Zug sollte sich Weiß eigentlich nicht beeilen. Die weitere Entwicklung durch 6.♗e2 wäre logischer.

6...♘e5 7.♘d2 f5 8.♗e2 ♘f6 9.h3 e6 10.f4 ♘f7 11.dxe6 ♗xe6

Soweit sind beide Kontrahenten mit Zugumstellung der Begegnung Kortschnoi-Fischer, Sousse 1967, gefolgt. Dort geschah weiter: 12.g4 0-0 13.g5 ♘e8 14.♗f3 ♖b8 15.a4 ♘c7 16.♖a3 d5 17.♘xd5 ♘xd5 18.cxd5 ♗xd5 19.♖d3 ♗xf3 20.♖xd8 ♗xd1, und die Partie endete später remis, obwohl Weiß nicht alle seine Chancen ausgenutzt hatte. Pytel wählte einen anderen Plan.

12.♗f3 0-0 13.0-0 ♖b8 14.a4

14.♕e2!? kommt in Betracht.

14...d5!

Nun hat Schwarz seine Eröffnungsprobleme hinter sich.

15.cxd5 ♘xd5 16.♘xd5 ♗xd5 17.e4?

Weiß unterschätzt Tals feinsinnige Antwort. Eine vernünftige Alternative war sofort 17.♕c2.

17...♗e6! 18.♕c2

Nach 18.e5 wäre 18...♕d4+ sehr stark, z.B. 19.♔h1 ♕xf4 20.♗xb7 ♕xe5 mit klarem Vorteil.

18...♕h4 19.♘b3 fxe4 20.♗xe4

Diagramm Nr.219

20...♘g5!

Die schwarze Kombination fußt auf der fehlenden Turmverbindung von Weiß.

21.fxg5

Weiß muss das Angebot annehmen. Auf 21.♗f3 folgt 21...♘xh3+! 22.gxh3 ♕g3+ 23.♕g2 (23.♔h1 ♕xh3+ 24.♔g1 c4 nebst 25...♗d4+) 23...♕xg2+ 24.♗xg2 ♗xb3, und Weiß bleibt mit einem Bauern im Rückstand.

21...♖xf1+ 22.♔xf1 ♖f8+ 23.♗f3

Wenn 23.♔g1, dann 23...♕e1+ 24.♔h2 ♗e5+ mit Gewinn für Schwarz.

23...♗c4+!

Weiß gab auf. Der König kommt im Kreuzfeuer der Diagonalen um: 24.♔g1 ♕e1+ 25.♔h2 ♗e5+ usw.

Englische Eröffnung (220)

Suba – Sax

Hastings 1983/84

1.c4 ♘f6 2.♘f3 c5 3.♘c3 d5 4.cxd5 ♘xd5 5.e4

Die Fortsetzung 5.g3 hat mehr Anhänger.

5...♘b4

Die Alternative lautet 5...♘xc3 6.dxc3 (Möglich ist auch 6.bxc3 g6 7.d4 usw.) 6...♕xd1+ 7.♔xd1 ♘c6 8.♗e3 b6 9.♗b5 ♗b7 10.b4! e6 (10...cxb4 11.cxb4 0-0-0+ 12.♔e2 ♘xb4 13.♖ac1+ ♔b8 14.♗f4+ ♔a8 15.♖hd1! mit starkem weißen Angriff) 11.bxc5 ♗xc5 12.♗xc5 bxc5 13.♔e2 0-0-0 (13...0-0!?) 14.♗xc6 ♗xc6 15.♘e5 ♗b5+ 16.c4 ♖d4 17.♔e3 f6 (17...♗xc4? 18.♖hc1+−) 18.cxb5 fxe5 19.♖hc1 mit etwas besserem Endspiel für Weiß, Svetkovic–Biriescum, Rumänien 1980.

6.♗c4 ♘d3+ 7.♔e2 ♘f4+ 8.♔f1 ♘e6 9.♘e5 ♕d6

Ein grober Fehler wäre 9...♘d7?, siehe die nächste Partie. Möglich ist dagegen 9...g6 10.♕a4+ ♗d7 11.♘xd7 ♕xd7 12.♗xe6 fxe6 13.♕xd7+ ♔xd7 14.d3 ♗g7 15.♗e3 b6 16.♔e2 ♘c6 mit gleichem Spiel, Böhm–Ree, Niederlande 1983.

10.f4 ♘c6?

Dieser Plan bringt Schwarz in große Schwierigkeiten. In Frage kommt 10...♘d7!? 11.♕a4 a6 12.d4 cxd4 13.♘b5 ♕c5 14.b4 ♕b6 15.♗b2 f6 16.♘d3 ♖b8 17.♗xe6 axb5 18.♕b3 ♘e5 19.♗xc8 ♘c4 20.♗d7+ ♔xd7 21.♔f2 e5 22.♖hc1 ♗d6 mit guten Aussichten für Schwarz, Horn–Trauth, Riva del Garda 2004.

11.♕a4 ♘ed8?

Schwarz deckt die Punkte f7 und c6, aber verliert die Kontrolle über das Feld d4. Richtig ist 11...♗d7!? z.B. 12.♘b5 (12.♘xd7 ♕xd7 13.d3 ♘ed4 14.♗e3 e6 15.♘b5 a6 16.♘xd4 ♘xd4 17.♕xd7+ ♔xd7=) 12...♕b8 13.♘xd7 ♕xf4+ 14.♔g1 ♕xe4 15.♘c7+ ♔d8 16.♘xe6+ fxe6 17.♘xc5 ♕d4+ 18.♔f1 ♕xc5 und Schwarz hat keine Probleme, Passerotti–Borgo, Filettino 1994.

12.d4! cxd4 13.♘b5 ♕b8

Fast alle schwarzen Figuren befinden sich auf der achten Reihe.

14.♘xd4 f6 15.♘dxc6

Zum Gewinn führte auch 15.♗f7+! ♘xf7 16.♘dxc6 b5 17.♕b3+−.

15...bxc6??

Das führt sofort zum Matt. Die Antwort 15...♘xc6 16.♗f7+ ♔d8 17.♘xc6+ bxc6 18.♕xc6 wäre auch nicht viel besser, obwohl die Partie noch eine Weile dauern könnte.

Diagramm Nr.220

16.♗f7+!

Nach 16...♘xf7 17.♕xc6+ ist das Matt perfekt. Schwarz gab auf.

Englische Eröffnung (221)

Pinter – Archipow

Balatonberenyi 1983

1.♘f3 ♘f6 2.c4 c5 3.♘c3 d5 4.cxd5 ♘xd5 5.e4 ♘b4 6.♗c4 ♘d3+ 7.♔e2 ♘f4+ 8.♔f1 ♘e6 9.♘e5 ♘d7?

Dieser Fehler gestattet dem Weißen eine schöne Kombination. Andere Möglichkeiten wie 9...g6 bzw. 9...♕d6 wurden bereits in der vorigen Partie besprochen.

Diagramm Nr.221

10.♘xf7! ♔xf7 11.♗xe6+ ♔xe6 12.♕b3+ ♔f6

Es verliert auch 12...♔d6 13.♘b5+ ♔c6 14.♕e6+! ♔xb5 15.a4+ ♔a5 16.d4! ♘b6 17.♕b3 ♗d7 18.dxc5 ♗c6 19.♕c2 ♕d4 20.b4+! ♔a6 (20...♔xb4 21.♗d2+ mit Gewinn) 21.b5+ ♗xb5+ 22.axb5+ ♔xb5 23.♖b1+ ♔c6 24.cxb6+ ♔d7 25.♗e3+−.

13.♘d5+ ♔f7

Nach 13...♔g6 entscheidet 14.♘f4+.

14.♘c7+ ♔g6 15.♘e6

Weiß spielt auf Angriff und lehnt die Variante 15.♘xa8 b6 16.♕g3+ ♔f7

17.♘c7±, einfach ab.

15...♕e8

Andere Damenzüge verlieren auch wegen 16.♘f4+.

16.♘f4+ ♔g5

Oder 16...♔h6 17.♕h3+ ♔g5 18.♘e6+ ♔g6 19.♕f5+ ♔h6 20.♕g5 matt, bzw. 16...♔f6 17.♕e6+ ♔g5 18.h4+! ♔xf4 19.d4 matt.

17.h4+! ♔h6

Der Springer war tabu wegen 18.d3+ mit schnellem Matt.

18.♕g3 ♕g6 19.♕g5+!

Der Mattangriff beginnt. Natürlich gewann auch 19.♘xg6+−.

19...♕xg5 20.hxg5+ ♔xg5 21.♖h5+! ♔xf4

Oder 21...♔f6 22.♖f5 matt, bzw. 21...♔g4 22.f3+ ♔xf4 (22...♔g3 23.♘e2 matt) 23.d4+ ♔g3 24.♖h3 matt.

22.d3+ ♔g4 23.♖g5+ ♔h4 24.g3+

Es könnte noch folgen: 24...♔h3 25.♖h5+ ♔g4 26.♖h4+ ♔f3 27.♖f4 matt. Schwarz streckte die Waffen.

Englische Eröffnung (222)

Schlosser – Csom

Budapest 1990

1.c4 c5 2.g3 ♘f6 3.♗g2 e6

Gewöhnlich wird hier der Läufer nach 3...g6 fianchettiert.

4.♘f3 ♗e7 5.0-0 0-0 6.d4 cxd4

Möglich ist auch 6...d5!?

7.♘xd4 a6 8.b3 d6 9.♗b2 ♕c7 10.♘c3 ♘bd7?

In dieser Stellung zu passiv. Die Theorie empfiehlt 10...♘c6! z.B. 11.♖c1 ♘xd4 12.♕xd4 ♗d7 13.♖fd1 ♖ad8 mit dem Plan ♕c7−b8, ♗d7−c6 und beiderseitigen Chancen.

11.♖c1 ♖d8 12.e3 ♘f8 13.♕e2 ♗d7 14.f4

Weiß will die beengte schwarze Figurenstellung ausnutzen und beginnt nun eine Aktion am Königsflügel. Gut ist ebenfalls sofort 14.g4!? h6 15.h4 usw.

14...h6 15.g4 ♘g6 16.g5!?

In Betracht kam eine Verstärkung des Drucks gegen f7 mit 16.♖f2!? nebst ♖a1-f1.

16...hxg5 17.fxg5 ♘h7 18.♘d5!?

Ein bekanntes Opfermotiv gibt Weiß gute Angriffsmöglichkeiten. Aber solider war 18.h4!, z.B. 18...♘xh4 (18...♘e5 19.♘e4!) 19.♘d5 exd5 20.♖xf7! ♘xg2 (20...♔xf7 21.♕h5+ ♔g8 22.♗xd5+ ♔h8 23.♗e4+−) 21.♘e6 ♗xe6 22.♖xg7+ ♔f8 23.♖f1+ ♔e8 24.♕h5+ ♔d7 25.♖xe7+! ♔xe7 26.♕xh7+ ♔e8 27.♕xc7 ♖d7 28.♕b6 ♘h4 29.♕d4 mit weißem Gewinn.

18...♕c5?

Schwarz lässt sich ins Bockshorn jagen. Die Annahme des Springeropfers führte zu einer scharfen Stellung, wo Weiß beweisen musste, dass er richtig investiert hatte: 18...exd5! 19.♖xf7 ♔xf7 20.♗xd5+ ♔e8 21.♕h5 ♘hf8 22.♖f1 ♖dc8 23.♖xf8+ ♗xf8 24.♕xg6+ ♔d8 25.♕f7 ♕a5 (25...♗e7?? 26.♕g8+ ♗e8 27.♘e6+ mit Damengewinn) 26.♕xf8+ ♔c7 27.♕xg7 ♕e1+ 28.♔g2 ♕d2+ 29.♔g3 ♕xe3+ 30.♘f3 ♖e8 usw.

19.b4 ♕a7 20.♕h5

Weiß droht sowohl mit 21.♘xe7+ ♘xe7 22.♕xf7+ als auch mit 21.♖xf7 ♔xf7 22.♕xh7 den Königsangriff fortzusetzen. Es musste daher 20...♗e8!? geprüft werden.

20...♗xg5? 21.♖xf7! ♘e5

Das Schlagen des Turms verliert auf folgende Weise: 21...♔xf7 22.♗e4 ♘hf8 23.♖f1+ ♗f6 24.♘xf6+−.

22.♖cf1! exd5

Oder 22...♘xf7 23.♕xf7+ ♔h8 24.♘xe6 ♗f6 25.♕xg7+ ♗xg7 26.♗xg7+ ♔g8

27.♘e7 matt. Nun folgt eine Opferkombination...

Diagramm Nr.222

23.♖xg7+!! ♔xg7 24.♖f7+! ♘xf7 25.♘e6+

Schwarz gab einen Zug vor dem Ende auf (25...♔g8 26.♕g6 matt).

Englische Eröffnung (223)

Gulko – Miralles

Cannes 1987

1.c4 e5 2.g3

Weiß kann seine Kräfte auch anders mobilisieren: 2.♘c3 z.B. 2...♘f6 3.♘f3 ♘c6 4.g3 ♗b4 5.♘d5 e4 (5...a5 6.♗g2 0-0 7.0-0 ♖e8 8.d3 h6 9.b3 d6 10.♗b2 ♗g4 11.h3 ♗h5 12.e3 ♗c5 13.a3 ♗a7 14.♘c3 ♘d7 15.♕c2 ♘c5 16.♘h4 ♘e6 17.♘d5 mit besserer Stellung für Weiß, Serper-Timman, Manila 1992) 6.♘h4 0-0 7.♗g2 ♖e8 8.0-0 d6 9.d3 exd3 10.♕xd3 ♘xd5 11.cxd5 ♘e5 12.♕c2 ♗c5 13.b3 ♕e7 14.♗b2 a5 15.a3 ♘g6 16.♘xg6 hxg6 17.e4 g5 18.♖ae1 f6 19.♔h1 g4 20.f4 gxf3 21.♖xf3, und die Eröffnungsphase hat sich zugunsten von Weiß entwickelt, Lautier-Karpow, Dortmund 1993.

2...♘f6 3.♗g2 ♘c6 4.♘c3 ♗b4

Das Ziel dieses Zuges ist, indirekt die weiße Kontrolle über den Punkt e4 zu schwächen.

5.e4 d6 6.♘ge2 ♗c5 7.h3

Kontrolliert das Feld g4. Es wurden auch andere Züge ausprobiert:

1) 7.d3 0-0 8.0-0 ♘d4 9.♘xd4 ♗xd4 10.♗e3 c5 11.♗xd4 cxd4 12.♘e2 ♗d7 13.♕d2 b5 14.b3 bxc4 15.bxc4 ♖b8 16.♖ab1 ♕c7 17.♖b3 ♗g4 18.f3 ♗e6 19.♖fb1 ♘d7, und Schwarz hat keine Probleme, Dittmar-Milosevic, Deutschland 2005.

2) 7.0-0 ♗g4 8.h3 ♗h5 9.d3 ♘d4 10.g4 ♗g6 11.♘xd4 ♗xd4 12.♘e2 ♗b6 13.♘g3 h6 14.♕f3 ♘h7 15.♘f5 ♗xf5 16.exf5 c6 mit etwa gleichem Spiel, Schindler-Ventimiglia, IECC Email 2001.

7...♗e6

Logischer ist 7...a6!? Dies schützt den ♗c5 vor Anrempelungen und bereitet b7-b5 vor. In Hartoch-Portisch, Amsterdam 1971, folgte weiter: 8.0-0 0-0 9.♔h2 ♖b8 10.a3 b5 mit guten Gegenchancen.

8.d3 h6?!

Der Anfang eines riskanten Plans. Konsequent wäre jetzt 8...♘d4 9.0-0 c6 10.♔h2 ♘d7 11.f4 f6 mit komplizierter Stellung.

9.♘d5 ♘d4 10.0-0 g5?

Das schwächt nur den Königsflügel. Zu beachten war 10...c6!?

11.♘xd4 ♗xd4 12.♗e3 ♗xe3?

Nach diesem leichtsinnigen Zug wird die f-Linie geöffnet, und Weiß bekommt gute Trümpfe zum Königsangriff. Immer noch wäre 12...c6 möglich gewesen.

13.fxe3 ♘d7

Auf d5 kann Schwarz nicht nehmen, da Weiß noch die c-Linie als zusätzliche Operationsbasis bekäme.

14.♕h5 c6 15.♖f2! ♖h7

Oder 15...cxd5 16.exd5 ♘f6 17.♕f3+-.

16.♖af1 c5

Nun fällt die schwarze Stellung auseinander wie ein Kartenhaus, aber gab es etwas Besseres?

Diagramm Nr.223

17.♖f6!

Droht 18.♖xe6+ bzw. 18.♖xh6.

17...♗xd5 18.♖xd6! ♗c6?

Nach 18...♕e7 19.♖xd5 ♘f6 20.♖xf6 ♕xf6 21.♖xc5 ♖d8 22.♕d1 hätte Weiß für die

Qualität zwei Bauern und die bessere Stellung, aber der Partiezug verliert schnell.

19.♖e6+ ♔f8 20.♖xh6

20.♖xf7+! entscheidet den Kampf sofort: 20...♖xf7 21.♕xh6+ ♖g7 22.♖g6+–.

20...♘f6 21.♖fxf6 ♕xf6 22.♖xh7 ♔e7 23.h4! ♖g8

Oder 23...gxh4 24.♖h6 ♕g7 25.♕xh4+ ♔d7 26.♖h7+–.

24.hxg5

Wenn 24...♖xg5, so 25.♖xf7+ ♕xf7 26.♕xg5+, und Weiß bleibt materiell im Vorteil. Schwarz gab auf.

Englische Eröffnung (224)

Wulff - Adam

Berlin 1987

1.c4 ♘f6 2.♘c3 e5 3.♘f3 ♘c6 4.e3 ♗b4 5.♕c2 0-0 6.♘d5 ♖e8 7.♕f5

Dieser Damenausfall ist die beste Fortsetzung für Weiß.

7...d6 8.♘xf6+ gxf6

Falls 8...♕xf6, so 9.♕xf6 gxf6 10.a3 ♗c5 11.b4 ♗b6 12.♗b2 a5 13.b5 ♘e7 mit gleichen Chancen.

9.♕h5 d5

Der Nachziehende strebt eine schnelle Öffnung der Stellung an, um seine bessere Entwicklung auszuspielen.

10.♘h4?

Weiß will die offene schwarze Königsstellung nutzen, aber damit verliert er ein wichtiges Tempo. Richtig ist 10.a3 ♗f8 11.d4 ♗e6 (11...exd4 12.♗d3 h6 13.0-0 mit scharfem Spiel. In Betracht kommt jedoch 11...e4 12.♘d2 ♘e7∞) 12.♗d3 e4 13.♗c2 ♘e7 14.♘d2 c6 15.0-0 mit etwa gleichen Chancen, Analyse von Suetin.

10...e4!?

Die Initiative ist wichtiger als ein Bauer.

11.♕xd5 ♗d6 12.♕h5 ♘b4 13.♕d1

Weiß steht völlig unentwickelt, und Schwarz fängt sofort an, den unrochierten Monarchen anzugreifen.

13...f5 14.g3

Verteidigt den Springer und nimmt Einfluss auf f4. In einer Fernpartie Wolf-Adam, 1988, geschah 14.a3 ♕xh4 15.axb4 ♗xb4 16.♗e2 ♖e6 17.♖a4 a5 18.g3 ♕h3 19.♗f1 ♕h6 20.b3 ♗d7 21.♖a2 ♗c6 22.♗b2 ♖d8 23.♗d4 ♖xd4! 0-1.

14...f4! 15.exf4?

Ein schlechter Zug. 15.a3!? war die einzige Chance, das Spiel fortzusetzen.

15...♘d3+ 16.♗xd3

Oder 16.♔e2 ♕xh4! 17.gxh4 ♗g4+ 18.f3 ♗xf3+ 19.♔e3 ♗c5 matt.

16...exd3+ 17.♔f1

Die weiße Position ist sturmreif, man muss nur die richtige Lösung finden. Sie besteht in einem schönen Damenopfer.

Diagramm Nr.224

17...♕xh4!! 18.gxh4 ♗h3+ 19.♔g1 ♔h8!

Gegen die Drohung 20...♖g8 matt gibt es keine Verteidigung, und nach 20.f3 folgt 20...♗c5 matt. Weiß gab daher auf.

Englische Eröffnung (225)

Tal – Van der Wiel

Moskau 1982

1.c4 ♘f6 2.♘c3 e6 3.♘f3 b6

Hier hat Schwarz viele Wege zur Auswahl: 3...c5; 3...d5 und 3...♗b4.

4.e4

Natürlich ist auch 4.d4 möglich.

4...♗b7 5.♗d3!?

Öfter spielt man hier 5.d3 ♗e7 6.g3 0-0 7.♗g2 d6 8.0-0 c5 usw.

5...c5 6.0-0 ♘c6 7.e5!?

Für die Initiative ist Weiß bereit, seinen Zentralbauern zu opfern.

7...♘g4 8.♗e4 ♕c8

Unklar wäre 8...f5 9.exf6 ♘xf6 10.♗xc6 ♗xc6 11.d4 cxd4 (11...♗xf3? 12.♕xf3 cxd4 13.♘b5 ♗c5 14.♘c7+ ist natürlich günstig für Weiß) 12.♘xd4 ♗b7 13.♕a4 ♔f7 14.♗f4 ♗c5 15.♖ad1 ♖e8 16.♘db5 ♗c6 usw.

9.d3!?

Der Bauer konnte mit 9.♖e1 verteidigt werden, aber Tal bleibt seinem Spielstil treu. Er bevorzugt den scharfen Kampf.

9...♘gxe5

Bei unrochiertem König ist diese Entscheidung sehr gefährlich. Solider war 9...f5!? 10.exf6 ♘xf6 11.♗f4 ♗e7 12.♘b5 0-0 13.♗d6 ♕d8 mit etwa gleichen Chancen, Schulz-Eisenmann, Deutschland 1988.

10.♘xe5 ♘xe5 11.f4 ♘c6

Die Variante nach 11...♗xe4 12.♘xe4 ♘c6 13.f5 ♗e7 14.f6 gxf6 15.♘xf6+ ♗xf6 16.♖xf6 wäre – wegen die Drohungen ♕d1-h5 und ♗1-h6 – günstig für Weiß.

12.f5 g6 13.♗g5 gxf5 14.♗xf5!?

Tal ist in seinem Element.

14...♗e7?

Die Angst hat große Augen. Schwarz sollte doch den Läufer schlagen. Man sehe: 14...exf5! 15.♕e2+ ♘e7 (15...♗e7?? 16.♘d5 ♕d8 17.♘f6+ ♔f8 18.♗h6 matt) 16.♖ae1 ♖g8 (16...♕d8?? 17.♕e5 ♖g8 18.♘b5 ♖xg5 19.♘d6 matt) 17.♗xe7 ♖xg2+ 18.♕xg2 ♗xg2 19.♗h4+ ♗e4 20.♘xe4 fxe4 21.♖xe4+ ♗e7 22.♖xe7+ ♔d8 23.♖fxf7 ♔c7 24.♗g3+ ♔c6 (24...♔b7? 25.♖xd7+ ♔a6 26.a3, und die Drohung b2–b4! entscheidet.) 25.♖xh7 a5 mit Rettungschancen.

15.♕h5! ♗xg5

15...exf5 16.♖ae1 ♔d8 17.♘d5+–.

16.♕xg5 ♘e7

Der Läufer war noch immer nicht zu schlagen: 16...exf5 17.♖ae1+ ♔f8 18.♕h6+ ♔g8 19.♘d5 f6 20.♖xf5+–.

17.♗e4 ♗xe4 18.♘xe4 ♕c6

Diagramm Nr.225

19.♖xf7!

Das entscheidende Turmopfer.

19...♔xf7 20.♕f6+ ♔g8 21.♕xe7 ♖f8 22.♖f1!, und Schwarz gab sich geschlagen wegen 22...♖xf1+ 23.♔xf1 mit der Drohung ♘e4–f6+ usw.

Englische Eröffnung (226)

Romanischin – Plaskett

London 1977

1.♘f3 ♘f6 2.c4 b6

Schwarz will seinen Läufer nach b7 entwickeln. Es ist auch 2...g6 möglich, um den Königsläufer auf g7 zu stellen.

3.g3 ♗b7 4.♗g2 c5 5.0-0 g6

Eine andere Idee ist 5...e6 mit dem Plan ♗f8–e7, 0-0 nebst d7–d6 oder d7–d5.

6.b3

Spielbar ist auch 6.♘c3 ♗g7 7.d4 cxd4 8.♕xd4 d6 9.♖d1 ♘bd7 mit beiderseitigen Chancen.

6...♗g7 7.♗b2 0-0 8.d4 cxd4 9.♕xd4 ♘c6 10.♕h4 h6 11.♖d1?

Eine riskante Entscheidung. Die Theorie empfiehlt hier 11.♘d4! g5 12.♘xc6 ♗xc6 13.♕d4 ♗xg2 14.♔xg2 d5 mit etwa gleicher Stellung.

11...g5! 12.♘xg5 hxg5 13.♕xg5 e6??

Ein schrecklicher Fehler. Nach dem richtigem 13...♘e8! pariert Schwarz den feindlichen Angriff. In der Partie Gracia Gonzales-Kavalek, Linares 1981, bekam Weiß nach 14.♗xg7 ♘xg7 15.♘c3 d6 16.♘d5 f6 17.♕h4 ♕d7 18.♗h3 f5 19.e4 ♔f7 20.♗g2 ♖h8 für die Figur keinen Ersatz.

Diagramm Nr.226

14.♖xd7!

Eine böse Überraschung!

14...♕xd7 15.♗xf6 ♕d1+ 16.♗f1

Schwarz gab auf.

Englische Eröffnung (227)

Topalow – Iwantschuk
Linares 1999

1.♘f3 c5 2.c4 ♘c6 3.d4 cxd4 4.♘xd4 e6 5.g3 ♗b4+ 6.♘c3 ♕a5 7.♘db5 d5 8.a3 ♗xc3+ 9.bxc3

Nach 9.♘xc3 kann folgen: 9...d4 10.b4 ♘xb4 11.axb4 ♕xa1 12.♘b5 ♘f6 (12...♔f8!? 13.♗g2 ♗d7 14.0-0 ♗xb5 15.cxb5 ♘e7 16.♗xb7 ♖b8∓) 13.♘c7+ ♔e7 14.♘xa8 ♗d7 15.♗g2 ♖xa8 16.0-0 und nun sollte Schwarz in der Partie Lerner–Huzman, Kuibyschew1986, 16...♖c8!? spielen, mit guten Perspektiven.

9...♘f6 10.♗g2 0-0 11.♕b3 dxc4 12.♕xc4 e5 13.♘d6

Nicht zu empfehlen für Weiß war die Variante 13.♕b3 ♗e6 14.♕b2 ♖fd8 15.a4 a6 16.♘a3 ♕xa4 17.0-0 ♖ab8 mit schwarzem Vorteil.

13...♗e6 14.♕d3 e4!

Ein Bauernopfer, um die Stellung im Zentrum zu öffnen.

15.♘xe4

Nach 15.♕e3 ♘g4 16.♕d2 ♖ad8 17.♘xb7 ♕a4 18.♘xd8 ♖xd8 stünde Weiß auf Verlust.

15...♘xe4 16.♗xe4 ♖ad8 17.♕c2

Nicht besser war 17.♕e3 wegen 17...♖fe8! 18.0-0 ♗h3-+.

17...♘d4 18.♕b2 ♘xe2!

Mit dem Springeropfer ruiniert Schwarz die gegnerische Stellung. Der weiße Monarch wird nun unter entscheidendem Angriff ausgesetzt.

19.♔xe2

19.♕b4 ♘xc3! 20.0-0 ♕xb4 21.axb4 ♘xe4-+.

19...♖fe8 20.♕b4

Zum Verlust führte auch 20.f3 f5 21.♗xb7 ♕xc3!! 22.♔f1 (22.♕xc3 ♗c4+ 23.♔f2 ♖e2+ 24.♔f1 ♖d1+ 25.♕e1 ♖dxe1 matt) 22...♗c4+ 23.♔f2 ♕xb2+ 24.♗xb2 ♖e2+ 25.♔g1 ♖xb2 26.♗c6 ♖d6 27.♗a8 (27.♗a4 ♖dd2-+) 27...♖b8 28.♖c1 ♗e6 29.♗c6 ♖c8 30.♔f2 ♖dxc6-+.

20...♕h5+ 21.f3 f5 22.g4

22.♕c5 ♗d5 23.♔f2 fxe4-+.

22...♕h3 23.gxf5

Es gibt nichts Besseres. Nach 23.♔f2 fxe4 24.♕xe4 ♗d5 25.♕d3 ♖f8 wäre die weiße Situation auch hoffnungslos.

23...♗xf5 24.♕c4+ ♔h8 25.♖e1

Diagramm Nr.227

25...♖xe4+!

Weiß gab sich geschlagen wegen 26.fxe4 ♗g4+ 27.♔f2 ♕xh2+ 28.♔e3 (28.♔f1 ♗h3 matt) 28...♕g3 matt.

Reti–Eröffnung (228)

Keene – Kovacevic
Amsterdam 1973

1.♘f3

Ihren Namen erhielt die Eröffnung nach Großmeister Richard Reti (1889–1929), der sie in den zwanziger Jahren des vergangenen Jahrhunderts in die Turnierpraxis eingeführt hat.

1...d5 2.b3 ♗g4

Andere Möglichkeiten sind hier 2...c5 oder 2...♘f6.

3.♗b2 ♘d7

Den einfachsten Weg zum Ausgleich zeigte hier Großmeister Timman gegen Sunye, Amsterdam 1983. Nach 3...♗xf3 4.gxf3 e6 5.e3 ♘f6 6.f4 ♗d6 7.c4 ♕e7 8.♖g1 g6 9.♕e2 ♘bd7 10.♘c3 c6 erreichte Schwarz eine sichere Stellung.

4.g3 ♗xf3 5.exf3 ♘gf6 6.f4 e6 7.♗g2 ♗e7 8.0-0 0-0 9.d3 a5 10.a4

10...a4 wäre sonst eine starke Möglichkeit für Schwarz gewesen.

10...c6 11.♘d2 b5 12.♕e2 bxa4?!

Schwarz offenbart damit zu früh seine Pläne. In Frage kam 12...♖e8, um die Spannung zu erhalten.

13.♖xa4 ♘b6 14.♖a2 a4 15.♖fa1 axb3 16.♖xa8 ♘xa8 17.♘xb3 ♘b6 18.f5!

Damit wird die Stellung für die aktiveren weißen Figuren geöffnet.

18...exf5 19.♘d4 ♕d7 20.♗h3 g6 21.♗xf5!

Nun entscheidet Weiß die Partie auf taktische Weise.

21...gxf5?

Die Annahme des Läuferopfers verliert schnell. Notwendig war daher 21...♕c7.

Diagramm Nr.228

22.♖a7!!

Ein schöner Zug, den Schwarz wohl nicht vorausgesehen hatte.

22...♕xa7 23.♘xc6 ♕d7

Andere Erwiderungen verlieren auch: 23...♕a2 24.♘xe7+ ♔g7 25.♘xf5+ ♔g8 26.♕g4+! ♘xg4 27.♘e7 matt oder 23...♗a3 24.♗xf6+−.

24.♘xe7+ ♔g7 25.♕h5!

Da Weiß nach 25...♕xe7 26.♕g5+ ♔h8 27.♗xf6+ gewinnt, gab Schwarz auf.

Noch zu versuchen wäre 10...♕xf6 z.B. 11.cxd5 cxd5 12.♘xd5! ♕xb2 (12...exd5 13.♕xd5+−) 13.♖b1 ♕a3 (13...♕xa2 14.♘c3+−) 14.♖b3 ♕a6 usw. Der Textzug schwächt die Königsstellung, was dem Weißen einen starken Angriff ermöglicht.

11.cxd5 cxd5 12.♘xd5!

Eine mutige Entscheidung: Springeropfer für den Königsangriff.

12...exd5 13.♕xd5 ♕b6 14.♘h4 ♗d7 15.♕d2!

Auf diese Weise verhindert Weiß 15...♗c6 bzw. 15...♘c6 wegen 16.♕xd6+−. Gleichzeitig zielt die Dame nun in Richtung des gegnerischen Königsflügels.

15...♗b4 16.♕xh6 ♘a6 17.♖ad1! ♗e6

Diagramm Nr.229

18.♖d5!

Weiß spielt konsequent auf Matt: Es droht bereits 19.♖h5. Der Turm ist natürlich tabu wegen 19.♘f5 nebst 20.♕g7 matt.

18...f5 19.♕g5+ ♔h7 20.♘xf5 ♗xf5 21.♖xf5 f6

Es gibt nichts Besseres, z.B. 21...♕h6 22.♖xf7+! ♖xf7 23.♗e4+ mit Damengewinn.

22.♕g4!

Gegen 23.♖h5 matt gibt es keine Parade mehr. Schwarz gab auf.

Reti–Eröffnung (229)

Petzold – Hufschild

Fernpartie 1988–92

1.♘f3 ♘f6 2.g3 b5 3.♗g2 d5

Thematisch und logisch war 3...♗b7.

4.d3 e6 5.c4 bxc4 6.dxc4 c6 7.0-0 ♗d6

Der Läufer sollte nach e7 gehen.

8.♘c3 0-0 9.♗g5 h6?

Zeitverlust: 9...♘bd7!? wäre angebracht.

10.♗xf6 gxf6?

Reti–Eröffnung (230)

Taimanow – Kaidanow

Belgrad 1988

1.♘f3 d5 2.b3 ♘f6 3.♗b2 e6

Sehr oft wird der weißfeldrige Läufer auf f5 bzw.g4 entwickelt.

4.c4 c5 5.e3 ♘c6 6.cxd5 exd5 7.♗b5

In seinem Buch „Damenindisch bis Katalanisch“ (Sportverlag, Berlin 1984) hält Taimanow diesen Zug für wenig angebracht und empfiehlt stattdessen 7.♗e2 ♗d6 8.d4 mit ausgeglichener Stellung.

7...♗d6 8.♘e5?!

Weiß sucht unnötig das Abenteuer. Er sollte besser mit 8.0-0 0-0 9.d4 seine Entwicklung abschließen.

8...0-0 9.♘xc6 bxc6 10.♗e2?

Konsequent war 10.♗xc6!? trotz des damit verbundenen hohen Risikos, z.B. 10...♖b8 (10...♗g4 11.♕c2 ♖c8 12.♗b5 ♕e7 13.0-0=) 11.♗xf6 ♕xf6 12.♘c3 ♗e5 13.♘xd5 ♕d6 (13...♕xc6?? 14.♘e7+ mit Damengewinn) 14.d4 cxd4 15.exd4 ♗a6 16.♖c1! (16.dxe5?? ♕xe5+ 17.♘e3 ♕c3+, und Schwarz gewinnt) 16...♗f6 17.♘xf6+ ♕xf6 18.♕d2 ♖bc8 19.d5 ♖fe8+ 20.♗xe8 ♕e5+ 21.♔d1 ♗e2+ 22.♕xe2 ♖xc1+ 23.♔xc1 ♕xe2 24.♗a4 ♕xa2 25.♖d1 ♕a3+ 26.♔b1 ♕d6 27.♖d2, und Weiß hätte mit seinem starkem Freibauer d5 reale Rettungschancen.

10...♖e8 11.0-0 ♖b8 12.d3 ♖b4 13.♘d2?

Den folgenden Turmschwenk zum Königsflügel musste Weiß unbedingt mit 13.d4 unterbinden.

13...♖h4! 14.g3

Oder 14.♘f3 ♖h6, und die schwarzen Figuren sind auf der Königsseite sehr aktiv.

14...♘g4! 15.♗xg4

Es verliert 15.gxh4 ♕xh4 16.♘f3 ♕h3-+.

15...♗xg4 16.f3

Auf 16.♕c2 folgt 16...♖xh2! 17.♔xh2 ♕h4+ 18.♔g1 ♗xg3 19.fxg3 ♕xg3+ 20.♔h1 ♖e6 21.♗f6 ♕h3+ 22.♔g1 ♖xe3 23.♘f3 ♗xf3 24.♖xf3 ♕xf3 25.♖f1 ♕g4+ 26.♕g2 ♖g3-+.

16...♖xh2! 17.fxg4

17.♔xh2 ♕h4+ mit schwarzem Gewinn.

17...♖xe3! 18.♗f6

Hierauf gründete der Anziehende seine Verteidigung, denn nach 18...gxf6? 19.♔xh2 ♖xg3 20.♖f5! würde der schwarze Angriff scheitern. Aber Schwarz hat alles vorausgesehen.

Diagramm Nr.230

18...♖h3!!

Ein fantastischer Zug.

19.♖f3

Weiß hat keine Wahl: 19.♗xd8 ♖exg3+ 20.♔f2 ♖h2+ 21.♔e1 ♖e3+ mit Gewinn für Schwarz.

19...♖xg3+ 20.♔h1

20.♔f2 ♖exf3+ 21.♘xf3 ♕xf6-+.

20...gxf6 21.♖xg3

21.♖xe3 ♖xe3 22.♘f1 ♖h3+ 23.♔g2 ♖h4−+.

21...♗xg3 22.♘f3

22.♕f1 f5! 23.♕h3 ♕g5-+.

22...♕d7

In dieser hoffnungslosen Situation gab sich Weiß geschlagen.

Katalanische Eröffnung (231)

Tschernin – Judassin
Swerdlowsk 1984

1.d4 ♘f6 2.c4 e6 3.g3

Dieser Entwicklungsplan wurde durch Großmeister Sawielly Tartakower bei einem Turnier in Barcelona 1929 eingeführt. Er findet Anhänger vor allem im Lager der Vertreter des positionellen Kampfes.

3...d5 4.♗g2 dxc4 5.♘f3

Mit 5.♕a4+ kann Weiß seinen Bauern sofort zurückholen, z.B. 5...♘bd7 6.♕xc4 a6 7.♘f3 b5 8.♕c6 ♖b8 9.♗f4 ♘d5 10.♗g5 ♗e7 11.♗xe7 ♕xe7 12.♘c3 (12.e4 ♗b7=) 12...♗b7 13.♘xd5 ♗xc6 14.♘xe7 ♔xe7 15.♖c1 ♖b6 16.0-0 ♖c8 mit etwa gleichem Spiel, Glejzerow–Serper, Moskau 1992. Der Textzug hält die Spannung des Kampfes aufrecht.

5...b5
Damit verteidigt Schwarz den Bauern, aber Weiß erhält dafür Initiative. Ein anderer Plan besteht darin, mit 5...c5 einen Gegenangriff gegen den Punkt d4 einzuleiten, z.B. 6.0-0 ♘c6 7.♘e5 ♗d7 (7...♘xd4?? 8.e3, und Weiß gewinnt Material.) 8.♘a3 cxd4 9.♘axc4 ♗c5 10.♕b3 0-0 11.♗f4 ♕c8 12.♖ac1 ♘d5 13.♘xd7 ♕xd7 14.♘e5 ♘xe5 15.♗xe5 ♗b6 16.♖fd1 ♖ac8 17.♖xc8 ♖xc8 18.♗xd5 ♕xd5 19.♕xd5 exd5 20.♗xd4 mit gleichen Chancen im Endspiel, Charlow–A.Sokolow, St. Petersburg 1993.
6.a4 c6 7.axb5 cxb5 8.♘e5 ♘d5 9.♘c3
Für den Bauern steht Weiß sehr aktiv.
9...♗b4
In der Partie Ulybin–Charlow, St.Petersburg 1993, verstärkte Schwarz das Spiel mittels 9...f6!?, und nach 10.♘f3 ♘xc3 11.bxc3 ♗b7 12.0-0 ♗e7 bekam er ganz gute Perspektiven.
10.0-0 ♗xc3 11.e4!
Schlechter ist 11.bxc3 ♘d7 12.e4 (12.♕c2!?) 12...♘xc3 13.♘xf7 (13.♕f3 ♘xe5 14.♕xc3 ♘d3 15.♗a3 ♗b7 16.♖ad1 a5 mit Vorteil für Schwarz, Gereben–Enklaar, Wijk aan Zee 1972.) 13...♔xf7 14.♕f3+ ♘f6 15.♕xc3 ♗b7 16.♗g5 ♕b6 17.♖fe1 mit kompliziertem Spiel.
11...♗xb2 12.exd5!
Nur so kann Weiß um Vorteil kämpfen.
12...♗xa1 13.♗a3 a5
Nach 13...exd5 folgt 14.♕h5 g6 15.♕f3 f6 16.♖e1! mit starken Drohungen.
14.♕g4 b4 15.♕xg7 ♖f8 16.♖xa1 bxa3
Oder 16...♖a6 17.♗c1 exd5 18.♗h6 ♖xh6 19.♕xh6, und Weiß hat Vorteil, Balaschow–Beljawski, UdSSR 1986.
17.dxe6 ♗xe6 18.♗xa8 ♕xd4 19.♖b1!
Der einzige Zug. Nach 19.♖xa3? ♗h3! wäre die Lage von Weiß kritisch.
19...♘d7 20.♗c6 ♕d6??
Der entscheidende Fehler. Notwendig war 20...a2! 21.♗xd7+ ♗xd7 (21...♔e7? 22.♘c6+ ♔xd7 23.♕xd4+ mit Gewinn) 22.♖b8+ ♔e7 23.♕xf8+ ♔e6 24.♕xf7+ ♔xe5 25.♕e7+ ♗e6 26.♖b5+ ♔e4 27.♕xe6+ ♔d3, und die Freibauern bieten dem Nachziehenden gute Rettungschancen.
21.♗xd7+ ♗xd7 22.♘xc4 ♕c5
Nun folgt eine kleine Kombination, aber auch 22...♕c7 verliert wegen 23.♖e1+ ♗e6 24.♖xe6+!

Diagramm Nr.231

23.♖b8+ ♗c8 24.♖xc8+!
Wegen 24...♕xc8 25.♘d6+ gab sich Schwarz geschlagen.

Katalanische Eröffnung (232)

Gelfand – Georgiew
Calvia 2004

1.d4 ♘f6 2.c4 e6 3.g3 ♗b4+ 4.♗d2 ♗e7 5.♗g2 d5 6.♘f3 0-0 7.0-0 c6 8.♗f4
8.♕c2 führt zur anderen Stellungen.
8...♘bd7 9.♘c3 dxc4
Laut Theorie ist 9...♘h5!? besser.
10.e4 a5
Die Verteidigung des Bauern nach 10...b5 löst die Probleme von Schwarz nicht: 11.d5 ♕a5 12.♘d4 ♕b6 13.dxc6 ♘c5 14.e5!? ♘e8 15.♘dxb5 ♘c7 (15...a6 16.♘d6 ♕xb2 17.♖c1 ist günstig für Weiß.) 16.♘xc7 ♕xc7 17.♘b5 ♕b6 18.♘d6 ♗a6 19.♗e3 c3 20.bxc3 ♗xf1 21.♕xf1 ♕a5 22.♕c4 ♘a4 23.♗d4 ♘b6 24.♕b4 ♕xb4 25.cxb4 mit klarem Vorteil von Weiß.
11.♖e1 ♖e8 12.d5!? cxd5
In Frage kam 12...♗b4!?, um den starken Springer zu beseitigen.

13.exd5 ♘c5
Oder 13...exd5 14.♘xd5 ♘xd5 15.♕xd5 h6 16.♕xc4 ♘b6 17.♕e4±.
14.♘e5 exd5 15.♘xd5 ♘xd5?
Das bringt Schwarz nur in Schwierigkeiten. Am besten war hier 15...♗e6!, z.B. 16.♘xe7+ ♖xe7 17.♕c2 ♖c8 18.♖ad1 ♕e8, und Schwarz steht gut.
16.♘xf7! ♔xf7?
Nun erhält Weiß einen starken Angriff. Notwendig war 16...♘xf4! 17.♘xd8 ♖xd8 18.♕c2 ♘fe6 19.♕xc4 ♖d4 20.♕c2 ♗d7 21.♖ad1 ♖d8, und Schwarz spielt noch mit.
17.♗xd5+ ♔g6 18.♖e5 ♗f5
Wenn 18...h6, dann 19.♗xh6! gxh6 20.♕h5+ ♔g7 21.♖ae1 mit der entscheidenden Drohung 22.♗f7!

Diagramm Nr.232

19.♖xf5!
Zum Angriff!
19...♔xf5 20.♕h5+ ♗g5 21.♕xh7+ ♔f6
Oder 21...g6 22.♕h3+ ♔f6 23.♗xg5+ ♔e5 (23...♔xg5 24.♕h4+ ♔f5 25.♕f4 matt) 24.♗xd8+−.
22.♗xg5+ ♔xg5 23.♗f7!
Es gewinnt auch 23.f4+ ♔f6 24.♕h4+ ♔f5 25.♕h5+ g5 26.♕h7+ ♔g4 27.h3+ ♔xg3 28.♕f5+−.
23...♕d6
Oder 23...♔f6 24.♕g6+ ♔e7 25.♖e1+ ♔d7 26.♖xe8+−.
24.♕xg7+ ♔f5 25.♗xe8
Schwarz gab auf wegen 25...♖xe8 26.♕f7+ mit Turmgewinn.

Larsen−Eröffnung (233)

B. Stein − Van Mil
Balatonberenyi 1984

1.b3
Namensgeber dieser Eröffnung ist der dänische Großmeister Bent Larsen (1935−2010). Seine Idee besteht u.a. darin, einen Figurendruck auf den Punkt e5 zu organisieren.
1...f5
Alternativen für Schwarz:
1) 1...d5 2.♗b2 ♘f6 3.e3 e6 (3...♗g4 4.♗e2 ♗xe2 5.♕xe2 ♘bd7 6.f4 e6 7.♘f3 ♗d6 8.0-0 ♕e7 9.c4 c6∞, Larsen−Piket, Roquebrune 1992) 4.f4 b6 5.♘f3 ♗b7 6.♗e2 c5 7.0-0 ♘c6 8.♘e5 (8.♕e1!?) 8...♗e7 9.d3 0-0 10.♘d2 ♘d7 11.♘df3 ♘dxe5 12.♘xe5 (12.fxe5!? war zu überlegen) 12...♘xe5 13.fxe5 ♗g5 mit gutem Spiel für Schwarz, Larsen−Karpow, Roquebrune 1992.
2) 1...c5 2.♗b2 ♘c6 3.e3 d5 4.♗b5 ♗d7 5.♘f3 f6 6.0-0 a6 7.♗xc6 ♗xc6 8.d4 e6 9.♘bd2 ♘h6 10.♖e1 ♘f7 11.e4 cxd4 12.♘xd4 e5 mit etwa gleicher Stellung, Minasjan−Nenaschew, Azow 1991.
3) 1...e5 wird in der nächsten Partie gezeigt.
2.♗b2 ♘f6 3.c4 g6 4.♘f3 ♗g7 5.e3
Ein anderer Plan ist die Entwicklung des weißfeldrigen Läufers auf die Diagonale a8−h1 (5.g3 0-0 6.♗g2 usw.).
5...0-0 6.♗e2 d6 7.d4 c6 8.0-0 ♕c7 9.♕c2 ♔h8 10.♘bd2 ♗e6 11.♖fe1 ♘bd7?!
Besser war 11...d5, was e3−e4 verhindert, mit nur leichtem Vorteil für Weiß.
12.e4
Weiß hat sein strategisches Ziel erreicht: Die Durchführung des Vorstoßes e3−e4 gibt ihm bessere Chancen.
12...fxe4 13.♘xe4 ♗g8 14.♗d3 ♘h5
14...♖ae8 bzw. 14...e5 sieht besser aus.
15.♘eg5 ♖ae8?
Zu spät. Der Turmzug deckt zwar den ♗e7, hat aber den Nachteil, den Turm einem späteren Angriff der Dame von g6 auszusetzen. Notwendig war daher hier 15...e5.
16.♗xg6! hxg6 17.♘h4 ♖f6

17...♗f7 18.♘xf7+ ♖xf7 19.♕xg6+−.

18.♘xg6+

Auch das effektvolle 18.♕xg6! gewann.

18...♖xg6 19.♕xg6 ♘hf6

Auf 19...♘df6 folgt stark 20.♖e4! mit der Drohung 21.♖h4!

20.♖e3 ♘f8 21.♖h3+ ♗h7

Jetzt scheitert 21...♘8h7 an 22.♘xh7 (22.d5!? ist auch möglich) 22...♗xh7 23.♖xh7+ ♘xh7 24.♕xe8+ und 21...♘6h7 an 22.♕xe8+−.

Diagramm Nr.233

22.♘xh7!

Zum Schluss ein hübsches Damenopfer.

22...♘xg6

22...♘8xh7 23.♖xh7+ ♘xh7 24.♕xe8+ mit weißem Gewinn.

23.♘xf6+

Nach 23...♗h6 24.♖xh6+ ♔g7 25.♘xe8+ verliert Schwarz zu viel Holz. Er streckte die Waffen.

Larsen−Eröffnung (234)

Lasarew − Toschkow

Tschirpan 1978

1.b3 e5 2.♗b2 ♘c6 3.e3

Weiß kann auch 3.c4 bzw. 3.g3 spielen.

3...♘f6

Andere Pläne für Schwarz sind:

1) 3...d6 4.♗b5 ♗d7 5.♘f3 g6 6.d4 ♗g7 7.dxe5 dxe5 8.♘bd2 ♘ge7 9.♘c4 f6 10.♘cd2 ♘f5 11.♘e4 ♕e7 12.0-0 0-0-0∞, Minasjan−Pein, Cannes 1992.

2) 3...d5 4.♗b5 ♗d6 5.c4 ♘ge7 6.♘f3 0-0 7.♗xc6 ♘xc6 8.cxd5 ♘b4 9.d3 ♘xd5 10.♘xe5 ♗xe5 11.♗xe5 ♕g5 12.♗g3 h5 13.h4 ♕g6 14.e4±, Bagirow−R.Mainka, Gausdal 1991.

4.♗b5 d6 5.d4 ♗d7 6.dxe5 dxe5 7.♘f3 ♗d6 8.0-0

8.♘bd2!? war logischer.

8...♕e7 9.♘c3?

9.♘bd2 ist bereits notwendig, um nach 9...e4 mit 10.♗xf6 den starken Springer zu beseitigen. Nach dem Partiezug folgt eine typische Kombination.

9...e4 10.♘d4

Diagramm Nr.234

10...♗xh2+! 11.♔xh2 ♘g4+ 12.♔g3

Es verliert auch 12.♔g1 ♕h4 13.♖e1 ♕xf2+ 14.♔h1 ♕h4+ 15.♔g1 ♕h2+ 16.♔f1 ♕h1+ 17.♔e2 ♕xg2 matt.

12...♕e5+

Auf 13.f4 folgt 13...exf3+ 14.♔xf3 ♕xe3 matt. Weiß gab sich geschlagen.

Namenverzeichnis

(Zahlen = Partienummern)

Literaturverzeichnis

Bücher:

J. Konikowski: Eröffnungen – richtig gespielt, Joachim Beyer Verlag 1993

J. Konikowski: Schnellkurs der Schacheröffnungen, Theorie, Joachim Beyer Verlag 2001

J. Konikowski: Schnellkurs der Schacheröffnungen, Praxis, Joachim Beyer Verlag 2003

J. Konikowski: Skandinavisch – richtig gespielt, Joachim Beyer Verlag 2003

J. Konikowski: Damengambit – richtig gespielt, Joachim Beyer Verlag 2004

J. Konikowski: Sizilianisch – richtig gespielt, Joachim Beyer Verlag 2006

J. Konikowski und O. Heinzel: Holländisch – richtig gespielt, Joachim Beyer Verlag 2010

Elektronische Bücher (CD):

Mega Database 2010

Eröffnungslexikon 2010

Periodika:

Rochade Europa

Fernschachpost

Panorama Szachowa

Magazin Szachista